낚시 Q&A ③

루어낚시 100문 1000답

조홍식 지음

예조원

보카-S [BOCA-S]

BOCA "S"

BIG ONE CHALLENGE ABOVE

GUIDE SYSTEM	1.JIGGING : FUJI KWSG-S TANGLE FREE "SIC"NEW 슬림 가이드 채용 POPPING : FUJI KWSG-S TANGLE FREE "SIC"NEW 슬림 가이드 채용 SLOW PITCH : FUJI KWSG-S + KTSG-S TANGLE FREE "SIC"NEW 슬림 가이드 채용 LIGHT POPPING : FUJI KWSG-S + KTSG-S + KLSG-S TANGLE FREE "SIC"NEW 슬림 가이드 채용
REEL SEAT DESIGN	2.JIGGING : FUJI DPS +PLS + DPSLD/ASH LONG NET POPPING : FUJI DPS + LO/AN DUBLE LOCK NET SLOW PITCH : FUJI TVS + PULS + CARBON PIPE NET LIGHT POPPING : FUJI DPS + LO/AN DUBLE LOCK NET
SPECIAL TECHNOLOGY	3.저"RC" NANO 수지와 4축카본 조합으로 소재 비틀림 보강 및 경량화 실현
BLANK TECHNOLOGY	4.4축 카본 +NANO CARBON

JIGGING 보카-S 지깅 [BOCA-S JIGGING]

규 격	전 장 (m)	절 수 (本)	접은길이 (cm)	무 게 (g)	선 경 (mm)	원 경 (mm)	LURE wt. MAX (g)	P.E LINE (호/MAX)	Guide (ea)	Grip (mm)	판 매 가 (원/₩)
S-521	1.57	1	157	230	3.1	12.3	350	#3~5/(#6)	6	377	320,000
S-541	1.62	1	162	256	3.0	12.2	300	#3~4/(#5)	6	377	325,000
B-581(SPIRAL)	1.73	1	173	256	2.9	13.2	250	#2~3/(#4)	7	435	330,000
B-621(SPIRAL)	1.88	1	188	255	2.8	13.5	200	#1.5~3/(#4)	7	435	335,000

Slow Pitch 보카-S 슬로우 피치 [BOCA-S SLOW PITCH]

규 격	전 장 (m)	절 수 (本)	접은길이 (cm)	무 게 (g)	선 경 (mm)	원 경 (mm)	LURE wt. MAX (g)	P.E LINE (호/MAX)	Guide (ea)	Grip (mm)	판 매 가 (원/₩)
B-612H3R	1.86	2	135.5	174	2.6	12.9	350	#4/(#4)	8	435	320,000
B-642H2MF	1.93	2	143	175	2.4	13.0	300	#2~3/(#4)	9	435	325,000
B-682HMF	2.03	2	153	172	2.3	12.5	200	#1.5~3/(#4)	10	435	335,000
S-662H2MF	1.98	2	148	186	2.5	12.9	300	#2~3/(#4)	8	449	330,000

popping 보카-S 파핑 [BOCA-S POPPING]

규 격	전 장 (m)	절 수 (本)	접은길이 (cm)	무 게 (g)	선 경 (mm)	원 경 (mm)	LURE wt. MAX (g)	P.E LINE (호/MAX)	Guide (ea)	Grip (mm)	판 매 가 (원/₩)
S-80	2.43	2	175	351	3.4	18.0	200	#10	7	415	420,000
S-84	2.53	2	182.5	359	3.2	18.0	180	#10	7	415	440,000
S-88	2.63	2	192.5	359	3.3	18.0	140	#8	7	415	460,000

LIGHT POPPING 보카-S 라이트 파핑 [BOCA-S LIGHT POPPING]

규 격	전 장 (m)	절 수 (本)	접은길이 (cm)	무 게 (g)	선 경 (mm)	원 경 (mm)	LURE wt. (g)/(MAX)	P.E LINE (호/MAX)	Guide (ea)	Grip (mm)	판 매 가 (원/₩)
S-804	2.43	2	138	228	2.4	14.4	30~100(130)	#4	7	425	380,000
S-842	2.53	2	196	223	2.0	11.9	25~90(120)	#3	9	425	390,000
S-1002	3.05	2	156.5	354	2.9	17.7	40~110(120)	#3	7	415	400,000

N·S 주)엔에스 인천광역시 남동구 염전로411번길 38 Web: http://www.nsrod.co.kr
TEL 032)868-5427 A/S 문의처 032)868-1004 FAX : 032)868-5423

크라켄 위키드 [KRAKEN WICKED]
KRAKEN
PERFORMANCE WICKEDLY EGI
WICKED
클래스를 압도하는 편하고 강한 저킹 액션의 끝판왕!
KRAKEN
AXIS
QUALITY
GRIP 215mm
SPINNING MODEL (ES · 732 L-ST)/TIP RUN
GRIP 230mm
SPINNING MODEL (ES · 802 ML)
대한민국 대표 낚시브랜드 Black Hole

4축 카본공법에서 한 단계 더 나아간 8방향 다축 공법으로 고밀도 카본 소재의 에너지 로스를 최소화하였고, 힘의 분산을 억제하기 위해 사용하는 수지의 함량을 최소화하여 초경량화를 실현하고 캐스팅 및 파이팅 시 비거리, 정확도, 파손방지를 향상하고 대물과의 대치 시 강한 허릿심을 발휘 피로감을 최소화하였다.

KRAKEN PERFORMANCE WICKEDLY EGI — WICKED 크라켄 위키드 NEW

규격	전장 (m)	절수 (本)	접은길이 (cm)	무게 (g)	선경 (mm)	원경 (mm)	EGI / MAX (호/g)	P.E LINE (호)	GUIDE (ea)	GRIP (mm)	판매가 (원/₩)
ES · 802 ML	2.44	2	125.0	92	1.3	12.3	1.5~3.0	0.4~0.8	10	230	320,000
ES · 842 MH	2.54	2	130.5	105	1.7	13.0	2.5~4.5	0.8~1.2	10	250	330,000
ES · 872 M	2.61	2	134.0	100	1.4	12.8	2.0~3.5	0.4~1.0	10	245	340,000
ES · 902 M	2.74	2	140.5	107	1.5	13.4	2.0~4.0	0.4~1.0	10	260	350,000
ES · 732 L-ST (TIP RUN)	2.21	2	114.0	88	0.9	11.8	Max 50	0.6~1.0	9	215	300,000
ES · 782 ML-ST (TIP RUN)	2.34	2	120.5	92	1.1	12.3	Max 65	0.8~1.2	10	215	310,000
EB · 682 M (TIP RUN)	2.03	2	104.5	103	1.3	11.5	Max 80	0.6~1.4	10	265	300,000

CARBON 99%

※구매일로부터 1년 이내 1회 무상 A/S

※ ES · 732 L-ST / ES · 782 ML-ST / EB · 682 M Tip Run (팁런) 모델은 선상용 모델입니다.

※제품 규격 및 디자인과 판매가는 품질향상 등의 이유로 사전 예고 없이 변경될 수 있습니다.

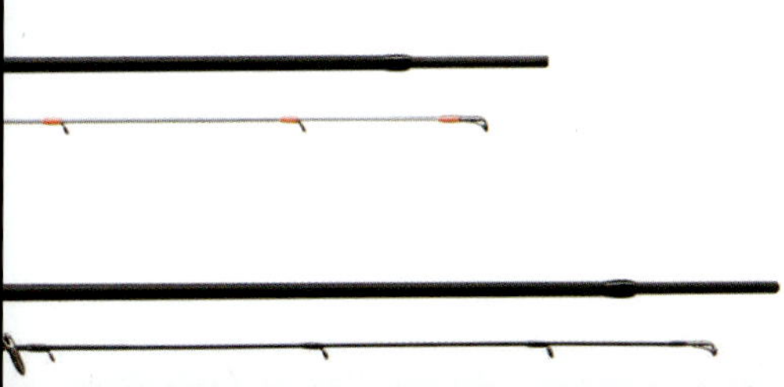

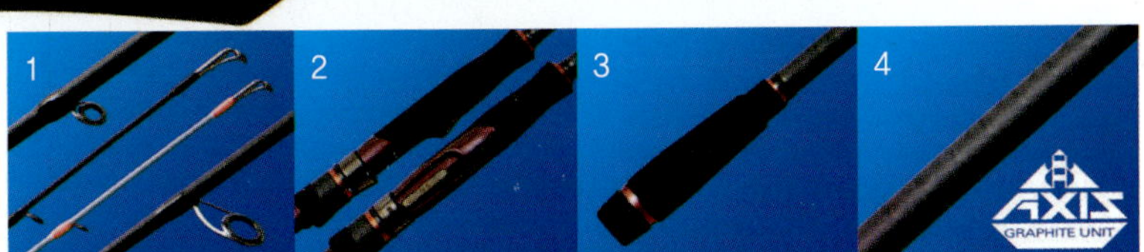

GUIDE SYSTEM
1.FUJI "K" GUIDE, SiC-S 사용
(스타트 가이드를 KLSG 20S, KWSG 10S를 사용)

REEL SEAT DESIGN
2.FUJI VSS 16 최신형 시트로 슬림하여 그립감을 향상

SPECIAL TECHNOLOGY
3.BUTT GRIP은 다른 모델과 다르게 저킹시 옷이나 팔에 간섭을 덜 받게 슬림(가늘게) 하게 디자인

BLANK TECHNOLOGY
4.CP 020 4YA-5(8축 원단) 원단을 사용하여 블랭크의 뒤틀림과 강도를 높임

N·S 주)엔에스 인천광역시 남동구 염전로411번길 38 Web: http://www.nsrod.co.kr
TEL 032)868-5427 · A/S 문의처 032)868-1004 FAX : 032)868-5423

타란튤라 엣지[TARANTULA EDGE]
Tarantula
EDGE
새롭게 돌아온 신화!
QUALITY N·S PRODUCT
대한민국 대표 낚시브랜드 Black Hole

타란튤라 엣지 [TARANTULA EDGE]

규 격	전장 (m)	절수 (本)	접은길이 (cm)	무게 (g)	선경 (mm)	원경 (mm)	LURE wt. (oz)	LINE (lb)	GUIDE (ea)	GRIP (mm)	판매가 (원/₩)
TES-671 ML-ST	2.01	1	201	110	1.1	10.9	1/8~3/8	4~10	9	230	380,000
TEC-671 L-ST	2.01	1	201	116	1.0	10.3	1/16~1/4	4~8	10	210	380,000
TEC-671 M	2.01	1	201	122	1.5	10.4	1/4~3/4	8~14	10	245	380,000
TEC-6101 MH	2.09	1	209	128	1.6	11.0	3/8~1	10~20	10	250	390,000
TEC-721 XXH	2.19	1	219	157	1.9	11.9	3/8~4	P.E 2~6 호	10	285	395,000
TES-672 ML-ST	2.01	2	104	105	1.1	11.3	1/8~3/8	4~10	9	230	380,000
TEC-672 L-ST	2.01	2	104	113	1.0	11.3	1/16~1/4	4~8	10	210	380,000
TEC-682 M	2.03	2	105	123	1.3	11.5	1/4~3/4	8~14	10	245	385,000
TEC-682 MH	2.03	2	105	127	1.3	11.7	3/8~1	10~20	10	250	385,000
TEC-702 H	2.14	2	111	140	1.7	13.1	3/8~2	12~25	10	270	390,000
TEC-722 XH	2.19	2	113	146	1.8	13.4	3/8~2 1/2	P.E 2~4 호	10	285	395,000

CARBON 99%

※1pcs 구매일로부터 1년이내 1회 25% 구매 / 2pcs 구매일로부터 1년이내 1회 무상A/S

※제품 규격 및 디자인과 판매가는 품질향상 등의 이유로 사전 예고 없이 변경될 수 있습니다.

GUIDE SYSTEM	FUJI "K" GUIDE, SiC 사용
REEL SEAT DESIGN	REEL SEAT는 FUJI 최신형 시트로 슬림하여 그립감을 향상시킴.
SPECIAL TECHNOLOGY	TIP TITANIUM GUIDE 적용으로 밸런스 최적화 실현
BLANK TECHNOLOGY	CP 020 4YA-5 원단사용 (8축 원단)

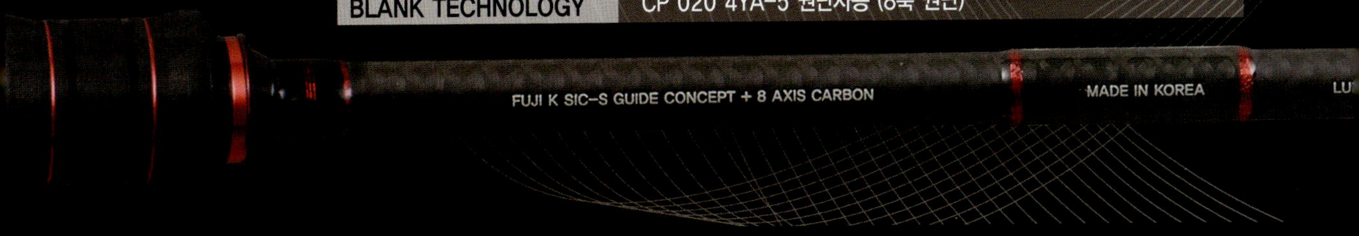

미지의 세계에 대한 동경과 도전

우리나라에서 '낚시'는 향유(享有) 인구의 대중성과 전문성으로 볼 때 가장 손꼽히는 취미생활 분야라고 생각합니다.

여가생활로서의 낚시, 그 중에서도 '루어낚시'는 레저(Leisure)에 스포츠(Sports) 성격이 가미된 '게임 피싱(Game fishing)'으로서의 가치도 간과할 수 없습니다. 거기에는 낚시 자체의 자유로움도 있지만 분명히 지켜야 할 규범이 존재합니다. 그러므로 루어낚시는 단순한 유희나 도락의 차원을 넘어 신사도에 입각한 룰(Rule)을 지키고 존중해야 하는 스포츠의 한 분야라 부르고 싶습니다.

이러한 루어낚시를 알게 된 것은 아주 어린 시절, 부친을 따라 서해로 남해로 바다낚시를 다닐 무렵부터였는데, 당시 부친이 구독하던 낚시春秋에는 가짜미끼로 물고기를 낚는 새로운 낚시 분야가 소개되고 있었습니다. '루어(Lure)낚시'라는 새로운 장르에 호기심이 생겨 낚시春秋 기사를 매월 탐독하던 중, 1978년도에 처음으로 발간된 〈루어낚시 입문〉(박현재 著)이라는 단행본을 접하고선 나름대로의 이론을 익혀 나갔습니다.

그 무렵 어느 날인가, 부친께서 사주신 안테나 식 릴낚싯대를 들고 친구의 외갓집이 있는 한탄강을 찾아 막스푼으로 끄리를 처음 낚은 것이 중학교 1학년 여름방학 때였습니다. 그 이후로는 〈루어낚시 입문〉의 저자이자 서울릴낚시회를 운영하시던 고 박현재 선생님을 자주 찾았고, 주말이면 서울릴낚시회의 출조 버스에 몸을 싣고 전국의 강으로 계곡으로 다니며 많은 것을 배우고 익히는 기회를 가졌습니다.

우리나라 최초의 루어낚시 참고서였던 〈루어낚시 입문〉은 〈루어낚시 교실〉이라는 이름으로 1990년도에 개정판이 출간되었지만 박 선생님께서는 그 책을 보지 못하고 타계하셨고, 그 이후로는 나날이 발전된 우리나라 루어낚시 분야를 체계적으로 정리한 참고서가 나오질 않았습니다.

이번에 본서가 그 뒤를 이어나갈 수 있게 되었다는 사실에 기쁘기 한량없습니다. 본서 〈루어낚시 100문 1000답〉이 초보자에게는 길잡이가 되고, 동호인들에게는 보다 다양한 어종의 루어낚시를 접하는 기회가 되며, 궁금한 점에 대한 시원한 답변이 될 수 있기를 희망합니다. 또한 젊은 세대의 입문자에게는 더 넓은 시야를 갖고 꿈을 키우는 기회를 제공하고자 합니다.

우리나라엔 많은 낚시 장르가 있지만 그 중에서도 루어낚시는 특히 비약적인 발전을 거듭해 왔습니다. 정적인 낚시가 아닌, 에너지가 넘쳐 움직이는 낚시이기 때문입니다. 쏘가리 · 끄리 · 꺽지로부터 시작된 루어낚시는 수많은 어종으로 확대되었고, 한정된 내수면을 벗어나 바다로, 그리고 광대한 대양과 대륙으로 그 영역을 넓혀가고 있습니다. 낚시 테크닉은 물론, 도구의 발전 또한 짧은 시간에 괄목할 만한 신장을 거듭해 왔습니다.

루어낚시인들은 모두가 진취적이고, 미지의 세계에 대한 동경과 도전정신이 남다릅니다. 그러므로 앞으로도 루어낚시의 모습은 계속 바뀔 것입니다. 지금도 한참 발전도상인 장르가 바로 루어낚시이기 때문입니다.

이런 점으로 볼 때 본서의 발행은 우리나라 루어낚시의 1세대 선배님들이 없었다면 불가능했을 것입니다. 먼저 우리나라 루어낚시를 이끄신 선배님들께 감사드립니다. 또한 필자의 졸고가 세상에 나올 수 있도록 배려해 주신 (주)다락원 정효섭 사장님과 기획과 집필에 관한 조언을 아끼지 않으신 김국률 전무님, 제작에 심혈을 기울여 주신 낚시春秋 편집 · 미술부 기자 및 모든 스태프들께 감사의 마음을 전합니다. 특히 전문 분야의 자료를 제공해 주신 박승규 · 김동렬님, 그리고 멀리 지구의 반대편까지 동행해 주었고 많은 격려와 귀중한 자료를 제공해 준 조우들– 일본 오끼나와현의 鈴木文雄님, 사가현의 佐野禎男님, 오스트레일리아 케언즈의 HITOSHI NAGAHARA님, 미국 미시건주의 PETER YOON님, 그리고 클럽 루어플라이 마니아의 박상현 회장과 회원들께도 이 지면을 빌어 감사의 마음을 전합니다.

2005년 11월 조홍식

머리말

Part Ⅰ 루어낚시 개관

제1장 루어낚시의 정의 및 분류

제2장 스포츠 낚시인의 자세와 매너

제3장 루어(Lure)에 관한 상식

제4장 루어 낚싯대(Rod)에 관한 상식

제5장 루어낚시용 릴(Reel)에 관한 상식

제6장 루어낚시용 줄(Line)에 관한 상식

제7장 바늘(Hook) 및 기타 용품에 관한 상식

Part Ⅱ 민물 루어낚시 편

제1장 민물 루어낚시 개관

제2장 민물 루어낚시 장비 및 소품

C · O · N · T · E · N · T · S

Part Ⅲ 바다 루어낚시 편

PartⅣ 해외 원정낚시 편

PartⅤ 부록

Part I

루어낚시 개관

제1장 루어낚시의 정의 및 분류

제2장 스포츠 낚시인의 자세와 매너

제3장 루어(Lure)에 관한 상식

제4장 루어 낚싯대(Rod)에 관한 상식

제5장 루어낚시용 릴(Reel)에 관한 상식

제6장 루어낚시용 줄(Line)에 관한 상식

제7장 바늘(Hook) 및 기타 용품에 관한 상식

1

제1장 루어낚시의 정의 및 분류

1 루어낚시란 어떤 낚시인가

루어(Lure)라는 말은 영어로 '유혹하다, 꾀어내다' 라는 의미를 갖고 있다. 또한 명사로 사용될 때는 '미끼' '모조미끼' 라는 뜻을 가진다.

우리나라는 물론, 전 세계 어디에나 물고기를 낚는 수단으로서 모조미끼가 사용되는 예가 많다. 그러나 루어는 전통적인 어구(漁具)나 어법(漁法)으로 발달한 것이 아니다. 서양에서부터 발달된 취미 형태의 낚시도구라는 의미가 강하고, 색상과 형태의 변화가 풍부하며 독창적 발상이 함축되어 있다. 결국 루어낚시를 단순히 정의한다면 '루어를 이용해 물고기를 낚는 취미활동' 이라고 할 수 있다.

대자연을 벗함에 있어 수많은 방법을 들 수 있겠으나 우리들의 방법은 물고기를 즐겁게 낚는다는 것 즉, 낚시라는 방법이다. 낚시에도 수만 가지 방법이 있지만, 루어라는 도구를 이용한 낚시 방법은 낚시인을 동심으로 돌려보내는 매력이 넘쳐흐른다.

복잡한 경쟁사회 속에서 황폐화되는 심신에 생기를 불러일으켜 주는 놀이(낚시)로서의 도구(루어)는 성인들의 장난감이라 할 수 있으며, 그 흥미진진한 장난감을 이용한 행위(루어낚시)는 성인들로 하여금 순수한 동심의 세계로 이끌어 대자연과 하나가 되게 한다.

2 루어낚시의 종류는?

루어낚시의 장르 구분은 어떤 기준으로 분류하느냐에 따라 그 모습이 매우 다양해진다. 그러나 본서에서는 우리나라에서 자주 행해지는 낚시 형태를 기준으로 우선 구분하였고, 장소나 장비의 차이가 현저한 분야를 다시 구분한 후 어종별로 재분류하는 방법을 따랐다.

1)담수 루어낚시

①강계 루어낚시(쏘가리 · 끄리 · 꺽지 · 강준치 등)

쏘가리를 주 대상어로 한 강계(江系) 루어낚시는 토속성이 강한, 우리나라 루어낚시의 원류이자, 서양식 루어낚시가 가장 먼저 차용된 분야이기도 하다.

낚시 장비는 기본적으로 6.6피트(약 2m) 전후의 라이트(L)급 낚싯대와 소형 스피닝릴, 6~8파운드(1.5~2호)의 나일론 줄을 사용하고 3~12 g 정도의 각종 루어

강계의 쏘가리낚시는 우리나라 루어낚시를 대표하는 장르이기도 하다.

1

를 사용한다.

강계를 따라 계속 이동하는 형태로, 어종에 따라 돌밭이나 급심(急深) 지역, 여울 등을 주된 포인트로 한다. 이 가운데 쏘가리는 루어를 가라앉혀 강계의 하층측, 암반이나 바위 주변 등의 장애물이 발달한 장소를 공략하고, 끄리와 강준치는 상층부를 회유하므로 수면 가까이부터 회유층을 찾아가는 낚시를 한다. 꺽지는 자갈밭이나 돌 틈을 작은 루어로 탐색하는 방법을 사용한다.

②계류낚시(산천어 · 열목어 · 무지개송어 등)

산간 계곡에서 산천어 · 열목어 · 무지개송어 등을 낚는 방법으로, 강계 루어낚시의 장비를 한 단계 낮추어 사용한다. 낚싯대는 5피트(약 1.5m) 정도가 다루기 쉬우며, 소형 스피닝 릴에 4~6파운드(1~1.5호)의 나일론 줄을 사용하고 5g 이하의 루어가 주로 사용된다. 산간 계곡을 따라 포인트를 찾아가며 반 등산을 겸하는 낚시이기도 하다.

계곡 루어낚시는 산악 등반을 겸하는 스포츠 피싱이기도 하다.

저수지 유료낚시터에서의 무지개송어낚시는 1990년대 초반부터 시작된 장르이다.

③저수지낚시(무지개송어 외)

주로 늦가을에서 겨울철을 거쳐 봄까지 이루어지는 관리형 낚시터 즉, 양어장 낚시터에 방류된 무지개송어가 주된 목표이다.

계류낚시 장비를 기본으로 하되 더욱 섬세한 장비가 필요한 경우도 있다. 사용하는 루어도 낚시터에 따라 특정적인 것에 입질이 좋은 경우도 많고, 양어장에서 자란 특성상 루어를 먹이로 인식하는 경향이 적으므로 호기심을 자극하는 루어 종류에 입질이 왕성한 경우도 많다.

④가물치낚시

담수의 루어낚시 중에서는 가장 중장비를 사용하는 분야이다. 각종 수초가 밀생한 저수지 등이 주된 낚시터로, 입질과 동시에 수초를 감아버리는 가물치의 강력한 저항을 이겨낼 수 있는 장비가 요구된다.

이에 낚싯대는 7~8피트(약 2.1~2.4m)의 가물치 전용 대를 사용하고 릴은 캐스팅 성능을 갖춘 중형급 이상의 베이트캐스팅 릴, 8호 정도의 PE 줄을 사용한다. 루어는 가물치용으로 개발되어 있는 프로그(Frog)로 대표되는 각종 위드레스 루어를 상황에 맞추어 사용한다.

1

가물치 루어낚시는 우리나라 담수계에선 최고 중량급 낚시로 꼽힌다.

가물치는 생태적으로 산란기에는 알자리를 만들고 산란 후에도 부화된 치어들을 암수가 공동으로 보호하는 생활상을 갖고 있다. 이런 이유로 산란기에는 간단하게 가물치를 낚아낼 수도 있지만 이는 바람직하지 못한 자세이므로, 산란장에서의 가물치낚시는 반드시 자제해야 한다.

⑤배스(Bass) 루어낚시

배스낚시는 담수 루어낚시의 한 부류이긴 하지만, 장비의 발달 및 세분화는 물론 기술적으로도 심도 있는 발전이 이루어져 있으며, 세계적으로 각종 경기가 개최됨에 따라 프로 선수가 양성되고 있는 등, 하나의 독립된 장르로 발전되고 추세이다.

●도보낚시 – 강변 · 저수지 · 호수 등에서 담수의 일반 루어낚시와 같은 형태이다. 대부분 아마추어 낚시인들은 이 방법을 사용하고 있다. 낚시장비는 사용하는 루어, 낚시터 여건 등에 의해서 울트라 라이트(UL)급에서부터 헤비(H)급 파워에

이르기까지 다양하게 세분된다. 배스는 이와 같이 매우 환경 적응력이 뛰어난 어류이다.

●**보트낚시** – 호수나 강계 지역에서 전용 보트를 이용해 다양한 포인트를 광범위하게 탐색하는 형태이다. 프로 선수들이 참가하는 토너먼트 게임에는 필수 장비 중의 하나로, 신속한 이동, 정확한 포인트 지점으로의 근접성이 용이하다는 점 등이 그 매력이다.

⑥기타 담수 루어낚시 어종

이 외에도 루어로 낚이는 어종은 메기 · 갈겨니 · 피라미 · 눈불개 · 블루길 외, 산란기의 누치, 기수역으로 소

배스낚시는 뭍에서 누구나 즐길 수 있는 도보낚시(위 사진)와 전문꾼들이 주로 즐기는 보트낚시(아래 사진)로 양분된다.

서해 연안에서 쉽게 접할 수 있는 우럭은 바다 루어낚시의 대중화 시대를 열었다.

상한 황어 등이 있으며, 모두가 강계 루어낚시 장비로 무난히 낚아낼 수 있다.

2)바다 루어낚시

①연안 루어낚시(우럭 · 쥐노래미 등)

담수의 강계 루어낚시와 마찬가지 방법으로 누구나 간편하게 바다에서 즐길 수 있는 것이 연안 루어낚시이다. 방파제나 연안 접근이 용이한 갯바위가 모두 포인트가 된다. 강계의 쏘가리낚시 장비를 그대로 사용해도 크게 무리가 없으며 낚시 방법도 대동소이하다. 다만 물때와 조수 간만의 차이에 의해 낚이는 장소와 시간대가 달라진다는 점을 염두에 두어야 한다.

농어 루어낚시는 일반 갯바위낚시 도중에도 대박 찬스를 맞을 수 있다.

②갯바위낚시(농어 · 부시리 등)

바다 루어낚시 중에서도 별도의 장르를 형성하는 분야가 농어 갯바위낚시이다. 먹잇감을 따라 갯바위로 접근하는 농어를 루어로 낚아내는 것으로, 과거에는 찌낚시 등의 부수적인 방법으로 일부 낚시인들에 의해 행해지곤 했으나 현재에는 전문적인 루어낚시 형태로 자리매김을 하고 있다.

낚싯대는 9~13피트(약 2.7~3.9m)의 농어 루어낚시 전용 대를 사용하고, 릴은 드랙 성능이 좋은 중형 스피닝릴을 사용한다. 원줄은 3~6호의 나일론 줄이나 1.5~3호의 PE 줄을 사용하고 목줄(쇼크리더)은 20~40파운드(약 5~8호)의 나일론이나 플로로카본 줄을 사용한다. 루어는 각종 플러그와 소형 지그를 사용한다.

③선상 캐스팅(만새기 · 농어 등)

보트를 타고 바다로 나가 포인트에 루어를 던져 낚는 방법이다. 한바다의 부유물에 의지하기를 좋아하는 만새기를 낚을 경우나 갯바위 인근에서 농어를 낚는 것도 선상 캐스팅의 한 부류이다. 먹잇감의 보일 현상이 있는 곳, 갈매기 떼가 모여 나는 곳 등을 찾아가며 낚시를 한다.

농어 · 부시리로 인기를 더해가고 있는 선상 루어 캐스팅.

1

낚싯대는 5~6피트(약 1.5~1.8m)의 만새기 전용 대나 미디엄 헤비(MH)급의 배스용 낚싯대를 사용하며, 릴은 드랙 성능이 우수한 중형 스피닝릴, 원줄은 주로 2~3호의 PE 줄에 30~50파운드(약 7~10호)의 쇼크 리더를 연결한다. 루어는 각종 플러그와 소형 지그를 사용한다.

보트에서 농어 루어낚시를 하는 경우는 갯바위 루어낚시 장비를 그대로 사용하되 낚싯대를 6~8피트(약 1.8~2.1m) 정도로 짧게 사용하는 편이 무난하다.

④선상 수직 지깅(부시리 · 방어 · 대구 등)

루어 종류 중의 하나인 메탈 지그(Metal jig)를 배를 타고 비교적 깊은 수심으로 내려 고패질하는 동작과도 유사한 다양한 지깅 동작을 연출해 낚아내는 방법으로, 여타 루어로는 도달하기 힘든 깊은 수심까지도 공략이 가능한 방법이다. 주로 부시리 · 방어 등 강력한 힘을 가진 회유어가 그 대상어이고, 낚시 행위 전반에 걸쳐 장비를 가혹하게 다루게 되므로 지깅 전용 장비를 사용해야 한다.

대상어의 크기, 수심, 사용하는 지그의 무게, 지깅 방법 등에 따라 장비는 여러

선상 수직 지깅으로 대표되는 대구낚시 장면.

가지로 구분된다. 5~7피트(약 1.5~2.1m) 길이의 지깅 전용 낚싯대에, 릴은 스피닝 · 베이트 공히 기어와 몸체의 강도가 우수한 상급품을 사용한다. 원줄은 지깅을 위해 태어났다고 해도 과언이 아닌 PE 줄을 사용하되, 목적하는 바에 맞는 굵기(1~8호)를 선택한다. 이에 연결하는 쇼크 리더는 나일론이나 플로로 카본 재질을 사용하되, 굵기 역시 용도에 맞게(20~100파운드, 5~40호) 선택한다. 지그 역시 대상어와 조류, 수심 등 용도에 따라 알맞은 형태와 무게를 선택한다.

⑤라이트 트롤링(다랑어 · 삼치 · 부시리 등)

정지된 배 위에서 채비를 던져 낚는 것이 아니라 배의 동력으로 일정 거리의 루어를 끌고 달리는 방법이다. 어부들의 끌낚시와 그 맥락을 같이 하는데, 납봉돌이 여러 개 달린 납줄 또는 수심을 제어하는 비행기나 잠수판을 연결하고, 비닐 재질로 만들어진 꼴뚜기 베이트 등을 여러 개 달아 끄는 방법이 어부들이 주로 행하는 끌낚시이다.

결국 배로 루어를 끌고 간다는 점에선 재래식 끌낚시와 같은 범주이지만, 트롤

한바다 위에서의 호쾌한 즐거움이 있는 라이트 트롤링.

1

에기(Egi)에 걸려나온 오징어가 수면에서 물을 뿜고 있다.

링은 전용 장비 및 루어를 사용하는, 보다 발전되고 전문화된 개념의 루어낚시라 할 수 있다. 앞서 소개한 '선상 캐스팅' 및 '선상 수직 지깅'의 장비와 채비를 그대로 사용할 수도 있는데, 다만 루어는 1개를 사용하며, 수중에서 움직임이 완벽한 루어 종류를 사용한다는 점에 유의해야 한다.

⑥에깅(오징어 루어낚시)

에깅(Eging)이란 말은 일본어인 '에기(餌木-Egi-오징어뿔)'에 영어의 진행형 ing를 붙여 만든 신조어로서 일본에서 만들어진 말이다. 이름 그대로 오징어뿔을 루어와 마찬가지로 사용하여 오징어를 낚는 방법이다. 그러나 사용하는 에기는 일반적인 오징어뿔이 아닌 캐스팅에 적합하도록 개발된 것이 대부분이다.

일본에서는 주로 흰오징어(일본명 아오리 이카)를 대상어로 그 기법이 개발되었으며, 상대적으로 바다 수온이 찬 우리나라에서는 살오징어(오징어) · 참오징어(갑오징어) · 화살오징어(한치) 등이 주 대상어로서 연안 가까이 접근하는 시기에 주로 행해지고 있다. 낚싯대는 7~9피트(약 2.1~2.7m)의 라이트급, 릴은 소형 스피닝 릴, 원줄 0.8~1호의 PE, 목줄은 플로로 카본 1.5~2호를 사용하는 전용 장비도 개발되어 있으나, 앞서 설명한 '연안 루어낚시'(우럭 · 노래미 등) 장비에 일반적인 루어 대신 적당한 종류의 에기를 사용하는 것으로도 무난하다.

4)해외 원정 루어낚시

우리나라의 민물은 물론 연근해에 서식하지 않는 어종이나 대물을 목적으로 한 해외 원정은 시간과 경비, 체력, 무엇보다도 낚시에 대한 무한한 정열을 필요로 한다. 외국 바다의 빅게임으로는 헤밍웨이의 〈노인과 바다〉에서 등장하는 거대한

산호초가 발달한 얕은 바다가 주무대인 GT낚시광경.

계류낚시 장르를 가장 대표하는 플라이낚시 광경.

'새치(Marlin)'를 낚는 빅게임 트롤링, 초대형 폽퍼를 사용하는 궁극적인 톱워터 게임인 '자이언트 트레발리(Gaint trevally)' 낚시, 수퍼디프 지깅으로 낚는 거대한 '잿방어'나 '도그투스 투나(Dogtooth tuna)' 등이 주된 목표이며, 대륙의 민물 루어낚시로는 대하를 거슬러 오르는 각종 연어와 송어류 등이 주된 목표이다.

이에는 전용 장비, 현지 정보, 신뢰할 수 있는 가이드와 전용 선박, 심신의 단련 등이 중요한 요소가 된다.

5)플라이낚시

플라이낚시(Fly fishing · 통칭 FF)는 영국에서 생겨난 이래 긴 역사와 전통, 그리고 매우 격조 높은 낚시 장르로 꼽힌다. 원래 플라이낚시는 영국의 전형적인 계류 형태인 초크 스트림(Chalk stream · 영양염류가 풍부하여 수생곤충이 잘 자라는 하천) 즉, 천천히 흐르는 하천에서의 장비와 기술로 연구 · 개발되었으나, 현재에 이르러서는 스포츠 피싱의 유행과 함께 정지 수면인 호소에서의 플라이낚시, 바다에서의 플라이낚시도 계속적으로 발전되고 있다.

루어낚시를 광의로 해석한다면 플라이낚시 역시 루어낚시의 일부분이라고도 말할 수 있겠으나, 루어낚시와 플라이낚시의 결정적인 차이점을 든다면, 전자는

〈그림1〉 루어낚시와 플라이낚시의 메커니즘 비교

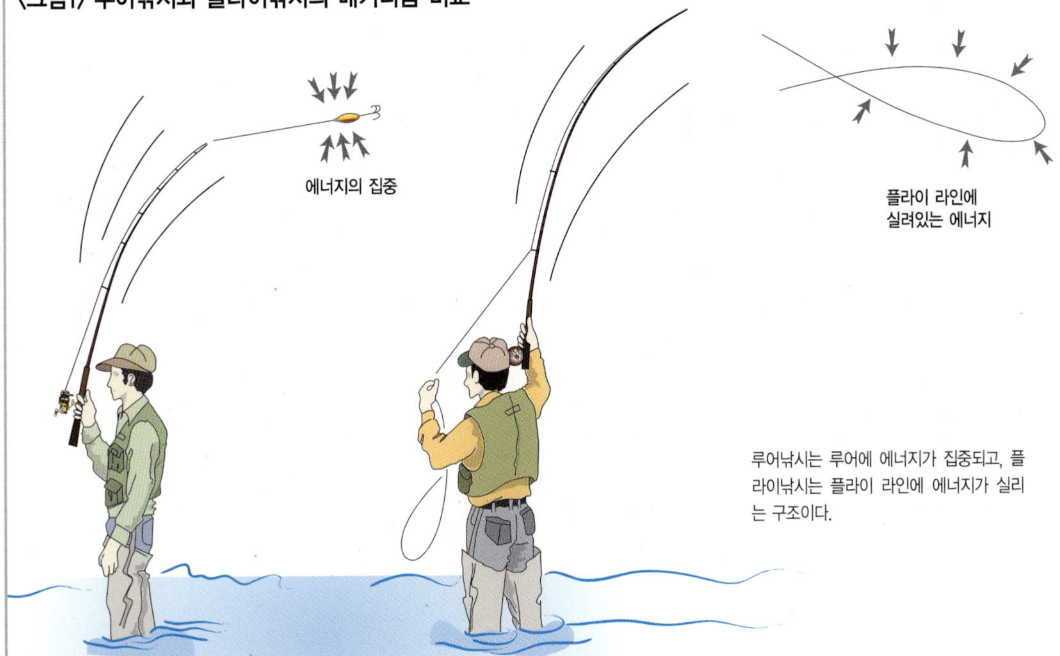

루어낚시는 루어에 에너지가 집중되고, 플라이낚시는 플라이 라인에 에너지가 실리는 구조이다.

〈표1〉루어낚시의 분류표

※범례 – S : 스피닝릴 / B : 양축릴

	루어													
	담수							바다						
	일반					배스								
	강계	계류	호소 송어	가물치	기타	도보	보트	연안 우럭	갯바위	선상 캐스팅	수직 지깅	라이트 트롤링	에깅	해외 빅게임
대	6~7ft. L~ML	5ft. UL~L	4~6ft. UL	7~8ft. 전용		배스용 각종	좌동	6~7ft. L~ML	9~13ft. 전용	5~8ft. 전용	5~8ft. 전용	5~8ft.	7~9ft. 전용	본문 참조
릴	소형 S	소형 S	소형 S	중형 B		소형 S/B	좌동	소형 S	중형 S	중형 S	중대형 S/B	중대형S/B	소형 S	본문 참조
원줄	6~8lb	4~6lb	3~6lb	PE 6~10호		4~20lb	좌동	6~8lb	12~20lb	PE 2~3호	PE 1~8호	PE 2~4호	PE 0.4~1호	본문 참조
목줄	–	–	–	–		–	–	경우에 따라	20~50lb	50~80lb	50~130lb	50~80lb	1.5~2호	본문 참조
비고									PE 원줄 경우 2~3호			보트용 또는 지깅용 낚시대 사용 가.		

1

사람의 힘을 낚싯대의 반발력에 실어 루어의 무게로써 채비가 날아가도록 하는 형태인 반면, 후자는 사람의 힘을 플라이 라인에 실어 가벼운 플라이훅을 원하는 곳에 날아가도록 하는 메커니즘을 갖고 있다. 또한 대상어와 기법, 낚시 장소와 시기 등에 의해 로드 · 라인 · 리더 · 릴 · 플라이훅이 세분되며, 루어낚시보다 더 엄격한 밸런스가 요구된다.

이와 같이 플라이낚시는 장비는 물론 기본을 이루고 있는 물리적 구조, 사용하는 단위, 낚시 방법 등이 일반 루어낚시와는 확연히 다른 모습을 갖고 있어 또 다른 장르로서 발전을 거듭하고 있다.

제2장 스포츠 낚시인의 자세와 매너

1 왜 스포츠 피싱인가

루어낚시를 '게임 피싱' 또는 '스포츠 피싱'이라 표현한다. 루어낚시인 또한 단순한 어부가 아닌 '앵글러(Angler)'라 부른다. 즉, 룰(Rule)이 있는 스포츠 게임과 같이 정해진 규범 안에서 최대한 즐겁게 낚시를 한다는 의미이다. 이는 대자연과 벌이는 게임이기 때문에 당연히 에콜로지(Ecology)와 관련된다. 낚아 올린 물고기의 처리와 낚시터의 보존은 미래의 환경 보호라는 관점에서 매우 주의를 기울여야 하는 부분인 때문이다.

외국에서는 '캐치 앤 릴리즈(Catch and release)' 문화가 상당히 정착되어 있고, 우리나라도 어느 분야에선 잘 행해지고 있지만 광범위하게 정착된 단계와는 아직 거리가 먼 상황이다. 낚시로 인해 한 장소가 황폐해질 수 있다는 것을 낚시인은 모두 알아야 한다. 오늘 낚시한 이 장소에 우리 후배들이, 우리 후손들이 다시 와 물고기를 낚을 수 있도록 하는 것은 바로 오늘을 사는 우리 낚시인의 의무이며 책임이다.

2 '캐치 앤 릴리즈' – 어떻게 실천할 것인가

1

'캐치 앤 릴리즈'는 루어 및 플라이 낚시인들이 가장 지향해야 할 덕목이다.

생명을 경시하는 것은 인간으로서의 참된 모습이 아닐 것이다. 요리해서 먹을 분량, 최소한의 필요량만을 취하는 아량이 필요하다. 낚은 물고기를 되살려 주는 방법 또한 올바르게 행하지 않으면 소용이 없다. 물고기가 물에 빠져 죽어버리는 웃지 못할 아이러니가 생길 수도 있는 것이다.

물고기를 제대로 살려주는 방법을 생각한다면 먼저 될 수 있는 한 빠르게 끌어올려야 한다. 손맛을 보느라 오래 놀리면 물고기가 지쳐버리고, 포유류와 달리 간장이 작은 어류는 몸 안에 생긴 젖산을 빠르게 분해하지 못해 죽어버린다. 이 외 중요한 요소는 변온동물인 물고기에 있어서 인간의 체온이 치명적이란 사실이다. 인간의 피부온은 평균 섭씨32도이다. 물론 신체의 말단인 손은 좀더 낮은 온도 차이가 있지만 물고기가 사는 수온보다 높은 건 사실이다. 만지지 않았더라도 햇볕이 내리쬐고 있는 상황이라면 땅 위의 마른 표면은 그보다도 훨씬 높은 온도이다. 가능한 한 접촉을 피하고 습기가 있어 뜨겁지 않은 곳에 올려놓는 지혜가 필요하다. 겉으로 보이지 않는 화상을 입힌 채 놔준 물고기는 날이 갈수록 화상 자리의 비늘이 떨어지게 되고 결국은 죽고 만다.

피부 접촉이 좋지 않은 이유 중의 또 한 가지는, 물고기 몸체의 점액이다. 이것도 중요하다. 무언가에 닿게 되면 이 점액이 닦여지게 되고, 그곳으로 세균 감염 등이 발생해 역시 물고기를 죽음으로 몰아간다. 놔주기로 결정했다면 무접촉이 상책이다.

3 스포츠 낚시인으로서의 매너

낚시인에 의해 수질이 더러워진다는 오명을 쓰는 경우가 있다. 몇몇 몰지각한 사람들에 의한 행태가 전부에게 미치는 일이겠으나 루어 낚시인들은 이러한 환경보호에 더욱 주의를 기울여야 할 이유가 있다. 루어 재질의 경우, 최근에는 생분해성을 갖고 있는 것이라든지, 납과 같은 중금속을 피한 제품들이 등장하고 있다. 포장지, 폐낚싯줄 등의 쓰레기는 본인이 수거하는 일은 당연한 일이고, 물가에는 즐거움 외는 아무것도 남기는 것이 없도록 세심한 주의를 기울여야 한다.

뿐만 아니라 낚시를 하는 방법에도 스포츠맨십이 가미되어야 한다. 동일한 크기의 물고기를 낚아 올리는 데 경량급 장비와 중량급 장비 중 어느 것을 선택할 것인가? 루어에 걸린 물고기를, 드랙을 조절해 가면서 한참을 밀고 당기고 한 후 끌어올리는 과정은 낚시의 즐거움 가운데 으뜸인 것임에 틀림없다. 반대로 중장비를 택하여 루어에 걸린 물고기가 지치기 전에 순식간에 꺼내 올리는 방법은 어떠한가. 다시 놓아주기로 생각했다면 이것도 한번은 생각해 봐야 할 과제이다.

바다 루어를 생각해 보자. 좁은 배 안에서 경량급 장비로 낚시를 하면 자신은 흥분에 휩싸이겠지만 같이 낚시를 하고 있는 동료가 있다면 너무 긴 대결은 방해가 될 수도 있다. 중장비를 사용하게 되면 낚시인이 쉽게 지쳐버리는 체력 문제가 야기될 수도 있지만, 이것은 낚시인의 단련 여하에 따라 극복할 수 있는 분야이기도 하다.

루어낚시는 그 특성상 계속해서 움직이고 큰 동작을 반복하게 된다. 배낚시는 물론 좁은 장소에서는 사소한 실수가 사고를 부를 수도 있기 때문에 어느 정도 규칙을 세우는 것이 바람직하다. 서로의 자리를 일정 시간마다 교체한다거나, 동료가 한 마리 걸었을 경우 파이팅에 용이하도록 다른 사람은 빨리 루어를 걷어 올려주는 행위가 그것이다. 음주 또한 '낚시 종료 후!' 로 정해 놓으면 조행 내내 얼굴 붉히는 일 없이 매끄러워진다.

1

제3장 루어(Lure)에 관한 상식

1 물고기가 루어에 낚이는 이유

루어에 낚이는 어류의 식성을 보면 대부분이 어식성(魚食性)이라는 공통점이 있다. 즉, 작은 어류를 잡아먹고 산다는 것이다. 물론 작은 어류뿐만이 아니라 각종 수생 갑각류 · 양서류, 소형 육상생물, 소형 포유류까지도 먹이로 취하는 육식성 어류가 대부분이다. 이들은 살아 움직이는 물체, 그리고 살아있는 것처럼 보이는 물체에 반사적으로 공격을 가하는 습성을 갖고 있다. 그 이외에 산란장 및 치어의 보호, 호기심, 분노 등에 의해 움직이는 물체에 입을 갖다 대는 경우가 있다.

〈그림2〉루어의 유래

배 위에서 떨어뜨린 티스푼을 공격하는 송어.

2 루어(Lure)의 유래는?

루어의 유래에 대해선 정확한 기록은 없으나 구전되듯 내려오는 일화가 있다. 유럽의 한 호숫가,

〈그림3〉루어낚시 대상어들의 공격 유형

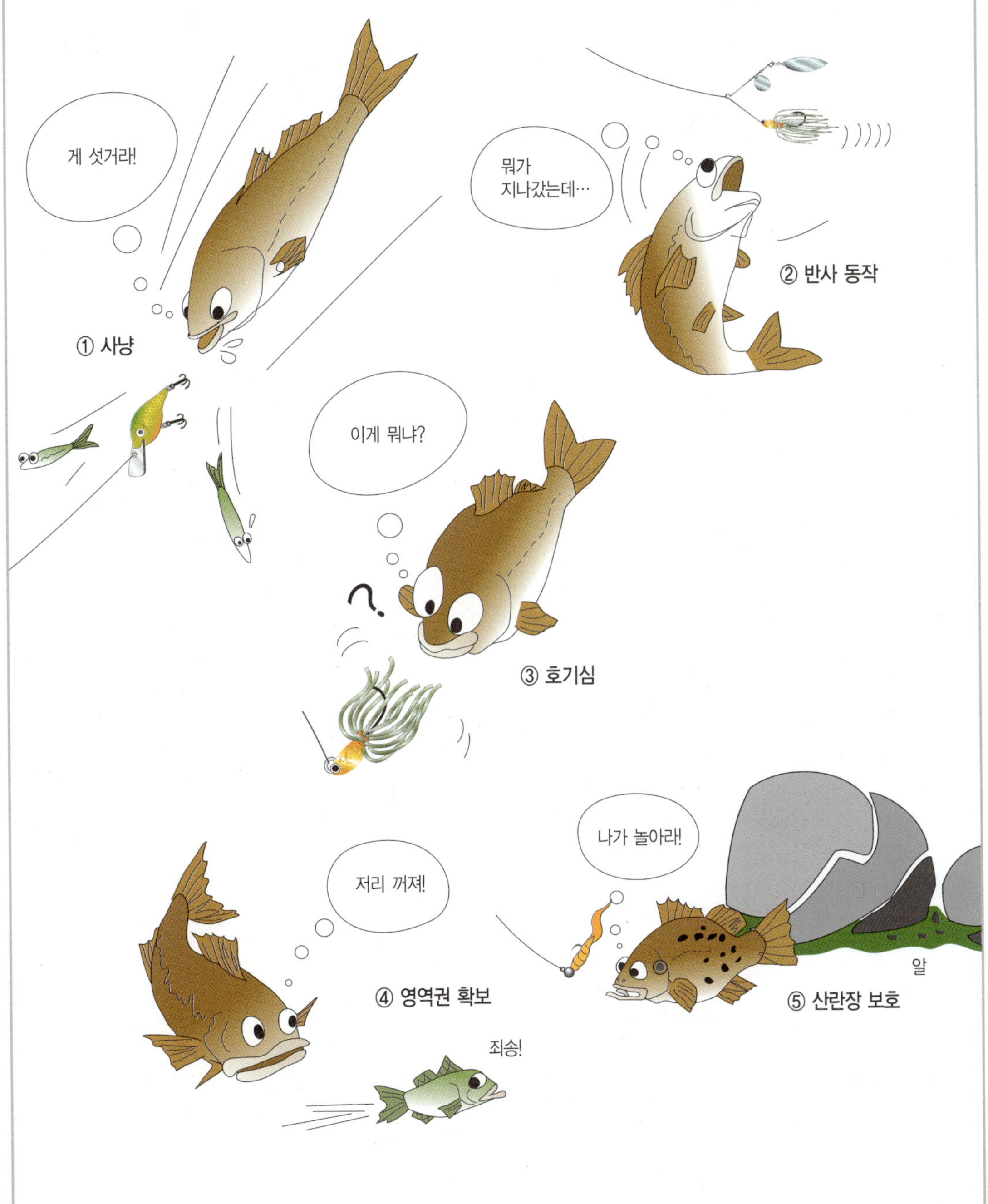

보트 위에서 실수로 티스푼을 떨어뜨렸는데, 어디선가 나타난 거대한 송어가 이 티스푼을 삼키는 모습이 목격되었다. 이에 착안하여 금속제 '스푼'을 만든 것이 루어의 원조가 되었다는 설이다.

한편, 루어낚시는 중세의 유럽에서부터 시작되어 점차 세계적으로 확산되면서 발달을 지속하여 왔으나, 현재와 같은 다양다종의 루어를 사용하는 여러 장르의 본격 루어낚시가 성행하게 된 것은 그다지 오래지 않은 역사로 받아들여진다.

3 루어를 분류하는 기준

루어는 최초의 발명 이래 현재에 이르기까지 실로 다양하게 발전돼 왔고 오늘에도 새로운 형태, 새로운 기능을 가진 제품들이 속속 개발되고 있다. 그러므로 이를 간단하고 명료하게 분류하는 것은 거의 불가능한 일이다. 다만 고유한 명칭을 갖는 종류별로 세분할 수는 있겠으나, 이에 앞서 루어 종류를 크게 하드 베이트(Hard bait)와 소프트 베이트(Soft bait) 2가지로 분류해 볼 수 있다. 또한 플라이는 일반 루어와는 다른 개념으로 분리된다.

〈표2〉루어의 분류

	루 어																
대분류	하드베이트									소프트베이트			콤비네이션	플라이			
중분류	스푼	스피너	플러그						지그	포크라인드	웜, 그럽	기타 소프트베이트					
소분류			톱워터	쉘로우런너	딥다이버	플로팅	싱킹	서스펜딩									
형태별 분류	굴곡 두께 폭	블레이드 형태 및 부착구조	폽퍼 스위셔 펜슬 베이트	미노우 새드 크랭크 베이트	미노우 새드 크랭크 베이트	미노우 새드 크랭크 베이트	미노우 새드 크랭크 베이트 바이브 레이션	미노우 새드 크랭크 베이트	훼더 벅테일 러버 메탈	포크라인드 포크청크	다양	각종 이미 테이션	스피너 베이트 버즈 베이트 기타	드라이	웨트	님프	스트리머
비고													와이어 베이트				

4 하드 베이트(Hard bait)는 어떤 루어인가

하드 베이트는 크게 스푼(Spoon) · 스피너(Spinner) · 플러그(Plug) · 지그(Jig)

등 4가지 종류로 나뉘는데, 형태와 기능에 따라 각각 세분화되기도 한다. 그 중에서도 플러그는 잠행(潛行) 심도에 따라 톱워터(Top water), 셸로우 런너(shallow runner), 디프 다이버(Deep diver)로 재분류 되는가 하면, 자체 부력에 따라 플로팅(Floating), 싱킹(Sinking), 서스펜딩(Suspending)으로 나뉘고, 형태 또는 기능에 따라 미노우(Minnow), 크랭크 베이트(Crank bait), 섀드(Shad), 폽퍼(Popper), 스위셔(Swisher), 펜슬 베이트(Pencil bait), 바이브레이션(Vibration) 등으로 구분되기도 한다.

1)스푼(Spoon)

일상생활의 숟가락에서 힌트를 얻어 발달된 루어이다. 금속제로서 한 장의 금속판으로 만들어진 것이 대부분이다. 형태는 매우 다양하여 폭이 좁은 것과 넓은 것, 두께가 얇은 것과 굵은 것, 완곡도가 큰 것과 작은 것 등등이 있는데, 각각의 형상에 따라 수중에서의 움직임이 달라진다.

이 같은 스푼은 크기에 비해 무게가 있으므로 멀리까지 캐스팅이 가능한 이점

스푼(Spoon) 루어의 다양한 모습들.

1

이 있다. 또한 잘 가라앉기 때문에 착수와 동시에 릴링을 하면 표층, 잠시 기다린 후 릴링을 하면 중층 및 저층 등, 원하는 수심층을 공략할 수 있는 점도 그 장점으로 꼽힌다. 단점이라면 그 형태가 기타 루어 종류에 비해 단순하여 움직임도 단조롭다는 점이다.

2)스피너(Spinner)

스피너의 의미는 '회전하는 루어' 라는 것으로, 별도로 부착되어 있는 블레이드(Blade · 날개깃)가 강하게 회전함으로써 움직이는 물체에 반사적인 공격을 하는 어류의 습성을 자극하는 점이 그 특징이다. 부착된 블레이드의 형태가 다양하고 부착 구조가 상이한 여러 가지 형태가 존재한다.

스피너는 단거리에서 물고기를 유혹하여 낚을 수 있는 가장 강력한 루어로, 산천어와 열목어 같은 계류낚시 대상어, 그리고 꺽지에게 특효로 알려지고 있다. 다만 공기 저항이 커 원투가 쉽지 않고, 상대적으로 깊게 가라앉히기가 어려운 것이 단점이다.

물속에서 회전하는 블레이드가 달린 스피너(Spinner) 종류.

3)플러그(Plug) 종류

작은 물고기를 그대로 흉내 내어 만든 루어의 총칭으로, 형태와 기능에 따라 또 다시 세분된다. 기본적으로 립(Lip)이라 불리는 저항판이 부착되어 있어 이로써 루어가 물속으로 파고들며, 물고기의 움직임을 연출하는 형태가 많다.

플러그의 몸체는 발사(Balsa)나무나 오동나무 등의 목재가 주종이었으나 현재에는 각종 플라스틱의 수지제품이 주류를 이루고 있다. 목제품은 독특한 움직임과 높은 부력, 안정된 균형 등으로 꾸준히 인기를 모으고 있으나 수가공에 의한 높은 단가 부담 외, 강도 및 내구력이 떨어지는 단점이 있다.

플러그는 다시 3가지 형태로 세분할 수 있다. 먼저 잠행(潛行) 심도에 따른 분류이다. 수면 위에서만 조작하는 톱워터(Top water) 플러그, 표층을 끄는 쉘로우 런너(Shallow runner), 깊게 잠수하는 디프 다이버(Deep diver)가 그것이다.

다음은 자체 부력에 따른 분류로, 물에 뜨는 플로팅(Floating) 플러그, 가라앉는 싱킹(Sinking) 플러그, 비중이 물과 비슷해 수중에서 멈춰지는 서스펜딩(Suspending)으로도 나눌 수 있다.

미노우 플러그의 다양한 모습들.

1

끝으로 형태 또는 기능에 따라 미노우(Minnow), 크랭크 베이트(Crank bait), 새드(Shad), 폽퍼(Popper), 스위셔(Swisher), 펜슬 베이트(Pencil bait), 바이브레이션(Vibration) 등으로 구분한다.

①미노우(Minnow) – 가장 기본적인 플러그 즉, 플러그의 대명사로서, 이름 그대로 피라미와 같은 조그만 물고기 형태를 띠고 있다. 잠수가 가능하도록 여러 가지 각도 및 길이의 립(Lip)이 부착돼 있는가 하면, 몸체 중간이 잘라진 조인트 형태도 있다.

유럽과 같이 송어 종류의 낚시가 발달한 곳에서는 루어 자체의 동작이 좋은 균형 잡힌 형태로서의 미노우가 발달한 반면, 미국과 같이 배스낚시가 성행하는 곳에서는 낚싯대를 이용(Jerk)해 격렬한 동작을 발생시키는 형태가 발달함으로써, 서로 형태는 동일하지만 이를 특별히 '저크 베이트(Jerk bait)' 라는 별칭으로도 부른다.

②크랭크 베이트(Crank bait) – '크랭크(Crank)' 라는 단어에는 '기묘하다' 는 뜻이 있는 것처럼, 좀 엉뚱하고 괴짜 같은 형태를 띠고 있는 플러그 종류를 말한다. 주로 배스용으로 개발된 플러그로서 먹잇감으로 보이기보다는 호기심을 유발하는 강력한 능력을 갖고 있다. 마찬가지로 잠수가 가능하도록 여러 가지 각도와 길이의 립

'기묘하다' (Crank)는 뜻이 담긴 다양한 크랭크 베이트 종류.

이 부착되어 있다.

③새드(Shad) - 미노우에 비해 몸체의 폭이 넓은 플러그를 지칭한다. 가느다란 피라미 종류가 아닌 납자루와 같이 등이 높고 납작한 작은 물고기 형태를 모방한 플러그이다. 역시 잠수가 가능하도록 여러 가지 각도와 길이의 립이 부착되어 있다.

미노우에 비해 몸체의 폭이 넓은 섀드 플러그.

톱워터 플러그의 일종인 폽퍼(Popper)의 다양한 모습.

1

톱워터 플러그의 일종인 스위셔(Swisher).

톱워터 플러그 중에서도 립(Lip)이 없고 연필처럼 몸통이 홀쭉한 펜슬 베이트.

④폽퍼(Popper) – 톱워터 플러그의 일종으로, 전면에 물의 저항을 받을 수 있는 컵처럼 오목한 입이 만들어져 있어 작동 시에 수면에서 강한 음파와 기포를 발생시킨다. 몸체는 물고기 형상은 물론 기기묘묘한 종류의 폽퍼가 있다. 루어가 다양하게 발달된 목적이 물고기가 잘 낚이지 않는 상황을 극복하기 위함이라면 폽퍼는 이에 맞지 않는 루어라고도 볼 수 있다. 즉, 어떤 루어를 사용해도 모두 잘 낚이는 상황에서, 보다 스릴 넘치는 낚시를 하고 싶은 목적으로 개발된 것인데, 결국 낚시인이 즐기기 위해 만든 루어라고 할 수 있다. 폽퍼의 일종으로서 몸체가 길쭉하게 생긴 형태를 별도로 '처거(Chugger)' 라고 부르기도 한다.

⑤스위셔(Swisher) – 톱워터 플러그의 일종으로 수면에서 물보라와 소음을 발생하는 스크루를 부착하고 있다. 톱워터 플러그 중에서 가장 조작하기 쉬운 루어이다. 폽퍼가 물고기의 투쟁본능을 자극하는 루어라면 스위셔는 물고기의 식욕을 자극하는 루어이다. 폽퍼와 같은 단속적인 파열음을 발생하는 것이 아니라 연속적인 소음을 발생하기 때문에 주로 밤낚시에 효과가 크다. 스크루가 1개가 부착된 싱글 스위셔와 전후 2개가 부착된 탠덤

배스낚시에 주로 사용되는 바이브레이션 종류.

(tandem) 스위셔가 있다.

⑥펜슬베이트(Pencil bait) – 역시 톱워터 플러그의 일종으로 단순한 막대 모양을 하고 있다. 다른 톱워터 플러그에 비해 강한 소음이나 물보라를 일으키지 않는 형태로서, 사용하는 낚시인의 기술에 따라 루어의 다양한 동작 연출이 가능한 종류이다.

⑦바이브레이션(Vibration) – 납작한 모습에 매우 간단한 형태를 띠고 있다. 마치 섀드에서 립을 제거한 형태와 닮았다. 수중에서는 폭이 짧고 강한 진동을 하는 루어로서 주로 배스용으로 개발된 종류이다.

4)지그(Jig) 종류

지그는 상하 오르내림의 동작만으로 물고기를 유혹하는 루어로서 단순한 릴링으로는 움직임이 거의 없다. 이 가운데 금속제를 메탈 지그(Metal jig), 납봉돌이 달린 바늘에 새의 깃털을 부착한 것을 페더 지그(Feather jig), 사슴털을 부착한 것을 벅테일 지그(Buck tail jig)라고 부르며, 연질고무의 스커트를 부착한 것을 러버 지그(Rubber jig)라고 부른다.

지그는 다른 루어가 도달할 수 없는 곳이나, 도달하는 데 시간이 너무 걸리는 수심 깊은 곳에서 위력을 발휘한다.

1

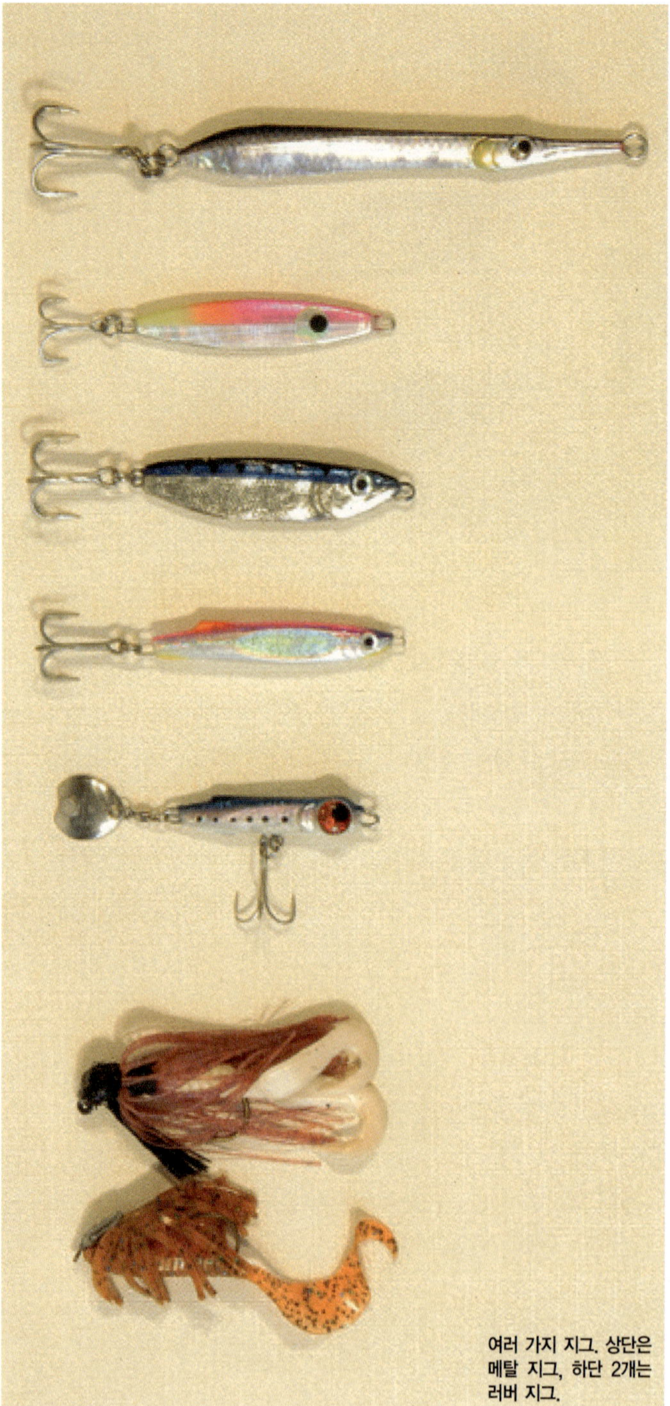

여러 가지 지그. 상단은 메탈 지그, 하단 2개는 러버 지그.

5 소프트 베이트(Soft bait)는 어떤 루어인가

기능과 형태가 아주 다양하고 그 종류가 복잡한 하드 베이트에 비해 소프트 베이트는 한 마디로 단순한 편에 속한다. 주로 배스낚시용으로 특별히 개발된 루어의 일종이다.

①**포크 라인드(Pork rind)** – 과거 연질 수지의 개발이 이뤄지지 않았던 시대에 유연한 루어의 제작에 최초로 사용된 것이 돼지 가죽이었다. 이를 얇게 잘라 사용한 것이 포크라인드, 두껍게 잘라 개구리 비슷한 모습으로 만든 것을 포크 청크(Pork chunk)라고 부른다. 전통적인 배스낚시용 루어로 알려져 있으며, 러버 지그 등에 덧붙여 사용하는 트레일러(Trailer)로 활용된다.

②**웜(Plastic worm)과 그럽(Grub)** – 대표적 소프트 베이트로서 1970년대에 세계적으로 폭발적 관심을 일으킨 루어이다. 마치 살아있는 지렁이와 같은 모습을 한 웜은 지금까지도 배스낚시에 있어선 가장 기본적인 루어로 사용되고 있다. 웜 자체만으로 사용

되기도 하지만 대부분의 경우 웨이트(Weight · 봉돌)를 장착하여 사용한다. 그 형태와 기능은 천차만별이며 계속해서 새로운 제품이 등장하고 있다. 상대적으로 몸체가 통통하여 마치 곤충의 유충과도 같이 생긴 그럽도 같은 맥락이다.

③기타 종류 – 상처 입은 작은 물고기의 모습을 연출하는 형태는 물론, 개구리 · 새우 · 도마뱀 · 쥐 등 수생 혹은 육상동물의 이미테

소프트 베이트의 일종인 포크 라인드(Pork rind).

다양한 웜(Worm)과 그럽(Grub).

실물을 모방한 이미테이션 웜 종류.

독립된 루어의 특성을 결합시킨 콤비네이션 루어 - 스피너 베이트와 버즈 베이트.

이션 루어 종류가 있는가 하면, 단순한 막대기 모양을 한 소프트 저크 베이트도 있다. 또한 웜과 그럽을 변형한 다양한 형태의 소프트 베이트가 존재한다.

④기타 콤비네이션 루어 - 서로 다른 2가지 이상의 루어를 결합해 독특한 특성을 만들어낸 루어가 다수 존재한다. 스피너와 지그, 소프트 베이트를 결합시켜 독특한 루어로 창조된 스피너 베이트나 버즈 베이트 등이 그 실례이다.

제4장 루어 낚싯대(Rod)에 관한 상식

1 낚싯대와 관련한 용어들

●**부분 명칭** – 루어 낚싯대의 구조는 몸통인 블랭크, 릴을 부착하는 릴시트, 손잡이, 낚싯줄이 지나는 가이드로 각각 구성되어 있다. 이 외에 편의성에 의해 바늘을 잠시 고정하는 훅키퍼(hook keeper) 등이 부착되어 있는 제품도 있다.

●**파워 · 액션 · 테이퍼(Taper · 휨새)** – 루어 낚싯대의 강도나 허리힘, 휨새를 표현하는 용어로서, 정확한 이해 없이 낚시인들 사이에서 적당히 불려지고 있는 부

〈표3〉 담수용 루어 낚싯대의 파워(강도)

파 워 (강 도)	비 고
울트라라이트(UL)급	약 7g(1/4oz.) 이하의 루어 사용에 적합
라이트(L)급	약 14g(1/2oz.) 이하의 루어 사용에 적합
미디엄라이트(ML)급	약 21g(3/4oz.) 이하의 루어 사용에 적합
미디엄(M)급	약 28g(1oz.) 이하의 루어 사용에 적합
미디엄헤비(MH)급	대물용으로 강도를 우선시함
헤비(H)급	초대물용 강도

〈표4〉 루어 낚싯대의 테이퍼(휨새)

액션 / 테이퍼	비 고
패스트 테이퍼(F)	휨새의 기점이 초리 쪽에 있음. 입질 감지와 훅킹(챔질)에 유리하고 기민한 루어 동작 부여에 편리하다.
레귤러 테이퍼(R)	휨새의 기점이 3 : 7~4 : 6 정도로 평범하며 캐스팅의 방향성이 좋아 광범위하게 사용된다. 모더레이트(moderate)라고 표시하는 경우도 있다
슬로우 테이퍼(S)	휨새의 기점이 블랭크의 몸통에 있으며 가벼운 루어도 멀리 던질 수 있는 이점과 걸린 물고기가 잘 떨어져 나가지 않는 이점도 있다. 파라볼릭(parabolic)이라고 표시하는 경우도 있다.

1

낚싯대의 각 부위별 명칭

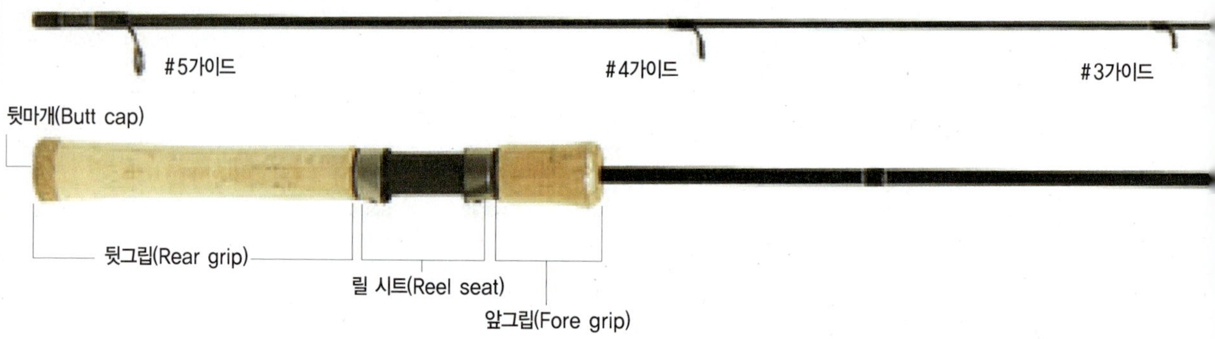

분이다.

파워는 사용 가능한 루어의 중량이나 낚싯대에 함축된 대상어를 끌어올리는 힘(리프팅 파워, 추부하량)을 나타내는 말이며, 액션이나 테이퍼는 낚싯대의 휨새 즉, 구부러지는 기점의 위치를 나타낸다. 그러나 현실적으로 낚싯대의 힘을 나타낼 때 액션이라는 용어를 사용하기도 하고, 휨새를 표현할 때에도 액션이라는 용어를 사용하는 등, 여러 가지 단어들이 혼용되고 있다. 또한 정확한 기준마저 정해져 있지 않은 관계로 메이커에 따라 많은 차이를 보이고 있는 부분이다.

〈표3, 4〉는 담수에서 사용되는 낚싯대의 평균치로서, 이는 절대적인 분류는 아

〈그림4〉낚싯대의 액션과 테이퍼(휨새)

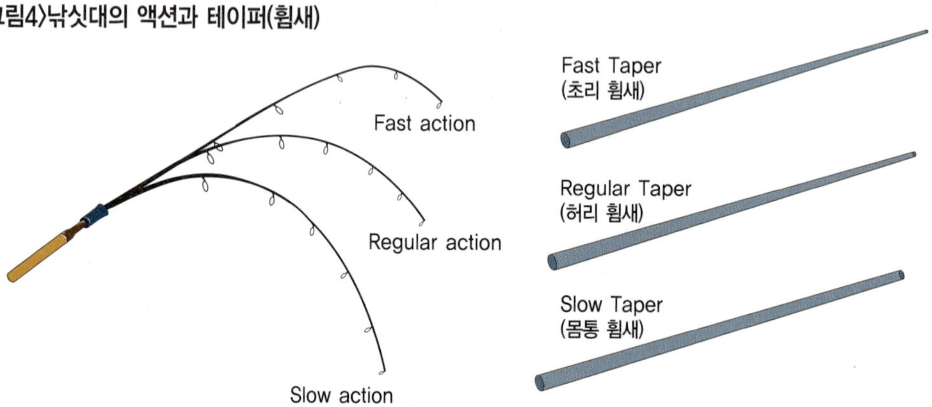

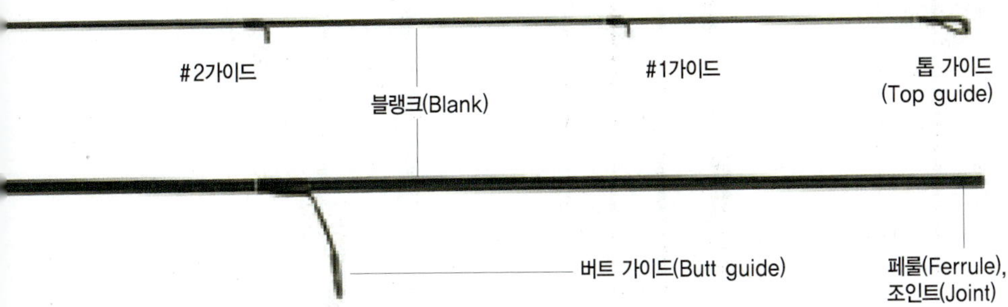

니며 또한 바다 루어낚시에 사용되는 낚싯대에 적용시키기에도 무리가 있다. 바다 루어 낚싯대 역시 대상어의 크기, 사용하는 줄과 루어, 사용 환경 등에 따른 구분이 각 메이커마다 다양하게 표현되고 있다.

2 루어 낚싯대의 종류는 어떻게 구분하는가

루어 낚싯대는 일반적으로 사용하는 릴의 종류에 따른 분류가 가장 기본적이고, 그밖에 낚싯대를 구성하는 블랭크의 형태 및 재질에 따라 구분되기도 하며, 기타 용도별로도 세분화 된다.

■ 사용하는 릴에 따른 분류

일반적인 루어 낚싯대는 사용하는 릴에 따라 크게 두 종류로 구분된다. 스피닝 로드에는 스피닝 릴을 사용해야 하며, 베이트캐스팅 로드에는 베이트캐스팅 릴을 부착해 사용한다.

■ 블랭크 형태에 따른 분류

루어 낚싯대는 블랭크의 형태에 의해서도 구분할 수 있다. 전체적으로 한 토

스피닝 로드(좌측)와 베이트캐스팅 로드(우측)

각기 다른 토막으로 이뤄진 낚싯대의 종류

한 토막

두 토막
(2절 꼽기 식)

네 토막(4절 꼽기 식)

텔레스코픽(빼내기식, 안테나 식)

막으로 된 1피스와 두 토막으로 된 2피스가 주류를 이루고 있으나, 휴대에 간편한 여러 토막(3~7절)의 낚싯대도 있다. 또한 안테나처럼 접는 식 구조의 텔레스코픽(telescopic) 낚싯대도 있으나 루어 낚싯대로는 자주 사용되지 않는다.

■ 블랭크 재질에 따른 분류

블랭크를 구성하는 재질에 의해서도 여러 가지로 구분된다.

①카본 그라파이트(Carbon graphite · 탄소섬유) – 가벼운 무게와 강한 탄성률을 지니고 있어 널리 활용되고 있다. 원료인 카본섬유 시트를 제조할 때의 압축 강도에 따라 탄성률이 다르게 나타나 다양한 강도와 용도별로 만들어 진다.

②글라스 파이버(Glass fiber · 유리섬유) – 탄소섬유가 상용화되기 이전부터 현재까지 꾸준히 사용되고 있으며 매우 유연하다. 카본 그라파이트에 비해 무겁긴 하지만 충격에 강하고 잘 부러지지 않는 특징을 갖고 있다.

③하이브리드(Hybrid) – 카본 그라파이트와 글라스 파이버의 장점만을 발휘하도록 필요에 의해 적절히 혼용된 재질이다.

④기타 보강소재 – 더 강한 허리힘을 얻기 위한 방법으로, 텅스텐을 섬유화한 소재 위에 붕소를 증착시켜 만든 보론(Boron) 섬유의 보강 사용, 기타 여러 가지 고탄성 소재(카본 테이프, 아라미드 섬유 등을 사용한 블랭크 표면 보강)의 보강재 사용 등이 브랭크 제작에 활용되기도 한다.

⑤대나무(6각 구조 · Split cane bamboo) – 일반적인 루어 낚싯대에는 그 사용 빈도가 매우 적기는 하지만 플라이 낚싯대의 경우 최고급 제품으로 사용되기도 한다.

■ 블랭크 내부 구조에 따른 분류

블랭크의 내부 형상으로 구분하는 경우이다. 속이 빈 튜블러(Tubular), 속이 차 있는 솔리드(Solid), 혹은 튜블러에 초리를 솔리드로 합체시킨 경우도 있다.

〈그림5〉블랭크의 종류

카본 그라파이트

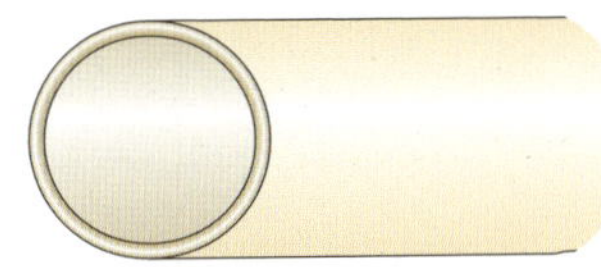

글라스 화이버

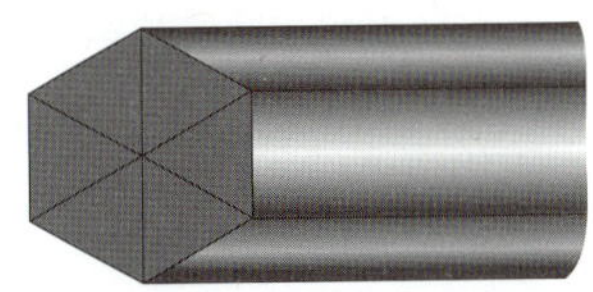

스플릿 케인 뱀부(대나무 6각 구조)

〈그림6〉튜블러/솔리드

튜블러(Tubular)

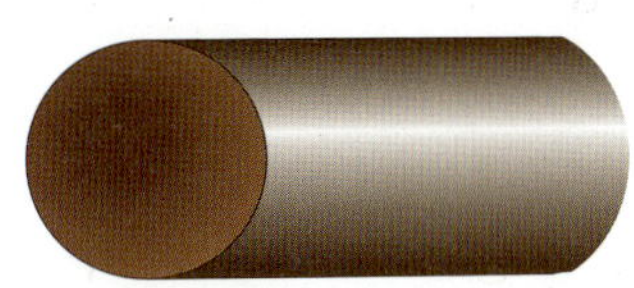

솔리드(Solid)

■ 기타 용도에 의한 분류

루어 낚싯대는 각 장르별, 대상어별로 전문화를 거듭하고 있으며 동일한 대상어용이라도 사용하는 루어 및 기법에 따라 목적에 맞도록 세분화됨으로써, 각각의

1

〈표5〉루어 낚싯대의 분류

사용 릴에 따라	블랭크 형태별	블랭크 재질별	블랭크 내부 구조별	용도(어종)별
* 스피닝 로드 * 베이트캐스팅 로드 * 플라이 로드	* 1절 * 2절 꼽기 식 * 다절 꼽기 식 * 텔레스코픽 식	* 카본 그라파이트 * 글라스 파이버 * 하이브리드 * 대나무 * 기타 보강재 삽입	* 튜블러 구조 * 솔리드 구조 * 혼합 구조	* 쏘가리 대 * 배스 대 : 톱워터용, 웜용, 크랭킹용, 플리핑용 * 농어 대 : 갯바위용, 보트용 * 가물치 대 * 지깅 대 * 기타 등등

목적에 맞는 전용 낚싯대가 등장하고 있다. 상세한 내용은 낚시 장르별 실전 편을 참조 바란다.

제5장 루어낚시용 릴(Reel)에 관한 상식

1 릴(Reel)에 관해 알아야 할 용어들

■ 구조와 부분 명칭

릴은 일반적으로 68쪽 〈사진〉과 같은 기본 구조를 가지고 있다. 특별한 경우 또는 기능적인 이유로 특수한 부속이 추가되거나, 반대로 기존의 부속을 생략하는 등, 특이한 릴이 생산되기도 하지만 기본적인 형태는 크게 벗어나지 않는다.

■ 조력(釣力)과 드랙(Drag)

조력과 드랙은 불가분의 관계로서 간단히 말하면 강한 조력을 갖고 있는 릴은 드랙 장력이 강한 릴이라고 할 수 있다. 일반적으로 대형 릴, 고급 릴일수록 조력이 강한 편이다.

조력이란 드랙 장력의 '한계강도' 와 스풀을 고정했을 때 릴이 파손되는 '파손강도' 등 2가지 형태로 표시한다.

드랙이란 물고기의 강한 당김에 의해 줄이 끊어지지 않게 미리 낚시인이 설정해 놓은 장력에 맞춰 스풀이 역전하게 만드는 기능을 말한다. 따라서 드랙을 헐겁게 조여 두면 줄이 전부 풀려나가거나, 끌려가던 줄이 장애물에 닿아 끊어질 수도 있다. 반대로 드랙을 너무 세게 조여 놓은 경우에는 줄이 끊어지거나, 대가 부러

스피닝 릴과 베이트캐스팅 릴의 각 부위별 명칭

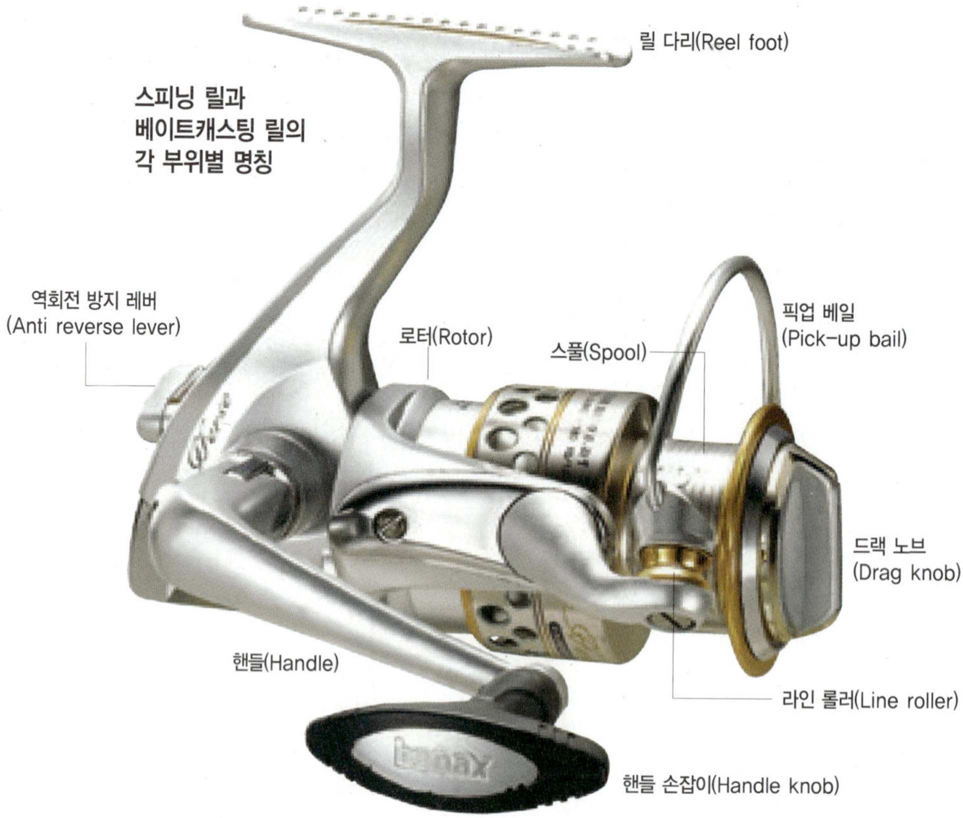

지거나, 혹은 릴의 기어 또는 몸체가 부서질 수도 있다. 드랙은 몇 장의 금속 워셔와 펠트(Felt), 혹은 수지나 탄소 소재의 워셔로 구성되어 있는데, 그 표면적과 표면의 마찰계수에 의해 장력의 차이를 보이게 된다.

바다 빅게임에서는 드랙 사용이 매우 예민한 부분으로, 대물이 걸려들어 드랙이 고속으로 풀리고 있는 상황에선 아무리 드랙을 더 조여도 스풀이 돌고 있는 동안에는 드랙 장력이 잘 올라가지 않기 때문에 최초의 드랙 조절이 매우 중요하다. 이처럼 드랙을 차고 나갈 때는 드랙을 더 조이는 것보다는 돌고 있는 스풀에 손(장갑 낀 손)을 대어 회전을 줄이는 편이 훨씬 효과적이다. 아니면 스풀의 회전력이 떨어지거나 회전이 멈춘 후에 드랙을 조이는 것이 올바른 방법이다.

이상적인 드랙의 수치는 사용하는 줄이 일반적인 나일론인 경우(PE 라인 제외), 낚싯줄의 장력 표시 수치의 1/3을 기준으로 한다. 드랙 사용은 대물을 낚기 위한 중요한 기술이지만, 스피닝 릴의 경우는 드랙을 과다하게 사용하면 줄 꼬임의 원인이 되기도 한다.

■ 기어(Gear) 비(比)

릴에는 기어비가 표시되어 있다. 핸들 1회전에 대한 매인 샤프트의 회전수 즉, 로터 회전수의 비율을 말한다. 다시 설명하자면 핸들 1회전으로 감을 수 있는 낚싯줄의 길이이다. 이런 기준으로 기어비가 5:1 이상으로 높은 릴을 하이 기어(High gear) 릴이라 부르고, 그 이하인 릴을 로우 기어(Low gear) 릴이라고도 부른다.

하이 기어 릴은 루어에 빠른 움직임을 주기에 편하고 늘어진 낚싯줄의 회수가 신속한 등의 이점이 있으나, 상대적으로 저속 기어 릴에 비해 감는 힘이 약하다. 저속 릴은 강한 토크를 갖고 있으므로 핸들이 가벼워 물의 저항이 강한 루어를 사용하는 경우나 대물을 끌어올리기에 편하고, 루어에 세밀한 동작을 부여하는 데도 편리하다. 그러나 신속한 포인트 탐색이나 루어에 속도가 필요한 경우에는 상대적으로 불리할 수 있다. 모두 일장일단이 있으므로 상황에 맞추어 선택하도록 한다.

■ 권사량(捲絲量)

릴의 스풀에 감기는 낚싯줄의 양을 표시하는 것으로서 대부분의 릴에 표시되어 있다. 민물낚시에 있어서 필요로 하는 굵기의 낚싯줄이 100~150m 감기는 것이

1

적정한 수준이다. 낚시의 장르에 따라 필요한 낚싯줄의 굵기와 길이는 천차만별이므로 항상 낚싯대와 릴 · 낚싯줄의 밸런스를 고려하도록 한다.

2 릴(Reel) 종류는 어떻게 구분하는가

릴은 완전하게 다른 4가지의 종류로 크게 구분되며, 각각의 기계적 구조는 물론 사용 목적과 사용 방법이 판이하다. 또한 동일한 종류에서도 각각의 구조 · 기능 · 목적에 따라 다시 세분화됨으로써, 낚시인의 취향과 능력, 대상어 등에 따른 선택의 폭이 넓다. 최근에는 낚시 기법이 더욱 세분화 · 전문화됨으로써 해당 장르 및 기법에 맞는 전용 릴이 각 메이커에서 출시되고 있다.

■ 스피닝 릴(Spinning reel)

스피닝 릴은 구조상 채비나 루어를 멀리 던지기에 적합하게 만들어진 릴이다. 상대적으로 고속의 기어 구조를 내장하고 있어서 던져진 채비나 루어를 감아 들이는 속도 역시 높다. 또한 루어의 투척에 있어서 스풀에서 90도로 줄이 풀리는 이외, 기계적으로는 그 어떤 물리적인 힘이 가해지지 않음으로써 루어를 선택하는 데도 아무런 제한이 따르지 않는다. 그러나 핸들의 회전력을 90도로 방향을 바꾸어 로터의 회전으로 전달하는 구조로 인해 힘의 손실이 발생하고 필연적으로 줄의 꼬임이 발생하게 된다.

이 같은 스피닝 릴은 그 형태와 내장된 기능에 따라 또다시 몇 가지 종류로 분류된다.

①스풀의 형태에 따른 분류 – 스풀이 로터의 안으로 들어가는 인스풀(In spool) 타입, 스풀이 로터의 외부로 드러나 있는 아웃스풀(Out spool) 타입으로 나뉜다. 인스풀 타입은 스피닝 릴의 등장 초기에 주류를 이루었으나, 현재에는 줄엉킴이 적고 권사량이 많은 아웃스풀 형태가 주류를 이루는 추세다.

②드랙 장착 여부에 따른 분류 – 드랙이 장착되어 있는 릴과 드랙 없이 로터의 회전에 마찰을 주어 제동을 거는 레버 브레이크(LB) 방식의 릴로 나뉜다. 전자의 '드랙 릴' 은 거의 모든 장르의 낚시에 사용되는 반면, 후자 쪽 'LB 릴' 은 주로 갯

인스풀과 아웃스풀 타입의 스피닝 릴

인스풀(In spool) 형태　　아웃스풀(Out spool) 형태

드랙 형태가 각기 다른 스피닝 릴

일반적인 드랙 릴　　레버 브레이크 방식의 LB 릴

바위 벵에돔 · 감성돔낚시에 사용되며, 루어낚시에서는 사용되지 않는 릴이다.

③드랙 위치에 따른 분류 – 일반 드랙 릴에서도 드랙의 워셔 등 부속이 스풀 안쪽에 들어있는 제품을 프론트 드랙(Front drag) 릴이라 부르며, 드랙 부속이 릴의 몸체 뒤쪽에 있는 리어 드랙(Rear drag) 릴이라 한다. 프론트 드랙 릴은 스풀의 조임 나사와 드랙이 일체화되어 있는 구조로, 드랙의 조절 폭이 넓고 힘이 강력하며 손질에 용이하다. 이와는 달리 리어 드랙은 드랙의 조절 폭이 좁고 구조상 강한 힘을 발휘하기에 부족하며 드랙 손질도 까다로워 최근에는 생산 빈도가 줄어들고 있다.

1

④픽업 베일 유무에 따른 분류 – 픽업 베일은 캐스팅 시에 반대 방향으로 젖혀 스풀에서 낚싯줄이 풀려나가도록 하고, 릴링 시에는 자동적으로 혹은 수동으로 제자리로 돌려져 낚싯줄이 라인 롤러에 걸려 스풀에 감기도록 하는 기능을 가진

픽업 베일이 부착된 일반 스피닝 릴(좌측)과 생략된 릴(우측).

백사장 원투 경기용으로 사용되는, 특수 목적의 스피닝 릴. 스풀이 크고 긴 것이 특징이다.

장치이다. 대부분의 스피닝 릴에는 이 같은 픽업 베일이 부착되어 있는 데 반해, 간혹 생략된 형태의 스피닝 릴도 있다. 사용자가 손가락으로 방출되는 낚싯줄을 잡아 라인 롤러에 직접 걸도록 되어 있는 구조이다.

⑤특수 목적에 따른 분류 – 일반적이지 않은 특수한 낚시에 사용되는 스피닝 릴로서 백사장 원투 경기용으로 제작된 릴이 있는데, 드랙 기능이 없고 스풀의 형태도 채비의 원투만을 목적으로 특이한 구조를 지니고 있다.

■ 양축(兩軸) 릴

양축 릴은 장구통 릴 또는 드럼 릴이라고도 불리는데, 외형에 의해 붙여진 이름이다. 서양에서는 양축 릴을 크게 베이트캐스팅 릴(Bait casting reel)과 컨벤셔널 릴(Conventional reel)로 양분하고 있는데, 이는 채비나 루어의 원투가 필요한 낚시인가 아닌가에 의한 구분이다. 전자는 대부분의 루어낚시에 사용되는, 루어나 채비를 멀리 던지기 위해 사용하는 릴이며, 후자는 채비를 아래로 그대로 내리거나 흘리는 형태의 낚시에 사용되는 릴이다. 이외에도 대형 베이트캐스팅 릴을 별도로 서프캐스팅(Surf casting) 릴이라고 구분하여 부르기도 한다.

현대의 양축 릴은 대부분 핸들의 회전을 기어와 스풀의 회전으로 연결하는 데에 클러치를 사용하고 있다. 클러치를 끊으면 스풀이 전후 '프리(Free)' 상태가 되어 회

스타 드랙 형태와 레버 드랙 형태의 양축 릴 비교

레벨 와인더가 부착된 양축 릴(좌측)과 생략된 양축 릴(우측).

전되는 구조이다. 또한 클러치가 연결되어있을 때 역회전(핸들의 역전)을 방지하는 스토퍼가 부착되어 있는 릴과 미리 역회전이 되지 않도록 만들어진 제품이 있다. 루어낚시에 사용되는 것은 후자가 대부분이다.

양축 릴은 핸들의 회전력이 그대로 스풀의 회전으로 전달되는 구조로 되어 있다.

따라서 감아 들이는 힘이 강하고 줄의 꼬임도 발생하지 않으나, 스풀 자체가 회전하기 때문에 베이트캐스팅 릴과 같이(스피닝 릴 사용에서처럼) 채비나 루어의 원투를 요하는 경우에는 스풀의 회전 관성력을 적절히 제어할 줄 아는 기술이 필요하다. 더욱이 가벼운 루어보다는 10g 이상의 중량이 있는 루어를 사용하는 데에 적합하다.

이상에서 설명한 양축 릴은 베이트캐스팅 릴과 컨벤셔널 릴의 구분 이외에도 형태와 내장된 기능 등으로 인해 또다시 몇 가지로 구분된다.

①드랙의 구조에 따른 구분 – 마치 별과 같은 형상의 드랙 조리개가 부착되어 있는 '스타드랙 릴'과 사전 조정되어 있는 드랙의 장력 범위 내에서 레버를 밀고 당김으로 장력을 조절하는 '레버드랙 릴'이 그것이다. 전자는 전반적으로 채용되는 형태로서, 핸들 조작 도중에도 약간의 손가락 동작으로 드랙을 조절할 수 있는 장점을 갖고 있다. 후자는 트롤링과 같은 주로 대물 낚시용 릴에 장착되어 있는 것으로, 정밀하고 강력한 드랙 장력이 필수적인 낚시에 사용된다.

②레벨 와인더(Level winder) 유무에 따른 분류 – 레벨 와인더는 스풀에 감겨 들어오는 라인을 평탄하게 고루 감기도록 하는 장치로서, 현대의 중소형 베이트캐스팅 릴에는 대부분 장치되어 있다. 다만 트롤링, 지깅과 같이 강력한 힘을 요하는 경우, 또는 원투를 요하는 경우 등에는 오히려 불편하므로 레벨 와인더가 없는 릴이 선택된다.

③스풀의 관성회전 제어방식에 따른 분류 – 클러치를 끊고 스풀을 '프리' 상태로 한 후 루어를 캐스팅할 때, 줄엉킴(백래시 · Back rash) 없이 비거리를 늘리기 위

브레이크 형태에 따른 양축 릴의 비교

원심 브레이크 형태　　　마그네틱 브레이크 형태

기능 및 용도별로 나눠지는
양축 릴의 종류

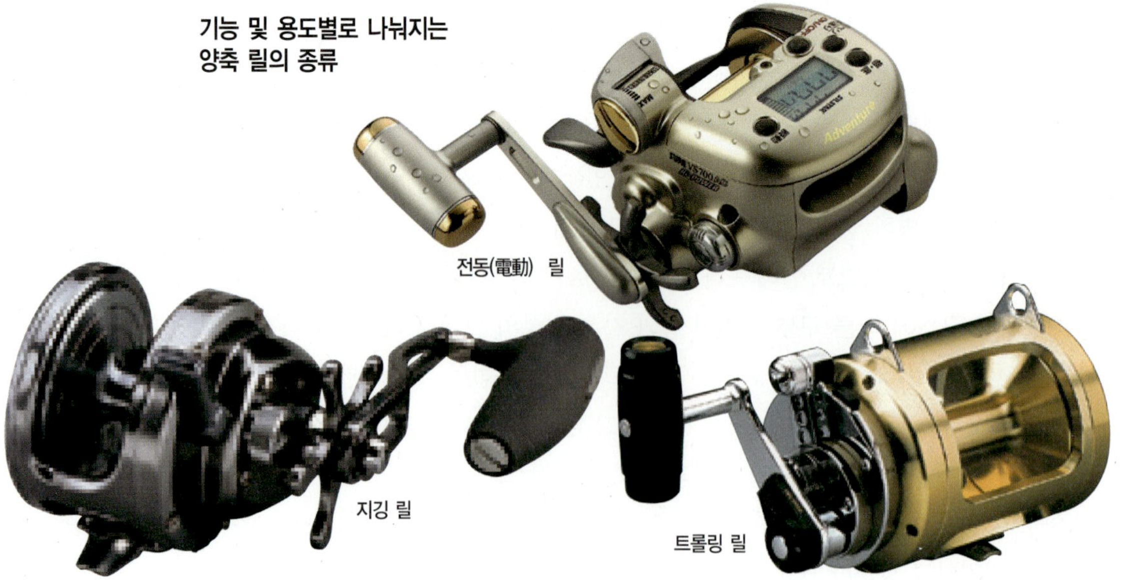

한 스풀 관성회전의 제어 방법이 여러 가지로 개발되어 있다. 자동 원심브레이크 방식, 자석을 이용한 마그네틱 브레이크 방식, 이들을 융합한 방식, IC회로를 이용한 디지털 제어 방식 등이 등장하고 있다.

④기타 특수 목적에 따른 분류 – 대상어 · 기법 · 낚시장소 등에 의한 분류로서 트롤링 릴, 전동(電動) 릴, 지깅 릴 등 각 특성에 알맞은 기능성 릴을 말한다.

■ 클로즈드 페이스 릴(Closed face reel)

스풀이 가려져 있는 클로즈드 페이스 릴

스핀캐스팅 릴(Spin casting reel)이라는 별명으로도 불리는 종류로, 릴 앞쪽의 스풀이 프론트 커버로 덮여 있고, 이 프론트 커버의 가운데 구멍으로 낚싯줄이 나오는 형태이다. 스피닝 릴 사용 시, 조작(집게손가락으로 라인을 걸고 베일을 젖히는 동작)이 버튼 하나로 이루어지는 구조를 가진 점이 특징이다. 마치 베이트캐스팅 릴처럼 낚싯대의 위쪽에 장착해 사용하는 릴인 만큼, 베이트캐스팅 용 낚싯대에 사용하는 것이 원칙인데, 과거에는 루어낚시 초보자용으로 권해지던 조작이 간편한 릴이다. 주로 경량급 낚시에 사용되며 너무 굵거나 가는 줄의 사용은 피하는 것이 좋다. 간혹 드물게 스피닝 릴처럼 낚싯대의 아래쪽에 장착하도록 만들어진 형태도 있다. 그러나 최근에는 이를 제작하는 메이커가 드물어 점차 사용 빈도가 줄어들고 있는 릴이기도 하다.

플라이낚시에 사용되는 플라이 릴.

■ 플라이 릴(Fly reel)

플라이 릴은 지금까지 설명한 일반 릴과는 우선 그 개념이 다르다. 플라이낚시의 메커니즘에서 릴의 역할은 단순히 플라이 라인의 보관이 주목적이라 해도 과언이 아니다. 그러나 플라이낚시 분야도 점차 확산되고 있음에 따라 그 목적에 맞는 플라이 릴 즉, 디스크 드랙, 기어의 유무 등, 기능과 구조는 물론 낚시 방법 및 사용 목적에 따라 세분화되어 가고 있는 추세이다.

〈표6〉릴의 분류

<table>
<tr><th colspan="3">스피닝 릴</th><th colspan="3">양축 릴</th><th>클로즈드 페이스 릴</th><th>플라이 릴</th></tr>
<tr><td rowspan="3">스풀 형태</td><td colspan="2">인스풀</td><td>캐스팅 유무</td><td>베이트캐스팅</td><td>컨벤셔널</td><td rowspan="9">–</td><td rowspan="9">사이즈
드랙형태
기어유무
기타</td></tr>
<tr><td colspan="2" rowspan="2">아웃스풀</td><td rowspan="2">드랙 형태</td><td colspan="2">스타 드랙</td></tr>
<tr><td colspan="2">레버 드랙</td></tr>
<tr><td rowspan="5">드랙 / LB</td><td rowspan="4">드랙</td><td rowspan="2">프론트</td><td rowspan="2">레벨와인드 유무</td><td colspan="2">유</td></tr>
<tr><td colspan="2">무</td></tr>
<tr><td rowspan="2">리어</td><td rowspan="3">스풀 관성 제어 방법</td><td>원심 브레이크</td><td rowspan="3">해당없음</td></tr>
<tr><td>마그네틱</td></tr>
<tr><td colspan="2">LB</td><td>기타</td></tr>
<tr><td>특수 목적</td><td colspan="2">원투 경기용</td><td>목적 별</td><td>배스
돌돔
가물치
기타</td><td>트롤링
전동(電動)
지깅
기타</td></tr>
</table>

제6장 루어낚시용 줄(Line)에 관한 상식

1 낚싯줄의 규격은 어떻게 표시하나?

낚싯줄은 그 단위를 표기함에 있어 동양에서는 대부분 굵기를 기준으로 호수(號數)를 사용하고, 서양에서는 인장강도(引張强度)를 기준으로 파운드(lb.) 혹은 킬로그램(kg)으로 표시를 한다. 루어낚시의 경우는 서양에서 유입된 장르여서 루어낚시 전문 낚싯줄 겉포장에는 항시 인장강도 표기를 하고 있다.

낚싯줄을 생산하는 메이커에 따라 인장강도와 굵기의 비율이 조금씩 차이가 나지만 대체로 미미한 편이다. 상세한 내용은 〈표6-1〉을 참조 바란다.

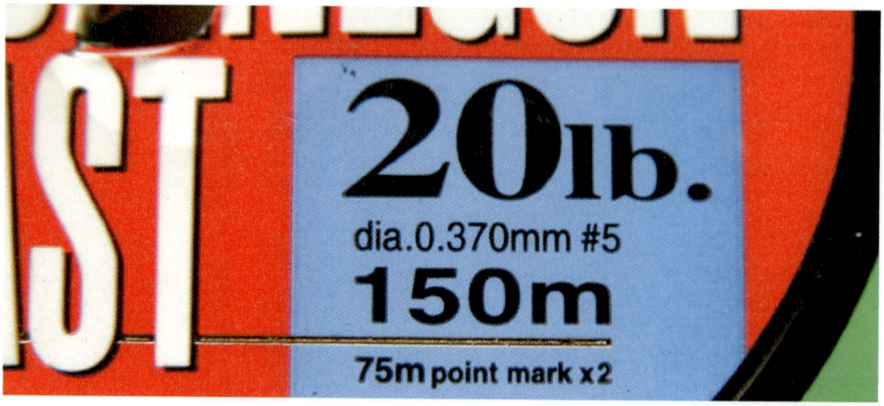

낚싯줄의 규격을 표시한 라벨.

〈표6-1〉 낚싯줄의 호수와 직경 및 인장강도의 상관 관계

호수	직경(mm) \ 종류	나일론 (A브랜드)	나일론 (B브랜드)	플로로카본 (C브랜드)	쇼크리더 (D브랜드)	PE (E브랜드)	PE (F브랜드)
		lb.	lb.	lb.	lb.	lb.	lb.
0.4	0.104	2	-	-	-	-	-
0.6	0.128	3	2	-	-	8	-
0.8	0.148	4	3	3	-	10	-
1	0.165	5	4	4	-	16	8
1.2	0.185	6	5	5	-	-	16
1.5	0.205	8	6	6	-	20	18
2	0.235	10	8	8	-	25	25
2.5	0.260	12	10	10	-	30	30
3	0.285	14	12	12	12	40	-
3.5	0.310	16	14	14	-	-	-
4	0.330	20	16	-	16	60	40
5	0.370	22	20	-	20	70	50
6	0.405	25	22	-	22	80	-
7	0.435	30	25	-	25	100	-
8	0.470	-	30	-	30	130	-
10	0.520	-	35	-	35	-	-
12	0.570	-	40	-	40	-	-
14	0.620	-	50	-	50	-	-
18	0.700	-	60	-	60	-	-
20	0.740	-	70	-	70	-	-
22	0.780	-	80	-	80	-	-
30	0.910	-	105	-	100	-	-
35	0.985	-	130	-	130	-	-
40	1.050	-	140	-	140	-	-
50	1.170	-	170	-	170	-	-
60	1.280	-	200	-	200	-	-
80	1.480	-	220	-	-	-	-
100	1.650	-	300	-	-	-	-

2 단사(單絲)와 합사(合絲)란?

단사(單絲 · Mono filament)는 우리가 흔히 부르는 모노 줄, 나일론 낚싯줄을 말하는 것으로, 이름 그대로 한 가닥으로 이뤄진 긴 줄이다. 이에 비해 합사(合絲 · Twisted thread)는 붕어낚시의 목줄로도 쓰이곤 하는 여러 가닥을 합연(合撚)한 줄을 말한다. 세 가닥을 꼬았으면 3합사, 네 가닥이면 4합사라고 부르고 있다. 그러나 엄밀히 말하면 단사를 3합, 4합한 것이 아니라 합사를 구성하는 하나하나의 가닥도 역시 매우 가는 섬유 가닥이 역어진 집합체이다.

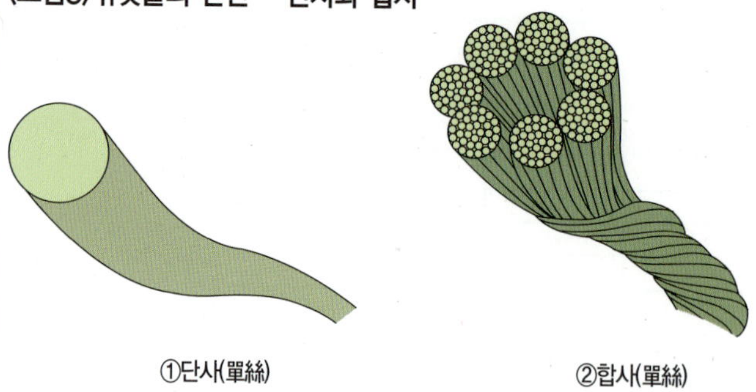

〈그림8〉낚싯줄의 단면 – 단사와 합사

3 낚싯줄의 색상이 갖는 의미는?

낚싯줄은 그 목적에 따라 다양한 색깔로 염색되기도 한다. 완전히 투명한 색깔의 제품이 있는가 하면, 물속에서 잘 보이지 않도록 여러 가지 색상으로 염색되기도 하며, 반대로 시인성(示認性)을 높이기 위해 형광색으로 염색한 제품도 있다. 또한 길이를 알 수 있도록 일정한 단위로 색상을 달리한 제품도 있다.

일반 나일론 줄은 염색이 용이하여 다양한 색상으로 염색이 가능하지만, 최근 사용 빈도가 증가하고 있는 PE 줄은 원료 자체에 염색성이 없어 줄 표면에 염료가 분산되어 있는 상태이므로 사용 도중 낚시인의 손을 물들일 정도로 약간씩 색이 빠지는 등, 바래는 경우가 있다.

4 낚싯줄의 성분과 종류는?

현대의 낚싯줄은 낚시 방법 및 낚시 여건, 그리고 낚시인의 기호에 따라 그 종류가 매우 다양화되어 사용 목적에 따른 신제품이 속속 등장하고 있다. 섬유공업

〈표7〉낚싯줄의 분류

일반 명칭	성분 명칭	섬유개발 회사의 상품명	비중	인장 강도	신축성(%)	마찰 강도	흡수성	내열성	낚시줄 형태	낚시 사용례
나일론 줄	polyamide	Nylon, Kolon, 기타	1.13~1.15	보통	14~30	보통	있음	보통	단사	원줄 · 목줄
카본 줄	polyvinylidenfluoride	–	1.78	강함	23~30, 초기신도 낮음	강함	없음	보통	단사	원줄 · 목줄
PE 줄	굴곡성 초고분자량 polyethylene	다이니마, 테크미론, 스펙트라	0.91~0.98	매우 강함	1~3	약함	없음	약함	합사	원줄
케블러 줄	aramid	Kevler	1.45	매우 강함	1.5~4.4	매우 강함	없음	강함	합사	목줄
데이크론 줄	polyester	Dacron, Tetron	1.37~1.49	보통	20~32, 합사는 낮음	보통	없음	약함	합사	원줄
와이어 줄	비섬유(금속)	–	6.45~9	매우 강함	5~13	매우 강함	없음	강함	단사/합사	원줄 · 목줄

폴리아미드 계열의 낚싯줄 – 일반적인 나일론 줄과 케블러 줄.

의 발달로 인해 낚싯줄로 사용되는 원료는 물론, 혼방 방법 및 특수 가공 방법 역시 다양화되어 가고 있다. 낚싯줄의 성분은 약 5가지로 구분된다.

■ 폴리아미드(Polyamide) 계

가장 흔히 볼 수 있는 '나일론 줄'을 말하는데, 그러나 '나일론(Nylon)'은 소재의 이름은 아니다. 1937년 폴리아미드를 처음으로 합성한 미국 듀퐁(Dupont)사의 브랜드 명칭이 일상적으로 불리게 된 데에서 유래한다. 낚싯줄 중에서 가장 많은 부분을 차지하고 있으며, 루어낚시에도 가장 흔히 사용되는 낚싯줄이다. 원료 자체의 다양성에 의해 약간씩 성격이 다른 낚싯줄로 생산이 가능한데, 최근에는 각종 첨가물을 사용하거나 후처리 가공을 하는 등, 낚시 목적에 따라 다양하게 특수 처리한 제품들이 등장하고 있다.

이 외에 나일론 분자를 변형시켜 만든 아라미드(Aramid) 섬유라는 것이 있는데, 이 역시 미국 듀퐁사에서 케블러(Kevler)라는 상품명으로 최초 출시를 했다. 마찰강도와 인장강도가 뛰어나 주로 방탄조끼의 소재로 사용될 만큼 가장 강한 섬유로 알려져 있다. 낚시에서는 합사를 제조하여 돌돔낚시의 목줄, 지깅의 어시스트 훅의 목줄에 사용되고 있다.

1

불소수지 계열의 낚싯줄 - 플로로 카본 줄(각종 원줄과 목줄용).

■ 불소수지 계

일반적으로 카본 줄 또는 플로로카본(Fluoro carbon)이라고 불리는 낚싯줄이다. 폴리불화비닐리덴(Polyvinylidenfluoride)이 주원료이며, 나일론 줄에 비해서는 고가이지만 나일론에 비해 단단하고 비중이 높아 잘 가라앉고, 초기신도(初期伸度)가 낮아 예민한 특성이 있다. 일반 루어낚시에서도 많이 사용되는 것은 물론, 바다 루어낚시의 경우는 쇼크 리더로도 자주 사용되고 있다.

■ 폴리에틸렌(Polyethylene) 계

필름 · 포장용지 · 로프 등을 만들기 위해서 개발된 합성섬유인 폴리에칠렌의 분자 구조를 바꾼 신소재 '초고분자량 폴리에틸렌'을 사용해 만든 낚싯줄이 있는데, 우리가 흔히 부르는 PE 줄이다. PE 줄은 대부분 합사로서, 4합 또는 8합연으로 되어 있다. 이러한 PE 줄은 가운데 속을 공동(空洞)으로 만드는 방법을 채택하기 때문에 호수가 높은 굵은 줄일수록 줄 자체가 납작해지는 경우가 발생하기도 한다.

이 같은 PE 줄은 인장강도가 매우 높고 신축성이 거의 없는 대신, 자외선에 강한 특성을 갖고 있다. 그러나 합사 구조인 만큼 매우 부드러워 줄 엉킴이 잦고, 또 한 번 엉킨 줄을 풀기가 매우 어렵다. 열에 매우 약하다는 것도 단점으로 지적할 수 있다.

PE 줄은 릴 원줄로만 사용하는 경우가 대부분으로, 낚시 채비를 할 때는 나일론 또는 카본 목줄을 따로이 연결해 사용한다는 점도 염두에 두어야 하는 사항이다. 상표명 또한 여러 가지로 표기되어 판매되고 있는데 합연 수, 합연 방법, 합연 강도, 표면 처리, 후처리에 의해 조금씩 물리적 특성에 차별을 시도하고 있는 제품도 있다.

폴리에틸렌 계열인 PE 줄.

PE 줄이 낚싯줄로 사용된 것은 1990년대 이후로 그 역사는 깊지 않은데, 일본의 경우 PE 줄의 개발과 양산에 힘입어 인간의 힘으로는 불가능이라고 여겨지던 바다의 초대어낚시가 인기를 얻었고, 지깅 또한 붐을 이루기 시작했다. 수심 200m 이상의 수퍼디프 지깅(Super deep jigging)까지 가능하게 된 것도 PE 줄의 등장에서 비롯되었다고 해도 과언이 아니다. 결국 PE 줄의 등장으로 인해 이를 활용할 수 있는 각종 도구의 비약적인 발전이 이루어졌으며, 예전에는 20kg급의 물고기가 인력에 의한 루어낚시의 한계점이었다면, 최근에는 초보자도 40, 50kg의 대물을 낚아 올리는 시대로 변하였다.

■ 폴리에스터(Polyester) 계

과거 우럭낚시용 양축 릴의 원줄 등에 쓰이곤 했는데, 트롤링 릴 원줄에 주로 쓰이는 '데이크론(Dacron)' 줄이 폴리에스터를 원료로 하는 것이다. 합사 구조를 지니고 있으며 역시 신축이 거의 없는 특성을 갖고 있다. PE 줄의 개발 이후 최근에는 사용 빈도가 줄어들었다.

1

특수한 용도의 낚싯줄 - 와이어 및 특수 소재.

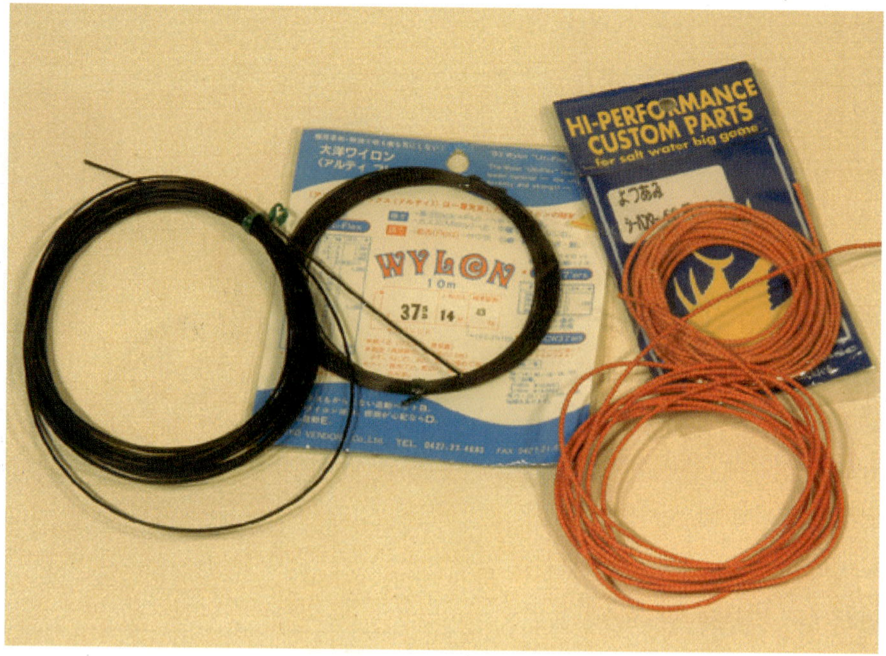

■ 와이어 (Wire)

섬유가 아닌 금속을 이용한 낚싯줄이다. 주로 갯바위낚시, 트롤링 등 이빨이 강한 대상어나 은어낚시의 극세사와 같이 강력한 힘을 요하는 특수한 낚시의 원줄이나 목줄로 사용된다. 스테인리스, 티타늄, 니켈 등의 합금을 주성분으로 하며, 한 가닥인 단사 제품, 여러 가닥을 꼰 합사 제품, 그리고 수지 피복을 입힌 제품 등이 있다. 일반적인 묶음법으로는 사용이 불가하여 특수한 묶음법이나 전용 플라이어와 슬리브(Sleeve)를 사용하여 고정한다.

■ 기타 낚싯줄 종류

지금까지 설명한 여러 가지 성분의 특성과 장점을 혼합한 독특한 낚싯줄이 필요에 따라 생산되고 있다. 주로 대물낚시의 목줄이나, 지깅낚시용 어시스트 훅의 목줄로 사용된다. 또한 특수한 목적으로 개발된 여러 가지 상업용 섬유가 강한 인장강도 혹은 강한 내마모성이 필요한 부분에서 낚시용으로 모습을 바꾸어 속속 등장하고 있다.

5 낚싯줄은 어느 때 교체해야 하나?

적절한 낚싯줄의 교체 시기는 사용자에 의해 차이가 많으므로, 그 시기를 일률적으로 정하는 것은 쉽지 않은 일이다. 그러나 즐거운 조행을 위한 준비로서 낚싯줄의 점검은 낚시인의 필수적인 준비 자세이다. 릴에 감겨있는 낚싯줄은 사용에 의한 꼬임과 마찰, 오물 부착 등으로 어느 때고 손상을 입고 있는 것으로 생각해야 한다. 일반적으로 사용하지 않은 상태의 나일론 낚싯줄의 성능 유지 수명은 1년 정도, PE 줄의 경우는 그보다 2, 3배 정도 긴 수명을 갖고 있는 것으로 알려져 있으나, 사용 빈도에 의해 그 교체 시기는 매우 앞당겨진다. 따라서 낚시 후에는 언제나 다음 조행을 위해 사용한 낚싯줄을 검사하는 습관을 갖는 것이 좋다. 육안이나 감촉으로 검사해 이상이 있는 경우는 충분한 길이만큼 잘라낸다거나, 나일론 줄의 경우는 2, 3회 사용 후 완전한 교체를 하는 편이 바람직하다. PE 줄의 경우는 표면에 조금이라도 보풀이 일었다면 수명이 다 된 것으로, 계속 사용하기에 부적합하다는 점을 기억하도록 한다.

바닷물의 염분은 말할 것도 없고 담수에서도 여러 가지 유기물이 조행으로 인해 낚싯줄 표면에 남아 있게 되므로 특별한 이상이 발견되지 않은 경우에도 조행을 마친 후에는 흐르는 맑은 물에 충분히 세척하고 그늘에서 건조시켜 두는 것이 좋다. 또한 여러 가지 트리트먼트제를 사용하는 것도 바람직하다.

최고급품의 낚싯줄도 꼬임이나 상처가 생기면 쉽게 끊어진다. 천재일우의 기회에 낚싯줄의 점검 부족으로 대물을 놓치는 경우가 없도록 주의하도록 한다. 필요 이상의 고가 제품을 사용하지 않는 것도 한 방법이 될 수 있을 것이다.

1

제7장 바늘(Hook) 및 기타 용품에 관한 상식

1 루어낚시용 바늘(Hook)에 관한 상식

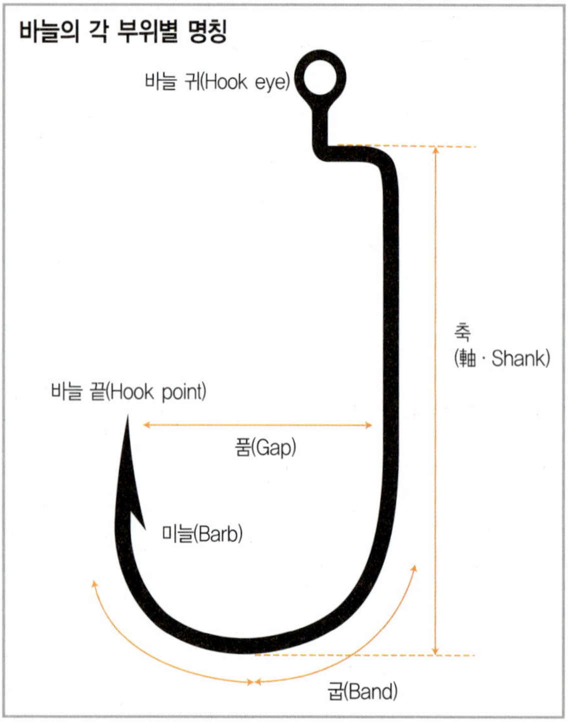

●**부분 명칭** – 루어낚시용 바늘은 일반 낚싯바늘의 범주에서 크게 벗어나지 않으나 전체적인 굴곡 및 특정 부위에서 뚜렷한 차이를 보이는 종류들이 있다. 특정 형태에 따른 부분 명칭은 〈사진〉을 참고 바란다.

●**사이즈** – 바늘의 크기는 각 메이커마다 나름대로의 기준을 적용시키고 있는 것이 현실이다. 크기별로 비슷한 기호를 사용하는 메이커도 있지만 완전히 다른 기호로써 크기를 나타내는 경우도 많다. 루어낚시용 바늘의 경우는 일반 아라비아 숫자가 커질수록 바늘의 크기는 작아지며, 1호보다 더 큰 바늘부터는 1/0, 2/0과 같은 기호를 부여하지만, 이 또한 절대적인 것은 아니다. 이 역시 메이커에 따라 그 크기가 다를 수

도 있다.

●**바브(Barb), 바브레스 훅** – 거의 대부분 낚싯바늘에는 걸린 물고기가 빠져나가지 못하도록 하는 미늘(Barb)이 부착되어 있다. 이 미늘은 바늘 종류에 따라 한 개 이상인 것도 있고, 바늘 끝이 아닌 바늘의 축에 부착되어 소프트 베이트를 고정하는 역할을 하는 종류도 있다. 뿐만 아니라 거의 모든 미늘은 바늘 안쪽으로 돌출되어 있지만, 간혹 바깥쪽을 향해 나와 있는 바늘(Out barb)도 있다.

특히 미늘이 없는 바늘을 바브레스 훅(Barbless hook)이라 부른다. 미늘이 없으면 물고기가 빠져나갈 폐단이 높지만, 어떤 측면에선 바늘걸림이 좋아 일부러 미늘 없는 바늘을 사용하는 경우도 있다. 또한 캐치 앤 릴리즈(Catch and Release)를 전제로 하는 게임 피싱에서는 사용이 권장되고 있다. 주로 바다의 GT낚시와 같은 빅게임, 가물치낚시 등에 사용되는 형태의 바늘이다.

2 루어낚시용 바늘에는 어떤 종류가 있나?

●**트레블 훅(Treble hook · 세발바늘)** – 이름 그대로 3개의 바늘이 하나로 붙어있는 갈고리 형태의 바늘이다. 루어낚시에

루어낚시용 바늘의 호수에 따른 크기 비교

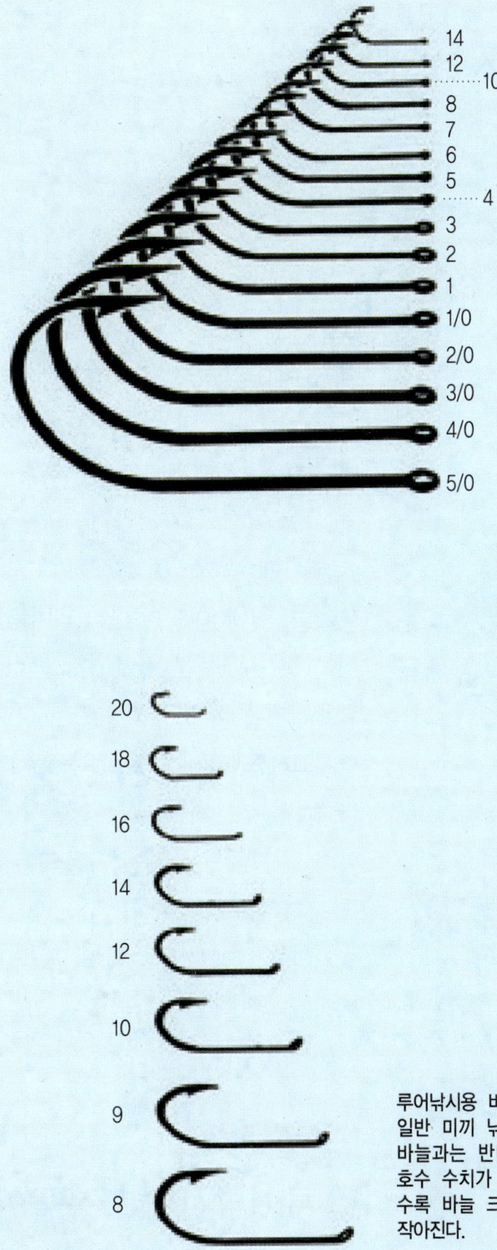

루어낚시용 바늘은 일반 미끼 낚시용 바늘과는 반대로, 호수 수치가 커질수록 바늘 크기가 작아진다.

1

루어낚시용 각종 바늘

가장 많이 사용되며, 스플릿 링(Split ring)을 사용해 루어에 부착한다. 붙어있는 바늘의 각도는 대부분 120도이지만 특수한 각도로 제작된 제품도 있다.

●**더블 훅(Double hook · 두발바늘)** – 두 개의 바늘이 붙어 있는 형태로서 트레블 훅의 밑걸림을 줄이기 위한 목적으로도 자주 채택되는 형태이다. 가물치낚시용 위드레스(Weedress) 루어인 프로그(Frog)에 장착되어 있는 것이 대표적이다.

●**싱글 훅(Single hook · 외바늘)** – 일반적인 바늘의 통칭이다. 루어낚시에 사용되는 것은 대부분 바늘귀가 고리 형태로 되어 있다. 웜을 사용하는 경우에 자주 활용되며 목적에 맞게 다양한 형태와 구조를 지닌다.

●**지그헤드 훅(Jig head hook)** – 싱글 훅 앞부분에 납을 부착한 형태의 바늘이다. 머리 부분의 형태는 일반적인 구형(球形) 외, 탄환형 · 럭비공형 등으로 다양하며, 지그헤드 본체만 사용되는 경우는 없고 이에 웜이나 그럽과 같은 다른 루어를 장착하여 사용한다.

●**기타** – 트레블 훅보다 하나 더 많은, 4개의 바늘이 부착된 형태가 있는가 하면, 트레일러용으로 제작된 바늘귀(구멍)가 유난히 큰 바늘 등, 특수한 형태의 바늘 종류들이 있다.

❸ 루어낚시에도 봉돌이 사용되는가?

소프트 베이트를 사용할 때는 별도의 봉돌을 장착하는 경우가 있다. 이 봉돌이

루어낚시용 각종 봉돌 (웜용 웨이트)

장착됨으로써 하나의 완성된 기능을 발휘하게 되는데, 주로 배스낚시에 사용되는 소프트 베이트인 웜 채비를 할 경우이다. 그 형태 또한 다양한데, 주로 납이나 황동으로 만들어져 있다.

4 기타 소품 종류와 그 용도는?

●**뜰채** – 플라이낚시에서는 필수품이며, 물고기에게 상처를 입히지 않기 위해서는 상시 휴대하는 것이 좋다.

●**꿰미** – 강계의 루어낚시에서 낚은 물고기를 휴대하기에 편한 도구로서, 걸고리가 금속 또는 수지제품으로 된 종류가 있다.

●**온도계** – 플라이낚시나 계류낚시에서와 같이 수온이 중요한 낚시에서는 필수품이라 할 수 있다.

●**플라이어** – 이빨이 날카로운 물고기를 대상어로 하거나 대형 낚싯바늘을 사용하는 경우, 물고기로부터 바늘을 빼내는 데 있어 꼭 필요한 도구이다. 또한 쇼크리더나 PE 줄의 절단, 매듭 만들기에도 활용된다.

●**장갑** – 대물을 상대하는 낚시, 중장비를 사용하는 낚시에는 흡수가 좋고 건조

가 빠르며 내구성이 우수한 장갑을 사용하는 것이 바람직하다. 최근에는 각 장르에 알맞은 전용 장갑이 등장하고 있다.

●**낚시조끼, 허리가방** – 강이나 계곡에서 루어낚시를 할 때는 주머니가 많은 낚시용 조끼나 허리가방을 착용하면 루어의 수납은 물론, 상기 여러 종류의 소품들을 간단히 정리하여 휴대할 수 있어 편리하다.

●**웨이더, 장화, 계류화** – 웨이더(Wader)는 강이나 계곡 물속에 들어가 낚시를 할 때 착용하는 바지장화로, 다양한 길이와 재질의 제품이 있다. 미끄러운 재질이나 이끼가 붙은 돌멩이를 딛고 낚시를 하게 되는 강 또는 계곡에서는 안전화(安全靴)가 필수적이다. 루어 및 플라이낚시 전용 계류화는 밑창이 펠트(Felt)로 되어 있어 미끄럼을 방지할 수 있다.

루어낚시용 각종 악세사리

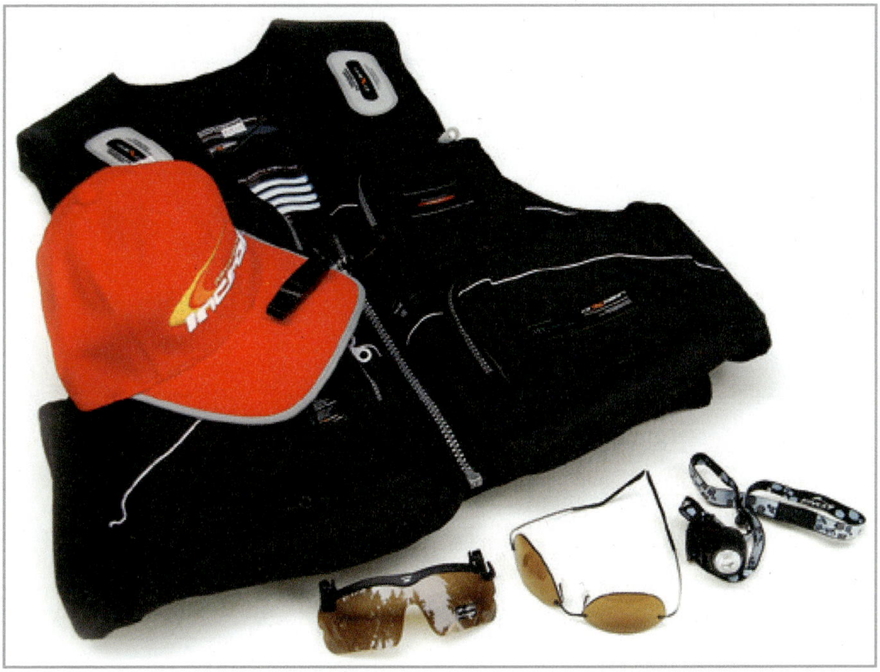

여러 가지 루어낚시 안전용품

5 루어낚시에 필요한 안전용품

●**구명동의** – 배에 승선하는 경우는 물론, 무릎 이상의 물속으로 들어가는 경우에는 필히 착용해야 안전한 낚시를 즐길 수 있다.

●**편광안경(Polarized glass)** – 강한 자외선으로부터 눈을 보호하기 위해 선글라스는 필수품이다. 편광안경은 선글라스의 렌즈에 편광 필터를 부착한 것으로, 태양빛을 편광화하여 난반사를 없애기 때문에 물속이 잘 보이는 이점이 있다. 선글라스 선택 시에는 유해 자외선의 차단 정도, 편광도, 시야 확보 등을 직접 확인해 보는 등, 신뢰할 수 있는 메이커의 렌즈인가도 필히 확인하도록 한다. 안전사고 방지를 위해서도 필히 착용해야 한다.

●**모자** – 하절기의 햇빛 차단, 동절기의 보온은 물론, 안전사고 방지를 위해 필히 착용한다.

●**호루라기** – 의외로 소음이 큰 계곡이나 강계 등에서 불의의 조난 시 유용하게 사용될 수 있으므로 휴대하는 편이 좋다.

Part Ⅱ

민물 루어낚시 편

2

제1장 민물 루어낚시 개관

1 우리나라의 루어낚시는 언제 시작되었나?

우리나라의 낚시는 예부터 전래되어 토속성이 짙은 분야가 있는가 하면, 루어낚시 및 플라이낚시는 외국 문물의 유입에서 비롯된 장르라 할 수 있다. 플라이낚시에 앞서 시작된 루어낚시는 6.25동란을 그 시발로 볼 수 있다. 6.25로 인해 외국 군대가 우리나라에 주둔하게 되면서, 일부 외국 군인이나 군속들이 주둔지 근처의 호소와 강에서 자기네 식의 루어낚시를 시도한 것이 그 사례이다.

휴전 후 어지러운 1950년대를 지나 1960년대에 이르러서도 당시의 경제여건상 루어낚시를 별도로 즐길 수 있을 만큼 물자가 풍부하지 못했다. 1960년대 후반 들어 월남파병으로 인한 달러가 조금씩 유입되고, 미군부대 등지에서 흘러나온 낚시장비들이 시장 뒷골목에서 거래가 이뤄지면서 차츰 그 전기를 맞게 되었다. 그러나 미군부대로부터 흘러나온 장비로 시도된 1960년대의 낚시는 정식 루어낚시였다기보다는 우리나라에서 처음으로 릴을 사용하기 시작했다는 점에서, 그저 릴낚시의 범주에 속할 수밖에 없었다.

문헌의 기록이나 루어낚시 원로들의 증언에 따르면, 우리나라 루어낚시의 선각자는 단연 박현재(1990년 10월 작고)씨로 꼽힌다. 고 박현재 선생이 남긴 저서(루어낚시 입문, 1978년, 다락원 발행)에 의하면 선생이 루어낚시를 시작한 것은

우리나라 루어낚시의 선구자로 꼽히는 고 박현재 선생(1990년 작고).

1960년대 초반이며, 우리나라 최초의 루어낚시 클럽인 '서울릴낚시회'를 결성한 시기는 다름 아닌 1974년으로, 바로 이 무렵부터가 우리나라 루어낚시의 정착기라 할 수 있다.

이에 때맞춰 우리나라 최초의 낚시 전문 월간지인 〈낚시春秋〉가 창간(1971년 3월호)되었고, 동대문 시장 상인들이 주축이 된 '평화릴낚시회'와 고 박현재 선생을 중심으로 한 '서울릴낚시회' 회원들의 활동과 〈낚시春秋〉 지면에 의한 루어낚시 붐 조성이 오늘날의 루어낚시 기틀을 마련했다고 볼 수 있다.

2 우리나라 민물 루어낚시 대상어

●**쏘가리** – 우리나라 루어낚시를 보급 · 확산시킨 주 대상어는 단연 쏘가리가 손꼽힌다. 늠름한 기개와 용맹한 외모가 단연 담수의 왕자라 할 수 있으며, 그 맛에 있어서도 민물고기 가운데 단연 으뜸으로 꼽힐 만큼 바닷고기 못잖은 육질을 자랑한다. 그러나 이 같은 인기로 인해 쏘가리 자원은 날로 감소하여 가고 있다.

2

낚시로 인한 자원 감소 측면도 간과할 수 없겠으나 각종 불법어로를 통한 남획은 향후 쏘가리낚시의 전망을 어둡게까지 하는 주범이 되고 있다. 이미 상당한 지역의 쏘가리 서식처들이 황폐화 되고 있는 시점에서 법으로 규정하고 있는 쏘가리 '금어기'와 '채포금지 체장' 준수는 우리 동호인들 스스로 모범을 보이는 것은 물론, 범법 행위를 막는 파수꾼이 되어야 할 것이다.

●**끄리** – 강계 또는 호수에서 무리를 지어 서식하는 회유어로서, 우리나라 루어낚시의 대표적 어종 가운데 하나이다. 특히 초보자들이 입문하기에 가장 적합한 대상어이며, 대부분의 루어낚시 대상어들이 입을 닫는 겨울철에도 손쉽게 즐길 수 있는 고마운 어종이기도 하다.

●**꺽지** – 아기자기한 손맛을 안겨주는 꺽지는 수질이 맑은 강계에 서식하는 어종으로, 과거에는 자원이 풍부한 편이었으나 근년 들어 수질 오염과 남획 등으로 그 개체수가 급감하고 있는 추세다.

●**강준치** – 강계 중하류권이나 대규모 호소에 서식하는 회유어로서, 첫 입질에 파괴적 손맛을 안겨주는 대상어이다. 우리나라 민물 루어낚시 대상어 중에서는 대형급 어류에 속한다.

●**무지개송어** – 1965년 미국 캘리포니아주로부터 우리나라에 처음 이식된 무지개송어는 물 맑은 계곡에서 양식이 한창 활발히 이뤄지던 80년대~90년대 초반까지의 경우, 대표적인 계곡 루어낚시 대상어였다. 이후 양식업의 쇠퇴로 계곡 송어 자원이 많이 줄어든 대신, 90년대 후반부터는 도심 근교 양어장낚시터에서 양식 송어를 방류, 루어 및 플라이낚시인들로부터 겨울 시즌의 낚시 대상어로 새로운 인기를 끌고 있다.

●**산천어 · 열목어** – 청정 계류에 서식하는 냉수성 어종으로 루어 및 플라이낚시 대상어로 각광받고 있다. 산천어의 경우 강원도 지역의 천연산은 그 개체수가 급감하고 있는 데 반해, 지역적으로 양식산의 방류가 지속되고 있어 낚시터가 넓어지고 있다.

●**가물치** – 우리나라 민물 루어낚시 대상어 가운데 가장 대형급이자 중량급 파워를 자랑하여 날로 그 인기가 상승하고 있지만, 약재로 사용되는 관계로 불법남획이 많아 자연산 역시 개체수가 감소하고 있다.

●**라지마우스 배스** – 1973년 6월, 미국 루이지애나주(Louisiana州)로부터 들여온

외래어종으로서, 우리나라 루어낚시의 새로운 장르를 추가한 어종이다. 배스낚시의 본고장인 미국과 일본 등지의 전문 장비와 테크닉을 전수받아 급속한 발전을 이루었으며, 토너먼트 방식의 대회가 활발히 이루어지는 등, 우리나라에서 낚시의 '프로화'를 선도한 장르로 꼽힌다.

●**기타 민물 어종** – 메기 · 누치 · 황어 · 갈겨니 · 피라미 · 눈불개 · 블루길 등의 크고 작은 어종들 역시 루어 및 플라이낚시 대상어에 속한다. 마니아들에겐 인기가 높다고는 할 수 없지만 입문자 또는 초보자들로선 한 번쯤 만나야 할 대상어이다.

3 루어낚시 어종과 관련한 법령

■ 금어기 및 채포 금지 체장

2010년에 개정된 우리나라의 내수면어업법 시행령 제17조에는 수산동식물에 관한 채포 금지 기간 및 체장이 명시되어 있다. 루어낚시 동호인들이라면 이 같은 법령을 잘 준수함은 물론, 자원 보호에 솔선수범하는 자세를 보여야 할 것이다. 루어낚시와 관련해 '채포 금지 기간' 또는 '채포 금지 체장'이 규정돼 있는 어종은 다음과 같다.

연어는 10월 11일~11월30일, 쏘가리는 5월 1일~6월 10일(영남 및 호남 지역은 4월 20일~5월 30일), 열목어는 3월 1일~4월 30일이 채포 금지 기간이며, 송어는 12cm, 쏘가리는 18cm, 산천어는 20cm 이하가 되면 무조건 방류해야 한다.

그런데 '송어'는 산천어의 강해형을 가리키는 것인지 무지개송어를 가리키는지 분명하다는 점에서 혼돈의 여지를 남기고 있다.

■ 고유 어종 보호

우리나라의 고유어종으로서 보호가 시급한 어류는 천연기념물로 정해져 있다. 그러나 우리나라 전체 천연기념물 가운데 어류는 7종류에 불과하다. 루어낚시 대상어를 포함, 우리나라의 천연기념물 중 어류와 관련된 규정은 다음과 같다.

천연기념물 27호 : 제주도 무태장어 서식지

천연기념물 73호 : 강원도 정선군 정암사 열목어 서식지

2

천연기념물 제259호로 지정돼 있는 어름치.

천연기념물 74호 : 경상북도 봉화군 석포면 열목어 서식지

천연기념물 190호 : 한강 황쏘가리

천연기념물 238호 : 금강 어름치

천연기념물 258호 : 무태장어

천연기념물 259호 : 어름치

■ 어족의 보호육성

정부 차원은 물론, 각 지자체와 개인이 생태계 복원을 위한 여러 가지 활동사업을 벌이고 있다. 쏘가리 치어 방류사업, 산천어 및 열목어 치어 방류사업, 외래유해어종 지정 등이 그것인데, 지역의 소득증대 우선이나 전시행정으로 인하여 오히려 생태계를 파괴하는 오류를 범하기도 한다. 충분한 자연평가를 거치지 않은 무분별한 방류나 외래어종의 방류 등이 그 예로서, 유전자의 혼란, 생태계의 혼란 등을 막고 고유한 자연환경을 지키기 위한 노력이 필요할 때이다.

제2장 민물 루어낚시 장비 및 소품

1 낚싯대(Rod)는 어떤 종류를 어떻게 준비해야 하나?

■ 형태에 따른 분류

①스피닝 대 – 스피닝 릴을 장착해 사용하는 것으로, 낚싯대를 잡았을 때 릴이 아래쪽에 장착되고, 캐스팅을 할 때 검지에 낚싯줄을 걸어 사용하게 된다. 이 같은 스피닝 대는 가이드 구경이 큰 것에서부터 초리 쪽으로 갈수록 점차 좁아지는 형태가 되며, 민물 루어낚시에서 가장 흔히 사용하는 낚싯대이기도 하다.

②베이트캐스팅 대 – 베이트캐스팅 릴을 장착해 사용하는 것으로, 낚싯대를 잡았

민물낚시용 스피닝 대(위)와 베이트캐스팅 대(아래).

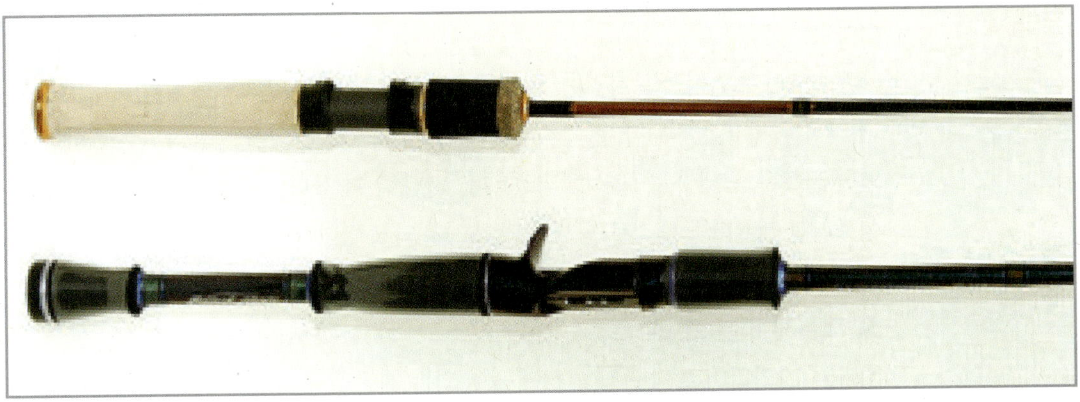

2

을 때 릴이 위쪽으로 장착되고, 캐스팅을 할 때 엄지로 스풀을 눌러 사용하게 된다. 손에 쥐기에 편리하도록 낚싯대 손잡이 부분 아래쪽에 트리거가 튀어나와 있으며, 그립 부분이 권총 손잡이(Pistol grip)처럼 생긴 형태도 있다. 스피닝 대에 비해 가이드의 구경이 작은 것이 특징이며, 흔히 베이트 대로 줄여 부르기도 한다. 주로 배스낚시와 가물치낚시에 사용되며, 기타 민물 루어낚시에서는 그 사용빈도가 적다.

■ 기능에 따른 분류

①강도에 따른 분류 – Part I 제4장에서 설명한 바와 같이 울트라 라이트(UL)에서부터 헤비(H)에 이르기까지 다양하게 나뉜다. 배스낚시에 있어서는 사용하는 루어의 다양성과 기법에 따라 전반적으로 사용되지만, 사용하는 루어의 종류가 한정되어 있는 일반적인 민물 루어낚시에서는 라이트(L)를 전후로 한 강도가 주로 사용된다. 그러나 매우 강한 힘을 필요로 하는 가물치낚시의 경우는 민물 대의 강도를 넘어 바다용에 달하는 강도의 전용 낚싯대가 사용된다.

②휨새(테이퍼)에 따른 분류 – Part I 제4장에서 설명한 바와 같이 구부러지는 기점의 위치에 따라 패스트(F · 초리 휨새), 레귤러(R · 중간 휨새), 슬로우(S · 몸통 휨새) 등으로 나뉜다. 패스트 휨새는 루어 캐스팅이 쉽고 정확하며 루어 조작에 편리하여 루어에 기민한 동작을 부여하는 기법에 적당하다. 또한 입질 시에 챔질도 정확하게 할 수 있다.

슬로우 휨새는 매우 가벼운 루어를 던지기에 편리하고, 스푼과 같이 물 흐름에 루어를 의지하는 기법에 적합하다. 챔질이 어렵기는 하지만 한번 바늘에 걸린 물고기가 잘 떨어져 나가지 않으므로 저항이 심하거나 입이 약해 잘 찢어지는 대상어에 적합하다.

배스낚시에 있어서는 다양한 루어 활용법이 발달되어 있으므로 상황에 알맞은 여러 가지 휨새가 선택된다. 쏘가리낚시의 경우, 과거 스푼만을 사용하던 시기에는 유연한 슬로우 휨새가 주로 선택되었으나, 기타 루어를 다양하게 활용하는 오늘날에 이르러선 레귤러나 패스트 휨새가 많이 사용되고 있다.

■ 재질에 따른 분류

①카본 그라파이트 – 가장 흔하게 사용되는 재질로서 가볍고 자체 탄성률이 높아

〈그림9〉낚싯대의 휨새에 따른 장단점

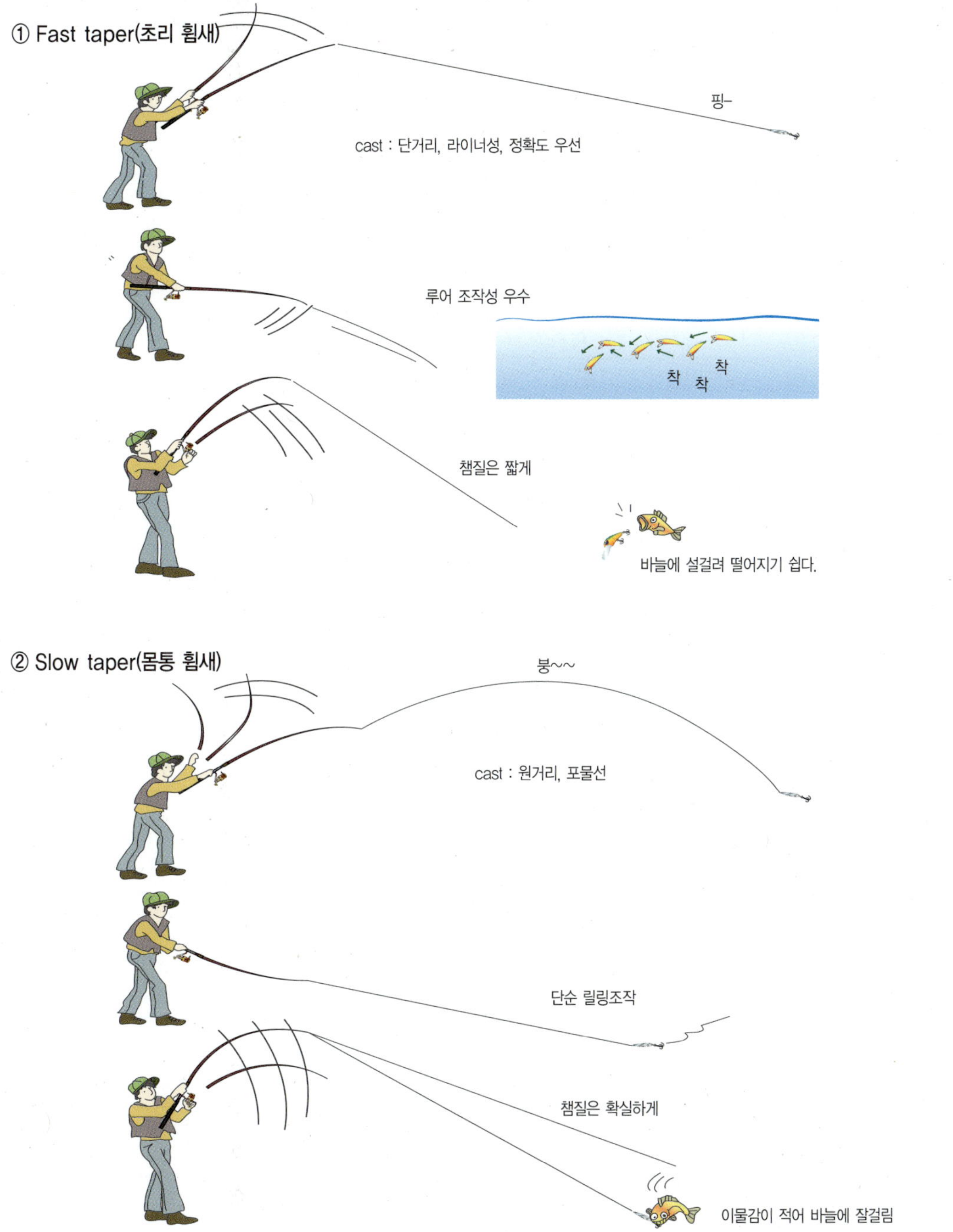

〈표8〉 민물 루어낚시 어종별 장비 · 채비 밸런스

어 종	낚 싯 대	릴	낚 싯 줄	루 어	비 고
쏘가리	6~7ft. L, ML R, F	소형 스피닝	6~8lb.	스푼 그럽+지그헤드 미노우 크랭크베이트	
끄리	6~7ft. UL, L S, R	소형 스피닝	4~8lb.	스푼 스피너 미노우	
꺽지	5~6ft. UL, L R, F	소형 스피닝	4~8lb.	스피너 그럽+지그헤드	
강준치	6~7ft. UL, L S, R	소형 스피닝	6~8lb.	스푼 미노우 탑워터 루어	
무지개송어	5~6ft. UL S, R, F	소형 스피닝	3~6lb.	마이크로스푼 스피너 전용루어	관리낚시터
산천어 · 열목어	5~6ft. UL, L R, L	소형 스피닝	4~6lb.	스피너 스푼 미노우	산간 계류
가물치	7~8ft. H 가물치전용	중대형 베이트캐스팅 릴	PE8~10호	프로그 위드레스 루어	
배스	5~7ft. 배스용 UL~H S~F	소~중형 스피닝 릴 및 베이트캐스팅 릴	4~20lb.	각종 소프트/하드 루어	
메기	쏘가리낚시용 유용			스푼 그럽+지그헤드 각종 플러그	흐린 물 밤낚시
누치	쏘가리낚시용 유용			스푼 그럽+지그헤드	곡우 전후 누치가리
황어	쏘가리낚시용 유용			스피너 스푼	강 하구 기수역
블루길	꺽지낚시용 유용			스피너 그럽+지그헤드 각종 플러그	
갈겨니 · 피라미	꺽지낚시용 유용			스피너	
눈불개	쏘가리낚시용 유용			스푼 그럽+지그헤드	

예민한 감각을 얻을 수 있다. 민물 루어낚시에 사용되는 낚싯대의 대부분을 점유하는 재질로서, 사용하는 원료의 압축 강도에 따라 탄성률이 다른데, 고탄성 카본 섬유를 사용한 낚싯대일수록 감도가 우수한 반면 부러지기도 쉽다.

②글라스 파이버 – 카본 그라파이트 재질이 개발되기 이전부터 널리 사용되던 재질로서, 상대적으로 무겁지만 유연하고 잘 부러지지 않는 장점이 있다. 배스낚시에서 크랭크 베이트를 사용할 때 애용되며, 유료낚시터에서 무지개송어를 대상으로 극소형 루어를 사용할 때도 전문적으로 사용된다.

③하이브리드 – 카본 그라파이트와 글라스 파이버의 장점만을 발휘하도록 필요에 의해 적절히 혼용된 재질로서, 카본의 함유량이 다양하다. 종류에 따라 중저가 낚싯대로 제작되기도 하며 '반카본' 이라는 별명으로도 불린다.

■ 구조에 따른 분류

낚싯대는 전체가 한 토막으로 되어 있는 형태가 가장 이상적이기는 하지만, 민물 루어낚시에서 흔히 사용하는 5.6~7피트 길이 중간쯤에 연결 부위를 만들어 통상적으로 2토막으로 제작된 낚싯대가 주로 사용된다. 낚시터까지의 휴대와 운반이 쉬운 장점이 있다. 그러나 배스낚시용은 주로 한 토막으로 된 낚싯대가 많은데, 이는 자가용의 대중화에 따라 휴대에 문제가 없어진 탓도 크게 작용했겠지만, 보다 예민한 낚시를 추구하는 전문가들의 취향에 따른 결과이기도 하다.

이 밖에 여행용이나 보조용으로 사용하는 루어 낚싯대는 휴대하기 편리하도록 4토막, 또는 그 이상으로 된 종류도 있다.

■ 대상어종에 따른 분류

①쏘가리 낚싯대 – 우리나라 민물 루어 낚싯대의 대표격으로, 쏘가리뿐만이 아니라 다양한 대상어(끄리 · 강준치 · 꺽지 · 무지개송어 · 메기 · 배스)에 사용된다. 길이는 6.6~7피트를 기준으로 라이트(L)나 미디엄 라이트(ML)의 강도, 레귤러(R)나 패스트(F) 휨새가 기준이 된다.

②계류 낚싯대 – 활동의 제약이 많고 폭이 좁은 산간 계류에서 사용하기 편리한 5~5.6피트 정도의 길이로, 울트라 라이트(UL)나 라이트(L)의 강도에 좁은 장소로의 캐스팅과 흐름이 강한 물속에서 계류어를 끌어내기 편리한 레귤러(R)나 패스트(F) 휨새를 기준으

2

로 한다.

③**배스 낚싯대** – 배스낚시용 낚싯대는 간략하게 요약하기엔 그 종류가 너무 세분화 되어 있다. 별도의 배스낚시 편을 참조 바란다.

④**가물치 낚싯대** – 배스낚시용의 미디엄 헤비(MH)나 헤비(H) 강도를 사용해도 큰 무리는 없지만 사용하는 프로그 루어의 원투와 밀생한 수초지대에서 몸부림치는 가물치를 끌어내기 위해서는 전용 낚싯대가 필요하다. 가물치 전용 루어 대는 대략 7~8피트 길이에 바다용 대물 낚싯대와 같은 강력한 힘을 갖고 있다.

2 낚싯대의 '사양'은 어떻게 표기되나?

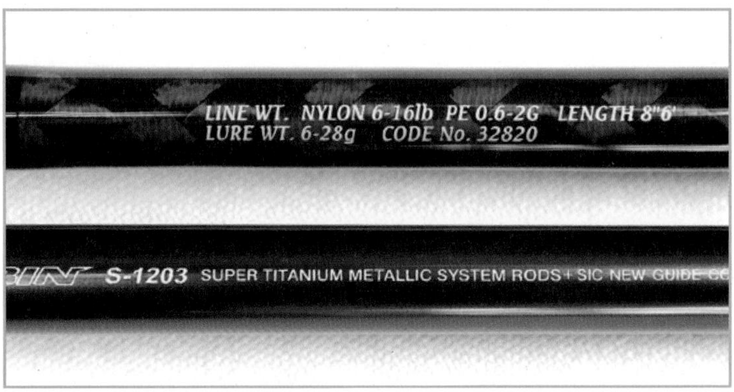

낚싯대의 표면에는 고유의 사양(仕樣)이 표기돼 있다.

낚싯대를 고를 때에는 상표 근처나 상표 반대편에 표시돼 있는 사양(仕樣)을 눈여겨 살펴보아야 한다.

XXXX – 6.6 L F – 2 1/8~1/4oz. 4~10Lb.

위 사양을 해설하면 다음과 같다.

XXXX(모델명), 6.6(길이–피트), L(강도–라이트 강도), F(휨새–패스트 휨새=초리 휨새), 2(토막수–2토막), 1/8~1/4oz.(사용 루어 무게–1/8~1/4온스), 4~10Lb.(사용 낚싯줄 강도–4~10파운드)

3 릴(Reel)은 어떤 종류를 어떻게 준비해야 하나?

■ 스피닝 릴과 베이트캐스팅 릴

Part I 제5장에 설명한 바와 같이 여러 가지 형태의 릴 가운데 민물 루어낚시에 주로 사용되는 것은 스피닝 릴(Spinning reel)과 베이트캐스팅 릴(Bait casting reel)

두 가지이다. 민물 루어낚시에 사용되는 릴은 하루 종일 루어를 캐스팅하고 릴링을 반복하게 되므로, 되도록이면 가벼우면서도 내구성이 좋은 소형 릴을 사용하는 것이 현명한 방법이다.

①스피닝 릴 – 사용이 간편하여 민물 루어낚시에 가장 많이 사용되는 릴이라고 할 수 있다. 무게 300g 이하의 소형, 2~3호 줄이 100~150m 정도 감기는 권사량(捲絲量)이면 적합한 제품이다.

②베이트캐스팅 릴 – 소형을 선택하되, 스피닝 릴에 비해 상대적으로 강한 조력을 가지므로 무겁거나 수류 저항이 큰 루어를 사용하기에 좋다. 그러나 사용 방법이 스피닝 릴에 비해 까다로운 면도 있다. 배스낚시와 가물치낚시를 제외하고 일반적인 민물 루어낚시에서는 그다지 사용하지 않는다.

■ 스피닝 릴의 종류

①인스풀(In spool) 형태 – 초창기에 주로 사용되던 형태로, 스풀이 로터(Rotor) 내부에서 앞뒤로 들락거리며 낚싯줄을 감도록 설계된 것이다. 상대적으로 가벼운 장점이 있지만 스풀이 로터 안으로 들어가 있을 때 캐스팅하면 낚싯줄이 내부와 마찰을 일으키게 되어 캐스팅 거리가 짧아지는 단점이 있다. 갈수록 생산량이 감소되고 있는 추세다.

②아웃스풀(Out spool) 형태 – 스풀이 로터를 감싸는 형태로서 가장 보편적으로 사용되고 있는 스피닝 릴이다. 스풀의 형태로 인하여 스커티드 스풀(Skirted spool) 타입이라고 표시하기도 한다.

③프론트 드랙(Front drag) 형태 – 드랙을 조절하는 장치가 스풀 앞쪽에 있는 형태이다. 드랙 조절용 손잡이(Drag knob)를 돌려 내장된 워셔들의 눌리는 정도에 따라 강약 정도가 조절되는 방법이다. 대부분의 스피닝 릴이 이에 속하며, 강도가 좋고 세밀한 장력 조절이 가능하다.

④리어 드랙(Rear drag) 형태 – 드랙을

민물 루어에서는 소형 스피닝 릴이 두루 사용된다.

2

핸들 고정식(사진 왼쪽)과 좌우 교체식(사진 오른쪽) 스피닝 릴 종류.

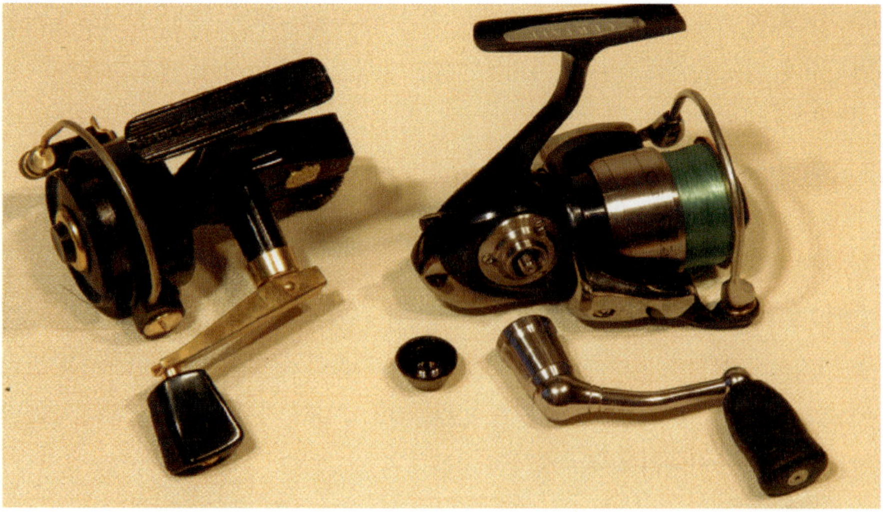

조절하는 장치가 릴 뒤편에 부착되어 있는 형태이다. 릴 몸체의 뒤에 연결된 다이얼을 돌려 장력을 조정하는 방법인데, 낚시 도중 드랙을 조절하기 쉽다는 장점 때문에 한때 유행한 적이 있지만, 미세한 드랙 조절 기능이 우수한 프론트 드랙 형 릴에 밀려 퇴조하고 있다.

■ 핸들의 방향에 대한 상식

과거의 스피닝 릴은 대체로 오른손으로 낚싯대를 잡고 왼손으로 스피닝 릴의 핸들을 돌리도록, 핸들을 릴 왼쪽에 고정시킨 제품이 많았다. 그러나 현대의 스피닝 릴은 핸들을 풀어 반대 방향으로 교체할 수 있는 제품이 대부분이다. 오른손잡이의 경우는 오른손으로 낚싯대를 잡고 왼손으로 릴을 조작하는 것이 옳은 방법이지만, 개개인의 기호에 따라 익숙한 손으로 사용할 수 있도록 배려한 것이다. 다만, 처음 루어낚시를 시작하는 초보자의 경우 이와 같은 사항을 이해하고 시작하는 것이 좋다.

4 낚싯줄(Line)의 종류와 선택법

■ 민물 루어낚시용 낚싯줄의 종류

Part I 제6장에서 설명한 여러 가지 낚싯줄 가운데 민물 루어낚시에 주로 사용되는 낚싯줄은 다음과 같다.

①**나일론** – 가장 흔히 사용되는 낚싯줄로서 가격이 저렴하고 조금씩 특성을 달리하는 제품들이 있다.

②**플로로 카본** –나일론에 비해 비중이 무거워 물에 잘 가라앉고 단단하며, 감도가 높은 특징이 있다. 물과 굴절률이 비슷해 물속에서 잘 보이지 않는 장점도 있다. 상대적으로 값이 비싸고, 단단한 특징으로 인해 소형 스피닝 릴을 사용함에 있어 스풀에 줄이 잘 감겨 있지 않고 쉽게 풀려 엉킴 현상을 일으키기도 한다.

③PE – 합사 구조를 갖고 있으며, 다른 낚싯줄에 비해 대단히 강도가 높고 거의 늘어나지 않는 것이 특징이다. 매우 부드럽다는 것이 장점이기도 하지만, 한번 엉키면 풀기가 힘든 것이 단점이기도 하다. 민물 루어낚시에서는 가물치낚시에 주로 사용된다.

■ 낚싯줄의 선택법

낚싯줄은 소모품이다. 특히 쏘가리낚시와 같이 낚싯줄의 소모량이 큰 경우일수록 고가의 고급품을 사용한다는 것은 재고의 여지가 있다. 물론 장애물이 많은 곳임에도 불구하고 입질이 까다로워 가늘고 강한 줄이 필요한 경우, 물속에서 물고기의 눈에 줄이 보이지 않아야 하는 경우, 새벽녘이나 역광 상황에서 줄의 시인성을 확보해야 하는 경우 등등, 그리고 배스낚시나 계류낚시, 무지개송어낚시와 같이 특별한 상황 하에서는 특수한 고품질의 낚싯줄이 필수적 조건인 경우도 얼마든지 있다. 실제로 하고자 하는 낚시의 상황에 적절히 부합하는 낚싯줄의 선택이 중요하다.

5 릴에 감는 낚싯줄의 적합한 길이는?

릴의 크기에 따라 적합한 굵기의 낚싯줄을 스풀에 감는 경우, 그 길이는 150m 정도가 된다. 그러나 이러한 길이가 모두 실제 낚시에 필요한가에 대해서는 생각해 볼 필요가 있다. 일반적인 민물 루어낚시에서 루어를 최대한 캐스팅 하는 경우, 아무리 늘어지는 길이를 포함해도 겨우 50여m에 불과하다. 실제로 사용되지 않고 스풀 속에서 잠자게 되는 줄이 100m나 되는 셈이다. 낚시 도중 소모되는 분

깊이가 서로 다른 스풀

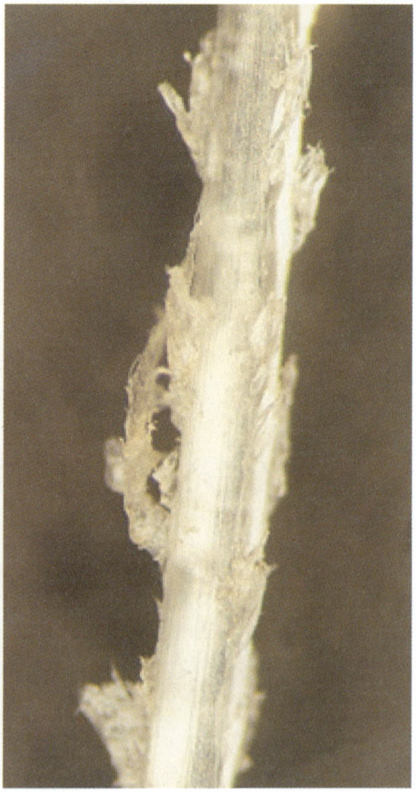

낚싯줄의 상처는 수시로 검사해야 한다(좌). 확대 촬영한, 낚싯줄의 상처 부위(우).

량을 넉넉히 감안하더라도 낭비가 아닐 수 없다.

자신의 캐스팅 거리와 낚싯줄 소모량을 감안하여 스풀에 제일 먼저 줄을 감을 때는 별도의 허드렛줄을 사용하고, 이 허드렛줄을 적당히 감은 후 실제 낚시에 사용할 줄을 연결해 계속적으로 감아주면 되는 것이다. 스풀의 깊이가 얕은 릴을 사용하여 적당한 양의 낚싯줄을 감아 사용하는 것도 지혜로운 방법이다.

6 낚싯줄을 교체해야 할 시기

낚싯줄의 교체 시기는 사용 후 빠르면 빠를수록 유리하다. 시간이 지날수록 모든 낚싯줄은 강도가 약해지는 것은 물론, 사용 횟수가 늘어날수록 눈에 보이지 않는 상처를 입기 마련이다. 그러므로 낚시 후에는 언제나 다음 조행을 위하여 사용한 낚싯줄을 검사하는 습관을 갖는 것이 좋다. 육안이나 감촉으로 검사해 이상이 있는 경우는 충분한 길이만큼 잘라낸다거나 2, 3회 사용 후 완전 교체를 하는 편이 바람직하다.

7 민물낚시용 루어(Lure) 종류와 선택법

Part Ⅰ 제3장에서 소개한 다양한 종류의 루어 중에서 배스낚시를 제외한 민물 루어낚시에 흔히 사용되는 루어들은 다음과 같다.

■ 스푼(Spoon)

①스푼의 다양성 – 스푼은 그 형태와 크기가 무척 다양하다. 1g도 채 안 되는 손톱보다 작은 크기에서부터 손바닥 크기보다 더 큰 형태에 이르기까지 그 크기와 형태 · 무게 · 색상이 천차만별이다. '막스푼' 이라고도 불리면서 민물 루어낚시에 주로 사용되는 단조로운 스푼의 무게는 대략 8~12g로, 쏘가리낚시를 비롯하여 널리 활용되고 있다.

②스푼의 기본 형태와 동작 – 일반적으로 사용되는 스푼을 크게 구분하면 폭이 넓

2

형태 · 크기 · 만곡도가 각양각태인 다양한 스푼(Spoon) 종류.

고 만곡도가 큰 형태와 길쭉하면서 'S' 자 굴곡을 지니는 형태로 나눌 수 있다. 폭이 넓고 만곡도가 큰 것은 회전이 잘 되고 움직이는 폭이 커 수중에서 수류 저항을 받기 쉽다. 길쭉하게 폭이 좁고 S자로 구부러진 형태는 회전보다는 좌우로 흔들리며 폭이 좁은 동작을 보이는데, 수류 저항이 적어 물살 빠른 지역에서 효과적이다.

③특수한 스푼 – 일반적인 스푼에는 주로 트레블 훅(Treble hook)이 부착되어 있다. 그러나 배스낚시에 사용되는 루어로서 장애물 극복을 위한 방법 중의 하나로, 고정식의 싱글 훅(Single hook)과 위드레스(Weedress) 기능이 부착된 있는 형태의 스푼 종류도 있다.

■ 스피너(Spinner)

①스피너의 효과 – 스피너는 작은 크기의 회전 블레이드가 부착되어 있는 루어이다. 수중에서 이 블레이드가 수류 저항으로 회전을 함으로써 강한 빛의 반사와 진동으로 곤충이나 작은 물고기의 움직임을 연출한다. 계류낚시에 주로 사용되며, 꺽지에게는 특효의 루어로 알려져 있다.

②스피너의 종류 – 스피너에는 크게 두 가지 형태가 있다. 회전하는 날개인 블레이

스피너(Spinner) 블레이드의 3가지 기본 형태와 다양한 바늘 종류.

드를 루어의 중심축과 연결해 주는 U자형 금속 고리인 클레비스(Clevis)가 장착된 형태가 있는가 하면, 클레비스 없이 블레이드의 중앙부에 구멍을 뚫어 중심축에 직접 삽입한 형태가 있다.

③블레이드의 형태 – 회전날개인 블레이드의 형태 또한 다양한데, 기본적으로는 콜로라도(Colorado) 형, 인디아나(Indiana) 형, 윌로우 리프(Willow leaf) 형 등으로 나눌 수 있지만, 세분하려 들면 그 형태는 매우 다양해진다.

④기타 부속물 – 단순한 트레블 훅이 부착되어 있는 경우가 대부분이지만, 바늘 위로 여러 가지 털이나 술을 묶어 놓은 경우도 있으며, 플라이 훅의 일종인 스트리머(Streamer)가 부착된 스피너 종류도 있다.

■ 플러그(Plug)

플러그는 우리나라의 민물 루어낚시에 있어 배스낚시를 제외하고는 사용 빈도가 그다지 많지 않다. 소형 미노우나 크랭크 베이트가 쏘가리낚시 등에 사용되는 정도이다. 따라서 플러그의 전체적인 설명은 생략하기고 하고, 각 어종별 실전편을 참조하기 바란다.

2

배스를 제외한 민물 루어낚시에서 자주 사용되는 소형 미노우와 크랭크 베이트 종류.

■ 그럽 및 지그헤드

①그럽(Grub) – 그럽은 소프트 베이트의 일종으로, 그 이름처럼 벌레의 유충과 같은 형상을 하고 있다. 다양한 꼬리 형태를 갖고 있으며 크기와 색상도 천차만별이다(상세한 지식은 배스낚시 분야를 참고 바란다). 배스낚시를 제외한 민물 루어낚시에는 2~3인치(약 5~8cm) 정도의 크기에 구부러진 꼬리(Curly tail · 컬리테일) 형태나 납작한 꼬리(Shad tail · 섀드테일) 형태가 부착된 그럽을 적당한 크기의 지그헤드에 직접 부착하여 사용하는 경우가 대부분이다.

②지그헤드(Jig head) – 바늘에 단순히 납으로 된 봉돌이 붙어있는 형태이다. 납으로 된 봉돌 형태와 무게에 따라 여러 종류로 세분되는데, 상세한 지식은 배스낚시 분야를 참고 바란다. 지그 헤드는 배스낚시 이외의 민물 루어낚시에서는 쏘가리낚시에서 자주 사용되는데, 1/16~1/4온스(약 2~8g) 정도짜리를 수심과 유속에 맞춰 사용한다. 상대적으로 수중 침하 속도가 빠르기 때문에 물흐름이 강한 장소는 물론 바닥 지형을 꼼꼼히 탐색하는 데 우수하다. 상대적으로 바닥 걸림이 심한 단점도 있다.

민물 루어낚시에 많이 사용되는 그럽과 지그 헤드 훅.

■ **기타 루어**

민물 루어낚시에 사용되는 루어로는 이 밖에도 가물치낚시에 사용되는 프로그(Frog), 저수지 유료낚시터에서 무지개송어를 노릴 때 사용하는 특수한 종류들이 있다. 그 종류와 용도는 PartⅡ 제4장의 '어종별 실전편' 을 참고 바란다.

8 기타 소품 및 용도

①**꿰미** – 낚은 물고기를 휴대하기에 편하도록 만든 걸고리 형태의 도구이다.

②**포셉** – 쏘가리와 같이 맨손으로 만지기 어려운 이빨을 가졌거나, 지느러미 가시가 날카로운 물고기를 들어올리기에 편한 도구이다. 가위와 같은 형태로서 아래턱을 붙잡도록 되어 있는데, 대부분이 아래턱의 가는 막을 쉽게 관통하도록 만들어져 있다.

③**낚시용 조끼** – 소형 루어 박스는 물론, 각종 소도구를 한 번에 수납하도록 크고

2

작은 주머니가 많이 부착된 낚시 전용 조끼를 말한다.

④선글라스 및 편광안경 – 강한 자외선으로부터 눈을 보호하고 나아가 수면의 난반사를 막아 수면 또는 수중을 편히 볼 수 있는 기능이 있다.

⑤뜰채 – 낚은 물고기를 간편하게 들어 올리는 도구로서 휴대에 편리한 제품도 있다.

⑥바지장화 및 계류화 – 수온이 낮은 시기에 수중으로 들어가기 위해 착용하는 것으로, 길이에 따라 여러 종류로 나뉜다. 또한 수분과 이끼로 인해 미끄러운 장소에서 잘 미끄러지지 않도록 펠트 밑창이 부착된 것이 계류화이다.

제3장 민물 루어낚시 실전 기초 상식

1 낚싯대와 릴의 궁합은 어떻게 맞추나?

일반적으로 민물 루어낚시용 스피닝 릴은 그 기능이 지속적으로 개선되고 있다. 과거에는 가벼움에 주 목적을 두어 카본 수지를 성형하여 몸체를 만들기도 했으나 현대로 들어오면서부터 고성능의 내구성이 좋은 제품들로 바뀌고 있다. 즉, 여러 개의 볼 베어링을 채용하고, 다시금 금속 몸체를 채용해 정밀도와 내구력을 향상시킴에 따라 전체적인 중량이 예전보다 다소 무거워졌다.

그러나 릴의 무게가 가중되었을지라도 조화를 이루는 낚싯대를 선택한다면 실제 낚시하는 동안 무게감을 심하게 느끼지 않을 수 있다. 루어 낚싯대에 릴을 장착했을 때 전체 무게의 중심이 앞쪽 릴 시트 근처에 오는 것이 가장 이상적인데, 이렇게 낚싯대와 릴의 궁합이 잘 맞을 경우는 낚시 도중 그다지 무게를 느끼지 않으면서도 조작도 편리해진다. 이와는 반대로 낚싯대 앞쪽으로 무게의 중심이 쏠리면 낚시하는 동안 상당한 무게감을 느끼게 되고 오래지 않아 피로해지기 쉽다.

낚싯대와 릴의 올바른 무게 중심을 찾는 방법은 일단 릴을 장착한 후 릴 시트의 앞쪽에 손가락을 올려 균형을 잡아본다. 낚싯대가 앞으로 많이 기울어진다면, 낚싯대 손잡이 뒤쪽 마개(Butt cap) 근처에 임시로 비닐 테이프 등을 감고 그 속에 낚시용 봉돌을 하나씩 더하면서 중심을 잡아본다. 봉돌을 하나하나 추가할 때마

2

〈그림10〉낚싯대의 이상적인 무게중심 위치

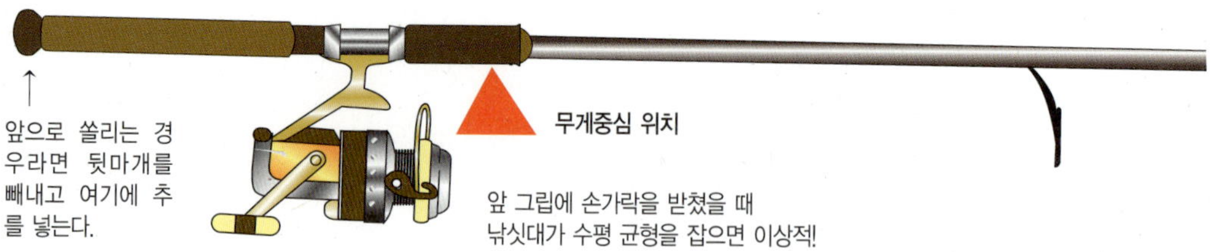

다 느껴지는 무게감이 달라질 것이다. 만약 중심이 잡아졌다고 느껴지면, 이번에는 낚싯대의 뒷마개를 빼내어 가장 편하게 느껴진 무게만큼의 봉돌을 넣은 후 다시 마개를 닫고 고정하면 된다. 다만 브랜드에 따라 뒷마개를 빼지 못하는 제품도 있다.

❷ 릴에 낚싯줄 감는 요령

루어낚시의 채비는 릴에 낚싯줄을 감는 일로부터 시작된다. 릴에 줄을 감기 위해서는 우선 스풀에 줄을 묶는 것으로부터 시작된다(릴 스풀에 줄을 매는 방법은 Part Ⅴ 제1장의 〈각종 묶음법&연결법〉을 참고 바란다). 맨 먼저 스풀의 베일을 젖힌 상태에서(스피닝 릴의 경우) 낚싯줄 끝을 스풀에 잘 묶은 다음, 릴 핸들을 돌리게 되면 베일이 원위치로 돌아가면서 줄이 감기게 되는데, 〈그림11〉과 〈그림12〉에서 보듯 반드시 낚싯줄에 일정한 장력을 주면서 천천히 감도록 한다.

여러 번 하다 보면 요령이 생기게 되는데, 처음에는 혼자 하기보다는 다른 사람의 도움을 받는 것이 좋다. 즉, 한 사람은 릴링을 하되, 다른 한 사람은 낚싯줄의 실패를 적당한 악력(握力)으로 잡아 저항을 주면서 감도록 하는 것이다. 이렇게 해서 릴 스풀에 감긴 낚싯줄은 손으로 눌어 보아 단단해야 한다. 만약 물렁물렁한 느낌이거나 감긴 줄이 꼬불꼬불한 상태라면 낚싯줄을 쥔 악력(握力)이 모자란 나머지 전체적으로 줄이 너무 느슨하게 감긴 것으로 보아야 한다. 줄이 너무 느슨하게 감긴 상태로 캐스팅을 하게 되면 자칫 줄이 엉키는 낭패를 겪게 되므로 주의해야 한다.

〈그림11〉스피닝 릴에 줄 감기

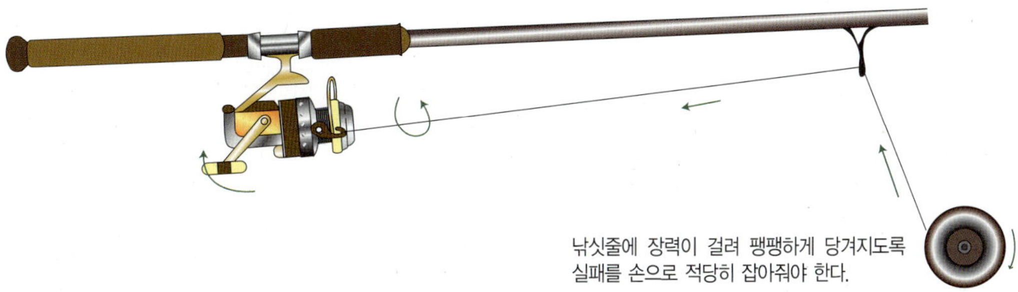

〈그림12〉베이트캐스팅 릴에 줄 감기

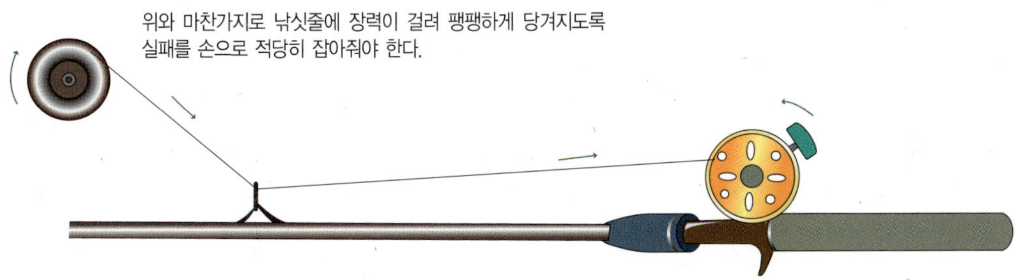

3 꼭 알아두어야 할 매듭법

민물 루어낚시에 있어 반드시 익혀두어야 할 묶음법(또는 매듭법)이 있다. 다른 낚시 장르의 채비를 할 때와는 달리, 민물 루어낚시는 몇 가지 매듭법만 익혀두면 큰 불편 없이 낚시를 즐길 수 있다. 매듭의 종류가 간단한 것도 루어낚시의 장점이라 할 수 있는데, ①릴 스풀에 낚싯줄 매는 요령, ②루어 묶음법, ③낚싯줄과 낚싯줄의 연결법 등, 세 가지 분야만 익히면 낚시에 임할 수 있다.

물론 이들 3가지 분야의 묶음법은 분야별로 다양한 방법이 구사되는데, 우선 손쉬운 방법 몇 가지만 익힌 다음, 차츰 그 장단점과 용도를 이해하면서 필요할 때마다 하나하나 익혀 나가는 것이 좋다 (Part V 〈묶음법&연결법〉 참조).

2

4 캐스팅(Casting)만 제대로 하면 고기는 낚인다

자신이 목표 하는 장소(포인트)로 미끼(루어)를 던져 보내는 동작이 캐스팅이다. 루어낚시에서 캐스팅 방법은 매우 다양하며, 이에 따라 정확도와 비(飛)거리의 차이도 생긴다. 복잡한 낚시터 환경에서 적절한 방법의 캐스팅이야말로 좋은 조과와 연결되는 것이다. 초보자일수록 캐스팅의 기본 동작을 잘 익혀둬야만 여러 가지 환경에서 다각도의 응용 동작을 취할 수 있으므로 기본 동작만큼은 확실히 연습해 둘 필요가 있다.

■ 오버헤드 캐스팅(Overhead casting)

낚싯대가 머리 위를 통과하게 던지는 동작으로서 다른 방법에 비해 상대적으로 목표 지점에 정확하게 루어를 투척시킬 수 있다. 먼저 편안한 자세로 정면을 향해

〈그림13〉오버헤드 캐스팅

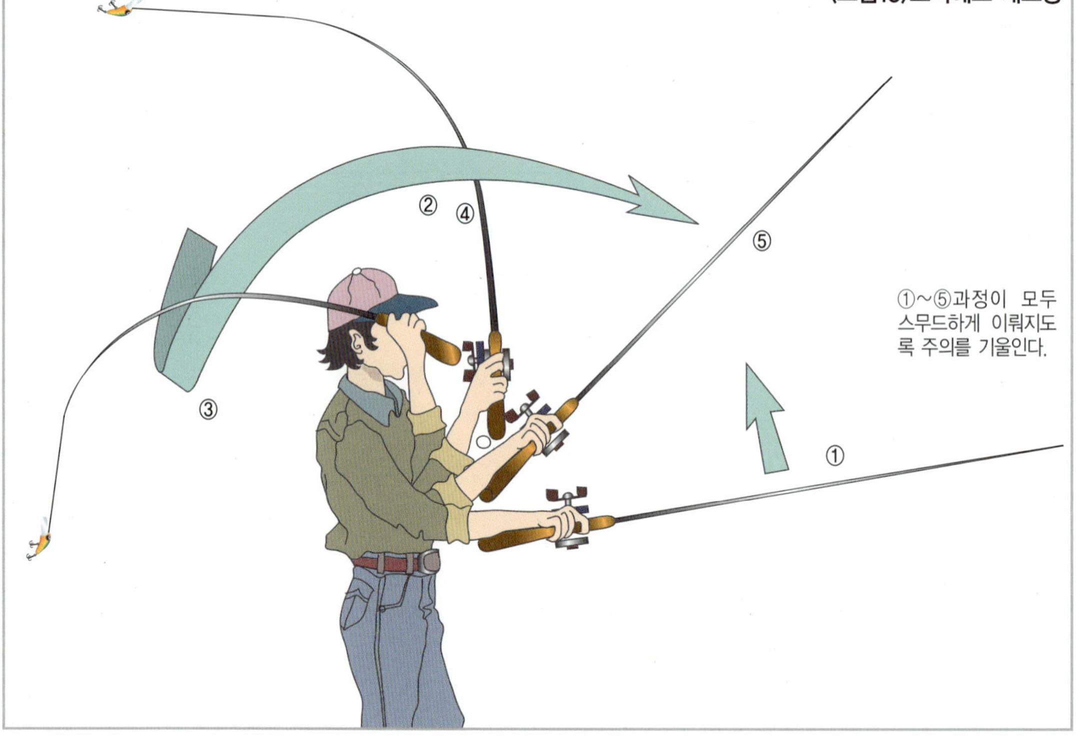

선 후, 정면 3시 방향에서 출발한 낚싯대가 머리 위 12시 방향을 지나 머리 뒤쪽의 약 10시 방향으로 갔다가 다시 낚싯대가 머리 위 12시 방향을 통과해 전방 3시 방향에서 멈추도록 하는 일련의 연속동작이다.

낚싯대의 탄력을 충분히 이용해야 하고 루어의 무게를 손으로 느끼도록 한다. 낚싯줄은 보통 낚싯대가 머리 위를 지나자마자(1시 방향) 놓는다. 줄을 놓아주는 타이밍이 너무 빠르면 루어가 하늘로 너무 높이 올라간 뒤 착수하고, 너무 늦게 놓아주면 루어가 바로 코앞에 처박힌다. 위쪽과 뒤쪽으로 장애물의 유무를 확인한 다음에 캐스팅 동작에 들어가야 한다.

■ 스리쿼터 캐스팅(Three quarter casting)

가장 자연스러운 형태의 캐스팅 방법으로, 주위에 장애물이 없고 마음껏 원투를 할 경우에 주로 구사되는 방법이다. 오버헤드 캐스팅 동작을 약간 옆으로 기울인

〈그림14〉스리쿼터(Three quarter) 캐스팅

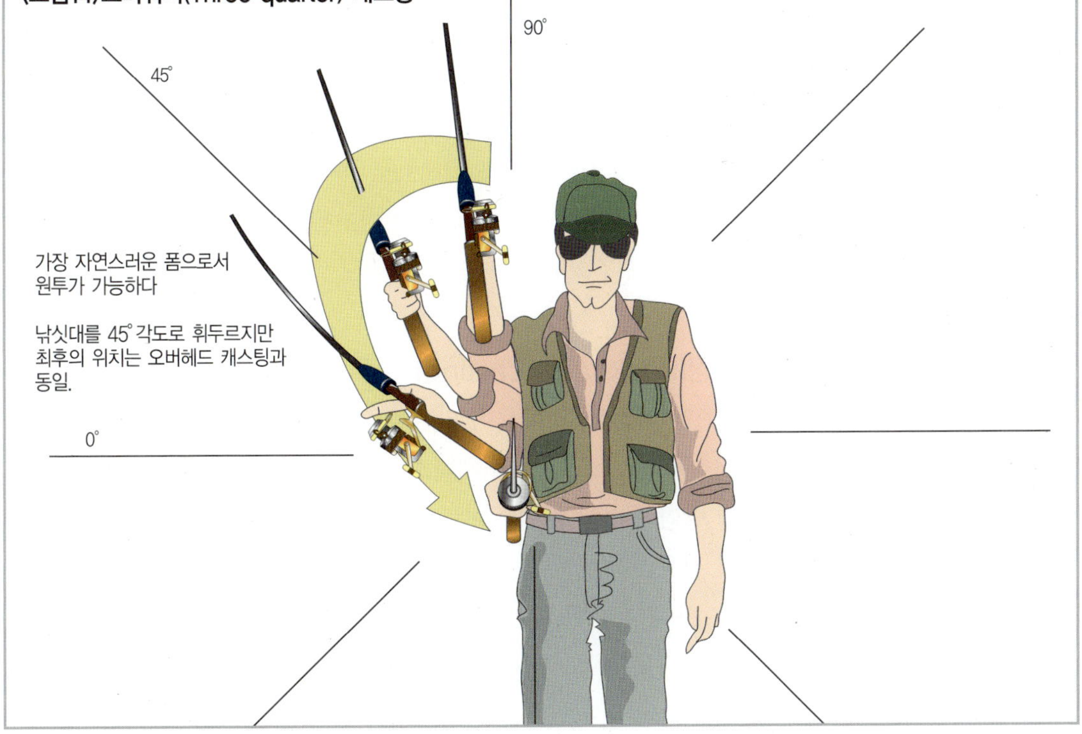

〈그림15〉사이드 캐스팅

형태인데, 출발점과 끝나는 지점에서의 낚싯대 위치는 오버헤드 캐스팅과 동일하지만 중간 과정이 정면에서 보았을 때 수평에 대해 90도가 아닌 45도 정도의 기울기를 갖고 있다.

■ 사이드 캐스팅(Side casting)

오버헤드 캐스팅 방법을 그대로 옆으로 누인 형태이다. 바람이 많이 부는 경우나 위쪽에 장애물이 있는 경우에 유효한 방법으로, 루어의 착수음도 조용한 장점이 있다. 그러나 약간의 실수로 루어가 원하는 포인트를 벗어나 착수할 수 있으므로 낚싯줄을 놓는 타이밍에 주의해야 한다.

■ 백핸드 캐스팅(Backhand casting)

주위의 공간 확보가 어려운, 장애물이 많은 곳에서 정상적인 캐스팅이 이루어지지 않을 때 구사하는 방법으로, 마치 테니스의 백핸드 스트로크와 비슷한 형태이다. 다른 캐스팅 방법에 비해 원투는 어렵다.

오른손잡이의 경우라면 왼쪽 방향에서부터 캐스팅 동작이 시작되는데, 낚싯대 액션의 반동을 이용해 가볍게 흩뿌리듯 캐스팅을 해야 한다. 원하는 곳으로의 캐스팅이 이루어지기 위해서는 역시 낚싯줄을 놓는 타이밍에 주의해야 한다. 장애물이 많은 곳뿐만 아니라 포인트가 가깝거나 수심이 얕은 곳에서도 효과적으로

〈그림16〉백핸드 캐스팅

사용할 수 있다.

■ 보우 앤 애로우 캐스팅(Bow and arrow casting)

루어를 적당한 위치로 늘어뜨려 한 손으로 잡고 낚싯대를 마치 활처럼 휘도록 한 후 루어를 놓는 것과 동시에 낚싯대의 탄성으로 튕겨나가게 하는 캐스팅 방법이

〈그림17〉보우 앤 애로우 캐스팅

〈그림18〉플립 캐스팅

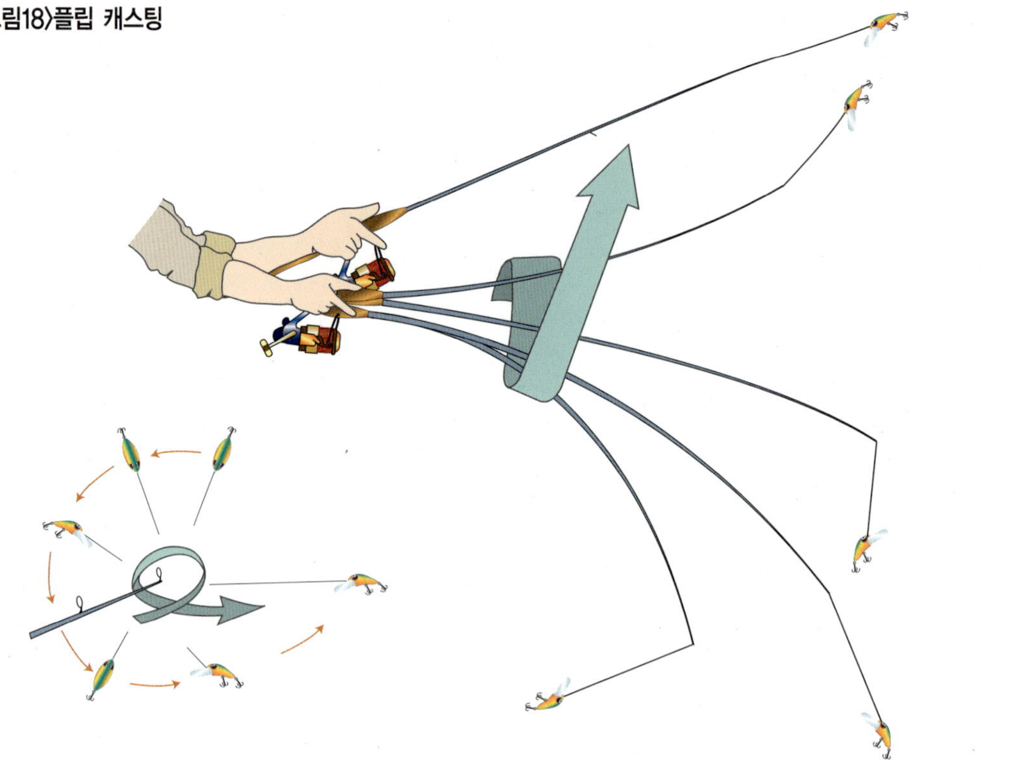

다. 익숙해지면 원하는 지점에 정확히 루어를 던져 넣을 수 있다. 주변에 장애물이 있는 경우에 유리하지만, 역시 원투는 기대하기 어려우므로 근거리의 포인트 공략에 응용된다.

■ 플립 캐스팅(Flip casting)

낚싯대 끝부분의 탄력만을 사용해 튕기듯 행하는 캐스팅 방법이다. 주위에 장애물이 많은 곳 등의 특수한 상황에서 사용되는데, 대략 10m 이내의 근거리 캐스팅에 적합하다. 낚싯줄을 놓는 타이밍이 어려워 조금이라도 틀리면 루어가 하늘로 솟는 등, 앞으로 잘 나아가지 않을 수 있으므로 숙달을 필요로 한다.

■ 플리핑(Flipping)

배스낚시에서 전용 낚싯대를 사용하여 플리핑 기술(Flipping technique)을 구사

〈그림19〉플리핑(Flipping) 요령

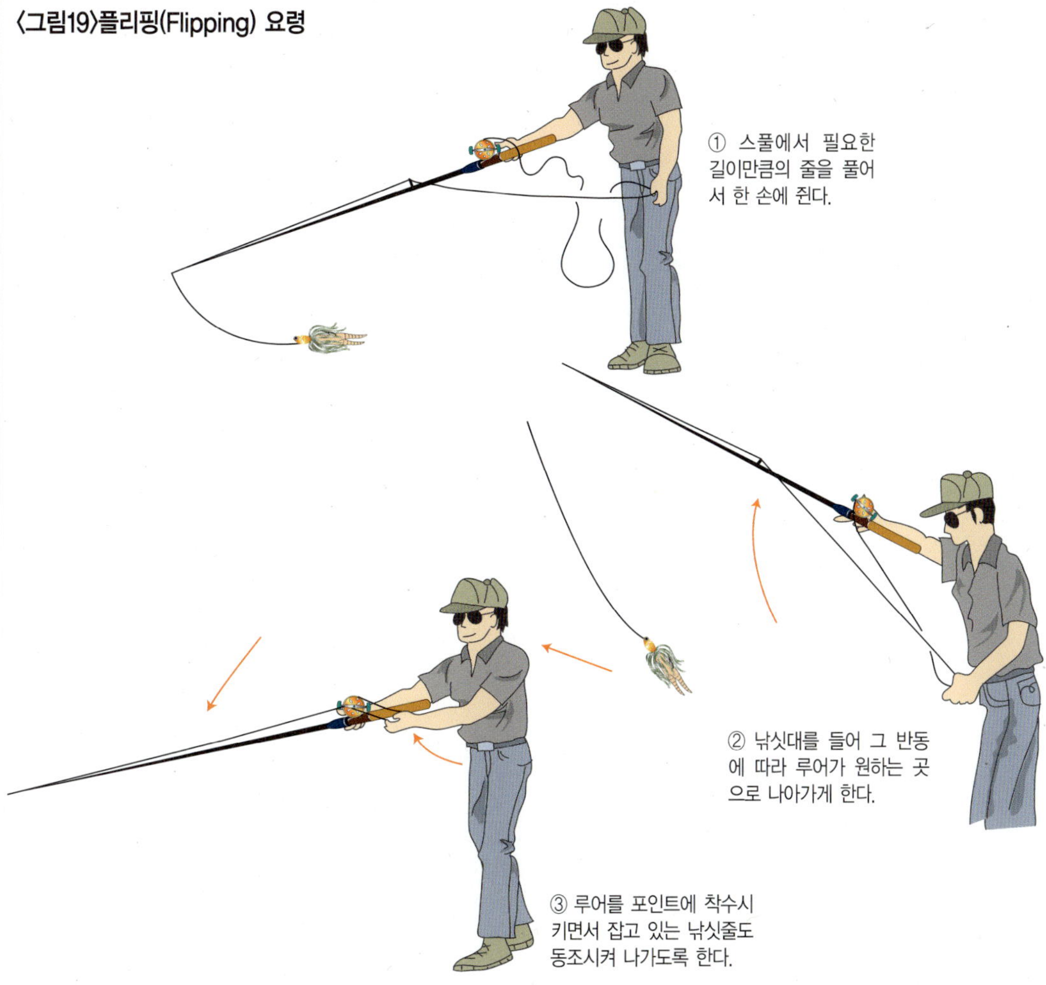

하는 방법으로서 근거리의 수초대에 있는 배스를 노리는, 마치 붕어 수초구멍치기와 같은 방식이다. 긴 낚싯대의 진폭(振幅)을 이용하여 협소한 포인트에 루어를 조용히 수직으로 집어넣는 형태이다.

먼저 낚싯대를 잡은 반대편 손으로 미리 루어를 던질 거리만큼의 낚싯줄을 릴에서 끌어내어 쥐고, 낚싯대를 밑으로 기울여 루어를 마치 시계추가 흔들리는 것처럼 한다. 이때 낚싯줄을 쥔 손은 이에 동조하면서 앞쪽으로 내밀어 루어가 수면으로 이동하도록 하며 최대한 조용히 착수시킨다.

2

〈그림20〉피칭(Pitching) 캐스팅 요령

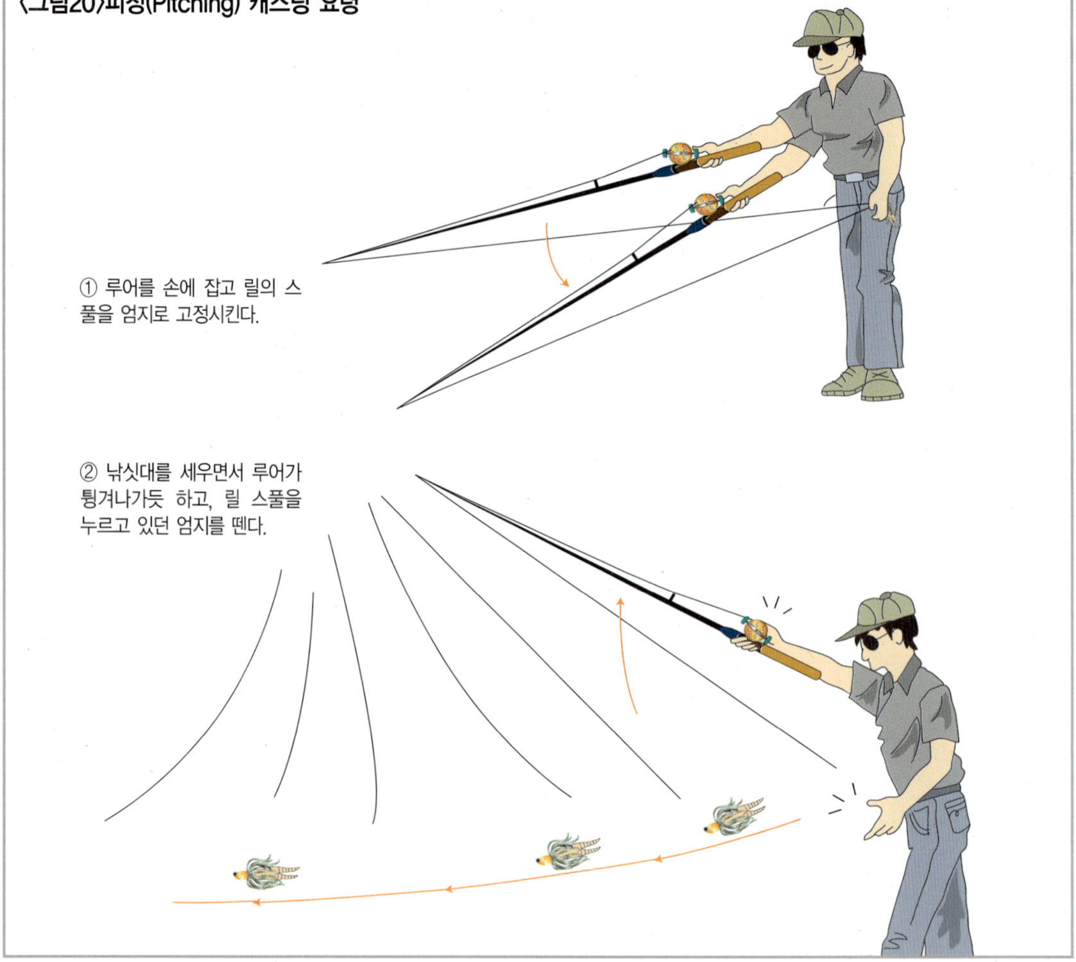

■ 피칭(Pitching)

비교적 가까운 거리에 낮은 탄도로 루어를 던지되, 정확하고 조용히 원하는 곳에 넣는 방법이다. 우선 루어를 낚싯대 길이만큼 늘어뜨려 반대편 손에 잡은 뒤, 낚싯대를 기울여 밀듯 세우면서 루어를 튕기듯 휘두름과 동시에 루어가 계속 나아가도록 릴의 스풀을 잡고 있던 손가락을 타이밍에 맞춰 놓아준다.

■ 스키핑(Skipping)

캐스팅한 루어가 물수제비처럼 수면을 튕기면서 나아가도록 던지는 방법으로, 수

면 위로 늘어진 나뭇가지와 같은 자연 장애물이나 인공 구조물의 밑으로 생성된 포인트에 루어를 밀어 넣기 위해 개발된 것이다. 사이드 캐스팅이나 언더핸드 캐스팅 또는 피칭을 활용하여 낮은 탄도로 루어를 캐스팅하되, 수면에 루어가 부딪치는 각도가 중요하다. 또한 적절한 루어의 선택(트레블 훅과 같은 돌출된 부분이 적은 루어)은 물론, 어느 정도 연습이 필요한 기술이기도 하다.

5 줄 엉킴의 원인과 해결 방법은?

■ 줄 엉킴의 의미

낚시를 하는 도중에 발생하는 낚싯줄의 엉킴 · 꼬임 등의 문제점을 말하는 것으로, 일반적으로 이런 현상을 '파마'라고 부르기도 한다. 가장 흔히 발생하는 요인은 릴 스풀에 맨 처음 낚싯줄을 감을 때 팽팽한 상태로 단단히 감지 않은 나머지, 너무 헐겁게 감겨진 경우이다. 특히 베이트캐스팅 릴은 스풀이 직접 회전하며 낚싯줄이 풀리거나 감기기 때문에 스피닝 릴의 경우와 같은 헐겁게 감긴 사례를 제외하고도 스풀의 회전 관성으로 인한 백 래시(Back rash)가 심각한 문제를 일으키기도 한다.

2

〈그림22〉줄 엉킴의 원인

최초의 줄 감기가 잘못되었거나, 낚시 도중 줄이 느슨하게 감긴 경우, 또한 회전하는 루어에 대한 대책이 바르지 못한 경우 등으로 인해 줄 엉킴 현상이 발생한다.

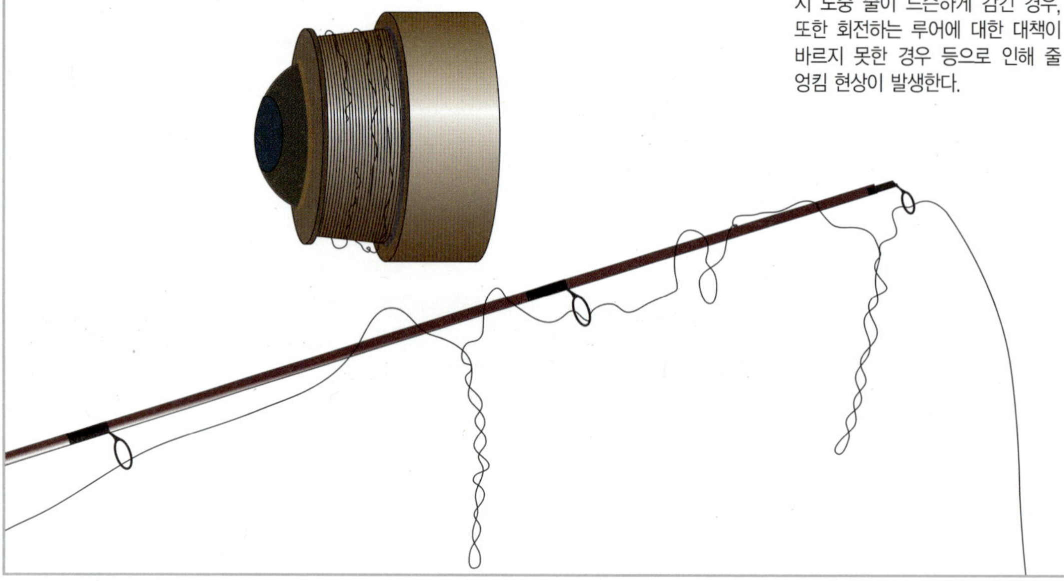

■ 줄 엉킴의 원인과 예방법

①늘어짐에 의한 경우 – 멀리 날아간 루어가 착수한 이후 낚싯줄을 감아 들일 때, 낚싯줄이 물 위에 느슨하게 늘어져 있는 상태 그대로를 거둬들이다 보면, 릴 스풀에도 그만큼 낚싯줄이 느슨하게 감겨진다. 이렇게 된 상태에서 다음 캐스팅을 하게 되면 헐렁하게 감겨져 있던 낚싯줄이 한꺼번에 쏟아져나감으로써 엉킴이 발생하는 것이다.

이 같은 경우를 방지하기 위해선, 캐스팅 이후 루어가 착수하게 되면 곧장 릴링 동작으로 들어가지 말고, 〈그림23〉과 같이 일단 낚싯대를 치켜세워 늘어진 낚싯줄을 적당히 끌어들인 다음에 릴링을 시작하면 간단히 해결된다. 이 같은 동작은 습관처럼 몸에 익혀두는 게 좋다.

②스풀의 줄감기가 잘못된 경우 – 앞서 설명한 것처럼 릴 스풀에 최초의 낚싯줄을 감을 때 적절한 장력을 주지 않고 헐렁하게 감은 경우를 말한다. 이런 상태에서 역시 캐스팅을 하게 되면 똑 같은 줄엉킴 현상이 생겨난다. 따라서 릴 스풀에 최초의 줄감기가 중요하다는 점이 거듭 강조된다.

③스피닝 릴 구조상의 문제 – 스피닝 릴은 구조적으로 스풀에 줄이 감겨진 방향

과 진출 방향이 90도를 이루고 있어 필연적으로 작은 꼬임이 발생한다. 더욱이 드랙을 너무 많이 사용하면 낚싯줄의 꼬임 상태가 심해진다. 이를 최소화하기 위해서는 라인 롤러의 회전이 양호한 제품이거나, 꼬임방지 기능이 충실한 제품을 선택하는 것이 좋다. 드랙을 과용하지 말고, 드랙이 작동되어 줄이 풀리고 있는 도중에는 릴링을 멈추는 동작도 잊지 말아야 한다.

④루어의 회전에 따른 경우 – 스푼, 스피너 등과 같이 수류 저항에 의한 회전, 또는 루어 자체의 결함으로 인한 회전에도 낚싯줄에 꼬임이 발생한다. 이런 때는 루어에 소형 도래를 사용하거나, 루어 자체의 회전을 교정하도록 한다.

⑤낚싯대에 의한 경우 – 저가품 낚싯대로서 부착된 가이드의 수가 너무 적다든가 위치가 올바르지 못한 경우에도 줄의 꼬임이 발생한다. 이와 같은 경우에는 낚싯대를 교환하도록 한다.

■ 줄 엉킴 처치 요령

스풀에 낚싯줄이 느슨하게 감겨졌다면 이를 천천히 풀어내고서 다시 단단하게 감도록 한다. 이때 풀어내는 낚싯줄을 맨바닥에 흘리기보다는 흐르는 물에 낚싯줄을 떠내려 보내면서 작업을 하게 되면 여러모로 편리하면서도, 엉뚱한 문제점 또한 파생되지 않는다. 그리고 풀어낸 낚싯줄을 다시 감을 때는 버트(Butt) 가이드 부근에서 손가락으로 줄을 잡아줌으로써 팽팽한 상태에서 감겨지도록 해야 한다.

단순하게 꼬인 정도는 낚싯대를 들어 루어를 공중에서 반대로 회전시켜 해결할 수 있지만 심한 꼬임은 앞서 설명한 대로 줄을 흐르는 물에 풀어낸 후 다시 감아 들여야 한다. 그러나 심하게 뭉쳐져 완전 매듭이 졌거나, 낚싯줄 표면에 상처가 발생한 경우에는 과감히 잘라 내거나 스풀 자체를 교환하는 것이 현명한 방법이다.

■ 백 래시(Back rash)

백 래시(Back rash)는 스풀이 직접 회전하는 베이트캐스팅 릴의 구조적 특성상 발생할 수밖에 없는 현상이다. 루어를 캐스팅함으로 인해 가속 회전하게 된 베이트캐스팅 릴의 스풀이 루어의 비행속도가 떨어지거나 착수 이후에도 관성으로 인해 멈추지 않고 계속 회전하면서 발생하는 낚싯줄의 역(逆)감김 현상이다. 이를 대처하지 않고는 베이트캐스팅 릴의 사용이 불가능하므로 그 예방법과 발생을 억

2

제하는 사용자의 기술 습득이 무엇보다도 중요하다.

백 래시를 최소화하기 위한 방법은 다음과 같다.

①스풀에 가득 차도록 낚싯줄을 감지 말고 스풀 끝에서 3mm 정도의 여유가 남도록, 약간 모자라게 감는다.

②스풀의 중량이 가벼울수록 백 래시의 발생이 적으므로 익숙해지기 전까지는 되도록 스풀의 폭이나 크기가 작은 릴을 사용한다.

③릴에 부착되어 있는 브레이크(Brake) 기능을 충분히 이해하고 활용한다. 먼저 기계적(메커니컬) 브레이크를 조여 클러치를 끊어도 루어가 흘러내리지 않게 조절한 후, 이를 조금씩 풀어 루어가 미끄러져 내리기 시작하는 지점에서 스풀을 엄지손가락으로 잡아 멈춘다. 부속장치로서의 보조 브레이크(마그네틱 브레이크 등)가 있는 경우에는 이 보조 브레이크의 수치를 높여 놓고 캐스팅에 임한다. 캐스팅 거리를 늘리기 위해서는 보조 브레이크의 강도를 차츰 낮춰나가며 사용한다.

④너무 가벼운 루어의 사용을 피하고 가벼운 루어를 사용하는 경우에는 스피닝 장비를 활용한다.

⑤캐스팅 동작 시에 스풀이 하늘을 향하지 않게, 옆쪽을 향하도록 릴을 잡은 손목을 90도로 틀면 낚싯줄의 풀림이 원활하게 되어 도움이 된다.

⑥스피닝 릴의 캐스팅과 같은 손목의 스냅 사용을 피한다. 항상 무리한 힘을 넣지 말고 낚싯대의 탄력만을 이용하는 느낌으로 밀듯이 캐스팅한다.

⑦엄지손가락을 회전하는 스풀 위에 마찰하여 속도를 조금씩 제어하는 서밍(Thumbing) 기술을 익힌다. 서밍 시점은 캐스팅 초기, 스풀의 최고 회전 시, 그리고 루어의 탄도가 낮아지면서 속도가 줄어들어 수면에 닿기 직전이다. 이때 스풀을 마찰하여 속도를 줄여주는 것이다.

■ 베이트캐스팅 릴의 브레이크 활용

베이트캐스팅 릴의 브레이크는 써밍 기술의 습득과 아울러 백 래시를 최소화하는 보조 역할로서의 중요한 기능이다. 그러나 모든 상황에 완벽한 브레이크는 존재하지 않으므로 사용자의 서밍 기술과 함께 사용되어야만 한다.

갈수록 기능이 우수한 브레이크가 개발되고 있지만, 장치되어 있는 브레이크는

〈그림23〉줄 엉킴 발생 원인과 방지법

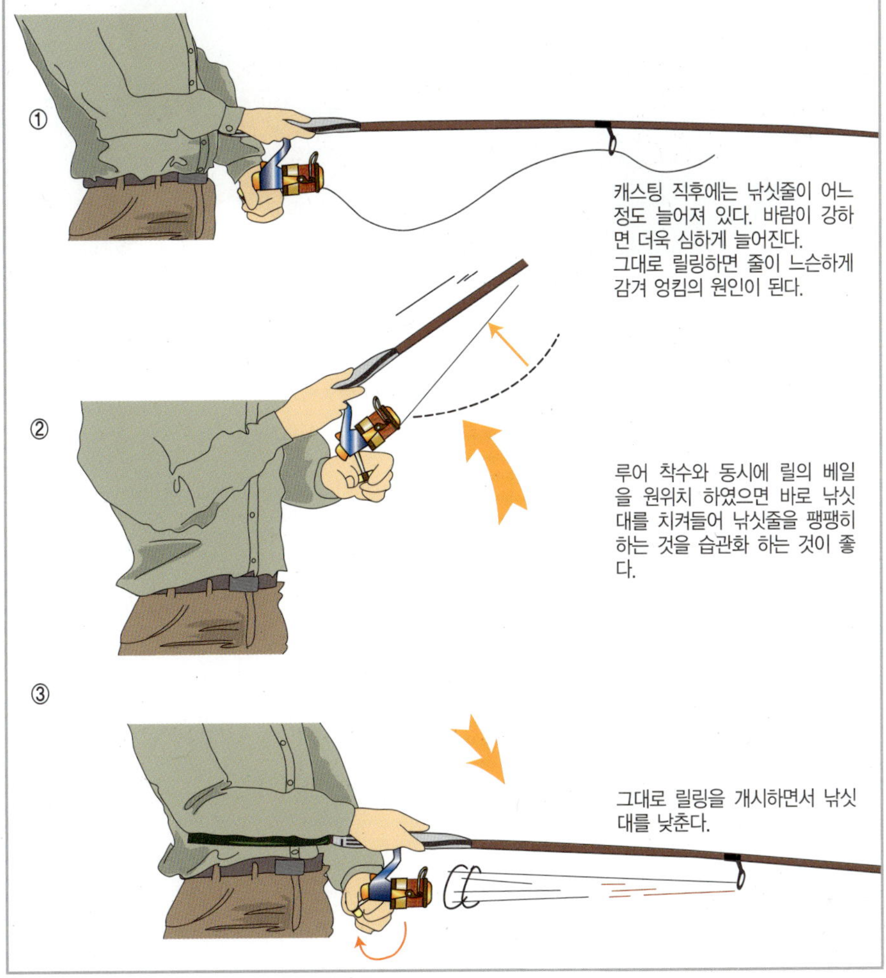

스풀의 회전 원심력(遠心力)으로 인해 작동하는 '원심(遠心) 브레이크'와 자석(磁石)의 자기장(磁氣場)을 이용하여 스풀의 회전관성(回轉慣性)을 제어하는 '마그네틱(Magnetic) 브레이크'의 2종이 대표적이다. 이 외에도 앞서 두 가지 기능이 복합되어 있는 형태, 그리고 브레이크 강도를 미조정 가능하게 만들어진 형태도 있다.

①원심(遠心) 브레이크 – 베이트캐스팅 릴의 가장 기본적인 브레이크로, 1951년 스웨덴에서 특허가 획득된 기능으로서 오늘날의 베이트캐스팅 릴에는 모두 부착

되어 있다. 스풀의 원심력을 이용한 브레이크의 마찰로 스풀의 회전을 제어하는 구조를 지니고 있다. 캐스팅 초기 즉, 스풀의 회전이 가속되고 있는 상황에서 강력한 브레이크 힘을 발휘하며, 스풀의 회전속도가 최고점을 지나 떨어지기 시작하면 급격히 브레이크 힘도 낮아진다. 또한 저회전 시에는 거의 브레이크가 걸리지 않는 상태가 되는 특성이 있다. 그러므로 캐스팅 초기보다는 캐스팅의 후반부에 백 래시가 생기기 쉬우므로 루어의 탄도가 낮아지기 시작하면 사용자의 서밍이 필요하다. 이러한 특성으로 인해 주로 근거리를 웜(Worm)으로 공략할 경우나, 피칭 등의 응용 캐스팅을 활용하는 경우에 적합하다.

브레이크 조절 정도의 변경을 위해서는 릴을 분해한 후, 내부에 부착되어 있는 브레이크 마찰용 부속을 교환하여야 하는 등, 다소 번거로우며 브레이크 조절 정밀도도 떨어진다.

②마그네틱(Magnetic) 브레이크 – 원심 브레이크의 단점을 보완, 보다 사용하기 간편하도록 개발된 것으로, 스풀 옆에 부착되어 있는 자석(磁石)의 자기장(磁氣場)을 이용하여 스풀의 회전을 제어하는 구조로 되어 있다. 스풀의 고속회전이나 저속회전에 각각 반응하여 브레이크의 힘이 걸리기 때문에 공기 저항이 큰 루어를 사용하거나, 역풍(逆風) 상황에서 캐스팅을 할 경우에도 원심 브레이크보다 백 래시의 발생이 적다. 그러나 시종일관 브레이크가 걸리기 때문에 스풀의 저속회전 영역에서는 캐스팅한 루어가 앞으로 나아가지 않는 불리함도 있다. 또한 브레이크 힘을 너무 약하게 설정한 경우는 캐스팅의 초기 즉, 스풀의 고속회전 영역에서 백 래시가 발생할 수도 있으므로 캐스팅 초기 서밍이 필요하다.

이러한 특성으로 인해 마그네틱(Magnetic) 브레이크가 장착된 릴은 주로 공기 저항이 큰 크랭크베이트 종류의 루어를 원투하거나, 넓은 포인트를 광범위하고도 빠르게 탐색하는 경우 에 적당하다. 브레이크의 힘 조절이 릴 외부에 부착되어 있는 다이얼로 미세 조정할 수 있긴 하지만, 서밍에 익숙하여 보조브레이크의 도움이 별로 필요치 않은 경우에는 오히려 루어의 비(飛)거리가 줄어들 수도 있다.

6 루어낚시에서 유념해야 할 안전상식

①캐스팅은 주위를 확인하고 실시한다.
②카본 재질의 낚싯대는 양도체이므로 뇌우(雷雨) 현상이 있을 때는 사용하지 말도록 하고, 고압전선이 지나는 곳에서도 주의를 기울인다.
③수심이 얕은 곳이라도 유속이 강하면 넘어져 사고를 당할 우려가 있으므로 허벅지 이상의 물속으로 들어갈 경우에는 반드시 구명동의를 착용한다.
④절벽 지형, 발판이 험한 장소에서는 무리하여 이동하지 않는다.
⑤산간계류는 적은 강수량으로도 수량의 변화가 심하므로 계류낚시에서는 항상 날씨에 유의한다.
⑥가능한 한 단독 출조는 삼간다.
⑦루어낚시는 안전사고의 요소가 많으므로 음주는 낚시를 마친 후에 한다.

7 낚싯대 관리 요령

■ 사용 후 세척

낚싯대는 사용 후 미지근한 물로 표면의 이물질을 깨끗이 흘려내고 특히 가이드의 안쪽, 이음 부분 등에 부착된 오물에 주의하여 세척한다. 마른 헝겊으로 닦은 후 통풍이 잘 되고 그늘진 곳에 보관한다.

■ 가이드 관리

낚싯줄에 부착된 진흙 등은 마치 고운 샌드페이퍼처럼 가이드 안쪽을 계속 마찰한

2

다. 고급품에 주로 부착되는 SiC(탄화규소) 링의 가이드라면 경도가 높아 별 문제는 없으나 오랜 기간 반복적으로 사용하게 되면 손상을 입게 되므로 항시 톱 가이드를 점검하도록 한다.

또한 초보자의 경우 캐스팅할 때 주변의 바위를 때리거나, 무심결에 릴링을 하여 루어가 톱 가이드에 반복적으로 부딪치게 되면 링 부위가 손상을 입게 된다. 만약 톱 가이드 링에 손상이 생겼을 경우는 낚싯줄이 통과할 때 흠집을 입게 되고, 결국은 낚싯줄이 끊기게 되므로 항시 주의하여야 한다. 이 외에 링 표면의 손상이 아니라 가이드가 프레임에서 이탈된 경우에는 제자리로 밀어 넣고 순간접착제로 응급 처치하여 사용하면 된다.

■ 부러짐 방지

사용하는 릴의 드랙을 적당하게 조절하여 낚시를 하면 물고기와 대결 중에 낚싯대가 부러지는 경우는 거의 없다. 대부분 운반하는 도중, 자동차 문에 걸리거나 밟아서 부러뜨리는 경우가 많다. 언제나 운반할 때는 케이스를 사용하거나, 휴식 중에는 낚싯대를 세워 두는 습관을 들이는 것이 현명하다.

이 외에도 고탄성인 카본 그라파이트 낚싯대를 사용하는 경우, 단단한 바닥에 걸린 루어를 끊기 위해 낚싯대를 너무 세게 당기거나 90도 이상으로 잡아채면 낚싯대가 부러질 우려가 있으므로 바닥에 걸린 루어를 끊어 버리고자 할 때는 반드시 낚싯대를 줄과 일직선으로 하여 낚싯대에 힘이 가해지지 않도록 하면서 줄을 직접 손에 쥐고 당기도록 한다.

8 릴은 어떻게 관리하는 것이 좋은가

■ 사용 후 세척

낚시를 다녀온 후에는 항상 표면뿐 아니라 회전 부위에 붙은 진흙·모래 등을 흐르는 물로 깨끗이 제거하도록 한다. 이때 너무 더운 물을 사용하면 내부의 그리스가 녹아 흐를 수 있으므로 주의해야 한다.

■ 분해 청소

사용 도중 물에 빠뜨리거나 흙이 들어갔을 경우에는 무리하게 계속 사용하지 말고 분해 청소를 한 후에 사용하는 것이 좋다. 이러한 경우가 아니더라도 일정 기간에 한 번씩 내부를 청소해 주는 것도 바람직하다. 더러워진 내부의 기름찌꺼기를 휘발유 등으로 제거한 후 지정된 윤활유(Oil)와 그리스(Greese)를 지정된 위치에만 주입한다. 서로 뒤섞어 사용하면 성능의 저하를 일으킨다는 점 명심해야 한다. 분해 청소 시에는 분해 도면에 의해 정확히 행해야 하며, 최근 제품과 같이 분해가 불가능한 것이나, 분해에 자신이 없을 경우에는 전문가나 제조업체에 의뢰하는 편이 현명한 방법이다.

■ 드랙 청소

사용 도중 혹은 세척 시에 드랙 워셔 속으로 수분이 들어가면 드랙 성능의 저하, 녹 발생 등의 원인이 되므로 릴의 세척 후에는 필히 드랙을 분해하여 내부의 수분을 제거하도록 한다. 동시에 마모된 워셔의 교환이나, 펠트 워셔의 경우에는 윤활유 첨가도 행한다. 릴의 보관 시에는 워셔 간의 흡착 방지를 위해 드랙을 헐겁게 풀어두는 습관을 기르도록 한다.

■ 고장 방지

사용 도중 실수로 릴을 떨어뜨리거나 강한 충격을 주는 경우에는 외부는 물론 내부의 중심축이 휘어지는 고장이 발생할 수도 있다. 루어의 밑걸림이 발생하여 낚싯줄을 끊어야 할 경우, 무리한 당김이 낚싯대의 손상은 물론 릴 부속의 손상도 부를 수 있으므로 릴에 너무 무리한 하중이 걸리지 않도록 직접 줄을 잡은 상태로 끊도록 한다.

2

제4장 민물 루어낚시 어종별 실전 편

민물 루어낚시 어종별 시즌

■ 서식 지역별

먼저 우리나라 민물 루어낚시 대상어를 서식처별로 분류해 보면 대표적으로 강과 같은 유수(流水) 지역과 저수지 같은 지수(止水) 지역으로 구분해 볼 수 있다.

강은 최상류의 계곡에서부터 중류 · 하류를 거쳐 바다와 만나는 기수역(汽水域)에 이르기까지 서로 다른 어종들이 서로 어울려 살고 있는데, 강폭과 수량, 유속과 수온 등, 다양한 환경으로 인해 주어종에 있어 차이를 나타내게 된다. 그러나 계절적인 요건에 의해 한 가지 어종일지라도 상류로 거슬러 오르기도 하고, 하류쪽 깊은 곳으로 하강함으로써, 상류와 하류 전역에 걸쳐 만날 수 있는 어종도 있다. 또한 특정 강계에만 서식하는 어종도 있고, 전국 어디에서건 만날 수 있는 어종도 있다.

이 외에도 특정 강계의 댐 건설로 형성된 대단위 인공호수와 더불어 전국의 수많은 저수지 및 수로에도 각기 적합한 생활상을 띠는 많은 어종들이 낚시인들을 기다린다.

①계곡 – 산천어 · 열목어 · 무지개송어

②강 상류 – 쏘가리 · 꺽지 · 갈겨니 · 피라미 · 누치

③강 중류 – 쏘가리 · 끄리 · 꺽지 · 강준치 · 메기 · 누치 · 눈불개 · 배스

④강 하류 – 강준치 · 쏘가리 · 끄리 · 메기 · 누치 · 눈불개 · 배스

⑤하구(기수역) – 강준치 · 황어 · 배스

⑥댐 – 쏘가리 · 강준치 · 끄리 · 배스

⑦저수지 – 가물치 · 무지개송어(관리낚시터) · 강준치 · 배스

⑧수로 – 가물치 · 배스

■ 어종별 시즌

다음으로 우리나라의 민물 루어낚시 대상어를 시즌별로 분류해 보면 〈표9〉와 같이 요약된다.

〈표9〉민물 루어낚시 어종별 시즌

월	어 종								
	쏘가리	끄리	꺽지	강준치	무지개송어	산천어	열목어	가물치	배스
1		■		■	■				■
2		■		■	■				■
3		■	■	■	■	■	금어기		■
4	■	■	■	■		■	금어기		■
5	■	■	■	■		■	■	■	■
6	금어기	■	■	■				■	■
7		■	■	■				■	■
8	■	■	■	■				■	■
9	■	■	■	■		■	■	■	■
10	■	■	■	■	■	■	■		■
11		■		■	■	■	■		■
12		■		■	■	■	■		■

2

가물치낚시

학명■*Channa argus* 영명■Northern snake head 일명■カムルチ, ライギョ(카무루치, 라이교)

1 가물치는 어떤 물고기인가?

가물치는 아가미 호흡만이 아니라 폐호흡도 하는 우리나라의 대표적인 육식어류 중 하나이다. 외형이 뱀을 연상시키는 형태를 갖고 있어 서양에서는 '스네이크헤드(Snake head)' 라는 명칭으로 불리고 있다. 크기는 50~70cm 정도가 많으나 드물게 미터를 넘는 대형 개체도 확인된다.

예부터 임신 · 수유부를 위한 한약 재료로도 유명한 가물치는 우리나라 사람들에게는 매우 친숙한 물고기로서 자연 서식 외 양식 또한 활발하다.

우리나라 내수면에 고르게 분포하고 있는데 하천 하류권이나, 호소 · 수로 등 수초가 많은 진흙, 펄 지형에 주로 서식한다. 완벽한 육식어류로서 양서류(兩棲類)와 어류(魚類)는 물론 수면을 헤엄치는 소형 조류(鳥類)나 소형 포유류(哺乳類)까지도 잡아먹는다.

산란기는 5~8월로서 암수가 서로 수초를 모아 둥그런 형태의 '물에 뜨는' 둥지를 만들어 여기에 암컷이 산란을 한다. 이후 암수는 공동으로 이 산란 둥지는 물론 일정 기간, 즉 치어가 어느 정도 성장할 때까지 외적으로부터 보호하는 습성을 보인다. 겨울철에는 바닥의 펄 속을 파고들어 동면 상태로서 월동을 하는 것으로 알려져 있다.

가물치는 상당히 맛이 좋은 물고기로 지역에 따라서는 살점을 막걸리에 빨아 회로 즐기기도 하지만, 악구충증(顎口蟲症 · Gnathostomiasis)이라는 인체에 매우 위험한 기생충 질환을 일으키는 유극악구충(有棘顎口蟲 · Gnathostoma spinigerum)이란 기생충의 중간숙주이므로 생식은 금물이다.

2 가물치 루어낚시는 독특한 분야인가?

■ 가물치 루어낚시의 보급

가물치 루어낚시는 과거부터 하나의 전문적인 장르를 이루었다기보다는 다른 루어낚시의 손님물고기로 취급되기도 했다. 그러나 가물치의 파괴적인 몸부림에 매료된 전문 루어낚시인들에 의해 가물치 루어낚시가 차츰 관심의 표적이 됨으로써, 우리보다 앞서 전문 루어 장르로 자리잡은 일본의 낚시 기법과 장비 도입이 이루어졌고, 20세기가 거의 끝나갈 무렵 일본의 전문 낚시인들이 가물치의 종주국인 우리나라를 찾은 것을 계기로 하여 국내의 가물치낚시가 붐을 이룬 가운데, 전문 장비와 기법이 급속도로 확산되었다.

■ 가물치 전문 루어낚시 방법

가물치 루어낚시는 배스낚시와 동일한 장비와 기술로도 낚시가 가능하다. 서식여건 역시 유사한 특성을 갖추고 있기 때문이다. 수초가 밀생하지 않은 장소이거나, 소형급 가물치는 배스낚시에 사용하는 일반적인 장비와 기술을 그대로 유용할 수 있다. 그러나 가물치는 그 크기가 대형인 경우 배스낚시용 장비로는 낚아내기가 쉽지 않은 경우도 많다. 수초로 뒤덮여 있는 장소에서 대형 가물치는 입질과 동시에 수초 속으로 강하게 파고들어버리므로 이를 극복하면서 수초더미 속에서 가물

가물치 루어낚시는 늪지 포인트 공략이 최우선이다.

치를 끌어낼 수 있는 강력한 장비의 필요성이 가물치 루어낚시의 전문성을 부르는 결과가 되었고, 결국 하나의 새로운 루어낚시 장르를 만들었다.

3 가물치 루어낚시에 필요한 장비와 소품

■ 낚싯대(Rod)

가물치 루어낚싯대는 배스낚시의 플리핑용 정도를 기준으로 하여 사용이 가능하다. 그러나 가물치 전용 낚싯대가 각 브랜드에서 출시되고 있으므로 이를 사용하는 것이 무난하다. 길이는 6.5~8피트(약 2~2.4m)로서 수초를 휘감아 버린 대형 가물치를 강제적으로 끌어낼 수 있을 정도의 허리힘이 강한 것을 선택해야 한다.

손잡이는 사용자마다의 개인차가 있지만, 전용 루어를 원거리 캐스팅하기에 알맞도록 뒷손잡이가 적당히 길어야 하고, 가물치를 끌어내는 데 팔 힘의 전달이 용이하도록 앞손잡이도 너무 짧거나 길지 않아야 한다.

릴 시트도 중대형 베이트캐스팅 릴을 확실하게 고정할 수 있어야 하며, 가이드 역시 가혹하게 사용하는 이상 강력하게 고정되어 있는 것이 바람직하다. 낚싯줄 또한 PE 줄을 사용하므로 가이드의 링 소재는 필히 SiC(탄화규소)이어야 한다.

일반 루어낚시와는 달리 가물치 전용 낚싯대는 그 자체만으로도 무게감이 있을 뿐만 아니라, 여기에 릴을 부착하게 되면 전체 무게가 거의 800~900g에 다다르므로, 무게 균형이 맞지 않는 경우는 낚시 도중 쉽게 피로를 느끼게 된다. 그러므로 낚싯대 전체 무게를 따지기에 앞서, 무엇보다도 앞 쏠림이 없게 만들어진 것이 중요한 요소로서, 구입 시에는 직접 낚싯대를 들어보고 균형을 확인해야 한다.

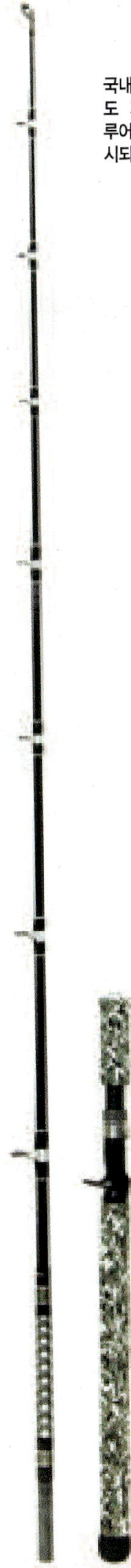

국내 메이커에서도 가물치 전용 루어낚싯대가 출시되고 있다.

■ 릴(Reel)

가물치낚시용으로는 대부분 중대형 베이트캐스팅 릴을 사용한다. 사용하는 낚싯줄이 매우 굵은 관계로 스피닝 릴의 경우는 초대형이 되어야 하기 때문에 크기와 무게에 있어 불리할 수밖에 없는 것이다. 게다가 굵은 줄에 상대적으로 가벼운 루어를 달아 원투를 해야 하므로 스피닝 릴의 경우는 캐스팅 자체가 불리해지기 마련이다.

베이트캐스팅 릴을 선택할 때는 우선적으로 내구성이 좋은 제품이어야 한다. 늘어남이 없는 PE 줄, 강력한 낚싯대로 인해 발생하는 모든 부하(負荷)가 릴에 집중되므로 내부 기어가 튼튼해야 하며, 레벨 와인더(Level winder) 역시 튼튼한 고성능의 제품을 선택하도록 한다. 또한 릴 핸들에도 많은 힘이 집중되므로 핸들 역시 길고 강한 것이어야 한다. 더욱이 드랙을 사용

가물치 루어낚시 전용 베이트캐스팅 릴.

치 않고 강제 집행하는 낚시방법이므로 드랙이 헐겁지 않은 제품일수록 좋다.

이 외에도 스풀의 회전이 좋아 원거리 캐스팅 성능도 갖춰야 한다. 권사량은 PE 8호가 100~150m 정도 감기는 것이 바람직하다.

■ 낚싯줄(Line)

가물치 루어낚시에 사용하는 낚싯줄은 완벽하게 PE 줄만을 사용한다. 낚싯줄이 낚시 도중 항상 수초나 장애물에 닿아 있기도 하고, 더욱이 가물치가 수초를 휘감았을 때도 그대로 끌어내야 하는 낚시의 특성상 인장강도뿐만이 아니라 그 굵기에 주의를 기울일 필요가 있다. PE 줄은 인장강도가 매우 높지만 그 강도는 장애물이 전혀 없는 장소에서 발휘하는 힘이므로, 장애물과의 마찰에서도 줄 끊김에 신경 쓰지 않고 충분히 사용 가능한 굵기가 요구되는 것이다. 그러므로 대략 PE 8호를 기준으로 하여 선택한다. 줄의 굵기는 베이트캐스팅 릴의 특성상 루어 캐스팅 거리와는 거의 무관하므로 대물과의 조우를 위해선 어쨌든 굵은 줄을 준비하는 것이 바람직하다.

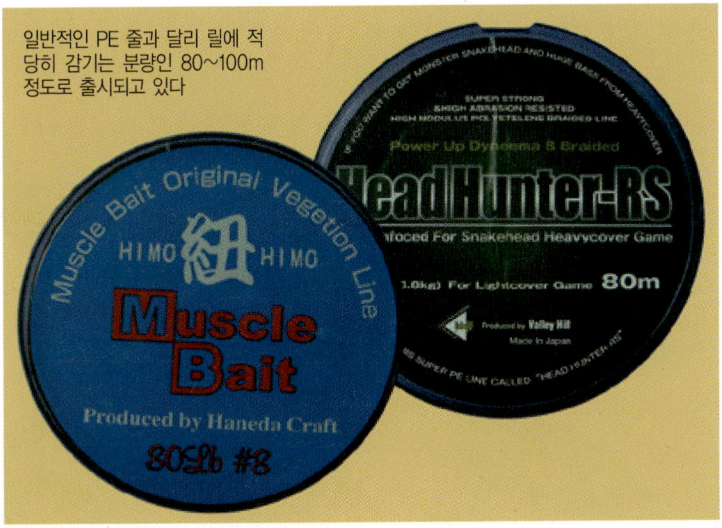

가물치 루어낚시 전용 PE 줄.

■ 루어(Lure)

가물치낚시에 사용하는 루어는 배스낚시용 루어와 일맥상통하는 부분이 많다. 일반적인 배스낚시용 장비를 유용하는 경우라면 여러 가지 웜 종류나 스피너 베이트를 사용할 수 있다. 즉, 수초의 밀도가 낮은 장소에서는 배스용 장비를 그대로 사용할 수 있고, 수초지대라 할지라도 위드레스(Weedress) 기능이 있는 루어라면 충분히 사용이 가능하다.

그러나 가물치 전용을 선택한다면 가물치 전용으로 개조(Tuning)된 프로그(Frog)가 최우선인데, 이는 가물치에만 사용될 뿐 다른 용도는 거의 없는 편이다.

이처럼 가물치 전용으로 사용하는 프로그는 당초 배스용 루어로 개발된 프로그를 보다 강력하고 미늘이 없는 바늘로 교체하는 등, 직접 개조를 하는 방법이 바람직하다. 그러나 가물치낚시에 알맞도록 바늘이 교체된, 가물치 전용 프로그가 시중에 출시되어 있으므로 이를 구입해도 무방하다.

가물치 전용 프로그의 무게는 10~20g 정도로서, 방수 기능의 강화 및 입질 유도를 위해 나름대로 개조를 많이 하는데, 자세한 방법은 〈그림24〉를 참고 바란다.

프로그 루어로 대표되는 가물치낚시에 있어 루어의 교환은 색상 교체 정도의 의미를 가질 뿐이어서 어찌 보면 매우 단순한 낚시로 생각될 수도 있지만, 가물치 루어낚시는 나름대로의 깊이와 철학을 갖고 구성된 장르임엔 틀림없다.

■ 기타 소도구

①가물치 입벌리개 – 턱힘이 강한 가물치의 굳게 다문 입을 벌려주는 기능을 가

2

튜닝을 실시한 가물치낚시용 프로그(Frog).

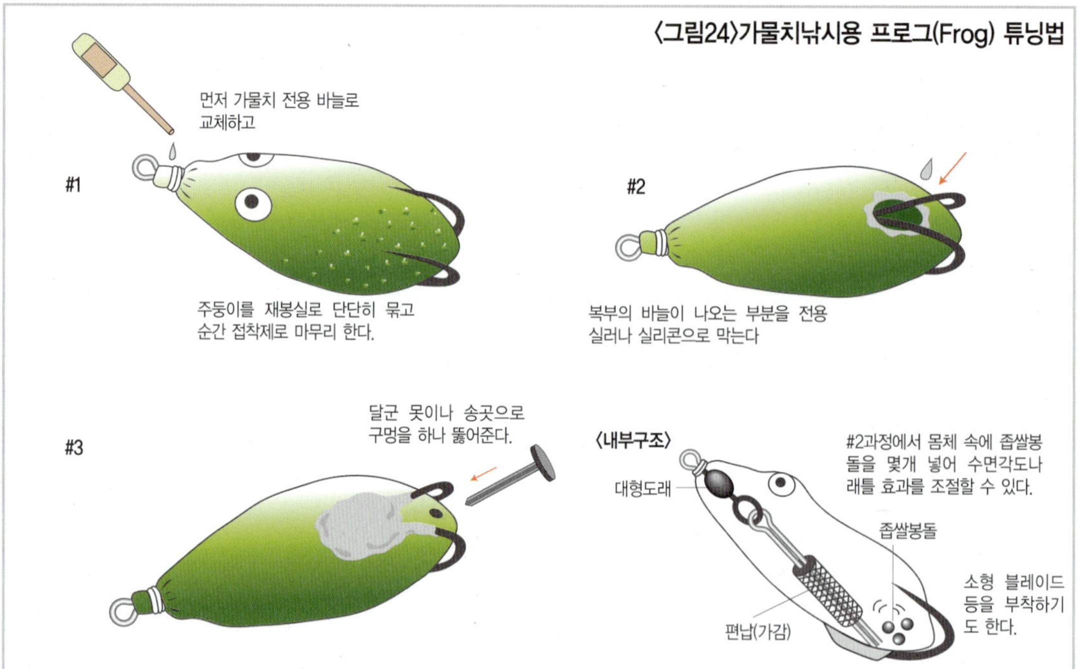

진 도구로서, 가물치에게 무리를 가하지 않고도 입을 벌려줌으로써 프로그의 바늘을 쉽게 빼내도록 도와준다. 간단한 강철사로 만들어진 것이 대부분인데, 릴리즈를 목적으로 하는 경우에는 가물치에 상처를 줄 수도 있으므로 주의하도록 한다. 물론 이러한 기구 사용에 회의를 느끼는 낚시인도 있으나 휴대하면 편리한 것은 사실이다.

②장갑 – 가물치 입벌리개를 사용하지 않고 가물치의 힘을 직접 손으로 느끼면서 바늘을 빼내는 경우에는 날카로운 이빨에 의해 손가락에 작은 상처를 입을 수 있으므로 간단한 가죽 장갑이나 인조피혁 장갑을 휴대하고 있으면 도움이 된다. 프로그에는 미늘이 없는 바늘을 사용하므로 가물치의 입을 조금 벌리기만 하면 쉽게 빼낼 수 있다.

③롱 노우즈 플라이어 – 가물치가 프로그를 입속 깊숙이 삼킨 경우에는 입을 벌리더라도 프로그를 맨손으로 빼내기가 쉽지 않다. 이런 경우를 대비해 롱 노우즈 플라이어를 휴대하면 간단히 프로그를 빼낼 수 있다.

④장화 – 가물치 낚시터는 대부분 수초지대이거나 진흙이므로 무릎 길이의 장화나 바지장화를 사용하는 것이 편리하다.

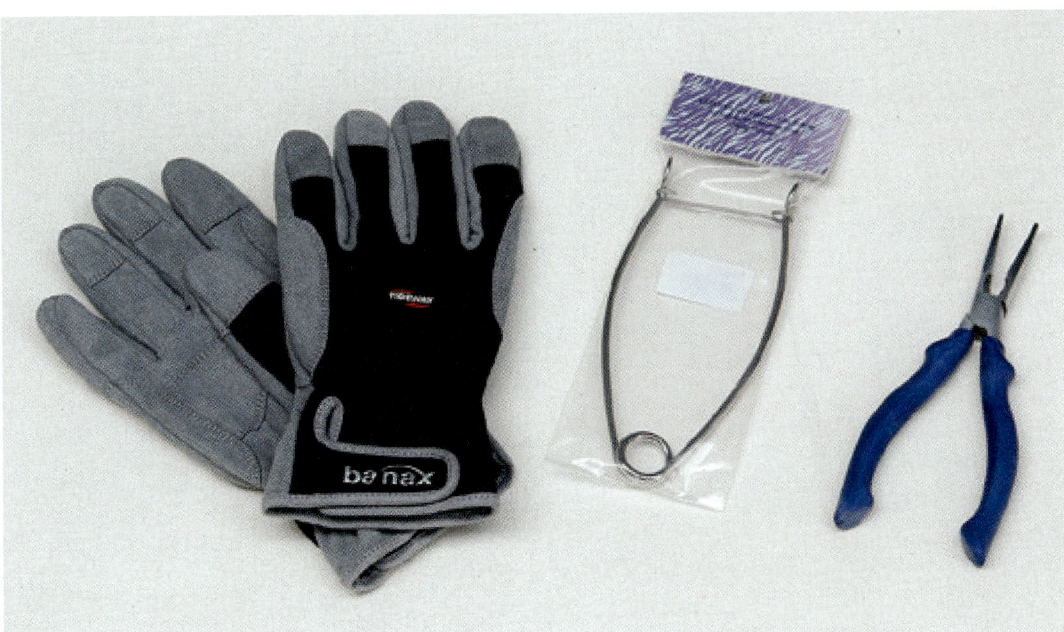

가물치낚시에서 편리한 장갑, 입 벌리개, 롱 노우즈 플라이어.

2

⑤**편광안경** – 수면의 난반사를 차단하여 눈의 피로를 덜어주고 포인트 파악에 도움이 되는 편리한 소품이다.

4 가물치 루어낚시 채비 및 테크닉

■ 채비 방법

낚싯대에 릴을 장착하고 가이드를 통해 낚싯줄을 뽑아낸 후 프로그를 부착하면 되는 간단한 채비이다. 프로그를 연결하는 방법은 먼저 '비미니 트위스트'(Part V '묶음법' 참조)를 이용하여 짧은 더블라인(20cm 정도)을 만들고 여기에 직접 프로그를 걸든가 '고리 씌워 도래 돌리기(Off shore swivel knot)'(Part V '묶음법' 참조)로 소형 '하와이언 훅(Hawaiian Hook)'을 묶어 여기에 프로그를 장치한다.

수초의 밀도가 매우 심해 낚싯줄의 마모가 염려가 되는 경우, 또는 비교적 가는

〈그림25〉가물치낚시 채비

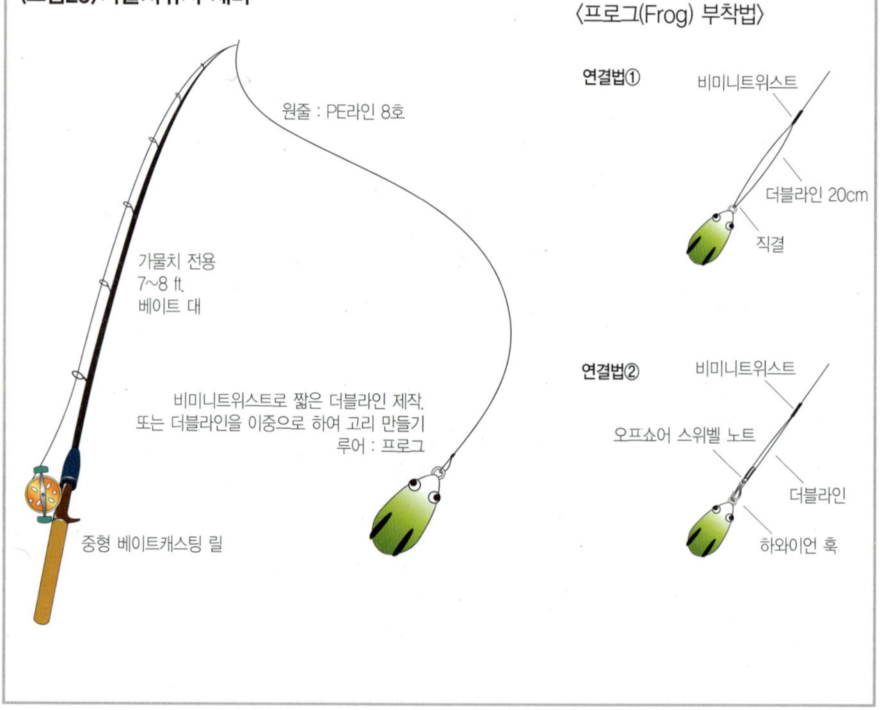

낚싯줄을 사용하는 경우에는 보강시키는 방법도 좋다. 방법은 Part V의 가물치 목줄 매듭에 나타낸 것과 같이 비미니 트위스트로 더블 라인을 50~60cm 정도 만들어 이를 꼰 후, 다시 접어서 고리를 만든 다음 여기에 프로그를 부착한다.

■ 프로그(Frog) 선택 요령

거의 동일한 형태로 보이겠지만 프로그도 부여된 기능에 따라 몇 가지 형태로 나눌 수 있다. 부력을 중시한 형태, 좌우로 예민하게 움직이는 형태, 복부가 편평하여 수초 위를 통과하기 쉬운 형태, 수면의 폽핑 음이나 물보라를 일으키기 쉬운 형태 등이다.

이와 같은 프로그의 기능과 동작은 사용하는 낚시인의 개조 방법에 따라 그 차이가 생기므로, 낚시터의 상황에 맞춰 프로그를 개조해 나가는 작업은 가물치 루어낚시의 또 하나의 매력이 아닐 수 없다.

이 외에 프로그의 색상은 가물치의 활성도, 태양 광선의 각도에 따라 다양하게 선택되는데, 우선 자연스러운 색상과 화려한 색상으로 나눌 수 있다. 색상 선택에 있어서 정답은 없으므로 먼저 분홍 · 하양 등 화려하고 눈에 띄는 색상을 사용하

프로그의 색상 교체

〈그림26〉프로그(Frog) 작동법

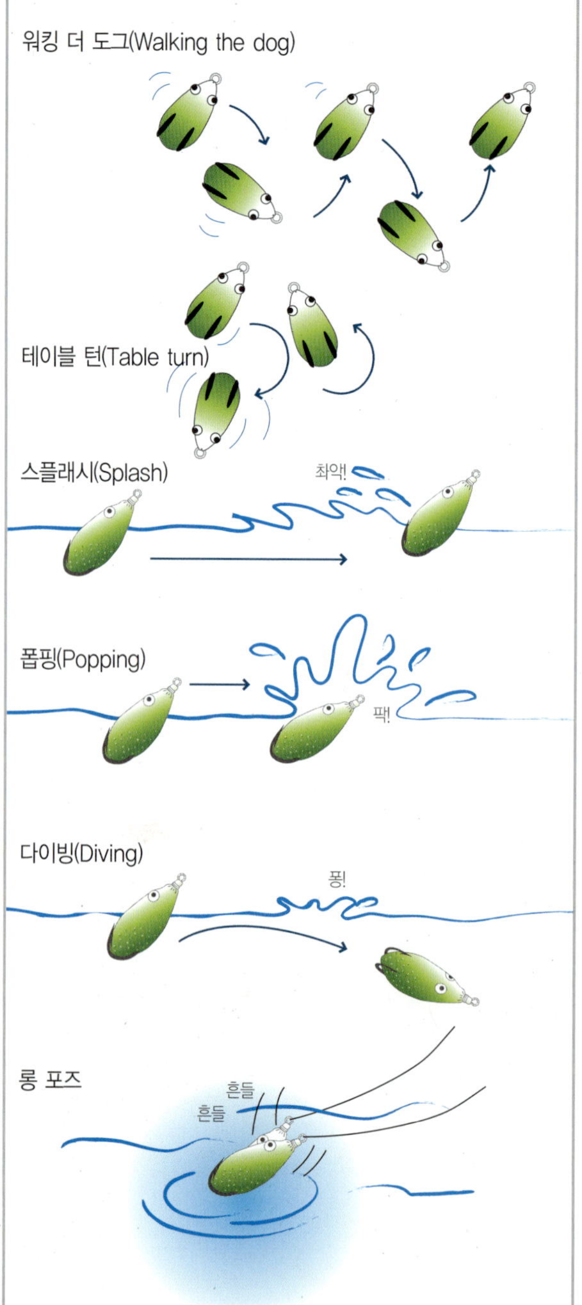

다가 입질이 없으면 점차 녹색 계열의 개구리 색상, 갈색, 검정 등으로 교체해 나간다.

■ 프로그(Frog)의 작동 방법

프로그의 작동법은 다음 몇 가지로 나눌 수 있다.

①워킹 더 도그(Walking the dog) – 낚싯대를 잡은 손목과 릴링의 조화로 프로그가 수면에서 좌우로 조금씩 머리를 흔들면서 전진하도록 하는 방법이다. 가물치의 활성도에 따라 속도와 움직임에 장단과 강약을 조절한다.

②테이블 턴(Table turn) – 프로그를 거의 이동 거리 없이 제자리에서 좌우로 90도 이상씩 빙글 돌도록 하는 방법이다.

③스플래시(Splash) – 단순한 릴링으로 프로그가 수면 위를 빠르게 이동하면서 물보라를 튀기도록 하는 방법으로, 가물치의 반사 입질(Reaction bite)을 유도하려는 의도다.

④폽핑(Popping) – 프로그 중에서 앞부분이 파여 컵과 같은 구조를 띤 제품을 사용하면 쉽게 테크닉을 구사할 수 있다. 낚싯대를 잡고 있는 손목을 짧고 강하게 움직여 수면에서 가물치의 포식 음과 같은 단속적인 파열음을 발생시키는 방법이다.

⑤다이빙(Dinving) – 낚싯대를 숙이고 손목의 힘을 이용하여 짧게 당겨 프로그가

수면 속으로 들어가게 하는 방법이다.

⑥스케이팅(Skating) – 도그 워킹을 길게 하는 방법과 같은 형태로 프로그가 수면에서 좌우로 길게 미끄러지듯 움직이도록 하는 방법이다.

⑦롱 포즈(Long pause) – 가물치의 활성도가 극히 저조할 때 프로그를 살짝 움직여준 채로 일정 시간 한자리에 머물도록 하는 방법이다. 매우 느린 낚시가 되지만 꾸준히 움직임과 멈춤을 불규칙하게 반복하면서 가물치를 입질을 기다린다.

■ 캐스팅, 입질, 챔질, 랜딩 방법

가물치 루어낚시의 캐스팅은 특별한 테크닉이 없지만 가능한 한 강하고 예리할수록 좋다. 마치 배스용 낚싯대를 휘두르는 것과 같은 방법으로 행할 수 있다면 완벽한데, 가물치 전용 낚싯대는 매우 강하고 무겁기 때문에 생각만큼 쉬운 일은 아니다. 낚싯대의 강도에 비해 가벼운 프로그를 마음껏 원투하기 위해서는 그만큼 체력과 연습이 필요하며, 수로와 같은 장소에서 근거리 포인트에 정밀하게 던져 넣기 위해서도 강한 손목과 완력이 필요하다. 평상시에 단련이 필요하다 아니할 수 없다.

가물치의 입질과 챔질 그리고 랜딩은 일련의 연속동작으로 이루어져야 한다.

가물치는 아가미 안쪽의 단단한 부분에 손가락이 닿도록 쥐는 것이 좋다.

가물치낚시에 적합한 여러 가지 포인트 사례들.

특히 챔질과 랜딩은 전력을 다해야 하므로 매우 신중하고 또한 빨라야 한다. 그 이유는 순간적으로 가물치가 프로그를 뱉어버리는 경우도 있고, 미늘이 없는 바늘을 이용하는 관계로 여유를 주면 바로 가물치를 놓치는 결과로 이어지기도 한다. 조금이라도 늦춰주면 수초의 밀도가 높은 경우 가물치가 수초 속으로 처박혀 끌어내기가 여간 힘겨운 일이 아니기 때문이다.

가물치의 입질이 오면 챔질 준비를 하되, 가물치가 프로그를 뱉기 이전에 전신을 이용해 강력하게 챔질을 함으로써, 일단 가물치가 수초 속으로 파고들지 못하도록 한다. 이후 절대로 늦춰주지 말고 낚싯대의 탄성을 이용한 펌핑으로 가물치를 일정한 속도로 끌어낸다.

수면 밖으로 나온 가물치는 되도록 마른 흙이나 콘크리트 등에 닿지 않도록 하여 맨손으로 들어올린다. 가물치의 아래턱을 감싸듯 쥐면서 아가미 속으로 손가락을 넣는다. 단단한 뼈가 손끝에 닿는데, 여기에 고정하고 엄지손가락으로는 입을 감싸듯 쥐어 들어올리도록 한다.

5 가물치 루어낚시 언제, 어떤 곳이 좋은가?

■ 가물치 낚시 시즌

봄부터 가을철에 걸쳐 가물치 낚시가 가능하다. 즉, 수초가 돋아나는 시기부터 사그라지는 시기 전반에 걸쳐 가능하지만, 가장 좋은 제철은 6~9월이다. 수초가 많은 낚시터일수록 가을철로 갈수록 수초의 밀도가 점점 높아지므로 점점 강한 장비가 요구되는 경향이 있다.

■ 산란기 가물치낚시

가물치의 산란기는 대략 5~8월, 봄부터 여름철에 걸쳐 긴 산란기를 갖고 있으며, 지역에 따라 그 시기에는 다소 차이를 보인다. 가물치는 위에서 설명한 바와 같이 모성 본능이 매우 강한 어류로서, 둥지를 만들어 이에 산란를 하고, 부화 이후에도 치어를 보호하는 습성을 갖고 있다. 그러므로 산란장을 만들어 놓은 경우, 또는 치어를 보호하고 있는 경우에는 주위에 나타난 루어를 적으로 간주하여 격렬하게 공격을 하므로 간단히 낚아낼 수 있다. 그러나 산란장을 목표로 하는 행위는 낚시인으로서 옳지 못한 행동으로, 불법어로 행위를 자행하는 것과 다를 바 없고, 가물치 자원 감소를 야기하여 낚시터를 황폐화시키는 행위가 된다. 봄철에서 여름철에 걸쳐 가물치의 산란이 확인된 장소, 산란장 주위에서는 낚시를 삼가는 것이 스포츠 낚시인으로서의 매너이다.

■ 포인트 선택 기준

가물치 낚시터는 대부분 물흐름이 없는 저수지나 연못 · 늪 · 농수로 등, 각종 수초나 수련 등이 많은 장소이다. 거의 변화가 없어 보이는 수초나 연잎으로 뒤덮여 있

가물치 루어낚시 핵심 체크 리스트

1. 낚싯대와 릴 등 가능한 한 가물치 전용 장비를 갖추는 것이 바람직하다.
2. 전용 장비는 여타 민물 루어 장비에 비해 상당히 무거워 균형이 맞지 않으면 사용자가 쉽게 피로해지므로 낚싯대에 릴을 세팅했을 때 앞쏠림이 없는지 균형을 확인토록 한다.
3. 프로그 루어의 튜닝도 가물치낚시의 또 하나의 재미이다.
4. 프로그 튜닝을 할 때 사용하는 바늘은 필히 가물치 전용의 바브레스 더블 훅만을 사용하도록 한다. 외바늘을 사용하는 경우에는 눈이 앞쪽으로 쏠려있는 가물치의 신체 구조상 눈을 관통해버려 치명상을 줄 수 있기 때문이다. 이에 비해 더블 훅은 챔질 힘이 분산되어 상대적으로 얕게 박힐 수도 있겠지만, 가물치에게 깊은 상처를 덜 입히고 바늘을 빼내기도 오히려 쉽다.
5. 낚아낸 가물치를 다시 놓아줄 생각이라면 콘크리트 바닥이나 마른 땅은 온도가 높고 거칠어 가물치에게 해가 되므로 이를 피하도록 한다. 필히 풀밭이나 젖은 장소에 올려놓고 바늘을 뺀다.
6. 가물치 루어낚시는 장비가 상당히 무거우므로 하루 종일 낚시를 즐기기 위해서는 체력이 좋아야 한다. 근력 운동을 꾸준히 하여 무거운 장비를 마음대로 구사할 수 있도록 하는 것이 바람직하다.
7. 낚시터가 대부분 늪지 형태이므로 장화를 착용하는 것이 편리하다.
8. 육안으로 확인이 가능한 산란장이나 치어를 보호하고 있는 가물치를 노리는 행위는 올바른 낚시인의 자세가 아니다.
9. 악구충증을 일으키는 위험한 기생충의 중간숙주이므로 가물치의 생식은 금물이다.

는 장소라 하더라도 그 가장자리, 수초구멍 등이 좋은 포인트가 된다. 또한 가물치는 폐호흡도 하기 때문에 하절기와 같이 용존 산소량이 부족한 시기에는 수면에 떠 있는 경우가 많으므로 이런 시기에는 낚시터에 도착, 20~30분간 수면을 관찰한다면 육안으로 가물치의 유무를 판단할 수 있는 경우도 있다.

낚시터에 도착 후 포인트 파악에 특히 주의를 기울여 관찰할 사항은 다음과 같다.

①가물치의 포식음(捕食音) – 수면에서 발생하는 '퍽' 하는 물소리.

②가물치의 공기호흡 – 수면에 나타나는 가물치의 모습이나 호흡 소리.

③수초나 수면의 흔들림 – 프로그의 착수나 움직임에 의해 그 주위에서 발생하는 가물치의 반응.

2

강준치낚시

학명■*Erythroculter erythropterus* 영명■Predatory carp, Chinese red-sided culter 일명■カワヒラ(카와히라)
방언■강우럭 · 우레기 · 준치 · 물준치

1 강준치는 어떤 물고기인가?

강준치는 잉어과의 어류로 바다에 사는 준치와 매우 흡사한 외형을 갖고 있다. 특이하게 입이 위를 향해 수직으로 생겨 있는데, 주로 수면에서 먹이를 찾는다는 것을 알 수 있다. 강한 육식성으로 작은 어류와 각종 곤충 · 갑각류 등을 잡아먹는 상위 포식자이다.

매우 빠르게 헤엄치며, 크기가 1m를 넘게 성장함으로써 가물치와 함께 우리나라 민물 루어낚시 대상어 중에는 최대급에 속한다. 바다의 준치처럼 살에 잔가시가 많은 데다가 맛이 없어 낚시인 이외 일반인에게는 인기가 없다.

3급수에서도 살 수 있으며 우리나라의 서해와 남해로 흐르는, 수량 많은 큰 강의 유속이 느린 중류와 하류에 무리를 지어 회유하는데, 대단위 면적의 저수지나 호수에서도 서식한다. 중국의 중부이북, 대만에도 분포한다.

2 강준치 루어낚시의 매력과 현황

■ 강준치낚시의 매력

민물 루어낚시 어종 중 최대급에 속하며, 간단하고 보편적인 루어낚시 장비로 누구나 도전할 수 있다는 점이 강준치 루어낚시의 최대 장점이다. 입질 순간의 강한 당길 힘과 신경질적인 저항에 처음엔 당황하게 되지만, 어느 순간이 지나면 조용히 끌려나오며, 때로는 낚시인을 방심하게 만드는 의외성도 갖고 있다. 낚시터 또한 대도시에 인접한 강의 중류·하류권이나 대형 저수지이고, 특별한 기술 없이도 사철 낚을 수 있기 때문에 루어낚시 초보자는 물론 전문꾼들에게도 인기가 높다.

원로 낚시인 위수(渭水) 김홍동 선생이 강준치 루어낚시에 매료되어 있을 때의 모습(2001년 부여 반산지에서).

■ 강준치 루어낚시 현황

강준치는 서울을 관통하는 한강은 물론, 금강계 중하류, 낙동강, 그리고 이들 강계 인근의 대단위 저수지 및 인공호에 다량으로 서식하고 있어 원거리 출조가 곤란한 바쁜 도시 거주자들이 간편하게 손맛을 볼 수 있는 대상어이기도 하다. 또한 활성도가 높아지는 봄철~가을철 외에 한 겨울철에도 결빙이 되지 않은 장소에서는 낚시가 가능해 어한기가 따로 없는 편이다.

2

3 강준치 루어낚시에 필요한 장비와 소품

■ 낚싯대(Rod)

강준치용 루어 낚싯대는 쏘가리낚시용을 그대로 사용해도 무방하지만, 바닥걸림이 거의 없고 드랙 조절도 적절히 활용할 수 있으므로 너무 튼튼한 낚싯대는 필요 없다. 따라서 쏘가리 낚싯대보다는 초리 부분이 좀더 부드러운 것이 좋은데, 허리 힘만큼은 강한 것을 선택하는 것이 대물을 걸었을 때 랜딩하기에 좋다.

6.6~7피트 길이에 라이트(L) 강도가 좋고, 원투가 필요하므로 스푼이나 톱워터 플러그를 사용한다면 슬로우(S)나 레귤러(R) 휨새를, 미노우를 사용하는 경우라면 패스트(F) 휨새를 선택하는 것이 루어를 동작하기에 편리한데, 원투성이 조금 떨어지는 점은 감안해야 한다.

■ 릴(Reel)

드랙 성능이 좋은 소형 스피닝 릴을 사용한다. 구체적으로 2호 줄이 150~200m 감기는 크기가 적당한데, 저가 제품보다는 라인 롤러에 볼베어링이 들어 있어 회전이 좋아 줄이 덜 꼬이는, 중가 이상의 제품을 선택하는 것이 바람직하다.

■ 낚싯줄(Line)

강준치가 회유하고 있는 장소까지 원투가 필요하므로 낚싯줄이 가늘어야 하지만, 대물급이 자주 출몰하는 장소에서는 조금 신경을 쓸 필요가 있다. 주로 나일론 6~8파운드(1.5~2호)를 사용하되, 가는 줄을 사용할수록 품질이 우수한 유명 메이커 제품을 선택하는 것이 바람직하다.

■ 루어(Lure)

①스푼(Spoon) - 가장 흔히 사용하는 루어이다. 작고 무거우므로 원투가 용이하고 사용법도 간단하다. 무게는 8~12g 정도가 적합한데, 전체적인 형태가 둥그런 것보다는 길쭉한 버들잎 형태에 입질이 좋다.

②미노우(Minnow) - 5~9cm 정도의 미노우 플러그를 사용한다. 강준치의 활성도와 회유 수심에 맞추어 플로팅, 싱킹 타입을 선택하는데 소형의 싱킹 미노우가

강준치낚시 장비 및 각종 루어.

상대적으로 무거우므로 원투가 용이하다는 점에서 자주 사용된다.

③톱워터 플러그(Top water plug) - 길이 5~7cm 정도의 소형 폽퍼나 펜슬베이트를 사용한다. 항상 수면을 의식하는 강준치에게 매우 효과적이다. 그러나 한낮이나 주위가 소란스러워 예민한 강준치의 활성도가 낮아진 경우에는 효과가 떨어진다. 조용한 새벽이나 밤낚시 등에 유효하다.

④지그헤드 및 그럽 - 쏘가리낚시에 사용하는 지그헤드 리그와 동일한 것이다. 1/16~1/8온스 지그헤드에 2~3인치의 그럽을 사용한다. 강준치가 머무는 수심층이 깊은 경우에 효과적이다.

4 강준치 루어낚시 채비 및 테크닉

■ 스푼(Spoon) 루어 활용법

①연속 리트리브 - 가장 간단한 방법으로, 원투한 후 단순히 릴링을 하는 형태이다. 제철의 강준치는 주로 수면 가까이에서 회유하므로 루어 착수 후 곧바로 릴링

2

〈그림27〉강준치낚시 채비

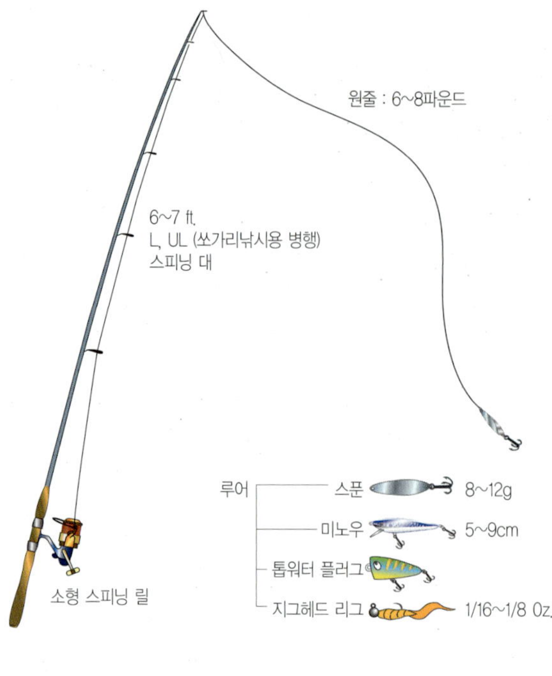

을 개시한다. 강준치의 빠른 회유속도를 감안하여 릴링은 빠르게 하는 것이 좋은데, 스푼 자체의 움직임 폭이 너무 크지 않고 확실하게 동작되는 것이 좋다. 스푼은 계절별로, 또한 활성도에 따라 강준치가 회유하는 적당한 수심까지 카운트 다운해야 한다.

②리트리브+트위칭 – 릴링 도중 강준치의 입질을 유도하기 위하여 트위칭으로 스푼의 불규칙한 동작을 연출시키는 방법이다. 트위칭의 횟수와 간격도 여러 가지로 시도하여 가장 효과적인 패턴을 찾는 것이 좋은 조과를 올리는 방법이다.

■ 미노우(Minnow) 활용법

◎트위칭 및 저킹– 원투 후 낚싯대를 이용하여 트위칭, 저킹과 같은 다양한 동작을 부여하며 릴링한다. 강준치는 회유속도가 매우 빠른 어류이므로 루어의 속도 역시 빠르게 진행되도록 트위칭의 횟수나 저킹의 폭을 다양하게 함으로써, 놀라서 급히 피신하는 소형 물고기의 동작을 연출해야 한다.

■ 톱워터 플러그 활용법

수면 근처의 먹이에 관심이 많은 강준치에게 수면에서 비틀거리는 작은 물고기나, 물에 떨어져 버둥거리는 곤충은 가장 좋은 먹잇감이 된다. 톱워터 플러그를 이용해 이와 같은 모습을 연출하는 것이다. 주로 이른 새벽이나 일몰 이후, 조명장치가 있는 교각 근처 등 주위가 조용하고 어두운 장소에서 효과가 높다.

①폽핑– 폽퍼를 사용하는 방법으로, 폽핑 동작 중간에 멈추는 시간을 불규칙하게 하여 강준치가 충분히 입질할 수 있도록 해야 확실하게 챔질할 수 있다.

②워킹 더 도그 – 펜슬베이트를 사용하는 경우에는 워킹 더 독 동작을 불규칙한 리듬으로 행하여 입질을 유도한다.

■ 지그헤드 리그 활용법

◎스위밍- 단순히 원투 후 릴링하는 방법이다. 부착한 그럽의 꼬리 움직임이 좋아야 한다. 다른 루어에 비해 가라앉는 속도가 매우 빠르므로 적당한 수심에서 일정하게 움직이도록 릴링 속도를 조절한다. 활성도가 낮은 시기에는 입질도 약하므로 바늘을 날카롭게 하고, 미약한 입질에도 반사적으로 챔질을 해 보는 것이 좋다.

■ 챔질 & 파이팅, 랜딩

회유속도가 빠른 강준치가 입질을 하게 되면 둔탁한 느낌이 확실히 전해진다. 그

〈그림28〉강준치 루어 작동법

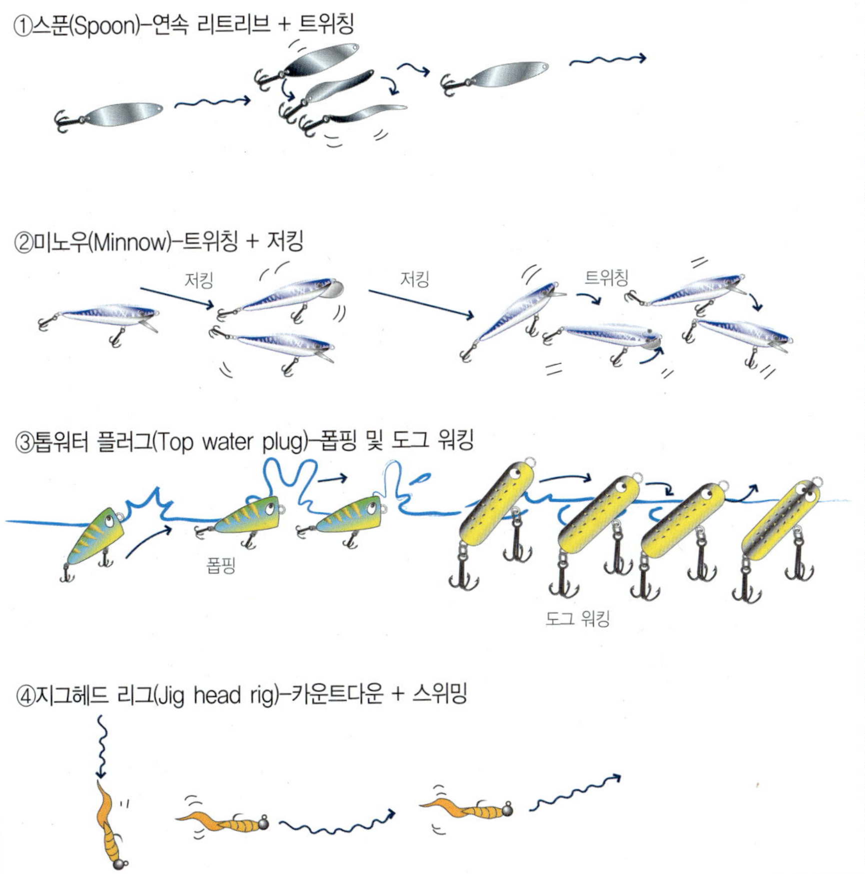

2

러나 강준치의 입은 수직으로 위를 향해 있고, 또한 입술이 두꺼워 바늘이 무디면 확실하게 박히지 않으므로 정확한 챔질이 요구된다. 두툼한 입술과 반대로 턱과의 연결 부위는 매우 연약해 너무 강한 챔질은 입을 찢을 수도 있다.

챔질이 된 강준치는 최초에 강한 저항을 보인다. 빠른 속도로 내달리기 때문인데, 강제로 릴링하는 것보다는 드랙을 이용해 줄이 풀려나가도록 하면서 여유있게 파이팅하는 것이 좋다. 따라서 미리 릴의 드랙을 조정해 두어야 한다. 더욱이 연결 부위가 연약한 입 언저리에 바늘이 박힌 경우, 너무 강제적으로 끌어내다 보면 입이 찢어져 바늘이 빠져 버리기나, 바늘에 입술만 걸린 채로 루어가 회수되기도 한다.

루어에 걸려든 강준치는 처음엔 강한 저항을 보이지만 지구력이 약해 오래지 않아 지친 듯 순순히 끌려온다. 특히 소형급은 마치 죽은 것과 같이 배를 뒤집고 순간적인 가사상태를 보이며 끌려나오는데, 어느 순간 갑자기 뛰쳐나가기도 하므로 완전히 랜딩에 성공할 때까지는 방심은 금물이다.

〈그림29〉강준치의 습성

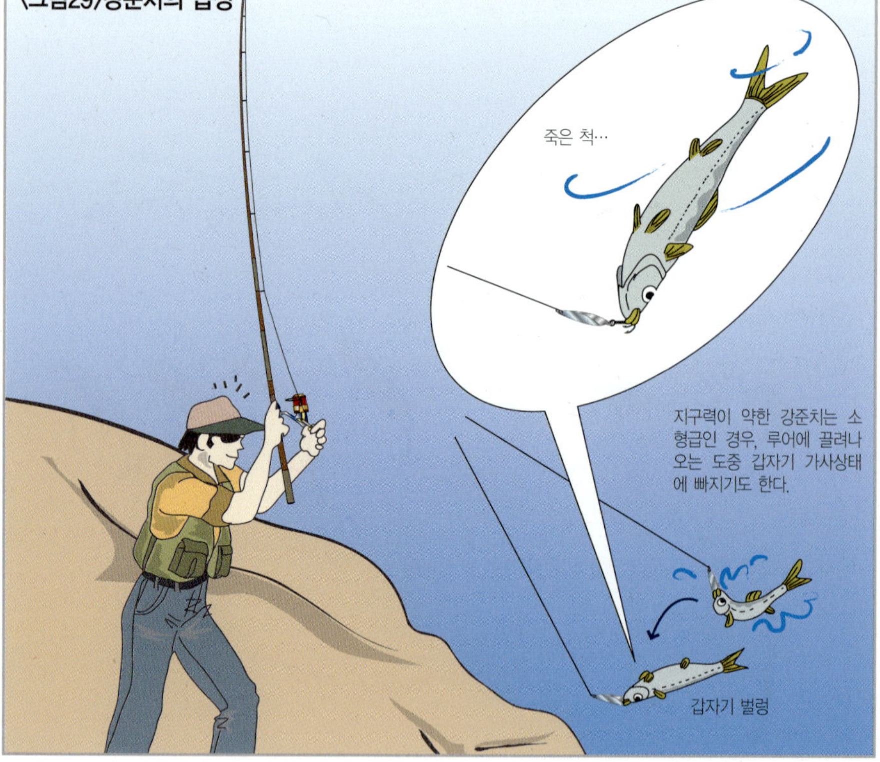

5 강준치 루어낚시 언제, 어떤 곳이 좋은가?

■ 강준치낚시 시즌

강준치는 수면이 결빙되어 있는 시기만을 제외하고는 언제나 낚시가 가능하다. 그러나 수온이 상승하여 표층에서 왕성하게 회유활동을 하는 봄철부터 가을철에 가장 쉽게 낚을 수 있다. 봄철의 산란기에는 여울을 거슬러 오르고, 장마철 이후에는 맑은 물을 찾아 다시 여울을 거슬러 오른다. 늦가을이나 초봄과 같이 수온이 떨어진 시기의 강준치는 표층이 아니라 어느 정도 적절한 수온의 수심층을 회유

강준치 루어낚시 핵심 체크 리스트

1. 강준치 낚시터는 밑걸림이 없어 낚는 재미에 중점을 두어 보다 가벼운 장비를 사용할 수 있다. 다만 대물이 자주 출몰하는 장소에서는 낚싯줄의 선택에 신경 쓸 필요가 있다.

2. 강준치는 입질 순간, 강한 당길 힘과 신경질적인 저항을 보이지만 어느 순간 조용히 끌려나오면서 낚시인의 허를 찌르는 의외성도 있으므로 끝까지 방심 말아야 한다.

3. 입의 연결 부위가 연약해 너무 강제 집행을 할 경우 입이 찢어져 놓칠 수도 있으므로 충분한 여유를 갖고 파이팅해야 한다.

4. 강준치는 회유성이 강해 한 장소에 장시간 머무르지 않는다. 회유하는 무리를 따라 이동하면서 낚시를 하든가, 입질이 끊기면 잠시 휴식을 취하면서 강준치 무리가 되돌아오거나 다른 무리가 이동해 오기를 기다리는 것이 좋다. 무작정 한 장소에 루어를 투척하는 것은 강준치의 무리를 다가오지 못하게 쫓는 결과가 될 수 있다.

5. 강준치는 갑작스런 소음에 민감해 인기척이나 주위가 소란스러우면 물가에서 멀리 떨어진 곳으로 이동해 조과에 악영향을 준다. 그러므로 낚시 도중에는 정숙이 중요하며, 루어는 가능한 한 강준치 무리보다 더 뒤쪽까지 원투하는 것이 좋다.

6. 여럿이 같이 낚시하는 경우에는 루어를 동시에 던지고 동시에 회수하기 보다는 서로 시차를 두어 강준치가 회유하는 포인트에 루어가 항시 있도록 한다. 무리가 흩어지거나 이동하는 것을 붙들어 두는 데에 효과적이다.

7. 밤낚시의 경우에는 미리 지형을 숙지해 두고 이동을 자제하여 안전사고에 유의한다.

〈그림30〉강준치낚시의 유의시항

하며, 한 겨울철이 되면 무리지어 깊은 수심에 머무는데, 이와 같은 장소를 찾는 것이 강준치를 잘 낚는 방법이다.

■ 포인트 및 공략법

①회유로 탐색 – 일반적으로 강준치는 유속이 그렇게 빠르지 않은 강의 중 · 하류권에서 무리를 지어 회유한다. 그러므로 가능한 빠르게 회유로를 찾아내는 것이 조과를 올리는 가장 지름길이다. 부채살 꼴로 캐스팅을 하면서 강준치의 유무를 확인하고, 일단 낚이는 자리를 집중 공략하면 된다. 그러나 한 자리를 너무 오래 고집하지 말고, 입질이 없거나 끊겼다면 신속히 다른 포인트를 찾아 나서도록 한다.

②흐린 물과 맑은 물의 경계면 – 큰비가 내린 이후, 장마철이 끝난 이후, 흐린 물이 흐르다가 다시 맑은 물이 유입되는 시기가 되면, 강준치는 무리를 이뤄 맑은 물을 찾아 여울을 거슬러 오른다. 이와 같은 상황에서는 흐린 물과 맑은 물의 경계면이 좋은 포인트가 된다.

③강변의 나무 그늘, 교각 주변 그림자 지역 – 강준치는 먹이를 구하기 쉬운 그림자 지역에 의지하여 수면에 떨어지는 먹이나 흘러드는 먹이를 공격한다. 이러

한 포인트에 떨어지는 곤충을 연출하거나, 좀더 멀리 캐스팅하여 포인트로 흘러드는 작은 물고기를 연출한다.

④다리의 가로등 불빛 주변 – 저녁이나 밤, 이른 새벽 시간, 조용한 다리에 줄지어 설치되어 있는 가로등 불빛은 많은 곤충을 불러 모으고, 또한 집어등 역할을 하여 소형 물고기들이 모여들게 만든다. 이와 같은 가로등 불빛이 비치는 수면 주위도 좋은 포인트가 된다. 강준치는 수면에 비치는 불빛의 경계면을 따라 유영하면서 수면으로 떨어지는 곤충이나 불빛에 모이는 작은 물고기를 사냥한다.

2

꺽지낚시

학명■*Coreoperca herzi* 영명■Korean aucha perch 일명■코오라이 오야니라미(コウライオヤニラミ)
방언■꺽저기 · 꺽정이 · 뚝지

1 꺽지는 어떤 물고기인가

꺽지(학명 *Coreoperca herzi*)는 민물에서는 드문 농어과의 어류로 쏘가리와 함께 우리나라를 대표하는 육식성 민물고기이다. '한국의 퍼치(Coreo+perca)' 라는 학명에서 나타나는 바와 같이 우리나라 고유의 특산어종이라고 생각해도 옳다. 외모는 쏘가리와 유사하지만 체고가 높고 몸체에 선명치 않은 폭넓은 줄무늬가 7~8개, 또한 아가미 뚜껑 뒷부분에 은색 테두리의 청록색 큰 반점이 뚜렷하게 있는 것이 특징이다. 10cm 이하의 치어는 유사종인 꺽저기와 거의 다른 점이 없지만, 성장함에 따라 몸통에 깨알 같은 흰색 반점이 나타나고 줄무늬가 불분명해져 구분이 가능해 진다.

15~20cm 정도의 작은 개체가 많지만 25~30cm 정도 되는 대형급도 있다. 강

(江) 중상류의 1~2급수 맑은 물을 좋아하고, 쏘가리처럼 바위가 많은 지형에 주로 서식한다. 우리나라의 서해로 흐르는 대부분의 하천에 서식하지만, 동해로 흐르는 하천에도 이식되어 지금은 전국적으로 분포하고 있다. 일본에는 서식하지 않고 화석만이 존재하는 것으로 알려져 있다.

■ 유사어종 꺽저기의 특징

학명이 *Coreoperca kawamebari*인 꺽저기는 꺽지의 아종으로 형태도 매우 유사하다. 학명에 나타난 '*kawamebari*'란 단어는 일본어로 '강에 사는 볼락'이라는 뜻인데, 꺽저기의 외형이 바다의 볼락과 비슷하다는 데서 유래한다. 꺽지보다 체고가 좀더 높아 타원형으로 보이며, 7~8개의 줄무늬가 일정한 간격으로 있고 눈을 중심으로 방사상의 줄무늬가 5~6개 있다. 아가미 뚜껑 뒤편, 주황색 테두리의 청록색 반점이 원형에 가까워 마치 눈처럼 보인다. 서식 환경에 따라 체색 변이가 심하고 꺽지에 비해 더 소형이다. 다 자라도 10~15cm 정도 크기. 강의 중상류, 유속이 빠르지 않고 수심이 얕으며 수초가 우거진 장소에 서식한다. 우리나라에서는 낙동강의 일부, 탐진강, 거제도 일부에만 서식할 만큼, 수질 오염과 댐 건설 등으로 서식지가 파괴되어 절멸 위기에 처해 있으므로 보호가 요구되고 있다. 꺽지와 달리 꺽저기는 일본의 서부에도 서식하고 있는 것으로 알려져 있다.

꺽저기는 꺽지에 비해 체고가 높고, 눈을 중심으로 방사상의 줄무늬가 있다.

2

2 꺽지 루어낚시 매력과 현황

■ 꺽지낚시의 매력

꺽지는 다른 루어낚시 대상어에 비해 마릿수 재미를 볼 수 있고 간단히 낚을 수 있다는 것이 최대의 장점이다. 또한 낚시터가 강 상류 지역에 해당됨으로써 물이 맑은 장소에서 낚시를 하는 데다, 수심 얕은 곳에서 낚이는 꺽지가 루어를 따라오거나 공격하는 모습을 낚시인이 직접 눈으로 보는 즐거움도 있다.

꺽지 루어낚시는 대물에 대한 기대보다는 아기자기한 낚시 과정 자체가 최대의 매력이다.

■ 꺽지 루어낚시 현황

꺽지낚시는 쏘가리낚시의 인기에 가려 있지만 쏘가리의 금어기간이 되면 단연 강 루어낚시의 주연급으로 격상됨은 물론, 여름 휴가철의 가족동반 낚시에도 적합해 갈수록 그 인기를 더해가고 있다. 쏘가리에 비해 서식 분포가 넓어 전국 각지에서 즐길 수 있다는 점도 인기를 더해가는 요인 중의 하나로 꼽힌다.

꺽지낚시 장비 및 루어 종류.

3 꺽지 루어낚시에 필요한 장비와 소품

■ 낚싯대(Rod)

꺽지용 루어 낚싯대는 쏘가리용을 그대로 사용해도 무방하지만, 낚시터의 물흐름이 상대적으로 거세지 않고 원거리 캐스팅이 필요치 않으며 꺽지의 씨알 또한 작기 때문에 너무 튼튼한 낚싯대는 필요 없다. 쏘가리 낚싯대보다는 길이가 짧고 더욱 부드러운 제품이 이상적이다.

5~6피트 길이에 라이트(L)나 울트라 라이트(UL) 강도가 좋은데, 스피너를 사용한다면 특별히 문제가 없지만 소형 지그헤드 리그를 사용하여 돌 틈을 직공하려면 패스트(F) 휨새를 사용하는 것이 루어의 작동에 편리하다.

■ 릴(Reel)

초소형 스피닝 릴을 사용한다. 구체적으로 쏘가리낚시에 사용하는 크기보다 더 작은 릴도 무방하다. 1.5호 줄이 100m 정도 감기는 크기가 적당한데, 저가 제품보다는 라인 롤러에 볼베어링이 들어 있어 회전력이 좋아 줄이 덜 꼬이는 중가 이상의 제품을 선택하는 것이 바람직하다.

■ 낚싯줄(Line)

사용하는 낚싯대와 균형을 맞추어 낚싯줄은 가늘게 사용한다. 주로 나일론 4~6파운드(1~1.5호)를 릴에 감되, 사용하는 루어가 가벼울수록 가는 줄을 사용하는 편이 좋다.

■ 루어(Lure)

①스피너 – 오래 전부터 꺽지 킬러로 애용되고 있는 것이 스피너이다. 블레이드의 현란한 회전에 꺽지가 매우 강한 호기심을 나타내어 스피너를 따라 가까이 접근하는 모습을 쉽게 관찰할 수 있다. 무게는 1/32~1/4온스(1~8g)까지 폭넓게 활용되는데, 작은 스피너일수록 입질은 잦지만 그만큼 씨알이 잘게 낚일 확률도 높아진다.

블레이드 회전이 좋은 제품을 선택하되, 꺽지의 활성도가 높은 경우에는 어떤 색상도 특별히 관계없지만, 가급적 꺽지의 눈에 잘 띄는 금색을 기준으로 하고,

때로는 좀더 자극적으로 보일 수 있도록 형광 페인트를 블레이드에 약간씩 바르는 것도 좋다. 또한 바늘에 털이 묶여 있는 것이 효과적인 경우도 있다.

②지그헤드+그럽 – 쏘가리낚시에 사용하는 지그헤드 리그와 동일한 것이다. 가벼운 1/32~1/16온스의 지그헤드에 1~2인치의 그럽을 사용한다. 수심이 깊은 장소는 물론 얕은 장소에서도 자주 사용한다. 특히 스피너를 사용하는 도중, 꺽지가 루어를 따라오면서도 선불리 입질을 하지 않고 바위 틈에 숨어버리거나 하는 경우, 루어를 교체하여 놈들이 숨어있는 장소를 직공하면 의외의 성과를 거둘 수도 있다.

4 꺽지 루어낚시 채비 및 테크닉

■ 스피너 루어 활용법

◎연속 리트리브 – 스피너(Spinner) 사용법은 캐스팅 후 단순히 릴링하는 동작을 반복하는 것이 대부분이다. 릴링을 도중에 멈추거나 속도에 변화를 주는 경우도 있지만 오히려 블레이드의 회전이 부자연스러워지는 등, 역효과를 불러일으킬 수도 있으므로 기본은 정상적인 릴링의 반복이다.

〈그림31〉꺽지낚시 채비

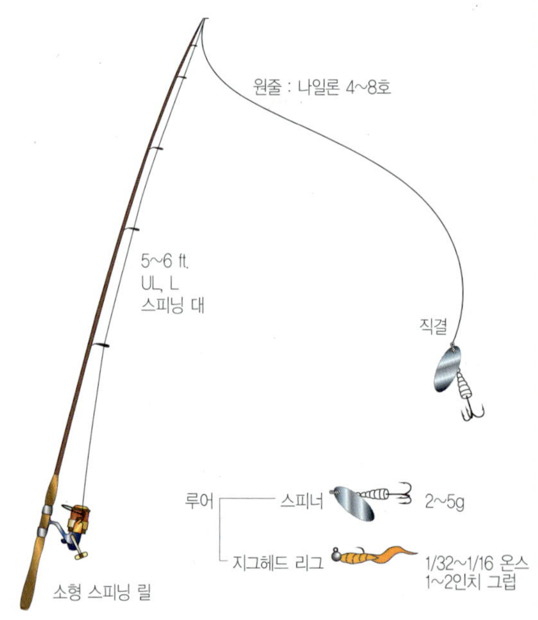

스피너는 단순한 릴링만으로도 확실하게 블레이드가 회전하기 때문에 반짝이는 물체에 호기심이 많은 꺽지에게는 매우 효과적이다. 활성도가 좋은 시간에는 멀리서 움직이는 스피너를 보고 달려와 공격을 하지만, 일반적으로는 꺽지가 머물고 있는 바위 틈을 스치듯 통과시키는 것이 중요하다. 너무 느리거나 빠른 속도의 릴링은 스피너의 블레이드 회전을 나쁘게 하거나, 스피너가 물위로 떠버릴 수도 있어 좋지가 않다. 유속과 수심에 맞추어 스피너의 크기와 중량을 적절히 선택하도록 한다.

〈그림32〉꺽지 루어 작동법

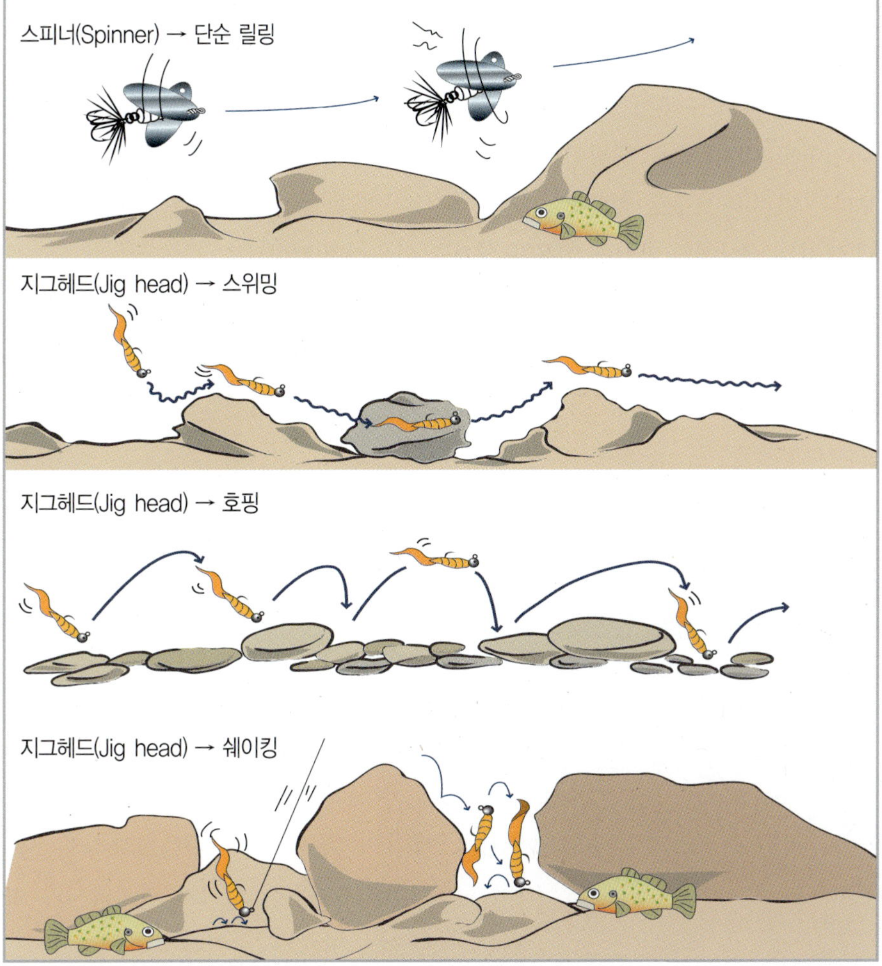

■ 지그헤드 리그 활용법

①**스위밍 · 호핑 · 리프트 앤 폴**– 쏘가리낚시의 지그헤드 리그의 사용 방법과 동일하다. 기본적으로 '스위밍' '호핑' '리프트 앤 폴'을 적절히 구사한다 (쏘가리낚시 편 참조).

②**쉐이킹(Shaking)**– 꺽지는 쏘가리와는 달리 근거리 또는 발 앞의 돌 틈이 좋은 포인트가 되는 경우가 많으므로, 지그헤드 리그를 꺽지가 숨어 있을 만한 바위 틈이나 돌 틈에 집어넣고 조금씩 제자리 뛰기를 하거나, 쉐이킹으로 입질을 유도하

는 것도 매우 효과적이다.

2

■ 챔질 & 파이팅, 랜딩

꺽지는 입이 크고 루어를 과격하게 공격하기 때문에 반사적으로 크게 챔질을 하지 않아도 자동적으로 챔질이 될 때가 많다. 또한 크기가 작으므로 특별한 파이팅보다는 가벼운 도구로 충분히 손맛을 즐길 수 있다. 충분히 손맛을 즐기면서 끌어낸 꺽지는 낚싯대의 탄성을 이용해 살짝 들어올리면 된다.

5 꺽지 루어낚시 언제, 어떤 곳이 좋은가?

꺽지 루어낚시 핵심 체크 리스트

1. 꺽지 루어낚시는 대물에 대한 기대보다는 아기자기한 낚시 과정이 최대의 매력이다.
2. 개체의 크기가 작으므로 좀더 가벼운 장비로 충분히 손맛을 즐기도록 한다.
3. 꺽지는 낚시인의 발 앞 바위 틈에도 숨어 있을 수 있다. 모든 돌 틈에 꺽지가 있다는 생각을 갖고 꼼꼼히 탐색하는 자세가 조과를 올리는 지름길이다.
4. 활성도가 높은 시기에 마릿수로 낚이는 재미가 있지만, 아무리 개체수가 많아 보이더라도 생태계 내의 상위 포식자로서의 위치에 있는 꺽지는 다른 어종에 비해 결코 많은 수가 아니므로 남획을 삼가야 한다.
5. 호기심이 많은 꺽지는 루어보다 작은 크기의 치어도 곧잘 낚이기 때문에 이런 경우에는 즉시 놓아주는 자세가 요망된다.
6. 봄철 산란기의 꺽지는 수컷이 산란장을 지키며 알을 보호하고 부화 이후에도 치어를 일정기간 지켜준다. 산란기에 꺽지낚시를 하는경우에는 이를 확실히 이해하고 더욱 남획을 자제하는 자세가 필요하다.

■ 꺽지낚시 시즌

꺽지는 쏘가리가 낚이기 시작하는 이후 즉, 완연한 봄철에 접어 든 이후부터가 잘 낚이는 시즌이다. 쏘가리가 금어기간으로 접어들면 꺽지도 산란기를 맞아 가장 잘 낚이는 시즌이 된다. 이후 가을철까지 수온이 따뜻한 시기가 꺽지낚시가 가능한 시즌이다.

■ 포인트 및 공략법

①수심 얕은 돌밭 – 수심이 얕고 유속이 완만하며, 물 밑 바닥에 크고 작은 바위와 돌이 박혀 있는 지형이 꺽지의 1급 포인트이다. 스피너를 이용해 각 바위 틈을 통과시키거나, 지그

<그림33>꺽지낚시 포인트

헤드 리그를 이용하여 바위 틈을 공략하도록 한다.

②여울의 바위 부근 – 직접적인 물살을 피해 몸을 의지할 수 있는 바위 뒤쪽과 같이 흐름이 죽는 곳에 꺽지가 있다. 이 같은 장소로 루어를 통과시키면 왈칵 덤벼든다.

③자갈밭 – 특별한 바위나 큰 돌이 없더라도 자갈이 깔려 있는 장소에 꺽지가 있다. 바닥에 바짝 붙여 루어를 통과시키는 것이 중요하다.

④수초 부근 – 물 흐름이 거의 없는 장소로서 듬성듬성 수초가 나있는 곳에도 의외로 꺽지가 몸을 의지하고 있다. 이와 같은 장소를 지나치지 말고 확실히 탐색하는 것이 좋다.

2

끄리낚시

학명■*Opsariichthys uncirostris* 영명■Korean piscivorous chub 일명■コウライハス(코오라이 하스)
방언■치리 · 칠어 · 꽃날치

1 끄리는 어떤 물고기인가

잉어과의 어류인 끄리는 강준치와 더불어 잉어과의 어류로서는 드물게 강한 육식성을 지니고 있다. 주로 피라미와 같은 작은 어류와 각종 수생 및 육상곤충 · 갑각류 등을 잡아먹는다. 치어 땐 외형이 피라미와도 유사하지만 입이 크고 특이하게 생겨 구분이 가능하다. 아래턱 끝이 V자로 파여 있고, 위턱은 아래로 굽어 마치 활 궁(弓)자와 같은 모습인데, 작은 물고기를 잡아먹기 좋은 구조일 뿐만 아니라, 입에 문 작은 먹잇감이 빠져나가지 못하게 돼 있는 구조라 할 수 있다.

끄리는 무리를 지어 빠르게 헤엄치며, 주로 하천의 표층을 회유하다가 수면 위로 뛰어 오르기도 한다. 크기는 20~30cm가 보통이지만 40cm가 넘게 자라는 개체도 있다. 성장한 수컷은 봄철 산란기가 되면 턱 주변에 여드름 같은 돌기가 돋고, 뒷지느러미가 유난히 돌출되어 암컷을 유혹한다. 등이 청자색으로 그리고 배와 지느러미는 주황색이 되는 등, 매우 화려한 외모를 보인다. 이를 낚시인들은 따로 '바디끄리' 라고 부른다.

우리나라 동해로 흐르는 강을 제외한 모든 강에 서식하고, 이외 여러 댐과 저수지에도 서식한다. 중국과 일본의 일부 지역, 시베리아의 일부 지역에도 분포한다.

2 끄리 루어낚시 매력과 현황

■ 끄리낚시의 매력

끄리는 쏘가리와 함께 우리나라 민물 루어낚시를 대표하는 어종이다. 강에서 즐기는 루어낚시 중 바닥층은 쏘가리, 표층은 끄리로 양분될 정도로 우리에게 친숙한 대상어이다. 게다가 끄리는 루어로 가장 낚기 쉬운 대표어종으로서 까다로운 기술을 요구하지 않는다. 초보자의 루어낚시 입문에 가장 적합한 어종인 셈이다.

시중에서 '막스푼' 이라 불리는, 가장 저렴하게 구입할 수 있는 스푼에 잘 낚여 부담이 없고, 회유층이 표층이어서 루어의 바닥걸림도 없다. 개체수 또한 많아 우선 잘 낚이며, 크기에 비해 힘이 좋고, 때로는 수면 위로 튀어 오르는 등, 마지막

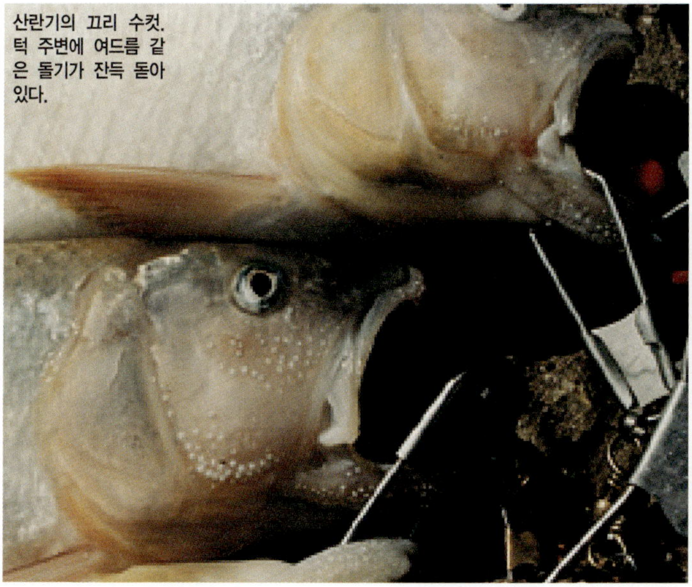

산란기의 끄리 수컷. 턱 주변에 여드름 같은 돌기가 잔득 돋아 있다.

뒷지느러미가 길게 돌출된 끄리 수컷.

2

까지 저항을 함으로써 제법 짜릿한 손맛도 안겨준다. 또한 한겨울에도 결빙이 되지 않은 호소에서는 여전히 잘 낚인다는 점도 끄리 루어낚시 매력 중의 한 가지이다.

■ 끄리 루어낚시 현황

끄리는 북한강 · 남한강 · 금강은 물론 대단위 저수지와 각 인공 호수에 모두 서식하고 있어 언제든 간편하게 손맛을 보기에 좋은 루어낚시 대상어이다. 또한 개체수가 적던 낙동강계에도 과거와는 달리 그 숫자가 많이 늘어났다.

강계에서는 봄철에 쏘가리보다 먼저 어신을 전하는 물고기이고, 산란기를 맞으면 대형 바디끄리가 마릿수로 낚이기도 한다. 더욱이 장마철 직후에는 여울을 소상하는 무리를 만나 폭발적인 조과를 맛보기도 한다. 내륙의 몇몇 저수지와 소양호 등지에서는 한겨울에도 결빙이 되지 않은 깊은 장소에서 잘 낚여 어한기가 따로 없다.

3 끄리 루어낚시에 필요한 장비와 소품

■ 낚싯대(Rod)

끄리용 루어 낚싯대는 쏘가리용을 그대로 사용하여도 무방하지만, 주로 표층을 겨냥함으로써 장애물 걸림이 없기 때문에 아주 튼튼한 낚싯대일 필요는 없다. 쏘가리 낚싯대보다 좀더 부드러운 것이 손맛을 즐기기에 좋다. 길이는 6~7피트가 적당하고 라이트(L)나 울트라 라이트(UL) 강도로도 충분한데, 스푼을 주로 사용하여 원거리 캐스팅을 한다면 슬로우(S)나 레귤러(R) 휨새를, 미노우 같은 여러 종류의 루어를 사용한다면 패스트(F) 휨새를 사용하는 것도 좋다.

■ 릴(Reel)

쏘가리낚시에 사용하는 것과 동일한 소형 스피닝 릴을 사용한다. 더욱 작은 릴도 무방하다. 구체적으로 1~2호 줄이 100~150m 감기는 크기가 적당한데, 저가 제품보다는 라인 롤러에 볼베어링이 들어 있고 드랙 기능이 좋은 중가 이상의 제품을 선택하는 것이 바람직하다.

■ 낚싯줄(Line)

끄리가 회유하고 있는 장소까지 원투가 필요하므로 낚싯줄은 가늘게 사용해 캐스팅이 멀리되게 하면 좋다. 주로 나일론 4~8파운드(1~2호)를 사용하되, 무거운 스푼을 사용하는 경우 너무 가는 낚싯줄은 캐스팅의 충격으로 매듭이 끊어질 수 있으므로 이 점에 주의해야 한다.

■ 루어(Lure)

①스푼(Spoon) - 가장 흔히 사용하는 루어이다. 작고 무거우므로 원투가 용이하고 사용법도 간단하다. 무게는 주로 5~12g을 사용하는데, 물 흐름이 빠른 곳에서는 길쭉한 형태, 유속이 느린 장소에서는 둥그스름한 형태를 사용하는 것이 좋다.

②스피너(Spinner) - 여울 끝 또는 유속이 느리거나 없는 장소 등에서는 현란한 블레이드의 회전으로 인해 스피너에 끄리가 잘 낚인다. 블레이드의 색상은 수중

끄리낚시 장비 및 루어 종류.

2

에서 번쩍임이 강한 은색을 기준으로 하고, 원투하기가 쉬운 5~10g의 조금 무거운 것을 사용하는 편이 좋다.

③미노우(Minnow) - 5~9cm 정도의 미노우 플러그를 사용한다. 활성도가 높은 제철의 끄리는 주로 여울에 있으므로 회유 수심에 맞추어 플로팅, 싱킹을 선택하는데 소형의 싱킹 미노우가 상대적으로 무거우므로 원투하기가 쉽다.

4 끄리 루어낚시 채비 및 테크닉

■ 스푼(Spoon) 활용법

①연속 리트리브 - 원투한 후 단순히 릴링하는 방법이다. 강준치낚시 때의 스푼 사용 방법과 동일하다.

②리트리브+트위칭 - 릴링 도중 끄리의 입질을 유도하기 위해 손목의 힘을 이용하여 낚싯대를 흔들 듯 채는 것(트위칭)으로, 중간 중간 스푼의 불규칙한 동작을 연출시키는 방법이다. 역시 강준치낚시 때의 스푼 사용 방법과 동일하다.

〈그림34〉끄리낚시 채비

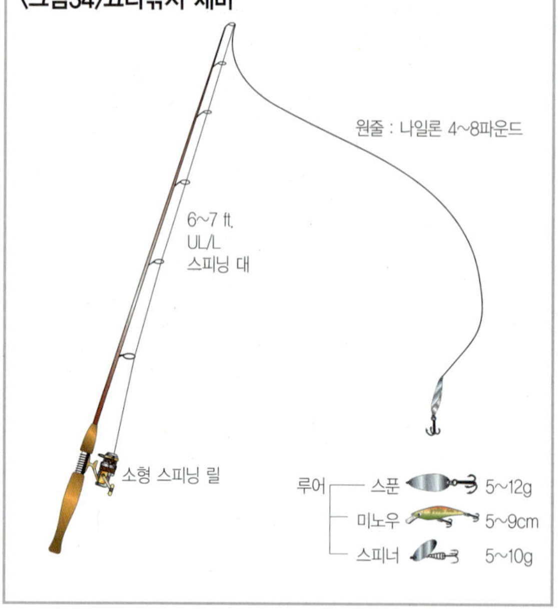

■ 스피너(Spinner) 활용법

◎연속 리트리브- 원투한 후 단순히 릴링하는 방법이다. 착수 후 낚싯대를 살짝 채듯이 위로 들어 블레이드가 처음부터 확실히 회전하도록 하는 것이 좋다.

■ 미노우(Minnow) 활용법

◎트위칭 및 저킹- 일반적인 미노우 사용방법과 동일하다.

■ 챔질 & 파이팅 · 랜딩

끄리는 과격하게 루어를 좇으며 공격도 대담하여 루어를 무는 순간 입질을 확실하게 감지할 수 있다. 물 흐름이 센 장소에서의 입질은 강한 챔질 동작 없이도 자동으로 바늘에 걸리는 예가 많다.

바늘에 걸린 끄리는 시종일관 강한 저항을 보이는데, 때로는 수면을 튀어 오르기도 한다. 된여울에서는 물 흐름이 더해져 저항감이 더욱 배가 되지만, 그렇다고 드랙을 너무 조인 무리한 릴링은 좋지 않다. 쏘가리낚시보다는 좀더 여유 있는 드랙 조정으로 끄리의 입에서 바늘이 빠지는 것을 대비해야 한다. 거센 여울의 흐름에서 어느 정도 벗어난 이후에는 일정하게 릴링하고 낚싯대의 탄성을 유지하는 것이 중요하다.

대형 끄리는 다른 어종보다도 더 좋은 손맛을 보여주는데, 끌려나오는 순간까지는 물론, 물 밖에서도 저항을 멈추지 않으므로 아래턱을 집게나 손으로 확실하게 잡고 바늘을 빼내도록 한다.

끄리는 루어낚시 외 플라이낚시에 매우 적합한 대상어이기도 하다.

2

5 끄리 루어낚시 언제, 어떤 곳이 좋은가?

끄리 루어낚시 핵심 체크 리스트

1. 끄리는 쏘가리와 함께 우리나라 루어낚시를 대표하는 어종이다.

2 주로 표층을 회유하여 여걸림이 거의 없으므로 너무 튼튼한 장비는 필요 없고, 보다 가벼운 장비가 효과적이다.

3 바늘에 걸린 끄리는 시종일관 강한 저항을 보이는데, 루어를 털어내기 위해 수면을 뛰어오르기도 한다. 된여울에서는 물 흐름이 더해져 저항감이 배가 되지만 드랙을 조인 무리한 릴링은 좋지 않다. 여유 있는 드랙 조정으로 끄리의 입에서 바늘이 빠지는 것을 대비한다.

4 회유성이 강하여 한 장소에 장시간 머무르지 않는다. 회유하는 무리를 따라 이동하면서 낚시를 하든가, 입질이 끊기면 잠시 휴식을 취하며 끄리 떼가 돌아오기를 기다리는 것이 좋다. 무작정 한 장소를 고집하면 좋은 조과를 얻을 수 없다.

5 갑작스런 소음에 예민해 인기척이나 주위가 소란스러우면 물가에서 멀리 떨어진 곳으로 이동해 조과에 악영향을 준다. 그러므로 낚시 도중엔 정숙이 중요하다.

6 여울 속으로 들어가 웨이딩하는 경우는 허벅지 이상의 수심은 위험하므로 조심해야 한다.

끄리는 한겨울이라도 수면이 결빙되어 있지 않는 일부의 장소에서는 계속 루어낚시가 가능하다. 그러나 수온이 상승하여 표층에서 왕성하게 회유활동을 하는 봄철부터 가을철이 가장 쉽게 낚이는 좋은 시기이다.

봄철에서 여름철에는 주로 여울이 주된 포인트가 된다. 장마철 직후 흐린 물이 흘러내려가고 다시 맑은 물이 흐르기 시작할 무렵에는 여울을 거슬러 오르는 끄리 떼를 만날 수 있다. 늦가을부터 수온이 낮아진 시기에는 표층이 아니라 어느 정도의 수심층을 회유한다. 한겨울에는 무리지어 깊은 수심에 머무는데, 강계보다는 대단위 저수지나 인공호수의 특정한 장소에서 입질이 이어진다.

메기낚시

학명■*Silurus asotus* 영명■Amur catfish, Far eastern catfish 일명■ナマズ(나마즈)
방언■며기 · 미여기 · 미역쟁이 · 물메기

1 메기는 어떤 물고기인가?

메기는 우리나라 서남해로 흐르는 대부분의 하천 중하류와 저수지 등의 사니질 바닥에 서식하는데, 수초가 우거진 장소나 바위틈 등 그늘진 곳을 좋아한다. 주로 어두워진 이후에 활동하는 야행성이며, 수염이 난 큰 입을 이용해 작은 물고기는 물론 수중의 소형 동물을 잡아먹는 난폭한 어식어이다. 산란기는 5~6월로 수컷이 암컷을 휘감아 산란시킨다. 맛이 좋아 낚시인은 물론이고 일반인들에게도 인기가 높은 민물고기이다.

크기는 30~40cm가 흔하지만 60cm가 넘는 대형급도 많다.

2

2 메기 루어낚시의 매력

메기만을 대상으로 루어낚시를 하는 예는 거의 없지만, 쏘가리 또는 배스낚시 도중 손님격으로 종종 낚이는 예가 많다. 물 흐름이 느린 후미진 장소의 바위틈, 또는 보(洑) 아래, 돌 무너진 자리, 석축 틈새 지형을 좋아하는 메기는 야행성으로, 낮 시간에는 이와 같은 장애물에 숨어 있다가 어두워지면 은신처를 나와 먹이 사냥을 개시한다. 따라서 메기는 주로 밤낚시 대상어에 속하지만, 비가 내린 후 물이 흐려져 있는 경우에는 시간대에 관계없이 루어에 곧잘 낚인다.

메기가 많이 서식하는 장소에서는 주위가 어두워지면 톱워터 루어도 곧잘 공격을 하는데, 그 저항 또한 만만치 않아 의외로 낚는 재미가 즐거운 대상어이다.

비온 뒤 물이 흐리면 메기낚시의 호조건이 된다.

3 메기 루어낚시 장비 · 채비 및 테크닉

강에서 메기를 노리고자 하는 경우에는 쏘가리 장비를 그대로 활용한다. 저수지에서는 쏘가리 이외 배스낚시용 장비도 활용할 수 있다. 즉, 6~7피트 길이의 라이트(L)~미디엄(M)급 스피닝 또는 베이트캐스팅 로드 및 릴을 갖추되, 낚싯줄은 나일론 6~10파운드(2~3호)를 기준으로 한다.

사용하는 루어는 스푼이나 지그헤드 리그와 같은 쏘가리낚시용 루어는 물론, 각종 플러그도 유효하며, 배스용 톱워터 플러그 역시 저수지에서의 밤낚시나 활성이 좋은 경우에 자주 사용한다.

메기 루어낚시 핵심 체크 리스트

1. 메기는 밤낚시 대상어이지만 비가 내린 후 물이 흐려져 있는 경우에는 시간대에 관계없이, 다른 물고기가 잘 잡히지 않을 때도 루어에 곧잘 낚인다.

2. 물 흐름이 강한 장소보다는 후미진 곳, 흐름이 멈추거나 없는 장소가 좋은 포인트이다.

3. 메기가 은신할 수 있는 장애물이 발달한 장소 주위를 공략해야 조과를 올리기 쉽다.

4. 메기는 바늘에 걸리면 입을 굳게 닫아 잘 떨어지지는 않지만, 오히려 바늘을 뽑아내기가 힘든 경우도 있다.

5. 메기는 먹이를 흡입하는 것이 아니라 물어서 사냥을 하므로, 성급한 챔질보다는 한 박자 느린 챔질이 확실하게 바늘에 걸리도록 하는 방법이다.

6. 밤낚시의 경우에는 안전사고에 유의한다.

〈그림35〉메기낚시 채비

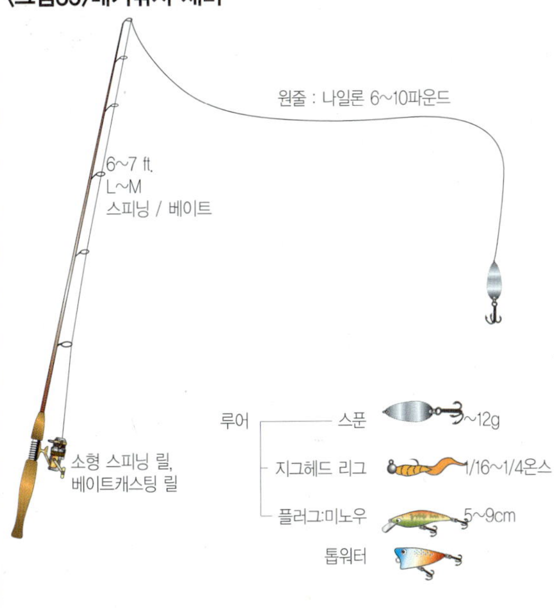

2

무지개송어낚시

학명 ■ *Oncorhynchus mykiss* 영명 ■ Rainbow trout 일명 ■ ニジマス(니지마스) 방언 ■ 송어

1 무지개송어는 어떤 물고기인가?

원산지가 알라스카에서 로키산맥을 거쳐 멕시코 북서부에 이르는 북아메리카 서부 지역에 해당되는 무지개송어(Rainbow trout)는 연어과의 어류로, 강해형(降海型)과 육봉형(陸封型) 두 종류가 있다. 외국에서는 강해형을 '스틸헤드(Steelhead trout)' 라고 부르는데, 여름에 바다로 내려가는 것과 겨울에 바다로 내려가는 것이 있다. 바다에서는 1~4년간 생활을 하는데, 최대 1.2m까지 성장하는 것으로 알려져 있으며 최고의 플라이낚시 대상어종으로 각광을 받는다.

일반적으로 무지개송어라고 불리는 것은 육봉형으로서, 몸통 중앙을 가로지르는 분홍색 띠가 특징이다. 치어 때는 연어과 어류의 특징인 파마크(Parr mark)가 분명하며, 주로 찬물을 좋아하는 연어과 어류의 특성상 산간계류와 같은 하천의 상류, 계곡형 호수 등에 주로 서식한다.

자연 번식하는 개체의 산란기는 4~6월이며, 산란 후에 죽음을 맞이하는 연어 종류와는 달리 수년에 걸쳐 산란을 한다. 인공부화가 쉽고 동물성 먹이는 무엇이든 포식하며, 활동 수온이 5~24℃로 넓기 때문에 세계 각지에 이식되어 양식도 활발하다. 크기는 20~40cm 정도가 흔하며 80cm 이상으로 성장하기도 한다.

일반적인 무지개송어 이외에 양식용 품종으로서, 개발자의 이름을 딴 '도날드슨 트라우트(Donaldson trout)' 는 성장이 빨라 5년이면 무게가 약 10kg에 이르기도 하여 '수퍼송어' 라 불린다.

2 우리나라엔 언제 이식되었나?

무지개송어의 우리나라 도입은 1965년 미국 캘리포니아로부터 20만미의 송어

1990년대 초반부터 인기가 높아진 저수지(관리형 유료낚시터)에서의 무지개송어낚시.

2

알을 들여와 부화에 성공한 것이 최초이다. 당시에는 도입자의 이름(정석조)을 본따 '석조송어'라 불리기도 했다.

우리나라에서 무지개송어가 공식적으로 루어낚시 대상어가 된 시기는 1980년대에 들어서이다. 당시 강원도 삼척의 '강원도립연어양식장'이 자리하고 있던 초당저수지 상류에서 루어에 낚이기 시작한 것(1983년 낚시춘추 소개)이 최초라 할 수 있다. 이후 소양호를 비롯하여 여러 계곡과 호수에 양식장이 들어서게 되면서 인근 하천이나 계류로 유입되기 시작한 무지개송어는 차츰 그 개체수가 늘어 루어낚시 대상어로서 자리매김을 하게 되었다.

무지개송어는 주로 식용을 위한 양식 대상인데도 이와 같이 인근 자연 수계로의 유입에 따라 생태계 교란을 야기하는 국제적인 침략 어종으로 지정되어 있기도 하다. 그러나 높은 스포츠 게임 피싱의 매력을 지니고 있어 낚시인에게는 환영받고 있는 실정이다. 이에 따라 양식장 인근 계류와 하천 외에도 저수지에 일정 기간(주로 겨울철) 무지개송어를 방류하여 유료낚시터로 운영하는 곳이 생겨나면서 루어낚시 초보자에게도 무지개송어는 친근한 대상이 되었다.

3 계곡 송어와 저수지(유료낚시터) 송어낚시

■ 계류에서의 송어낚시

우리나라의 무지개송어 역시 계곡을 중심으로 루어낚시가 시작되었고, 1990년도 전후해 그 인기가 절정을 이뤘다. 강원도 산간 계곡마다 무지개송어 양식업이 성행을 했고, 홍수 때가 되면 양식장을 탈출한 수많은 개체수가 그대로 인근 계곡으로 유입됐기 때문이다.

90년대 중반 무렵부터 수질 오염 문제로 인해 양식업이 크게 위축되면서 계곡 송어의 개체수 또한 급격히 줄어들었고, 생태계 교란 시비와 함께 무지개송어를 제거하려는 노력도 있었으나 아직까지 그런대로의 개체수가 남아 계류낚시 대상어가 되고 있다.

계류에서의 무지개송어낚시는 여타 계류낚시와 동일하므로 '산천어 · 열목어낚시 편'을 참고 바란다.

■ 저수지(유료낚시터) 송어낚시

여러 가지 이유로 계곡에서의 송어낚시 붐이 퇴조한 반면, 90년대 후반부터 저수지(소규모 유료낚시터)에서의 송어 루어낚시가 새로운 장르를 형성하게 되었다. 일부 양식장에서 공급되는 무지개송어 값이 그다지 비싸지 않은 데다, 붕어나 잉어를 방류하여 손님을 맞는 대부분 유료낚시터들이 하우스를 제외한 물낚시의 경우 늦가을부터 초봄까지는 개점휴업 상태에 들어가므로, 차가운 수온에서도 활발히 활동하는 무지개송어를 방류하여 낚시손님을 맞는 형태에서 비롯된 것이다.

초기에는 일반 대낚시(미끼낚시)와 루어낚시의 구분 없이 송어장을 운영한 곳이 대부분이었으나, 근년에는 루어 및 플라이낚시 위주로 변모되고 있는 추세다. 또한 낚은 송어를 반출해 가도록 허용하는 곳과, 낚는 즉시 다시 놔주는 '캐치 앤 릴리즈(Catch & Release)' 형태를 도입해 입장료에 차등을 두는 낚시터들이 늘어나고 있다.

초기에는 수도권을 중심으로 송어 유료낚시터가 생겨났으나 점차 전국적으로 확산되기에 이르렀는데, 한겨울 마땅히 출조할 곳이 없는 어한기의 루어낚시인들은 물론 루어낚시 초보자의 연습장으로서, 또한 주말을 이용한 휴식 공간으로서 송어 유료낚시터는 더욱 인기를 모으고 있다.

4 유료낚시터 무지개송어의 특징

저수지에 방류된 무지개송어는 일반 자연 생태계에 서식하는 무지개송어와는 확연히 다른 특성을 보인다. 우선 양식에 길들여진 개체이므로 야성(野性)이 적다. 양식장에서 사용하는 어분과 같은 사료에 길들여져 있는 관계로 루어의 선택이나 사용에 있어서도 이를 고려해야만 한다. 즉 자연 생태계에서 먹이가 수면에 떨어지는 일은 특정한 시기(Terrestrial season · 육상생물이 주된 먹이인 시기)에 국한되지만, 양식장에서는 항상 수면에서 아래로 떨어지는 먹이(사료)만을 취해 왔기 때문에 방류된 이후에도 그 습성이 그대로 남아 유료낚시터의 송어들은 수면을 항시 주시하게 되는 것이다.

더욱이 송어가 방류된 저수지는 그들이 살기에 최적인 장소가 아니라는 사실도

관리형 유료낚시터에서의 송어낚시는 새물 유입구가 가장 좋은 포인트로 꼽힌다.

중요하다. 계류와 같은 용존산소량이 풍부한 곳이 아니라 결핍되어 있는 경우가 대부분이므로 무지개송어는 조금이라도 용존산소량이 풍부한 장소 즉, 새물 유입구, 펌프 주위, 그리고 수면 가까이에 머무는 경우가 많다. 이러한 경향은 물이 흐린 저수지, 수면적이 좁은 저수지에서 두드러진다.

또한 외형적으로도 지느러미의 발달이 적어 물 흐름이 강한 계류에 서식하는 개체에 비해 상대적으로 빈약하고 작은 지느러미를 갖고 있다. 더욱이 방류된 무지개송어는 그곳 저수지의 환경에 따라 여름철을 잘 넘겨 자생하는 경우도 있으나, 대부분 여름철이 되면 고수온과 낮은 용존산소량에 의해 폐사하는 것으로 알려진다.

5 유료낚시터 송어낚시 장비

■ 낚싯대(Rod)

관리형 유료낚시터에서의 송어 루어 낚싯대는 울트라 라이트(UL)급을 기준으로 한다. 물론 쏘가리낚시 등에 사용되는 라이트(L)급 낚싯대를 사용해도 별로 문제될 것은 없지만, 가장 부드럽고 약하다고 생각되는 낚싯대로도 충분하며, 오히려 손맛을 더욱 배가할 수도 있다. 낚시터의 특성상 밑걸림이나 수중 장애물이 거의 없으므로 낚는 즐거움을 최대로 맛볼 수 있는 낚싯대가 선택의 기준이 된다는 뜻이다.

더욱이 사용하는 루어가 매우 가벼운 관계로 이를 적절히 캐스팅할 수 있는 낚싯대가 필요한데, 구체적으로 길이 5피트(약1.5m) 전후에, 1g 이하의 매우 가벼운 루어도 던질 수 있는 극히 부드러운 특징이 갖추어지면 좋다.

루어 또한 특별한 동작 부여가 필요 없는 마이크로 스푼(Micro spoon)을 사용할 경우는 원투를 위한 슬로우(S) 휨새가 알맞고, 트위칭(Twitching)과 쉐이킹(Shaking)과 같은 기민한 동작 부여가 필요한 소형 미노우나 소프트 베이트를 사용할 경우는 초리가 부드럽고 허리는 좀 단단한 패스트(F) 휨새가 적합하다.

소재 면에 있어선 일반적인 카본 그라파이트(Carbon graphite) 블랭크의 낚싯대도 문제없지만, 글라스 파이버(Glass fiber)를 사용한 솔리드(Solid) 구조 또는 카본 그라파이트의 솔리드 구조 등을 사용하여 낚싯대의 휨새가 거의 원을 그릴 정도로 휘어지는, 송어 유료낚시터 전용 낚싯대를 사용하는 것도 바람직하다.

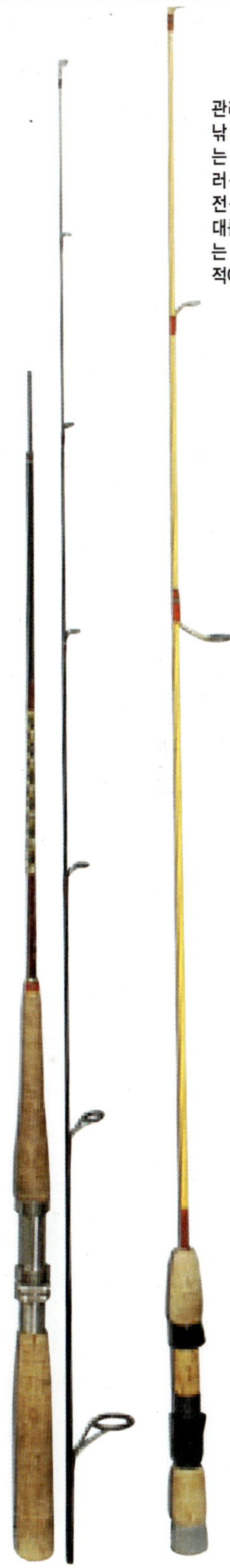

관리형 유료낚시터에서는 매우 부드러운 '송어 전용' 루어대를 사용하는 것이 이상적이다.

■ 릴(Reel)

초소형의 스피닝 릴을 사용한다. 각 브랜드별 초소형 모델을 선택하면 되는데, 구체적으로는 4파운드(1호) 줄이 약 100~150m 정도 감기는 크기가 적당하다.

가는 줄을 사용하므로 저가 제품보다는 라인 롤러에 볼베어링이 들어 있어 회전이 좋아 줄이 덜 꼬이며 드랙 기능이 뛰어난 중가 이상의 제품을 선택하는 것이 바람직하다.

2

■ 낚싯줄(Line)

사용하는 루어가 매우 가벼우므로 이를 캐스팅하기에 적합한 굵기를 고려하여 사용하도록 한다. 주로 나일론(Nylon) 소재의 3~6파운드(0.8~1.5호)를 사용하는 것이 바람직하다.

감도가 좋은 플로로 카본(Fluoro carbon) 낚싯줄도 가능하지만, 관리 낚시터에서 무지개송어를 낚는 계절이 주로 겨울철이므로 낮은 기온에 의해 코일 현상이 발생하기 쉽고, 또한 기온이 영하인 경우에는 쉽사리 부러지듯 끊기므로 추운 날씨에는 사용을 피하도록 한다.

무지개송어의 입질이 예민한 경우에는 극세 PE 줄(0.6호 이하)의 사용도 고려해 볼 수 있다. 다른 소재와 달리 늘어남이 없어 무지개송어의 약한 입질도 바로 전달되고, 루어의 동작도 기민하게 할 수 있다. 그러나 아무리 가는 줄을 사용하여도 PE 줄은 투명하지 않아 물고기 눈에 잘 띄므로 수질이 맑은 경우에는 역효과를 초래할 수도 있으며, 매듭이 어려운 데다가 영하의 기온인 경우에는 릴 스풀에 쉽사리 얼어 붙어버리므로 선택에 주의해야 한다.

따라서 가이드에 얼음이 맺히는 영하의 날씨에도 안심하고 사용할 수 있는 일반 나일론 낚싯줄이 가장 무난하며 사용하기에도 여러모로 편리하다.

■ 루어

관리형 유료낚시터의 송어 루어는 먹이 사냥이라는 관점에 맞추기보다는 사료에 길들여진 무지개송어의 식성과 낙하하는 물체에 대한 반사작용, 호기심, 본능 등을 고려하여 루어를 선택하도록 한다. 주로 사용하는 루어는 다음과 같다.

①마이크로 스푼(Micro spoon) - 외형상의 차이는 없으나 크기가 매우 작고 무게가 3g 이하인 스푼을 일반적으로 마이크로 스푼이라고 부른다. 마이크로 스푼이 관리형 낚시터의 주요 루어로 등장한 유래는 인공낚시터가 일찍이 발달한 일본에서 줄에 엉켜 블레이드가 돌지 않는 스피너에 무지개송어가 달려드는 것을 관찰한 낚시터업주에 의해서라고 전해지고 있다.

마이크로 스푼은 형태와 무게가 다양하며 매우 느린 속도에서도 고유의 동작이 잘 연출되도록 만들어져 있으며, 대부분 매우 가는 싱글 훅이 부착되어 있다. 이외에 색상 역시 수 많은 종류가 있으므로 낚시터의 여건에 맞춰 수시로 교환할 수 있도록 다양하게 준비하는 것이 좋다.

②소형 플러그(Plugs) – 크기가 5cm 이하의 소형 미노우(Minnow), 크랭크 베이트(Crank bait), 바이브레이션(Vibration), 톱워터 플러그(Top water plug) 등이 사용된다. 무지개송어의 활성도와 수심에 맞추어 플로팅(Floating)·싱킹(Sinking)·디프 다이빙(Deep diving) 등의 형태를 선택하도록 한다.

③스피너(Spinner) – 계류에서 주로 사용하는 스피너 역시 관리형 저수지에도 많이 사용된다. 주로 1~5g의 크기를 사용하는데, 느린 속도에서도 확실하게 블레이드가 회전하는 것을 사용하는 것이 바람직하다.

④소프트 베이트(Soft bait) – 유료낚시터 송어용 루어로는 배스낚시에 사용되는 여러 가지 형태의 웜(Worm) 채비도 사용된다. 주로 2인치 이하의 소형 스트레이트 웜을 다운샷 리그(Down shot rig), 와키 리그(Wacky rig) 등으로 사용하거나, 소형 그럽(Grub)을 지그헤드 리그(Jig head rig)로 사용한다.

관리형 유료낚시터에서 사용되는 송어 전용 루어 종류.

⑤기타 전용 루어 – 관리형 낚시터의 무지개송어 전용으로 개발된 여러 가지 형태의 루어가 있다. 방류된 무지개송어의 습성에 맞춘 루어로서 각종 금속제, 플라스틱제 등 특이한 형상과 기능을 갖는 루어가 제품화되어 있다.

■ 기타 소도구

①뜰채 – 릴리즈를 전제로 하는 경우가 아니더라도 가는 낚싯줄과 미늘이 없는 바늘을 사용하는 관리형 유료낚시터에서는 뜰채가 매우 유용하게 사용된다.
②포셉 – 무지개송어를 직접 손으로 만지지 않고 들어올리기에 편한 도구로, 의료용 포셉과 유사한 형태를 띠고 있다. 무지개송어의 아래턱을 붙잡도록 되어 있는 부분이 몇 가지 종류로 나뉘는데, 이들 대부분이 무지개송어의 아래턱 가는 막을 관통하게 되거나 턱뼈를 상하게 할 수 있으므로 릴리즈를 전제로 한다면 사용하지 않는 편이 좋다. 뜰채를 사용하면 되기 때문이다.
③바늘빼기 – 일반적인 바늘빼기가 아닌, 릴리즈를 전재로 하는 경우에 주로 사용되는 도구이다. 미늘이 없는 바늘인 경우, 낚인 무지개송어를 들어올리지 않고 수중에서 그대로 놓아주기에 편리하다.
④꿰미 – 일반적으로 쏘가리낚시 등에 사용하는 꿰미로서 낚은 무지개송어를 낚시를 마칠 때까지 일시적으로 살려둘 수 있어 편리하다.

6 유료낚시터 송어 채비 및 테크닉

■ 채비 방법

〈그림36〉과 같이 낚싯줄을 낚싯대의 가이드에 통과시켜 루어를 부착한다. 루어를 부착하는 방법은 직결하거나 극소형 도래 또는 스냅을 사용해도 무방하지만, 루어 자체의 크기가 작으므로 루어의 동작에 영향을 줄 정도의 크기는 사용하지 않으니 만 못하다.

■ 무지개송어의 활성도 파악이 우선

관리형 유료낚시터의 무지개송어는 열악한 서식환경과 소음, 많은 낚시인 등, 여러 가지 영향으로 스트레스를 받을 수 있으므로 그날의 활성도 파악이 조과와 밀접한 관련이 있다. 기초적이면서 간단한 활성도 파악은 무지개송어의 운동 상태로 미루어 짐작한다. 몇몇이 무리를 지어 일정한 방향으로 활발히 회유하는 개체는 활성이 좋은 상태이고, 일정한 방향으로 머리를 두고서 거의 움직이지 않고 있는 것은 활성이 저조한 상태이다.

이 외에도 수면에 나타나는 동작으로도 알 수 있는데, 수면에서 재빠르게 반전하는 개체는 활성이 좋은 상태이고, 수면에 라이즈하듯 나타나 입을 내미는 개체는 예민해진 상태로 이해하면 된다. 또한 수면을 강하게 뛰어오르는 개체는 몸에 이상이 생긴 상태이므로 루어에는 거의 반응을 보이지 않는다.

〈그림36〉무지개송어낚시 채비

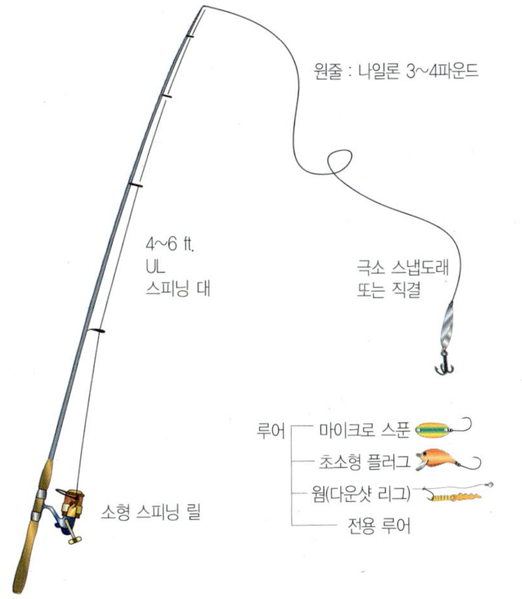

■ 루어의 선택과 작동법

①마이크로 스푼의 경우- 무지개송어의 활성도가 높은 경우에는 루어가 착수한

〈그림37〉유료낚시터에서의 무지개송어 활성도 구별법

〈그림38〉무지개송어 루어 작동법

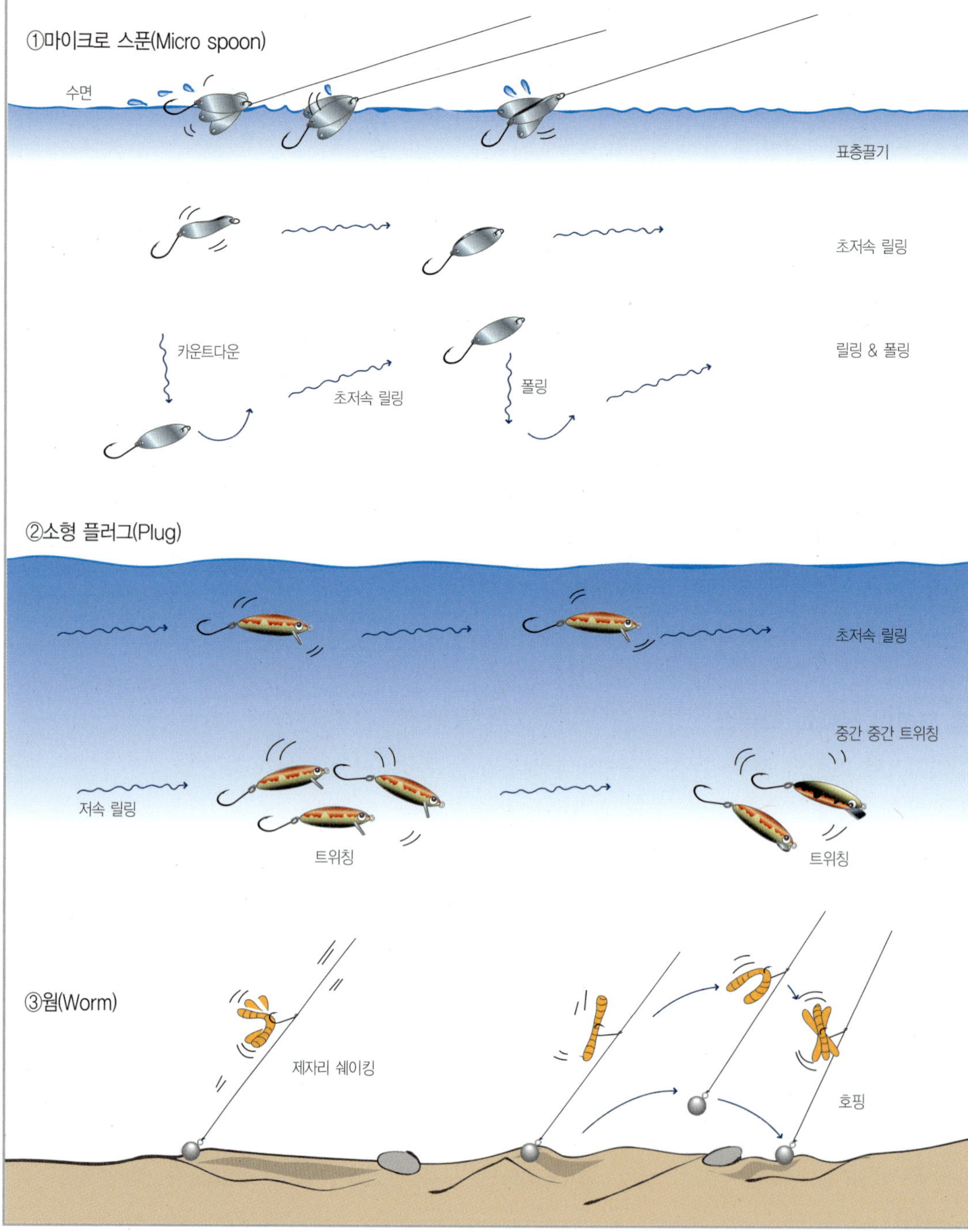

후 매우 느린 속도로 표층을 통과하도록 단순 릴링을 한다. 무게는 수심과 거리, 릴링 속도 등을 고려하여 사용한다. 릴링 속도는 마이크로 스푼의 무게와 형태에 의해 차이가 나지만, 1g 이하의 가벼운 스푼의 경우에는 핸들 1회전에 약 4초가 걸릴 정도의 극히 느린 속도 즉, 루어가 가라앉지 않고 제대로 동작하는 최저속도가 바람직하다.

반대로 활성도가 낮은 경우에는 캐스팅 후 얼마간의 카운트다운을 한 다음, 릴링하는 형태를 반복하면서 유영층을 찾아간다. 마찬가지로 매우 느린 속도로 유영시키되, 사용하는 마이크로 스푼이 일정한 수심을 유영하도록 속도를 유지해야 한다. 릴링 도중 동작을 멈춰 낙하 동작을 연출함으로써, 루어가 마치 무지개송어의 사료인 펠렛처럼 보이게 하는 것도 좋다.

②플러그의 경우– 기본적으로 스푼과 동일한 형태, 즉 표층을 느리게 통과하도록 한다. 따라서 느린 릴링으로도 확실한 동작을 보이는 미노우가 바람직하다. 무지개송어의 활성도가 좋은 경우에는 릴링 도중 트위칭과 같은 순간적인 불규칙한 동작을 구사하는 것도 효과적이다.

③소프트 베이트의 경우– 일정한 위치에 캐스팅을 한 다음, 쉐이킹, 호핑 등과 같은 방법으로 웜에 움직임을 줘 무지개송어의 입질을 유도한다. 웜이 머무는 수심을 지속적으로 변경해 가며 무지개송어가 머물고 있는 수심층을 빠르게 파악하는 것이 중요하다.

■ 루어의 색상 교체

유료 낚시터에서의 루어 색상 선택은 크게 3가지 요소를 고려할 수 있다. 수질의 탁도, 일조량, 무지개송어의 활성도가 그것이다. 이외에도 무지개송어가 한 가지 색상에 쉽게 익숙해지는 경우가 많고, 여러 가지 스트레스 요소로 인해 입질을 멈추는 경우가 있으므로 빠른 색상 교체가 조과를 좌우한다. 그러므로 동일한 종류의 루어일지라도 가급적 다양한 색상을 갖추는 것이 좋은 조과로 이어진다.

상황에 따른 색상 선택을 사례별로 설명하면 다음과 같다.

①수질이 맑은 경우에는 은색과 파란색 계열, 수질이 흐린 경우에는 금색과 붉은색 계열이 좋다. 물이 극히 흐린 경우에는 검정색이 가장 잘 보인다.

②일조량이 적은 아침이나 저녁, 또는 흐린 날에는 눈에 잘 띄는 샤르트뢰즈

(chartreuse)와 같이 밝고 화려한 색상, 해가 높이 떠 시야가 좋을 경우에는 중간색이나 자연스런 색상이 좋다.

③무지개송어를 방류한 직후와 같이 활성도가 높을 때는 자극적이고 화려한 색상에 잘 반응한다.

④무지개송어의 활성도가 낮아 반응이 극히 나쁠 경우에는 펠렛(사료)의 색상과 비슷한 연한 갈색, 녹두색 등이 효과적이다.

〈그림39〉유료낚시터의 무지개송어 포인트

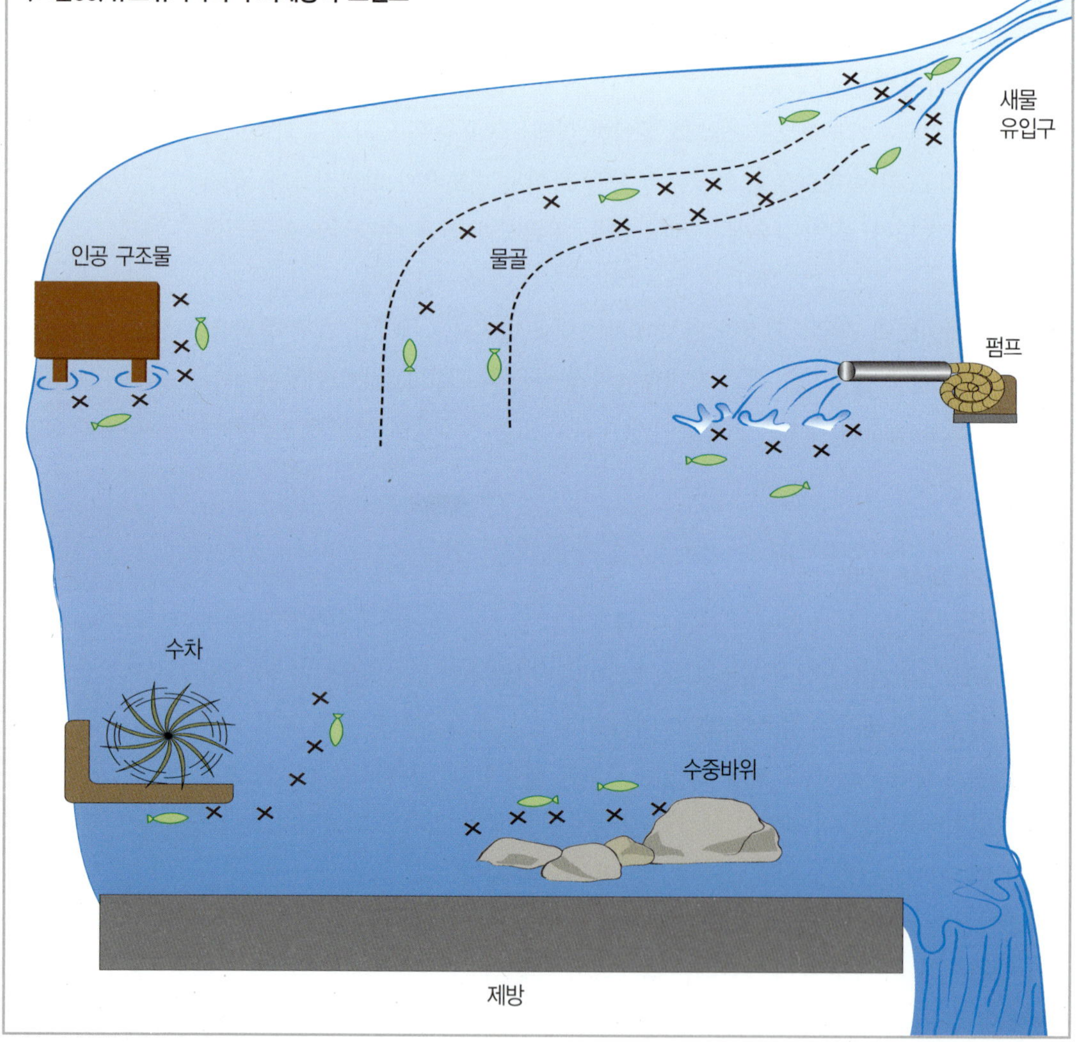

⑤무지개송어의 활성도가 좋고, 한참 잘 낚이다가 갑자기 입질이 끊기는 경우에는 지금껏 사용해 온 루어 색상에 송어가 익숙해져 버린 결과로 해석할 수 있다. 따라서 전혀 다른 색상으로 교체하면 입질이 이어지는 경우가 많다.

7 유료낚시터에서의 송어 포인트

관리형 유료낚시터에서는 전체적으로 무지개송어가 고르게 낚이지만, 상대적으로 더 잘 낚이는 장소는 분명히 존재한다. 그러한 포인트를 찾아내는 것이 좋은 조과의 지름길인데, 관리형 유료낚시터에서 좋은 포인트를 찾는 방법은 다음과 같다.
①용존산소량이 높은 곳을 찾는다. 새물 유입구, 펌프, 수차 주위가 상대적으로 산소량이 풍부하므로 그곳이 가장 좋은 포인트이다.
②수질이 흐린 경우에는 상대적으로 맑은 장소를 찾는다.
③인공적인 낚시터이지만 저수지의 바닥 상황은 일정치 않으므로 물골이나 장애물이 발달한 장소 등을 찾는다.
④활성도가 높은 무지개송어의 회유 경로를 찾는다. 방류 후 저수지에 적응한 무지개송어는 저수지 내를 일정하게 회유하므로 그 회유로와 수심을 알아내는 것이 중요하다.

■ 관리형 낚시터에서의 예절

한정된 공간에 많은 사람이 모여 공동으로 즐기는 낚시이므로 서로 예절을 지켜 사고나 말썽이 발생하지 않도록 주의하는 것이 중요하다.
①낚시터에 도착하면 우선 관리소에 들러 관리인을 만나 규칙을 확인한 후 입장료를 먼저 지불한다.
②낚시 도중 발생하는 쓰레기는 지정된 장소에 버리도록 한다.
③낚시인이 많은 경우에는 공간이 좁아지므로 서로 양보하는 자세로 말썽의 소지를 미연에 방지한다.
④다른 낚시인에게 방해가 되는 행위나 소음을 발생시키지 않는다.
⑤릴리즈를 전제로 한다면 가능한 한 미늘이 없는 싱글 훅을 사용한다.

2

무지개송어 루어낚시 핵심 체크 리스트

1. 관리형 유료낚시터에서 사용하는 루어는 1g 정도로 매우 가벼운 경우가 많으므로 이를 적절히 캐스팅할 수 있는 매우 부드러운 낚싯대, 그리고 가는 낚싯줄을 사용해야 한다.

2. 플로로 카본(Fluoro carbon) 낚싯줄은 겨울철 낮은 기온에 의해 코일 현상이 발생하기 쉽고 또한 영하의 기온에서는 쉽사리 끊기므로 추운 날씨에는 사용을 피한다.

3. 관리 낚시터의 루어 선택은 사료에 길들여진 무지개송어의 식성과, 낙하하는 물체에 대한 반사작용, 호기심 본능 등을 고려해야 한다.

4. 루어의 색상 선택은 물의 탁도, 일조량, 무지개송어의 활성도를 기준으로 하되, 무지개송어가 한 가지 색상에 쉽게 익숙해지는 경우가 많으므로 빠른 색상 교체를 염두에 두어야 한다.

5. 활성이 좋은 무지개송어는 수면을 주시하고 있으므로 표층을 통과하는 루어에 반응이 좋지만, 활성도가 낮은 경우는 유영층을 빨리 찾는 것이 조과를 올리는 방법이다.

6. 되살려 주는 것을 전제로 한다면 바브레스 훅을 사용하는 편이 도움이 된다.

7. 유료낚시터의 무지개송어는 열악한 서식환경과 소음, 많은 낚시인들이 붐비는 등, 여러 가지 영향으로 스트레스를 받을 수 있으므로 이러한 점들에 유의해야 한다.

8. 유료낚시터에서는 전체적으로 고르게 낚이지만 그래도 더 잘 낚이는 장소가 있게 마련이다. 용존산소량이 풍부한 장소, 수질이 맑은 장소, 장애물이 있는 장소 등이 좋은 포인트이다.

9. 되살려 주는 것을 전제로 할 경우에는 되도록 무지개송어에의 접촉을 피해 피막의 손상을 예방한다. 부득이한 경우에는 손을 물에 담가 차갑게 한 후 최소의 면적만 만지도록 한다.

⑥타월이나 장갑을 낀 손으로 무지개송어를 만지면 몸체의 피막이 손상을 입게 되고, 릴리즈를 하더라도 생존율이 떨어지게 된다. 사진 촬영을 위해 부득이 고기를 만져야 하는 경우에도 가능한 한 맨 손으로 하되, 손을 물에 담가 충분히 차게 식힌 후 최소한의 면적으로 만지는 것이 바람직하다.

배스낚시

표준명■큰입우럭 학명■*Micropterus salmoides* 영명■Largemouth bass 일명■ラージマウスバス(라지마우스 바스)
방언■청쏘가리 · 민물농어

1 배스는 어떤 물고기인가?

아메리카 대륙의 남동부가 원산지인 배스의 정확한 명칭은 '라지마우스 배스(Largemouth bass)' 이다. 우리나라에는 서식하지 않는 선피쉬과(Sunfish科)의 물고기로, 1970년대 말에 우리나라 어류도감에 이를 등재(登載)할 때 우리 식으로 개칭하여 검정우럭과(科)로 명명하여 분류하였다. 이후 우리나라에서의 정식 명칭은 '큰입우럭' 이다. 즉 '농어목(目) 검정우럭과(科) 미크로프테루스속(屬) 큰입우럭' 으로 분류된다.

그러나 이와 같은 학술적 표준명을 사용하는 예는 거의 없고 일반적으로 '배스(Bass)' 또는 '블랙배스(Black bass)' 라고 부르고 있다. 배스의 종류는 아메리카 대륙 내에선 여러 가지가 확인되고 있지만 우리나라에 이식된 것은 라지마우스 배스의 아종(亞種)인 노던 라지마우스 배스(Northern largemouth bass)뿐이다.

2

배스는 완벽한 육식성 어류로서 소형어류는 물론, 수생곤충 · 양서류 · 파충류 등 살아있는 생물을 먹고 살아간다. 심지어 헤엄치는 쥐와 같은 소형 포유류나 오리 같은 수서 조류까지도 공격하는 등, 탐식성이 유난해 이를 이용한 루어낚시 기법이 그 어떤 어종에 비해 다양하게 발달되어 있다.

환경 적응력 또한 뛰어난 물고기로, 10℃ 이하의 저온과 27℃ 이상의 고온에서도 생존이 가능하다. 수질에 대한 적응력도 뛰어나 산소량이 적은 곳에도 서식할 수 있고, 유속에도 크게 영향 받지 않기 때문에 저수지나 호수는 물론 강이나 수로 등지에 이르기까지 그 서식영역이 매우 넓은 편이다. 다만 배스는 상대적으로 유속이 없는 곳을 좋아하고, 수온도 비교적 따뜻한 곳을 좋아하는 온수성 물고기이기 때문에 강이나 계곡형 저수지보다는 상대적으로 서식환경이 좋은 늪 지형이나 평지형 저수지에 더욱 많이 서식한다.

산란기는 5~7월경이며, 수컷이 모래나 자갈바닥에 직경 50cm 정도의 산란장 만들고, 그 안으로 암컷을 불러들여 산란을 하게 한다. 산란된 알은 수컷이 부화 이후까지 일정 기간을 보호한다.

크기는 20~40cm가 흔하고 60cm 이상으로도 성장한다.

2 우리나라엔 언제 이식되었나?

배스의 국내 유입은 1973년 6월 15일 국립수산진흥원 산하 청평내수면연구소에서 배스 치어(稚魚) 500마리를 미국의 루이지애나주(Louisiana州)로부터 들여오게 된 것이 시초이다. 당시 도입 목적은 농어촌 수입 증대와 국민 건강증진을 위한 단백질 공급원의 확보였다. 그러나 목적한 용도로 잘 활용되지 못한 채 연구소에서 생산된 치어가 1975년에서 1980년에 거쳐 경기도 가평군 조종천과 팔당호에 방류됨으로써 최초로 우리나라 수계에 그 둥지를 틀게 되었다.

■ 확산 및 분포 경로

배스가 조종천에 최초 방류된 이후 자연 서식 상태가 처음으로 확인된 것은 1979년~1980년 사이, 북한강과 남한강이 합류되는 양수리 일대였다. 팔당호 유역인 이곳

배스 토너먼트 광경(안동호 주진교 선착장).

에서 창궐한 배스는 곧이어 한강 수계를 따라 경기도 일부 수역과 강화도 등지로 확산되었다. 수도권 내의 몇몇 유료 낚시터로까지 유입되기 시작한 배스는 1990년대에 들어서면서 홍수로 인한 자연 유입 및 민간 양식장을 통한 유입, 인위적인 방류 등이 겹쳐져 급속히 그 서식처가 늘어나 2000년대 들어서는 전국 어디에서건 배스를 목격할 수 있게 되었다.

장소를 가리지 않고 먹이가 있는 곳이면 얼마든지 서식할 수 있는 배스는 한강을 비롯하여 소양강 · 한탄강 · 임진강 · 금강 · 낙동강 · 남강 등은 물론 전국의 대단위 인공호수와 저수지 · 수로 등 거의 모든 지역에서 확인되는데, 이는 국내 거의 모든 내수면에서 배스낚시가 가능하다는 것을 의미한다.

2

■ **배스낚시의 발달**

배스의 서식 범위가 확산됨에 따라 생태계 교란의 심각성이 제기된 반면, 루어낚시인들의 입장에선 천혜(?)의 선물을 누리는 셈이 되었다. 가뜩이나 루어낚시 대상어가 부족한 상태에서 그나마 자원이 고갈되고 있는 우리의 재래어종과는 달리, 배스는 자연 상태에서 그 자원이 갈수록 늘어난 데다가 루어낚시 대상어로서도 최고의 묘미를 선사하는 까닭에 어느덧 우리나라 루어낚시 장르를 주도하는 위치에 오르게 되었다.

이에 따른 루어낚시 인구 증가는 물론, 국산 장비의 발달, 특히 다양한 루어의 도입이 시작되었고, 이를 활용하는 기술적인 면에서도 급진전이 일어났다. 젊은층의 루어 동호인들이 급속히 늘어났고, 안일한 낚시 형태에서 연구하는 낚시로 발돋움하는 계기를 제공하기도 했다.

배스낚시의 다양한 기법이 소개되면서 타어종에까지 영향을 미치게 되었다. 낚시계에 프로화가 열풍을 안겨 주었고, 토너먼트방식의 각종 대회가 개최되는 등, 게임 피싱에 있어서도 선진국과 동일한 수준에 이르게 되었다.

3 배스용 루어 낚싯대(Rod)는 무엇이 다른가?

배스낚시에 사용되는 낚싯대는 수많은 루어 낚싯대 중에서도 매우 특화된 나머지 '배스 전용 낚싯대'로 분류되고 있다. 소재와 부품에 있어서도 최적의 낚시를 위해 수많은 종류로 개발되어 있으며, 사용하는 루어 및 구사하는 기술에 따라 목적별로 더욱 세분화되어 있는 점이 다른 분야의 루어 낚싯대와 특히 구분되는 점이다.

루어를 포함한 전체 채비가 극히 가벼운 것에서부터 매우 무거운 것, 수면에서 움직이는 것에서부터 바닥층에서 움직이는 것에 이르기까지 다양하므로 강도 역시 울트라 라이트(UL)급에서 헤비(H)급에 이르기까지 다양하게 사용된다. 휨새 또한 패스트(F)에서 슬로우(S)에 이르기까지 다양한 제품들이 출시되고 있다.

그밖에도 낚시터의 조건, 낚시인의 기호 등에 따라 달라질 수 있고, 특정한 루어를 특정한 목적으로 사용하기에 적합하게 개발된 특수한 용도의 낚싯대도 있다.

■ 일반적인 배스 낚싯대(Bassing rods)

루어의 기능 및 낚시 기법의 발달에 따라 배스 낚싯대의 종류 또한 보다 세분화되고 제조사마다 다양한 규격을 생산하고 있다. 다양한 강도와 다양한 휨새, 다양한 길이가 서로 조합되어 최적의 기법을 구사할 수 있도록 뒷받침해 주는 것이다. 예를 들어 텍사스 리그용 낚싯대, 톱워터 플러그용 낚싯대, 다운샷 리그용 낚싯대 등과 같이 특정 루어나 채비에 가장 알맞은 휨새와 강도에 따라 세분화되는 형태이다.

일반적으로 스피닝 대는 가볍고 섬세한 쪽을, 베이트캐스팅 대는 무겁고 튼튼한 경향을 띤다. 더불어 배스 낚싯대는 대부분 한 토막(원 피스)으로 만들어지며, 드물게 휴대의 편리성이나 특수한 성능을 위해 두 토막(투 피스)으로 만들어진 것도 있다.

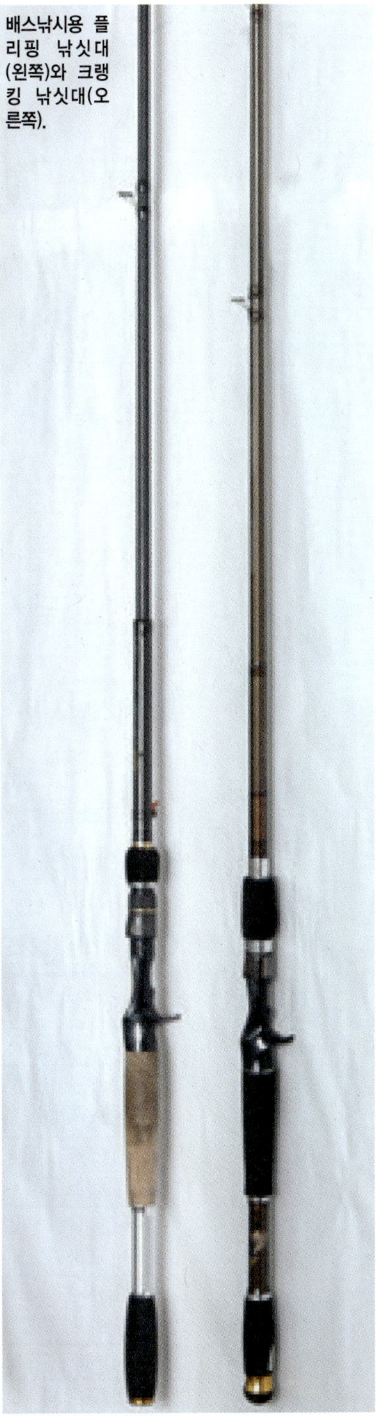

배스낚시용 플리핑 낚싯대(왼쪽)와 크랭킹 낚싯대(오른쪽).

■ 기법별 전용 낚싯대

다양한 배스 낚싯대 중에는 독특한 기법으로 인해 전용 낚싯대의 발달이 확연한 경우가 있다. 특수한 기법에 활용하는 낚싯대로는 다음과 같은 것이 대표적인데, 플리핑 낚싯대(Flipping rod), 크랭킹 낚싯대(Cranking rod), 빅베이트 낚싯대(Bigbait rod) 등이 그것이다.

플리핑 낚싯대는 보트를 이용하여 마치 수초구멍을 노리는 형태를 취하는 '플리핑(Flipping) 기법'을 구사할 수 있도록 고안된 것으로, 수초가 밀집한 곳에서 활용하므로 길이가 길고 강도가 센 것이 특징이다. 보통 7.6피트(약 2.3m) 길이에 헤비(H) 강도를 갖춘 경우가 많고, 길이가 길기 때문에 한 토막이 아닌 손잡이 윗부분에서 어느 정도 안으로 접히는 텔레스코픽(Telescopic) 구조를 갖는 경우도 있다.

크랭킹 낚싯대는 깊게 잠수하며 수류저항이 큰 크랭크 베이트(Crank bait)를 사용하기 편리한 제품이다. 보다 멀리 캐스

2

팅할 수 있고 배스가 좀더 자연스럽게 루어를 무는 데에 적합하도록 고안된 것이 특성인데, 초리 부분이 부드럽고 슬로우(S) 휨새로 허리 부분이 강한 특성이 있으며, 길이는 6.6~7피트(1.9~2.1m)로 일반적인 배스용 낚싯대보다 조금 긴 편이다. 주로 글라스 파이버(Glass fiber) 또는 혼합 재료와 같은 부드러운 재질로 만들어져 있다.

빅베이트 낚싯대는 21세기에 들어서 인기를 모으고 있는 빅베이트(스윔베이트)를 사용하는 데에 적합한 기능의 낚싯대이다. 길이 7~7.6피트(약 2.1~2.3m) 전후에 레귤러(R) 휨새, 사용 가능한 낚싯줄은 최대 25~30파운드 정도, 그리고 중량 20~150g 정도의 루어를 캐스팅하고 또한 작동시키기에 편리하도록 만들어진 낚싯대이다.

4 배스낚시용 릴(Reel)과 줄(Line)

■ 배스낚시용 릴(Reel)

소형 및 중형 스피닝 릴 또는 베이트캐스팅 릴이 주로 사용된다.

①스피닝 릴 – 가벼운 루어를 멀리 원투하거나 3호 이하의 가는 낚싯줄을 사용하여 섬세한 기법을 연출하고자 할 경우에 주로 사용한다. 예를 들어 소형 플러그나

〈표10〉배스낚시 용도별 장비 · 채비 일람

용도 – 사용 루어	낚싯대(ft.) / 강도 / 휨새	릴	낚싯줄(lb.)
① 톱워터 – 톱워터 플러그, 미노우	5.6~6.6 / L, ML / S, R	베이트 / 스피닝	6~14
② 표층~중층 – 소형 크랭크 베이트, 소형 스피너 베이트, 바이브레이션	5.6~6.6 / L~M / R, F	베이트 / 스피닝	8~14
③ 표층~저층 – 대형 크랭크 베이트, 스피너 베이트	6.6~7 / ML~MH / R 크랭킹 용	베이트	10~20
④ 바닥층, 피칭 – 텍사스 리그 등 웜 채비, 러버 지그	6~6.6 / ML~MH / F	베이트	8~20
⑤ 표층~저층, 피네스 – 다운샷, 와키 등 라이트 리그	5.6~6 / L, ML / F	스피닝	4~8
⑥ 헤비 커버 – 위드레스 루어 등	6.6~7 / M~H / R	베이트	10~25
⑦ 플리핑 – 러버 지그 등	7~7.6 / 플리핑 용	베이트	20~25

튜브(Tube), 그럽(Grub)을 사용하거나, 가벼운 채비인 소형 지그헤드(Jig head) 리그, 스플릿샷 리그(Split shot rig), 다운샷 리그(Down shot rig) 등을 사용, 배스의 활성도가 떨어지는 시기에 민감하고 약한 입질을 감지해 내야 하는 '피네스 피싱(Finesse fishing)' 기법에 적당하다.

②베이트캐스팅 릴 – 상대적으로 무거운 루어를 사용하거나, 3호 이상의 굵은 낚싯줄 사용에 적합한데, 배스낚시에 있어서는 다른 대상어 낚시에 비해 스피닝 릴보다 베이트캐스팅 릴을 많이 사용한다.

■ 배스낚시용 낚싯줄(Line)

배스낚시에는 나일론이나 플로로 카본 소재의 낚싯줄을 많이 선택하는데, 낚시 여건에 따라 4파운드에서 20파운드에 이르기까지 매우 폭넓게 사용한다. 인장강도나 굵기는 사용하는 루어 및 낚시터 여건, 활용 기법에 따라 적절한 것을 선택해야 한다. 즉, 배스의 활성도가 높고 사용할 루어가 무거운 것이라면 장애물이나 수초가 빽빽한 장소일수록 당연히 굵고 강한 낚싯줄을 사용해야 한다. 반대로 배스의 활성도가 낮아 입질이 까다로운 상황에서 가벼운 루어를 사용할 경우는 굵기가 가늘어 배스의 눈에 잘 띄지 않으면서도 예민한 감도를 지닌 낚싯줄이 필요하다.

이 외에 물에 뜨는 루어를 사용할 경우에는 비중이 낮아 물에 잘 뜨는 나일론 줄을, 루어가 빨리 가라앉아야 하는 경우에는 비중이 높아 잘 가라앉는 플로로 카본 줄을 사용하는 것이 유리하다.

5 배스낚시용 루어(Lure)에 대한 이해

배스낚시에 사용되는 루어는 그 어떤 루어낚시에 비해 다종·다양하다는 것이 특징이다. 각종 하드 베이트와 소프트 베이트는 물론, 이들이 서로 조합된 종류 또한 복잡다양한데, 이러한 점이 바로 배스 루어낚시의 묘미요 매력이기도 하다. 따라서 배스낚시에 심취하기 위해선 각종 루어의 총체적인 분류와 기능을 이해하는 것이 좋은데, 이에 관한 상세 설명은 Part Ⅰ 제3장을 참고 바란다. 다만 여기

2

웜의 꼬리 3가지 기본 형태.

작은 물고기를 본뜬 섀드 웜(Shad worm) 종류.

서는 배스낚시에 많이 사용되는 소프트 베이트(웜)의 종류를 더욱 상세히 소개하기로 한다.

■ 소프트 베이트(웜)의 기본적 분류

우리나라에서 웜(Worm)으로 불리는 것은 지렁이나 벌레, 유충 등을 모방한 연질 플라스틱 루어 일체를 지칭하지만, 배스낚시에서는 그 형태와 용도에 따라 다양한 고유명칭으로 부르고 있다. 그 종류는 다음과 같다.

①나이트 크롤러(Night crawler) – 배스낚시에서 일반적으로 '웜'이라 부르는 것으로서 지렁이와 같이 긴 몸체를 갖고 있는 형태이다. 꼬리의 형태에 따라 또다시 컬리 테일 웜(Curly tail worm), 스트레이트 테일 웜(Straight tail worm), 패들 테일 웜(Paddle tail worm) 등으로 나눌 수 있다.

②그럽(Grub) – 굼벵이 등 곤충의 유충과 같이 몸통이 통통한 형태이다. 역시 부착된 꼬리의 형태에 따라 싱글 테일 그럽(Single tail grub), 트윈 테일 그럽(Twin tail grub), 스커티드 트윈 테일 그럽(Skirted twin tail grub), 섀드 테일

가재를 본뜬 크롤 웜(Crawl worm) 종류.

도마뱀을 본뜬 리자드 웜(Lizard worm) 종류.

그럽(Shad tail grub) 등으로 나눌 수 있다.

③튜브(Tube) – 꼴뚜기나 오징어 등을 연상케 하는 외관으로 몸체 안이 튜브처럼 텅 비어 있어 부력이 높고, 오징어다리와 같은 술이 달려 있는 형태이다.

④크롤 웜(Crawl worm) – 집게발이 달린 가재를 본떠 만든 형태이다.

⑤리자드 웜(Lizard worm) – 도마뱀 모양을 본떠 만든 형태이다.

⑥섀드 웜(Shad worm) – 작은 물고기 형태를 본뜬 것으로, 섀드 테일 그럽과 유사하지만 몸통이 그럽이 아닌 물고기 형태이다.

속이 비어 부력이 큰 튜브(Tube) 웜 종류.

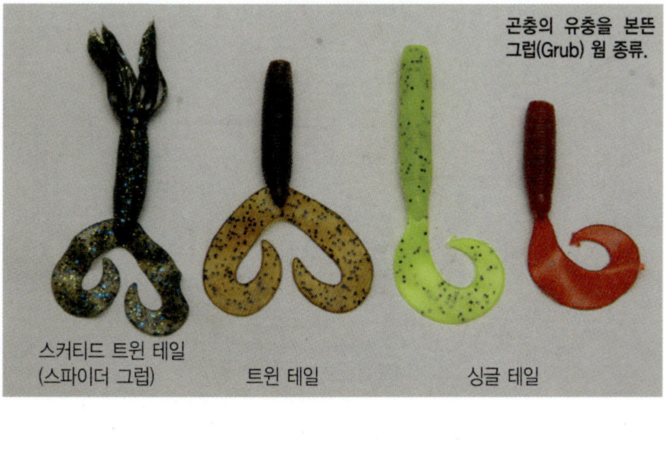

곤충의 유충을 본뜬 그럽(Grub) 웜 종류.

2

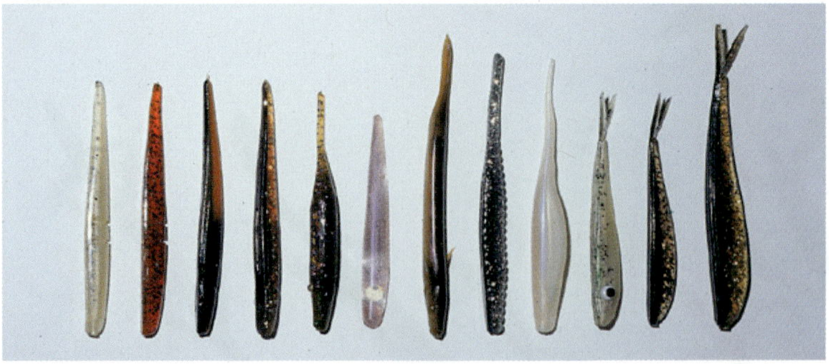

⑦소프트 저크 베이트(Soft jerk bait) – 소프트 스틱 베이트(Soft stick bait)라고도 불리는 것으로, 여타 웜에 비해 각이 지거나 몽당한 민달팽이의 형태나 물고기 형태이다.

소프트 스틱 베이트라고도 불리는 소프트 저크 베이트(Soft jerk bait) 종류.

6 배스낚시용 바늘(Hook) · 봉돌(Sinker) · 기타

■ 바늘(Hook)

소프트 베이트(각종 웜)로 채비를 만들 때는 주로 싱글 훅을 사용한다. 싱글 훅에도 몇 가지 종류가 있는데, 〈사진〉에서 보는 것과 같이 용도에 따라 분류된다. 이 가운데 스트레이트(Strait) 형과 오프세트(Offset) 형이 자주 사용되며, 다운샷 리그(Down shot rig) 등에는 소형의 전용 바늘이 사용된다.

■ 봉돌(Sinker)

웜(Worm)을 사용하는 기법에서 빠질 수 없는 도구가 봉돌(Sinker)이다. 봉돌은

각종 웜(Worm)에 사용되는 바늘 종류.

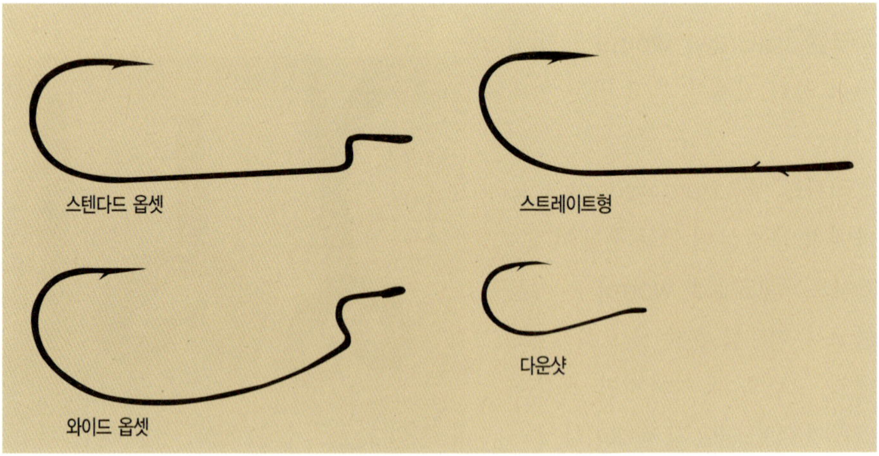

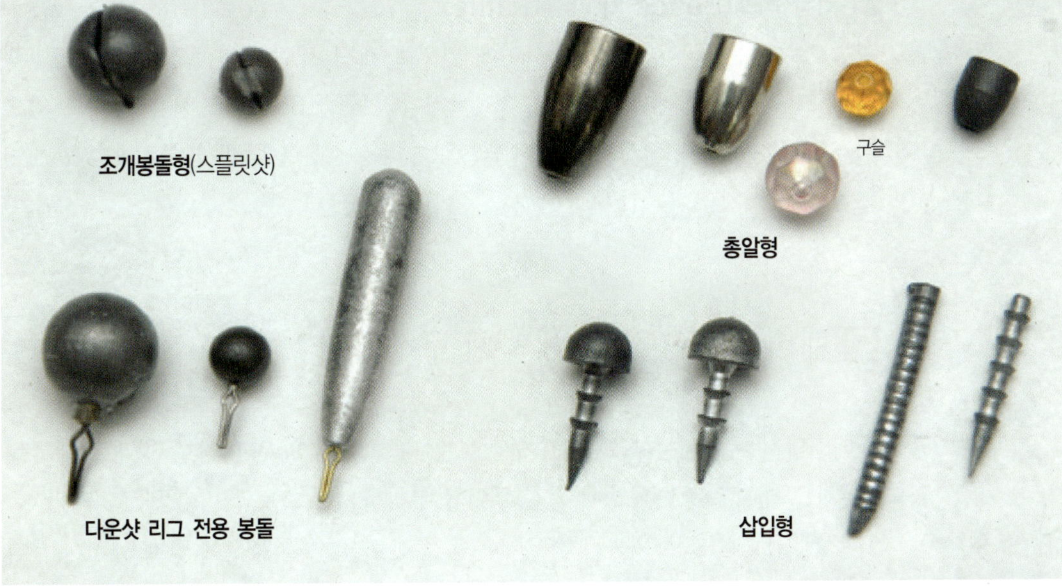

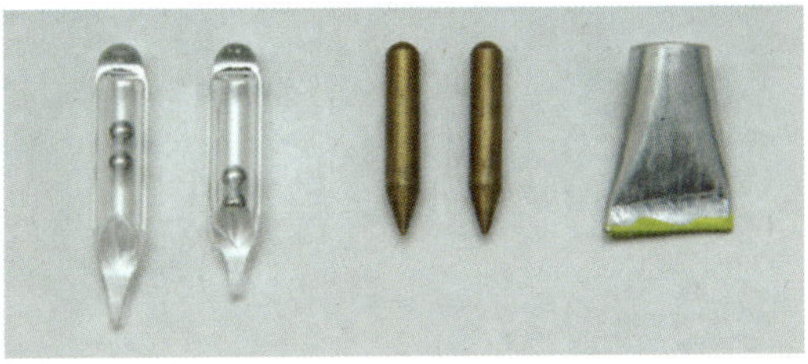

주로 납이나 황동(Brass)으로 만들어져 있는데, 루어를 가라앉히는 역할은 물론, 낚시인에게 물밑 바닥의 정보를 감지할 수 있게 하는 역할도 한다.

배스낚시용 봉돌은 활용 기법에 따라 그 형태와 명칭이 여러 가지로 나뉜다. 대표적인 것으로는 낚싯줄에 유동식으로 꿰어 사용하게 되는 총알형 구멍봉돌, 웜에 고정시키는 기능이 부착된 플로리다 리그(Florida rig) 전용 봉돌, 흔히 조개봉돌이라고 불리는 스플릿샷(Split shot), 자체에 고리와 도래가 부착된 다운샷 리그(Down shot rig) 전용 봉돌, 그리고 웜 몸체 속으로 삽입시키는 나사형 봉돌 등이 있다.

각종 웜(Worm) 채비에 필요한 봉돌(Sinker) 종류(상).

각종 웜에 삽입하는 여러 가지 래틀(Rattle)종류(하).

봉돌의 무게는 일반적으로 수심에 의해서 결정한다. 예를 들면 수심이 3m보다 얕은 장소에서는 3/8온스 이하의 봉돌, 3~5m 정도라면 1/2온스 이하의 봉돌, 이보다 더 깊은 수심의 경우라면 1/2온스 이상의 봉돌을 사용한다. 그러나 부착하는 웜의 크기와 부력, 무게 그리고 수중장애물의 정도, 사용하는 낚싯줄의 굵기에 따라 적절히 가감해야 한다. 이외에도 웜의 가라앉는 속도를 조절하고자 하는 경우도 있으므로 적절한 봉돌의 무게는 상황을 고려한 사용자의 경험이 중요하다.

2

■ 기타 비즈(Beads)와 래틀(Rattle)

황동으로 만든 구멍봉돌과 웜 사이에 별도로 끼워 서로의 접촉으로 소음을 발생시켜 그 음향으로 배스의 주의를 끄는 역할의 구슬(Beads)을 사용할 때도 있으며, 웜의 몸체 속에 직접 삽입하여 달그락거리는 소음을 발생시키는 래틀(Rattle)도 있다.

7 채비는 무엇으로 어떻게 구성하나?

배스낚시용 채비는 〈그림40〉에서 보는 바와 같이 매우 다양한 형태로 분류된다. 하드 베이트는 낚싯줄에 직접 루어를 부착하는 것으로 준비가 완료되지만, 소프트 베이트(웜)를 사용하는 경우에는 봉돌과 바늘 등을 용도에 맞게 꿰거나 부착하여 채비를 구성해야 한다.

또한 〈그림40〉에서 보는 바와 같이 사용하는 루어나 채비 구성에 따라 낚싯대 또는 낚싯줄을 매우 다르게 사용해야만 하는 경우도 있고, 루어는 달라도 유사한 낚싯대와 낚싯줄을 사용하는 경우도 있다.

■ 텍사스 리그(Texas rig)

웜을 사용하는 여러 가지 채비 중 가장 기본이 되는 것으로서 봉돌(Sinker)을 낚싯줄에 유동식으로 끼우고 바늘을 부착하는 채비이다. 경우에 따라 유리로 만든 다각형 구슬(Beads)을 봉돌과 바늘 사이에 끼워 넣어 음향적 효과를 부여하기도 한다. 웜의 길이는 4~6인치(약 10~15cm)가 표준이고, 사용할 봉돌의 무게나 낚시터의 여건을 고려하여 낚싯줄은 10~20파운드(2.5~5호)까지 다양하게 사용하고, 낚싯대도 이에 맞추어 미디엄 라이트(ML)에서 헤비(H)까지 사용한다.

■ 캐롤라이나 리그(Carolina rig)

텍사스 리그와 달리 도래를 묶고 원줄보다 가는 목줄을 30~80cm까지 사용하는 채비이다. 1/4온스 이상의 상대적으로 무거운 봉돌을 부착하여 원거리 캐스팅을 통해 넓은 지역을 탐색할 때 많이 사용하는데, 이를 별도로 '헤비(Heavy) 캐롤라이나 리그' 라고도 부른다. 나머지는 텍사스 리그와 동일하다.

■ 스플릿샷 리그(Split shot rig)

웜 앞쪽 30~50cm 정도 위치의 원줄 위에 스플릿샷(소형 조개봉돌)을 물린 채비이다. 채비 자체가 가볍기 때문에 낚싯대에 전해지는 무게 또한 가벼울 수밖에 없어 낚싯줄의 긴장감이 떨어지므로 그만큼 예민한 감각과 집중력을 요구한다.

스피닝 장비가 유리하고 낚싯대는 라이트(L)에서 미디엄라이트(ML)를 사용한다. 낚싯줄은 감도를 높이기 위해 플로로카본 4~8파운드(1~2호)가 좋다. 봉돌의 무게는 바람이나 수심에 따라 달리하는데, 바람이 많고 수심이 깊다면 다소 무겁게, 장애물이 많고 수심이 얕다면 가볍게 사용한다.

■ 다운샷 리그(Down shot rig)

봉돌(Sinker)이 바늘보다 아래에 위치하는 웜 채비이다. 다른 명칭으로는 '드롭샷 리그(Drop shot rig)' '언더 리그(Under rig)' 라고도 부른다. 바늘을 다는 위치는 사용하는 웜의 크기를 기준으로 생각하는데, 봉돌로부터 웜 길이의 2~3배 정도를 기준으로 한다. 스플릿샷 리그와 같이 섬세한 기법이므로 이에 준해서 장비를 갖춰야 한다. 전용 바늘과 봉돌을 사용하면 편리하다.

■ 플로리다 리그(Florida rig)

텍사스 리그에서 봉돌을 웜과 밀착 고정시킨 채비로, 웜이 수초와 같은 장애물에 걸려 봉돌만 바닥에 가라앉는 텍사스 리그의 단점을 보완한 것이다. 봉돌을 고정하는 것을 패깅(Paging)이라 하는데, 봉돌 위쪽에 찌 고정고무를 첨가하거나, 봉돌의 구멍 속으로 이쑤시개를 끼우고 부러뜨려 쉽게 고정시킬 수도 있다. 전용봉돌을 사용하면 편리하다.

■ 노 싱커 리그(No sinker rig · 무봉돌 채비)

봉돌을 사용하지 않고 웜과 바늘만으로 구성하는 채비이다. 봉돌에 의한 밑걸림의 우려가 없으므로 수중이든 수면이든 밀집된 장애물 지대를 공략하기에 유리하며, 배스에게 루어를 보여주는 시간이 가장 긴 방법이라고도 할 수 있다. 채비가

〈그림40〉배스낚시 채비

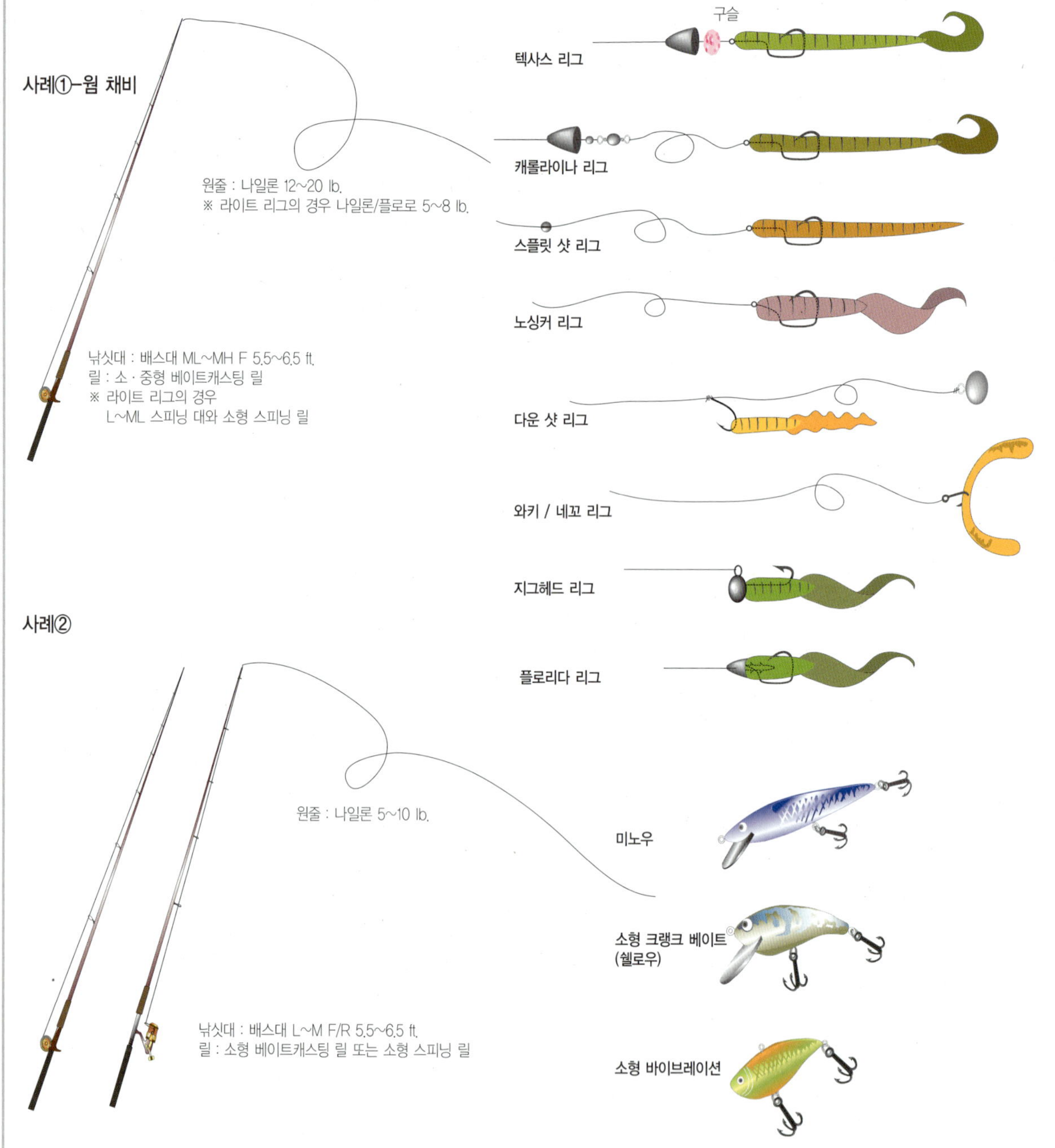
사례①-웜 채비
구슬
텍사스 리그
캐롤라이나 리그
원줄 : 나일론 12~20 lb.
※ 라이트 리그의 경우 나일론/플로로 5~8 lb.
스플릿 샷 리그
노싱커 리그
낚싯대 : 배스대 ML~MH F 5.5~6.5 ft.
릴 : 소·중형 베이트캐스팅 릴
※ 라이트 리그의 경우
L~ML 스피닝 대와 소형 스피닝 릴
다운 샷 리그
와키 / 네꼬 리그
지그헤드 리그
사례②
플로리다 리그
원줄 : 나일론 5~10 lb.
미노우
소형 크랭크 베이트
(쉘로우)
낚싯대 : 배스대 L~M F/R 5.5~6.5 ft.
릴 : 소형 베이트캐스팅 릴 또는 소형 스피닝 릴
소형 바이브레이션

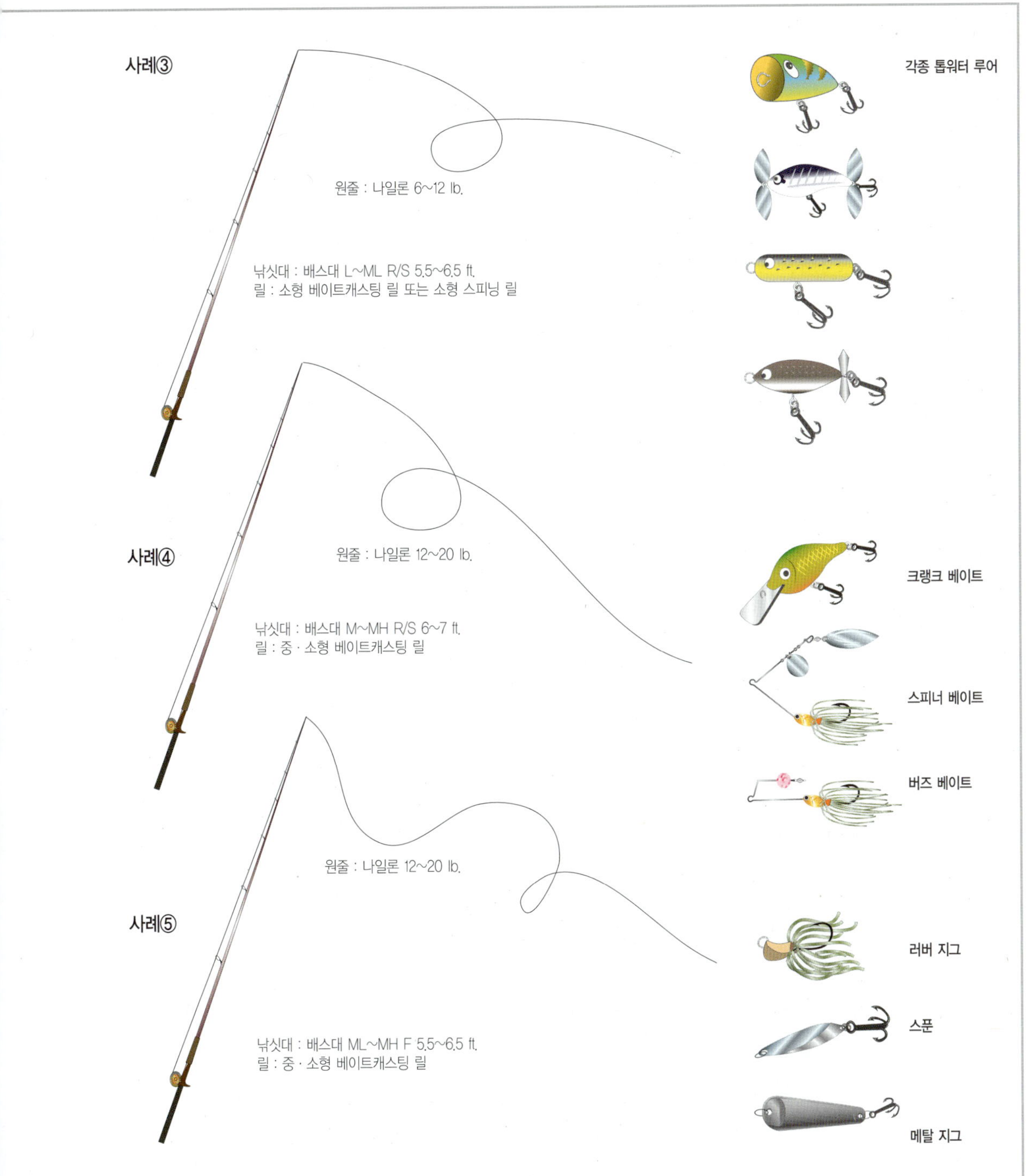
사례③
원줄 : 나일론 6~12 lb.
낚싯대 : 배스대 L~ML R/S 5.5~6.5 ft.
릴 : 소형 베이트캐스팅 릴 또는 소형 스피닝 릴
각종 톱워터 루어
사례④
원줄 : 나일론 12~20 lb.
낚싯대 : 배스대 M~MH R/S 6~7 ft.
릴 : 중 · 소형 베이트캐스팅 릴
크랭크 베이트
스피너 베이트
버즈 베이트
사례⑤
원줄 : 나일론 12~20 lb.
낚싯대 : 배스대 ML~MH F 5.5~6.5 ft.
릴 : 중 · 소형 베이트캐스팅 릴
러버 지그
스푼
메탈 지그

2

가볍기 때문에 상대적으로 가는 낚싯줄을 사용하는 스피닝 장비가 유리하다.

■ 지그헤드 훅 리그(Jig head hook rig)

지그헤드(Jig head)에 웜을 부착만 하면 완성되는 가장 간단한 채비이다. 바늘 끝이 노출되어 있는 관계로 배스의 입질에 대해 강한 챔질이 요구되지 않는 장점이 있지만, 상대적으로 밑걸림이 많은 단점도 있다. 일반적으로 4~5인치 그럽이라면 1/4온스 무게에 2/0이나 3/0 크기의 바늘이 적당하며, 3인치 그럽일 경우에는 지그 무게 1/8온스 정도에 2번이나 1번 크기의 바늘이 적합하다. 낚싯줄은 4~12파운드(1~3호), 낚싯대는 라이트(L)~ 미디엄(M)을 상황에 맞추어 사용한다.

■ 와키 리그(Wacky rig)

바늘을 단순히 웜의 허리에 꿰어 사용하는 채비이다. 일반적으로 노싱커 리그, 스플릿 샷 리그, 다운 샷 리그에서 웜의 허리를 꿴다. 예민성에 기인한 이 채비는 입질이 약해진 배스에게 유효한 채비로 알려져 있다. 어떠한 웜을 사용하여도 무방하지만 웜 양끝의 비중이 다르게 제조된 와키 리그 전용 웜을 사용하면 더욱 복잡한 수중 동작이 연출된다. 와키 리그와 유사한 형태로, 웜의 한쪽에 마치 나사못과 같은 형상의 전용 봉돌을 삽입하는 것을 별도로 '네꼬리그(根こ rig)' 라고 부른다.

8 각종 루어 선택과 활용법

■ 웜 채비 활용법

①쉐이킹(Shaking) - 낚싯대를 이용하여 웜을 제자리에서 단속적으로 흔들어주는 방법이다.

②호핑(Hopping) - 낚싯대를 이용해 순간적으로 당겼다가 다시 낮춰주는 사이에 발생한 여유 낚싯줄을 감아 들이는 동작을 반복하는 것을 말한다. 웜을 바닥에서 튀기듯 움직이게 하려는 의도이다.

③리프트 앤 폴(Lift & Fall) - 낚싯대를 이용해 폭넓게 당기고 다시 낮춰주는 사

〈그림41〉웜(Worm) 루어 작동법

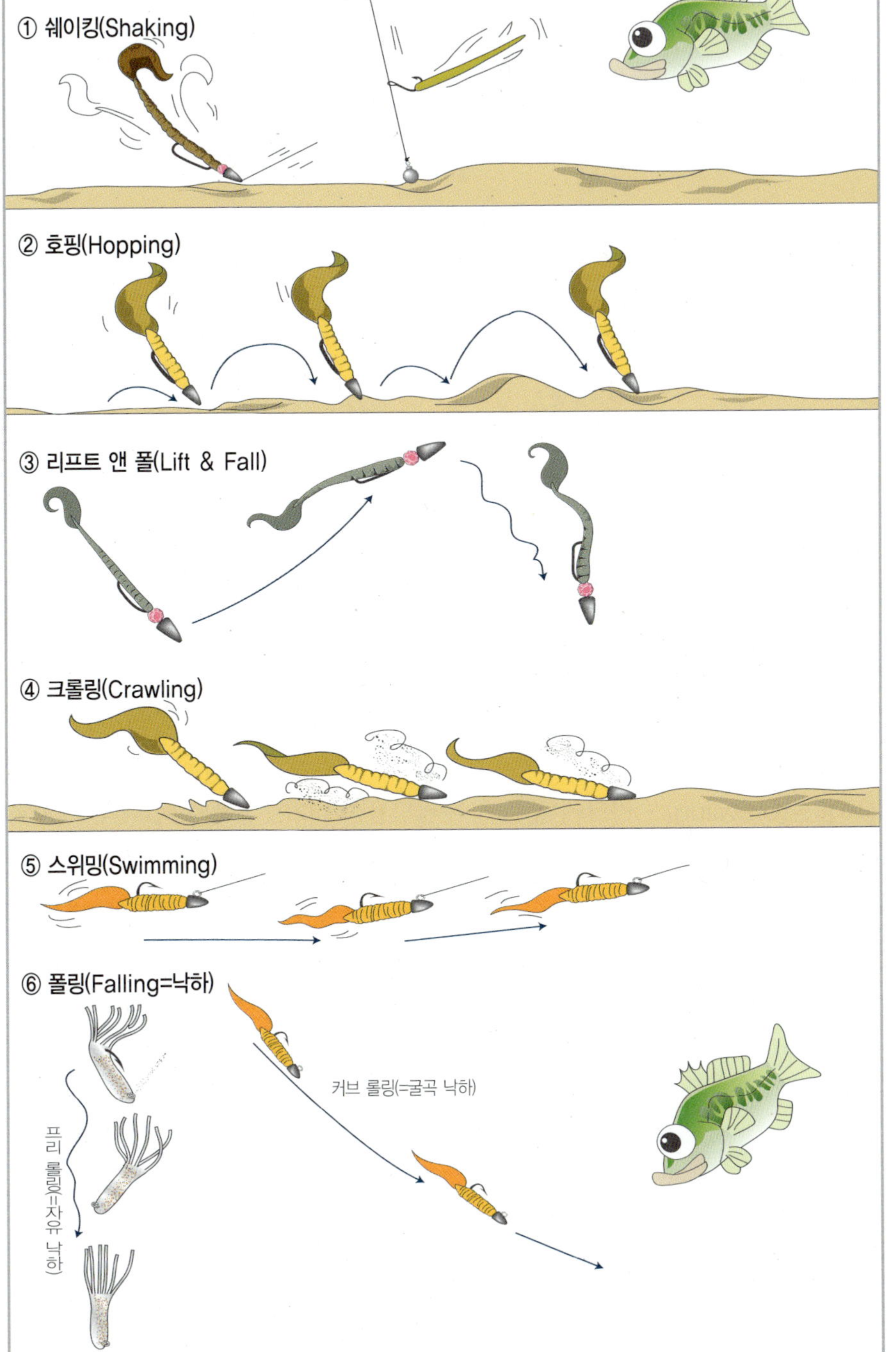

〈그림42〉소프트 저크 베이트 작동법

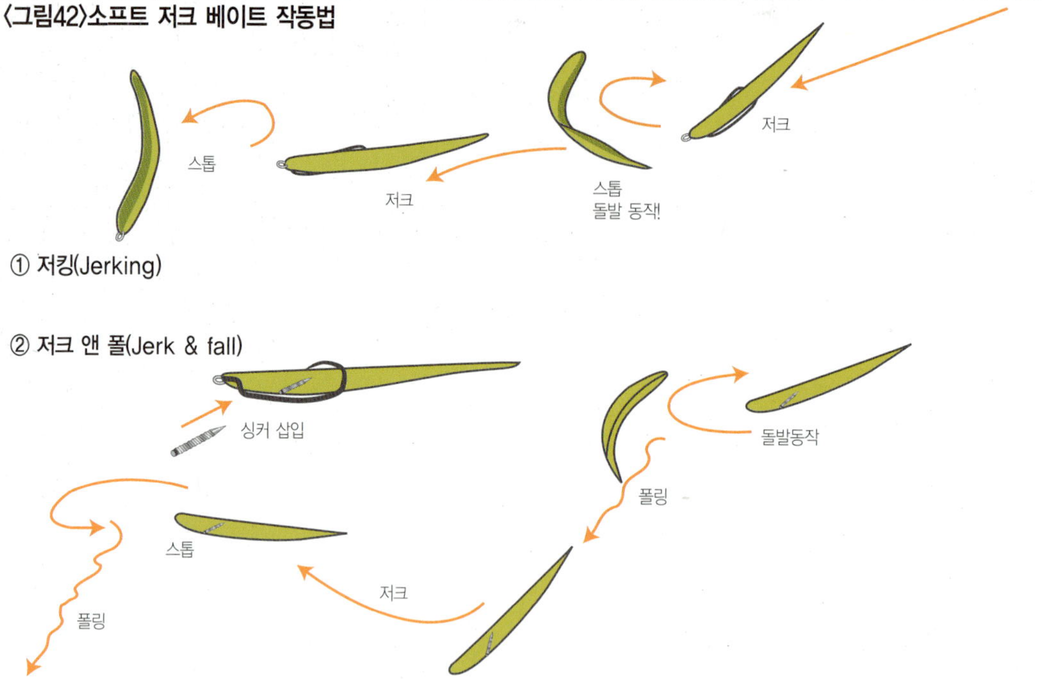

이에 발생한 여유 낚싯줄을 감아 들이는 동작의 반복이다. 웜이 바닥층에서 어느 정도 들어올려졌다가 다시 가라앉는 동작이 반복적으로 연출되도록 한다.

④크롤링(Crawling) – 바닥에 닿은 웜이 바닥을 기어가듯 끄는 방법이다. 먼지와 소음을 발생시켜 배스를 자극하려는 의도이다.

⑤스위밍(Swimming) – 웜을 수평적으로 유영하듯 움직이도록 하는 방법이다. 스플릿 샷 리그, 지그헤드 리그, 노싱커 리그 등에 활용한다.

⑥폴링(Falling) – 웜을 낙하시키는 동작 즉, 수직적인 움직임이 폴링(Falling)이다. 가라앉는 속도의 조절이 중요하다. 특히 낚싯줄의 장력이 없이 가라앉도록 하는 것을 프리 폴링(Free falling), 장력이 있어 호를 그리며 가라앉도록 하는 것을 커브 폴링(Curved falling)이라 부른다.

■ 소프트저크 베이트 활용법

①저킹(Jerking) – 낚싯대를 잡아당기는 동작(저킹)과 멈춤을 반복하면 순간적으로 몸통을 비틀며 방향을 바꾸는 물고기 동작이 연출되어 배스를 강하게 유혹한다.

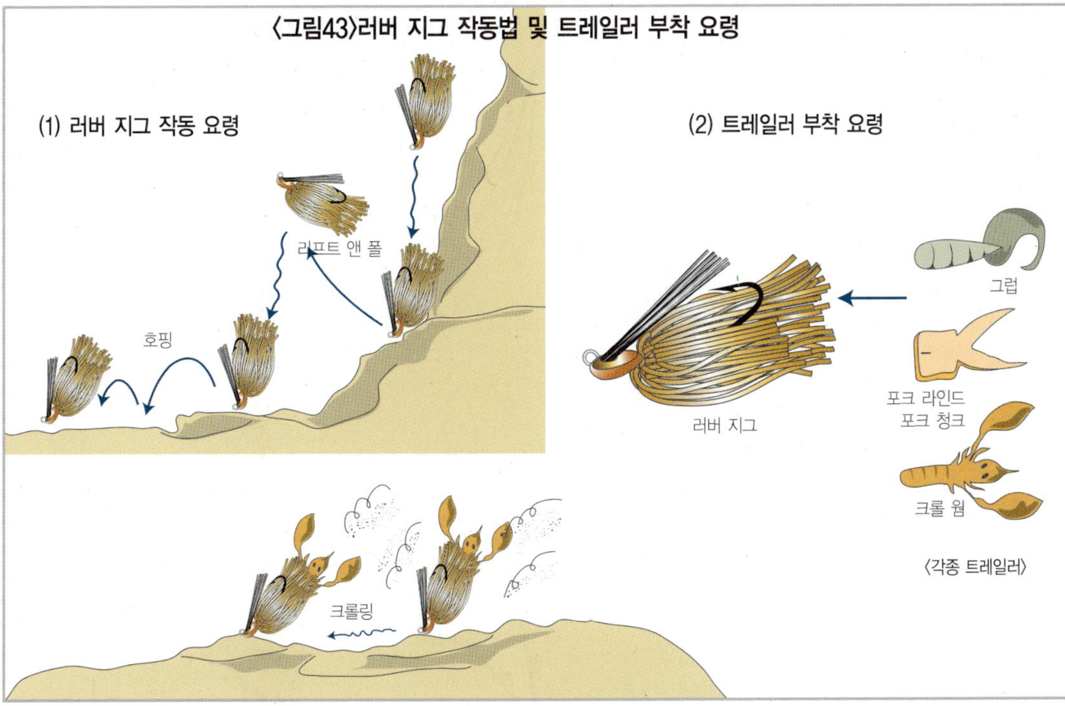

②저크 앤 폴(Jerk & Fall) – 소프트 저크 베이트의 몸통에 나사형의 전용 봉돌을 삽입하면 저킹 동작과 더불어 수중으로 가라앉는 동작도 연출 할 수 있다. 봉돌의 무게와 그 위치에 따라서 저킹 시의 동작은 물론 가라앉는 자세도 바뀌게 할 수 있다.

■ 러버지그 활용법

①호핑(Hopping) – 웜 채비의 활용법과 동일한 방법이다.

②크롤링(Crawling) – 웜 채비의 활용법과 동일한 방법이다.

③리프트 앤 폴(Lift & Fall) – 웜 채비의 활용법과 동일한 방법이다. 다만 포크 라인드(Pork rind)나 각종 웜을 트레일러로 부착하면 낙하속도가 느려져 천천히 가라앉도록 할 수 있다.

■ 미노우(저크 베이트) 활용법

①트위칭(Twitching) – 손목의 힘을 이용해 낚싯대를 2~3번 짧게 채듯 움직여

〈그림44〉미노우(저크 베이트) 작동법

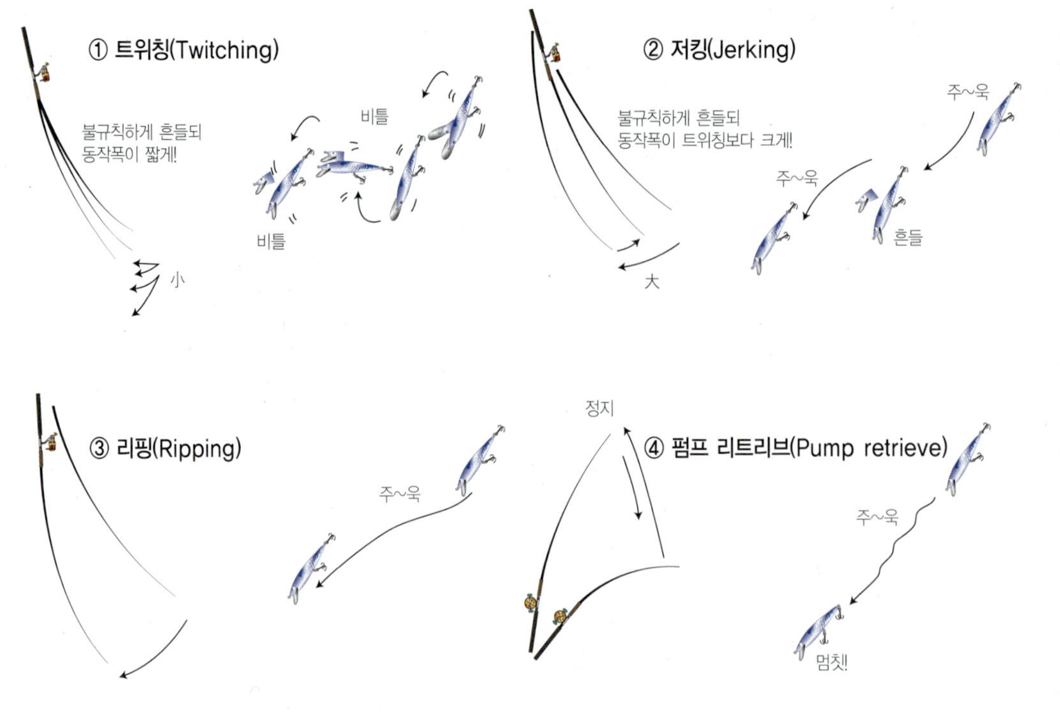

짧고 불규칙한 동작을 부여하는 것이다. 사이사이에 순간적으로 낚싯대 동작과 연동하여 낚싯줄을 릴링하여 회수하며, 다시 트위칭으로 이어지는 동작을 연속적으로 행한다.

②저킹(Jerking) – 트위칭보다 크고 예리하게 낚싯대를 끌어 길고 불규칙한 동작을 부여하는 것이다. 낚싯대만을 이용해 미노우를 끌어주고(저크) 낚싯대를 되돌리며 늘어지는 낚싯줄을 회수하고 다시 끌어주는 동작으로 이어간다.

③리핑(Ripping) – 저킹보다 낚싯대를 직선적으로 더욱 길고 강하게 큰 폭으로 당기는 것이다. 저킹이 미노우의 조금 긴 불규칙한 동작이라면 리핑은 더욱 빠르고 길게 미노우가 진동하며 끌려오는 동작이다.

④펌프 리트리브(Pump retrieve) – 낚싯대를 천천히 큰 동작으로 챔질하듯 위로 올리면서 미노우를 움직이고, 잠시 멈춰 낚싯대를 되돌리면서 낚싯줄을 감아들이는 동작의 반복이다. 정지 동작에 중점을 두고 있다는 점이 리핑과 다른 점이다.

또한 릴링으로만 루어를 움직이는 스톱 앤 고(Stop & Go)와 달리 낚싯대로만 동작을 부여한다.

■ **크랭크베이트 활용법**

①보텀 범핑(Bottom bumping) - 수중으로 급격히 파고드는 크랭크 베이트의 특성을 살린 방법으로, 립(Lip)이 바닥을 부딪치고 두드리면서 끌려오도록 하는 방법이다.

②연속 끌기(Straight retrieve) - 착수한 루어를 한계수심에 도달시킨 후 일정한 속도로 계속 감아 들이는 방법이다.

〈그림45〉크랭크 베이트의 작동

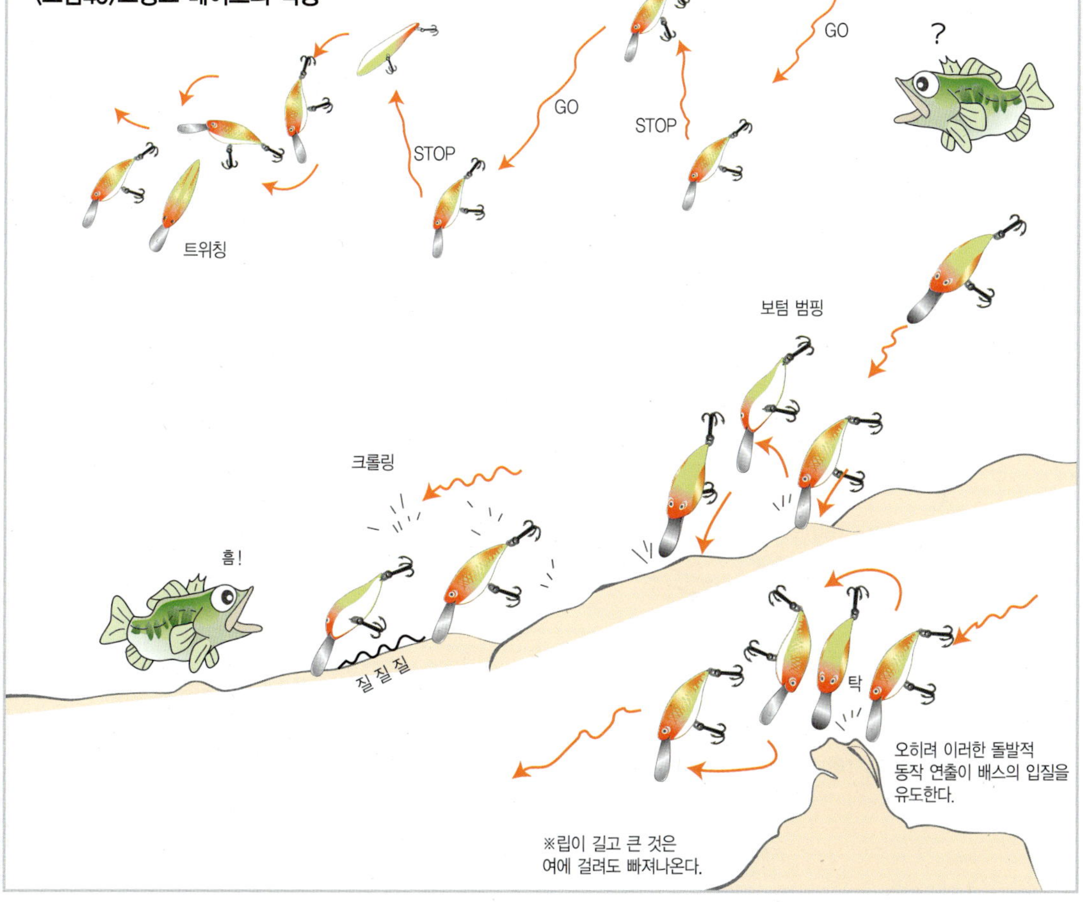

2

③스톱 앤 고(Stop & Go) – 일정한 속도로 끌어들이다가 중간에 잠시 릴링을 정지하는 동작을 삽입하는 것이다. 움직이는 물체에 흥미를 느낀 배스에게 순간적인 동작의 변화로 반사적으로 입질을 유도하고, 충분히 공격할 여유를 주도록 하는 방법이다.

④트위칭(Twitching) – 미노우의 활용법과 동일한 방법이다.

⑤크롤링(Crawling) – 크랭크 베이트가 갖고 있는 잠수 수심보다 얕은 곳에서 사용하여 바닥에 닿은 립(lip)이 바닥을 긁으며 끌려오도록 하는 방법이다.

⑥닐링(Kneeling) – 한계수심보다 더욱 깊게 잠수시키기 위한 것으로, 주로 보트 위에서 구사하는데 무릎을 꿇고 낚싯대까지 물 속에 최대한 담가 릴링하는 방법이다.

〈그림46〉톱워터 플러그 작동법

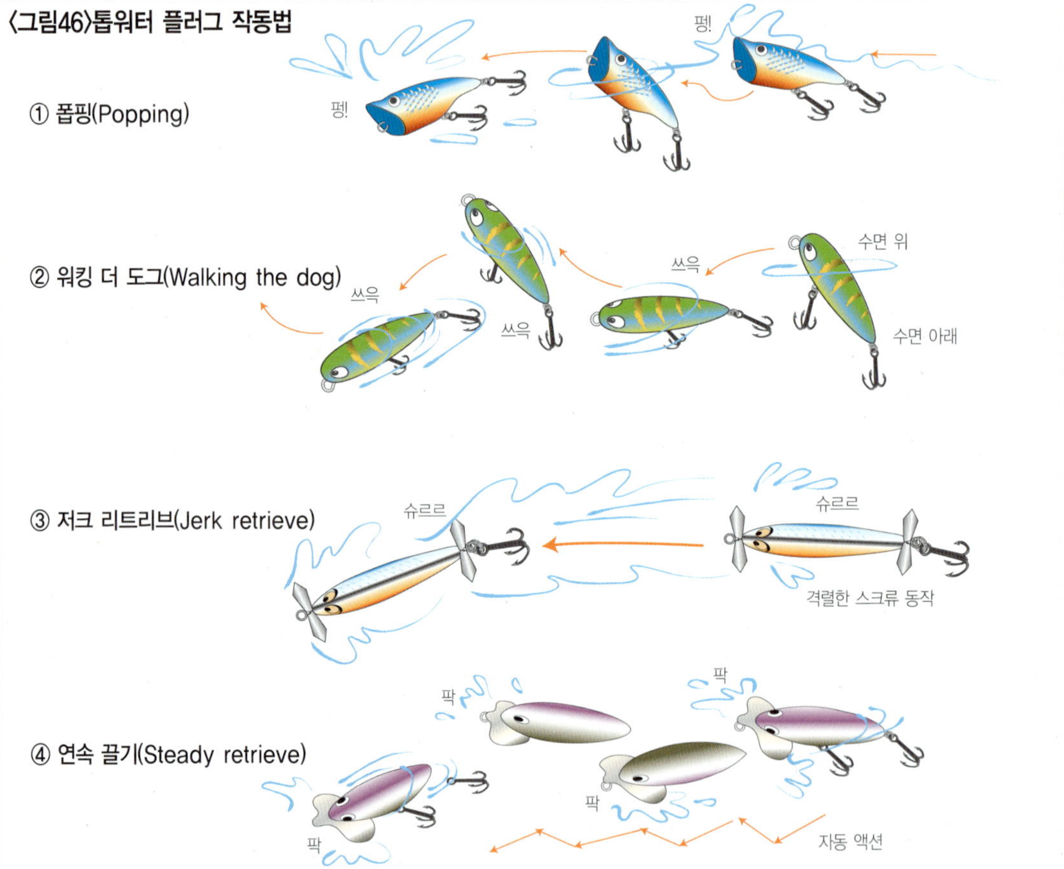

■ 바이브레이션 활용법

①연속끌기(Straight retrieve) – 원하는 수심까지 카운트다운(Countdown)한 후에 일정한 속도로 끌어들이는 방법이다.

②보텀 저킹(Bottom jerking) – 바닥까지 가라앉힌 후 단속적인 저킹을 하면서 끌어들이는 방법이다.

■ 톱워터 플러그 활용법

①폽핑(Popping) – 폽퍼(Popper)를 착수시킨 후 낚싯대를 잡은 손목의 스냅으로 예리하고 짧게 움직여 파문과 물보라, 파열음을 연속적으로 발생시키는 방법이다.

②워킹 더 도그(Walking the Dog) – 주로 펜슬 베이트를 사용하여 낚싯대를 손목의 힘만을 이용해 가볍게 연속적으로 튕기듯 움직여주면서, 사이사이 늘어지는 낚싯줄을 감아 들이는 연속 동작이다. 펜슬 베이트가 좌우로 머리를 흔들면서 수면 위를 지그재그로 미끄러지듯 움직이게 하는 방법이다.

③저크 리트리브(Jerk retrieve) – 주로 스위셔의 사용 방법으로, 착수 후 단속적으로 비교적 강하게 끌어들이는 방법이다. 특별한 조작 없이 비교적 규칙적으로, 낚싯대를 이용한 단순한 펌핑(Pumping)과 릴링 동작을 말한다.

④연속 끌기(Steady retrieve) – 금속제의 대형 수평 립(Lip)이 부착되어 있는 형태의 노이지 플러그(Noisy plug)를 사용할 때 구사된다. 단순히 리드미컬하게 릴링하여 수면 위를 움직이도록 하는 방법이다.

■ 스피너베이트 활용법

①연속 끌기(Straight retrieve) – 단순히 일정한 수심을 일정한 속도로 릴링하는 것이다.

②리프트 앤 폴(Lift & Fall) – 바닥층까지 가라앉힌 후 낚싯대를 들어올리면서 릴링을 하고, 다시 멈추는 동작을 반복해 스피너 베이트가 수중과 바닥을 크게 오르내리도록 한다.

③슬로우 롤링(Slow rolling) – 바닥층까지 가라앉힌 후 스피너 베이트가 바닥을 기듯, 블레이드(Blade)의 회전이 겨우 가능할 정도의 속도로 천천히 끌어들이는

2

〈그림47〉스피너 베이트 작동법(1)

〈그림48〉스피너베이트 작동법(2)

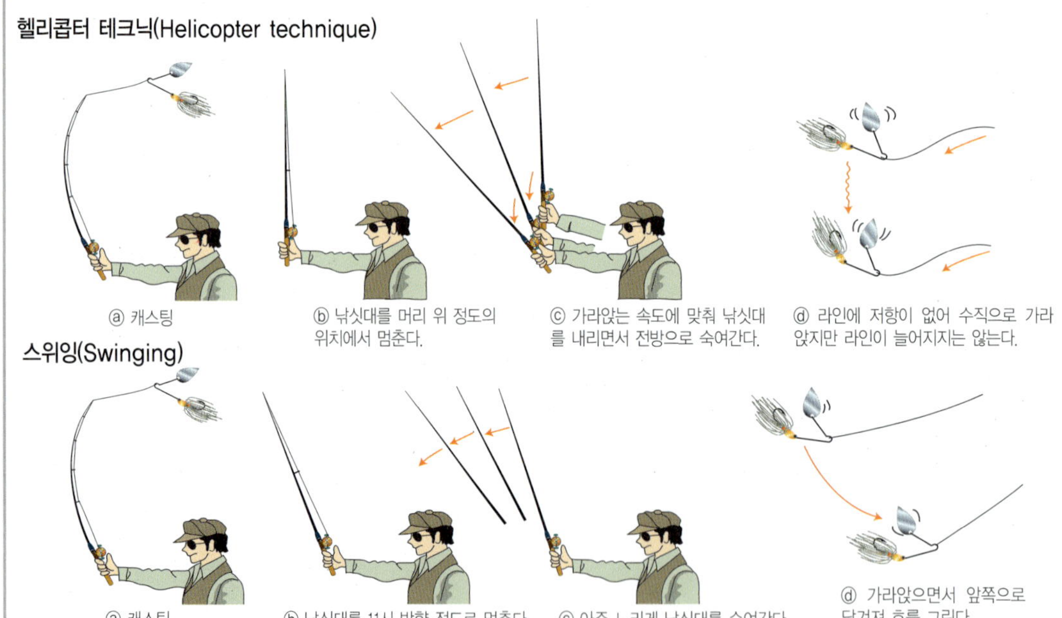

방법이다.

④벌징(Bulging) – 착수와 동시에 빠르게 릴링을 시작해 블레이드(Blade)가 수면 위로 나와 거품과 파문을 일으키며 끌려오도록 하는 방법이다.

⑤헬리콥터 테크닉(Helicopter technique) – 캐스팅 후 낚싯줄에 장력은 걸리지 않지만 그렇다고 여유 줄이 풀려나가지도 않게 하여 스피너 베이트를 가라앉히는 방법이다. 릴을 프리상태로 하지 않고 손에 잡은 낚싯대를 직각으로 세운 상태에서 시작해 스피너 베이트의 침하속도에 맞춰 낚싯대 전체를 낮춰가며 앞쪽으로도 기울여 주는 동작으로써 프리폴링을 연출한다.

⑥스위잉(Swinging) – 낚싯줄의 방출을 제어하여 장력이 걸려있는 상황에서 스피너 베이트가 호를 그리며 커브 폴링하도록 연출하는 것으로, 손에 잡고 있는 낚싯대를 매우 느린 속도로 눕혀가며 스피너 베이트가 가라앉으면서 앞쪽으로 당겨지도록 하는 것이다.

〈그림49〉메탈 지그 작동법

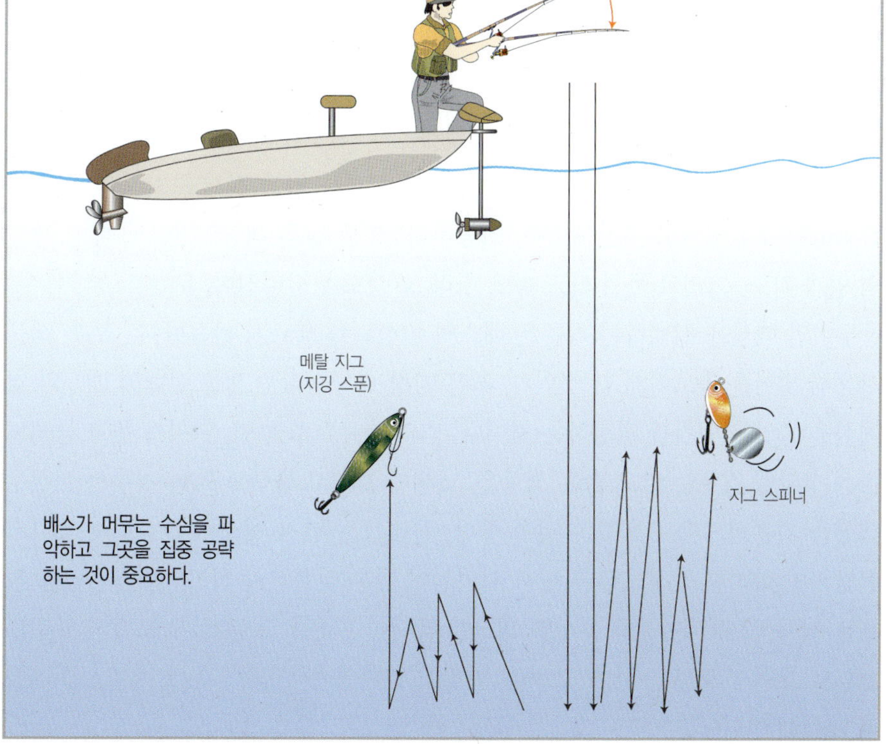

2

■ 버즈 베이트 활용법

◎연속 끌기(Straight retrieve) – 착수 후 삼각 블레이드가 수면에 나와 물보라와 소음을 지속할 정도의 일정한 속도로 릴링하는 방법이다.

■ 메탈 지그 활용법

①수직 지깅(Vertical jigging) – 지깅 스푼을 이용하여 원하는 수심까지 가라앉힌 후 일정한 수심까지 낚싯대의 챔질과 릴링으로 단속적으로 감아올린 후, 다시 낙하시키는 방법의 연속 동작을 통해 마치 다친 작은 물고기가 흔들리며 가라앉는 모습을 연출하는 방법이다.

②요요잉(Yoyoing) – 지그 스피너를 사용하여 일정한 수심을 오르내리는 동작의 반복이다.

9 루어의 색상에 변화를 주려면?

민물 물고기는 대부분 색상을 구분하는 것으로 알려져 있고, 배스 역시 색상을 잘 구분하는 것으로 알려져 있다. 수중세계는 공기 중과 달라서 색상이 그대로 전달되지는 않는다. 빨강색은 수심 3m 정도에서 색을 잃고 검게 보이지만, 파란색은 9m의 수심에서도 색상 구분이 가능하다. 물론 같은 색상일지라도 태양 광선의 양과 각도, 그리고 물의 탁도 등에 따라 그 정도가 달라진다.

루어의 색상을 선택하는 기준은 배스의 활성도를 빠르게 가늠한 후, 튀는 색을 사용해 루어를 돋보이게 할 것인가, 혹은 가장 자연스러운 색을 선택해 배스의 경계심을 줄일 것인가를 결정하는 것이다. 웜의 기준으로 보면, 날씨가 좋고 물색도 맑은 상황일 경우는 맑고 밝은 색상을, 날씨가 흐리고 물색도 탁한 경우는 어두운 색상을 기본적으로 선택하는 것이 좋다. 플러그는 먼저 배스의 활성도가 높다고 판단되면 화려한 색상으로 칠해져 시인성이 높은 것을 사용하고, 입질이 없을 경우는 점차 실제 먹잇감과 유사한 색상인 금색이나 은색 또는 실제 모습의 프린트 계열로 교환해 보도록 한다. 그래도 입질이 없다면 반투명한 고스트(Ghost) 계열로 교체해 간다.

금속제 루어와 스피너 베이트의 블레이드 색상을 결정할 때는 물의 탁도를 기준으로 한다. 맑은 물에서는 은색, 흐린 물에서는 금색, 아주 흐린 흙탕물에서는 여러 가지 페인팅 색상이 잘 보인다.

10 배스낚시 보트 활용하기

■ 플로트 튜브(Float tube = Belly boat) 활용

고무튜브를 이용해 배스낚시를 즐길 수 있도록 고안된 장비인 플로트 튜브(Float tube)는 도보낚시의 포인트 접근 제한을 해소하고자 개발된 도구이다. 바지장화(Chest high wader)를 입은 상태로 약간의 부수장치가 마련돼 있는 O자형이나 U자형의 고무튜브에 의지, 물에 떠서(수중에 하반신을 담근 채) 낚시를 할 수 있는 구조로 되어 있다.

이 같은 장비를 사용하면 소규모의 저수지나 수로, 작은 연못 등, 한정된 포인트로 조용히 접근해 배스를 집중 공략하는 데 효과적이며, 간편하고 상대적으로 가격도 저렴한 편이다. 그러나 오리발(Fin)을 이용하여 이동해야 하므로 활동이 자유롭지 못하고, 수면 위의 상체만으로 모든 동작을 취해야 하므로 다양한 낚시 패턴을 구사할 수 없고, 짧은 낚싯대를 사용해야 하는 등의 제약도 있다.

배스낚시를 위해 만들어진 플로트 튜브. '벨리보트(Belly boat)' 또는 '플로터'라고도 부른다.

■ 배스낚시용 보트

배스낚시는 다른 장르에 비해 기법이 다양한 만큼 도보낚시, 연안낚시에서

2

▲배스낚시에 사용되는 1인용 고무 보트. '땅콩보트'라 부른다.

▶배스낚시용으로 개조하기 편리한 알루미늄 보트.

는 구사하기 힘든 테크닉들도 많다. 또한 인공호수와 같이 포인트가 광범위하게 흩어져 있어 도보로 이동하기에 시간이 많이 걸리는 곳에서의 신속한 포인트 이동은 물론, 도보로 접근하기 불가능한 곳에 대한 포인트 접근의 용이성 등으로 인하여 보트의 필요성이 한층 높아진다. 배스 프로들의 토너먼트에서도 보트는 필수적으로 활용되는 만큼, 보트를 이용한 방법이 배스낚시에 있어서 많은 비중을 차지하고 있다. 자주 사용되는 보트의 종류는 다음과 같다.

①고무보트 – 고무 재질의 타원형 보트로서, 크기가 다양하고 다른 종류의 보트에 비하여 상대적으로 가격이 저렴하다. 초소형의 1인승 고무보트를 별도로 '땅콩보트'라고 부르는데, 플로트 튜브(벨리보트)에 비해 배스에게 경계심을 덜 주고, 수납 또한 간단하여 일반 승용차를 이용해 운반할 수 있고 피로도 덜하여 배스낚시인들 사이에서 많은 인기를 모으고 있다.

배스낚시를 위해 만들어진 전문 배스 보트.

소형 고무보트의 경우는 일반적으로 엔진보다는 가이드 모터(Guide motor)를 장치하여 사용하므로 대단위 면적의 호수보다는 작은 저수지나 수로 등지에서 유용하게 사용된다.

②알루미늄 보트 – 알루미늄 재질로 제작된 보트로서 무게가 가볍고 강도가 우수한 특징이 있다. 휴대나 가격 면에서 대중적이지는 않지만 배스낚시에 필요한 여러 가지 개조를 하기에 적합하고, 가격 대비 성능도 우수하므로 배스낚시 전문가들에게 인기가 있다.

③전문 배스 보트(Bass boat) – 배스낚시 전용으로 설계된 스피드 보트(Speed boat)를 말하는데, 일반적인 모터보트와는 달리 앞뒤 쪽 갑판이 최대한 '넓고 평평하게' 설계돼 있으며, 의자를 부착하는 등 배스낚시에 필요한 편의시설이 구비된 전문 보트이다. 고마력의 엔진과 어군탐지기, 가이드 모터(Guide motor) 등, 배스낚시를 위한 장비가 기본적으로 탑재되어 있다. 매우 고가이고 프로급의 전문가들이나 배스낚시 토너먼트 등에서 사용된다.

11 배스도 밤낚시가 가능한가?

배스는 햇빛이 강한 한낮보다는 오히려 밤에 먹이활동을 활발히 펼친다. 계절

2

에 따라 그 습성이 달라져 수온이 급격히 떨어지는 겨울철에는 야간 활동이 둔화되지만, 기본적으로 배스는 밤낚시가 매우 유리한 어종이다.

■ 밤낚시 시기

실질적으로 5월부터 제철이라 할 수 있다. 특히 산란이 끝나는 5월 중순이 지나면서부터 수온이 오르기 시작하면 배스들이 낮보다 밤에 활동하기를 좋아한다. 그 이유는 얕은 곳일수록 배스의 활동에 적합한 수온이 한낮보다는 아침과 저녁, 그리고 밤에 형상되기 때문이다. 또한 강렬한 태양빛을 싫어하는 배스는 한낮에는 장애물에 숨어 지나가는 먹이를 기다리는 식의 사냥을 하는 반면, 어둠이 깔리면 직접 먹이를 찾아 행동을 개시한다. 이와 같이 배스 밤낚시는 여름철이 최전성기이고, 이후 늦가을까지 이어진다.

■ 밤낚시용 루어

배스는 먹이사냥에 관한 감각기관이 발달해 있어 밤에는 시각 대신 청각에 의존해 먹이사냥을 하게 된다. 또한 배스는 측선(側線)이 매우 발달해 있어 수중에서 발생하는 미세한 진동도 곧바로 감지하므로 한밤중이라도 수중에서 활동하는 먹

여름철이 되면 배스 밤낚시가 인기다.

잇감을 정확하게 공격한다. 그러므로 기본적으로 밤낚시에 사용하는 루어는 주간에 사용하는 것이면 모두 활용이 가능하다.

특히 톱워터 플러그 종류가 밤낚시의 대표 루어라고 할 수 있다. 그러나 선행자가 있는 장소라든가, 환경적 요인으로 인해 배스가 예민해져 있는 경우에는 지나치게 강한 소음을 발하는 루어가 역효과일 수 있다. 수면에 잔물결이 살그머니 일어날 정도만으로도 배스는 충분히 루어의 존재를 알아내므로 경계심을 갖고 입질이 저조해진 배스에게는 수면에서 조용히 움직일 수 있는 이미테이션 웜을 활용한 노 싱커 리그도 효과적이다.

12 피네스 피싱(Finesse fishing)이란?

피네스 피싱이란 극히 섬세한 기술을 운용하는 낚시 형태를 지칭한다.

가볍고 작은 루어와 가는 낚싯줄로 섬세한 기술을 사용하여 과다한 피싱 프레셔(Fishing pressure)로 인해 일반적인 루어에 약아진, 활성이 적은 배스를 낚는 방법으로 발전된 기법이다. 4~8파운드 정도의 낚싯줄에 4인치 이하의 스트레이트 웜이나 튜브 등을 스플릿샷 리그, 다운샷 리그 등으로 활용한다.

그러나 오늘날 배스낚시는 모든 루어, 모든 장비를 가리지 않고 섬세한 기법을 활용하기에 이르렀으므로, 가벼운 장비에 대한 의미보다는 섬세한 기법 자체만을 단순히 '피네스 피싱' 이라고 정의하기도 한다.

13 배스낚시의 사계(四季)

■ 봄 시즌 – 산란 전기 및 산란 후기

겨울 동안 깊은 곳에서 월동을 한 배스가 얕은 연안으로 모습을 나타내기 시작하므로 낚시가 잘 되기 시작하는 계절이다. 특히 산란을 전후로 상황이 많이 달라지므로 봄철의 배스낚시는 산란 전기(Pre spawn)와 산란 후기(Post spawn)를 구분하여 낚시에 임하는 것이 좋다.

2

산란 전기의 배스는 왕성한 식욕으로 어떠한 루어에도 반응이 좋으므로 포인트 선정만 잘 하면 좋은 조과를 얻을 수 있다. 햇빛이 잘 들어 수온이 높고 용존 산소량이 높은 곳이 주요 포인트로서, 특히 새순이 돋아나는 수초지대나 장애물지역이 좋다. 산란이 시작되면 산란을 마친 암컷은 산란장을 떠나지만 수컷은 알을 보호하며 산란장 주위를 떠나지 않는데, 알이 부화가 된 이후에도 일정기간 치어를 보호한다. 따라서 산란장으로 침입하는 외적에 대해 공격적이 되므로 이러한 장소를 찾는다면 대형 배스를 낚을 수 있다.

산란 후기의 배스는 산란 피로가 회복되기까지 거의 움직이지 않으므로 낚시가 잘 되지 않는데, 매우 소극적인 행동을 보여 눈앞으로 지나가는 먹이에게만 공격을 가한다.

■ 여름 시즌 – 밤낚시 찬스

산란의 후유증에서 벗어난 배스는 활발하게 루어를 공격하므로 낚시가 매우 잘 되는 시기이다. 여름에는 배스가 한 곳에 몰려 있지 않고 먹이활동을 위해 호소의 전역으로 퍼지므로 광범위하게 포인트를 탐색하는 것이 중요하다.

그러나 무더위가 시작되고 수온이 너무 올라버리면 용존산소량이 저하되면서 배스의 활성도는 다시 약해진다. 강렬한 직사광선도 배스에게는 악영향을 주므로 한여름철의 대낮에는 잘 낚이지 않는다. 그러므로 상대적으로 시원하고 산소가 풍부한 장소, 그리고 그 시간대를 선택하는 것이 중요하다. 새물 유입구, 흐름이 있는 교각 주위, 장애물 주위, 수초지대 등이 좋은 포인트이며, 바람이 불거나 비가 내리는 상황은 수온을 떨어뜨려 낚시에 좋은 조건을 만든다. 밤낚시도 잘 되는 시기가 여름철이다.

■ 가을 시즌 – 왕성한 먹이활동 시기

가을은 다시 배스에게 적합한 수온이 되므로 활성도가 높아지는 시기에 해당되고, 또한 배스들이 겨울을 대비해 영양분을 비축하기 위해 먹이활동을 열심히 하는 시기이기도 하다. 먹이가 되는 피라미와 같은 작은 물고기가 무리를 지어 움직이는 시기로, 이 무리들의 회유로를 찾아내는 것이 중요하다. 즉 포인트는 먹잇감의 무리가 머무는 곳과 이동경로인 물골, 급심 지역, 수중섬 주위가 해당된다.

〈그림50〉사계절 배스낚시

2

가을철은 또한 매치 더 베이트(Match the bait) 이론이 들어맞는 시기로 먹잇감과 비슷하지 않은 루어에는 관심을 잘 보이지 않으므로 가능한 한 현지 먹잇감과 유사한 형태와 크기의 루어를 선택하는 것이 조과를 올리는 방법이다.

가을철은 분명 배스낚시의 최적기이긴 하지만 기온의 하강에 따라 호소의 수온도 낮아지면서 물이 뒤집어지는 이른바 '턴오버(Turn over)' 현상이 발생하는 시기이기도 하다. 이 현상이 발생한 지역은 용존산소량이 희박해 짐은 물론, 수질이 탁해지고 물비린내가 심해지기도 하며, 일시적으로 죽은 물이 되어버리는 까닭에 낚시에 적잖은 악영향을 준다. 이와 같은 상황에서는 턴오버 현상이 나타나지 않은 장소를 찾거나, 상대적으로 용존산소량에 더욱 예민하게 반응하는 작은 물고기들이 모이는 장소를 찾아내는 것이 중요하다.

■ 겨울 시즌 – 특정 장소에 군집

수온이 떨어지면 배스는 신진대사가 적어지므로 큰 움직임을 보이지 않고 일정 장소에 머물게 되는데, 특히 환경조건이 가장 좋은 어느 한 장소에 모이는 군집 현상을 보이기도 한다.

겨울철의 경우 도보낚시로는 배스를 낚기가 힘든 시기로서 보트를 이용한 깊은 수심의 공략이 주효한 낚시방법이다. 상대적으로 다른 계절보다 대물이 자주 낚이는 계절이기도 한데, 이는 상대적으로 많은 에너지가 필요한 큰 개체가 작은 개체보다는 먹이를 더 많이 필요로 하고 추위에도 강하기 때문이다. 그러나 보트를 이용하여 깊은 수심(10m 이상)에서 배스를 낚아 올리면 수압 차에 의해 눈이 돌출되고 부레가 입으로 튀어나오거나 혈관이 터지는 등 크게 상처를 입는 경우도 많다.

이 외에 따뜻한 햇살로 수온이 올라간 곳을 찾아서 배스가 얕은 곳으로 나오기도 하는데, 저수온으로 배스의 활동성이 낮은 만큼 루어도 느리게 운용하는 것이 좋다.

14 배스낚시의 핵심 포인트

배스낚시는 다른 장르에 비해 과학적으로 연구가 많이 진행되어 있다. 배스를 더 잘 낚기 위한 여러 가지 정보 중 배스가 머무는 장소 즉, 포인트를 찾는 데에는 다음과 같은 요소들이 중요하다.

■ 배스의 이동(Migration)

배스는 서식처 내에서 일정한 장소를 기점으로 하여 이동과 휴식을 반복하다가 최후에는 출발지로 돌아오는 과정을 반복하는 것으로 알려져 있다. 이 과정에는 배스가 군집하여 머무는 '안식처'(Sanctuary · 생추어리)가 있고, 이 안식처를 나서서 무리지어 먹이가 있는 곳을 향하는 도중 잠시 거치는 '중간거점'(Contact point · 콘택트 포인트)이 있으며, 다시 이동하여 흩어져 사냥을 하는 장소인 '행동거점'(Scatter point · 스캐터 포인트)이 있다. 시간이 지나 목적을 달성한 배스들은 왔던 길을 되짚어 돌아가는데, 이러한 배스의 1일 이동 습성을 파악하고 있으면 배스낚시에 있어서 좋은 조과를 얻을 수 있다.

■ 에지(Edge)의 이해

에지란 '가장자리' '경계면'이란 사전적 의미만이 아니라 장애물이나 바닥 지형의 변화 등과 같은 유형적 경계면은 물론, 수온의 차이, 물 흐름의 속도 차이 등과 같은 무형적인 상황적 경계면을 모두 의미하는 것으로, 이러한 장소는 배스낚시

〈그림51〉에지의 이해

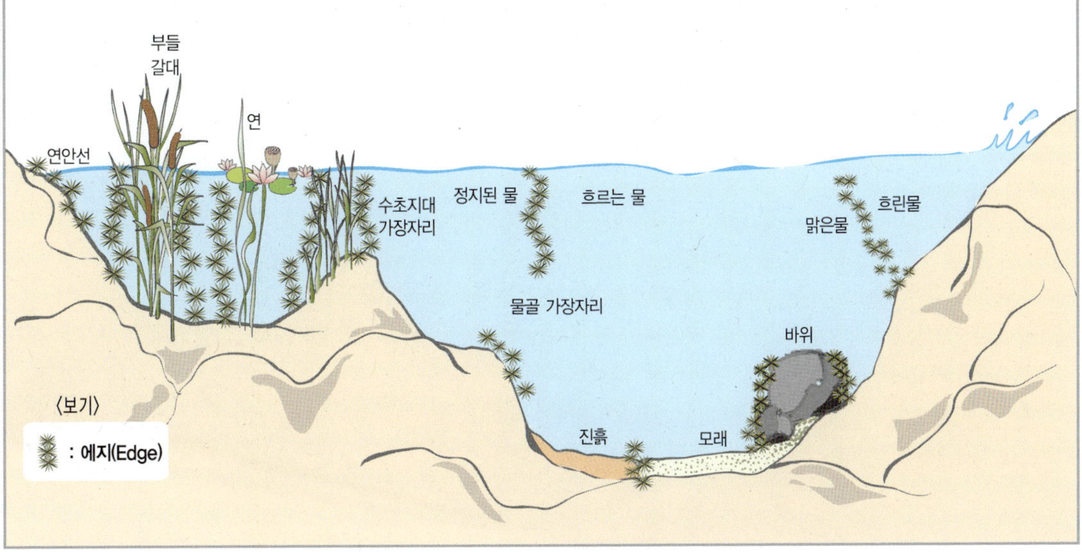

2

는 물론 다른 낚시장르의 포인트 선정에도 매우 중요한 요소이다. 에지는 배스의 먹잇감이 모여들고, 그늘이 제공되는 데 따른 각종 물고기들의 은신처와 휴식처가 되므로, 배스의 입장에서는 자신들의 서식과 먹이사냥에 최적의 장소가 되고, 낚시인들로서는 최상의 포인트가 되는 셈이다. 이러한 에지에는 다음과 같은 장소를 예로 들 수 있다.

①수초지대의 서식 경계면이나 종류별 경계면, 수초구멍 등

②물골, 급심 지역, 암반 주위, 고사목 주변, 수중섬 주위 등

배스 루어낚시 핵 심 체크 리스트

1. 배스낚시에 사용되는 낚싯대는 수많은 루어 낚싯대 중에서 매우 특화되어 있다. 사용하는 루어, 낚시터 환경, 활용 기법 등에 따라 전용 낚싯대로 세세히 분류된다.

2. 다른 어종의 낚시에 비해 베이트캐스팅 릴을 사용하는 경우가 많다. 따라서 베이트캐스팅 릴 사용에 따른 백 래시(Back rash) 예방법과 발생을 억제하는 기술 습득이 중요하다.

3. 낚싯줄도 사용하는 루어나 낚시터 환경, 활용 기법 등에 따라 다양한 굵기가 사용된다.

4. 배스낚시에 사용되는 루어는 각종 하드 베이트와 소프트 베이트는 물론, 이들이 조합되어 있는 각종 루어들이 대부분 활용된다.

5. 상황에 맞는 각종 채비를 적절히 구사하도록 모든 채비법과 활용술에 숙달되는 것이 조과를 올리는 방법이다.

6. 상황에 맞는 적절한 캐스팅 기술을 구사할 수 있도록 다양한 응용 캐스팅 방법을 숙달하는 것이 중요하다.

7. 해당 낚시터에서 배스의 계절별 특성, 이동 경로, 장애물의 종류와 유무 등을 신속히 파악하는 것이 조과를 올리는 방법이다.

8. 도보낚시에서는 장비의 휴대가 제한적이지만 보트를 이용하는 경우에는 장비 휴대에 많은 이점이 있다.

9. 겨울철 깊은 수심을 공략하는 경우, 갑자기 낚아 올린 배스는 수압 차에 의해 크게 손상을 입을 수 있다는 점 염두에 두어야 한다.

10. 플로트 튜브(벨리보트)나 보트를 사용하는 경우에는 필히 구명동의를 착용하여 안전사고를 예방한다.

11. 땅콩보트가 아닌 가솔린 엔진을 부착하는 본격적인 보트를 사용하려면 먼저 해양경찰청에 실시하는 조종면허를 취득해야 한다.

12. 밤낚시의 경우에는 낮시간에 충분히 지형을 익혀두고 낚시할 장소의 수중 사정도 알아두도록 하며, 최소한의 장비만을 휴대해 안전에 만전을 기한다.

③유속이 바뀌는 굴곡진 장소, 만(灣), 기타 물의 흐름을 방해하는 요소들과의 경계면

④맑은 물과 흙탕물의 경계면

⑤수온이 변하는 장소로서 여름철에는 새물이 유입되는 장소, 겨울철에는 햇빛으로 수온이 올라가는 장소 등이다.

■ 스트럭처(Structure)와 장애물(Cover)

스트럭처는 배스가 일시적 또는 정기적으로 머무르거나 이용하는 모든 것을 의미하는데, 단순히 생각하면 수중 지형지물, 바닥 구조 등이 이에 해당한다. 이 외에 수초 · 고사목 · 무너진 돌더미와 같은 여러 가지 장애물(Cover)도 이의 연장선상으로 포함시킨다.

이와 같은 것은 배스의 생존에 필요한 환경을 제공해 주는 중요한 요소로서 낚시인에게는 더없이 좋은 포인트가 된다. 대표적인 스트럭처와 장애물로는 각종 수초, 수몰나무 및 수중 고사목, 바위 무너진 곳, 제방, 새물 유입구, 콧부리, 급심 지역, 교각, 기타 인공구조물 등이다.

2

블루길(Bluegill)낚시

표준명■파랑볼우럭 학명■*Lepomis macrochirus* 영명■Bluegill 일명■ブルーギル(부루기루) 방언■월남붕어

1 블루길은 어떤 물고기인가?

블루길(Bluegill)은 북아메리카 대륙의 남동부가 원산지인 외래어종으로, 라지마우스배스와 마찬가지인 선피시(Sunfish)과 즉, 검정우럭과의 어류로서 '파랑볼우럭'이 표준명이다. 그러나 배스처럼 이러한 명칭을 사용하는 경우는 거의 없고 통상 블루길이라고 부른다. 블루길(Bluegill)이란 이름의 유래는 아가미 뚜껑 끝부분에 둥근 돌기가 있고, 그 색이 파란 것에 기인한다.

호소나 하천 등 서식처를 가리지 않는데, 주로 따뜻하고 수초가 무성한 장소에 무리를 짓는 성질이 있다. 우리나라 각지에 많이 퍼져 있어서 생태계 교란의 우려를 낳고 있기도 하다.

식성은 수초 · 플랑크톤 · 수서곤충 · 갑각류 등을 포식하는 잡식성이지만, 계절에 따라서는 작은 물고기나 다른 물고기의 알을 잡아먹는 강한 육식성을 보이기도 한다. 봄철 산란기에는 수컷이 산란장을 만들고 암컷을 불러들여 산란을 하게 한다. 이후에도 수컷은 산란장을 지키며 외적을 강하게 공격하는 성격을 갖고 있다.

크기는 15~20cm가 흔하고 25cm를 넘게 성장한다. 맛이 매우 좋다.

2 우리나라엔 언제 어떻게 이식되었나?

1969년 12월 4일, 진해내수면연구소가 원산지인 미국을 거쳐 일본에서 사육하고 있던 블루길을 오오사까 담수어시험장에서 치어 510마리를 도입한 것이 시초이다. 1971년까지 진해내수면연구소에서 생산된 치어 2,100여 마리 가운데 752마리가 청평내수면연구소로 분양되었으며, 1983년까지 생산된 1백 56만 마리의 치어들이 개인 양식가들에게 분양되거나, 전국 각지의 유휴내수면에 자원조성용으로 방류되었다.

그러나 도입 목적과는 달리 우리나라 생태계에선 30cm 이상의 대형급으로 성장하지를 않아 식용 자원화에 실패하고 말았을 뿐만 아니라, 배스와 같이 생태계 교란의 주범으로 낙인 찍혀 천덕꾸러기가 되고 말았다. 같은 외래어인 배스와는 달리, 낚시 대상어로서도 크게 각광을 받지 못하는 이유 또한 그 개체가 원산지에서처럼 크게 성장해 주지 않는 때문이다.

우리나라 각 지역 내수면에서 블루길이 처음 낚시에 잡히기 시작하던 80년대 초·중반 무렵에는 이 고기의 이름을 몰라 '월남붕어'라 부르기도 했으며, 붕어낚시 도중 지렁이 미끼를 하도 귀찮게 물고 늘어져 '이멜다고기'(이멜다-

루어낚시 대상어로서의 블루길은 특별한 손맛은 없는 편이다.

2

씨알이 작은 블루길은 플라이에 더 잘 낚인다.

필리핀 대통령 부인 이름) 또는 '순자고기' (순자-80년대 초 우리나라 영부인 이름)라 부르기도 했는데, 이 두 가지 속명 모두 '욕심꾸러기' 라는 뜻을 내포했었다.

3 블루길 루어낚시의 가능성

블루길은 잡식성이지만 강한 육식성을 나타내기도 하여 루어를 과격하게 공격하기도 한다. 특히 수면에서부터 낙하하는 물체에 강한 호기심을 보이기 때문에 이런 성질을 이용하면 손쉽게 루어로 낚아낼 수 있다. 또한 봄철 산란기에는 연안의 산란장을 지키는 대형 수컷을 손쉽게 낚을 수도 있다.

입이 작은 블루길은 대형 루어보다는 소형 루어에 더 잘 낚인다. 스피너가 주요 루어이고 소형 플러그에도 잘 낚인다. 그러나 크기가 작은 개체는 루어에의 반응이 그다지 좋지 않아 루어보다는 플라이낚시의 좋은 대상어라고 말할 수 있다. 따라서 소형 루어의 뒤편에 적당한 길이의 덧줄을 달고 님프 플라이훅을 묶어 입질 확률을 높이는 경우도 있다.

〈그림52〉블루길낚시 채비

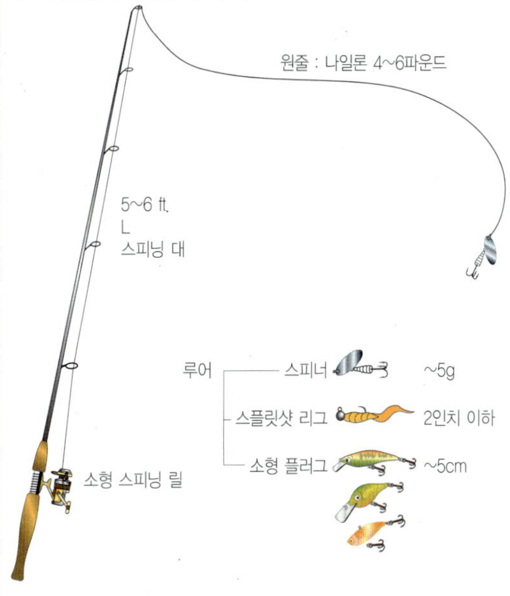

4 블루길낚시 장비 · 채비 및 테크닉

■ 장비 및 채비

꺽지낚시용 장비나 배스낚시용 장비 중 가장 가벼운 것을 선택해 사용하면 된다. 5~6피트 길이의 울트라 라이트(UL) 대에 소형 스피닝 릴이 적당하다. 낚싯줄은 4~6파운드(1~1.5호)를 사용하되 가벼운 루어를 사용하는 경우에는 낚싯줄이 가늘수록 캐

블루길 루어낚시 핵심 체크 리스트

1. 블루길은 잡식성이지만 강한 육식성을 나타내기도 하여 루어를 과격하게 공격한다.
2. 수면에서부터 낙하하는 물체에 강한 호기심을 보이기 때문에 이런 성질을 이용하면 손쉽게 루어로 낚아낼 수 있다.
3. 봄철 산란기에는 연안의 산란장을 수컷이 지키고 있으므로 대형 수컷을 손쉽게 낚을 수 있는 시즌이다.
4. 입이 작은 만큼 작은 루어를 사용하는 것이 조과를 올리는 방법이다.
5. 블루길은 무리를 지어 있고, 또한 그다지 이동을 많이 하지 않으므로 같은 자리에서 여러 마리를 낚아낼 수 있다.
6. 크기가 작은 개체는 루어에 그다지 반응하지 않아 플라이낚시에 좋은 대상어가 된다.
7. 맛이 매우 좋은 어종이다.

스팅에 유리하다.

루어는 1~5g정도의 스피너, 초소형 웜, 초소형의 미노우, 크랭크 베이트, 바이브레이션과 같은 각종 플러그를 사용한다.

채비는 〈그림52〉를 참고하여 구성하되, 초소형 웜을 사용하는 경우에는 다운샷 리그나 스플릿샷 리그와 같은 각종 라이트 리그를 활용할 수 있다.

산천어 · 열목어낚시

표준명■산천어 학명■*Oncorhynchus masou masou* 영명■Masu salmon, Cherry salmon 일명■ヤマメ(야마메)
방언■열목이 · 곤돌매기

1 산천어와 열목어는 어떤 물고기인가?

■ 산천어의 생태

산천어는 원래 우리나라 동해안으로 흐르는 하천 상류 지역에 서식하는 연어과의 토종 어류이다. 강해형(降海型)과 육봉형(陸封型)이 있는데, 바다와 계곡을 오르내리는 강해형을 '송어'(영명 Cherry salmon, 일본명 사꾸라마스), 육봉형을 산천어라고 부른다. 강해형인 송어는 암컷이 다수인 것으로 알려져 있는데, 생후 1년 반 정도 후의 3~6월에 바다로 나가 자란 후 다음해 봄 4~5월경에 모천으로 회귀한다.

이 같은 송어는 최대 60cm정도까지 성장하지만 산천어는 최대 30cm 정도이다. 산란기는 8~11월로서 북쪽 지방일수록 그 시기가 빠르다. 산란 행동은 강해형 끼리 또는 육봉형 끼리만 하는 게 아니라 서로 혼재되는 경우가 많으며, 강해형은 1회 산란으로 생을 마치지만 육봉형의 경우에는 살아남아 그 다음해에도 산

2

산천어의 아종인 아마고(일본 명칭). 몸통에 흩어져 있는 작은 '붉은 반점'이 특징이다.

표준명■열목어 학명■*Brachymytax lenok* 영명■Lenok, Manchurian trout 일명■コグチマス(코구찌마스)
방언■연메기, 열묵이, 열목이

산천어와 함께 대표적인 계곡 루어 대상어인 열목어.

란하는 경우가 있다.

산천어는 주로 강한 여울과 같이 개방된 장소에서 생활하는데, 성격이 매우 예민하고 신경질적이지만 먹이에 대해서는 강한 집착을 나타내는 사냥꾼으로, 수생 및 육상곤충을 주식으로 하면서 작은 물고기는 물론 갑각류도 잡아먹는다.

남획과 수질오염으로 개체수가 급감하면서 보호육성 목적으로 방류사업이 지속되고 있는데, 우리나라에는 서식하고 있지 않던 서일본 지방의 특산종인 '아마고'(*Oncorhynchus masou ishikawai*)라는 아종이 혼재 방류되기도 하여 유전자 혼란이 불가피해진 현실이다. 또한 동해안으로 흐르는 하천만이 아니라 내륙 지방 곳곳에 방류사업을 진행함으로써 생태계 교란의 우려마저 낳고 있다.

■ 열목어의 생태

원래 산천어가 태백산맥을 기준으로 영동 지역의 계곡에 서식한 물고기인 데 비해, 열목어는 영서 지방의 계곡에 서식한다는 점이 큰 특징이다.

우리나라 동해안으로 흐르는 하천을 제외한 서남해안으로 흐르는 하천 최상류에 서식하는 연어과의 어류로, 세계적으로도 그 분포의 남방한계선으로 인정되는 우리나라의 열목어는 고유의 토종어류이다. 특히 경상북도 봉화군에 서식하는 열목어는 천연기념물로 지정되어 있을 정도이다. 또한 열목어는 다른 연어과의 어류와는 달리 머리가 작고 턱도 작은 것이 특징이다.

만 4년 정도 성장하면 성숙하는 것으로 알려져 있지만, 어린 개체도 산란에 참여하는 것으로 확인되고 있는데 산란기는 3~5월이다. 극히 낮은 수온을 좋아하기 때문에 하천 최상류의 찬물이 솟아나는 장소, 그리고 같은 곳의 바위 그늘 지대에 생활하다가 계류가 결빙되는 시기에는 하천의 중하류까지 내려와 월동하는 것으로 알려져 있다. 최대 60cm 이상으로 성장한다.

먹이에 대해 과격한 성격을 갖고 있어 수생 및 육상 곤충과 소형 어류는 물론, 소형 양서류도 잡아먹는 등 강한 육식성을 지니고 있다.

남획과 수질오염 등으로 그 서식지가 점차 줄어들고 개체수 역시 급감하는 추세에 따라, 보호어종으로서의 인식이 확대되고 방류 사업도 진행되고 있다.

2 계류 루어낚시의 개요

■ 계류어의 종류와 식성

계곡에 서식하는 야생 연어과의 어류는 우리나라에도 몇 가지 종류가 서식하고 있다. 산천어 · 열목어 · 곤들매기 · 사루기 · 자치 등이 문헌에 보이지만, 매우 찬물을 좋아하는 냉수성 어류인 관계로 산천어와 열목어를 제외하고는 남한 지역에서는 거의 찾아볼 수 없고 북한 지역에 주로 서식하는 것으로 알려진다. 남한의 경우 토종 야생어 외에는 인공적으로 방류되었거나 인근 양식장으로부터 유입된 무지개송어가 있는데, 일부 하천에서는 산란을 행하는 등 환경에 적응한 개체가 발견되고 있다.

이들 계류어의 주식은 수생곤충의 유충과 성충, 떠내려 오는 육상곤충, 소형 어류 및 양서류와 같은 소형 동물이다. 그러나 먹이가 부족한 곳에선 서로 동족끼리

2

잡아먹는 경우도 있는 것으로 알려진다.

■ 계류 루어낚시의 장점과 단점

과거의 계류낚시는 산천어를 중심으로 하는 미끼낚시가 대부분이었으나 세월이 지나면서 스포츠 게임 피싱의 시대가 되었다. 특히 최근의 계류낚시는 플라이낚시가 주류를 이루는 추세이지만 루어낚시 또한 낚시인의 기술 여하에 따라 얼마든지 좋은 조과를 얻을 수 있다. 계류에 있어서의 루어낚시의 장점과 단점은 다음과 같다.

▷장점 – 좁은 포인트를 정확히 공략할 수 있는 캐스팅 기술이 뒷받침되면 넓은 범위를 효율적으로 탐색할 수 있다. 또한 계류어의 활성도가 낮은 경우에도 순간적인 루어 작동 기법에 따라선 얼마든지 반사입질(리액션 바이트)을 유도할 수

오감(五感)을 만족시켜 주는 계곡 루어낚시.

있다.

▷단점 – 플라이와 달리 루어를 멈춰둘 수가 없다. 즉, 대상어에게 미끼가 오랜 시간 보여질 수 없다는 것이다. 또한 곤충만을 먹고 사는 장소에서는 일반 루어로 낚기가 어려워 털바늘이 붙어있는 루어를 사용하든가 반사입질을 유도할 수밖에 없다.

■ 방류사업의 문제점

산천어의 개체가 급감함에 따라 자원보호 및 육성을 목적으로 각 지자체를 중심으로 방류사업이 활발히 진행되고 있다. 계류낚시를 즐기는 낚시인들에게는 매우 반가운 일이 아닐 수 없다. 그러나 영동지방이 아닌 영서지방, 중부 내륙지방에 대한 산천어의 방류라든가, 우리나라에는 없는 아종을 방류하는 등, 환경에 대한 사전 영향평가 없이 무분별하게 자행되는 방류 행위는 생태계의 교란을 부르는 심각한 일이 될 수 있다.

지리적 · 고고학적 자료가 되는 계류어의 방류는 절대로 특정 지역이나 계층의 이익을 목적으로 이루어져선 아니 되고, 충분한 환경평가가 선행된 다음에 시행되어야 할 것이다.

■ 열목어의 금어(禁漁) 기간

강원도 일부 지역과 경상북도 일부 지역에 한해 천연기념물로 보호를 받고 있는 열목어는 그 밖의 지역에서도 3월과 4월, 두 달 간의 산란기를 금어(禁漁) 기간으로 지정하고 있다. 그러나 미처 부화하지 못한 알이 5월 금어 기간 이후에도 남아있으므로 열목어의 주 산란처인 얕은 사질 바닥을 훼손하지 않도록 낚시인의 충분한 주의를 요한다.

3 산천어 · 열목어낚시 장비

■ 낚싯대(Rod)

계류 루어낚시 대상어는 소형인 경우가 많아 사용하는 루어 역시 대부분 소형이

2

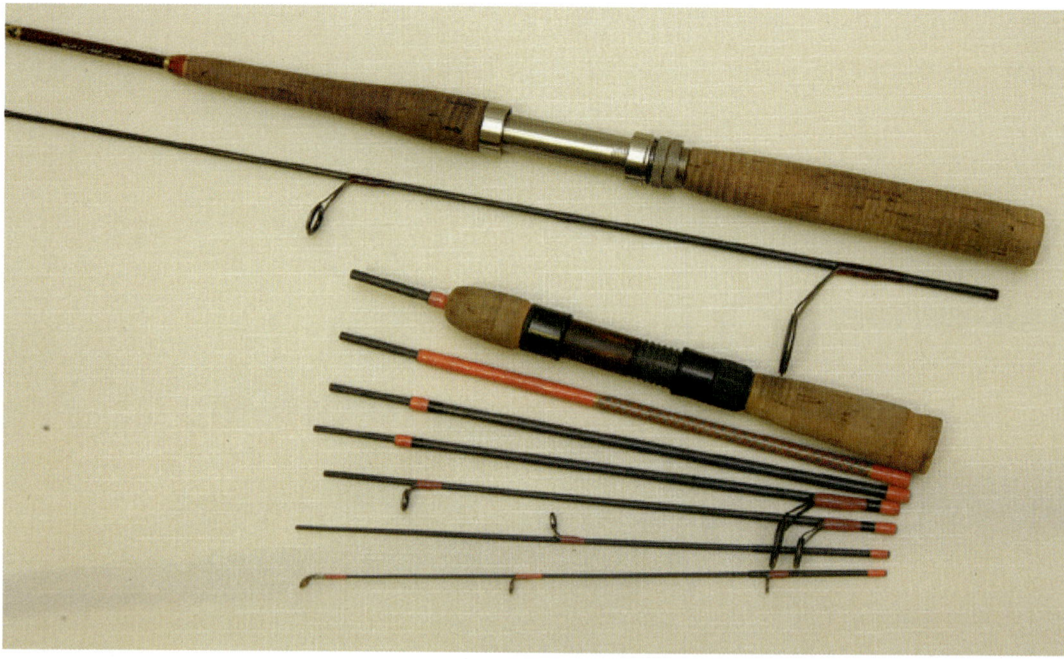

휴대의 간편함에 목적을 둔 계류낚시용 다절(多節) 낚싯대.

다. 또한 낚시터 여건이 개활지보다는 계곡과 같은 지형이 대부분이어서 가볍고도 짧으면서 휴대에 간편한 낚싯대가 유리하다. 이 외에도 좁은 포인트에 정확히 루어를 던져 넣기에 유리하고 루어를 유속에 동조시키기 편하며, 강한 물흐름 속에서 챔질과 랜딩에 편리하도록 어느 정도 허리힘이 좋은 낚싯대가 유리하다.

구체적으로 5피트 전후의 울트라 라이트(UL) 강도로서 휨새는 패스트(F)나 레귤러(R)가 좋다. 낚시터 여건에 따라선 휴대와 운반에 좋은 2절 이상 다절(多節)의 낚싯대가 편리한 경우가 있다.

■ 릴(Reel) & 낚싯줄(Line)

낚싯대와의 균형을 고려해 가능한 한 초소형 릴을 선택하되 4파운드(1호) 줄이 약 100~150m 정도 감기는 크기로서 내구성이 좋은 스피닝릴을 선택한다.

낚싯줄은 나일론이나 플로로 카본 소재의 4파운드(1호) 줄을 중심으로 선택한다. 계류어들은 시력이 매우 발달해 있고 또한 경계심도 강하므로 가능한 한 강하고 눈에 보이지 않는 낚싯줄이 유리한데, 마모에 강하도록 표면 처리가 된 제품을 사용하는 것도 바람직하다.

계곡에서는 초소형 스피닝 릴과 가는 낚싯줄(1호)이 기본이다.

■ 루어(Lure)의 종류와 선택

계류어의 식성과 낚시터의 성격을 고려하여 적절한 루어를 선택해야 좋은 조과로 이어진다.

①스피너(Spinner) - 스피너는 블레이드의 형태와 색상, 전체 크기와 중량, 바늘의 형태로서 나눌 수 있다. 가장 중요한 것은 블레이드의 색상과 광택이다. 기본적으로 광량이 적은 이른 아침이나 저녁에는 금색이나 은색, 광량이 많은 낮 시간에는 동색이나 검은색을 사용한다. 또한 대상어의 활성이 좋은 경우에는 밝은 색, 활성이 낮을 경우에는 어두운 색을 선택한다.

스피너의 크기와 중량의 관계는 동일 중량의 스피너라도 메이커별로 그 크기가 다양하지만, 소형이면서도 무거운 스피너가 급류에서 수심을 유지하며 작동하고, 깊은 곳에서도 잘 가라앉는다. 반대로 크기에 비해 가벼운 스피너는 물흐름을 가로지르지 못하고 표층을 통과하기 쉽다. 주로 2~7g의 스피너를 사용하지만 제품별로 크기의 차이가 많으므로 최적이라고 할 수 있는 기준은 없다.

②스푼(Spoon) - 스피너로는 도달할 수 없는 포인트 즉, 수량이 많고 매우 깊은 포인트에서는 스푼이 효과적이다. 아무리 성능 좋은 루어라도 대상어가 머무는 장소까지 도달하지 못하면 의미가 없기 때문이다. 주로 5~7g 정도의 크기를 사용하며, 색상의 선택 기준은 스피너와 같다.

③싱킹 플러그(Sinking plug) - 계류어들이 소형 어류를 잡아먹는 시기, 곤충류

2

계류낚시용 스피너(Spinner) 종류.

계류낚시용 소형 스푼(Spoon) 종류.

계류낚시용 소형 싱킹 미노우(Sinking minnow) 종류.

가 나타나지 않는 먹이부족 시기, 대형급 계류어가 서식하고 있는 장소 등에서는 소형 미노우 형태의 싱킹 플러그도 사용된다. 싱킹을 사용하는 이유는 플로팅형의 경우 잠수 능력이 아무리 좋아도 대상어가 머무는 수심에 이르기까지는 상당한 거리를 필요로 하기 때문이다. 따라서 폭이 좁은 계류에서는 주로 5~7cm 크기의 싱킹 플러그를 사용한다. 색상은 소형 물고기를 닮은 자연색이 좋지만, 반대로 고기 눈에 잘 뜨이는 강렬한 색상에 반응하는 경우도 있다.

■ 기타 소도구

①웨이더 및 계류화 – 수온이 찬 시기에는 필수적인 장비 중의 하나다. 또한 미끄러짐 방지를 위해 계류화를 착용하도록 한다.

②뜰채 – 릴리즈를 목적으로 하는 경우에는 필수이며, 그렇지 않은 경우라도 편리하게 사용할 수 있다.

③낚시조끼 및 허리 백 – 계류의 루어낚시는 이동이 잦으므로 루어나 소품들을 간편하고 가볍게 휴대하는 것이 중요하다.

④선글라스와 편광안경 – 유해 자외선을 차단하고 수면의 난반사를 막아주어 물속의 상태를 알기 쉽도록 도와주는 역할을 한다.

⑤호루라기 – 불의의 조난 시, 물소리가 굉음을 내는 계곡에서 자신의 위치를 알리기에 도움이 될 수 있으므로 휴대하는 편이 좋다.

⑥나침반 및 지도 – 25,000분의 1 지도를 지참하면 인적이 드문 계곡에서 자신의 위치 확인 및 포인트 확인에 유용하게 사용된다.

〈그림53〉산천어 · 열목어낚시 채비

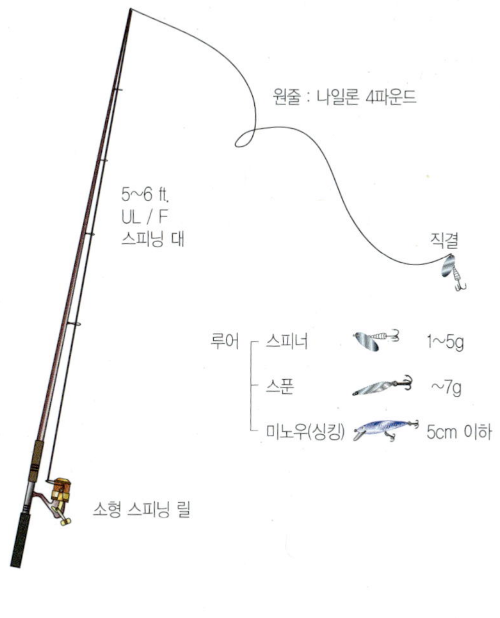

4 채비 및 운용 테크닉

산천어 · 열목어낚시 채비는 〈그림53〉과 같이 낚싯대와 릴을 장착하고 루어를 연결하되,

2

루어는 직결하거나 극소형 스냅을 사용해도 무방하다.

■ 스피너가 유리한 이유

계류에서는 소형 루어가 주력이다. 그중에서도 스피너가 압도적인 위력을 발휘한다. 스피너는 소형임에도 다른 루어와는 달리 루어로서의 모든 기능(실제 먹이 형태 + 호기심 유발)이 함축되어 있어 대상어에 대한 강한 흡인력을 갖는다. 이것이 장소가 좁은 계류에서는 중요한 요소가 된다. 다른 루어를 사용하지 못할 이유는

〈그림54〉계류에서의 싱킹 미노우 사용법

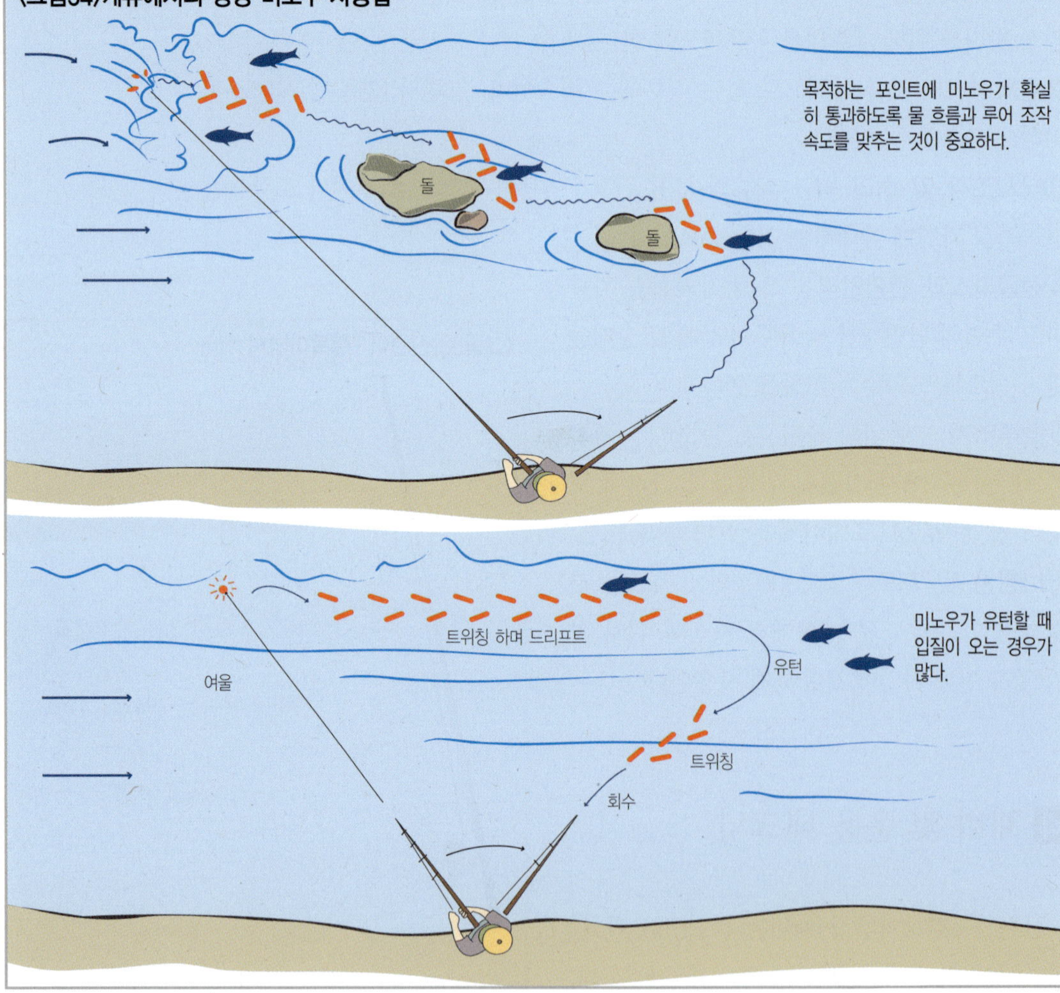

없으나, 루어가 수면에 떨어져 작동이 시작되고, 이어 물고기에게 발견되고, 물고기가 루어를 좇아오고, 끝내는 루어를 무는 전 과정이 비좁은 포인트 내에서 이루어져야만 하는데, 이러한 단거리 승부에 가장 강한 루어가 스피너이다.

■ 루어의 선택과 작동법

①스피너(Spinner) - 캐스팅 후 단순히 릴링하는 동작을 반복하는 것으로, 스피너는 단순한 릴링만으로도 수중에서 블레이드가 회전하기 때문에 사용자의 기술력이 다른 루어에 비해 그다지 크게 나타나지 않는다. 그날의 날씨와 물색 조건 등에 따라 잘 낚이는 제품과 그렇지 않은 제품이 구분될 뿐이다. 그렇지만 대상어가 머무는 수심층, 또는 관심을 보이며 활발히 먹이행동을 하는 수심층으로 통과하도록 하는 것이 중요하다. 일반적으로는 저층에 바싹 붙어 끌려오게 하되 블레이드의 동작이 확실해야 하며, 유속과 수심에 맞춰 스피너의 크기와 중량을 적절히 선택한다.

〈그림55〉계류에서의 스피너 작동법

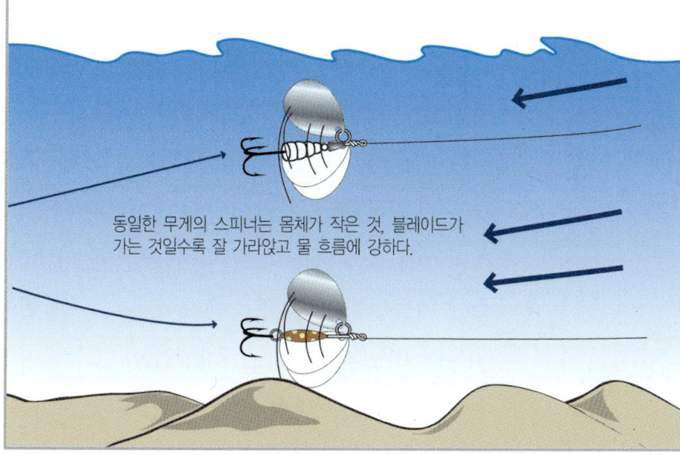

〈그림56〉계류에서의 스푼 작동법

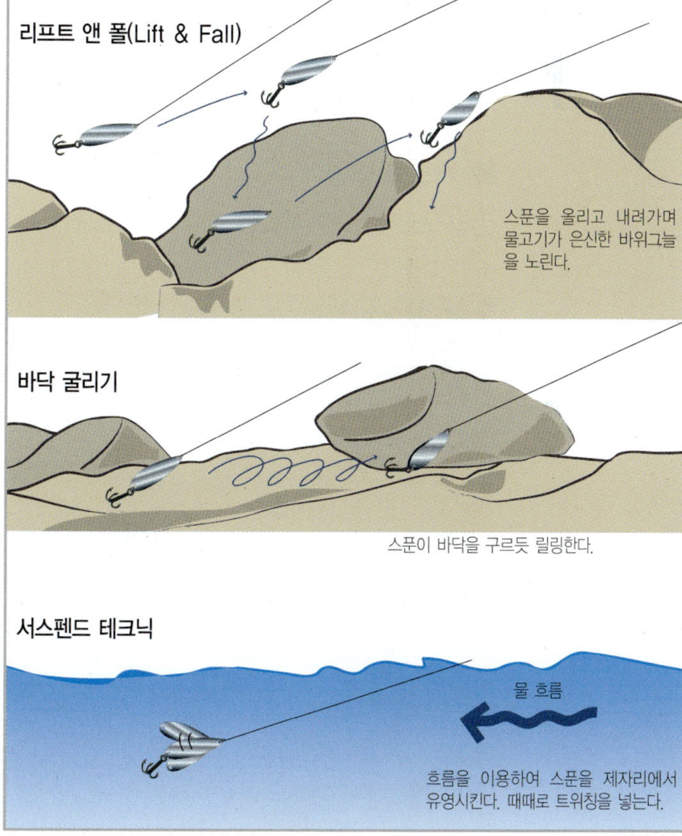

②스푼(Spoon) – 기본적으로는 캐스팅 후 원하는 수심까지 카운트다운을 해야 한다.

▷리프트 앤 폴(Lift & Fall) : 릴링 시에 스푼을 올렸다가 다시 대상어가 숨었을 것 같은 바위 주변에 이르러선 루어를 바닥으로 떨어뜨리는 동작의 반복이다.

▷바닥 굴리기 : 바닥이 평평하거나 모래 장소에서 카운트다운 후에 수심 깊은 바닥을 스푼이 구르듯 끌어들이는 방법이다.

▷서스펜드 테크닉 : 스푼을 물흐름에 떠내려 보내며, 유속을 이용해 원하는 수심층에 머물면서 헤엄치듯 움직이게 하는 방법이다.

③싱킹 미노우(Sinking minnow) – 수심이 있는 소(沼)에서는 캐스팅 후 원하는 수심까지 카운트다운을 하고, 낚싯대를 이용해 동작을 가한다. 〈그림54〉와 같이 대상어가 머무르고 있을 것 같은 장소를 통과할 때에 트위칭으로 루어(미노우)에 격하고 불규칙한 동작을 부여한다. 작은 여울에서는 목적하는 포인트의 상류로 캐스팅을 한 후, 물살 따라 흘러내려 오는 미노우를 적절히 제어하면서 포인트에 도달하게 되면 미노우의 진행 방향을 U턴 시키듯 통과시켜 입질을 유도해 낸다.

■ 캐스팅 방향

①업 스트림 캐스팅(Up stream casting) – 상류를 향해 루어를 던지는 것을 말

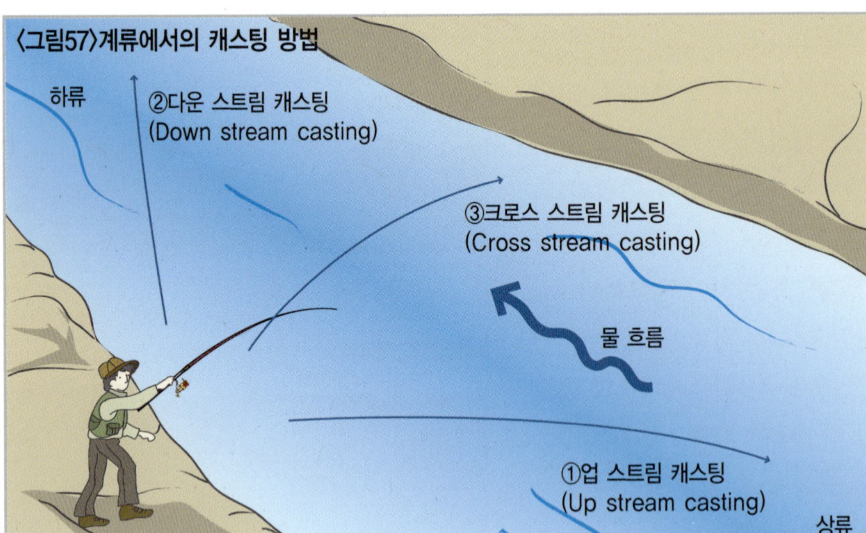

〈그림57〉계류에서의 캐스팅 방법

산천어낚시에 적합한 각종 계류 포인트 여건들.

2

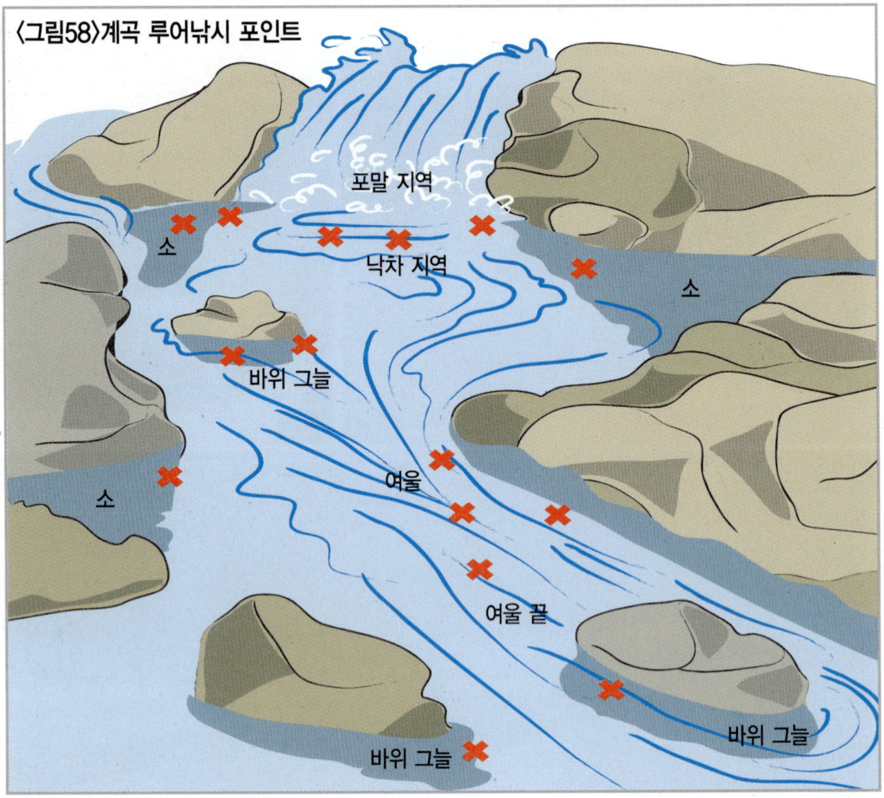

한다. 이때 가장 주의해야 할 점은 물흐름 속도보다도 더 빨리 루어를 끌어야 하는 점이다. 스피너의 경우 그렇게 하지 않으면 블레이드가 돌지 않거나 바닥에 걸릴 확률이 높다. 한편 캐스팅 시에는 낚싯줄의 처짐이 없도록 주의하고, 루어의 착수와 동시에 릴링을 시작해야 한다.

②다운 스트림 캐스팅(Down stream casting) – 하류를 향해 루어를 던지는 것을 말한다. 이때 스피너를 사용하는 경우, 물흐름만 충분히 강하면 릴링을 하지 않아도 블레이드가 저절로 돈다. 이때 무리해서 릴링을 하면 강한 물살의 저항으로 스피너가 수면으로 떠올라 버린다. 이럴 때는 스피너가 유심을 벗어나기를 기다린 후 물살이 완만한 장소에 이르렀을 때 릴링을 시작하면 된다.

③크로스 스트림 캐스팅(Cross stream casting) – 정면을 향해 즉, 계류를 가로질러 루어를 던지는 것을 말한다. 이 경우의 루어는 하류를 향해 떠내려가면서 움직이므로 릴링을 함에 따라 후반부는 결과적으로 다운 스트림 캐스팅처럼 된다.

5 계곡 루어낚시 시즌 및 포인트

■ 계곡 루어낚시 시즌

관리형 유료낚시터의 무지개송어 루어낚시를 제외하고는 가장 먼저 시즌이 시작

산천어 · 열목어 루어낚시 핵심 체크 리스트

1. 낚시터가 계곡 지형이 대부분이므로 가볍고 짧으며 휴대에 간편한 낚싯대가 유리하다.

2. 계류어는 시력이 매우 발달해 있고 경계심도 강하므로 가능한 한 가늘며 강하고 고기 눈에 띄지 않는 낚싯줄이 유리하다.

3. 스피너의 경우 동일한 크기라면 무거운 것이 빠른 물 흐름에 사용하기 좋다.

4. 루어의 선택은 계류어의 계절 식성과 낚시터의 성격을 잘 고려해야 좋은 조과로 이어진다.

5. 수온이 찬 계류에서는 웨이더가 필요하고, 낚시터 대부분이 험한 바위 지형인 데다가 물속 또한 매우 미끄러우므로 전용 계류화를 착용하여 실족에 주의해야 한다.

6. 계곡에서의 루어낚시는 신속한 이동이 생명이다. 계류어는 하류에서 상류로, 소에서 여울로 상당한 거리를 이동한다. 그러므로 어디에 머무는지를 알 수 없다. 장소에 따라서는 영역권을 갖고 있는 경우도 있으며, 하나의 포인트에 단 한 마리만이 있는 경우도 많다. 그러므로 하류에서 상류로, 또는 상류에서 하류로 계속 이동하며 포인트를 탐색해 나가야 한다.

7. 계류어는 발자국 소리에도 놀라 몸을 숨길 정도로 민감한 물고기이다. 그러므로 물가에 접근하기 전에 미리 포인트가 될 만한 장소가 확인되면 물고기가 놀라지 않도록 물가에서 떨어져 자세를 낮춘 후, 가까운 포인트부터 캐스팅하며 탐색한다.

8. 봄철 열목어 산란기와 가을철 산천어 산란기에는 출조를 자제하고, 산란장 또한 훼손하지 않기 위해선 산란 전후 시기에는 되도록이면 웨이딩을 삼가는 것이 좋다.

9. 계류낚시터는 대부분 우리나라에서 가장 청정하고 야생동물이 보호되어야 할 장소이므로 취사 행위나 쓰레기 투기 등 환경오염을 유발할 수 있는 일체의 행동을 솔선하여 삼간다.

10. 폭이 좁은 계곡은 소나기로 인하여 급격히 범람을 하는 경우가 있으므로 항상 날씨에 유의해야 하고 장마철이나 집중호우가 잦은 시기에는 출조를 삼간다.

11 산간 계류는 인적이 드문 장소이므로 단독 출조 시에는 미리 충분히 행선지를 고지하고, 휴대폰의 통화 영역을 벗어나는 경우도 많으므로 불의의 사고에 대비해 최소한의 안전장비를 지참하는 등 만전을 기할 필요가 있다.

12 천연기념물로 지정된 장소와 금어기간을 준수한다.

2

된다고 말해도 과언이 아니다. 겨우내 얼어 있던 산간 계곡의 물이 녹으면서부터 시즌이 시작되며, 이후 열목어의 금어기간을 제외하고는 늦가을 결빙기까지 낚시가 가능하다. 다만 인기척을 싫어하고 찬물을 좋아하는 계류어의 특성상 물놀이객이 많아지고 수온이 올라가는 한여름에는 깊은 산속 최상류의 바위틈에 몸을 숨기는 등 낚시가 쉽지 않다.

■ 포인트와 공략법

계류어는 상류로부터 하류로 흘러내려오는 먹이를 사냥하기 쉬운 위치에 숨어있는 습성이 있다. 그러므로 낙차가 지는 장소의 흰 포말 속, 바위그늘, 돌 주변, 여울 끝의 급심 지형, 깊은 소(沼)의 측면 등으로, 먹이가 흘러들기 쉽고 물고기들이 몸을 숨기기 쉬운 장소들이 좋은 포인트가 된다. 이와 같은 장소를 선택, 물흐름에 맞춰 적당한 위치로 캐스팅하여 루어를 끌어들이면 된다.

■ 안전사고 예방

①폭이 좁은 계곡은 소나기로 인하여 급격히 범람을 하는 경우가 있으므로 항상 날씨에 유의해야 하고, 장마철이나 집중호우가 잦은 시기에는 출조를 피한다.

②산간 계류는 대부분 날카로운 바위 지형이므로 작은 실수가 큰 피해를 불러일으킬 수도 있다. 반드시 등산화나 전용 신발(계류화)을 착용하여 실족에 주의해야 한다.

③산간 계류는 인적이 드문 장소이므로 단독 출조 시에는 미리 충분히 행선지를 고지하고, 휴대폰의 통화 영역을 벗어나는 경우도 많으므로 불의의 사고에 대비, 최소한의 안전장비를 지참하는 등 만전을 기할 필요가 있다.

쏘가리낚시

학명■*Siniperca scherzeri* 영명■Mandarin fish 일명■コウライゲツギョ(코오라이 게쓰교) 방언■궐어 · 금린어

1 쏘가리는 어떤 물고기인가?

우리나라 민물 루어낚시 대상어 가운데 가장 인기 있는 쏘가리는 민물 어류 중에서는 몇 안 되는 농어과의 어류이다. 큰 입에 아래턱이 길고, 몸체에는 흑색 매화 무늬가 특징이며, 지느러미에는 독가시가 있다. 또한 단단한 턱뼈와 한 번 삼킨 먹이는 다시 나오지 않도록 입안 중앙에 송곳니가 있고, 주변으로 잔 이빨들이 있다. 단독생활을 하며 밤에는 먹이를 찾아 멀리 움직이지만, 낮에는 주로 자기 서식지에 머물면서 주변을 지나가는 먹이고기를 공격하는데, 먹이를 향해 돌진하거나 자기 영역을 사수할 때는 상당히 민첩하게 움직인다.

쏘가리가 사는 장소는 여울 속 바위 부근이나, 여울 끝 용존산소량이 풍부한 소(沼) 근처의 바위 지역인데, 바위에 몸을 붙이고 지나가는 물고기나 여울에서 흘러드는 먹이고기를 공격한다. 자기가 머무르는 영역을 지키려는 습성이 강해 영

2

역 내로 접근하는 큰 고기도 공격한다.

쏘가리는 겨울이 되면 강의 깊은 곳이나 호소의 깊고 물 흐름이 거의 없는 장소에서 움직이지 않고 가면(假眠) 상태로 월동한 후, 봄철 대략 수온이 10℃ 이상으로 상승하면 서서히 활동을 시작하는 것으로 알려져 있다. 봄철에는 용존산소가 풍부한 자갈지대에 산란을 하며, 산란 시기는 강수량 · 수온 등에 따라 다소 차이가 있으나 5~7월경이다. 가을이 깊어지면 점차 월동처인 깊은 장소로 이동을 하는 동시에 왕성한 먹이 활동으로 체내 월동 에너지원을 비축한다.

중국산 쏘가리는 우리나라 쏘가리에 비해 우선 체고가 높고, 몸체의 얼룩무늬가 하나하나 독립적으로 구분되지 않는 것이 특징이다.

우리나라 서남해안으로 흐르는 대부분의 하천에 서식하는데, 우리나라에는 단일종인 데 비해 중국에 서식하는 쏘가리는 대략 6종으로 알려진다. 또한 중국산은 우리나라의 쏘가리와는 생태적으로 다른 아종들이다.

■ 식성과 양식사업

쏘가리는 생존을 위한 산소요구량이 높고 완벽한 육식성 어류로, 살아있는 작은 물고기나 새우 등 움직이는 것 외에는 잡아먹지를 않는다. 이로 인해 양식이 불가능한 것으로 여겨졌으나, 근래에는 경제성 있는 체장까지의 증식이 가능할 정도로 많은 연구가 이루어져 방류사업까지 활발히 진행되고 있다.

2 황쏘가리는 희귀종인가?

몸체가 좀더 납작하며 흑색 무늬가 없고 황금색인 황쏘가리는 90년대까지만 해도 일반적인 쏘가리와는 다른 종류로 구분하였다. 그러나 이후의 연구 결과 황쏘가리는 유전자적으로 다르지 않은 일반 쏘가리의 알비노 현상의 일종으로 밝혀졌고, 알비노임에도 눈이 붉지 않은 이유 역시 밝혀졌다. 그럼에도 불구하고 한강의 황쏘가리는 여전히 천연기념물 제190호로 지정되어 있다.

그렇지만 황쏘가리의 출현은 지역적으로 차이가 커 출현이 빈번한 장소의 유전학적 형질을 보존해야 하는 과제가 남아 있다. 황쏘가리는 북한강계 특히 파로호에서 출현 빈도가 높고, 여기에서 멀어질수록 빈도가 낮아 섬진강과 같은 남부지방에서는 목격하기가 힘들다고 알려져 있다.

각종 황쏘가리의 색깔. 별개의 종(種)이 아닌, 쏘가리의 알비노 현상임을 입증케 한다.

2

3 쏘가리 루어낚시 개요

■ 보급 현황

우리나라에서 민물 루어낚시라 하면 쏘가리 루어낚시가 대표라고 해도 과언이 아니다. 우리나라 루어낚시의 역사가 바로 쏘가리낚시로부터 시작되었기 때문이다. 루어낚시 장르 안에서도 여러 가지 분야로 세분화되고 있는 최근에도 한국식 루어낚시의 원조격인 쏘가리낚시의 인기는 여전히 지속되고 있으며, 국내 각 낚시 도구 메이커에서도 사용에 범용성이 있는 쏘가리 루어 낚싯대의 생산량이 다수를 점하고 있는 것을 보아도 미루어 짐작할 수 있다.

■ 금어기간 및 체포금지 체장

쏘가리는 산란 기간이 금어기(禁漁期)로 지정돼 있다. 과거에는 전국을 일률적으로 규정함으로써 산란철 어족보호라는 의미가 희박했으나, 지역 특성을 살린 결과 현재 중부지방은 5월 20일부터 6월 30일까지, 전라남북도와 경상남북도는 5월 10일부터 6월 20일까지로 정해져 있다(2006년 개정). 또한 체포금지 체장이 18cm로 정해져 있으므로 이보다 작은 크기를 낚은 경우에는 즉시 방류해야 한다.

4 쏘가리 루어낚시 장비

■ 낚싯대(Rod) – S 휨새에서 F 휨새로

쏘가리 낚싯대는 우리나라 민물 루어낚시의 기준이 되는 낚싯대로서, 폭이 넓은 강계를 무대로 여울과 바닥층에 서식하는 쏘가리를 겨냥, 이에 적합한 루어를 다루기에 용이한 성능을 추구하고 있다. 길이는 6.6~7피트(1.9~2.1m)가 기준이고, 라이트(L)나 미디엄 라이트(ML)의 강도가 알맞다. 그러나 댐과 같은 인공 호수에서 배를 타고 플러그 루어를 사용하는 경우, 립(Lip)이 긴 플러그는 스푼이나 지그헤드 리그에 비해서 루어의 수류 저항을 강하게 받으므로 이를 다루기 쉬운, 길이가 짧고 휨새가 좀더 강한 미디엄 라이트(ML)의 배스 낚싯대가 유리한 경우도 있다.

이 외에도 쏘가리는 바늘에 걸린 후 바위틈으로 파고들려는 힘이 강하고, 최후의 순간에 갑작스런 저항을 보이기도 하므로 가능한 한 낚싯대의 허리힘이 강한 것이 대형 쏘가리를 다루기에 좋다.

쏘가리낚시에 거의 스푼 루어를 사용하던 시절에는 라이트 강도에 허리까지 유연하게 휘어들어 스푼의 원투가 용이한 슬로우(S) 휨새가 자주 선택되었지만, 지그헤드 리그가 유행하면서부터는 초리 부분에서 휘어지고 루어의 동작 부여에 유리한 패스트(F) 휨새에다, 수중 지형 파악에 유리하도록 예민하고 감도가 좋은 고탄성의 낚싯대를 선호하고 있다.

■ 릴(Reel) – 스페어 스풀 지참

일반적으로 소형 스피닝 릴을 사용한다. 구체적으로 2호 줄이 150~200m 감기는 크기가 적당한데, 저가 제품보다는 라인 롤러에 볼베어링이 들어있어 회전이 좋아 줄꼬임 발생이 적은 중가 이상의 제품을 선택하는 것이 바람직하다.

특히 쏘가리낚시는 낚싯줄의 소모가 많을 수 있으므로 이러한 경우 즉시 스풀을 교환하여 사용할 수 있도록, 스페어 스풀이 세트로 제공되는 제품을 선택하는 것도 바람직하다.

■ 낚싯줄(Line) – 덕용 포장 줄도 무난

강계의 쏘가리낚시는 루어의 여걸림이 자주 발생하여 루어를 뜯기는 경우가 많다. 또한 바위나 장애물의 마찰에 의한 낚싯줄의 손상은 물론, 여러 가지 이유로 낚싯줄의 소모도 많아진다. 그러므로 고가의 고품질 낚싯줄을 고집하기 보다는 경제적인 측면도 고려하는 것이 좋다. 신뢰할 수 없는 제품이 아닌 이상 저가의 덕용 포장 나일론 줄도 충분히 유용한데, 주로 1.5~2호를 사용한다.

■ 루어(Lure) 종류 및 특성

①지그헤드와 그럽 – 수중으로 가라앉는 속도가 빠르고 조과가 안정되어 가장 선호되는 쏘가리낚시용 루어이다. 가장 많이 사용하는 무게는 1/16~1/4온스로, 헤드의 형태는 진동이 많은 라운드 형태를 자주 사용하지만 상황에 맞도록 다양한 형태를 선택하기도 한다.

지그헤드에 장착하는 그럽은 길이 2~3인치가 주로 사용되는데, 일반적인 컬리 테일과 새드 테일 등이 주로 사용된다. 이들은 꼬리의 형태에 따라 수중 동작과 진동에 차이를 보인다. 그럽의 색상은 천차만별이고 사용에 있어서도 경우에 따라 복잡하지만 밝은 장소에서는 밝은 색상을, 어두운 장소에서는 어두운 색상을 사용하는 것이 기본이다.

②스푼 – 쏘가리 루어낚시 시초부터 사용돼 온 기본 루어이다. 크기에 비해 무거우며 단조로운 외형으로, 원투가 가능하고 표층에서 바닥층까지의 다양한 수심을 탐색할 수 있는 장점이 있다. 8~12g을 주로 사용하는데 물의 흐름이 느린 장소에서는 수중 동작이 큰 둥근 형태를, 흐름이 빠른 여울에서는 길쭉한 형태가 효과적이다.

쏘가리낚시에 자주 사용되는 스푼의 색상은 금색과 은색이 흔한데, 물색이 탁하거나 광량이 적을 때는 금색이 유효하다.

③플러그 – 쏘가리낚시에 사용되는 플러그는 미노우와 크랭크 베이트가 주종이다. 그중에서도 립이 길어 디프 다이빙(Deep diving) 기능을 가지면서 다른 루어와 달리 수중에서 멈춤 동작이 가능한 서스펜딩 형태가 자주 사용된다. 이와 같은

쏘가리낚시 장비 및 루어 종류.

플러그는 물 흐름이 강한 여울에서는 거의 사용하지 않고 보트를 이용해 인공호수와 같이 수심이 깊은 장소나 절벽 지형, 수중 장애물 부근 등을 노리는 경우에 활용한다. 5~9cm짜리를 주로 사용하는데 색상은 실제 먹잇감과 비슷한 것을 고르되, 물이 흐리거나 광량이 적을 때는 화려한 색상도 유효하다.

〈그림59〉쏘가리낚시 채비

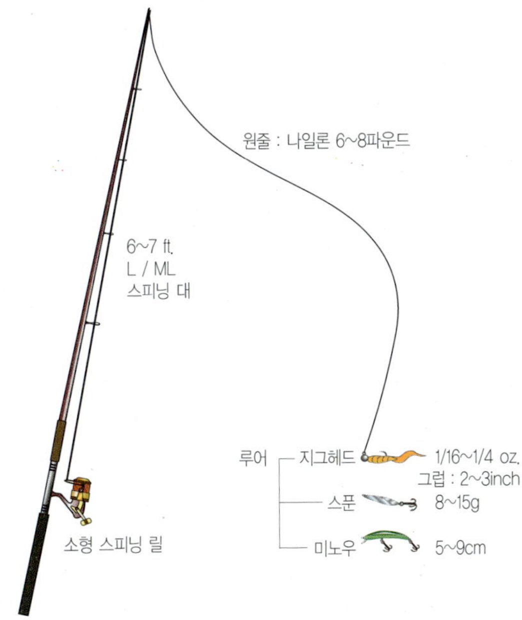

■ 기타 소도구

기본적인 소도구 외에 다음과 같은 소품을 사용하면 여러 가지로 편리할 때가 많다.

①**꿰미** – 낚은 쏘가리를 낚시를 마칠 때까지 살려둘 수 있고 휴대할 수 있는 도구이다.

②**포셉** – 쏘가리는 각 지느러미와 아가미 끝에 돋아 있는 가시에 독이 있으므로 맨손으로 잘못 건드리면 상당히 오랜 시간 통증으로 고생을 하게 된다. 그러므로 쏘가리를 다룰 때는 이 가시를 조심해야 하며, 낚은 쏘가리를 끌어올릴 때도 아래턱의 얇은 막을 관통하여 쥘 수 있는 포셉을 사용하는 것이 편리하다.

5 쏘가리 채비 및 루어 활용술

〈그림59〉를 기준으로 채비를 구성하되, 스푼과 같이 도래가 부착돼 있는 루어나 지그헤드 리그는 원줄에 바로 직결하는 것이 기본이지만, 플러그와 같은 루어는 초소형 스냅도래를 사용하면 루어 교체 등에 편리하다.

■ 지그헤드 리그(Jig head rig) 활용법

①스위밍(Swimming) – 원투 후 원하는 수심까지 가라앉히고 단순히 릴링하는

2

〈그림60〉쏘가리용 지그헤드 리그 사용법

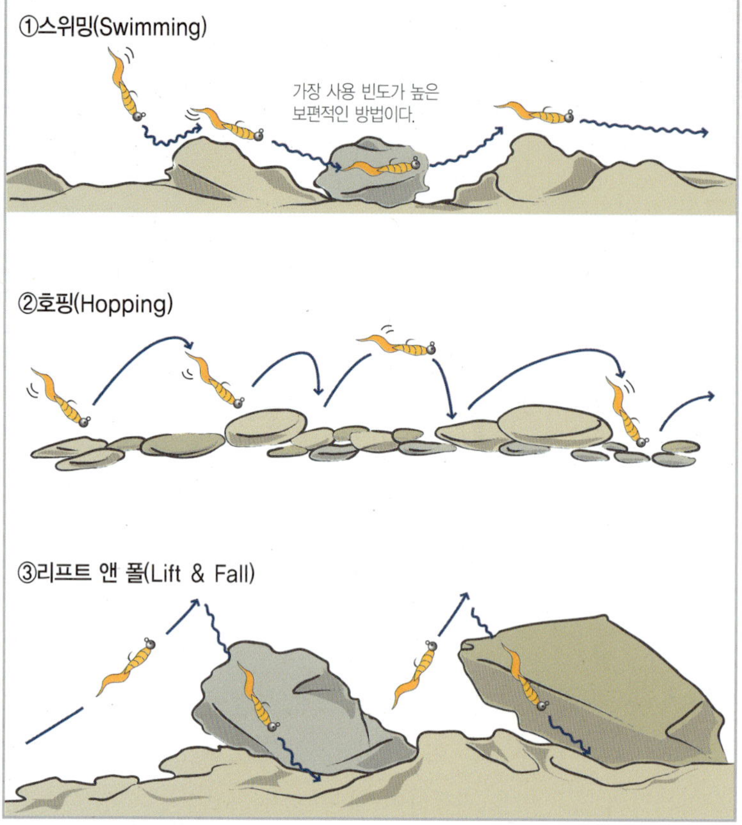

방법이다. 물 흐름이 강한 여울은 물론 여울 끝과 같이 흐름이 잦아드는 장소 등에 두루 활용한다. 바닥이 거친 돌밭인 경우에는 걸림이 매우 심하므로 릴링할 때 낚싯대에 신경을 집중하여 지그헤드가 바닥의 돌을 스치는 감촉을 계속 느끼는 것이 중요하다. 수심과 물 흐름 속도에 적당한 빠르기로 릴링을 해야 루어가 바닥의 돌을 스치듯 유영하게 된다. 이보다 빠른 릴링은 루어가 너무 떠올라 포인트를 벗어나게 되고, 너무 느리면 바로 돌 틈에 걸려버린다. 지그헤드가 바닥에 스치는 것이 감지되면 릴링 속도를 조금 높이거나 낚싯대를 순간적으로 들어 올려 적극적으로 걸림을 피하는 것이 중요하다.

②호핑(Hopping) – 낚싯대를 이용해 순간적으로 튕기듯 올렸다가 다시 낮춰주면서 릴링하는 동작의 반복으로, 루어를 바닥에서 튀기듯 움직이게 하는 방법이다. 일반적인 여울지대나 돌밭에서는 걸림이 극심하므로 이 기법을 구사하기에 적절하지 않고, 그 대신 물 흐름이 약한 장소로서 바닥 걸림이 적은 암반지대나 둥글고 커다란 바위가 흩어진 장소에서 활용한다.

③리프트 앤 폴(Lift & Fall) – 일반적인 연속 릴링이나 저킹으로 지그헤드 리그를 어느 정도 올렸다가 다시 쏘가리가 숨었을 것 같은 바위 주위에서 떨어뜨리는 동작의 반복이다.

■ 스푼(Spoon) 활용법

①연속 리트리브(Steady retrieve) – 스푼을 사용하는 데에 가장 기본적인 방법으로, 캐스팅 후 카운트다운을 활용해 원하는 수심층까지 가라앉힌 뒤 일정한 수심을 유지하도록 끌어들이는 방법이다. 이때 스푼 자체가 갖고 있는 고유한 동작이 잘 표현되도록 일정한 속도로 특별한 기교 없이 감아 들인다.

〈그림61〉쏘가리용 스푼 사용법

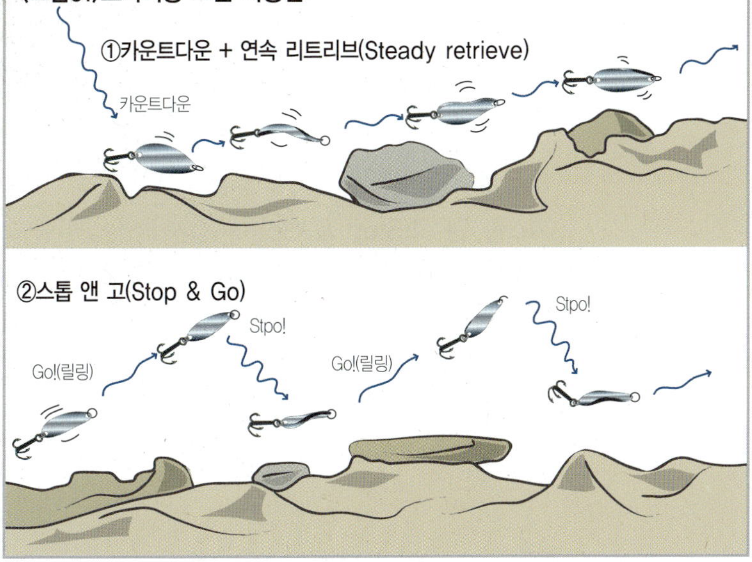

②스톱 앤 고(Stop & Go) – 스푼은 릴링하면 수면으로 점차 상승해 올라온다. 그러므로 릴링 도중 중간중간 릴링을 멈춰 스푼이 다시 가라앉아 유영층을 유지도록 하는 방법이며, 또한 인위적으로 불규칙하게 가라앉는 동작을 연출함으로써 쏘가리의 입질을 유도한다.

〈그림62〉쏘가리 플러그 사용법

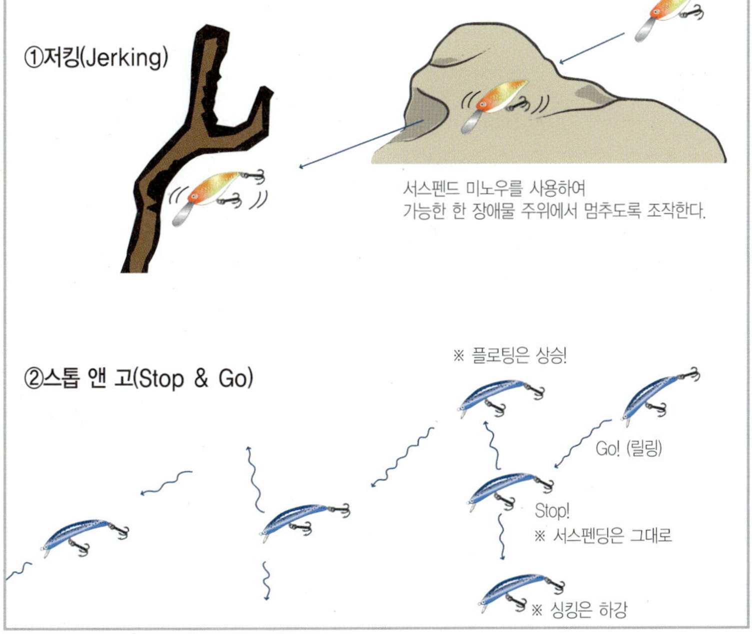

■ 플러그(Plug) 활용법

①저킹(Jerking) – 크고 예리한 낚싯대 동작으로 플러그에 길고 불규칙한 동작을 부여하는 것이다. 낚싯대만을 이용해 미노우

2

를 끌어주고(저크), 낚싯대를 되돌리면서 늘어지는 낚싯줄을 릴링하고 다시 끌어주는 동작으로 이어간다. 이와 같은 과정을 연속동작으로 반복한다. 주로 장애물 주위에 바짝 붙어 플러그가 멈칫하도록 해야 하며, 플러그가 장애물에 부딪치도록 연출하는 것도 효과적이다. 저크 폭에 변화와 중간 멈춤 시간 조절 등을 적절히 응용한다.

②스톱 앤 고(Stop & Go) - 단순한 연속 릴링 도중에 멈추는 동작을 첨가하는 방법이다. 주로 장애물 주위에서 멈춰 주는데, 움직이는 플러그에 순간적인 변화를 가함으로써 반사적으로 입질을 유도하고, 충분히 플러그를 공격할 여유를 주는 방법이다. 서스펜딩 기능의 플러그는 이때 수중 정지 동작을 연출하게 된다. 사용하는 플러그의 고유 동작이 좋은 것을 사용해야 한다.

6 쏘가리낚시의 캐스팅 방향

■ 강낚시터에서의 캐스팅

강에서의 캐스팅은 상류를 향해 비스듬히 루어를 던지는 업 크로스 캐스팅(Up cross casting)이 기본이다. 이때 유의해야 할 것은 물 흐름 속도에 유의해 노리고자 하는 포인트를 루어가 지나쳐 버리지 않도록 하는 점이다. 릴링 속도는 좀더 빨리하는 편이 물 흐름에 지지 않고 일정한 수심을 유지한 채 원하는 경로로 끌어들이기가 쉽다. 된여울과 같이 흐름이 강해 루어가 떠내려가는 경우에는 좀더 무겁거나 수류 저항이 적은 루어로 교체한다.

둘째는 하류로 비스듬히 던지는 다운 크로스 캐스팅(Down cross casting)이다. 물 흐름이 강한 장소에서는 무리하게 릴링하면 루어가 쉽게 떠버리므로 릴링 속도를 느리게 하여 일정 수심을 유지하도록 한다. 여울의 양 옆 유심을 벗어난 장소 등에서 활용한다.

셋째는 강을 가로질러 정면으로 던지는 크로스 캐스팅(Cross casting)이다. 업 크로스 캐스팅과 마찬가지로 루어의 이동 경로에 유의해야 한다. 루어는 하류를 향해 떠내려가면서 움직이므로 릴링함에 따라 후반부는 결과적으로 다운 크로스 캐스팅처럼 된다.

■ 호수에서의 캐스팅

물 흐름이 없는 호수에서의 캐스팅은 특별한 방향성 없이 포인트를 직접 겨냥해 캐스팅한다. 수심 깊은 장소에서는 고사목이나 수중 암초와 같은 장애물, 수중 능선 부근이 가장 좋은 포인트이므로 그곳을 넘겨 캐스팅한 후 이러한 장소를 통과하도록 한다. 절벽 지형에서는 절벽에 바짝 붙여 수평이 되도록 캐스팅한다.

밤이나 이른 새벽 시간과 같이 쏘가리가 얕은 암반 지형이나 장애물이 없는 완만한 지형으로 나와 사냥을 하고 있는 경우에는 한 장소로 원투하기보다는 부채살 모양으로 캐스팅해 가며 쏘가리를 탐색하는 것이 효과적이다.

〈그림63〉강과 호수에서의 캐스팅 방향

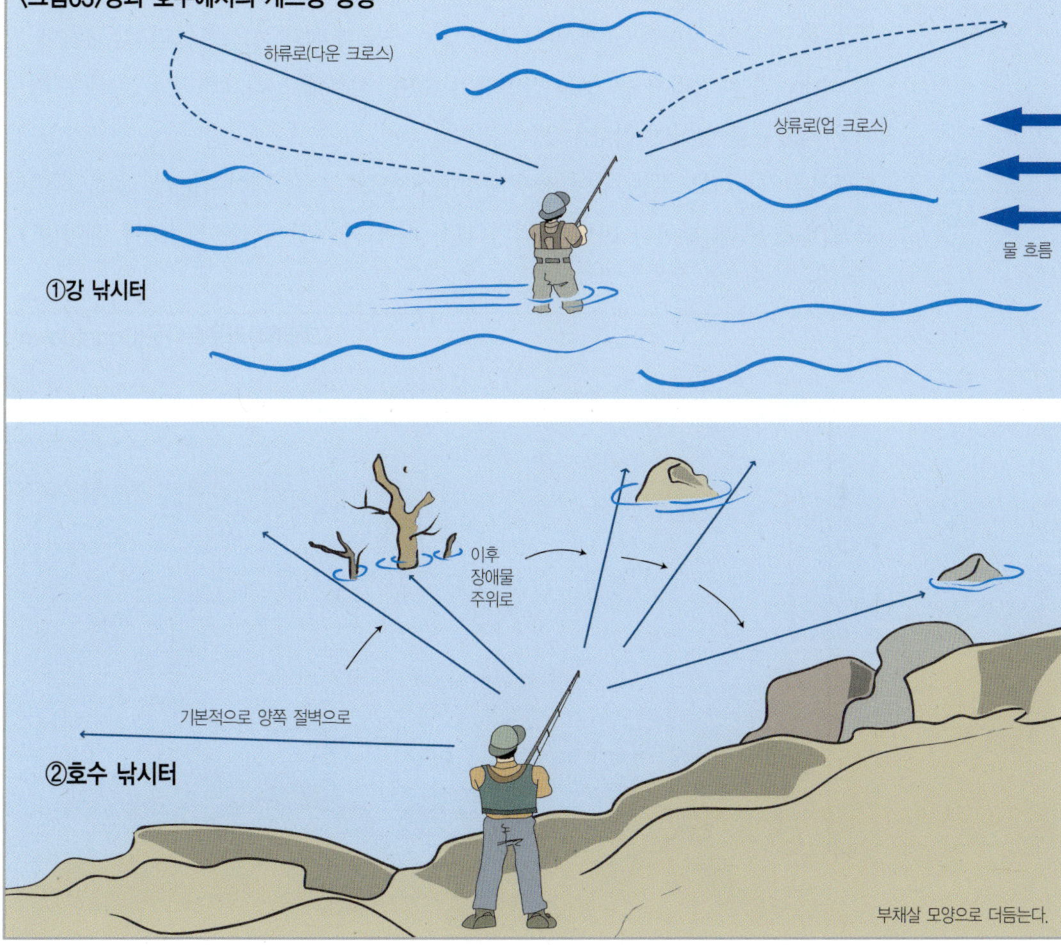

2

7 카운트다운(Countdown)이란?

쏘가리 루어낚시에 있어서 가장 기본이 되는 테크닉이다. 카운트다운이란 루어를 캐스팅 한 후 일정 수심까지 가라앉히는 것으로서, 강 바닥층에 서식하는 쏘가리의 특성을 이해하고 구사해야 한다. 카운트다운 없이는 쏘가리를 낚아내기란 쉽지 않다. 그러나 카운트다운 방법은 간단한 것 같으면서도 쉽지가 않은데, 루어가 착수한 후 일정한 시간 동안 수를 세며(Count) 기다리는 까닭에 이런 명칭이 붙은 것이다.

카운트다운은 루어의 무게와 형태, 물 흐름 속도에 따라 가라앉는 시간은 차이가 나므로 그때그때 상황에 맞춰 구사해야 한다. 둥글고 넓은 스푼을 사용하는 경우는 물 흐름의 영향을 크게 받아 가라앉는 속도가 상대적으로 느리고, 흐름에 밀려 떠내려가는 거리가 큰 것을 감안해야 하며, 지그헤드 리그의 경우는 매우 빠르게 가라앉음을 알아야 한다.

기본적인 방법으로는 루어 착수 후 마음속으로 수를 헤아리는데, 10을 헤아리고 릴링했을 때 루어가 바닥에 걸렸다면, 다음 캐스팅에서는 8정도를 헤아린 다

〈그림64〉카운트다운(Countdown)

음에 릴링함으로써 루어가 바닥을 스치듯 움직이도록 하는 것이다.

실제 상황에서의 카운트다운은 가라앉는 속도 이외에 물 흐름으로 인해 루어가 떠내려가는 속도도 감안, 낚시인 자신이 노리고자 하는 포인트로 루어가 흘러드는 시간까지 계산해야 하는 복잡성도 있다. 또한 릴의 베일을 열어두고 카운트다운할 것인가 베일을 닫고 카운트다운할 것인가도 낚시터 여건에 맞춰 잘 결정해야 한다. 가라앉는 루어의 궤적이 프리 폴링인가 커브 폴링인가의 차이가 발생하는 것이다.

8 입질 – 챔질 – 랜딩 요령

쏘가리가 루어를 물면 순간적으로 육중한 중량감이 느껴지고, 돌 틈으로 달려들어가려하므로 순간 당길 힘이 전해진다. 이때 정확히 챔질을 하면서 낚싯대를 세운다. 낚싯대의 반발력을 이용해 초반에 제압을 하면 묵직한 중량감만 전해지면서 순순히 딸려 나온다. 그러나 된여울 속이라든가 대형 쏘가리를 건 경우에는 그 중량감만으로도 강제집행을 하기에는 어려움이 따르므로 적절한 드랙 사용이 필요하다. 드랙을 너무 느슨하게 풀어두면 챔질이 얕게 되거나 끌어들이기가 벅차고, 드랙을 너무 조여 놓으면 낚싯줄이 끊어지거나 순간적인 저항에 대처할 수 없으므로 좋지가 않다.

한편 낚싯줄의 급격한 긴장 변화는 쏘가리로 하여금 요동치게 만들어 놓칠 수도 있으므로 전 과정에 걸쳐 늦춰주지 말아야 한다. 이를 위해선 낚싯대의 탄성을 끝까지 이용하는 것이 중요하다.

쏘가리는 얕은 곳으로 끌려나오면 갑자기 몸을 틀며 강력한 최후의 저항을 펼치기도 하는데, 드랙을 너무 조여 두거나 낚싯대를 수직 이상으로 뒤로 제치듯 하고 있을 경우, 낚싯대의 충분한 반발력이 발휘되지 못함으로써 순간적으로 발생되는 여유로 인해 다 낚은 쏘가리를 눈앞에서 놓칠 수도 있으므로 주의해야 한다.

얕은 곳으로 끌려나온 쏘가리는 맨손으로 잡는 것보다는 낚싯대의 탄성을 이용에 뭍으로 번쩍 끌어올리거나, 포셉을 이용해 아래턱을 잡아 들어올리는 것이 좋다.

2

9 쏘가리낚시 시즌

■ 봄 시즌 – 여울보다 소(沼)가 먼저

깊은 곳에서 월동을 마친 쏘가리가 서서히 움직이기 시작하는 봄에는 산란을 준비하는 시기이다. 그러나 수온이 낮은 초봄에는 활성도가 매우 낮아 수온이 오르는 낮 시간이 되어야 깊은 장소에 머물던 쏘가리가 인접한 얕은 곳으로 나타난다. 따라서 이른 봄철의 쏘가리는 여울보다는 깊은 소(沼) 언저리의 햇빛이 잘 드는 지점이나, 깊은 곳의 쏘가리가 바로 부상할 수 있는 직벽, 수중섬 등이 좋은 포인

〈그림65〉호수의 쏘가리 포인트 공략법

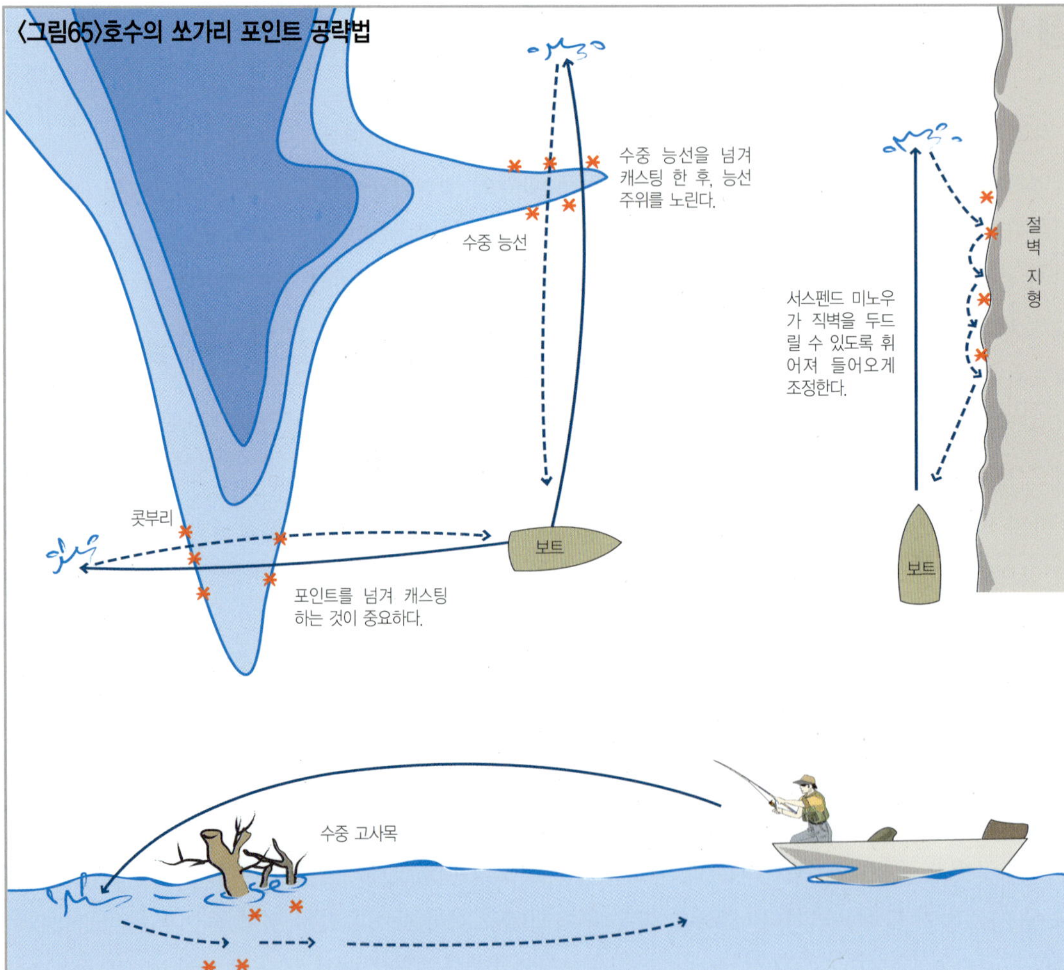

트가 된다.

활성도가 낮은 시기에는 쏘가리의 눈앞으로 다가갈 수 있고, 또한 공격할 시간적 여유를 만들어 주는 서스펜딩 미노우가 특히 호수에서 위력을 발휘한다. 본격적으로 산란을 위해 활발히 먹이 활동을 시작하는 시기가 되면 전국적으로 쏘가리의 금어기간에 접어들게 된다는 점, 염두에 두어야 할 것이다.

■ 여름 시즌 – 여울지대가 포인트

비가 내리고 수량이 불어남에 따라 쏘가리는 계속 상류로 이동한다. 쏘가리의 활성도가 매우 좋은 시기로서 여울을 중심으로 포인트가 전개된다. 밤이나 새벽에는 여울의 중간, 그 외 시간에는 여울의 위쪽이나 끝이 좋은 포인트이다.

■ 가을 시즌 – 차츰 깊은 장소로 이동

초가을은 쏘가리의 활성이 최고조에 달하는 시기이다. 한여름보다는 상류에서 조금 내려간 중류역의 여울지대가 주 포인트인데 여름과 특성이 동일하다.

가을이 깊어 가면 쏘가리는 여울을 벗어나 점차 물 흐름이 잦아드는 깊은 장소로 이동한다. 이때는 수심이 2~3m 정도 되는 장소, 보(洑) 안쪽 등이 포인트가 되며, 수온이 오르는 오후에서 해질녘까지가 좋은 시간대이다.

늦가을이 되어 더욱 수온이 내려가면 쏘가리는 군집하여 월동장소로 이동하는데, 활성이 극히 저조한 대신, 수심 3m 이상 되는 깊은 소에서는 가끔 대물급 쏘가리가 낚이기도 한다.

10 포인트 선정 및 공략법

■ 강계 포인트와 공략법

강의 쏘가리 포인트는 여울지대가 대표적이다. 시기별로 정도의 차이는 있지만 쏘가리는 여울이 가까운 소에 서식하면서 여울로 올라와 사냥을 하고 다시 서식처로 돌아간다. 그러므로 쏘가리의 포인트는 여울 속과 여울의 위쪽이나 아래쪽의 수심이 깊은 장소가 포인트이다. 물론 이와 같은 장소로서 바닥 지형은 자갈밭

2

이거나 커다란 바위가 흩어져 있는 장소, 암반으로 이루어져 있는 장소로서 쏘가리가 몸을 은신할 수 있는 조건이 만족되어야 한다.

밤이나 새벽과 같이 쏘가리가 여울로 올라와 활발히 사냥을 하고 있는 시간에는 특별한 공략법이 필요 없지만, 기본적인 포인트 공략법은 쏘가리가 은신하고 있는 바위틈과 같은 장소를 루어가 확실하게 통과해야 하는 것이다. 전항 6의 '캐스팅 방향' 에서도 설명한 바와 같이 루어가 목적한 포인트를 지나쳐 버리지 않고 적절한 수심으로, 원하는 이동경로를 밟도록 통과시키는 것이 중요하다.

■ 호수(댐) 포인트와 공략법

호수의 쏘가리 포인트는 돌이 무너져 내린 장소, 수중 고사목, 콧부리 지형, 수중 능선, 큰 암초, 수중 섬, 절벽 등이 손꼽힌다. 연안에서의 공략도 무방하지만 보트를 이용하면 포인트 공략이 더욱 용이하다. 물 흐름이 거의 없는 낚시터이므로 포인트를 겨냥해 직접 정투(正投)하면 되는데, 포인트에 그냥 직격하는 것이 아니라 포인트를 어느 정도 넘겨 캐스팅한 후 릴링할 때는 루어가 포인트를 정확히 통과시키도록 한다.

돌이 무너진 장소에서는 루어가 돌을 타고 넘듯이 움직이거나, 미노우를 사용해 립이 돌에 살짝살짝 닿도록 움직여 주는 것도 좋다. 수중 고사목 같은 장애물 지역에선 미노우나 크랭크 베이트를 사용하여 과감히 나무에 부딪쳐 순간적인 이상 동작을 유발함으로써 입질을 유도해 낼 수도 있다.

콧부리 지형은 경사면을 따라 일정하게 릴링하든가, 가로질러 캐스팅 한 후 루어가 능선을 타고 넘도록 하면 좋다. 절벽 포인트 역시 절벽에 바짝 붙여 움직이든가, 미노우나 크랭크 베이트를 사용하는 경우라면 라인 아이를 왼쪽 또는 오른쪽으로 조금 구부려 진행 방향을 일부러 조정함으로써 립이 절벽에 부딪치며 끌려오도록 하는 것도 한 가지 방법이다.

11 쏘가리 밤낚시는 어떤가?

▶**야행성 쏘가리** – 낮 시간 동안 돌 틈에 은신하며 눈 앞으로 지나가는 먹이만을

잡아먹던 쏘가리는 밤이 되면 넓은 장소로 활발히 이동하며 사냥을 개시한다. 강에서는 여울을 타고 오르내리며 적극적으로 먹이를 좇고, 호수에서도 얕은 장소로 나와 먹이를 좇는다.

▶**밤낚시 시기** – 밤에 활발히 사냥을 하는 쏘가리이지만 수온이 낮은 시기에는 밤에 잘 움직이지 않는다. 가장 수온이 높아 고활성을 보이는 늦봄부터 초가을에 걸쳐 이루어진다.

▶**밤낚시 테크닉** – 밤낚시에서는 특별한 기교 없이 일정한 속도로 릴링하는 것이 기본이다. 또한 멀리 캐스팅하는 것보다는 좌우 연안으로 먼저 캐스팅하고, 이후

쏘가리 루어낚시 핵심 체크 리스트

1. 강계에서 사용하는 쏘가리낚시 장비는 우리나라 민물 루어낚시의 기준이 되는 장비이다.

2. 지그헤드 리그를 주로 사용하는 경우에는 패스트(F) 액션(초리휨새)에다 탄성률이 높은 소재의 제품이 상대적으로 유리하다.

3. 쏘가리는 파고들려는 힘이 강하고 최후의 순간에 갑작스런 저항을 보이기도 하므로 동일한 강도의 낚싯대라도 허리 힘이 강한 것이 유리하다.

4. 인공 호수에서 배를 타고 립이 긴 플러그 루어를 사용하는 경우에는 루어의 수류 저항이 강하므로 이를 다루기가 용이하도록 강에서 사용하는 낚싯대보다 한 단계 짧고 강도가 높은 낚싯대가 유리한 경우도 있다.

5. 주로 바닥층을 노리는 특성상 루어의 밑걸림이 자주 발생하여 루어를 잃게 되는 경우가 많고, 또한 바위나 장애물의 마찰에 의한 낚싯줄의 손상과 이에 따른 낚싯줄의 소모도 많다는 점을 염두에 둔다.

6. 루어 활용에 있어 카운트다운 기법을 확실히 습득해 두어야 한다.

7. 지그헤드 리그가 스푼보다 빠르게 가라앉는다.

8. 캐스팅 방향, 유속, 수심, 루어의 유영층을 고려하여 원하는 포인트에 루어가 적절히 통과하도록 주의해야 조과를 올릴 수 있다.

9. 쏘가리는 각 지느러미와 아가미 끝에 나 있는 가시에 독이 있으므로 맨손으로 잘못 건드리면 상당히 오랜 시간 고통받을 수 있으므로 쏘가리를 다룰 때는 이 가시를 조심해야 한다. 낚은 쏘가리를 잡을 때도 아래턱을 관통하여 쥘 수 있는 포셉을 사용하는 것이 편리하다.

10. 낚시터가 된여울이거나 급경사지대, 발판이 험한 돌밭인 경우가 대부분이므로 안전사고에 항상 유의한다.

11. 밤낚시에는 낮 시간에 지형을 숙지해 두는 등, 신중을 기하여 더욱 안전사고에 유의한다.

12. 산란기인 금어기간과 채포 금지체장을 철저히 지키도록 한다.

13. 천연기념물로 지정된 황쏘가리 자원을 보호한다.

부채살 모양으로 탐색해 나간다. 쏘가리가 활발히 행동하고 있으므로 루어를 낮 시간대와 같이 가라앉혀 바닥을 꼼꼼히 훑을 필요는 없다. 루어는 스푼이나 지그헤드 리그가 좋은데, 그럽 색상은 달이 밝은 날은 밝은 색상을, 달이 나오지 않는 어두운 날은 검은 색상이 효과적이다.

▶**밤낚시 포인트** – 강에서는 쏘가리의 사냥터인 여울을 중심으로 선택하고, 호수의 경우에는 수심 얕은 돌 무너진 곳이나, 깊은 곳과 이어진 얕은 자갈밭 등이 좋다.

■ 쏘가리 밤낚시 유의사항

①안전이 최우선이다. 넓은 지역을 이동해 가며 낚시를 하는 것보다는 이동 거리는 최소한으로 한다. 낮 시간에 미리 지형을 숙지하고 밤낚시에 들어가도록 한다.

②급경사나 발판이 험한 장소에서의 밤낚시는 삼간다.

③계곡과 같은 지형에서는 급한 수위상승이 있을 수 있으므로 이를 항상 예상하고 있어야 한다.

④정숙이 중요하다. 이동 중에 소란하게 한다든지 물속에 불빛을 비추는 것은 좋지 않다.

⑤낚싯대는 평소 사용하는 것보다 조금 짧은 것을 사용하면 다루기가 쉬워 문제 발생이 줄며, 릴도 평소 익숙한 것을 사용하되 스풀에는 줄을 조금 덜 감아 두는 것이 편리하다.

피라미 · 갈겨니낚시

산란기의 수컷.

표준명■피라미 학명■*Zacco platyus* 영명■Pale chub 일명■オイカワ(오이카와)
방언■피리 · 피래미 · 청피리 · 불거지(수컷)

1 피라미와 갈겨니는 어떤 물고기인가?

■ 피라미 – 하천 외 댐 · 저수지에도 서식

잉어과의 어류인 피라미는 우리나라 동해안으로 흐르는 하천을 제외한 내륙 모든 하천에 서식한다. 우리나라의 담수어 중 그 개체수가 가장 많으며 인공적인 환경 변화에 잘 적응하는 어류이다. 갈겨니와 달리 호소나 하천의 중하류에 서식하고, 하천에서는 봄부터 가을에 걸쳐 얕은 여울에 주로 서식한다. 식성은 갈겨니와 마찬가지로 잡식성이다.

산란기가 되면 수컷은 턱 주변에 추성이 돋아나고 온몸에 화려한 혼인색을 띤다. 크기는 15cm 전후가 많고 20cm가 넘는 것도 있다. 갈겨니와 달리 맛이 좋은 피라미는 일반인에게도 인기가 높다.

2

〈갈겨니〉

표준명■갈겨니 학명■*Zacco temminckii* 영명■Dark chub 일명■カワムツ(카와무쓰) 방언■개피리(수컷), 밤무이(수컷), 눈검지, 개리

물이 맑은 강계 중류권에선 어느 곳이건 피라미가 낚인다.

■ 갈겨니 – 수질 깨끗한 하천에 서식

역시 잉어과의 물고기로 피라미와 흡사하지만 눈이 더 크고 검은 색을 띤다. 전국 하천의 중상류역 1, 2급수의 깨끗한 수질을 좋아하는데, 피라미와 달리 물 흐름이 느린 장소에 많다. 식성은 잡식성으로 바위의 부착조류와 수서곤충, 수면에 떨어지는 육상곤충을 먹는다. 봄부터 여름철의 산란기를 맞는 수컷은 피라미의 경우처럼 화려한 혼인색을 띤다. 크기는 15cm 전후가 많지만 20cm 넘는 대형도 있다.

〈그림66〉 갈겨니 · 피라미낚시 채비

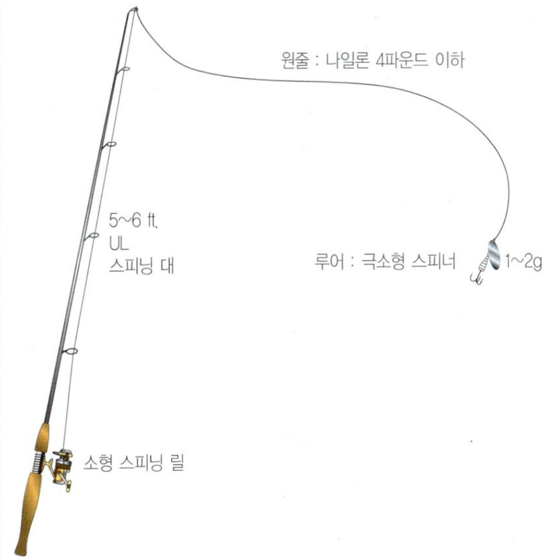

2 장비 · 채비 & 테크닉

갈겨니와 피라미는 루어에 잘 낚이는 본격 루어낚시 대상어라기보다는 오히려 플라이낚시 대상어라고 볼 수 있다. 그러나 물에 떨어진 곤충을 모방한 소형 스피너에는 매우 민감한 반응을 보이면서 잘 낚인다. 특히 갈겨니의 경우는 매우 쉽게 낚이므로 잔재미를 보기에는 손색이 없는 어종이다.

그러나 낚이는 크기가 매우 작으므로 이에 어울리는 장비를 사용해야 그 묘미를 즐길 수 있다. 꺽지 루어낚시나 계류 루어낚시를 기준으로 하되, 가능한 한 가벼운 장비를 갖추도록 한다.

피라미 · 갈겨니낚시 핵심 체크 리스트

1. 갈겨니와 피라미는 루어낚시 대상어라기보다는 오히려 플라이낚시 대상어라고 볼 수 있으나 물에 떨어진 곤충을 모방한 소형 스피너에는 매우 잘 반응한다.

2. 크기가 매우 작으므로 이에 어울리는 장비를 사용해야만 즐거움을 배가할 수 있다.

3. 사용하는 루어(스피너)가 매우 작으므로 너무 굵은 줄을 사용하면 원투가 불가능한 것은 물론, 입질도 떨어지므로 가능한 한 가는 줄을 사용하는 것이 비거리도 좋고 조과도 좋다.

4. 갈겨니는 물 흐름이 강하지 않은 장소나 소와 같은 곳을 좋아하므로 이와 같은 장소에서 잘 낚이고, 피라미는 여울과 같이 물 흐름이 강한 곳에서도 곧잘 낚인다.

낚싯대는 5~6피트 정도 길이의 울트라 라이트(UL)가 적당하고, 릴은 소형 스피닝 릴을 사용한다. 낚싯줄은 4파운드(1호) 정도를 사용하는 것이 좋다. 루어는 기능한 한 작은 크기가 유리한데, 1~2g 정도 크기의 초소형 스피너를 사용하는 것이 좋다. 채비는 〈그림66〉을 기준으로 구성하면 된다.

황어낚시

학명■*Tribolodon hakonensis* 영명■Searun dace 일명■ウグイ(우구이) 방언■항어 · 밀황어

1 황어는 어떤 물고기인가?

황어는 잉어과의 물고기로서 하천의 상류역에서부터 하구, 그리고 바다 연안에까지 서식할 정도로 그 생활권이 폭넓은 물고기이다. 그래서 황어는 기수역은 물론 항포구의 내만이나 방파제 부근, 모래사장 등에서 잘 낚인다.

우리나라의 동해안과 남해안으로 흐르는 하천에 서식하는데, 원래 하천에 남아 있는 개체도 있지만 대부분 강해형(降海型)으로, 산란기가 되면 바다 쪽에서 강으로 대거 거슬러 올라온다. 식성은 잡식성이지만 식욕이 왕성하여 바위에 부착된 조류는 물론 수서곤충, 수면에 떨어진 육상곤충, 작은 물고기 등을 활발히 잡아먹는다.

봄철 산란기를 맞이하면 암수 모두 주황색과 검은색 줄무늬가 선명한 혼인색을 띤다. 크기는 30cm 정도이지만 바다에 다녀온 것은 45cm가 넘는 것이 많다. 황

2

동해로 흐르는 하천은 어느 곳이건 황어가 많고, 겨울철에도 훌륭한 루어 대상어가 된다.

어의 아종으로 '대황어' 라는 거의 동일한 형태와 습성을 지닌 물고기가 같은 장소에 있는데, 일반 황어보다 대체적으로 조금 더 크고, 혼인색에 검은 줄무늬가 없이 주황색 줄무늬만 나타나는 것이 특징이다.

2 황어 루어낚시의 개요

황어는 생태 설명에서도 언급한 것처럼 강한 탐식성을 갖고 있어 루어를 활발히 공격한다. 그 크기도 30cm 이상이며 50cm가 넘는 대물도 종종 걸려들어 거친 저항을 보이므로 루어낚시 대상어로서 충분한 가치를 갖고 있다.

낚시터 또한 동해안으로 흐르는 대부분의 하천 지역과 하구, 그리고 인접한 항포구 방파제 부근으로, 계절에 따라 다양한 포인트가 전개된다.

황어는 또한 입이 작기 때문에 어느 정도의 크기가 아니면 루어보다는 플라이낚시 대상어로서의 가치가 더 높다. 그러나 바다로부터 소상해 온 황어는 거의 대형급이므로 무리를 이루고 있는 장소에서는 1년 내내 루어에 잘 낚인다고 말할 수 있다. 특히 봄철에서 초여름까지 무리를 지어 강을 거슬러 오르는 시기가 가장 좋은 루어낚시 타이밍이 된다.

3 황어낚시 장비 · 채비 & 테크닉

쏘가리낚시용 장비를 그대로 사용해도 무리가 없다. 더욱이 황어가 서식하는 장소는 특별한 장애물이 없는 경우가 많으며, 루어에 걸려도 장애물 속으로 도망치지 않으므로 오히려 좀더 가벼운 장비를 사용하는 편이 낚는 재미를 더할 수 있다.

낚싯대는 6피트 전후의 길이에 울트라 라이트(UL)~라이트(L)가 적당하고, 릴은 드랙 성능이 좋은 소형 스피닝 릴을 사용한다. 낚싯줄은 4~6파운드(1~1.5호)로 충분하다. 그러나 방파제에서는 낚싯대를 조금 더 길게 사용하는 편이 유리하다. 루어는 3~5g 정도의 스피너나 5~8g 정도의 소형 스푼을 사용한다.

채비는 〈그림67〉과 같이 쏘가리낚시 장비나 계류낚시 장비를 기준으로 구성한다.

〈그림67〉 황어 루어낚시 채비

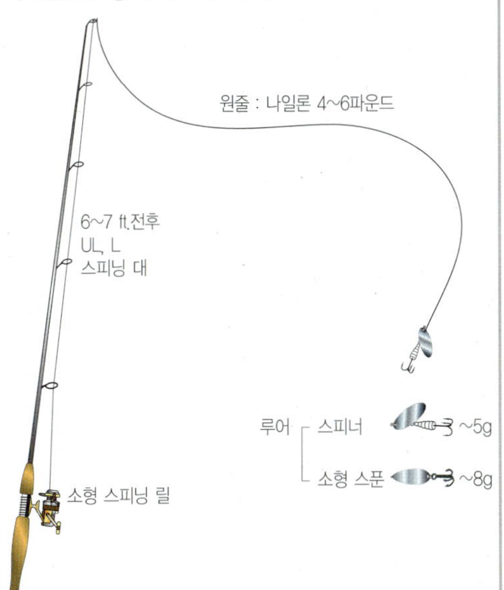

황어 루어낚시 핵심 체크 리스트

1. 황어의 서식처는 특별한 장애물이 없는 경우가 많으며, 루어에 걸려도 장애물 속으로 도망가지 않으므로 가벼운 장비를 사용하는 편이 낚는 재미를 배가할 수 있다.
2. 황어는 강의 상류에서부터 하구는 물론, 바다 방파제 부근까지가 포인트가 된다.
3. 하천 상류권의 경우에는 물 흐름이 빠른 장소보다는 본류 주변의 속도가 느린 장소가 좋은 포인트이다.
4. 강 폭이 넓은 장소에서는 주위보다 수심 깊은 장소의 바닥층에 무리지어 있으므로 이러한 장소로 루어가 통과하도록 한다.

Part Ⅲ

바다 루어낚시 편

3

제1장 바다 루어낚시 개관

1 우리나라 바다 루어낚시는 언제 시작되었나?

우리나라 바다 루어낚시는 전체 루어낚시 분야에 비해 그 역사가 매우 짧다고 할 수 있다. 그러나 현대식 개념은 아니지만 재래식 어로 방법에서 우리나라 바다 루어낚시의 원류를 찾아볼 수 있다. 즉, 인조미끼를 사용한 오징어낚시와 삼치낚시가 그것이다.

어두운 밤에 불을 밝힌 배 위에서 '오징어뿔'이라 불리는 재래식 가짜미끼를 이용해 오징어를 잡아 올리는 어법과 '호로'라고 불리는 꼴뚜기 형태의 가짜미끼를 납줄에 달고 배로 끌면서 삼치나 가다랑어를 낚는 이른바 '끄심바리'도 루어낚시임에 틀림없다. 뿐만 아니다. 대나무 장대에 굵은 낚싯줄을 달아 그 끝에 닭털로 감싼 바늘을 이용해 농어를 잡은 옛 섬사람들의 농어낚시도 분명 루어낚시 형태였다.

따라서 바다 루어낚시라는 것이 최근에 시작된 장르라고 하기에는 부적합할지도 모른다. 바다 루어낚시의 시작을 따지기보다는 우리나라에 있어 바다 루어낚시가 어떻게 발전돼 왔는지 살펴보는 일이 더 의미 있을 것 같다.

2 우리나라 바다 루어낚시 발전 과정

■ 갯바위 농어낚시의 시작

우리나라의 본격적인 바다 루어낚시는 갯바위 농어낚시로부터 시작되었다. 물론 전문적으로 루어낚시가 시도된 것은 아니고, 추자도나 가거도 등지로 원정을 떠나는 낚시인들이 감성돔·돌돔낚시 도중 농어 무리가 갯바위로 접근할 때를 노려 멸치 형태의 루어를 사용해 효율적으로 농어를 낚으면서부터이다.

당시는 전문 장비가 전혀 없던 시절이었으므로 원투용 갯바위 낚싯대를 그대로 사용하거나 적당히 개조해 사용하였다. 루어가 가벼웠던 만큼 원투를 위하여 20~30호 봉돌을 달거나 대형 찌를 부착한 후 적당한 길이의 목줄을 잇고, 거기에 루어를 다는 형태였다. 루어는 비공식적으로 들어온 고가의 외국산이 대부분이었다. 민물용 대형 스푼 루어 두 개를 겹쳐 사용하기도 했는데, 드디어 1980년대 초반 들어 바다에서 사용할 수 있는 크기의 외국산 루어들이 낚시점에 등장하기 시작하였다.

외줄 채비를 끌고 다니는 끌낚시, 이른바 끄심바리는 우리나라의 재래식 트롤링으로 볼 수 있다.

■ 저립(재방어) 빅게임 트롤링 유행

1980년대 초반 들어 제주도 인근의 추자도·사수도 해역에서 빅게임 트롤링이 시도되었다. 당시 일반인들에게는 꿈과 같은 일을 몇몇 전문 낚

3

1980년대, 우리나라 트롤링 붐의 계기를 제공한 원로 낚시인 이동직씨와 2m 27cm (125kg)짜리 재방어. 1979년 8월 28일 06시 30분, 추자도 보름섬 근해에서 본격 트롤링으로 올린 것이다.

시인들이 수많은 시행착오 끝에 거대한 회유어를 낚아 올리는데 성공하여 화제가 되었다. 대상어종은 '저립'(Chinese mackerel, 표준명 : 재방어). 삼치 종류에 속한 어종인데도 명칭은 물론 정확한 생태에 대한 조사도 없던 시절이어서 도그투스 투나(Dogtooth tuna)라는 엉뚱한 어종의 이름을 달고 I.G.F.A.(국제게임피싱협회)의 공인기록에 등재되기도 했었다.

저립 외 꾀저립(Wahoo)과 대형 상어도 대상어가 되었지만, 이와 같은 빅게임 트롤링은 명맥을 잇지 못하고 국내에서는 소멸되다시피 하고 말았다.

■ 라이트 트롤링과 보트 캐스팅 시도

1990년대 초반에 제주도 서귀포 앞 해역을 중심으로 회유어를 루어낚시로 올리는 패턴이 시도되었다. 제주도에서는 너무 흔해 천대하던 다랑어 종류와 만새기 등 회유어들을 외국처럼 본격 루어낚시 대상어로 확립하는 시도였고, 바다 루어낚시의 대중화를 몰고 온 계기였다.

당시는 중형 유어선이나 현지 낚시점의 모터보트로 대상어들의 회유로를 찾아 루어를 끌고 다니는 형태로, 전통적인 끄심바리를 변형하여 간단히 낚싯대와 잠수 능력을 가진 루어(주로 미노우 플러그)를 사용하는 수준이었다. 이후 대상어들이 몰려 있는 지역이 확인되면 배를 멈춰 흘리면서 트롤링이 아닌 캐스팅을 하는 방법도 시도되었다.

■ 서해 농어낚시 인기몰이

1990년대 중반 이후 서해안에서 농어 루어낚시가 폭발적인 인기를 모으기 시작했다. 충청 · 전라도 연안권에서 원도권에 이르기까지 농어를 목적으로 하는 루어낚시가 활기를 띠었다. 현지 낚시점을 중심으로 갯바위낚시는 물론 소형 모터보트를 이용한 배낚시가 성행된 것이다. 이는 바다낚시에 있어서 일반 미끼낚시 외 루어낚시가 낚시의 한 장르로 자리매김하는 데 큰 역할을 했고, 아울러 우리나라 바다 루어낚시의 장비 보급과 기법 확립에도 큰 계기를 마련하였다.

■ 연안 우럭낚시 붐 확산

서해안고속도로 개통으로 수도권에서 서해안으로의 나들이가 한결 쉬워지고, 어자원 감소 및 금어기 정착 등으로 갈 곳을 잃은 민물 루어낚시인들이 서해안 우럭에 많은 관심을 기울이기 시작했다. 그 결과 대규모 방조제와 연안 갯바위에서 민물 루어낚시용 장비를 그대로 활용, 손맛과 입맛을 동시에 즐기는 우럭낚시가

2000년대 들어 우리나라 지깅의 대중화 계기를 마련해 준 동해 임원 앞바다의 대구낚시 장면.

붐을 이뤄 단시간에 바다 루어낚시의 한 장르로 정착하게 되었다.

■ 지깅(Jigging) 도입과 정착

과거 극소수의 낚시인들만이 시험적으로 시도하던 수직 지깅(Vertical jigging) 기법이 2000년대 들어 새롭게 부각되며 발달하였다. 깊은 수심에 머물고 있는 대형급 부시리 · 방어 등을 직접 대상으로 하는 지깅은 그 호쾌한 멋에 의해 고가의 장비가 필요함에도 불구하고 많은 인기를 모았다. 또한 스포츠피싱으로서의 대물낚시를 시도하는 계기가 되었으며, 그동안 주된 대상어로 여기지 않던 어종들에 대한 개척과 새로운 낚시터 개발 등이 속속 이루어졌다.

■ 해외 원정낚시 성행

2000년대 들어 그간 해외여행 도중 잠시 낚시를 시도하는 정도가 아닌, 낚시 자체를 목적으로 하는 해외여행이 활발히 시작되었다. 국내에서는 낚을 수 없는 어종이나 대물에 대한 꿈을 이루려는 낚시인들이 단체를 구성하여 해외로 진출하기 시작한 것이다. 바다 루어낚시 분야에 있어서의 해외 원정은 지깅의 보급이 한 몫을 하였는데, 좀더 큰 대물을 낚고자 하는 낚시인들의 열망이 담겨진 것으로 해석된다. 그러나 해외 원정낚시에 대한 충분한 가이드 서비스 확보가 미비하며, 일정을 만들어 줄 여행사나 코디네이터의 부재로 아직은 완벽한 체제가 확립되어 있지 않은, 발전 도상에 있는 분야이기도 하다.

3 국내 바다 루어낚시 대상어 일람

①**우럭** – 전국적으로 서식하지만 특히 서해안 지방의 각 갯바위는 물론, 대단위 방조제에서 주로 행해진다. 이 외에도 루어낚시인들을 승선시키고 포인트를 안내하는 배낚시 형태도 있다.

②**농어** – 서남해안의 갯바위 부근이 주된 낚시터로, 바다 루어낚시의 기본이 되는 어종이다. 농어는 루어에 걸린 후 바늘을 털어내려는 점프를 반복하는 등 거친 저항을 보인다.

연안 갯바위에서 즐기는 우럭 루어낚시는 누구나 손쉽고 편리하게 즐길 수 있다는 것이 장점이다.

③**부시리 · 방어 · 잿방어** – 연안은 물론 원도권 갯바위낚시와 지깅의 대상어이자, 우리나라의 대표적 바다 루어낚시 대상어이다. 빠른 속도와 강한 힘을 갖고 있어 인기가 높다.

④**만새기** – 제주도나 남해안에 서식하는 표층 회유어로서 떠다니는 부유물 근처에 자주 나타난다. 주로 탑워터 루어를 활용하여 낚는데, 바늘에 걸린 이후에는 점프를 반복하지만, 중치 이하의 크기는 배스낚시 장비만으로도 낚을 수 있는, 게임성이 매우 높은 대상어이다.

⑤**다랑어 류** – 일반적으로 참치라고 불리는 어류로서 다양한 종류가 있다. 우리나라 근해의 해수온이 높아지는 여름철부터 늦가을철에 걸쳐 제주도 인근과 남해안에 나타난다. 소형급 또는 치어에 속하는 크기가 대부분이지만 먼 바다에서는 대형급이 기대되기도 한다.

⑥**대구** – 겨울철 다른 어종이 낚이지 않는 시기에 잘 낚이는 어종이다. 지깅 기법이 개발된 이후 바다 루어낚시의 주요 어종으로 부각되었다.

⑦**넙치 · 삼치 · 볼락 · 열기 · 갈치 · 참돔 · 고등어 · 노래미 · 황매퉁이** – 우럭낚시나 농어낚시의 손님으로 자주 낚이는 넙치(광어), 우럭 루어낚시 또는 민물 루어

낚시 장비 · 채비를 그대로 사용할 수 있는 볼락 · 열기 · 노래미, 이빨이 날카로워 루어 앞에 짧게 케블러 줄을 사용해야 하는 삼치와 갈치, 갯바위와 방파제에서 소형 루어에 잘 낚이는 고등어, 지깅에 낚이기도 하는 참돔, 제주 연안에 많은 황매퉁이 등도 바다 루어낚시의 훌륭한 대상어종이다.

⑧오징어 – 어류는 아니지만 연안으로 가까이 오는 시기에 오징어 전용의 특별 루어인 '에기'를 사용하여 낚는다. 지역에 따라 종류가 다른 여러 가지 오징어를 기대할 수 있다.

4 바다 루어낚시 현황 및 전망

장비 보급 현황

①낚싯대(Rod) – 과거에는 일반 원투 낚싯대나 갯바위 낚싯대를 그대로 사용하거나 적당히 개조하여 사용하였다. 이후 바다 루어낚시에 관심이 높아진 낚시인들은 바다 전용으로 생산된 보세품을 사사로이 구입하거나 수입품을 활용하기 시작했다. 이후 바다 루어낚시 붐 확산에 따른 내수증가 요인이 나타나자 수출에만 주력하던 국내 메이커들이 민물 루어 장비에 이어 각종 바다 루어 장비를 출시하게 된 것이다. 농어 전용 루어 대를 위시한 지깅용 낚싯대에 이르기까지 국내 대상어에 맞는 여러 가지 제품들이 등장하고 있다.

②릴(Reel) – 민물 루어낚시와는 달리 보다 강한 내구성과 정밀한 기능이 요구되는 바다낚시용 릴은 국내 메이커 제품도 상당히 많이 개발되어 있다. 그러나 지깅과 같이 다른 장르에 비해 보다 강한 부하량으로 릴을 혹사하는 낚시 형태에서는 아직도 해외 수입품에 의존하는 경우가 많다.

③루어(Lure) – 초창기부터 거의 대부분을 외국산에 의존하여 왔으나 농어 루어낚시의 보급과 함께 국내 메이커가 내수를 시작하여 성능 좋고 저렴한 바다 전용 루어도 속속 등장하고 있다.

바다 루어낚시 현황

전국적으로 다양한 매스컴을 통해 수많은 형태의 바다 루어낚시가 소개됨으로써 동호인 숫자도 많이 증대하고 있다. 특히 민물 루어낚시를 즐기는 젊은 층의 낚시인들 중에서 좀더 강렬한 경험을 원하는 이들이 많아 바다 루어낚시에 대한 흥미가 증대되고 있다. 그러나 민물 루어낚시에 비해 고가의 장비, 원거리 낚시터, 높은 출조 비용 등, 접근이 쉽지 않은 어려움도 남아 있다.

결국 바다 루어낚시는 아직 발전 단계에 있긴 하지만 확실한 장르를 구축하고 있으며, 대상어별로 지역 특색에 맞게 발전하고 있는 중이라 할 수 있다. 현지의 각 낚시점에서는 대상어별 가이드 시스템을 갖추고 있고 포인트 개척도 활발하다. 또한 배낚시에 있어서도 미끼낚시만이 아닌, 루어낚시를 이해하는 선장과 전문 선박도 등장하고 있는 추세이다.

■ 문제점 및 발전적 전망

①대중화 추세 – 한정된 자원의 내수면을 벗어나 좀더 활기찬 경험을 원하는 루어 낚시인들의 관심이 차츰 바다로 쏠리고 있다. 과거와 같이 쏘가리 금어기의 무료함을 달래기 위해 방파제나 연근해 갯바위에서 소형급 어종을 대상으로 손풀이를 하는 정도가 아니라, 농어 루어낚시는 물론, 부시리 · 방어를 겨냥한 지깅에 이르기까지, 본격적인 바다 루어낚시에 도전하는 동호인들이 증가하고 있다.

②국산 장비 보급 – 주로 수입품에 의존하던 바다 루어 장비 또한 대중화 추세와 발맞춰 국내 각 메이커에서 농어 루어 낚싯대를 시작으로, 방파제 우럭 루어낚시용, 방어 · 부시리 지깅용 등 전문성을 띤 낚싯대가 개발, 시판되고 있다.

③낚싯배 개선 – 바다 루어낚시는 연안의 방파제나 갯바위가 아닌 한바다에서 배를 타고 낚시하는 형태도 많다. 생미끼를 사용하는 갯바위낚시 및 외줄낚시에 주로 사용되는 현재의 낚싯배들은 루어낚시의 여건과 너무도 동떨어진 측면이 많다. 미끼낚시와는 달리 상대적으로 동작이 큰 루어낚시에 필요한 공간 확보가 되어 있지 않는 등, 불편하기가 이를 데 없는 것이다. 선상 루어낚시는 낚싯배의 구조가 조과와 직결될 수도 있는데, 보다 더 중요한 것은 배를 잘 조정하여 낚시 포인트를 정확히 짚어내는, 루어낚시에 대한 선장의 경험이 어느 수준인가 하는 점이다. 선상 루어낚시 역시 일반 외줄낚시와 마찬가지로 전용 낚싯배 및 전문 선장의 등장이 시급한 시점이다.

④대상어 및 낚시터 개발 – 삼면이 바다인 우리나라는 바다 루어낚시에 대한 더

많은 가능성을 품고 있다. 아직껏 루어에 의한 낚시방법이 개발되어 있지 않은 대상어는 물론, 시도하지 않았기에 루어낚시 대상어로의 존재조차도 모르는 경우도 있을 수 있다. 도전과 개척 정신을 간직한 동호인들의 시도 여하에 따라 우리나라 바다 루어낚시는 많은 가능성을 내재하고 있는 셈이다.

제2장 바다 루어낚시 장비 및 소품

1 바다 루어 낚싯대(Rod) 종류와 특성

바다 루어낚시용 낚싯대는 민물 루어 낚싯대와는 달리 규모나 성능 면에서 차이가 있다. 단순히 스피닝 낚싯대나 베이트 캐스팅 낚싯대의 형태적 구분과 같은 기준을 떠나 바다 루어 낚싯대를 분류함에 있어서는 어종이 다르거나, 동일한 어종을 낚더라도 낚시터가 다르면 낚시 환경이 극명히 달라져 낚싯대의 선택에도 크게 차이가 난다. 또한 성어와 치어의 차이가 매우 큰 어종도 있어 이에 따른 낚싯대 선택에도 큰 차이가 난다. 이와 같이 대상어에 따른 전문 낚싯대의 구분이 확실한 것이 바다 루어 낚싯대이다. 그러므로 대상어 크기에 따른 구분, 낚시 형태에 따른 구분, 특정 대상어에 따른 전용 낚싯대로서의 구분이 필요하다.

■ 대상어의 크기에 따른 분류

간단히 대상어를 소형급 · 중형급 · 대형급 · 초대형급 등으로 구분할 경우, 이에 알맞은 추부하량을 견디는 정도의 구분이다. 물론 어종에 따라 동일한 중량이라도 발휘하는 힘에 따라 큰 차이가 있어서 명확한 구분을 지을 수는 없는데, 대략 대상어의 중량이 2kg 이하인 경우를 소형, 10kg 이하를 중형, 그 이상을 대형으로 구분지어서 생각하는 것이 무난하다.

3

소형급에 알맞은 낚싯대는 민물용 쏘가리 낚싯대부터 배스 낚싯대의 헤비(H) 강도까지 충분히 사용이 가능하다. 중형은 50g 정도까지의 루어를 캐스팅 할 수 있거나, 200g 정도의 지그를 고패질할 수 있는 허리힘을 지녀야 한다. 대형급은 100g 정도까지의 루어를 캐스팅 할 수 있거나, 320g 정도의 지그를 움직일 수 있는 허리힘을 가진 낚싯대이다. 초대형급은 그 이상의 루어를 다룰 수 있는 기능을 지녀야 한다.

■ 낚시 형태에 따른 분류

①갯바위 농어 낚싯대 – 스피닝 낚싯대로서 길이는 9~13피트 정도로 만들어진다. 농어용 루어를 원투할 수 있고 루어에 기민한 동작을 부여하도록 고탄성의 카본 그라파이트 재질과 가벼운 부품이 사용된다. 다른 종류의 바다 루어 낚싯대에 비해 경량에 속하며, 2절이나 3절 혹은 텔레스코픽(빼내기 식) 형태로 만들어진 것도 있다.

②선상 농어 낚싯대 – 주로 6~9피트 길이로, 갯바위용 농어 낚싯대를 배 위에서 사용하기 편리하도록 짧게 만든 형태로서 마치 배스 낚싯대와 유사한 품질이다.

③갯바위 캐스팅 낚싯대 – 길이 10~13피트 정도의 스피닝 대로서 농어용보다는 무거운 루어를 사용할 수 있는 제품이다. 또한 부시리나 방어 · 다랑어와 같은 회유어의 강렬한 저항을 이겨내도록 튼튼한 부품으로 만들어져 있다.

④지깅 낚싯대 – 루어를 캐스팅 하는 것이 목적이 아니라 무거운 지그를 깊은 수심층까지 내린 후 지깅 동작을 원활히 하고, 낚인 회유어를 무리 없이 끌어올리는데 중점을 둔 낚싯대이다. 스피닝과 베이트 두 가지 형태가 있지만 성능의 차이는 없다. 부드러운 휨새와 강한 허리힘이 필요하므로 저탄성의 카본 소재나 카본 그라파이트 및 글라스 파이버의 하이브리드, 또는 솔리드 글라스 파이버 소재를 사용하여 제조한다.

낚싯대를 로드 벨트에 꼽거나 겨드랑이에 끼운 자세를 취하므로 다른 종류의 낚싯대에 비하여 뒷 그립이 긴 형태를 갖고 있다. 일반적으로 5~6피트의 짧은 길이에, 1절(원피스) 형태가 많고, 대상어에 따라 소형급에서부터 초대형급에 이르기까지 다양한 모델이 있다.

⑤선상 캐스팅 낚싯대 – 배를 타고서 루어를 캐스팅하기에 적합하도록 만든 낚싯

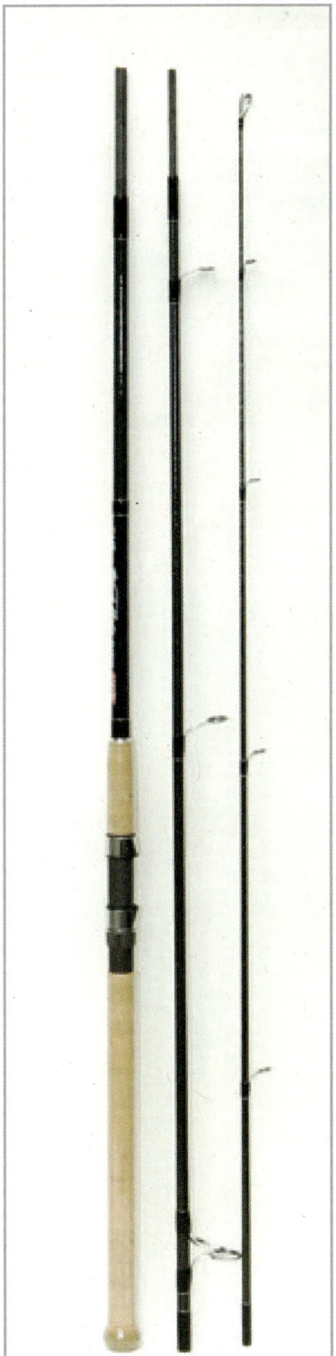
갯바위 농어 루어 낚싯대.

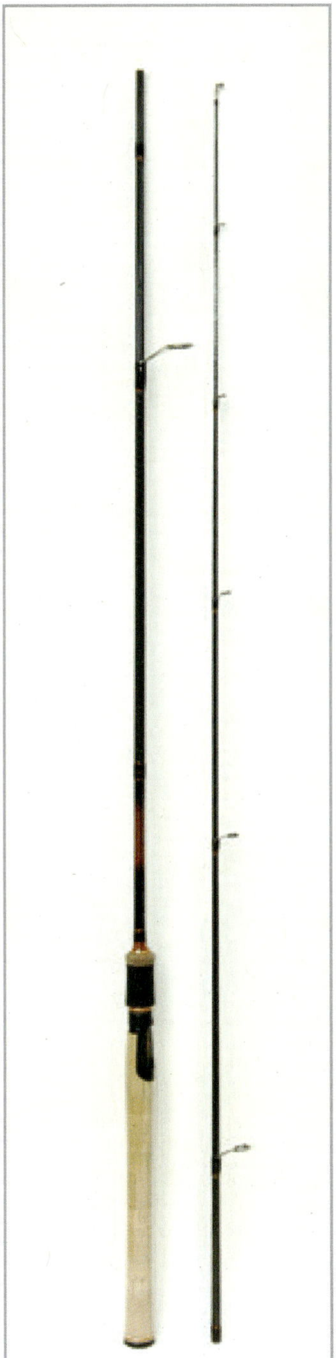
선상 농어 루어 낚싯대.

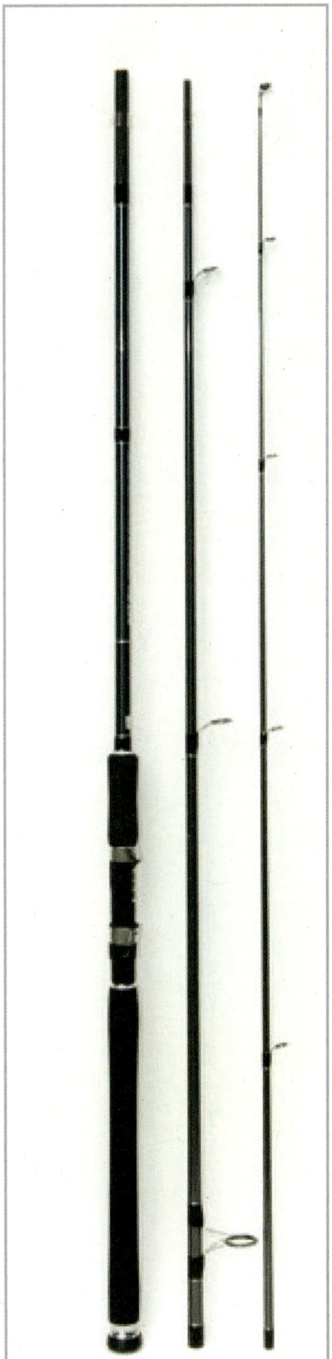
갯바위 캐스팅 낚싯대.

3

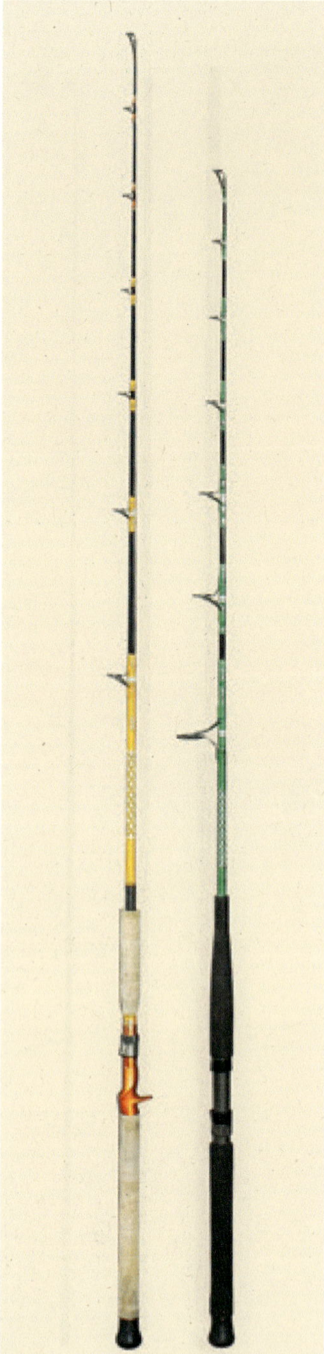

수직 지깅 낚싯대.

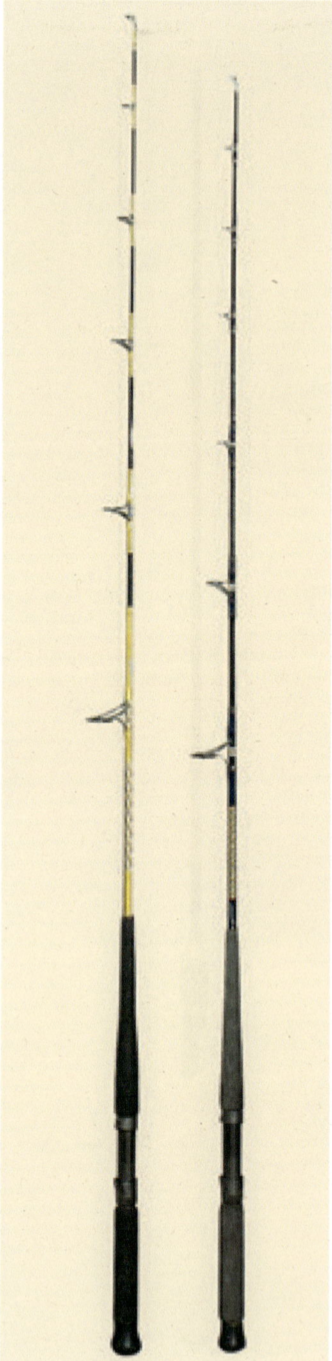

선상 캐스팅 낚싯대.

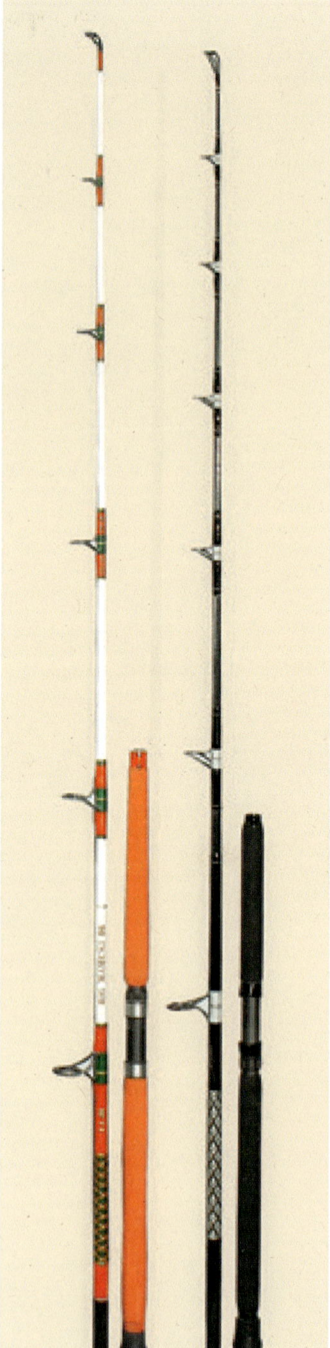

GT 전용 낚싯대.

대이다. 주로 표층에 서식하는 회유어를 낚기 위한 목적으로, 톱워터 루어나 대형 미노우, 소형 지그 등이 사용된다.

소형급을 대상으로 할 경우에는 배스 낚싯대와 차이가 미비하지만, 그 이상을 대상으로 할 때는 루어의 조작성이 좋고 강력한 허리힘을 갖춘 중 · 고탄성의 카본 그라파이트 소재로 제조한다. 5~8피트의 길이에 1절(원피스)이거나, 1&H(그립 탈착 식)이 대부분이며, 대상어에 따라 소형급에서부터 초대형급에 이르기까지 다양한 모델이 있다.

⑥트롤링 낚싯대 – 트롤링에만 사용할 수 있는 낚싯대이다. 다른 낚싯대와는 달리 롤러 가이드가 부착되어 있으며, 손으로 들고 사용하는 것이 아니라 배에 고정시키거나 낚시인의 몸에 다른 기구를 이용해 고정시켜 사용한다. I.G.F.A에 라인 클래스별(20lb, 30lb, 50lb, 80lb, 130lb)로 규격이 정해져 있어 이에 적합한 강도로 나뉘어져 있다.

⑦GT 낚싯대 – 보트 캐스팅 낚싯대와 성격이 비슷하지만 GT(자이언트 트레발리)낚시를 위해 전용으로 개발된 낚싯대이다. 무겁고 대형인 톱워터 루어를 원투하기 적합하고, GT의 강렬한 저항을 견뎌낼 수 있도록 강력한 허리힘을 갖고 있다. 7~8피트 정도의 길이에 200g 정도의 루어를 캐스팅 할 수 있도록 만들어졌으며, 대부분 1&H(그립 탈착 식)이다.

■ 에깅(Eging) 낚싯대

오징어용 루어인 에기(Egi)를 원투 가능하고 조작하기 편리하며, 걸린 오징어를 놓치지 않고 끌어올리기에 적합한 성능을 갖고 있다. 길이 8~9피트로 가는 초리와

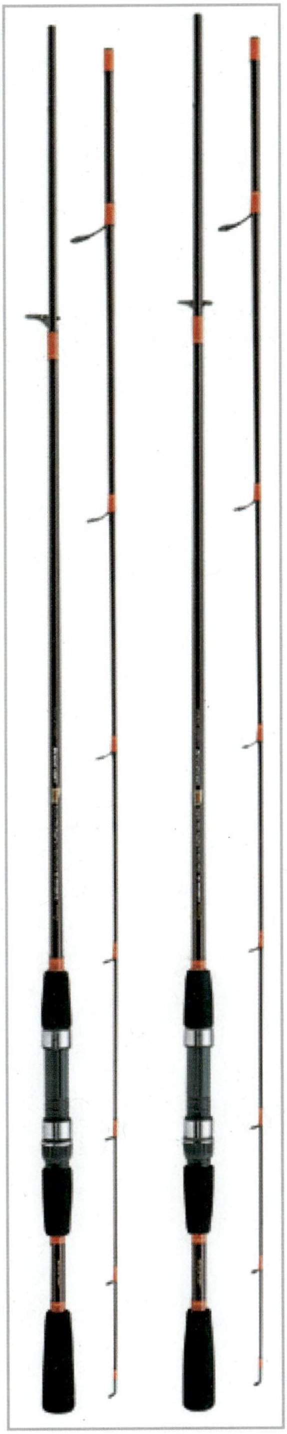

오징어 전용으로 개발된 에깅 낚싯대.

3

부드러운 휨새를 지니고 있다.

2 릴(Reel)의 종류와 특성

제1부 5장에 기술한 바와 같이 몇 가지 형태의 릴 중에서 바다 루어낚시에 사용되는 것은 역시 스피닝 릴과 양축 릴 두 가지이다. 바다 루어낚시에 사용되는 릴은 민물 루어낚시에 비해 권사량이 많고 내구성이 좋으며, 또한 염분에 강하고 드랙 성능이 좋은 것이 바람직하다. 이 같은 바다 루어낚시용 릴은 일반적 분류 외, 낚시 기법에 따른 전용 릴로 구분할 수도 있다.

■ 스피닝 릴과 양축 릴

①스피닝 릴 – 바다 루어낚시에는 대부분 스피닝 릴이 사용된다. 소형 스피닝 릴에서부터 대형 스피닝 릴까지 다용하게 사용되는데, 빅게임 트롤링을 제외한 모든 분야에 사용된다 해도 과언이 아니다. 선택의 기준은 먼저 내부 부속은 물론,

견고한 바다용 스피닝 릴(왼쪽)과 양축 릴(오른쪽).

외부가 염분 부식 방지 및 강한 충격에 견디는 견고성에 있다. 다음으로는 넉넉한 권사량과 신뢰할 수 있는 드랙의 성능이다. 또한 라인 롤러에 볼베어링이 장치되어 있는 것이 필수 사항이다.

바다 루어낚시용 스피닝 릴은 대부분 아웃스풀 형태에 프론트 드랙을 채택하지만, 인스풀 형태이거나 픽업 베일이 없는 형태도 있다.

②양축 릴 – 바다 루어낚시에 있어서 양축 릴이 반드시 사용되는 예는 트롤링과 지깅의 일부 정도이다. 물론 보트 농어낚시나 보트 캐스팅에서는 배스낚시용 양축 릴인 중소형 베이트캐스팅 릴을 사용할 수도 있겠으나, 고성능의 스피닝 릴에 비해 비효율적이고 릴링할 때 물이 튀는 등의 불편으로 인해 사용 빈도는 적은 편이다.

■ 양축 릴이 사용되는 전문 분야

①트롤링 릴 – 빅게임 트롤링 전용의 릴로서 일반 릴과는 그 규모가 매우 다르다. 양축 릴이면서도 권사량이 매우 크다. 또한 낚싯대와의 고정을 도와주는 부품 외, 낚시인이 몸에 착용하는 하네스의 걸고리를 고정하기 위한 부품이 장치되어 있

일반 릴의 몇 배 크기는 물론, 하네스 고리 및 강력한 레버 드랙 등이 장치된 트롤링 전용 릴들.

3

다. 대부분 레버드랙 형태를 채택하고 있지만 저가품에는 스타드랙이 장치된 것도 있다. 또한 내부에 자동이나 수동 변속기어를 장치하여 거대한 대물과의 대결에 편리하도록 만들어진 제품도 있다. 크기는 I.G.F.A의 라인 클래스 규격에 맞도록 구분되어 있다.

②**지깅 릴** – PE 줄의 개발 이후 새롭게 각광 받고 있는 지깅에 적합하도록 개발된 릴이다. 외형은 일반적인 베이트캐스팅 릴과 크게 다르지 않지만, 캐스팅용이 아니므로 원심 브레이크 장치나 레벨 와인더가 없고 스풀의 폭이 비교적 좁다. 또한 몸체와 핸들이 매우 견고하게 제작되어 있다.

■ 스피닝 릴과 양축 릴의 조력(釣力) 비교

스피닝 릴과 양축 릴을 비교할 때 양축 릴이 힘이 좋다는 표현을 많이 쓴다. 그 이유는 릴의 구조적 특성에 의한 것으로, 핸들의 회전이 직접 스풀의 회전으로 전달되는 양축 릴의 힘 전달 효율이, 힘의 방향이 바뀌는 구조로 된 스피닝 릴의 효율보다 높기 때문이다.

그러나 1990년대 후반의 신기술 개발에 힘입어 스피닝 릴의 힘 전달 효율도 양축 릴과 동일한 수준이 되었다. 특히 바다 루어낚시에 자주 사용되는 중 · 대형 스

〈그림68〉스피닝 릴과 베이트캐스팅 릴의 조력 비교(1998년 S사 자료 참조)

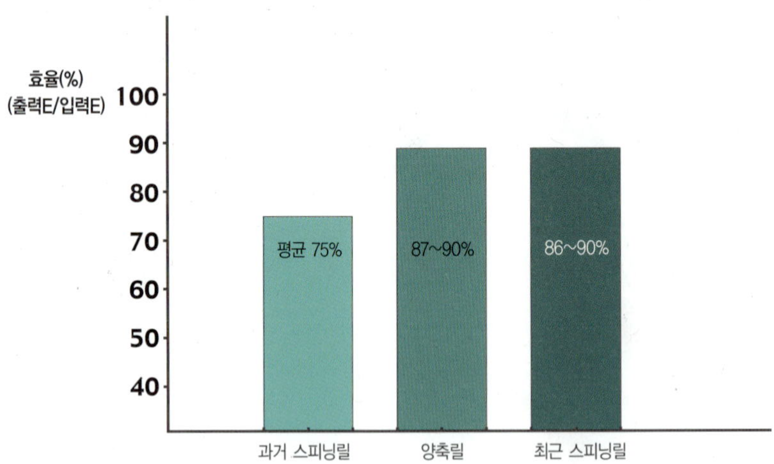

피닝 릴에 있어서는 내부 주 기어의 크기와 강도가 비약적으로 발달, 동급의 양축 릴보다 오히려 효율이 좋은 제품도 등장하고 있으므로 두 가지 형태의 우열을 한마디로 가릴 수는 없다. 다만 낚시인의 기호나 숙련도가 선택의 기준이 된다.

■ 고속 릴과 저속 릴

고속과 저속의 기준은 릴 핸들 1회전 당 루어의 이동거리 즉, 릴로 감겨 들어오는 낚싯줄의 길이이다. 정해진 기준은 없으므로 상대적인 개념이다. 일반적으로 5:1 이상의 변속비를 고속 릴, 그 이하를 저속 릴이라 부른다.

스피닝 릴과 양축 릴을 비교하면 스피닝 릴의 스풀 직경이 크므로 당연히 고속이지만, 양축 릴도 회전비를 높여 고속으로 감기게 만든 것도 있다.

고속 릴은 빠른 루어 동작이 필요한 경우, 늘어진 줄의 빠른 회수 등에 유리하지만, 감아 들이는 데 있어 저속 릴에 비해 힘이 더 드는 단점이 있다. 즉, 핸들 조작이 무거워진다는 뜻이다. 반대로 저속 릴은 핸들 조작이 가볍다. 이는 자동차나 자전거의 변속과 동일한 개념이다. 그러므로 저속비의 릴을 '파워 기어' 라고도 부른다.

결국 두 형태의 변속비를 놓고 그 우열을 가릴 수는 없으므로 낚시의 장르, 사용하는 루어의 종류에 따라 선택해야 하며, 낚시인의 기호도 선택의 기준이 될 수 있다.

❸ 낚싯줄(Line)의 종류와 특성

■ 원줄의 종류

①**나일론 줄** – 일반적으로 많이 사용되는 낚싯줄이다. 연안에서 소형 어종을 상대로 하거나, 농어낚시 및 기타 중소형급 대상어 낚시에 두루 사용된다. 그러나 강한 인장강도가 필요한 중형급 이상의 어종을 상대할 때는 줄이 굵어져야 하는 만큼, 원투가 용이하지 않고 신축성으로 인해 감도가 떨어지는 단점이 있다. 특히 30파운드(8호) 이상의 강도를 필요로 하는 경우에는 줄이 너무 굵어지므로 스피닝 릴에는 사용 자체가 어렵다.

3

②PE 줄 – 굵기에 비해 인장강도가 매우 우수하므로(동일한 강도의 나일론 줄에 비해 매우 가늘다) 자주 활용된다. 또한 신축성이 전혀 없으므로 감도가 매우 좋다. 특히 깊은 수심의 대상어를 노리는 지깅에서는 필수적으로 사용된다. 그러나 마찰에 약하고 불투명하며, 매듭이 잘 지어지지 않는 특성으로 직접 루어를 묶을 수가 없다. 이에 루어를 묶어야 할 때는 반드시 나일론이나 플로로 카본 목줄을 연결해 사용한다. 매우 부드러운 합사로서 엉키기 쉽고, 엉키면 풀기 어려운 단점도 있다.

■ 쇼크 리더(Shock leader)

바다 루어낚시는 대상어가 크고 힘이 좋으며, 대부분 이빨이 발달해 있어 쇼크 리더(목줄)를 사용해야 하는 경우가 많다. 더욱이 루어의 원투를 위하여 가는 원줄(나일론 원줄)을 사용하거나, PE 줄을 원줄로 사용하는 경우에는 굳이 대상어 때문이 아니라 무거운 루어의 캐스팅 반동으로 매듭이 터지는 경우가 있기 때문에 그 보강을 위해서도 더욱 필요한 요소가 된다.

쇼크 리더 제품은 일반적으로 나일론이나 플로로 카본 재질로 만들어져 있는데, 나일론은 부드럽고 신축성이 좋으며, 플로로 카본은 잘 가라앉고 직선성이 좋다.

여러 형태의 포장으로 판매되는 쇼크 리더.

굵기는 대상어의 크기에 따라 선택하며, 길이는 캐스팅을 하는 경우 낚싯대의 길이를 기준으로 캐스팅에 방해가 되지 않을 정도로 하는데, 지깅의 경우에는 수심과 바닥 지형을 감안하여 여유롭게 조정하도록 한다. 국제 공인기록을 원하는 경우에는 I.G.F.A의 라인 클래스별 허용 굵기와 길이에 맞춰 사용하면 된다(Part Ⅳ 해외 원정낚시 편 참조).

■ 기타 낚싯줄 종류

이빨이 날카로운 대상어나 여 쓸림이 우려되는 장소에서는 와이어나 케블러 소재의 특수한 낚싯줄을 따로이 목줄로 사용하는 경우가 있다. 특히 지깅에 사용되는 메탈 지그의 어시스트 훅을 묶는 경우에는 케블러와 같은 특수 소재의 낚싯줄을 사용한다.

4 바다낚시용 루어(Lure) 종류와 특성

■ 플러그(Plug)

바다낚시용 플러그는 민물용보다 견고하게 만들어져 있고 바늘도 튼튼하다.

3

①**미노우** – 바다에서 기본적으로 사용되는 루어로, 농어낚시 및 갯바위 캐스팅, 라이트 트롤링, 보트 캐스팅 등에 두루 사용된다. 플로팅 · 서스펜드 · 싱킹 타입을 경우에 따라 사용하며, 크기는 대상어의 먹잇감 크기에 맞추는 것이 효과적이

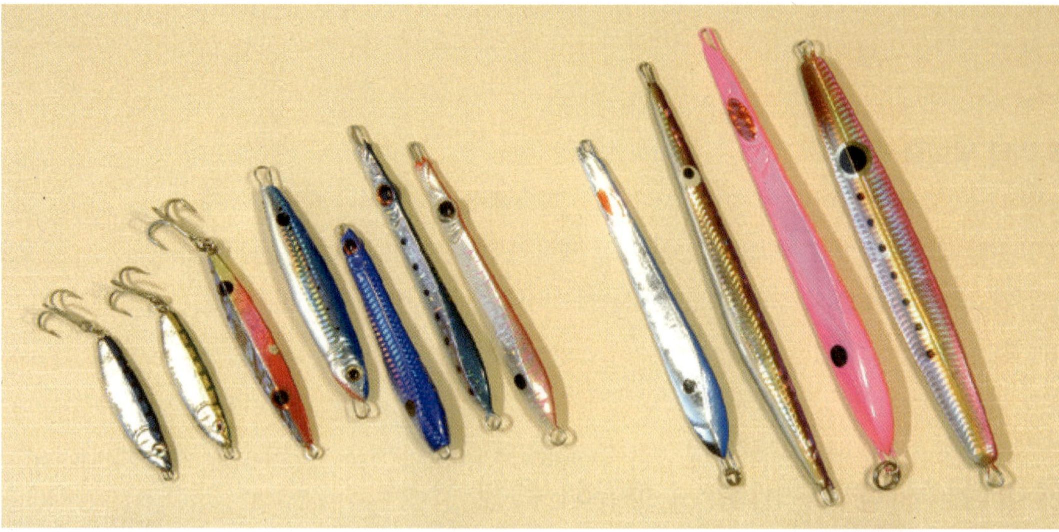

캐스팅 및 수직 지깅용 메탈 지그 종류.

우럭낚시에 활용하는 지그헤드 리그와 소형 지그, 플러그 종류.

다. 상세한 내용은 〈PartⅢ 제4장 어종별 실전편〉을 참고 바란다.

②바이브레이션 – 배스낚시에 사용하는 바이브레이션과 동일하지만 좀더 크고 무거운 형태의 바다 루어낚시 전용이 있다. 주로 농어낚시에 사용되는데, 일단 무거우므로 원투가 용이하고, 미노우로 도달하기 어려운 바닥층 공략을 쉽게 할 수 있는 장점도 있다. 상세한 내용은 역시 〈PartⅢ 제4장 어종별 실전편〉을 참고 바란다.

③톱워터 플러그 – 만새기와 같이 표층에서 먹이활동을 하는 대상어나, 활성도가 좋아 수면에서 보일을 일으키며 먹잇감을 사냥하고 있는 부시리나 다랑어 등에게 유효한 루어이다. 배스낚시용 톱워터 루어인 폽퍼나 펜슬 베이트의 대형을 사용해도 좋고, 별도의 바다 전용 제품도 있다. 사용 방법 등 상세한 내용은 역시 〈PartⅢ 제4장 어종별 실전편〉을 참고 바란다.

■ 메탈 지그(Metal jig)

납 · 스테인리스 · 알루미늄과 같은 금속으로 만든 루어이다. 배스낚시의 지깅 스푼과 동일한 맥락이지만 바다에 사용되는 것은 크기와 중량이 매우 큰 제품도 있다. 사용 방법도 대동소이하여 깊은 수심으로 낙하시킨 후 여러 가지 지깅 동작을 구사하는 데 활용된다.

100g 이하의 크기는 갯바위 캐스팅이나 선상 캐스팅에 사용할 수도 있지만, 그 이상의 크기는 대부분 지깅에 사용된다. 다양한 형태가 있으나 크게 일반 형과 롱지그 형, 저중심 형과 센터밸런스 형 등으로 나눈다. 이에 따라 작동 방법에 차이가 있는데, 상세한 내용은 〈PartⅢ 제4장 어종별 실전편〉을 참고 바란다.

■ 소프트 베이트(Soft bait)

민물 루어낚시에 사용하는 지그헤드 리그(그럽+지그헤드)등 배스낚시의 여러 가지 웜 채비와 동일하다. 연안의 우럭 · 쥐노래미 등 소형급 대상어 낚시에 사용된다. 역시 상세한 내용은 〈PartⅢ 제4장 어종별 실전편〉을 참고 바란다.

■ 트롤링용 루어

일반적인 루어와는 다른, 트롤링 전용 루어이다. 수지(樹脂) · 우각(牛角) 등 단단한 재질의 헤드와 마치 배스낚시의 러버 스커트와 유사한 비닐 소재의 스커트가

3

트롤링용 베이트는 쇼크 리더에 유동식으로 부착된다.

부착되어 있다. 중앙으로 쇼크 리더가 통과하도록 되어 있어 전용 바늘을 장치한다.

5 바늘 및 스플릿 링

■ 루어낚시용 바늘

Part I 제7장에서 상세히 기술했듯이 트레블 훅 · 더블 훅 · 싱글 훅은 물론 지그 헤드도 사용된다. 가장 많은 형태는 루어에 부착되어 있는 트레블 훅이지만, 경우에 따라선 다른 형태의 바늘로 교환하여 사용하기도 한다. 민물 루어낚시와는 달리 녹이 잘 슬지 않는 재질이 바람직하며, 동일한 크기라도 더 강하고 두꺼운 바늘이 필요하다.

■ 어시스트 훅

주로 지그에 부착하여 사용하는 바늘로, 마치 돌돔낚시 바늘을 더 크게 만들고 바늘귀 대신 고리를 만들어 놓은 형상이다. 지그의 위쪽 고리에 케블러와 같은 특수한 낚싯줄로 매듭지어 연결한다. 어시스트 전용으로, 미리 케블러 줄을 연결해 놓은 제품도 있다. 부착할 때는 바늘 위치가 지그의 머리 부위나 중간쯤에 오도록 장치한다. 상세한 내용은 〈PartⅢ 제4장, 어종별 실전편〉을 참고 바란다.

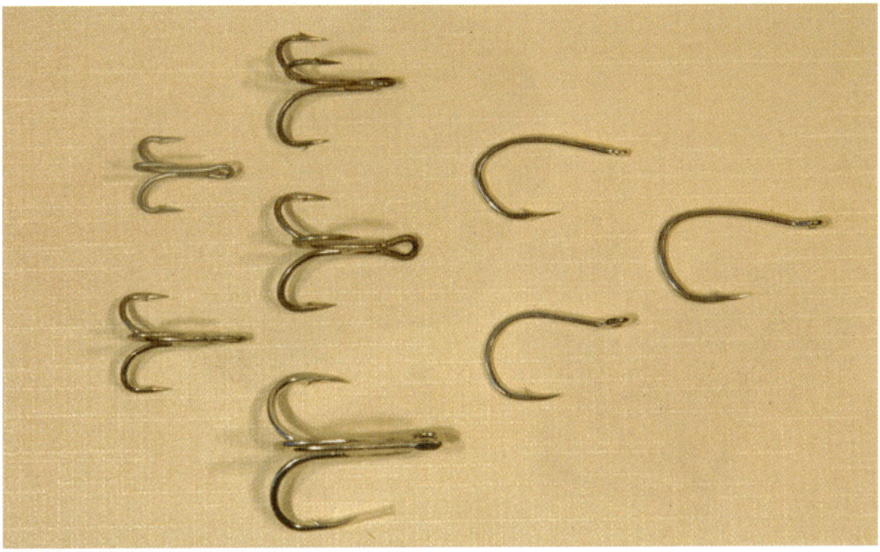

바다낚시용 바늘은 민물용에 비해 두꺼운 강철사를 사용, 매우 튼튼하게 제작된다.

■ 스플릿 링(Split ring)

바다 루어낚시는 대상어의 크기가 중량급 이상이 되면 매우 힘이 강한 장비를 필요로 한다. 결과적으로 강한 낚싯대와 릴, 강도가 높은 낚싯줄(원줄)과 쇼크 리더에 바늘까지 매우 강한 재질을 사용하게 된다. 물론 낚싯줄의 매듭도 효과적인 방법을 사용하게 된다. 이렇게 모든 부분의 강도를 높이다 보면, 그 중에서 가장 취약한 부분으로 힘이 집중되어 결국 그곳이 파손되고 만다. 낚싯줄에 상처가 있거나 매듭을 잘못하면 그곳이 터지게 되고, 릴이 약하면 부서지고 만다.

이렇듯 모든 것이 완벽하게 되었을 때 가장 취약한 부분은 스플릿 링이다. 루어와 바늘을 연결하거거나 쇼크 리더와 루어를 연결하고 있는 작은 금속 링인데, 여기에 힘이 집중되기 때문에 변형되거나 펴져 버리기도 한다. 간과해 버리기 쉬운 것이지만 신뢰할 수 있는 제품을 사용하거나 자주 검사하여 변형이 발견되면 주저 없이 교환하는 것이 좋다.

6 기타 소품 종류 및 용도

①**장갑** – 바다 루어낚시 도중 양손은 하루 종일 장비와 씨름하고 있고, 바닷물에

3

바다 루어낚시의 필수 휴대품인 장갑, 선글라스, 모자.

노출되어 있으므로 보호를 위해 장갑을 착용하는 편이 좋다. 장갑은 상처 예방에 더해서 배수와 건조가 빨라야 하며, 젖더라도 착용감이 나쁘지 않은 소재로 만들어진 제품이어야 한다. 일반 면장갑이나 가죽장갑은 젖으면 건조가 느려 좋지 않다. 네오플렌으로 되어 있는 장갑은 겨울철에는 방수도 되고 따뜻한 반면, 땀 배출이 안 되므로 역시 적합치가 않다. 스포츠용으로 개발된 인조 피혁과 손등이 메쉬 구조로 된 전용 장갑이 부드럽고 건조가 빨라 개운하게 사용할 수 있다.

②모자 및 선글라스 – 강렬한 태양열과 자외선으로부터의 보호뿐 아니라, 낚싯바늘에 의한 불의의 사고 예방을 위해서도 모자와 안경은 필히 착용하도록 한다.

③구명동의 – 수심이 깊은 장소, 파도가 높은 갯바위는 물론 배에 승선하는 경우에는 필히 착용해야 한다. 구명동의는 고정식 부력제가 들어있는 것, 가스 봄베가 설치되어 있어 긴급 시에 부풀어 오르는 것 등, 여러 가지 형태가 있으므로 편리한 것을 선택하도록 한다.

④플라이어 – PE 줄은 일반적인 가위나 칼로 쉽사리 잘라지지 않는다. 또한 굵은 쇼크 리더를 사용하는 경우에는 이 쇼크 리더의 절단도 간단하지가 않고, 매듭을 지을 때도 맨손으로는 힘든 경우가 많다. 이때 사용하는 것이 커터기가 부속되어 있는 전용 플라이어이다. 바닷물에도 쉽게 녹이 슬지 않는 소재로 만든 것이 바람직하며, 외국 제품이긴 하지만 낚시 전용 플라이어가 제품화되어 있기도 하다.

플라이어는 이 외에도 물고기의 입에서 바늘을 빼낼 때, 바늘의 미늘을 제거할 때도 사용한다. 기타 스플릿 링을 벌리는 기능을 갖추고 있는 것도 있어 편리하게 사용할 수 있다.

⑤로드 벨트 및 하네스 - 바다 루어낚시에서 중형급 이상의 대상어를 낚을 때 필요한 도구이다. 대형급 어종과 대결을 펼칠 때는 낚싯대 끝마개 부분이 아랫배에 닿게 되는데, 이로 인해 상처를 입거나 통증이 없도록 부속 도구를 활용하는 것이다.

로드 벨트(Rod belt)는 간단한 가죽 제품에서부터 수지로 되어 있는 제품, 금속 제품 등 다양한데, 중간 부분에 낚싯대의 손잡이 끝부분을 넣게 되어 있는 곳이 있고, 여기에 가로나 세로로 대형 금속 볼트가 장착되어 있기도 하다. 이는 대물과의 파이팅에 더욱 효과를 줄 수 있는 낚싯대에 부착된 짐발(Gimbal)을 끼우도록 하는 도구로서, 초대형급 낚시에서 활용된다. 로드 벨트의 착용법은 부착된 허리 벨트로 고정하는데, 종류에 따라 중심 위치가 아랫배 부근이거나 허벅지 중간인 경우도 있다.

하네스는 로드 벨트와 한 조를 이루어 낚싯대를 낚시인의 몸에 고정시키는 역할을 한다. 마치 조끼나 탄띠와 같은 형태로 상체에 착용하는데, 여기에는 낚싯대

대형급 낚시에 필요한 각종 로드 벨트와 전용 플라이어.

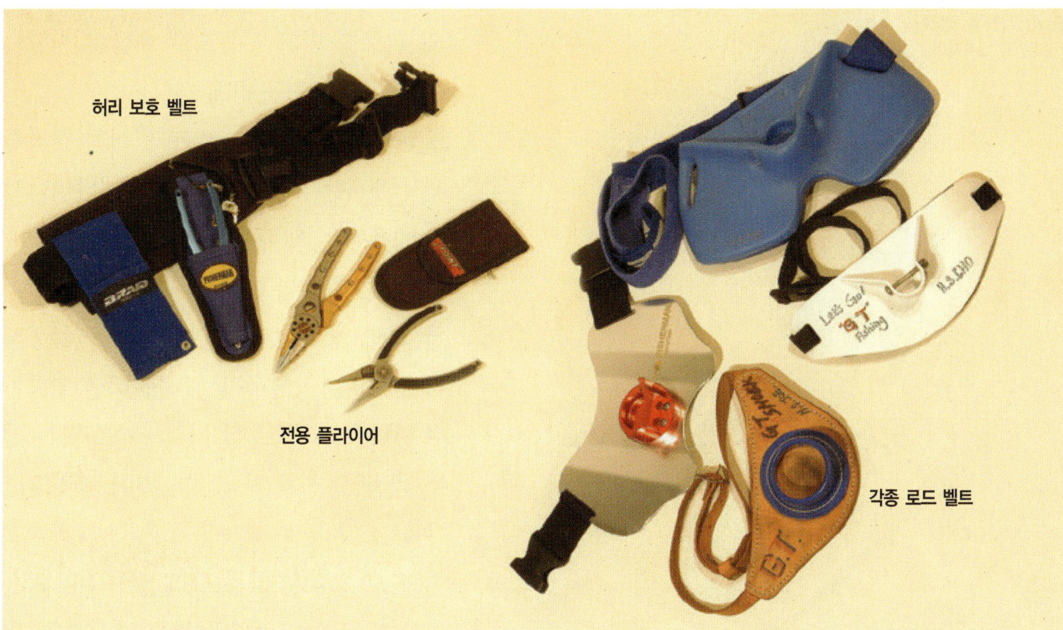

3

갯바위 낚시에서는 미끄럼 방지 신발을 필히 착용하도록 한다.

나 릴을 묶을 수 있는 장치가 부속되어 있다. 주로 트롤링의 한 분야인 스텐드 업(Stand up)이나 초대물 낚시에서 두 팔의 피로를 덜고 온몸으로 대물의 저항을 견디기 위한 도구이다.

PE 줄 사용에 필요한 트리트먼트 스프레이.

⑥갯바위 신발, 데크 슈즈 – 거친 갯바위에서 행하는 루어낚시는 일반 갯바위낚시 때 착용하는 갯바위 신발이 있어야 한다. 이 외에 배를 타고 하는 낚시에서는 물기에 의해 매우 미끄러우므로 흔들리는 배 위에서 일반적인 신발을 사용하면 위험할 수 있다. 그러므로 잘 미끄러지지 않는 전용 데크 슈즈를 착용하는 것이 바람직하다.

⑦PE 트리트먼트 스프레이 – PE 줄은 매우 부드러운 관계로 특히 가늘수록 엉

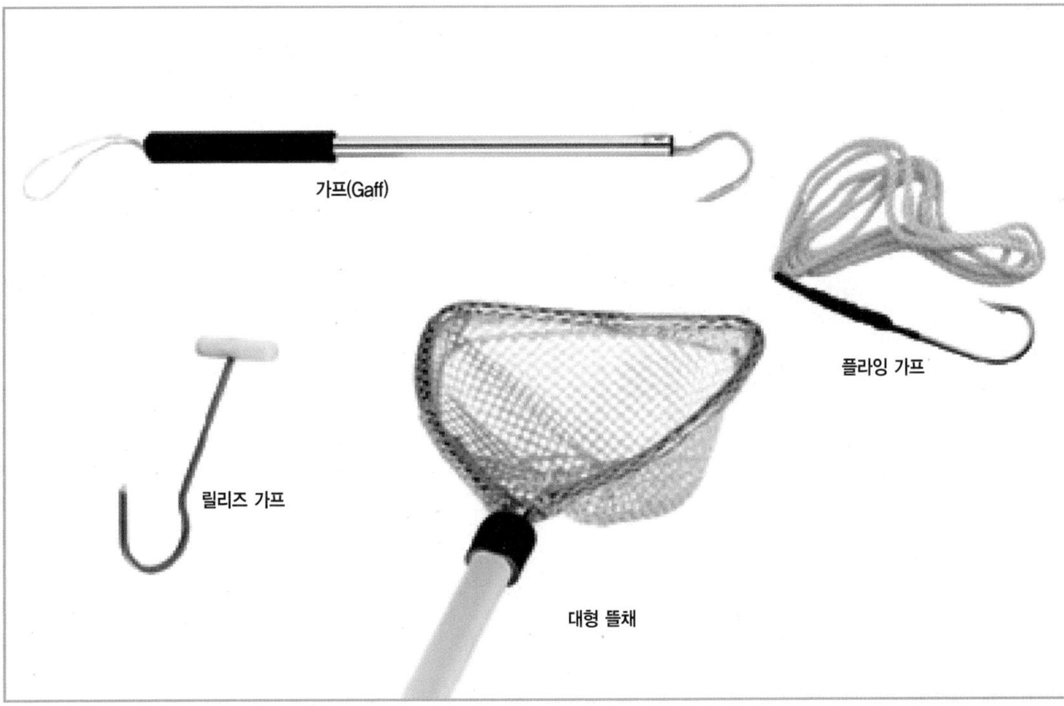

대물을 안전하게 랜딩시키기 위한 뜰채 및 여러 형태의 가프.

키기 쉽다. 게다가 한 번 엉켜버리면 풀 수 없는 지경에 이르기도 한다. 루어를 원투하는 캐스팅의 경우에도 가이드에 엉켜버리는 경우가 자주 발생하곤 한다. 이를 방지하기 위해서는 PE용 트리트먼트 제를 사용하는 방법이 있다. 성분은 실리콘계의 윤활제로서 조그마한 캔에 스프레이 식으로 되어 있다.

릴 스풀에 감겨 있는 PE 줄에 직접 분무하여 사용한다. 자주 뿌릴수록 좋다고 생각하면 된다. 최초로 PE 줄을 스풀에 감을 때도 이를 분무해 가며 감는 편이 바람직하고, 낚시 도중 때때로 PE 줄(원줄) 외, 릴의 라인 롤러, 낚싯대의 첫 번째 가이드, 톱 가이드 등에 뿌려두는 습관을 들이면 좋다.

⑧대형 뜰채, 가프(Gaff), 테일러(Tailer) – 낚은 물고기를 물속으로부터 들어올리는 데 필요한 도구이다. 뜰채는 일반 갯바위 미끼낚시에 사용되는 것을 사용하면 되고, 배낚시의 경우에는 대부분의 낚싯배에 준비되어 있다.

뜰채에 들어가지 않을 정도로 큰 대형급은 가프를 사용하는 경우가 있다. 가프는 일종의 갈고리로서 물고기를 찍어 올리는 도구인데, 아무 부위나 찍어 올리게 되면 물고기가 필히 죽게 되므로 릴리즈를 목적으로 하는 경우에는 입 안을 통해 아래턱의 중간 얇은 막으로 된 부위를 걸어 올리도록 한다.

테일러는 릴리즈를 목적으로 하는 경우에 주로 사용하는데, 꼬리자루를 묶어 올리는 도구이다.

〈표11〉 바다 루어낚시 어종별 장비 · 채비 밸런스

어 종	낚 싯 대	릴	낚 싯 줄	쇼크리더	루 어	비 고
우럭	6~7피트	소형 스피닝	나일론 2~3호		지그헤드 리그 소형 스푼	민물 루어 장비 사용 가능
농어	갯바위 : 9~13피트, 전용	중 · 소형 스피닝	나일론 4~5호 PE 2~5호	나일론, 플로로 카본 20~50파운드	미노우 바이브레이션 소형 지그 지그 헤드리그	
	배 : 6~9피트, 전 용					
부시리 방어 잿방어	갯바위 : 10~13피트, 전용	중형 스피닝	나일론 4~5호 PE 3~4호	나일론, 플로로 카본 30~80파운드	미노우 바이브레이션 소형 지그	
	배(지깅) : 5~6피트, 지깅용	중, 대형 스피닝/베이트	PE 2~6호	나일론, 플로로, 카본, 50~100파운드	메탈지그	대상어 크기별로 장비 선택
만새기	5~7피트, 캐스팅용	중 · 소형 스피닝	나일론 3~5호 PE 2~3호	나일론, 플로로 카본 30~50파운드	톱워터 플러그, 미노우, 소형 지그	
다랑어	갯바위 : 부시리 장비와 동일 배(지깅) : 부시리 장비와 동일					
	라이트 트롤링 : 5~7피트 지깅용 / 캐스팅용	중 · 대형 스피닝 / 베이트	PE 3~5호	나일론, 플로로 카본 50~80파운드	각종 미노우	
대구	배(지깅) : 부시리 장비와 동일					주로 무거운 지그 사용
쥐노래미	우럭 장비와 동일					
삼치	우럭 및 농어 장비와 동일					
	라이트 트롤링 : 다랑어 장비와 동일					와이어/케블러 목줄 필요
갈치	우럭 및 농어 장비와 동일, 지깅은 초경량급 지깅 장비					와이어/케블러 목줄 필요
저립	전용 트롤링 대	전용 릴	클래스 별	클래스 별		50~130파운드 급
꾀저립	20~30파운드급 전용 트롤링					
	라이트 트롤링 : 다랑어 장비와 동일					와이어/케블러 목줄 필요

제3장 바다 루어낚시 실전 기초 상식

1 바다 루어낚시의 종류는?

바다 루어낚시는 민물에 비해 그 분야가 훨씬 다양한 것이 특징이다. 우선 어떤 어종을 겨냥하느냐에 따라 장비 · 채비 및 기법이 달라지는가 하면, 낚시를 하는 장소에 따른 구분, 어떻게 낚시를 하느냐 하는 방법에 따른 구분도 있는데, 가장 큰 특징은 갯바위 · 방파제 등 뭍에서 낚시를 하느냐, 아니면 배를 이용하느냐이다.

■ 방파제 · 갯바위낚시

①방파제 루어낚시 – 발판이 비교적 좋은 방파제에서 루어를 캐스팅하는 형태이다. 바다 루어낚시의 입문에 적합한 형태로서, 방파제를 중심으로 테트라포드(Tetrapod) 주변이 포인트가 된다. 대상어는 우럭 · 쥐노래미 · 농어 · 삼치 · 부시리 등 지역에 따라 그리고 계절에 따라 다양하다. 사용하는 장비는 대상어에 따라 민물 루어낚시 장비에서부터 회유어용 갯바위 캐스팅 장비까지 다양하게 사용할 수 있다.

②연안 갯바위 루어낚시 – 연근해의 갯바위에서 주로 행해지는 루어 캐스팅이다. 방파제 루어낚시와 유사하지만, 갯바위 부근은 수심이 얕고 지형이 험하므로 좀

3

더 긴 길이의 낚싯대를 사용하게 된다. 대상어와 장비는 방파제 루어낚시와 동일하다.

③원도 갯바위 루어낚시 – 육지에서 멀리 떨어진 섬 주변 갯바위에서의 루어낚시다. 지역과 계절에 따라 농어와 부시리 · 방어 · 다랑어와 같은 회유어들이 주 대상어가 된다. 사용하는 장비는 갯바위 농어 루어낚시 장비나 회유어용 장비를 사용한다. 이 외에도 안전장비와 철저한 준비가 필요하다.

■ 선상(船上)낚시

①선상 캐스팅 – 배를 타고 한바다로 나가 암초 주변 또는 부유물 주변, 회유어의 경로를 찾아 가며 루어를 캐스팅하여 낚는 형태이다. 대상어는 지역과 계절에 따라 농어 · 만새기 · 다랑어 · 부시리 등이다. 사용하는 장비는 대상어의 크기에 따라 배스낚시 장비에서부터 전용장비까지 다양하다.

②라이트 트롤링 – 배를 적당한 속력으로 몰면서 연근해의 회유어를 찾아 달리면서 루어를 끄는 형태이다. 늦여름부터 늦가을에 걸쳐 남해안 일부 지역 및 제주도 해역에서 주로 행해지는데, 대상어는 방어 · 부시리 · 다랑어 · 만새기 등이다. 사용하는 장비는 배스낚시의 헤비(H)급이나 선상 캐스팅용 장비, 지깅용 장비를 사용할 수 있다. 루어는 빠른 속도에도 균형을 잃지 않는 균형이 좋은 고품질 미노우 형태가 주로 사용된다.

③지깅 – 깊은 수심으로 배를 타고 나가 암초 주변 등 바닥층까지 지그(Jig)를 내려 대상어를 공략하는 형태이다. PE 낚싯줄의 등장과 함께 인기가 높아진 매우 다이나믹한 낚시 방법이다. 대상어는 지역과 계절에 따라 부시리 · 방어 · 다랑어 같은 회유어와, 대구 · 능성어 등의 저서성 육식어류이다. 사용하는 장비는 전문성이 높은 분야이므로 전용 장비를 사용한다.

④빅게임 트롤링 – 전용 배와 전용 장비를 이용하여 한바다로 루어를 끌고 다니면서 초대형 회유어를 노리는 형태이다. 바늘에 걸린 대상어를 낚아 올리는 데에도 시간과 지구력을 요하는 낚시이다. 우리나라의 대상어는 제주도 주변에 출몰하는 저립(재방어)과 꾀저립(꼬치삼치) · 상어 등이다.

⑤에깅 – 오징어낚시용으로 만들어진 전용 루어인 '에기'를 사용하는 형태이다. 오징어가 연안으로 접근하는 시기에 주로 행해지는데, 쏘가리 루어낚시 장비나

농어 루어낚시 장비를 그대로 사용해도 좋지만, 가늘고 부드러운 초리와 튼튼한 허리힘을 갖은 전용 장비를 사용하는 것이 효과적이다.

오늘날의 오징어낚시는 배낚시는 물론, 방파제 및 갯바위낚시 분야로까지 그 영역이 더욱 확대되고 있는 추세다.

2 물때(潮汐 · Tide)와 루어낚시

■ 물때의 변화

민물낚시와 달리 바다낚시에 있어 가장 중요한 요소는 좋은 포인트에 앞서 물때(潮汐)가 우선이다. 물때란 달의 공전과 태양 및 달의 인력에 의해 발생하는 기조

〈그림69〉조석(潮汐) 현상과 변화

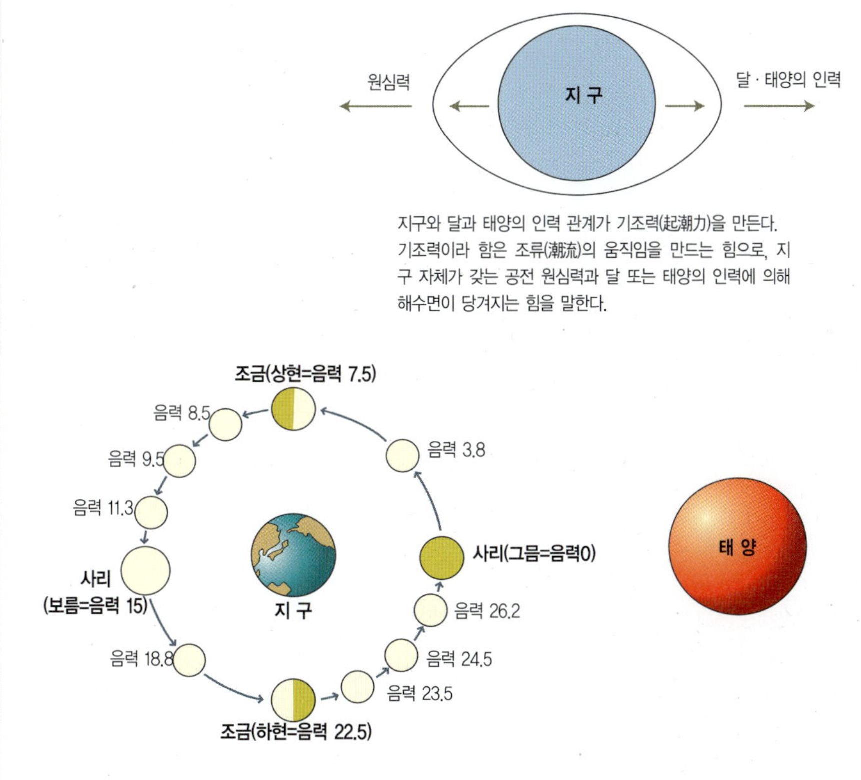

3

력 즉, 조수(潮水)의 움직임과 세기를 의미한다. 구체적으로 말하면 지구와 달과 태양이 일직선이 되는 보름(음력 15일)과 그믐(음 29일 또는 30일)을 전후한 사리(大潮) 때는 조류의 세기가 가장 빠르고(간만의 차이가 커지고), 지구에 대해 달과 태양이 직각으로 위치하는 상현(上弦 · 음 8일)과 하현(下弦 · 음 23일)을 전후한 조금(小潮) 때는 조수 흐름이 가장 느려진다(간만의 차이가 가장 적어진다). 그리고 조금을 지나면 조류의 속도가 점차 빨라지고, 사리를 정점으로 다시 속도가 느려지면서 조금으로 되돌아오는 등, 보름(15일) 주기의 사이클이 반복된다.

■ 조시(潮時)와 조차(潮差 · 간만의 차이)

조시(潮時)는 조류의 간만(干滿)의 정도를 나타내는 말이다. 즉, 썰물과 밀물로 인해 해수면이 최저 및 최고조에 달하는 간조(干潮) 및 만조(滿潮)가 되는 시각을 의미하는데, 간조→(밀물)→만조→(썰물)→간조로 1일 2회씩 반복되는 간만의 시각은 지역마다 다르다. 이 같은 지역별 조시(潮時)를 사전에 파악하는 일은 곧 낚시 타이밍을 결정짓는 요소가 된다.

〈그림70〉물때에 따른 간만의 차이

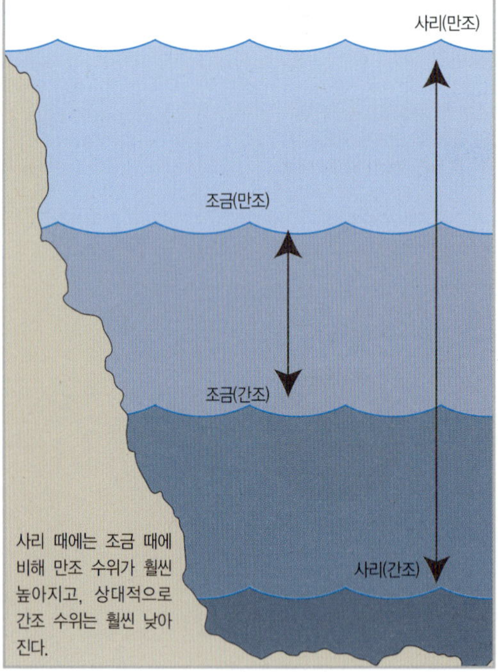

사리 때에는 조금 때에 비해 만조 수위가 훨씬 높아지고, 상대적으로 간조 수위는 훨씬 낮아진다.

또한 바다낚시는 조시와 함께 간만의 차이(潮差), 즉 조류의 세기를 파악하는 일이 중요하다. '간만의 차이'란 매일 하루 두 차례씩 발생하는 조수 간만(干滿) 현상에 있어 잇따른 간조와 만조의 수위 차이를 말한다. 그리고 이 조차(潮差)는 앞서 설명한 바와 같이 사리(음력 15일 및 30일 전후) 때 가장 크고, 조금(음력 8일 및 23일 전후) 때에 가장 적게 나타난다. 그리고 이 간만의 차이는 같은 물때라 하더라도 지역에 따라 달리 나타난다. 우리나라 서해안은 세계에서도 보기 드물 정도로 조차가 크게 나타나는 반면, 동해안의 조차는 물때와 거의 관계없이 30cm 정도에 불과할 정도다. 그러므로 낚시에 있어서 서해안은 조수의 영향이 크지만 동해안의 경우는 조수 변화에 따른 영향이 미미한 편이다.

■ 루어낚시와의 관계

낚시에 가장 좋은 물때(潮汐 · 조수의 세기)와 조시(潮時 · 간만조 시각)를 알 수 있다면 낚시인으로서 가장 큰 기쁨이겠으나, 이것은 장소와 계절, 주위 환경에 따라 변화하기 때문에 정답이 없다. 다만 장소에 따라 '사리가 좋다' '조금만 피하면 된다' '만조 시각 직전부터 간조 직전까지 좋다' 든가, '조류의 흐름만 있으면 낚인다' 고 말하는 장소도 있다.

즉, 물때와 조시의 영향을 강하게 받는 장소가 있는가 하면, 영향이 적거나 다른 요소가 작용하는 경우도 있다. 그러나 낚시에 있어 실제로 중요한 것은 물때 및 조시와 같은 데이터적인 조류의 움직임이 아니라, 당일 낚시터의 조류가 얼마만큼 효과적으로 움직여 물고기의 활성을 높여 주는가이다.

따라서 조과를 위해선 출조 전에 해당 낚시터의 여건을 충분히 알아두는 것이 필요하다. 갯바위 루어 캐스팅은 물론 한바다의 보트 캐스팅이라 할지라도 출조 당일 낚시터의 간조와 만조 시간 정도는 알아두는 것이 좋다.

3 드랙 사용이 왜, 얼마나 중요한가?

■ 드랙 설정 기준

바다 루어낚시에 있어서 드랙 조정은 매우 중요한 사항이다. 바다낚시에 있어 대상어가 중형급 이상이 되면 드랙을 사용하지 않고선 대결이 불가능에 가깝다. 일반 나일론 줄을 사용할 경우, 가장 이상적인 드랙 장력 수치는 사용하는 낚싯줄 인장강도의 1/3을 기준으로 하면 된다. 하지만 PE 줄의 경우는 인장강도가 매우 강하기 때문에 1/3 정도라면 낚싯대가 부러지는 강도가 될 수도 있으므로, 사용하는 PE 줄의 굵기를 나일론 줄의 인장강도와 비교하여 그에 맞는 수치로 드랙을 설정해야 한다. 즉, 릴에 감는 원줄이 20파운드(약 9kg) 나일론 줄, 또는 PE 2~3호일 경우, 드랙은 3kg 정도로 맞추는 것이 적절하다.

그러나 드랙 설정은 그렇게 쉬운 작업은 아니다. 숙련자라면 스풀을 맨손으로 돌려보고 원하는 수치를 가늠할 수도 있지만, 초보자의 경우는 〈그림71〉과 같이 다른 사람의 도움을 받아 설정하거나, 전용도구를 사용하여 초기 드랙 설정을 하

〈그림71〉드랙 초기 설정 요령

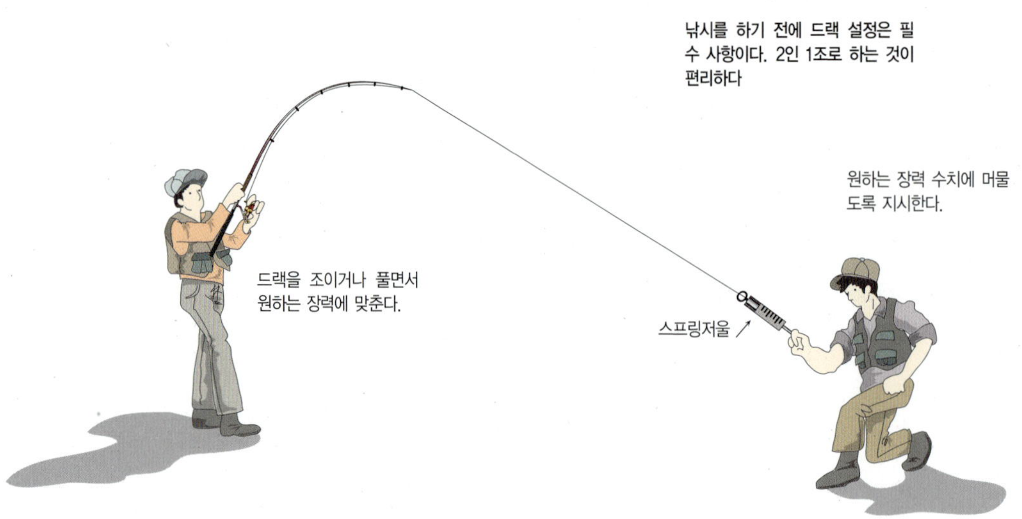

는 편이 좋다. 드랙의 장력은 낚싯대의 각도에 따라, 그리고 릴 스풀에 남은 줄의 양에 따라서도 달라지기 때문에 드랙 조정에는 항상 주의를 기울여야 한다.

장비가 튼튼하다면 드랙을 좀더 조여 놓아도 무방할 것 같지만 실전적이지 못하다. 낚시 도중 계속해서 줄이 풀렸다 감겼다 하고 있기 때문에 스풀에는 라인이 헐겁거나 균일하지 못하게 감겨 있을 수 있는데, 이때 대물의 입질이 들어온다면 스풀에 헐겁게 감겨 있는 위로 강한 장력이 걸린 줄이 속으로 파고들어가는 결과를 초래해 순간적으로 줄이 끊어질 수도 있다. 최초의 드랙 설정이 중요한 이유가 바로 여기에 있다. 결국 스풀에 감겨 있는 줄 속으로 장력이 걸린 줄이 파고 들어가기 전에 스풀이 역회전하도록 하는 것이 좋다. 이후 서서히 드랙 수치를 올려가면서 끌어들이면 된다. 그러나 반대로 드랙을 너무 헐겁게 해 두면 제대로 후킹(Hooking)이 되지 않거나, 고기가 줄을 차고나가 여로 들어가 버릴 수도 있다. 여에 쓸린 줄은 아무리 굵어도 끊어질 수밖에 없다.

■ 드랙 사용 방법

드랙을 헐겁게 해 둔 상태에서 예상보다 큰 물고기가 히트하여 드랙이 풀리고 있을 경우는 드랙을 더 조여도 장력이 잘 올라가지 않는다. 스풀이 돌고 있는 동안에는 드랙이 잘 먹지 않는다는 얘기다. 따라서 대물이 차고 나갈 때는 드랙을 더 조이는 것보다는 돌고 있는 스풀에 손을 대어 회전을 줄여주는 편이 효과적이다. 스피닝 릴(아웃스풀 형)을 사용할 경우가 특히 그러한데, 맨손보다는 장갑을 끼는 편이 안전함은 말할 필요도 없다. 만일 베이트캐스팅 릴의 경우라면 스풀 벽이나 스풀에 감긴 줄을 엄지손가락으로 눌러 주면 되는데, 그다지 효율적이지는 못하다. 스풀이 회전을 멈춘 후에 드랙을 조이는 것이 올바른 방법이다.

결국 드랙 사용은 그리 쉬운 작업이 아니다. 초기 드랙 설정 또한 혼자서 해내기 어렵다. 더욱이 낚싯대에 릴을 장착하게 되면 그 수치가 달라지고, 스풀에 남은 줄의 양에 따라서도 달라지기 때문에 초기 드랙 조정 및 중간 사용에는 항상 주의를 기울여야 한다.

■ 드랙의 구조와 종류

초대물낚시를 하다 보면 드랙의 고속회전 등으로 열이 발생하고, 이로 인해 장력이 약해지면 열을 식히기 위해 물을 붓는 경우가 있다. 이것은 드랙 자체가 방수구조를 갖고 있는 릴에 한하여 사용할 수 있는 방법이다. 게다가 현대의 고급 릴에 장치된 드랙의 구성 재료는 고속회전으로 발생하는 열로 인해 드랙의 장력이 떨어지거나 쉽게 망가지지 않는다. 과거처럼 물을 부을 필요가 없는 것이다. 오히

릴의 드랙에 장착되는 여러 가지 워셔(Washer) 종류.

3

려 수분이 내부로 침투하면 역효과를 부르게 된다.

릴의 드랙 구성은 제품마다 매우 다르지만 기본적으로 금속 워셔와 다른 소재의 워셔가 마찰하는 구조이다. 워셔에 사용되는 재료는 펠트(Felt), 테플론(Teflon), 카본, 코르크 등 이다.

이 가운데 펠트 워셔는 습식(濕式) 드랙의 대표로, 펠트에 윤활유를 충분히 흡수시켜 장치한다. 드랙이 부드럽고 강하게 조여지지만, 워셔 자체가 약해서 한 번 고속으로 드랙이 돌고 나면 종잇장처럼 얇아져서 그 기능을 잃기 때문에 바로 교환해 주어야 한다.

카본 워셔는 건식(乾式) 드랙의 대표로, 고급 기종에 많이 채택되고 있는데, 사용할 때마다 조금씩 마모되어 검은 분말이 드랙 내부에 남게 되므로 드랙 청소에 유의해야 한다.

테플론 워셔는 매끄럽고 고장력에서도 비교적 부드럽게 작동되는 장점을 갖고 있지만, 드랙 수치가 별로 올라가지 않는다. 이에 비해 코르크 워셔는 강력한 장력을 얻을 수는 있지만 마모가 심해 소모가 많은 단점을 갖고 있다. 드랙 장력은 워셔의 표면적과 비례하므로 용적이 큰 워셔가 많이 들어 있는 제품이 강한 드랙을 갖고 있는 릴이라 생각하면 된다.

위에서 설명한 상식을 바탕으로 드랙의 워셔는 여벌을 충분히 구비해 두고, 대상어에 따라 낚시인 자신이 교환해가며 사용하는 능력을 길러야 한다. 히트 후에 수중여로 돌진할 우려가 있는 대상어(부시리 등)는 강한 저항을 부여할 수 있는 워셔를 사용하고, 입이 찢어지기 쉬운 어종이나 속도가 빠르고 수평으로만 달리는 대상어(다랑어 등)에는 드랙 시동이 매끄럽고 장시간 사용에도 문제가 없는 워셔를 사용하면 좋다.

4 라인 시스템의 중요성과 구성법

■ 라인 시스템의 필요성

라인 시스템은 가는 원줄과 굵은 쇼크 리더를 연결하는 방법을 의미한다. 일반적이고도 단순한 매듭이 아닌 인장강도를 유지시키면서 굵은 쇼크 리더와 무거운 루어를 사용할 수 있도록 만드는 것이다. 제대로 된 라인 시스템을 활용하지 않으면 루어를 캐스팅하거나, 대물과의 대결 도중에 대부분 매듭 부위가 터지거나 풀어져 버리고 만다.

■ 라인 시스템의 구성 사례

라인 시스템은 대상어의 종류, 낚시 기법에 따라 다양하게 적용시킬 수 있다. 매듭 부위에 큰 충격이 가해지는 캐스팅을 할 경우에는 더블 라인을 만들고, 피셔맨즈 매듭이나 얼브라이트 매듭을 하는 것이 보편적이며, 지깅의 경우에는 더블라인 없이 쇼크 리더에 바로 SF노트와 같은 마찰계 이음법을 사용하기도 한다(Part Ⅴ의 〈각종 묶음법 & 연결법〉 참조).

〈그림72〉라인 시스템 사례

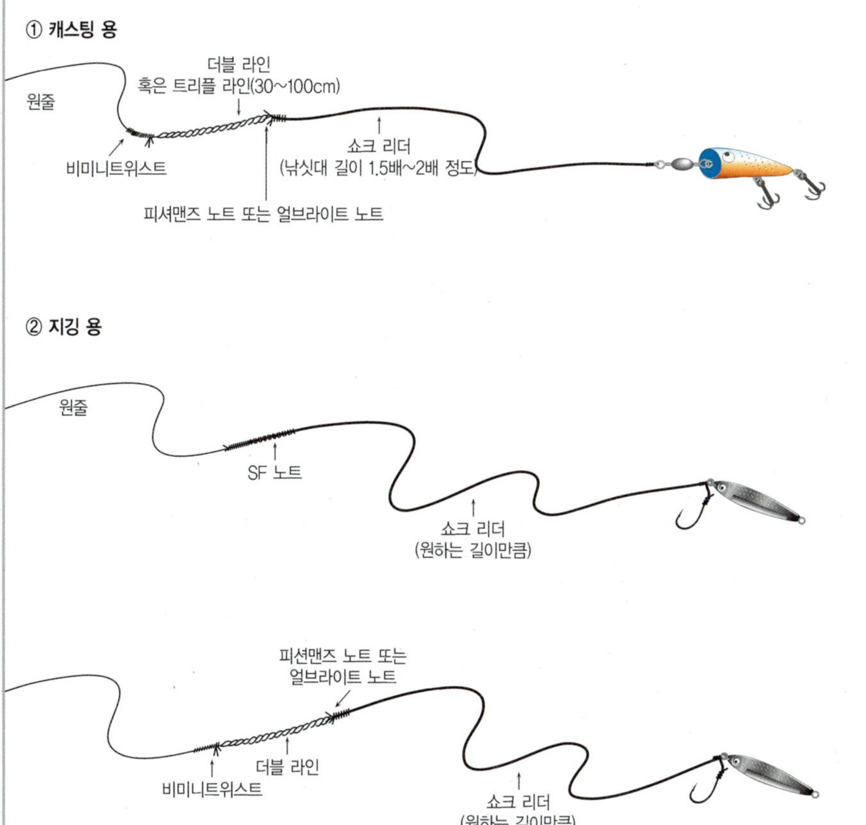

쇼크 리더의 길이 또한 사용하는 낚싯대의 길이에다, 캐스팅 할 때 루어를 늘어뜨리는 길이를 추가한 정도만큼 연결한다. 지깅의 경우는 10m 정도까지 길게 사용하기도 한다. 상세한 내용은 PartⅢ, 제4장의 어종별 실전편을 참고 바라며, 각 더블라인 제작 방법이나 쇼크 리더 연결법은 PartⅤ 제1장을 별도 참조 바란다.

5 균형 잡힌 '장비 구성' 요령은?

균형 잡힌 장비란 낚싯대 · 릴 · 원줄 · 쇼크 리더 및 루어는 물론 라인 시스템, 매듭 방법 등등이 모두 균형 있게 조화를 이루는 것을 말한다. 이와 같이 균형 잡힌 장비와 채비를 갖추는 일은 장비 선정의 원점이다. 대상어가 정해지면 그에 맞는 장비는 물론, 장비 · 채비에 따른 매듭법 등등, 전 영역에 걸쳐 치우침이 없어야 한다. 100% 완벽을 기할 수는 없겠지만 완벽한 균형에 접근할수록 모처럼 찾아온 대물의 기회를 놓치는 일이 없다.

낚싯대만 강하게 쓰면 오히려 낚싯줄이 쉽게 끊어지고, 낚싯줄만 강하게 쓰다 보면 낚싯대가 부러지거나 릴이 부서진다. 모든 것이 다 갖춰져 균형이 잡힌 것으로 생각될 지라도 어느 부위엔가 가장 약한 곳으로 힘이 집중되기 마련인데, 바늘이 뻗어버리거나 스플릿 링이 파손되는 사례가 가장 흔한 경우이다. 그러나 이보다 더 중요한 요소는 이를 사용하는 낚시인이다. 하루 종일 사용하더라도 지치지 않고, 어느 때나 적절히 장비를 다룰 수 있어야 한다. 그렇지 않다면 역시 균형이 깨지고 물고기를 놓치게 된다. 즉, 사용하는 낚시인의 체력을 고려하는 것도 전제 조건이다.

6 배 멀미 대처 및 바다 루어 안전수칙

■ 배 멀미 대처 요령

①수면 부족은 멀미의 최대 원인이므로 전날 과음 · 과식을 삼가고 일찍 잠자리에 들어 충분한 수면을 취한다.

②승선 1시간 이전에 소화가 잘 되는 음식을 소량 먹어두는 편이 좋다. 공복이 오히려 멀미의 원인이 된다.

③승선 이후의 음식물은 기름기가 적은 것, 너무 달지 않은 것으로 취하고, 한꺼번에 많이 먹는 것은 금물이므로 조금씩 먹도록 한다.

④아무리 해도 배 멀미에 자신이 없는 경우는 승선 이전에 미리 멀미약을 복용해 두는 게 좋다.

⑤기분이 나빠진다면 참지 말고 바로 누워 있도록 한다. 이 경우에는 배의 진행 방향으로 머리를 두는 편이 좋다.

■ 바다 루어낚시 안전수칙

①기상변화에 철저히 대비하고, 파고가 높은 날의 출조를 삼가해 안전사고를 미연에 방지한다.

②갯바위에서는 익숙한 장소라 할지라도 큰 너울이 밀려드는 경우가 있으므로 주의를 게을리 해선 안 된다.

③간조 시에만 드러나는 갯바위(干出巖) 포인트에 오를 경우에는 간만의 차를 확인하고 미리 퇴로를 확인해 둔다.

④캐스팅 시에는 주변을 확인하고 실시한다. 특히 비좁은 배 위에서는 더욱 신중해야 한다.

⑤배를 타는 경우에는 선장의 의견을 경청하고 지시에 따른다.

⑥배낚시의 경우 동료가 물고기를 걸면 다른 사람은 루어를 걷어 올림으로써 여유 있게 대결하도록 배려한다.

⑦배낚시의 경우 함부로 위치를 바꾸지 않는다.

⑧방파제 · 갯바위는 물론 선상에서의 음주는 안전사고로 이어지기 쉬우므로 낚시를 마친 후에 한다.

3

제4장 바다 루어낚시 어종별 실전 편

바다 루어낚시 대상어 및 시즌

우리나라 바다 루어낚시 대상어는 먼저 낚시터 여건(장소) 및 서식처(지역)별로 분류해 볼 수 있고, 그 다음으로는 계절별로 분류해 볼 수 있다. 낚시터 여건 및 지역별 대상 어종은 다음과 같다.

■ 낚시터 여건별

①하구 – 농어
②연안 – 농어 · 우럭 · 넙치 · 삼치 · 볼락 · 열기 · 갈치 · 고등어 · 쥐노래미 · 황매퉁이 · 오징어
③한바다 – 농어 · 부시리 · 방어 · 잿방어 · 삼치 · 다랑어 류 · 대구 · 기타

■ 서식 지역별

루어낚시의 주력 어종이 되는 회유어의 경우, 과거에는 제주도와 남해안 일부 지역으로 국한되던 것에 비해, 근년 들어 난류의 북상과 함께 부시리 · 삼치 · 갈치 등이 서해 중부 지역으로까지 깊숙이 북상하고 있다. 루어낚시 대상어가 지역별로 더욱 확산되고 있음은 물론, 낚시 시즌까지 제대로 형성하고 있어 지역별 루어

낚시 대상어는 앞으로 그 종류가 더 늘어날 것으로 전망된다.

①동해 – 부시리 · 방어 · 고등어 · 쥐노래미 · 대구 · 임연수어 · 오징어 · 기타

②서해 – 농어 · 부시리 · 우럭 · 넙치 · 삼치 · 갈치 · 대구 · 오징어 · 기타

③남해 – 농어 · 부시리 · 방어 · 잿방어 · 삼치 · 다랑어 류
대구 · 볼락 · 열기 · 갈치 · 고등어 · 오징어 · 기타

④제주도 – 농어 · 부시리 · 방어 · 잿방어 · 삼치 · 다랑어 류
갈치 · 황매퉁이 · 오징어

■ 어종별 시즌

다음으로 우리나의 바다 루어낚시 대상어를 시즌별로 분류해 보면 〈표12〉와 같이 요약된다. 그러나 이는 해당 어종의 평균적인 시즌일 뿐, 동서남해 지역에 따라선 시즌 차이가 상당히 발생할 수 있다는 점 참고 바란다.

〈표12〉 바다 루어낚시 어종별 시즌

월 별	어 종 별									
	우럭	농어	부시리	방어	삼치	대구	만새기	다랑어	갈치	오징어
1월			■	■	■	■				
2월			■	■	■	■				
3월			■	■	■	■				
4월	■	■	■	■		■			■	■
5월	■	■	■	■					■	■
6월	■	■	■	■					■	■
7월	■	■	■	■	■		■	■	■	■
8월	■	■	■	■	■		■	■	■	■
9월	■	■	■	■	■		■	■	■	■
10월	■	■	■	■	■		■	■		
11월			■	■	■	■				
12월			■	■	■	■				

3

갈치낚시

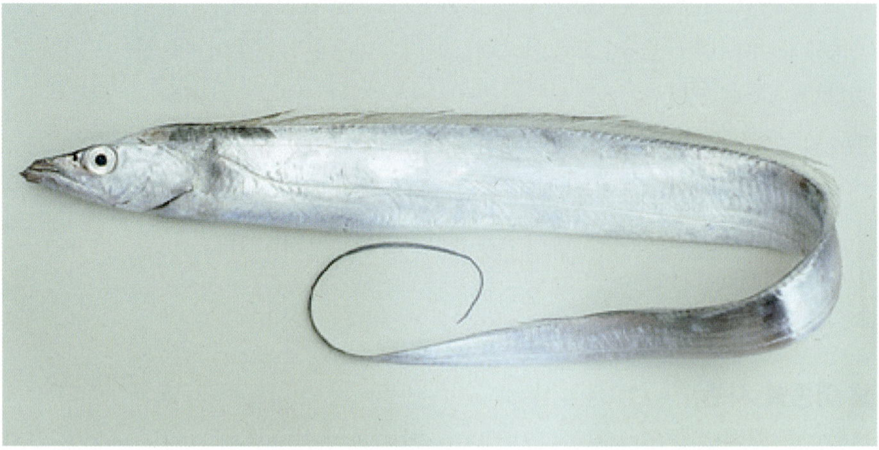

학명■*Trichiurus lepturus* 영명■Cutlass fish 일명■タチウオ(타치우오) 방언■깔치 · 풀치(새끼) · 빈쟁이

1 갈치는 어떤 물고기인가?

몸이 측편되고 아주 길며, 꼬리는 긴 줄과 같은 형태를 띠고 있다. 비늘이 없고 만지면 은분이 묻어나는데, 구아닌이라는 유기염 성분으로서 인조진주의 광택 재료로도 사용된다. 큰 입에는 크고 날카로운 송곳니가 있다. 겨울철에는 제주도 서쪽 해역에서 월동을 하고 봄이 되면 북상했다가 가을철이 되면 다시 남하하는 '계절회유'를 하는 어종이다. 낮에는 모래나 펄 바닥인 깊은 곳에 있다가 밤이 되면 수면으로 올라오는 특성이 있어 낚시는 주로 밤에 행해진다. 머리를 위로 하고 똑바로 서서 해엄치는 특이한 유영 모습을 갖고 있다. 유용한 식재료로서 회 · 구이 · 조림 등 모든 요리가 별미여서 낚시인은 물론 일반인들 모두가 좋아한다.

크기가 25cm 이하인 치어는 곤쟁이와 같은 동물성 플랑크톤을 주로 먹지만, 그 이상으로 성장하면 주로 어류나 오징어 등을 잡아먹는다. 겨울철이나 7월경

군집하는 시기에는 서로 잡아먹는 공식 현상도 일어나는 것으로 알려져 있다. 우리나라의 전 연근해에 서식하는데 주로 서해와 남해에 많다. 여름철 연안에서 낚시에 잡히는 것들은 대부분 새끼들인데, 풀치로 불리는 이 새끼들의 크기를 또다시 세분하여 낚시인들은 2지(손가락 두 개를 겹친 높이의 체고), 또는 3지라 부르기도 한다.

우리나라에선 아직 냉동 빙어 등을 사용하는 미끼낚시가 성행되고 있으나 루어낚시가 확실히 가능한 어종이기도 하다.

2 갈치 루어낚시는 어떤 형태로 이루어지나?

■ 연안 루어 캐스팅

우럭 연안 캐스팅 낚시와 동일한 방법의 낚시이다. 그러나 완전 바닥을 더듬는 우럭낚시와는 달리 밤이 되면 대개 수면 가까이 떠오르므로 특별한 어려움 없이 조과를 올릴 수 있다. 다만 루어의 통과 수심을 갈치가 회유하는 층에 잘 맞추는 것이 관건이다. 한여름이 제철이며 늦가을까지 낚이는데, 주로 서해남부 목포 인근 영산강 하구언의 영암호나 금호호의 각 방조제, 인근 내항 해역, 남해안 일대, 제주도 연안이 주요 무대가 된다.

■ 선상(船上) 지깅

가장 흔하게 접할 수 있는 갈치낚시 방법은 가을철 목포 앞바다의 선상 밤낚시가 매우 유명하다. 주된 방법은 냉동 빙어와 같은 생미끼를 사용하는데, 생미끼 대신 메탈 지그를 사용하는 라이트 지깅이 유효한 방법이다.

3 갈치 루어낚시 기본 장비

■ 낚싯대(Rod) 선택 기준

①연안 루어 캐스팅용 – 민물의 쏘가리 낚싯대나 바다 우럭 낚싯대를 기준으로

3

사용하면 된다. 길이 6.6~7피트 정도, 강도는 미디엄 라이트(ML)가 기준이며, 사용하는 루어가 주로 지그헤드 리그나 미노우 플러그이므로 패스트 휨새(F · 초리 휨새)가 사용하기에 편리하다. 낚시를 하는 장소가 높거나 장애물이 많은 곳에서는 9피트 정도 길이의 가벼운 농어 낚싯대가 유리한 경우도 있다.

②지깅용 – 미디엄(M)~미디엄 헤비(MH)급의 배스용 낚싯대를 사용해도 무리는 없지만, 지깅 전용 낚싯대 중 PE 1호 대응 강도의 가볍고 유연한 제품을 사용하는 편이 유리하다. 길이는 6피트 전후면 무난하다.

■ 릴(Reel) 선택 기준

연안 캐스팅에서는 우럭낚시에 사용하는 소형 스피닝 릴을 사용한다. 나일론 줄 2호가 약 150m 감기는 크기면 적당하다. 지깅의 경우에는 소형 스피닝 릴이나 양축 릴을 사용하게 되는데 양축 릴의 경우는 녹 방지 기능이 있는 것이라면 배스낚시용을 사용하여도 무리는 없다.

■ 낚싯줄(Line) 사용 기준

연안 캐스팅에서는 나일론 2호를 기준으로 하는데, 낚시가 주로 야간에 행해지는 관계로 형광 처리가 되어 눈에 잘 띄는 줄이 유용하다. 지깅의 경우에는 PE 0.8~2호를 사용하는데, 선상에서 수심 파악이 용이하도록 수심별 색상 구분이 있거나 수심 표시가 되어있는 낚싯줄을 사용하는 편이 좋다. 갈치 지깅 역시 필히 쇼크 리더를 사용해야 하는데, 나일론이나 플로로 카본 40~50파운드를 2~4m 연결한다. 갈치의 날카로운 송곳니 대책으로 쇼크 리더의 끝 부분을 이중으로 하거나, 생미끼 낚시 채비처럼 와이어 리더를 연결하는 경우도 있다. 그러나 수시로 쇼크 리더를 체크만 하면 메탈 지그가 길쭉하기 때문에 특별히 와이어가 필요하지는 않다.

4 루어는 어떤 종류가 사용되나?

■ 지그헤드(Jig head)와 그럽(Grub)

방조제나 방파제에서 행하는 우럭 루어낚시와 동일한 것이다. 무게는 1/16~3/8 온스를 기준으로 하고 조류에 따라 무게를 가감한다. 지그헤드에 장착하는 그럽도 우럭낚시를 기준으로 선택하면 되는데, 길이 3인치를 주로 사용한다. 꼬리의 형태는 일반적인 컬리 테일(Curly tail)이나 새드 테일(Shad tail)이 좋고, 색상은 야광이나 각종 형광색 · 흰색 · 검은색을 준비한다. 챔질이 잘 되지 않는 경우에는 배스낚시와 같이 트레일러 훅을 부착해도 좋다.

■ 미노우 플러그(Minnow plug) 형태

방조제나 방파제에서 지그헤드 리그와 동일한 조건에서 사용하는 것으로, 길이 9cm 전후의 캐스팅하기 좋은 싱킹 타입을 주로 사용한다. 미노우 표면에 반사 테이프나 야광 테이프 등을 붙여 시인성을 높이는 것도 좋다.

■ 메탈 지그(Metal jig) 종류

선상 지깅에 사용하는 것으로서 너무 길지 않은 일반적인 형태의 저중심 지그일수록 가라앉는 속도가 빠르므로 사용하기에 좋다. 무게는 80~150g을 기준으로 하되, 수심과 조류의 속도를 감안하여 무게의 선택 폭을 조절한다. 가라앉은 후 특별한 지깅 동작 없이 단순한 릴링으로도 좌우로 잘 움직이는 형태의 지그가 유

방파제 및 방조제에서도 간단한 장비를 이용하여 갈치를 낚을 수 있다.

리하며, 폴링 시에 입질이 잦을 경우에는 납작한 모양으로 흔들리며 가라앉는 형태의 지그가 유리한 경우도 있다. 색상은 은색+파랑 계열, 금색+오렌지 계열, 검정 등을 골고루 준비하여 그날의 입질 색상을 빠르게 찾는 것이 선결 조건이다. 부착하는 바늘은 뒤쪽에 1~1/0 크기의 트레블 훅을 기준으로 하고, 위쪽에 4~2 크기의 어시스트 훅을 동시에 덧달아 사용하기도 한다.

5 갈치 루어낚시 채비 및 테크닉

갈치 루어낚시 채비는 〈그림73〉을 기준으로 상황에 맞게 구성하도록 한다.

■ 루어 선택 및 테크닉

①지그헤드 리그의 사용법 – 캐스팅 후 일정한 수심을 유지하도록 단순 동작으로 릴링하는 것이 가장 유효한 방법이다. 특별한 동작 부여가 중요하지 않으며, 포식 속도 또한 그다지 빠르지 않으므로 루어의 속도도 빠를 필요가 없다. 지그헤드 리그가 가라앉지 않을 정도의 속도로 갈치가 있는 유영층을 통과시킨다. 입질이 닿는데도 지그헤드 리그의 외바늘에 잘 걸려들지를 않는 경우는 작은 트레블 훅 덧바늘을 달거나, 덧바늘이 부착되어 있는 특수한 형태의 지그헤드를 사용해볼 필

〈그림73〉갈치낚시 채비

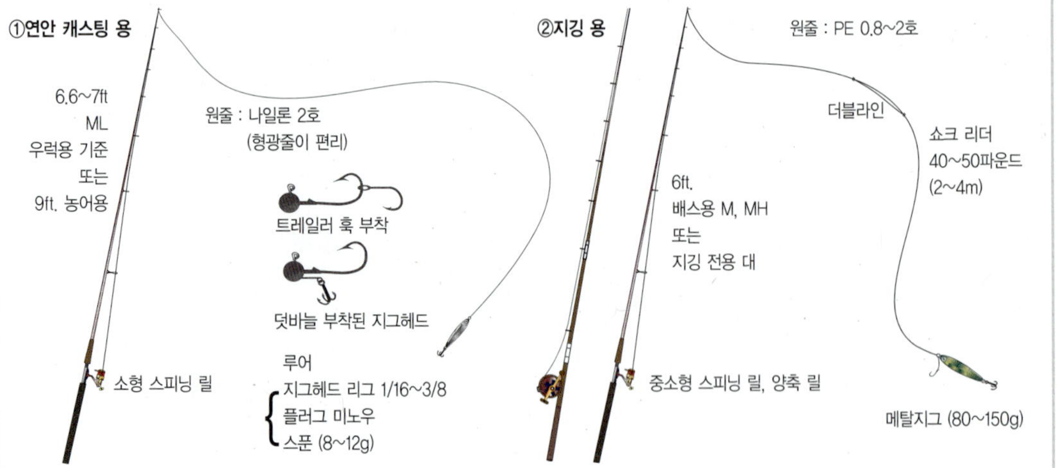

요도 있다.

②싱킹 미노우 플러그 사용법 – 싱킹 형태를 사용하므로 지그헤드 리그를 사용하는 방법과 마찬가지로, 일정한 수심을 일정한 속도로 릴링한다. 미노우 자체의 고유한 움직임이 좋은 제품을 사용하는 것이 유리하다.

③메탈 지그 사용법 – 기본적인 방법은 단순 릴링과 '원피치 숏저크'(One pitch short jerk)이다. 단순 릴링은 지그를 가라앉힌 후 낚싯대를 고정하고 릴링만으로 지그를 움직이는 것으로, 릴링 속도를 바꾸어가며 지그를 유연하게 움직이면 된다. 원피치 숏저크는 낚싯대를 한 번 작게 채는 것과 동시에 릴 핸들을 한 번 돌리는 것을 말하는데, 부시리 · 방어를 낚는 지깅 동작과 같이 날카롭고 거친 동작은 필요없고, 작고 유연하게 지그를 움직이도록 하는 것이 중요한 요소이다.

갈치는 불규칙하고 갑작스런 움직임이나 너무 빠른 속도에는 반응하지 못하므로 일정하고 부드럽게 지그를 움직이는 것이 중요하다. 또한 입질이 오는 수심층을 빨리 파악하는 것이 중요한데, 표층이나 중층에서 대부분 입질이 오므로 유영층 파악이 끝나면 지그를 일부러 밑바닥까지 내릴 필요는 없다. 이 외에 지그가 가라앉는 동안에도 입질이 많으므로 신경을 집중하여 줄이 풀리는 동안에도 주의

〈그림74〉갈치낚시용 지그 작동법

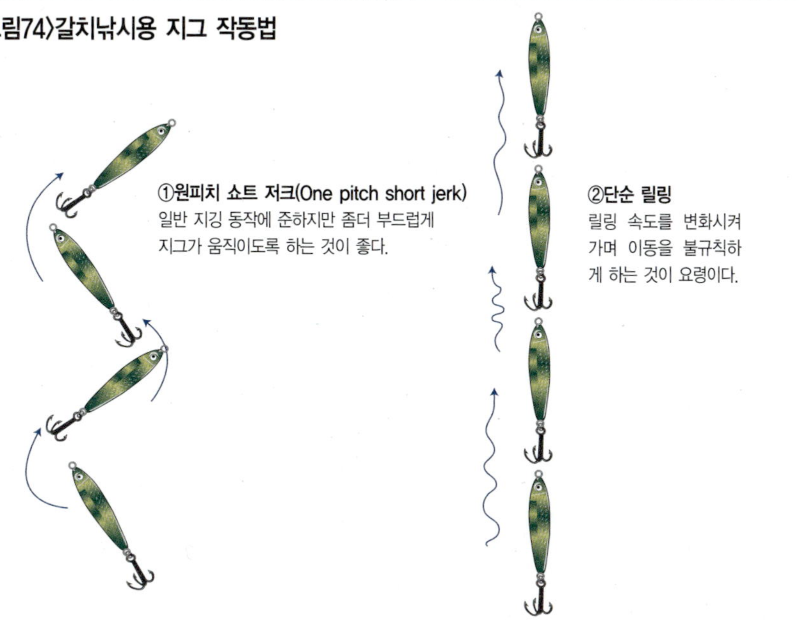

〈그림75〉지그에 덧바늘 달기

를 기울이도록 한다.

■ 챔질 · 파이팅 · 랜딩 요령

갈치 입질은 연안 캐스팅에서는 쉽게 파악이 되지만 지깅의 경우에는 미약한 경우가 많고, 바늘을 물고 상승하는 경우에는 잘 파악이 되지 않는 경우도 많다. 그렇기 때문에 항상 낚싯대와 낚싯줄의 장력을 유지하면서 입질을 감지하도록 주의를 기울일 필요가 있다. 입질은 있어도 바늘에 잘 걸리지 않는 경우에는 〈그림75〉와 같이 덧바늘을 달아 쓰면 챔질이 좋아진다.

루어에 완전히 걸린 갈치는 특별한 기교 없이 낚싯대의 각도를 유지한 채 릴링만으로 감아올린다. 감는 속도를 변화시키거나 낚싯대를 움직이면 오히려 떨어지기 쉬우므로 주의해야 한다. 감아올리는 도중 마치 떨어져 나간 것처럼 갑자기 더 가벼워지는 경우도 많은데, 이때에도 릴링을 포기하지 말고 더욱 빠르게 릴링을 할 필요가 있다. 갈치가 바늘에서 떨어진 것이 아니라 앞서 달려 상승한 경우이므로 도중에 멈추면 진짜로 놓치게 된다. 물 밖으로 올린 갈치는 송곳니가 다른 어떤 어종보다 날카로우므로 충분히 주의하여 플라이어 등을 이용해 바늘을 빼도록 한다.

6 갈치 루어낚시 시즌 및 포인트

■ 한여름에 절정, 늦가을에 마감

갈치낚시 시즌은 여름철부터 시작된다. 그러나 이 시기에는 크기가 매우 작은데, 가을로 접어들수록 점차 씨알이 좋아진다. 결국 갈치낚시는 8월부터 시작하여 씨알 면에선 10월에 최전성기를 맞고, 11월까지 계속된다고 정리할 수 있다.

■ 잔챙이 아래쪽에 굵은 씨알

갈치는 야간에 수면 가까이 나타나므로 주로 밤낚시가 성행된다. 그 중에서도 일몰 후 2~3시간, 일출 전 2~3시간이 가장 좋은 시간대이다. 갈치는 특별히 물때를 타지 않는 것으로 알려져 있으며, 물때보다는 시간대가 더 중요한 요소이다.

갈치는 앞서 설명한 바와 같이 소형 갈치를 대형 갈치가 잡아먹는 '공식현상'도 하는 어종으로서, 활성도가 높은 경우에는 눈앞에 있는 모든 것을 물어버리기도 하는 공격성을 지니고 있다. 소형 갈치만이 낚여 올라오는 경우에는 그 수심층보다 다소 아래쪽에 큰 갈치가 유영하는 경우도 있으므로, 입질이 끊긴다거나 갈치 어군이 흩어지는 경우에는 한 단계 큰 지그를 좀더 깊은 수심으로 내려 보낼 볼 필요성도 있다.

갈치 루어낚시 핵심 체크 리스트

1. 갈치의 이빨은 모두 송곳니이고 다른 어떤 어종보다도 날카로우므로 낚싯줄 관리는 물론 맨손 접촉에도 충분한 주의를 요한다.

2 너무 빠른 루어 조작은 역효과를 나타내므로 루어의 일정하고 부드러운 조작이 중요하다.

3 지깅 시에는 지그의 낙하 도중에도 입질이 들어오는 등, 입질 파악이 어려운 경우가 많으므로 작은 이상에도 일단 챔질을 해보는 것이 좋다.

4 지깅에는 필히 수심을 알 수 있도록 염색된 낚싯줄을 사용하여 입질이 오는 수심을 파악하는 것이 중요하다.

5 챔질이 잘 되지 않을 경우에는 덧바늘을 활용한다.

6 낚아 올리는 도중에도 일정한 속도로 릴링하여야 놓치지 않는다.

7. 갑자기 가벼워지더라도 릴링을 포기하지 말고 더 빨리 감아 본다.

8 원줄과 쇼크 리더는 수시로 검사하여 갈치의 이빨에 의한 상처 유무를 확인한다.

9 밤낚시가 대부분이므로 필히 안전장비를 갖추어 사고를 예방한다.

3

넙치(광어)낚시

표준명■넙치 학명■*Paralichthys olivaceus* 영명■Flatfish 일명■ ヒラメ(히라메) 방언■광어

1 넙치(광어)는 어떤 물고기인가?

넙치는 넙치과의 대표적인 어종으로, 광어(廣魚)라는 이름으로 누구에게나 친숙하며, 횟감으로도 유명하다. 몸이 납작하고 정면에서 마주보았을 때 눈이 왼쪽으로 쏠려 있어 반대쪽(오른쪽)으로 쏠려 있는 가자미와 구분된다. 또한 가자미 종류에 비해 입이 크고 날카로운 이빨을 지니고 있는 것이 특징이다. 양식이 많이 이루어지는 고급어종으로, 자연산은 배 부분(눈이 없는 쪽)이 온통 흰색이지만, 양식산의 경우는 검은 무늬가 있어 자연산과 양식산을 쉽게 구분할 수 있다.

저서성 어종으로 주로 대륙붕의 모래바닥에 서식하는데, 서해안의 경우는 겨울철이 되면 흑산도 근해에서 월동을 하고 봄철에 북상하는 '남북회유'를 한다. 산란기는 2~6월경으로, 지역에 따라 차이가 크게 생기며, 조류 소통이 좋은 자갈밭이나 암초지대에 산란을 한다. 대개 45cm 크기로 성숙해야 산란을 하는 것으로

넙치(광어)의 머리. 두 눈이 왼쪽에 쏠려 있고, 큰 입에 이빨이 날카롭다.

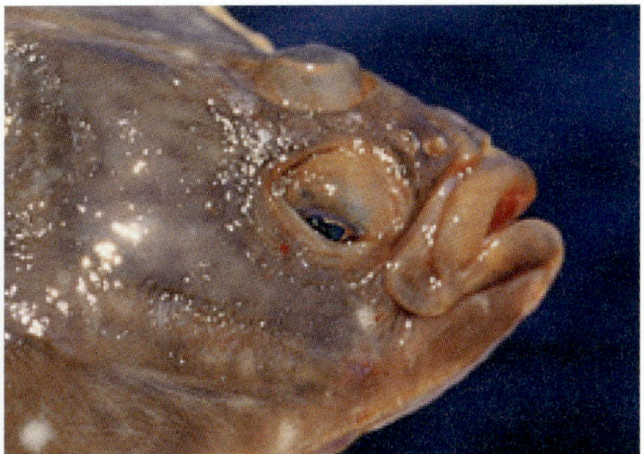
가자미의 머리. 두 눈이 오른쪽에 쏠려 있고, 입이 작다.

알려지는데, 최대 80cm 이상으로 자란다. 부화된 치어의 형태는 눈이 양쪽에 각각 붙어있는 일반적인 물고기 형태를 띠지만, 몸 길이가 1.5cm 정도로 자라게 되면 오른쪽 눈이 왼쪽으로 이동하면서 저서생활을 하게 된다. 식성은 치어 시기에는 새우와 같은 소형 갑각류를 먹지만, 성장함에 따라 소형 어류나 오징어 등을 잡아먹는 강한 어식성을 나타낸다. 우리나라 전 해안에 서식한다.

2 광어 루어낚시는 어떤 형태로 이루어지나?

■ 연안 루어 캐스팅

연안의 방파제나 갯바위 등에서 우럭 루어낚시가 활성화 되면서 동시에 각광을 받기 시작한 것이 넙치 루어낚시이다. 우럭과 동일한 장비와 채비를 사용함으로써 '도 아니면 모' 식의 조과를 기대하기도 한다. 산란을 전후한 시기에는 우럭낚시 포인트에서도 입질을 자주 받을 수 있지만, 주로 갯바위 사이나 암초 주변의 모래밭에서 잘 낚인다. 우리나라 전 해안에 서식하지만 주로 각 방조제와 방파제, 원도권 갯바위 주변이 주요 낚시무대가 된다. 우럭 루어낚시 및 민물 쏘가리낚시와 거의 동일한 방법으로 시도되는데, 우럭낚시의 손님고기 위치를 벗어나 독자적인 루어낚시 대상어로 자리 잡아가고 있다.

연안에서의 광어 루어낚시는 방파제 및 갯바위뿐만이 아니라, 백사장에서 루어 원투로 낚을 수도 있다. 동해안과 같은 넓은 백사장에서 행할 수 있는 방법이다.

넙치(광어) 루어낚시는 선상 외 갯바위에서도 즐길 수 있다.

농어용이나 부시리용의 긴 낚싯대에 적당한 크기(30~50g)의 구멍봉돌을 유동식으로 장치하고, 목줄(30~40cm)에 플러그 루어를 달아 원투하는 방법이다.

■ 선상(船上) 루어 캐스팅

우럭 선상 루어낚시와 동일한 형태이다. 배를 타고 연안의 수심 깊지 않은 장소에서부터 보다 수심 깊은 암초 주변 등, 넓은 지역의 탐색이 가능한 것은 물론, 농어 루어낚시나 지깅 도중 조류가 멈춘 휴식 시간 등을 활용하여 풍성한 조과를 올리기도 한다.

3 광어 루어낚시 기본 장비

■ 낚싯대(Rod) 선택 기준

①연안 루어 캐스팅용 – 민물 쏘가리, 배스 낚싯대나 우럭 루어 낚싯대를 기준으로 하되, 한 단계 더 강도가 높은 것을 사용하는 편이 좋다. 길이는 7피트 정도, 강도는 미디엄 라이트(ML) ~ 미디엄(M)이 적합하고, 사용하는 루어가 주로 지그

헤드 리그이므로 패스트 휨새(F · 초리 휨새)가 사용하기에 편리하다. 원도의 갯바위나 조류가 거센 지역, 또는 씨알 굵은 우럭이나 농어가 자주 출몰하는 장소에서는 8~9피트 길이의 농어 루어 낚싯대도 사용할 수 있다.

②백사장 캐스팅용 – 길이 10피트 이상의 농어용이나 부시리용 낚싯대가 사용에 편리하다.

③선상(船上) 캐스팅용 – 연안이나 도서 갯바위에서 사용하는 것과 동일하게 민물 배스 낚싯대를 기준으로 한다. 길이 7피트 정도에 미디엄 라이트(ML)나 미디엄(M) 강도, 패스트(F) 휨새를 기준으로 한다. 바다는 조류의 세기가 수시로 바뀌므로 그에 맞는 무게의 루어를 폭넓게 소화할 수 있는 강도의 낚싯대가 유리하다. 이 외에 매우 수심 깊은 장소나 대물이 자주 출몰하는 장소에서는 지깅용 낚싯대를 사용하기도 한다.

■ 릴(Reel) 선택 기준

기본적으로 민물 쏘가리낚시에 사용하는 크기의 소형 스피닝릴을 사용한다. 나일론 줄 2호가 약 150m 감기는 크기면 적당하다. 그러나 농어용 낚싯대를 사용하거나 지깅용 낚싯대를 사용하는 경우에는 낚싯대와의 균형을 고려해 3~4호가 200m 이상 감기는 중형 스피닝 릴을 사용한다.

■ 낚싯줄(Line) 사용 기준

사용하는 낚싯대와 루어의 무게를 고려해야 하는데, 연안 루어 캐스팅에서는 주로 나일론 8~10파운드(2~3호)를 기준으로 한다. 민물 쏘가리낚시나 바다 우럭낚시와 마찬가지로 낚싯줄의 소모가 많으므로 고급 제품보다는 덕용 포장으로 발매되는 값싼 제품을 사용하는 편이 바람직하다. 기타 백사장 캐스팅이나 선상 지깅을 할 때는 나일론 12~16파운드(3~3.5호)나 PE 2~3호가 적당한데, 이 경우에는 필히 30~50파운드의 쇼크 리더를 연결해야 한다.

■ 루어(Lure) 사용법

①지그헤드와 그럽 – 우럭 루어낚시와 동일한 것으로서 광어낚시에 가장 선호되는 루어이다. 연안과 도서 갯바위에서는 우럭과 동일하게 1/16~3/8온스 무게가

3

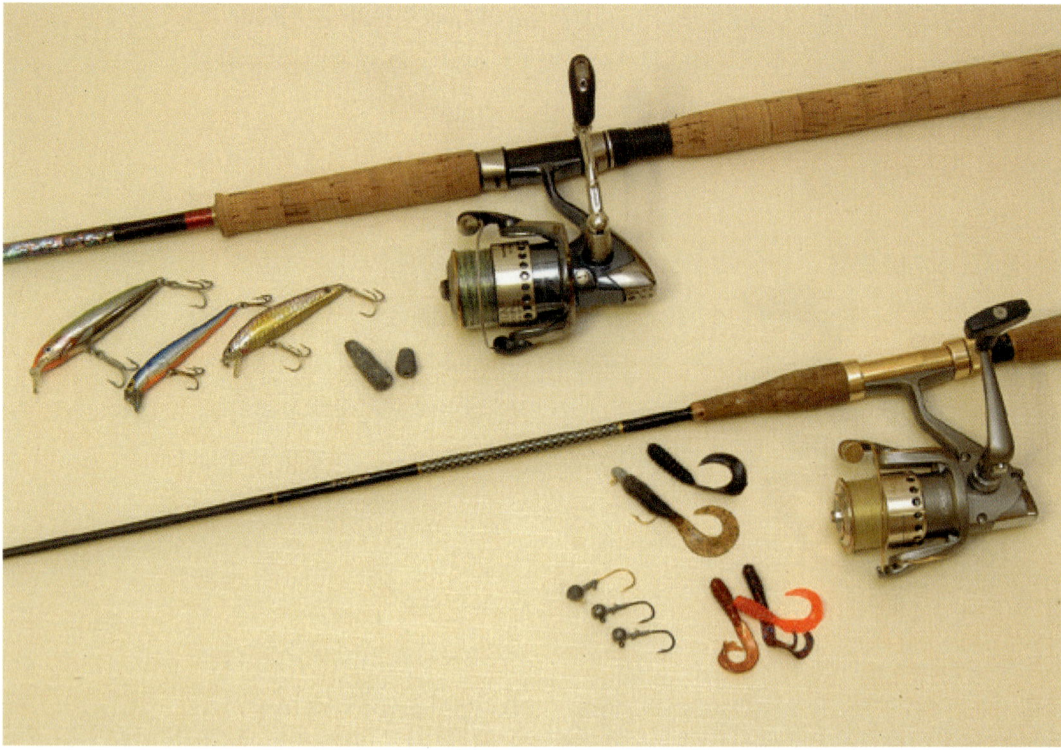

연안에서는 물론 백사장에서도 가능한 넙치(광어)낚시 장비 및 루어 종류.

적합하다. 수심이 깊은 장소, 조류가 거센 장소, 또는 배낚시를 할 때는 조금 더 무거운 1/2~1온스 또는 그 이상을 사용할 수도 있다. 지그헤드에 장착하는 그럽은 우럭낚시를 기준으로 선택하면 되는데, 길이 3인치가 주로 사용되며 대형급이 잘 낚이는 장소나 배낚시에서는 좀더 큰 4~5인치의 그럽도 사용된다. 꼬리의 형태는 일반적인 컬리 테일이나 새드 테일도 좋다. 색상은 천차만별이지만 윤곽이 확실하게 보이는 빨간색 계통, 흰색, 검은색을 주로 사용한다.

②미노우 플러그 – 길이 9~11cm의 싱킹 형태가 좋다. 백사장에서의 캐스팅이나 선상 캐스팅에서 사용된다. 이에 비해 플로팅 형태는 봉돌과 목줄에 잘 엉키는 단점이 있다.

③메탈 지그 – 수심에 의해 무게를 결정해야 하는데 20~85g 정도를 준비한다. 얕은 장소에서는 상대적으로 가벼운 것을 캐스팅하고, 수심이 깊은 장소에서는 무거운 것을 수직 지깅으로 사용한다. 광어를 전문으로 낚기 위해 좌우로 크게 움직이도록 고안된 특수 메탈 지그도 있다.

〈그림76〉넙치(광어)낚시 채비

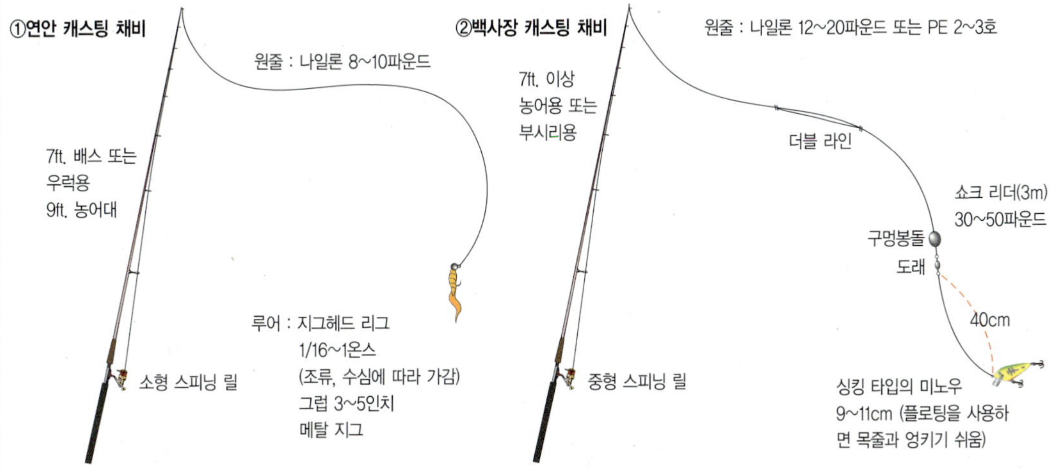

4 광어 루어낚시 채비 및 테크닉

광어 루어낚시 채비는 〈그림76〉을 참고로 하여 낚시 상황에 맞게 구성하면 된다.

■ 지그헤드 리그(Jighead rig) 활용법

기본적으로 민물 쏘가리낚시나 바다 우럭낚시의 지그헤드 리그 운용법과 동일하다. 다만 광어낚시에서는 보다 확실하게 바닥을 훑도록 하는 것이 중요하다. 광어낚시에 있어 지그헤드 리그를 작동시키는 방법은 스위밍(Swimming) · 호핑(Hopping) · 리프트 앤 폴(Lift & Fall) · 크롤링(Crawling) 기법 등이 있는데, 구체적인 내용은 '우럭낚시' 편을 참고 바란다.

■ 미노우 플러그(Minnow plug) 활용법

유동식으로 연결한 봉돌의 무게를 이용해 원투를 하고, 수중 바닥을 스치듯이 단순 릴링을 하면 된다. 납작한 넙치는 시야가 입체적이지 못하고 〈그림77〉과 같이 눈 위쪽 30~100cm 정도 시야 범위의 평면적 물체만 보도록 발달돼 있다. 따라서 수직 방향으로의 움직임보다는 수평 방향의 움직임이 시야에 오래 들어오므로, 수평으로 움직이는 루어에 대한 반응이 더 좋다. 그래서 미노우 플러그의 원투가

〈그림77〉넙치의 시야와 루어 작동

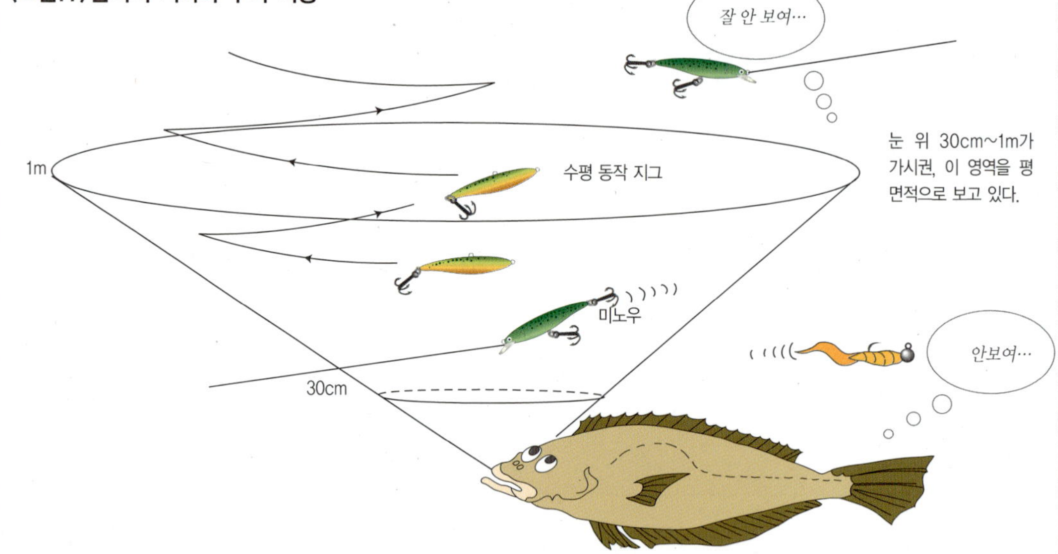

효과적이지만, 수심 10m 이하의 비교적 얕은 장소라야 효과적으로 운용할 수 있다는 단서가 붙는다. 보다 깊은 장소에서 사용하면 바늘과 목줄이 서로 엉키는 일이 많아질 수 있다. 또한 암초가 많은 장소에서는 루어를 자주 뜯기는 것이 단점이다.

■ 메탈지그(Metal jig) 활용법

얕은 수심에서는 캐스팅하여 착지시키고 재빨리 2, 3회 가량 짧게 저킹을 한 후 다시 가라앉히는 방법을 반복한다. 40m 이상 깊은 장소에서는 수직으로 가라앉힌 뒤 고패질(Bottom bumping)을 반복한다. 넙치용 전용 지그는 저킹과 폴링으로 폭넓은 좌우 움직임을 보이므로 넙치의 시야에 오래 머무는 효과를 볼 수 있다.

■ 챔질 · 파이팅 · 랜딩 요령

넙치의 입질은 여러 가지 형태로 나타난다. 루어가 바닥에 닿은 후 낚싯줄이 무거워진다거나, 루어에 액션을 넣는데 갑자기 덜컹하는 느낌이 온다거나, 루어를 회수하려는데 갑자기 낚싯대가 휘어드는 등, 돌발적인 입질을 하거나 아무런 느낌을 주지 않는 입질을 보일 때도 많다. 그러므로 일상적이지 않고 무언가 작은 변화가 있다면 일단 빠르게 챔질을 해보는 것도 좋다.

확실하게 챔질이 된 이후에는 릴링을 일정한 속도로 천천히 하도록 한다. 너무 빠른 릴링은 도중에 떨어뜨리기 쉽다. 늦춰주는 것도 넙치의 저항을 심하게 하거나 암초 틈으로 도망가게 할 수도 있다. 이를 방지하기 위해서는 일단 바닥에서 떠올리는 것이 가장 중요한 요소이다. 그리고 넙치는 이빨이 날카로우므로 맨손으로는 입 주위를 만지지 말고, 대물의 경우는 뜰채를 이용하는 편이 좋다.

5 광어낚시 시즌 및 포인트 공략법

■ 7~10월이 시즌, 지역 따라 차이

우럭낚시의 시즌과 거의 동일한 특성을 갖고 있다. 수온이 오르는 5월부터 연안에서 낚이기 시작해 6월부터 제철로 접어드는데, 지역에 따라 7~8월 여름철 또는 9~10월 가을철에 피크를 이룬다. 겨울철이 되면 수심 깊은 한바다로 이동하여 월동을 하게 되므로 낚기 어려운 시기가 된다.

광어 루어낚시 핵심 체크 리스트

1. 우럭 루어낚시 장비를 그대로 사용해도 좋지만, 한 단계 강도를 높여 사용하는 것이 바람직하다.

2 광어는 모래밭을 좋아하므로 수중 바닥 상황을 빠르게 탐색해 모래와 펄이 섞인 지형을 찾아내는 것이 중요하다.

3. 광어의 시야는 수직으로 짧고 수평 방향으로 넓으므로, 루어가 수평 방향으로 움직일수록 입질 확률이 높다.

4 챔질 이후에는 일정한 속도로 천천히 릴링하되, 중간에 늦춰주는 것은 곤란하다.

5 입질 형태가 여러 가지이고 간파하기 어려운 경우도 많으므로, 작은 반응에도 우선 챔질을 해볼 필요가 있다.

6. 이빨이 날카로우므로 맨손으로는 입 주위를 만지지 말고, 대물의 경우는 뜰채를 이용하는 것이 좋다

3

■ 암초 사이의 모래 · 자갈밭이 포인트

광어의 서식처는 모래바닥이므로 모래밭이나 펄과 모래가 섞인 사니질(沙泥質) 지대가 주요 포인트가 된다. 그러나 산란기에는 자갈밭이나 암초지대에서도 자주 낚이는데, 이 같은 경우에도 주위에 모래밭이 가까운 장소이거나 암반 · 암초 사이에 모래밭이 형성된 곳, 또는 자갈밭이나 암초지대와 모래밭의 경계 지역 등이 좋은 포인트이다. 생소한 장소에서는 루어를 폭넓게 캐스팅해 가면서 루어에 스쳐지는 바닥의 느낌을 확인, 모래바닥을 먼저 찾아내어 그곳을 집중 공략하는 것이 좋다.

저서성 어류인 광어는 다른 어종에 비해 정도가 심하지는 않지만 먹잇감의 활성에 따라 입질의 차이가 있으므로 조류의 소통이 원활한 장소가 좋은 포인트가 된다. 초밀물이나 초썰물이 기본적으로 가장 좋은 시간대이며, 만조나 간조 시간대에는 조류 소통이 원활한 장소를 찾는 것이 좋다

농어낚시

학명■*Lateolabrax japonicus* 영명■Sea bass 일명■スズキ(스즈끼) 방언■농에 · 깔따구 · 까지매기

1 농어는 어떤 물고기인가?

■ 우리나라 농어 종류는 3종

우리나라에 서식하는 농어는 과거에는 '농어' 한 종만이 기재되어 있었으나 1990년대 중반 들어 '점농어'를 다른 종류로 추가하였고, 후반에는 제주도에서 잡히는 '넙치농어'를 다시 추가함으로써 현재는 3종류로 구분되고 있다.

■ 종류별 생태 및 구분법

①농어 - 학명 *Lateolabrax japonicus*로 농어과의 대표어종이다. 입이 크고 몸이 길쭉하여 날렵하게 생겼다. 길이 20cm 정도의 치어일 때는 몸통 위쪽으로 작고 검은 점이 흩어져 있는 경우가 많은데 성어가 되면 사라진다.

농어는 겨울에 항구나 기수역이 인접한 외해의 암초 주위에 산란하는데, 부화

3

〈점농어〉

〈넙치농어〉

점농어 및 넙치농어의 비교

된 치어들은 봄철에 연안으로 접근하고, 여름이 되면 내항이나 강을 거슬러 오르기도 한다. 겨울철에는 한바다의 수심 깊은 장소에서 월동한다. 성어가 되면 대규모 회유는 하지 않아도 서식하는 지역에 따라 군집을 이루는 것으로 알려져 있다. 우리나라 전역에 분포한다.

②**점농어** – 학명 *Lateolabrax maculatus*로 1990년대 중반까지는 일반적인 농어와 동일한 종류로 취급되었다. 전체적인 생김새는 농어와 유사하지만 치어 시기의 검은 점이 일반 농어의 점에 비해 크고 숫자가 적은데, 성어가 되어도 이 점들이 남아 있는 것이 특징이다. 또한 일반 농어에 비해 위턱 끝부분이 조금 뭉툭한 편이다.

산란기는 일반 농어보다 조금 이른 가을철로서 얕은 바다, 하구, 때로는 민물에서도 서식한다. 우리나라의 서해안과 전라남도에 많고 양식도 활발이 이루어지는 종류이다.

③**넙치농어** – 학명 *Lateolabrax latus*로 일반적인 농어보다 남방계이고, 체고가 높아 덩치가 커 보인다. 또한 꼬리지느러미의 중간 윤곽이 일반 농어보다 깊지 않고 직선 형태이다. 이 외에도 아래턱 아래쪽에 비늘이 줄지어 있는 것이 특징이라고는 하나, 다른 농어에도 이 비늘이 있는 경우도 있어 넙치농어의 구별법으로 설명하기는 어렵다.

산란기는 2~3월이라고 전해지지만 우리나라에선 아직 정확하게 밝혀진 바가 없으며, 다른 농어 종류와 달리 치어일 때 민물로 거슬러 오르지 않는 것으로 알려져 있다. 성어는 연안의 갯바위 암초지대에 서식한다. 한때 일본의 고유종이라고도 알려졌지만 제주도의 남제주군, 성산포, 가파도, 마라도에 서식하는 것으로 확인되고 있다.

이상 3가지 농어의 외형적 구분을 비교, 정리해 보면 〈그림78〉과 같다.

■ 바다 농어와 민물 농어(Bass)의 차이점

바다 농어와 비교해 민물에 서식하는 배스(Bass)를 '민물농어' 라고도 부르기도 하는데, 사실 두 고기는 외형과 습성이 비슷하게 보인다. 그렇지만 바다에 서식하는 농어와 민물의 배스는 어느 정도 차이를 지니고 있다.

두 종류 모두 훌륭한 루어낚시 대상어이지만 각기 다른 습성과 특성에 맞춰 낚

〈그림78〉농어 종류 구별법

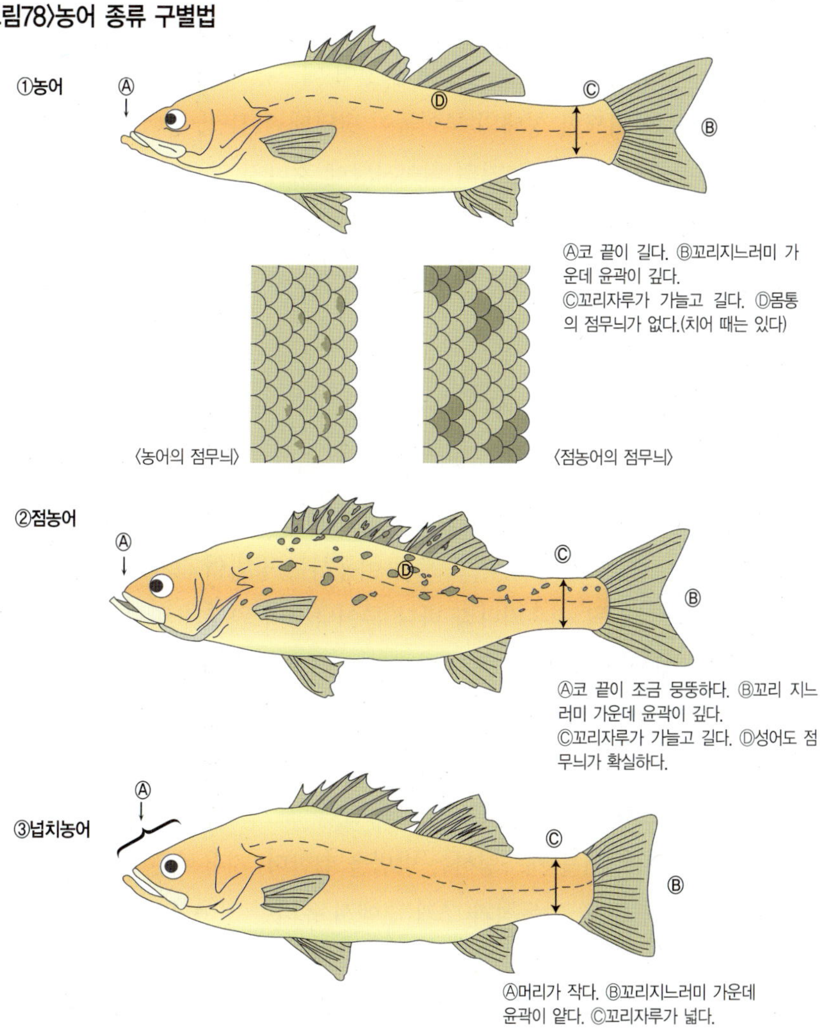

〈표13〉농어와 배스(민물농어)의 차이점

구 분	서식 환경	루어에 대한 공격	행동 범위
농 어	스트럭처에 별반 상관 하지 않는다.	루어를 식성에 의해 공격한다. 공격 시 시각에 의존한다.	조류와 먹이를 따라 움직인다.
라지마우스 배스	스트럭처를 고집한다.	호기심이 강하며 반사적으로 루어를 공격하는 경우가 많다.	일정한 지역 안에서만 행동한다.

시의 접근 방식을 달리해야 한다.

3가지 측면에서 차이를 보이는데, 먼저 배스는 수중 지형지물 및 장애물과 같은 스트럭처가 낚시의 포인트가 되지만, 농어는 스트럭처보다는 조류와 물때가 중요하다. 둘째, 루어를 공격하는 측면에 있어 배스는 호기심이 풍부하여 이와 같은 성질을 이용한 기묘한 형태의 루어들이 발달돼 있지만, 농어의 경우는 그렇지가 않다. 루어에 대한 공격은 거의 먹이사냥에 지나지 않으며, 공격 시에도 거의 시각에 의존한다. 셋째, 배스는 서식처 내에서 일정한 범위를 확보하고 정해진 이동경로를 통해서 움직이지만, 농어는 조류를 타며 물때와 먹이를 따라 움직인다.

2 농어 루어낚시는 어떤 형태로 이루어지나?

농어 루어낚시는 크게 두 가지 형태로 이루어진다. 갯바위 및 방파제 · 백사장 등 연안에서 낚시를 하는 형태와, 보트를 이용하는 방법이 그것이다.

①**갯바위 루어 캐스팅** – 우리나라 바다 루어낚시의 원류가 바로 갯바위 농어 루어낚시이다. 원도권 갯바위 인근 자갈밭과 작은 여 주변 등, 조류 소통이 원활하고 암초가 발달한 장소에서 루어를 원투하는 방법이다. 연안 갯바위 및 방파제, 해수욕장 주변 자갈밭에서 이뤄지는 농어낚시 또한 같은 형태로 보면 된다.

②**선상 루어 캐스팅** – 갯바위 루어낚시와 달리, 보트를 타고 바다 쪽에서 갯바위 및 간출암 쪽으로 루어를 캐스팅하는 방법을 취한다. 자유로운 포인트 이동, 포인트 근접의 용이함 등등, 기동성과 조과 면에서 유리한 점이 많다.

3 농어 루어낚시 기본 장비 및 소품

■ 낚싯대(Rod) 선택 기준

①갯바위 루어 캐스팅용 – 길이 10~13피트인 농어 루어낚시 전용 스피닝 대를 사용한다. 이보다 짧은 낚싯대를 사용하면 원투가 불리하고, 농어를 낚아 올릴 때 낚싯줄이 가까운 여나 갯바위에 쓸려 끊어질 우려가 따른다. 국내 여러 브랜드에서 농어 전용 루어 낚싯대를 출시하고 있으므로 선택의 폭이 넓은데, 주로 2~3절의 꽂기식으로 되어 있거나, 휴대가 더 간단한 텔레스코픽(빼내기 식) 형태로 만들어진 제품도 있다. 너무 빳빳한 낚싯대는 바늘털이를 하는 농어를 놓치기 쉬우므로 초리가 유연한 편이 좋지만, 대물급은 허리힘이 강한 낚싯대라야 들어올리기가 쉽다.

②선상 루어 캐스팅용 – 배낚시의 경우에는 길이에 크게 관계없지만 너무 길면 좁은 배 안에서 다루기가 불편하므로 충분한 손맛을 즐길 길이로 선택한다. 주로 6~8피트를 선택하되 소형 보트를 사용하거나 원투에 자신이 있는 경우에는 6피트 전후의 민물 배스낚시용 낚싯대를 사용해도 충분하다. 갯바위용과 마찬가지로 초릿대가 유연한 것이 농어의 거친 저항에도 떨굴 염려가 없어 좋다.

선상 농어낚시는 여 쓸림이 덜해 연질대로도 스릴 넘치는 게임을 즐길 수 있다.

■ 릴(Reel) 선택 기준

사용하는 농어 전용 낚싯대와 균형이 적절히 맞도록 중형 스피닝 릴을 사용한다. 나일론 3~5호 줄이 150~200m 정도 감기는 크기가 알맞다. 배낚시의 경우에는 무리가 없는 한 낚싯대에 맞춰 갯바위에서 사용하는 것보다 약간의 소형 릴을 사용해도 무방하다. 다만 염분에 강하고 드랙 성능 및 내구성이 좋은 중급품 이상을 사용하는 것이 바람직하다.

■ 낚싯줄(Line) 사용 기준

일반적으로 사용하는 나일론의 경우는 3~5호 정도, PE의 경우는 2~3호를 사용한다. PE 낚싯줄은 가늘고 강하므로 원투가 용이하고 감도가 예민한 반면, 너무 부드러운 나머지 줄 엉킴이 발생하기 쉬워 익숙하지 않은 경우에는 사용하지 않는 것보다 못할 수도 있다. 그러나 장점이 많으므로 선택 빈도가 높아지고 있으며, 종전의 단점을 보완해 후가공 처리된 PE 낚싯줄도 개발되어 있다.

다만 PE 줄을 사용하는 경우에는 필히 쇼크 리더를 연결하여야 한다. 4호 이상 굵은 나일론 줄을 원줄로 사용한다면 쇼크 리더 없이 바로 루어를 연결할 수도 있다. 하지만 원줄이 너무 굵으면 가벼운 루어일수록 원투가 잘 되지 않으므로 원줄은 가능한 한 가늘게 사용할 수밖에 없다. 결국 가늘고 강한 PE 줄을 원줄로 사용하되, 이에 쇼크 리더를 덧이어 루어를 달게 되는 것이다(앞서 소개한 〈그림72〉의 '라인 시스템' 참조).

쇼크 리더는 나일론이나 플로로 카본 재질로서 20~50파운드를 사용한다. 쇼크 리더의 굵기는 농어의 씨알과 포인트 여건을 고려하고, 길이는 캐스팅에 방해가 되지 않는 길이 즉, 사용하는 낚싯대 길이의 2배를 넘지 않는 정도가 채비를 다루기에 좋다.

■ 기타 필요한 소도구

①**스냅 도래** – 루어 교체를 편리하게 할 수 있도록 스냅이 부착되어 있는 도래를 사용한다. 물론 사용하지 않아도 문제는 없지만 사용하는 편이 낚싯줄의 꼬임을 덜고, 신속히 루어를 교체하는 데 편리하다. 다만 너무 큰 것을 사용하면 루어의 동작에 변화를 주거나 입질이 나빠지는 역효과도 초래하므로 소형이면서도 강력

간편한 농어 루어낚시 장비와 풍성한 조과.

한 고급 제품을 사용해야 한다.

②**기타 소품** – 앞서 소개한 '바다 루어낚시 장비 및 소품' 편을 참조 바란다.

4 루어(Lure)는 어떤 종류가 사용되나?

■ 미노우(Minnow) 형태

가장 많이 사용하는 플러그 루어가 미노우 형태이다. 농어의 식성에 가장 잘 맞는 멸치 또는 소형 어류와 비슷한 외관을 지니고 있기 때문이다. 수심이 매우 얕은 장소 또는 농어의 유영층이 수면에 가까운 경우에는 플로팅 타입을 사용하고, 농어의 유영층이 어느 정도 깊은 경우에는 원하는 수심까지 가라앉힐 수 있는 싱킹 타입이 유리하다. 크기는 7~11cm 정도를 상황에 맞춰 사용하는데, 무게가 15g 이하로 가벼운 것은 캐스팅이 멀리 되지 않으므로 바다용이나 농어용으로 개발되어 있는 제품 또는 내부에 원투가 용이하도록 중심 이동 기능이 내장되어 있는 제품이 사용에 편리하다.

미노우의 색상은 농어의 활성도가 높은 경우는 특별히 신경 쓰지 않아도 되지

3

만, 저수온이나 청물 등으로 인해 입질이 까다로울 때는 농어가 먹이로 좋아하는 멸치와 같은 색상 즉, 은색 몸체에 등 색깔이 푸른 것을 기준으로 선택하면 좋다. 이 외에 물색이 흐리거나 광량이 적은 어두운 시간대에 잘 먹히는 금색 계열이나 레드 헤드(Red head)색상 등도 미리 준비해 두면 유효적절하게 사용할 수 있다.

■ 바이브레이션(Vibration) 종류

미노우에 비해 원투가 훨씬 용이하고 빨리 가라앉아 다양한 수심층을 빠르게 탐색할 수 있는 루어이다. 민물 배스낚시에 사용하는 바이브레이션과 동일하지만 조금 더 크고 무거운 것들이 많다. 농어가 깊은 수심에 있는 경우, 또는 활성도가 낮은 경우, 그리고 빠르고 폭넓게 포인트를 탐색할 경우에 좋다. 특히 배낚시와 같이 수심 얕은 포인트에 루어를 던져 깊은 쪽으로 끌어들이는 경우에 매우 유효하다. 재질은 플라스틱과 금속으로 만들어진 것이 주종을 이룬다.

이 외에 뒷바늘 대신 한 장의 윌로우리프 형 블레이드가 결합되어 있는 형태도 있는데, 회전하는 블레이드의 부력으로 인하여 가라앉는 속도가 느려지므로 원하는 수심층에서 보다 느리게 릴링할 수 있는 이점도 있다.

■ 지그헤드+그럽 형태

민물의 쏘가리낚시에 사용되는 지그헤드 리그와 동일한 것이지만 무게와 크기가 다르다. 농어의 활성도가 극히 저조한 상황이거나, 수온이 낮아 유영층이 바닥에 머무는 경우에 활용한다. 지그헤드의 무게는 1/4~1온스, 그럽은 3~4인치의 일반적인 컬리 테일이나 트윈 테일을 사용한다.

5 농어낚시 채비 및 루어 사용법

갯바위 및 배낚시 채비는 〈그림79〉를 기준으로 구성하되, 원줄에 바로 루어를 부착하거나 또는 라인 시스템을 만들고 쇼크 리더를 연결한 후에 루어를 부착한다. 루어의 연결은 신속한 교체를 위해 소형 스냅도래를 사용하는 것이 좋다.

■ 미노우((Minnow) 사용법

〈그림79〉농어 루어낚시 채비

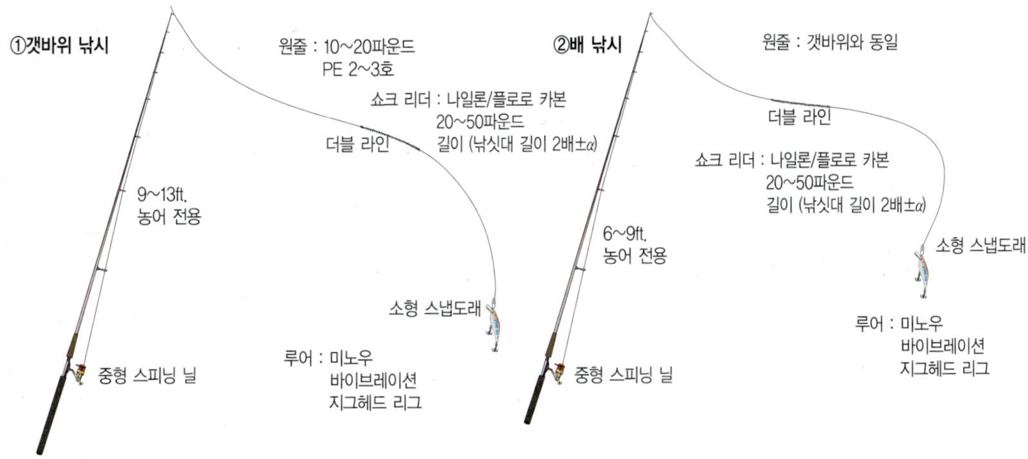

①연속끌기(Straight retrieve) – 미노우를 캐스팅한 후 단순히 릴링만으로 감아들이는 것으로서 가장 간단한 방법이다. 수중 균형이 좋고 미노우 자체의 고유동작이 좋은 제품을 사용해야 효과가 발휘되는데, 릴링 속도는 루어가 충분히 작동을 하는 정도면 된다. 싱킹 형태를 사용할 경우에는 원하는 수심까지 충분히 카운트다운을 한 후에 릴링 하도록 한다.

②스톱 앤 고(Stop & Go) – 연속끌기 도중 릴링을 멈추는 동작을 첨가하는 것으로, 움직이는 미노우에 흥미를 가진 농어에게 공격할 여유를 주도록 하는 방법이다. 이때 플로팅 형태는 위로 떠오르고, 싱킹 형태는 가라앉는 모습을 보인다.

③저킹(Jerking) – 캐스팅한 후 낚싯대를 이용해 예리하게 미노우를 끌어주고(저크), 낚싯대를 되돌리면서 늘어지는 낚싯줄을 릴링으로 회수한 후, 다시 낚싯대만을 이용해 끌어주는 동작의 연속이다. 실제 상황에서는 저크 폭에 변화를 주거나, 중간 멈춤 시간을 조절하는 등, 여러 가지 동작을 적절히 섞어 농어의 입질을 유도해 내는 것이 중요하다.

■ 바이브레이션(Vibration) 사용법

①카운트다운과 연속끌기 – 루어가 수면에 착수한 후 원하는 수심층까지 가라앉히고, 일정한 속도로 릴링하는 방법이다. 릴링 속도는 바이브레이션 사용에 있어

3

중요한 요소이다. 릴을 빨리 감으면 루어가 표층을, 천천히 감으면 깊은 곳을 유영하게 된다. 그러므로 릴링 속도는 공략하는 포인트에 따라 결정해야 한다. 처음에는 루어를 빨리 끌어보다가 입질이 없으면 점차 속도를 줄여나가고, 카운트다운을 잘 활용하여 농어가 있음직한 다양한 수심을 빠르게 탐색해 본다.
②저킹(Jerking) – 일단 깊이 가라앉힌 후 단속적인 저킹으로 바이브레이션이 떠오르다가 다시 가라앉는 동작을 반복적으로 연출한다.

■ 지그헤드 리그(Jig head rig) 사용법

①스위밍(Swimming) – 캐스팅 후 원하는 수심까지의 가라앉힌 후 일정한 수심을 유지하며 릴링하여 끌어들이는 방법이다. 일반적으로는 거의 바닥층까지 가라앉혀 바닥을 스치듯 움직이도록 연출한다.
②호핑(Hopping) – 낚싯대를 순간적으로 당기고 다시 낮춰 주면서 릴링하는 동작의 반복으로, 루어가 바닥에서 튀기듯 움직이게 하는 방법이다.

〈그림80〉농어 루어 사용법(1)

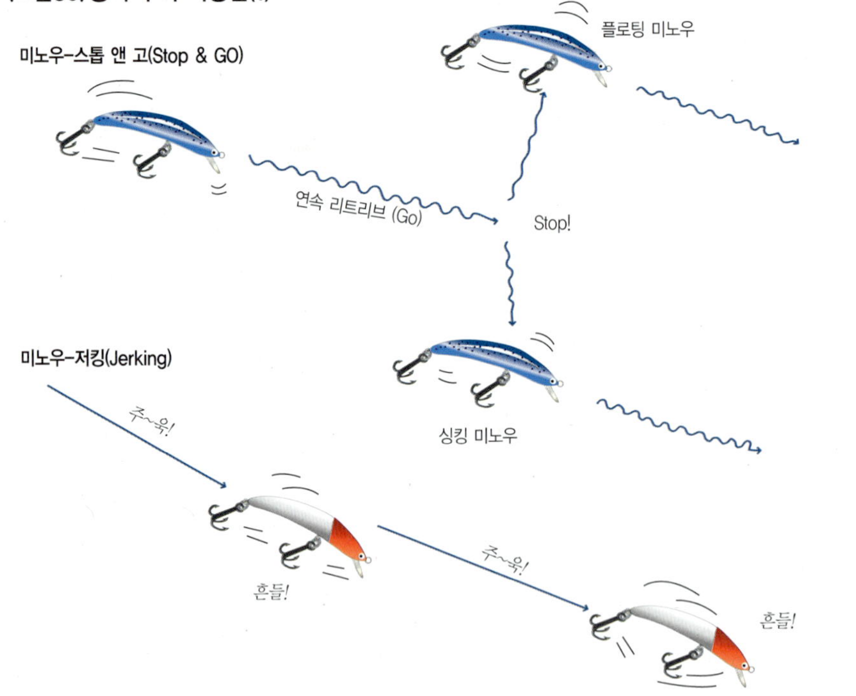

〈그림81〉 농어 루어 사용법(2)

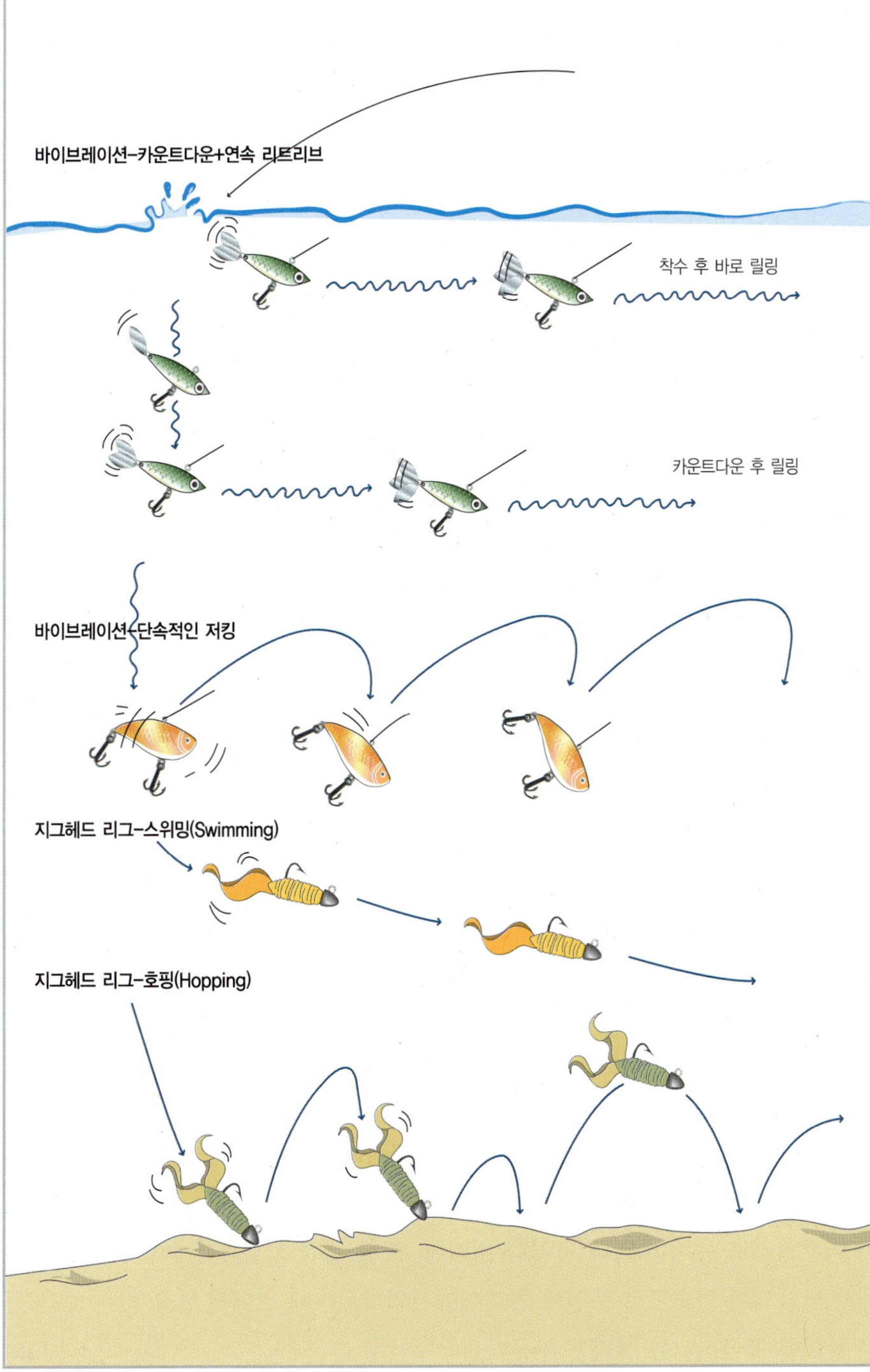

3

6 농어의 시각(視覺)과 루어

농어낚시용 루어는 지역에 따라 잘 먹히는 종류와 형태 등이 분명 정해져 있지만, 대체적으로 까다롭지는 않다. 그 이유는 다랑어나 부시리 같은 등 푸른 어류에 비해 상대적으로 시력이 좋지 않기 때문이다.

농어의 포식은 시력에 99% 의존하는 것으로 알려져 있는데, 시야는 앞쪽 상향으로 고정되어 있고, 움직이는 물체를 순간적으로 판단하는 능력인 동체시력(動體視力)은 약하다고 분류되어 있다. 즉, 농어는 전방의 위쪽을 바라보고 있고 시야가 좁기 때문에 빠르게 움직이는 물체의 판단이 정확치가 않다는 뜻이다.

이에 반해 동체시력이 좋은 다랑어나 부시리의 경우는 낚시용 루어가 현재 포식하고 있는 진짜 먹이와 크기 · 모양 · 색깔이 다를 경우 거들떠보지 않을 때가 많다. 또 비슷한 루어를 골라 사용해도 초고속으로 움직이지 않고, 일반적인 속도로 릴링했다간 외면당하기 일쑤다.

그렇지만 이 같은 현상은 물고기가 진짜와 가짜를 판단하는 것이 아니라 그 시점에서 뭔가 다르다는 본능적인 학습능력(조건반사)이 있다는 사실을 뜻한다. 농어는 동체시력이 좋지 않은 어류이므로 다랑어처럼 순간적으로 판단을 할 수 없고, 학습능력도 그만큼 발달되어 있지 않다. 그렇기 때문에 농어는 시야에 들어온 먹이를 일단 공격하고 보는데, 활성도가 좋을 때는 루어의 착수와 거의 동시에 입질을 받는 경우가 많은 것도 이와 같은 현상에 기인한다.

그런데 루어가 빠르게 휙 지나가 버리면 농어는 시야가 좁기 때문에 루어를 놓치고 돌아가 버린다. 그러므로 농어에게 루어를 물 시간을 주는 것이 농어 루어낚시의 키포인트이다. 먹이와 유사한 루어를 농어가 충분히 보고 물도록 너무 빠르지 않은 속도로 일정하게 릴링하거나, 시각적 자극 이후 단순히 루어를 무는 시간적 여유를 잠깐 주는 '스톱 앤드 고', '저킹' 등이 농어 루어 조작의 기본이다.

한편, 농어는 시야가 좁고 동체시력이 상대적으로 나쁘다고는 하나, 시력 전체가 좋지 않다는 것은 아니다. 농어는 눈이 크고 잘 발달되어 있다. 사람의 그림자만 어른거려도 농어는 멀리 달아나 버리며, 또한 청각과 옆줄에 의한 진동감지가 매우 발달되어 있으므로 포인트 가까이에서의 소란, 배 위에서 필요 없는 소음 등은 농어를 쫓아버리는 결과를 부른다.

〈그림82〉농어 · 다랑어의 시력과 루어의 각도

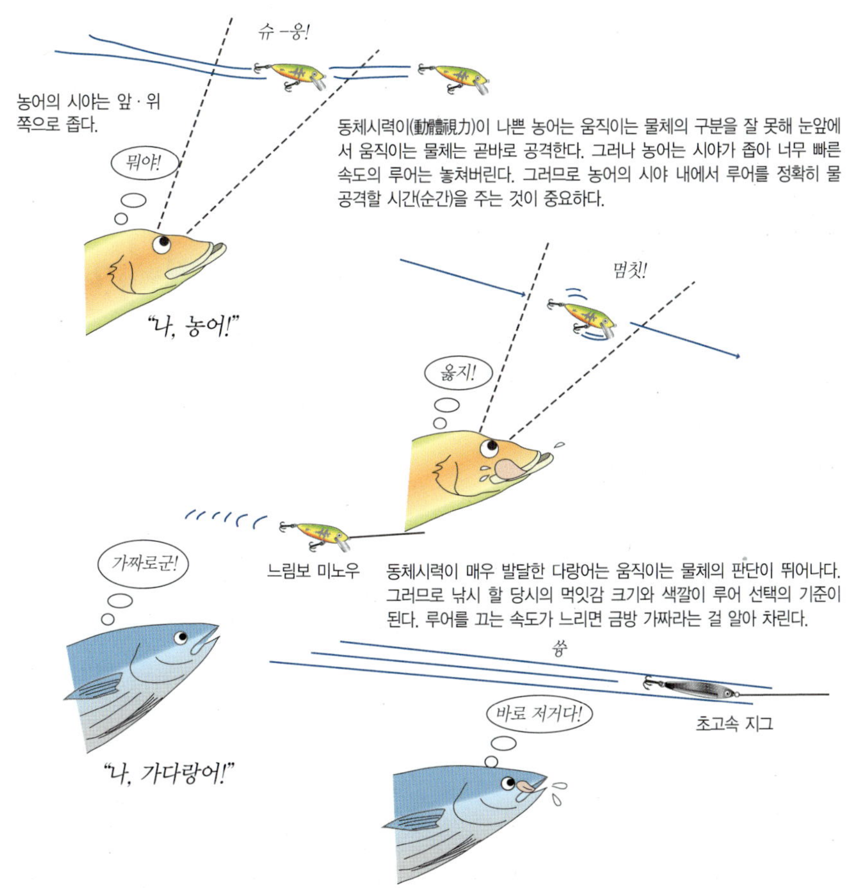

7 챔질 · 파이팅 · 랜딩 요령

농어는 바늘에 걸리게 되면 이를 털어내고자 심한 저항을 반복한다. 특히 수면 위로 박차고 뛰어올라 바늘털이를 할 때면 꾼들의 가슴을 철렁 내려앉게 만든다. 바로 이 바늘털이의 광경에 대부분 농어낚시에 매료되고 만다.

그러나 이러한 바늘털이가 계속되면 낚싯바늘이 빠져 농어를 놓치게 되거나, 포인트 주변이 소란스러워져 주변의 농어 떼가 놀라 포인트에서 달아나버릴 수 있으므로 가능한 한 농어를 달래가며 끌어들이는 것이 요령이다.

3

〈그림83〉농어의 바늘털이 방지 요령

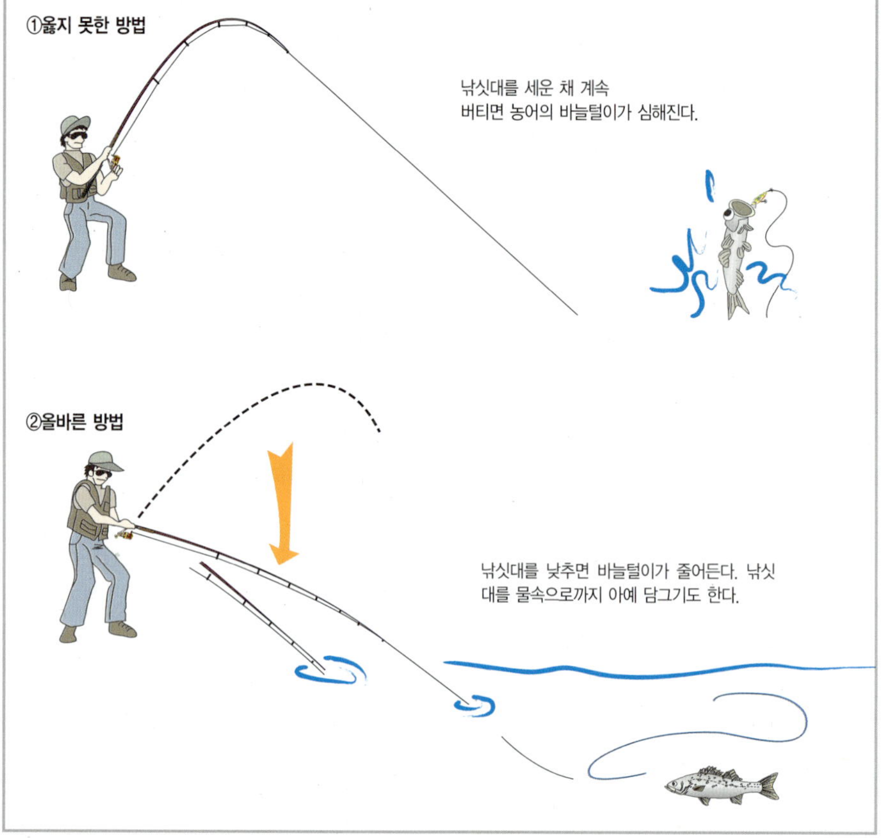

챔질 이후 낚싯대를 너무 세우면 농어의 바늘털이를 부채질하게 되므로 가능한 한 낚싯대를 옆으로 낮추고 릴링을 하는 것이 좋다. 또 바늘털이가 예상되면 낚싯대를 더욱 낮추거나, 낚싯대 초리를 물속으로 담가 낚싯줄에 걸리는 저항을 높여주면 농어의 바늘털이가 줄어든다.

가까이까지 끌려온 농어는 인기척에 다시 한번 저항을 하므로 마지막까지 주의를 기울여야 한다.

농어는 조류와 물때에 따라 짧은 시간에 입질이 집중되는데, 가능한 한 신속히 낚아 올리는 것이 중요하므로 대물이 아닌 이상 뜰채 사용을 하지 말고 그냥 낚싯대의 탄력을 이용해 들어올리는 방법도 좋다.

8 갯바위낚시에서 긴 낚싯대가 유리한 이유는?

배낚시와 달리 갯바위낚시에는 낚싯대의 길이가 중요한 변수로 작용하는 경우가 많다. 그 이유는 역시 포인트의 여건에서 비롯된다. 갯바위 바로 앞이 수심이 좋은 경우는 특별히 긴 낚싯대를 사용할 필요 없이 일반적인 9~11피트(2.7~3.3m) 길이로도 충분하지만, 우리나라의 서해안과 같이 수심이 얕고 암초가 발달된 장소에서는 이보다 더 긴 낚싯대(10~13피트)가 유리해지는 것이다.

〈그림84〉허리힘이 좋은 낚싯대가 유리한 이유

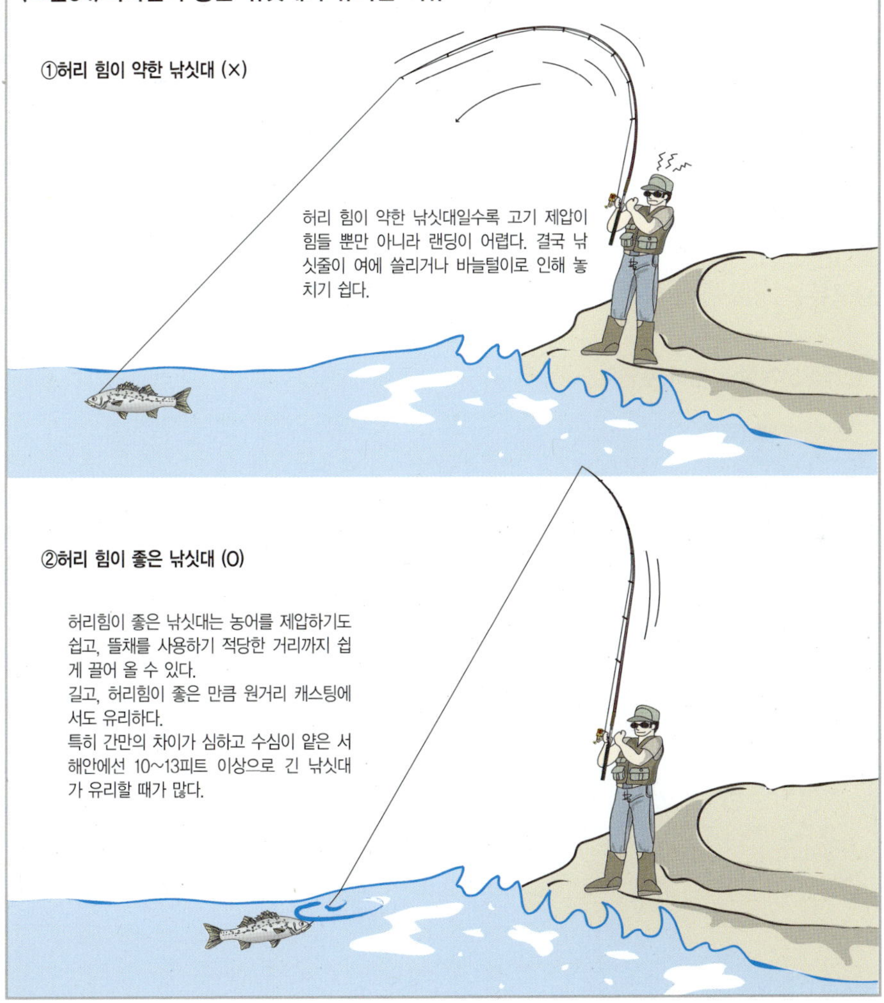

3

갯바위에서 긴 낚싯대가 유리한 것은 굳이 원투를 위해서가 아니라, 바늘에 걸린 농어를 발 밑까지 끌어들였을 경우 심한 저항으로 쇼크 리더가 여에 닿아 끊어지는 것을 조금이라도 방지하기 위한 목적이다. 또한 갯바위 위에서 위험한 물가에까지 내려서지 않기 위해서도 긴 낚싯대가 필요해진다. 그러나 무조건 길기만 해서는 아무런 의미가 없고, 허리힘이 그만큼 보강되어 농어의 저항과 중량을 충분히 견뎌내 갯바위 위로 끌어올릴 수 있어야 한다. 너무 유연해 허리까지 휘어든다면 뜰채를 대기도 힘들고, 농어를 직접 끌어올리기에도 매우 어렵게 된다.

9 농어 배낚시 유의사항

①소형 보트나 어선을 이용하는 경우에는 포인트 접근 시 조류의 방향과 속도를 충분히 감안하여 미리 엔진을 끈 다음, 조류를 따라 보트가 포인트로 흘러들도록 함으로써 농어의 경계심을 줄이도록 한다.
②조류는 상류에서 하류로 타는 것이 정석이다. 특별한 경우를 제외하고 조류를

〈그림85〉계절별 농어 포인트

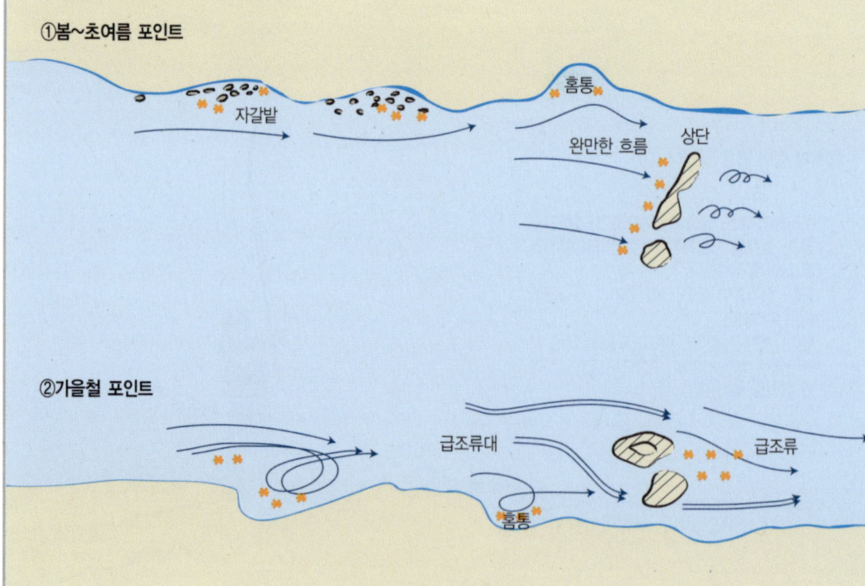

거스른다면 엔진 소음이 커져 좋은 조과를 기대하기 어렵다.

③엔진의 급가속을 삼간다. 소음에 매우 예민한 농어는 급작스런 소음, 음량의 변화에 민감하게 반응한다. 포인트에 가까워질수록 주의하여야 하고, 엔진의 회전수를 일정하게 하여 농어를 자극하지 않도록 한다.

④닻을 내리는 경우에는 무작정 내리지 말고, 엔진을 조금 일찍 끄고 포인트를 확인한 후 일정한 거리에 머물도록 신속하고도 조용히 내린다.

⑤노나 장대를 필히 준비해 두도록 한다. 서해안과 같이 간만의 차가 큰 장소에서는 포인트가 대부분 매우 수심 얕은 여나 자갈밭이므로, 썰물 포인트에서 낚시를 하는 경우에는 특히 엔진을 사용할 수 없을 정도로 수심이 얕아질 때도 있다. 이와 같은 경우에 노나 장대를 사용하여 빠져나올 수 있도록 미리 준비해 둔다.

10 농어 루어낚시 시즌 및 포인트

■ 보리누름 때부터 가을까지

농어는 지역에 따라 사철 낚이는 어종이지만 역시 수온이 오르는 시기에 잘 낚이는 여름철 어종이다. 루어낚시의 경우도 그러하다. 또한 먹이가 되는 소형 어류 즉, 학공치나 멸치 무리가 연안으로 접근하는 봄철에서 가을철까지가 가장 좋은 낚시 시즌이 된다.

■ 계절별 포인트, 낚시 타이밍

①봄~초여름 – 상대적으로 낮은 수온으로 인하여 활성도가 낮은 시기이지만, 특정한 지역에 무리지어 모여 있는 경우가 많아 그러한 장소를 찾아내면 대량으로 낚아낼 수 있는 시기이기도 하다. 주로 조류가 강하지 않은 장소, 수심 얕은 수중여의 물목 상단과 같이 조류가 거칠지 않은 장소가 주 포인트가 된다. 그리고 만조 이후 썰물이 시작되는 시간이 가장 좋은 시간이다.

계절상으로 주요 먹이가 되는 멸치 떼가 없는 시기로, 학공치와 같은 표층을 회유하는 먹이를 잡아먹으므로 수면 가까이까지 농어가 나타나는 시기이기도 하다.

②늦여름~가을 – 멸치 등 먹이가 풍부하고, 높은 수온으로 농어의 활성도가 매

우 좋은 시기이다. 농어는 조류를 타고서 활발히 먹이사냥을 하므로 조류가 빠른 본류대는 물론, 간출여 끝 부분의 훈수 지대, 격류가 흐르는 홈통 등 포인트가 다양해진다.

시간적으로는 만조 이후 썰물 시간대는 물론, 밀물이 강한 시간대에도 잘 낚인다. 멸치가 제철인 시기이므로 멸치 떼가 유영하는 수심층을 빠르게 파악하는 것도 조과를 올리는 지름길이 된다.

■ 기타 농어낚시 포인트

①장애물 부근 – 여러 형태의 수중암초, 간출여, 파도에 의한 포말 지역.

②조류 소통이 원활한 장소 – 장애물에 의한 본류와 지류의 경계면, 빠른 조류 속도가 변화하는 훈수 지대.

③자갈밭과 모래밭 – 조류가 멈추거나 약한 경우는 특별한 장애물이 없는 자갈밭이나 모래밭, 또는 자갈밭과 모래밭의 경계면에 농어가 자주 노닌다. 특히 산란기 때 그러하다.

11 물때(潮汐, 潮時)와의 상관 관계

농어 루어낚시에서는 조류가 가장 빠른 시기인 사리가 가장 좋은 물때로 알려져 있다. 조류가 흐르는 시간이 길고 크기 때문인데, 이 시간에 활발히 먹이사냥을 하는 농어를 낚을 시간이 길기 때문이다. 그러나 지역에 따라, 포인트에 따라, 또한 시기에 따라 차이가 많으므로 사전에 정보를 입수해 두는 것이 좋다.

우리나라에서 농어 루어낚시가 가장 발달한 장소는 서해안인데 남해안과는 그 여건이 다르다. 남해안의 농어 포인트는 밀물 때 좋은 장소가 많지만, 서해안의 포인트들은 대부분 만조 이후 썰물 때 찬스를 맞이한다. 그 이유는 연안 수심이 얕은 특성상 어는 정도 이상 수심이 확보되어야 농어가 연안으로 접근할 수 있기 때문이다.

농어는 조류를 타고 움직이므로 하루 중에도 물때를 놓치면 조과를 기대하기 어렵다. 농어가 먹이를 사냥하거나 휴식을 위해 들고나는 장소의 시간대(물때)를 미리 예상하고 포인트에 먼저 진입해 있어야 한다. 특히 갯바위낚시에서 이 같은 타이밍을 놓치게 되면 다음 물때까지 기다려야 하는 결과를 초래한다. 배낚시의 경우도 물때를 잘못 맞추면 오히려 농어가 포인트로 들고 나는 길목을 막아버리거나 쫓아버리는 우(愚)를 범하게 되기도 한다.

농어 루어낚시 핵심 체크 리스트

1. 농어 전용 낚싯대를 사용하는 것이 바람직하다.

2. 낚싯대는 바늘털이에 대비해 초리가 부드러운 것이 바람직하나, 대물을 제압할 수 있는 강한 허리힘도 필요하다.

3. 갯바위에서는 짧은 대보다는 긴 대가 더 효과적인 경우가 많다.

4. PE 줄을 원줄로 사용하는 경우는 필히 쇼크 리더를 연결하여야 한다. 쇼크 리더의 길이는 캐스팅에 방해가 되지 않는 길이 즉, 사용하는 낚싯대 길이의 '2배±α' 정도가 좋다.

5. 농어는 전방의 위쪽을 바라보고 있고 시야가 좁기 때문에 빠르게 움직이는 물체의 판단이 정확치가 않다. 그러므로 농어가 충분히 루어를 보고 공격할 수 있도록, 너무 빠르지 않은 속도로 일정하게 릴링하거나, 루어를 물 시간적 여유를 주는 루어 조작이 효과적이다.

6. 농어가 걸려들었을 때 낚싯대를 너무 세우면 바늘털이가 심해 자칫 놓칠 수도 있다. 바늘털이가 예상되면 낚싯대를 낮추거나, 낚싯대 초리를 물속으로 담가 낚싯줄에 걸리는 저항을 높이면 농어의 바늘털이가 줄어든다.

7. 농어는 어른거리는 사람 그림자를 느끼면 바로 달아나 버린다. 또한 청각과 옆줄에 의한 진동감지가 발달되어 있으므로 포인트 가까이에서의 소란, 배 위에서 불필요한 소음은 농어를 쫓아버리는 결과를 부른다.

8. 물때를 놓치면 조과를 기대하기 어려우므로 농어가 포인트에 들고나는 시간(물때)을 미리 예상하고, 그곳 포인트에 먼저 진입해 있어야 좋은 조과를 올릴 수 있다.

9. 배낚시에 있어 포인트 접근 시에는 조류의 방향과 속도를 충분히 감안, 미리 엔진을 끄고선 멀리서부터 조용하게 포인트로 흘러들도록 해야 한다.

10. 갯바위에서는 조수 간만의 차이를 항상 염두에 두고 진입과 퇴로를 확인하며, 안전장비를 갖춰 안전사고에 유의해야 한다. 갯바위건 배낚시건 구명동의 착용은 필수사항이다.

3

다랑어낚시

표준명■참다랑어 학명■*Thunnus thynnus* 영명■Bluefin Tuna 일명■クロマグロ(쿠로마구로)
방언■참다랭이 · 다랭이 · 다랑어 · 참치(강원)

1 다랑어는 어떤 물고기인가?

다랑어는 고등어과의 어류로 일반적으로 '참치' 라고도 불린다. 몸체는 유선형이고 고정된 서식 영역 없이 해류를 따라 수천 km의 대회유(大回遊)를 하는 어종이다. 우리나라 제주 근해에 여름철과 가을철에 치어들이 회유해 들어오는데, 다랑어의 특성상 치어일 때 그 모습들이 서로 유사하고 섞여 다니기 때문에 그 종류를 정확히 구분하기가 어렵다. 육질이 무르고 쉽게 상하기 때문에 우리나라에서는 그다지 인기를 끌지 못하고 있다.

다랑어의 종류는 무척 다양하다. 참다랑어(Bluefin Tuna) · 황다랑어(Yellowfin Tuna) · 눈다랑어(Bigeye Tuna) · 날개다랑어(Albacore) 등 참치라

고 불리는 대형 종류와 가다랑어 · 점다랑어 · 줄삼치 · 물치다래 · 몽치다래와 같은 소형종이 있다.

2 다랑어는 어떤 종류가 어떻게 다른가?

①**참다랑어** – 학명 *Thunnus thynnus*. 다랑어 종류 중에서 가장 높은 가치를 갖고 있다. 최대 3m, 무게 400kg까지 성장하는데, 모든 물고기는 개체가 커지면 그 맛이 줄어들지만 다랑어만은 클수록 그 맛이 더욱 좋아지는 것으로 알려져 있고, 일본에서는 최고급 횟감으로 엄청난 고가에 매매되기도 한다. 우리나라 연안으로 회유하는 것은 대만 동쪽에서 산란하여 해류를 따라 흘러드는 치어 무리의 일부이며, 어느 정도 자라면 태평양을 횡단하여 북미대륙에까지 도달 후 다시 서태평양으로 돌아와 산란를 하는 등, 계절에 따라 북상과 남하를 반복하는 것으로 알려져 있다. 적수온은 5~30℃로 저수온에도 잘 적응한다. 북태평양과 북대서양의 온대 및 열대와 지중해에 분포하지만 남반구에서도 채집된 기록이 있다.

②**황다랑어** – 학명 *Thunnus albacares*. 대형급으로 자라면 등지느러미와 배지느러미가 노란색으로 길게 늘어나는 특징이 있다. 참다랑어 다음으로 대형급으로 자라는 종류로 2m 정도까지 성장한다. 적수온은 18~31℃로서 주로 따뜻한 바다를 회유한다. 우리나라에는 수온이 상승하는 여름철부터 해류를 타고 나타난다. 전 세계의 온대, 열대바다에 서식한다.

③**눈다랑어** – 학명 *Thunnus abesus*. 눈다랑어는 이름처럼 눈이 크고, 몸통은 둥그런 형태를 하고 있다. 최대 2m까지 성장하며 적수온은 13~29℃이다. 어획량이 많은 다랑어 종류로서 육질이 참다랑어보다 연하지만, 참다랑어의 맛이 떨어지는 여름철에 인기가 높다. 우리나라에는 역시 수온이 상승하는 여름철부터 해류를 타고 나타난다. 전 세계의 온대, 열대바다에 서식한다.

④**날개다랑어** – 학명 *Thunnus alalunga*. 참치로 불리는 다랑어 종류에서는 가장 작은 종류로, 성장하면 가슴지느러미가 매우 길어져 꼬리자루에까지 달함으로써, 마치 날개처럼 보인다. 1m 전후까지 성장하는데 적수온은 13~25℃이다. 흔히 '바다의 닭고기' 라 불리는 통조림으로 만들어지는 대표적인 다랑어이다. 우리

〈표14〉다랑어 종류 비교표

참다랑어 방언■다랑이 · 다랭이 · 참치(강원)

학명■*Thunnus thynnus*
영명■Bluefin tuna 일명■クロマグロ(쿠로마구로)

황다랑어 방언■황다랭이

학명■*Thunnus albacares*
영명■Yellowfin tuna 일명■キハダ(키하다)

눈다랑어 방언■눈다랭이

학명■*Thunnus abesus*
영명■Bigeye tuna 일명■メバチ(메바치)

날개다랑어 방언■참치

학명■*Thunnus alalunga*
영명■Albacore 일명■ビンナガ(빈나가)

가다랑어 방언■가다랭이 · 가다리 · 여다랭이 · 강고등어 · 소용치

학명■*Katsuwonus pelamis*
영명■ Skipjack tuna, Bonito 일명■カツオ(카쓰오)

점다랑어 방언■점다랭이

학명■*Euthynnus affinis*
영명■ Kawakawa 일명■スマ(스마)

줄삼치 방언■이빨다랑어

학명■*Sarda orientalis*
영명■Striped bonito 일명■ハガツオ(하가쓰오)

물치다래 방언■물치, 무태다랭이

학명■ *Auxis thazard* 일명■ヒラソウダ(히라소오다)
영명■ Frigate tuna, Frigate mackerel

나라에는 역시 수온이 상승하는 여름철부터 해류를 타고 나타난다. 전 세계의 온대, 열대바다에 서식한다.

⑤가다랑어 – 학명 *Katsuwonus pelamis*. 흔히 가다랭이 · 가쓰오로 불리는 종류로서 일본에서는 식재료로 매우 인기가 높다. 큰 무리를 지어 연안에서부터 외양까지를 고속 회유하는 가다랑어는 특별한 혈관구조를 지니고 있어 해수온보다 체온이 3~10℃나 높다. 최대 1m 전후까지 성장하며 전 세계의 온대, 열대바다에 서식한다. 우리나라의 경우는 여름~가을에 걸쳐 제주 근해에 많이 나타나고, 간혹 남해안 근해까지 북상하는 경우도 있다.

⑥점다랑어 – 학명 *Euthynnus affinis*. 가슴지느러미와 배지느러미 사이에 몇 개의 검은 점이 있는 것이 특징이다. 큰 무리를 지어 연안에서부터 어느 정도의 한바다까지 회유한다. 최대 1m 전후까지 성장하며 태평양과 인도양의 온대, 열대바다에 서식한다.

⑦줄삼치 – 학명 *Sarda orientalis*. 다랑어류 중에서는 특이하게 이빨이 발달되어 있다. 몸체는 다른 다랑어 종류에 비해 좀더 가늘고 길다. 무리를 지어 주로 연안 표층을 회유하는데 살이 무르고 맛도 떨어진다. 최대 1m 전후까지 성장하며 태평양과 인도양에 서식한다. 우리나라의 경우는 여름~가을 시즌에 제주 근해에 어장을 형성하고, 해수온이 높은 해에는 남해안 근해까지 몰려들기도 한다.

⑧물치다래 – 학명 *Auxis thazard*. 몽치다래와 매우 유사하지만 몸체가 좀 편평한 것으로 구분한다. 연안 표층을 큰 무리지어 고속 회유한다. 최대 60cm 전후까지 성장하며 전 세계의 온대, 열대에 서식한다.

⑨몽치다래 – 학명 *Auxis rochei*. 몸체 단면이 거의 원형이다. 모습이 매우 유사한 물치다래보다 좀더 외양성을 띠며, 표층을 큰 무리지어 고속 회유한다. 50cm 전후까지 성장하며 날로 먹었을 경우 중독되기도 하므로 주의를 요한다. 전 세계의 온대, 열대에 서식한다.

3 다랑어 루어낚시는 어떤 형태로 이루어지나?

■ 라이트 트롤링, 보트 캐스팅, 지깅 등 낚시방법 다양

3

주로 표층을 고속으로 회유하는 다랑어는 다른 물고기와 달리 이석(耳石)이 발달되어 있지 않은 관계로 포식의 90% 이상을 시각에 의존하는 것으로 알려져 있다. 더욱이 움직이는 물체를 판단하는 동체시력이 매우 발달해 루어를 먹잇감인지 아닌지를 간파하는 능력이 매우 뛰어나다. 따라서 루어로 성공적으로 낚기 위해서는 루어의 속도에 주의를 기울여야 한다. 인력으로 이와 같은 속도가 가능할 수 있는 것은 지그의 고속 저킹으로 일순간 가능하다. 다랑어가 주로 트롤링에 잘 낚이는 이유도 여기에 있다.

낚시 방법은 대상어의 크기에 따라, 그리고 시기에 따라 달라지는데, 우리나라 근해에 접근하는 다랑어들은 크기가 3~7kg 정도의 치어인 경우가 대부분이기 때문에 주로 라이트 트롤링이 가장 적합하며, 그 다음으로 경량급 선상 캐스팅이나 지깅도 유효하다. 갯바위 가까이로 회유하는 경우가 많은 줄삼치의 경우는 갯바위 캐스팅도 가능하다.

재래식 끌낚시(맨손 트롤링)는 제주도는 물론, 동서남해 지역 모두에서 간편하게 접할 수 있는 낚시 방법이다

■ 다랑어 루어낚시 현황

다랑어류는 여름철부터 우리나라 근해로 회유해 오므로 주로 수온이 높은 시기가

낚시 시즌이 된다. 제주도의 경우 여름 휴가철이면 일반 관광객을 위해 전문 낚시 장비를 갖추지 않고도 간편히 즐길 수 있는 전통적인 '끌낚시' 상품이 제공되곤 한다. 각 포구에서 띄우는 낚싯배를 이용하면 단시간에 풍성한 조과를 얻을 정도이다.

본격적인 장비를 갖추고 한바다를 누비는 라이트 트롤링 역시 이 시기에 제주도에서 가장 성행한다. 이 외에 타어종의 선상 지깅을 목적으로 출조한 경우에도 때때로 다랑어 종류를 만나게 되는데, 해면의 보일 현상을 목격하고 톱워터 루어나 캐스팅용 지그를 원투하면 뜻밖의 횡재를 하는 경우도 있다.

4 다랑어 루어낚시 기본 장비

■ 낚싯대(Rod) 선택 기준

①라이트 트롤링용 – 경량급 전용 트롤링 낚싯대나 지깅용 낚싯대, 보트 캐스팅용 낚싯대를 사용한다. 그러나 일반 경량급을 사용하는 것보다는 루어를 상당히 빠른 속도로 끌고 다니게 되므로 루어에 닿는 물의 저항을 견뎌낼 수 있는, 어느 정도 허리힘이 좋은 중(中)량급이 사용하기에 편리하다.

②보트 캐스팅 및 지깅용 – 대상어의 크기를 고려하여 강도를 선택하지만, 우리나라에는 20kg이 넘는 대형어의 회유는 드물기 때문에 너무 무거운 중장비를 사용할 필요는 없다. 루어를 캐스팅하고 고속으로 저킹하기 위해서는 평균보다 조금 긴 7~8피트짜리 선상 캐스팅 또는 지깅 전용 낚싯대가 유리하다.

③갯바위 루어 캐스팅용 – 부시리 갯바위낚시용과 동일한 낚싯대를 사용한다.

■ 릴(Reel) 선택 기준

①라이트 트롤링용 – 중대형 스피닝 릴이나 양축 릴을 사용한다. 5~6호 줄이 200m 이상 감기는 것이 바람직하다. 드랙 성능이 좋고 견고한 제품을 선택한다.

②선상 캐스팅 및 지깅용 – 루어를 캐스팅한 후 여러 가지 동작을 부여해야 하므로 중대형 스피닝 릴을 사용한다. 5~6호 줄이 200m 이상 감기는 것이 바람직하며, 드랙 성능은 물론 라인 롤러의 기능이 좋고 내구성이 뛰어난 고급제품을 선택한다.

라이트 트롤링 장비는 굳이 전문 장비를 갖추지 않더라도 지깅 또는 캐스팅용 장비를 그대로 활용할 수 있다.

③갯바위 루어 캐스팅용 – 부시리 갯바위낚시처럼 4~5호 줄이 200m 정도 감기는 고성능의 중형 스피닝 릴로, 드랙 성능과 내구성이 좋은 제품이 유리하다.

■ 낚싯줄(Line) 사용 기준

①원줄 – 대상어의 크기를 고려하여 선택해야 하지만 대략 나일론 16~20파운드(4~6호)나 PE 3~6호를 사용한다. 대상어가 대부분 표층을 회유함으로써 암초 등에 의한 마찰이나 끊어질 위험이 적으므로 특별히 굵은 낚싯줄을 사용할 필요는 없다.

②쇼크 리더 – 근해에서 주로 낚이는 소형 크기에는 나일론 50~80파운드로 충분하다. 그러나 20kg을 넘는 대형급의 경우에는 100~130파운드를 사용한다. 쇼크 리더의 길이는 낚시에 불편하지 않을 정도의 길이로 하되, 캐스팅의 경우는 낚싯대 길이의 2배±α, 라이트 트롤링은 부시리 지깅에 준하여 사용하면 된다.

5 루어(Lure)는 어떤 종류가 사용되나?

■ 미노우 플러그(Minnow plug)

시력이 좋은 다랑어 종류를 낚기 위해서는 실제 먹잇감과 유사한 형태의 루어가 가장 효과적이다. 특히 라이트 트롤링에는 자체적인 동작이 우수하면서도 고속에도 균형을 잃지 않고 동작이 확실한, 품질 좋은 미노우 플러그가 가장 좋다. 크기는 먹잇감 크기를 고려하여 5~15cm로 한다. 라이트 트롤링에서는 루어의 무게가 중요하지 않지만 캐스팅에 사용하기 위해서는 어느 정도 중량이 있어야 하는데, 중량이 커지면 미노우의 부피도 커져 실제 먹잇감보다 커질 우려가 있다. 이렇게 되면 원투에 불리해지고 초고속으로 작동시키기에도 어려움이 따른다. 미노우의 바늘은 부착되어 있는 그대로를 사용해도 무방하지만, 좀더 강한 고급제품으로 교환하는 경우에는 루어의 크기를 고려해 4~1/0정도 크기로 선택한다.

■ 지그(Jig) 종류

크기에 비해 무거우므로 플러그가 도달하지 못하는 거리까지 쉽게 원투하여 사용하기에 가장 적합하다. 실제로 멸치 크기의 지그와 미노우를 비교해 보면 중량 차이가 매우 커 지그가 사용하기에 유리하다. 또한 고속으로 움직이는 데도 지그가 유리하여 입질도 좋다. 대상어의 크기에 따라, 그리고 먹잇감의 크기에 따라 지그의 크기와 무게를 결정해야 하지만, 주로 소형급 대상어에게는 30~60g, 대형급에게는 그 이상 300g의 크기까지도 사용한다. 지그와 미노우 플러그의 장점을 혼합하여 지그를 실제 소형 물고기 형태로 만든 지그 미노우(Jig minnow)가 유리한 경우도 있다. 트레블 훅의 크기는 루어 크기에 맞춰 2~4/0을 사용한다.

■ 톱워터 플러그(Top water plug)

수면에 먹잇감이 되는 멸치 등의 보일(Boil) 현상이 일어나고 다랑어가 수면에서 사냥을 하고 있을 경우에 유효하다. 만새기 루어낚시의 경우와 마찬가지로 먹잇감의 크기를 고려해 30~90g의 폽퍼나 펜슬 베이트를 사용한다. 트레블 훅의 크기는 루어 크기에 맞춰 1~3/0을 사용한다.

<그림86>다랑어낚시 채비

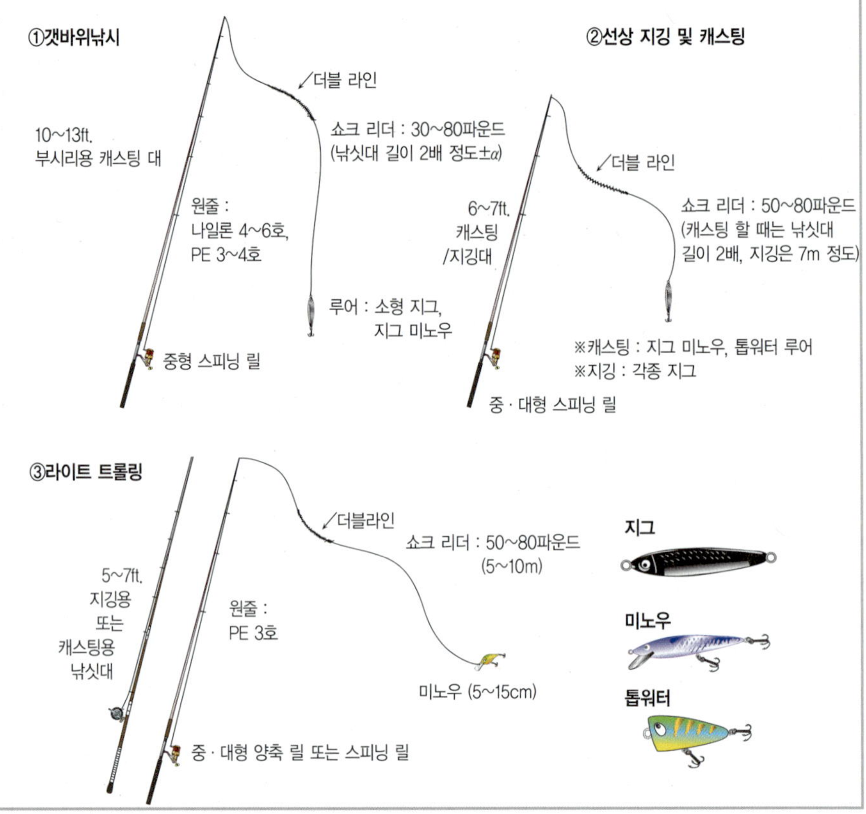

6 다랑어낚시 채비 및 테크닉

각 낚시 방법에 따른 채비는 <그림86>을 참고 바라며, 라인 시스템을 만드는 방법은 앞서 소개한 <그림72>를 참고 바란다.

■ 루어 선택 및 활용법

①라이트 트롤링 – 주로 미노우 플러그를 사용한다. 선택의 기준은 루어 자체가 갖는 고유의 동작이 좋은 것으로 하되, 플로팅 타입과 싱킹 타입의 선택은 대상어의 유영층에 맞추도록 한다. 루어는 <그림87>과 같이 낚싯배의 스크루 거품이 잦아드는 정도의 거리에 위치하도록 하는데, 낚싯대를 두 대 이상 펴는 경우에는 서

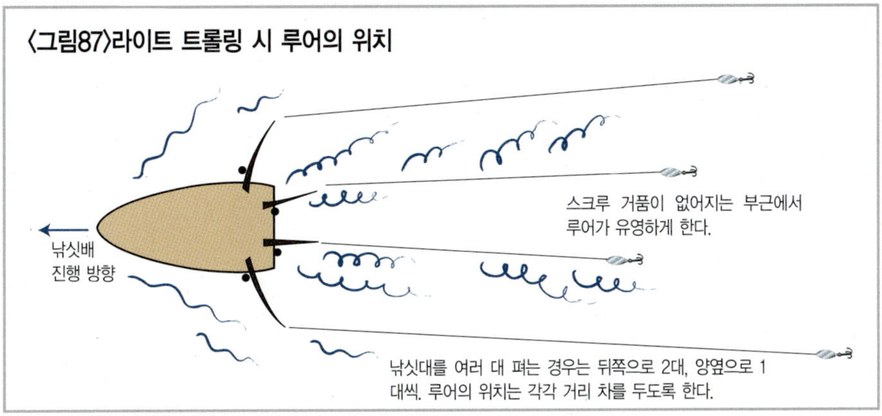

로의 거리가 차이가 나도록 하는 것이 좋다. 릴의 드랙은 루어가 물의 저항으로 풀려나가지 않을 정도로만 느슨하게 풀어두었다가 입질이 오면 바로 줄이 풀릴 수 있도록 해야 한다. 실제로 입질이 와 낚싯줄이 풀리기 시작하면 낚싯대를 잡고 드랙을 조인 후 릴링을 시작하면 된다. 이때 배는 속도를 낮추되 멈추지는 않도록 한다.

②선상 캐스팅 및 지깅 – 지그는 미노우보다는 실제 먹잇감과 닮지를 않았으므로 낚싯대를 이용한 강한 저킹으로 지그가 수중에서 고속으로 움직이도록 하는 것이 기본 요령이다. 또한 지그는 포인트라고 생각되는 지점 너머로 원투한 후에

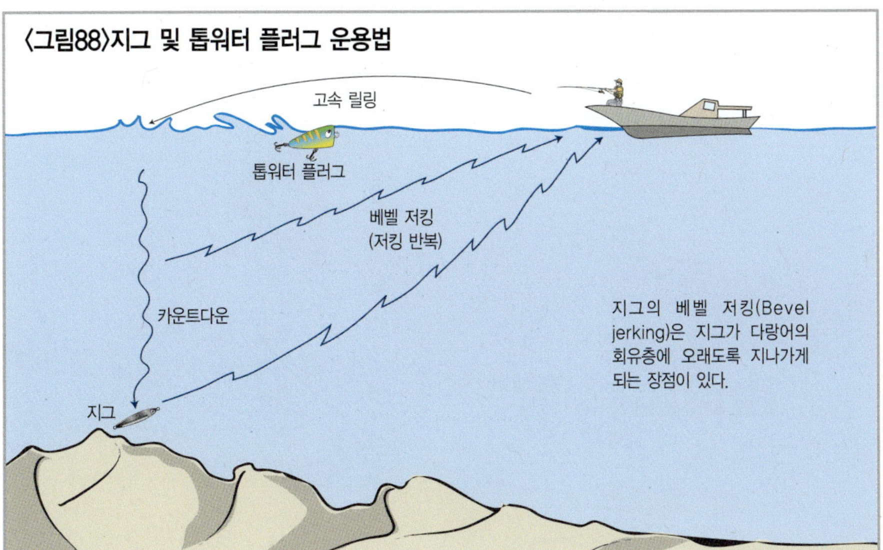

30~50m 정도 카운트다운을 한 다음, 강한 저킹을 반복하는 베벨 저킹(Bevel jerking) 방식으로 작동시켜야 한다. 먹잇감이 되는 작은 물고기 무리가 수면에서 보일 현상을 일으키는 경우에는 지그를 캐스팅한 후 바로 저킹을 반복하여 표층을 통과하도록 하거나, 만새기 루어낚시 때처럼 톱워터 플러그를 운용하기도 한다.

③갯바위 루어 캐스팅 – 부시리낚시의 갯바위 루어 캐스팅과 동일하다. 루어를 더욱 빨리 움직이도록 하는 것이 조과를 올리는 방법이다.

■ 대상어로의 접근 방법

다랑어와 같이 회유하는 어류는 그들 무리 가까이로 접근하지 않는 한 낚시가 되지 않는다. 배낚시에 있어서 그 역량이 전적으로 선장에게 달려 있지만, 낚시인도 수면을 주시하며 무리의 접근과 이동에 주의를 기울여야 한다. 다랑어는 이동 속도가 빠르기 때문에 일단의 무리를 발견했을지라도 낚시가 가능할 정도의 거리까지 접근하는 것이 중요하다. 그러나 이동하는 무리의 뒤를 좇아서는 절대로 따라

〈그림89〉회유어 무리로의 접근 방법

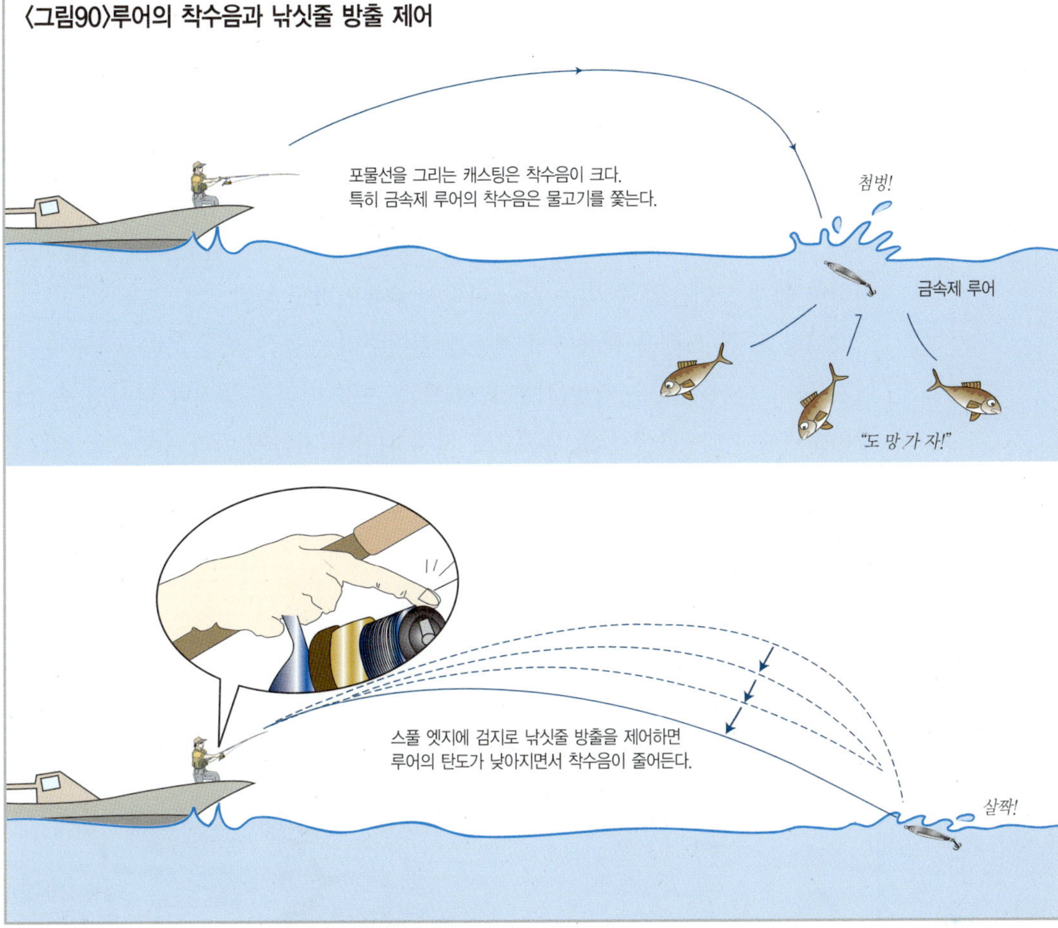

잡을 수 없으므로 그들 이동경로의 좌우로부터 접근하여 앞쪽에서 기다리는 형태가 좋다. 이때 배의 엔진을 끄면 무리가 배로 접근하는 경우도 있다.

루어 캐스팅은 배의 진행 방향과 동일하게 되면 낚싯줄이 늘어져 루어의 동작을 주기 어려우므로 배의 진행 방향에서 조금 옆으로 캐스팅하는 것이 좋다. 그리고 루어가 무리 가운데로 떨어지게 되면 무리를 흩어지게 할 수 있으므로 그 양옆에 떨어지게 하는 것이 좋다. 이 외에 지그를 사용할 경우, 다랑어와 같은 회유어는 금속의 착수음을 매우 싫어하므로 검지로 낚싯줄 풀림을 제어하여 가능한 한 조용히 착수하도록 주의한다. 두꺼운 코팅이 되어 있는 지그를 사용하는 것도 한 방법이다.

3

■ 파이팅 요령이 가장 관건

붉은 색이나 분홍색의 근육을 갖고 있는 다랑어는 다른 어종에 비해 힘이 강하지만 그만큼 산소를 많이 필요로 한다. 이들은 힘차게 전진을 하지 않으면 숨을 쉬지 못하며, 부레도 없어 멈추면 가라앉는다. 이들이 회유할 때 입을 조금 벌린 채 무작정 달리는 이유는 아가미로 물이 들어가게 하려는 의도이다. 즉, 이 종류들은 다른 어종과 달리 혼자서 뻐끔대며 숨을 쉬지 못한다. 이와 같은 약점을 알고 대처하면 쉽게 끌어올릴 수 있는 것이 다랑어 종류이기도 하다.

파이팅 도중, 드랙을 활용하여 제동을 걸어주면 놈들은 호흡 곤란을 느끼는 나머지 좀더 숨쉬기 쉬운 방향(좌우 방향)으로 자꾸 머리를 틀거나 낚시인 쪽으로 달려오기도 한다. 결국 산소 부족으로 지쳐 시간이 지남에 따라 수면으로 떠오르

〈그림91〉낚싯배 위에서의 파이팅 요령

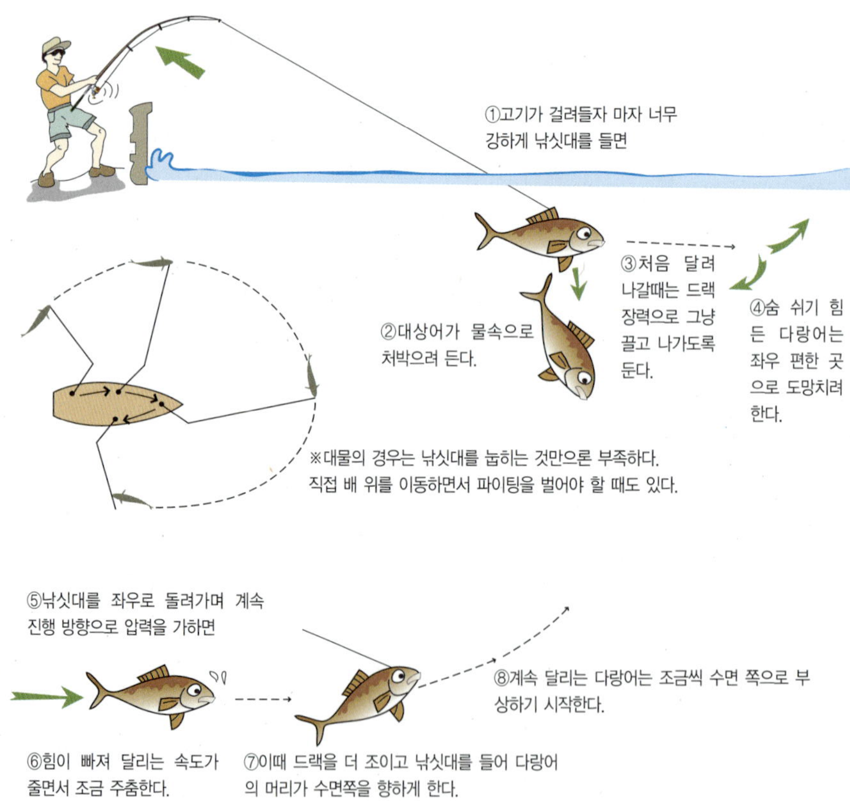

게 된다. 수면으로 떠오르게 하는 또 다른 방법은 물고기의 머리를 수면으로 향하게 하는 것이다. 전진만 하려는 습성을 이용해 물고기의 머리가 수면으로 향하도록 조금이라도 들어올리면 다랑어는 계속 앞으로(수면 쪽으로) 달려 수면으로 올라오게 된다.

7 다랑어낚시 시즌 및 포인트

■ 6월 말~늦가을이 시즌

다랑어 종류는 우리나라 근해의 수온이 상승하는 6월 말경부터 늦가을에 걸쳐 제

줄삼치에게 쫓겨 들어온 멸치 떼들이 갯바위 주변에 몰려 있다. 갯바위 캐스팅의 최고 찬스다.

주도 해역과 남해안 일부에서 시즌이 형성된다.

3

■ 다랑어 포인트 찾는 법

갯바위에서의 회유어 낚시는 무리가 가까이까지 회유해 들어오기를 기다려야 하지만, 배낚시의 경우는 무리를 찾는 것으로부터 시작된다. 무리를 만나지 않고서는 낚시가 되지 않기 때문이다. 선장은 물론 배에 타고 있는 낚시인 전원이 바다를 살피며 무리가 있는 곳을 찾는 것이 중요하다. 우선 수온이 18℃ 이상이면서 투명도가 높은 조류가 흐르는 장소를 찾고, 갈매기가 날고 있는지를 확인한다. 특히 갈매기가 모여 날고 있는 장소라면 가장 좋다. 갈매기는 회유어의 먹이가 되는 멸치나 소형 어류가 수면 가까이로 쫓겨 나와 있을 때, 이를 어부지리로 잡아먹기 위해 모여들기 때문이다. 갈매기가 모여 나는 곳에는 분명 대형 회유어가 있는 포

〈그림92〉회유어 포인트 찾는 법

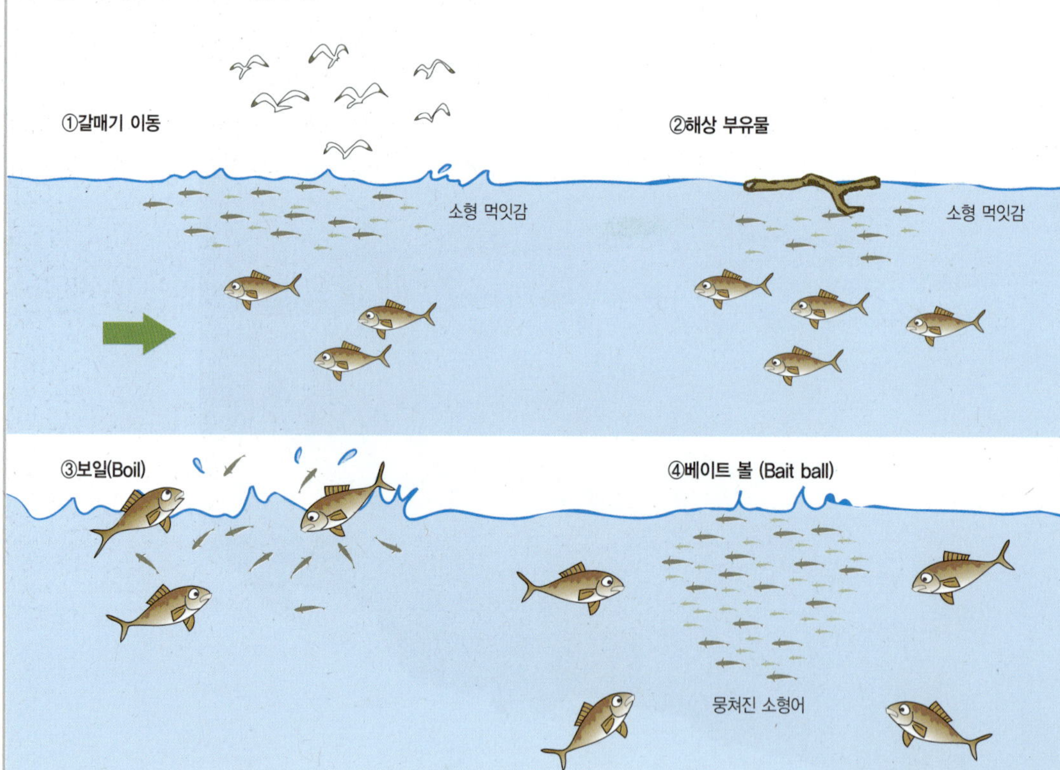

인트라 생각하면 된다.

다음으로는 해상에 발생하는 베이트 볼(Bait ball)을 찾는다. 베이트 볼은 먹잇감이 되는 소형 어류가 포식자들에게 쫓겨 둥글게 뭉쳐 있는 현상으로, 수면에 둥글게 물이 튀는 현상이 일어나므로 쉽게 알아차릴 수 있다. 이 외에 만새기낚시의 포인트 설명에서처럼 해상에 떠 있는 유목(流木)이나 해조류, 쓰레기와 같은 부유물을 찾도록 한다. 다랑어 또한 이와 같은 장소 인근에 모여 있는 경우가 많기 때문이다.

다랑어 루어낚시 핵심 체크 리스트

1. 라이트 트롤링, 선상 캐스팅 및 지깅, 갯바위 캐스팅에 각각 맞는 전용 낚싯대를 사용하는 것이 바람직하다.

2. 릴은 가능한 견고하고 드랙 성능이 뛰어난 고급제품이 유리하다.

3. 시력이 좋은 다랑어를 낚기 위해서는 실제 먹잇감과 유사한 형태의 루어가 가장 효과적이다.

4. 라이트 트롤링 시에는 배의 스크루 거품이 사라지는 지점 부근에 루어가 위치하도록 한다.

5. 트롤링이 아닌 캐스팅 게임에서는 루어를 초고속으로 끌수록 입질 확률이 높다.

6. 수면에 나타나는 먹잇감(베이트 피시) 무리들을 발견하는 것이 가장 선결 조건이다. 조과에 직결되기 때문이다.

7. 다랑어는 금속의 착수음을 싫어하므로 캐스팅 시에 풀려나가는 줄을 제어하여 루어의 탄도를 낮춰 주는 것이 좋다. 그것이 착수음을 줄이는 방법이다.

8. 다랑어는 잡혀 나오면 쉽게 죽어버린다. 피가 많이 나오고 릴리즈가 어려운 만큼 선도 유지를 위해 즉시 처리하는 것이 좋다.

9 다랑어는 대부분 이빨이 없지만 줄삼치만은 날카로운 이빨을 갖고 있으므로 주의해서 다루어야 한다.

10. 가능한 한 놓치지 말아야 한다. 놓치면 주변 무리가 전부 도망칠 가능성이 많다.

3

대구낚시

학명■*Gadus macrocephalus* 영명■Pacific cod 일명■マダラ(마다라) 방언■대구어 · 대두어 · 대기

1 대구는 어떤 물고기인가?

대구과의 대표어종으로, 위턱이 아래턱보다 튀어나와 있고, 아래턱 밑에 촉수가 한 개 돋아 있다. 수온이 5~12℃ 정도 되는 50~400m의 해저에 주로 서식하며 별로 이동은 하지 않는 것으로 알려져 있는데, 동해안산 대구는 겨울철에 냉수층을 따라 남해안의 진해만까지 산란을 위해 남하했다가 봄이 되면 북쪽 해역으로 북상하거나 또는 깊은 수심층으로 이동하는 등, 산란 회유를 하는 것으로 알려진다. 산란기는 12월에서 4월이다.

맛이 좋은 고급어종으로 우리 식탁에서 오래 전부터 사랑 받아온 중요한 수산자원이다. 대구의 식성은 소형어류는 물론, 갑각류 · 두족류 · 갯지렁이류 등 무엇이든 닥치는 대로 먹는 대식가로서 최대 1m 이상, 무게도 20kg이 넘게 성장한다. 그러나 서해안산은 별로 크게 자라지 않는 것으로 알려져 있다.

우리나라의 동해안과 서해안에 서식하고, 북태평양 · 오호츠크해와 베링해에도 서식한다. 우리나라 대구의 산란처는 남해안 거제 · 통영 지역이 대표적인 곳으로 알려지며, 거제도를 중심으로 치어방류 사업이 오래 전부터 전개되고 있다.

2 대구 루어낚시 개요

■ 대구 루어낚시의 매력

바다 루어낚시에 있어 지깅(Jigging) 기법이 도입된 이후 많은 발전을 거듭하면서 다양한 대상어들이 생겨났는데, 그중 초보자들이 가장 쉽게 낚을 수 있는 대상어가 바로 대구다. 전문적인 기술 없이도 손쉽게 고급어종을 낚을 수 있다는 것이 가장 큰 매력이다. 게다가 한겨울 제주도나 남해안 일부를 제외한 연안에서는 마땅히 지깅 대상어를 찾을 수 없는 데 비해, 대구는 오히려 겨울에 활성도가 올라가 본격 시즌을 이루기 때문에 어한기를 대체하는 어종으로도 인기가 높다.

동해 임원 앞바다에서 지깅으로 올린 1m급 대구를 힘겹게 들어 보이고 있다.

3

■ 대구 루어낚시 현황

바다낚시를 즐기는 낚시인구 중 그 비율이 상대적으로 높은 분야가 서해의 선상 우럭낚시이다. 그러나 인천이나 안흥 등지처럼 오래 전부터 많은 낚시인들이 붐빈 곳일수록 어족자원이 고갈됨으로써, 대체 어장 및 대체 어종을 적극적으로 찾아 나서게 되었다. 그 노력의 일환이 대구 어장 개척이라 할 수 있는데, 특히 동해안 여러 곳으로 대구 지깅이 확산되면서 그간 전통 조업 방법으로 대구를 잡던 어민들이 효율성 높은 지깅으로 속속 전환하는 등, 대구 조업 방법에까지 영향을 미치고 있다. 이처럼 지깅 낚시인들의 동해안 출조가 늘어나면서 동해안 각 포구의 어선들이 서해안과 남해안처럼 유어선으로의 수입 증대를 기대할 수 있게 되었다.

3 대구 지깅 장비와 루어 선택

■ 낚싯대(Rod) 선택 기준

대구 루어낚시는 수직 지깅(Vertical jigging) 기법을 구사하므로 지깅 전용 낚싯대가 필요하다. PE 원줄을 사용하고 무거운 지그를 자주 사용하기 때문에 이에 적합한 강도의 지깅 낚싯대가 좋다. 구체적으로는 길이 5~7피트로, 200g 정도 무게의 지그를 사용할 수 있으면 특별한 문제가 없다. 대구낚시에 사용되는 지그는 300g이 넘는 경우도 많은데, 최대 루어 무게 200g 정도의 강도를 갖는 낚싯대로도 충분한 이유는 일반적인 지깅 낚싯대가 표기된 허용 지그 무게보다 실제로는 그 2배 정도까지의 지그를 움직일 수 있기 때문이다.

그러나 부시리와 같은 어종을 대상으로 할 때는 격렬한 지깅 동작이 필요하게 되는데, 이 경우는 사용 가능한 지그의 무게와 허용 부하량 등, 그 낚싯대가 갖고 있는 성능에 부합되지 않으면 지깅 동작이 잘 되지 않거나 낚싯대가 부러지는 등의 여러 가지 문제가 발생한다.

이에 비해 대구 지깅은 격렬한 지깅 동작이 필요치 않고, 부시리처럼 루어에 걸려들었을 때 순간적으로 차고 나가거나 하는 일이 없으므로, 낚싯대의 선택이 그다지 까다롭지 않다는 뜻이다. 다만, 메이커에 따라 허용 지그의 무게를 표시하는 방법이 차이가 나므로 직접 지그를 매달아보든가 구입 전에 충분히 확인할 필요는 있다. 경우에 따라서는 우럭용 외줄 낚싯대도 품질이 좋은 제품으로, 1&H(그립 탈착식) 구조라면 사용에 크게 무리가 없다. 우럭 외줄 낚싯대 중에서도 중간에 이음 부분이 있는 2절 형태는 부러지기 쉬우므로 곤란하다는 점 참고 바란다.

■ 릴(Reel) 선택 기준

릴의 선택은 스피닝 릴과 양축 릴로 크게 양분된다. 지깅은 PE 낚싯줄 사용이 전제가 되므로 이에 적합한 견고함과 우수한 성능이 겸비된 제품이 좋다. 또한 대구 지깅은 다른 대상어보다 더 깊은 수심에서 낚시를 하는 관계로 권사량이 많은 릴을 선택하는 것이 좋다.

스피닝 릴은 중상급 이상의 고급 제품을, 양축 릴은 지깅용으로 만들어진 전용 제품을 사용하는 것이 바람직하다. 권사량은 PE 줄 5~6호가 200~300m 정도 감기는 중대형 크기가 알맞다.

■ 낚시줄(Line) 사용 기준

①**원줄** - 대구 지깅에는 필히 PE만을 사용한다. 일반적으로 공략하는 포인트의 수심이 100m 정도이기 때문에 PE 줄이 아니면 낚시가 불가능하다. 주로 PE 3~4호를 사용하는데, 더 굵은 줄은 심해낚시에서 조류에 떠밀림이 심하므로 지그가 바닥까지 가라앉는 데 어려움이 많고 낚시 자체가 불가능해질 수도 있다. 수심이 깊고 조류가 강할수록 가는 낚싯줄이 유리하다.

필요한 길이는 중대형 릴에 최소 300m 정도를 감는 것이 좋다. 그 이유는 우선 깊은 수심을 염두에 두어야 하고, 조류에 떠밀리는 분량과 앞부분의 소모량까지를 예상해야 하기 때문이다.

②**쇼크 리더** - 나일론이나 플로로 카본을 사용하되 대상어의 크기와 바닥 지형을 참고로 40~60파운드를 사용한다. 길이는 7~10m 정도로 여유있게 사용한다. 쇼크 리더는 가능한 한 가늘게, 또한 길게 사용할수록 조과가 좋다.

■ 대구낚시용 루어(Lure)

수직 지깅용 지그를 사용한다. 대구 루어낚시는 〈부시리 · 방어 · 잿방어낚시 편〉

대구낚시 장비 및 루어.

의 지깅용 지그 설명에서처럼, 각종 지그 중에서도 저중심 형태의 직선적 지그를 주로 사용한다. 깊은 수심으로의 빠른 하강과 수류 저항의 완화 등, 다른 형태의 지그에 비해 장점이 많기 때문이다. 무게는 200~300g을 주로 사용하며, 조류가 강한 장소에는 그 이상도 사용한다. 색상은 분홍색을 기준으로 하여 검정 · 파랑 · 형광 등을 사용한다.

바늘은 아래쪽에 트레블 훅을 부착하는 경우에는 지그 크기에 알맞도록 3/0~5/0을 사용하고, 어시스트 훅을 사용하는 경우에는 4/0 정도의 크기를 2개 사용하되, 길이에 차이를 두는 것이 좋다. 어시스트 훅은 밑걸림 방지는 물론, 입이 약한 대구가 도중에 잘 떨어지지 않는 이점이 있다.

■ 기타 필요한 소도구

앞서 제2장에서 설명한 '바다 루어낚시 장비 및 소품' 가운데 '소품 종류'를 기준으로 준비하면 된다. 특히 겨울 시즌에는 방한복과 방수장갑 등이 추가되어야 한다.

4 대구 지깅 채비 및 테크닉

■ 채비 구성 및 루어 테크닉

〈그림93〉과 같이 채비를 구성하되, 라인 시스템을 만들고 쇼크 리더를 연결한 후에 지그를 부착한다. 어시스트 훅을 사용하는 경우에는 지그의 상단과 중간쯤에 각각 바늘이 위치하도록 하고, 사용하는 지그의 폭을 고려해 이보다 품이 넓은 바늘을 사용하도록 한다.

대구는 바닥층에 머물면서 그다지 이동을 하지 않기 때문에 지그의 동작 연출도 바닥층을 유지는 것이 중요하다. 오히려 너무 다양한 지깅 동작은 대구의 유영층을 쉽게 벗어나버려 이로울 게 없다.

①요요잉(Yoyoing) – 수직적인 지그의 움직임이지만 상하 이동의 반복이므로, 우럭낚시의 고패질 응용 동작이라 할 수 있다. 지그가 바닥에 착지한 후 1~2m 정도 감아올리고 낚싯대를 이용해 30~50cm의 폭으로 지그를 오르내리는 방법이다. 마치 요요를 하는 듯한 움직임을 반복하는 것이다.

②리프트 앤 폴(Lift & Fall) – 지그를 캐스팅하거나 조류에 실려 보내 가라앉힌 후, 낚싯대를 사선으로 당겨 지그를 바닥에서 20~30cm 정도 들어올렸다가 다시 가라앉히는 동작의 연속이다. 바닥을 뛰뛰듯 더듬는 방법이다. 조류가 거세지 않은 경우, 대구의 활성도가 낮은 경우에 효과적이다.

③포징(Pausing) – 지그가 바닥에 닿으면 1~2m 정도 감아올리고 그대로 멈춰서 배의 흔들림이 낚싯대를 통해 지그에 전해지는 정도로 지그가 부드럽게 조금씩 움직이도록 하는 방법이다. 파고가 조금 높은 경우에 효과적이다.

〈그림93〉대구낚시(지깅 채비)

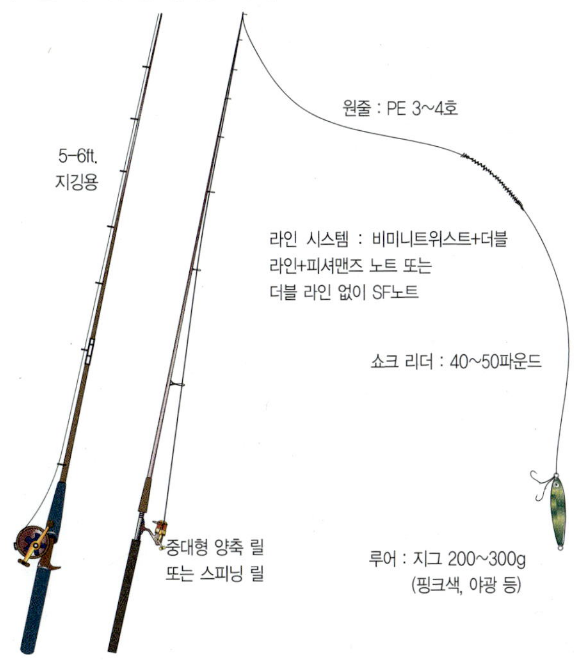

〈그림94〉대구 지깅 요령

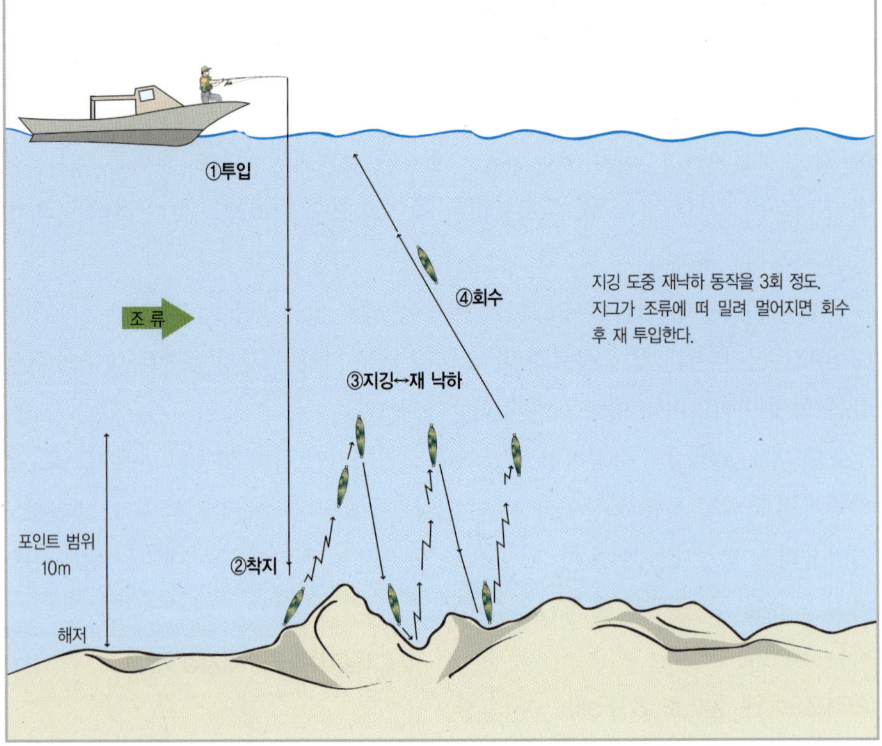

■ 챔질 · 파이팅 · 랜딩 요령

대구의 입질은 낚싯대를 통해 확실하게 전해지는 경우가 많고, 갑자기 묵직해 지는 경우도 있다. 입질을 느낌과 동시에 챔질을 하는데, 너무 강력한 챔질은 필요 없고, 낚싯대를 들어올리면서 릴링을 시작하는 것으로 충분하다.

대구는 바늘에 걸리는 순간부터 머리를 흔들며 저항을 하는데, 부시리 같은 순간적 돌파력은 없지만 바닥층으로 내려가려는 저항을 지속하다가 어느 정도 올라오면 잠잠하게 끌려 올라온다. 수압 차에 의한 현상인데, 표층까지 올라오면 다시 한번 강한 저항을 시도하는 끈질김도 보인다.

대구는 입이 의외로 약하므로 무리한 릴링보다는 서둘지 말고 일정한 속도로 릴링하는 것이 좋다. 릴링만으로 끌어올리기 벅찬 경우에는 펌핑을 하되, 매우 천천히 낚싯줄의 장력이 유지되도록 한다. 수면에 올라온 대구는 비교적 잠잠하지만 입술이 약한 이상, 필히 뜰채를 이용해 들어올리는 것이 좋다.

■ 여걸림 예방법 세 가지

바닥에 서식하는 대구를 낚는 지깅에 있어서는 지그가 여에 걸리는 일이 자주 발생한다. 그러므로 이를 예방하는 요령과 여걸림 탈출법을 충분히 익혀두는 것이 좋다. 그러나 루어가 강하게 걸린 경우는 빼내는 것을 포기하고 낚싯줄을 끊어야 하는 경우도 많다.

①아래쪽 트레블 훅을 제거하고 어시스트 훅을 활용하면 여걸림이 현저히 줄어든다.

②지그 투입 후 줄이 풀리는 것을 주시하다가 지그가 바닥에 닿는 기분이 느껴지는 순간, 낚싯대를 들어올리는 동시에 릴을 한두 바퀴 돌려 지그가 바닥에서 1~2m 정도 떨어지게 조작한다.

③한 지점에 지그를 내려 수직 상하운동을 여러 차례 거듭한 후 다시 바닥까지 내리는 시도를 4, 5회 반복하다 보면, 지그가 조류에 떠밀려 낚싯줄이 최초의 수심보다 많이 풀려나가고 입수 각도 또한 커진다. 이럴수록 여걸림 확률이 높아지는데, 낚싯줄의 입수 각도가 커지게 되면 일단 지그를 완전히 회수한 후 다시 투입하도록 한다.

■ 여걸림 탈출법 두 가지

①지그가 여에 걸리면 일단 릴의 스풀을 고정하고서 낚싯대를 힘껏 강하게 쳐들었다가 갑자기 내려주면 낚싯줄의 장력이 갑자기 없어짐으로써, 그 반동으로 지그가 여에서 탈출하는 경우가 있다. 양축 릴을 사용하는 경우에는 스풀 프리 시에 백 래시(Back rash)가 발생하기 쉬우므로 주의하도록 한다.

②지그를 끌어오던 반대편으로 배를 이동시켜 낚싯대와 낚싯줄을 일직선으로 한 뒤 잡아당기면 빠져나오는 경우가 있다.

5 대구낚시 시즌 및 포인트

■ 4계절 가능, 겨울이 제철

동해안에서 주로 행해지는 대구 지깅 시즌은 거의 사계절 계속되는데, 겨울철을 중심으로 한 11월~4월이 적기에 해당된다. 특히 여름 대구는 맛이 떨어지는 편이

〈그림95〉대구낚시 포인트

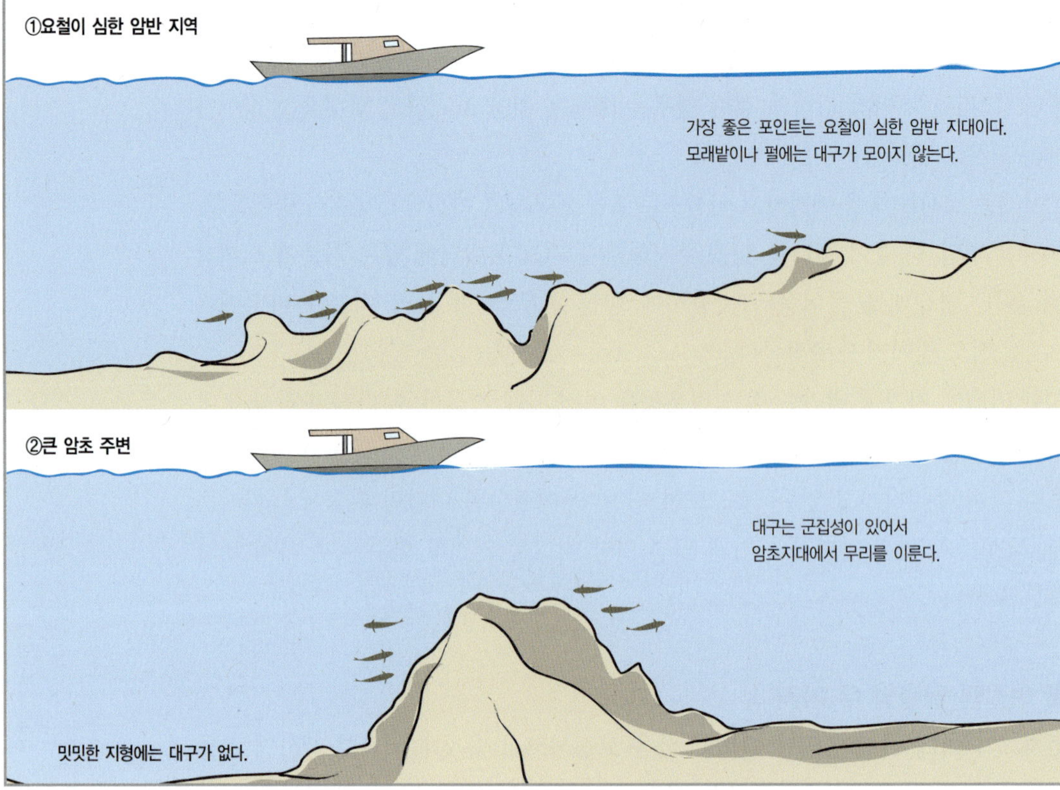

며, 겨울 대구가 연중 맛이 가장 좋다.

서해에서도 침선 우럭낚시 성행 이후, 대구가 많이 낚이고 있는데 겨울철은 물론 여름철엔 오히려 마릿수 조황을 보이기도 한다. 그렇지만 워낙 심해에서 이루어지는 만큼 우럭을 겸한 외줄낚시 방법이 주류를 이루고 있다. 이 밖에 한 겨울철에 어장이 형성되는 남해안 거제도 부근, 즉 진동만과 진해만 일대의 대구는 산란을 위한 어군이므로 낚시는 삼가하는 것이 좋다.

■ 대구낚시 포인트와 공략법

대구낚시 포인트는 해저의 요철이 큰 암반지대, 암초가 발달한 장소, 돌밭 등이며, 모래나 펄 지역에서는 기대하기 어렵다. 대구는 군집성이 있고 먹이에 대해 강한 집착이 있으므로 군집하고 있는 장소를 찾아내기만 하면 십중팔구 낚인다.

어군탐지기를 동원하여 이와 같은 장소를 찾아내고, 모여 있는 어군도 확인되면 지그를 내려 적절한 동작을 구사한다. 앞서 설명한 바와 같은 지그 동작을 구사하되, 바닥에서부터 10m를 벗어나지 않는 범위 이내로 집중 공략하는 것이 효과적이다.

대구 루어낚시 핵 심 체크 리스트

1. 대구 지깅용 낚싯대는 실제 사용하는 지그의 무게가 300g이 넘어 다소 무겁게 느껴지더라도 200g 이하 대응의 유연한 낚싯대를 선택하는 것이 낚시하기에 편하다.

2. 대구낚시는 깊은 수심에서 낚시를 하는 만큼 릴은 권사량이 많은 것을 선택한다.

3. 낚시 시즌이 주로 추운 계절이므로 방한을 철저히 하여야 쾌적한 낚시가 된다.

4. 파도로 인하여 항상 배가 흔들리고 미끄러우므로 움직임에 주의하여 안전사고를 미연에 방지해야 한다.

5. 여걸림으로 인하여 줄을 끊어야 하는 경우에는 무리하지 말고 선장이나 유경험자에게 부탁하는 것이 좋다.

6. 많은 인원이 선상에서 동시에 낚시를 하는 경우, 전원이 동일한 호수의 낚싯줄과 동일한 무게의 지그를 사용하면 서로 줄엉킴이 줄어든다.

7. 선상에서는 필히 선장의 지시에 따르도록 한다.

3

만새기낚시

학명■*Coryphaena hippurus* 영명■Dolphin fish, Mahimahi 일명■シイラ(시이라) 방언■만베기 · 시이라

1 만새기란 어떤 물고기인가?

만새기과의 어류인 만새기는 외양의 표층을 몇 마리에서 수백 마리가 무리를 지어 유영한다. 해상에 떠있는 부유물과 해조류 등을 좋아하여 그 근처에 붙어있는 경우가 많다. 우리나라에는 여름철부터 가을철에 걸쳐 남해안과 제주도 근해에 나타나며, 수온 23~27℃의 고수온, 그리고 고염분을 좋아한다.

어식성이 강하여 주로 작은 물고기를 잡아먹거나, 대형 만새기가 소형 만새기를 잡아먹기도 한다. 최대 2m, 40kg 이상까지 자라는 것으로 알려졌지만, 우리나라 근해에는 50~100cm 정도가 많다. 수컷은 성장함에 따라 턱이 돌출되고 이마가 크게 각을 지어 나온다.

우리나라에서는 낚시 대상어로 별로 인기가 없지만 해외에서는 매우 인기가 높은 어류로서 부유물에 모이는 습성을 이용한 여러 가지 어로방법이 발달되어 있다. 전 세계의 온대와 열대의 바다에 분포한다.

2 만새기 루어낚시 개요

■ 만새기 루어낚시의 매력

만새기는 일단 루어에 걸려들면 매우 높은 점프를 반복하기 때문에 전 세계의 게임 피싱 낚시인들에게 매우 인기가 높다. 영명은 '돌핀 피시(Dolphin fish)' 이지만 하와이에서는 '마히마히(Mahimahi)' 중남미에서는 '도라도(Dorado)' 라고 부른다.

만새기는 순간 속도 100km/h를 발휘하지만 오래 지속하지는 못하고 이내 점프를 반복하며, 낚싯배 가까이 끌려오면 갑자기 수십 미터를 잠수하기도 한다. 또한 흥분하면 몸체가 황금색으로 변하는 등, 시시각각 변화하는 체색을 시각적으로 즐길 수 있을 정도로, 매우 높은 게임 요소를 지니고 있다. 시기와 장소를 잘 선택한다면 조과가 보장되므로 경량급 장비를 이용한 바다 루어낚시 입문에 적합한 대상어이기도 하다.

■ 만새기 루어낚시 현황

우리나라 근해에는 수온이 오르는 여름부터 가을에 걸쳐 제주도와 남해 연안가까이까지 만새기가 나타나는데, 그리 귀히 여겨지 않는 어종으로서 연안 가까이 회유하는 경우에는 너무 많이 낚이는 경우도 있어 상대적으로 인기가 낮다.

해상의 부유물이나 해조류에 붙어 있기를 좋아하는 만새기의 습성을 이용, 이웃나라 일본에서는 집어용 뗏목을 설치하거나 부어초(浮魚礁)를 이용한 어로방법이 발달되어 있다. 그러나 우리나라는 만새기낚시를 위한 포인트 개발이 이루어지지 않아 배를 타고 바다로 나가더라도 특정 시기를 제외하면 외국의 사례와 같이 간단히 만새기를 만나기에는 한계가 있는 실정이다. 그렇지만 만새기는 분명 게임피싱 대상어로서의 가치가 높은 어종이므로 해상 부유물의 탐색 등과 같은 낚시인의 적극적인 자세가 필요하다.

3

대형 파야오(浮魚礁)

시이라즈께(シイラ漬け)

일본의 대형 파야오(부어초 · 浮魚礁)와 전통 어로용 파야오인 시이라즈께(シイラ漬け).

3 만새기 루어낚시 장비 및 소품

■ 낚싯대(Rod) 선택 기준

만새기 낚싯대는 배스낚시의 미디엄(M)~헤비(H)급 스피닝 대를 사용하여도 무방하지만, 대개 20~90g의 루어를 캐스팅하므로 이에 적합한 강도와 원투 성능을 구비하되, 보다 내구성이 뛰어난 바다 보트 캐스팅 전용대가 바람직하다. 또한 배낚시이므로 너무 길지 않은 5~7피트 정도가 적합하다. 물론 낚이는 평균 씨알이 클수록 사용하는 루어도 크고 무거워지므로 낚싯대 또한 더 강한 것을 사용한다. 낚이는 크기가 50~70cm라면 배스 낚싯대로도 충분하다.

만새기 루어 낚싯대는 탑워터 루어를 사용하여 만새기의 점프를 한껏 즐길 수 있어야 하므로, 한 손만으로도 조작이 기민하게 이루어지도록 가볍고 균형이 좋아야 한다. 구체적으로 탄성이 높고 패스트(F) 휨새를 가진 것이 사용에 편리하다. 경량급 지깅대도 사용할 수 있지만, 지깅에 적합한 형태로 만들어진 긴 그립과 저탄성의 블랭크 특성으로 인해 루어의 원투와 조작이 어려운 것은 물론, 만새기와의 대결에서 효율성도 떨어진다.

■ 릴(Reel) 선택 기준

내구성이 좋고 드랙 성능이 우수한 고급형 중소형 스피닝 릴을 사용한다. 루어 조작이 고속으로 이루어지므로 5:1 이상의 고속 기어비가 바람직하며, 만새기가 달리기 시작하면 드랙이 작동해 스풀의 역회전 속도가 매우 빠르므로 라인 롤러의

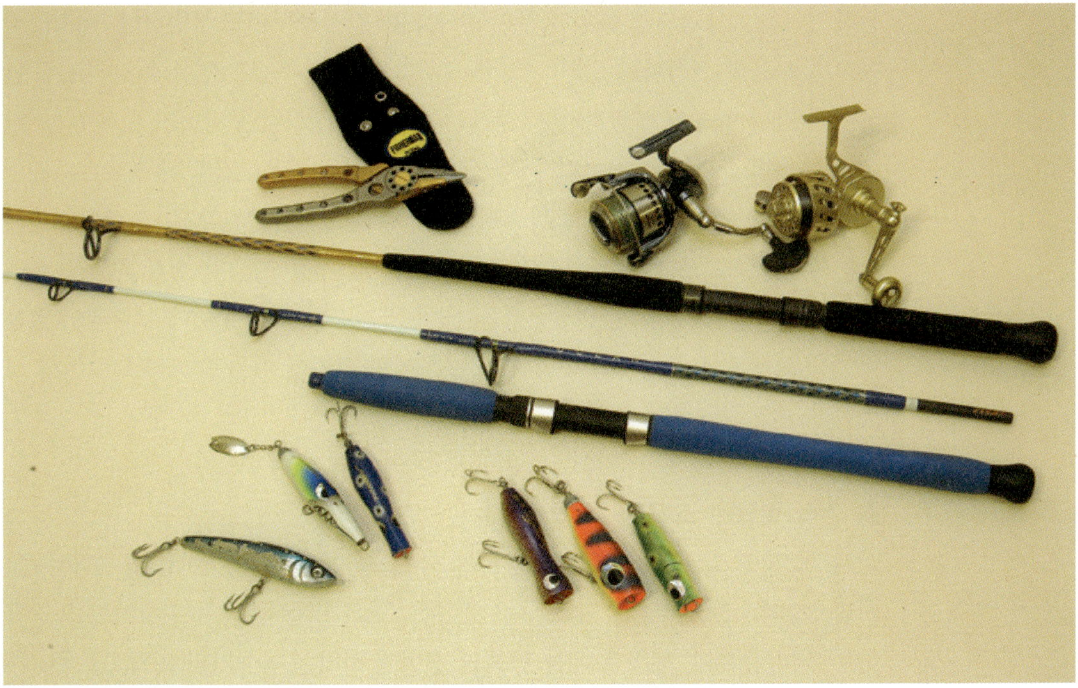

선상 캐스팅에 사용되는 만새기낚시 장비 및 루어 종류.

회전이 좋고 꼬임 방지 기능도 있는 제품이어야 한다. 3~4호 줄이 200m 이상 감기는 크기를 선택한다.

■ 낚싯줄(Line) 사용 기준

①**원줄** – 나일론 12~16파운드(3~4호)를 기준으로 선택한다. 좀더 가는 8파운드를 사용할 수도 있지만 여러 명이 좁은 배에서 같이 낚시할 경우에는 파이팅 시간이 긴 낚시인 만큼 다른 낚시인에게 폐를 끼칠 수 있으므로 되도록 피하도록 한다. PE 줄을 사용하는 경우에는 1.5~3호를 사용한다.

②**쇼크 리더** – 나일론 30~50파운드를 사용한다. 루어의 무게가 무거울수록 또한 낚이는 크기가 클수록 굵은 줄을 사용하면 된다. 길이는 낚싯대 길이를 참고하여 캐스팅에 불편하지 않을 정도로 한다. 즉, 사용하는 낚싯대 길이의 2배 이내로 충분하다.

■ 만새기낚시용 루어(Lure)

만새기만을 겨냥한다면 톱워터 루어 중 폼퍼만을 사용하여도 무방하다. 배스낚시용으로 사용하는 폼퍼와 달리 동일한 크기라도 좀더 무겁고 염분에 강하도록 만들어진 바다 전용이 바람직하다. 무게는 20~50g 정도가 무난하지만, 주로 취하고 있는 먹잇감의 크기를 고려해 90g 정도의 대형을 사용하기도 한다.

만새기낚시를 하는 시기와 장소에서는 가다랭이 · 줄삼치와 같은 다랑어류의 출현도 빈번하므로 이에 대응하기 위해 소형 캐스팅용 지그와 싱킹 미노우 플러그도 준비하는 편이 좋다. 바늘은 트레블 훅을 사용하는데, 루어에 부착되어 있는 바늘을 그대로 사용하여도 무방하지만, 루어의 크기에 따라 1~3/0을 적절히 사용한다.

■ 기타 필요한 소도구

앞서 제2장에 소개한 〈바다 루어낚시 소도구〉 및 본편 다음 순서로 연결되는 〈부시리 · 방어 · 잿방어낚시〉의 소도구 종류를 참조 바란다. 특히 편광안경을 착용하는 것이 좋은데, 해상 부유물 탐색과 수면에 비치는 만새기의 위치, 그리고 루어의 위치를 파악하는 데 매우 유용하다.

4 만새기낚시 채비 및 테크닉

■ 채비 구성 요령

〈그림96〉을 기준으로 채비를 구성하되, 라인 시스템을 만들고 쇼크 리더를 연결한 후, 이에 루어를 부착한다. 라인 시스템은 〈그림72〉를 참고 바란다.

■ 탑워터 루어 선택 및 사용법

①폼퍼(Popper) – 민물 루어낚시용 폼퍼와 형태적으로는 차이가 없으나 무겁고 크며, 바닷물고기의 강한 턱힘과 이빨을 고려하여 튼튼하게 만들어져 있다. 수면에 크게 발생하는 물보라와 소리 · 거품 등으로 물고기를 유혹하는 루어이다. 앞쪽에 마치 벌린 입과 같은 컵이 부착되어 있는데, 크기와 각도에 따라, 그리고 낚싯대를 채는 방향과 거리에 따라 루어의 동작을 다양하게 연출함으로써, 수면에

<그림96>만새기낚시 채비

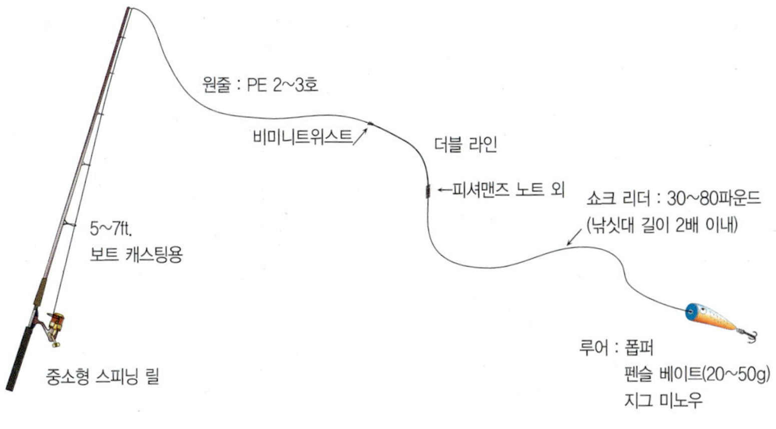

튀는 물보라와 소리에 차이를 부여할 수 있다.

②스위머(Swimmer) – 폽퍼와 거의 동일한 외형을 띠고 있으며, 낚싯대를 일정한 각도로 유지한 채 단순하게 릴링을 하면 루어 자체가 자동적으로 동작한다. 앞쪽의 컵이 공기를 가둔 채 물 속으로 들어가 거품을 끌며 이동하다가, 공기가 없어지면 수면으로 부상하여 소음과 함께 다시 컵 안에 공기를 가두고, 다시 수면으로 들어가는 동작이 자동으로 반복된다.

파도로 인해 수면이 거친 경우에도 다른 루어에 비해 확실한 동작을 보이는 장점이 있다. 플로팅 타입과 싱킹 타입 두 가지가 있는데, 플로팅 타입은 폽퍼로도 사용이 가능하다.

③펜슬 베이트(Pencil bait) – 민물 루어낚시의 펜슬 베이트와 동일한 외형으로, 폽퍼와 마찬가지로 무겁고 크며 튼튼하게 만들어져 있다. 싱킹 타입과 플로팅 타입이 있는데, 싱킹 타입의 경우는 단순하게 고속 릴링을 함으로써 수면을 가르는 물보라로 대상어를 유혹한다. 이에 비해 플로팅 타입은 기민한 낚싯대 동작으로 워킹 더 도그(Walking the dog)를 연출시키는 것이 좋다.

■ 릴링 및 파이팅 요령

①루어의 8자 그리기 – 만새기는 루어에 매우 민감하게 반응하여 루어의 수면 착

〈그림97〉만새기낚시 톱워터 루어 사용법

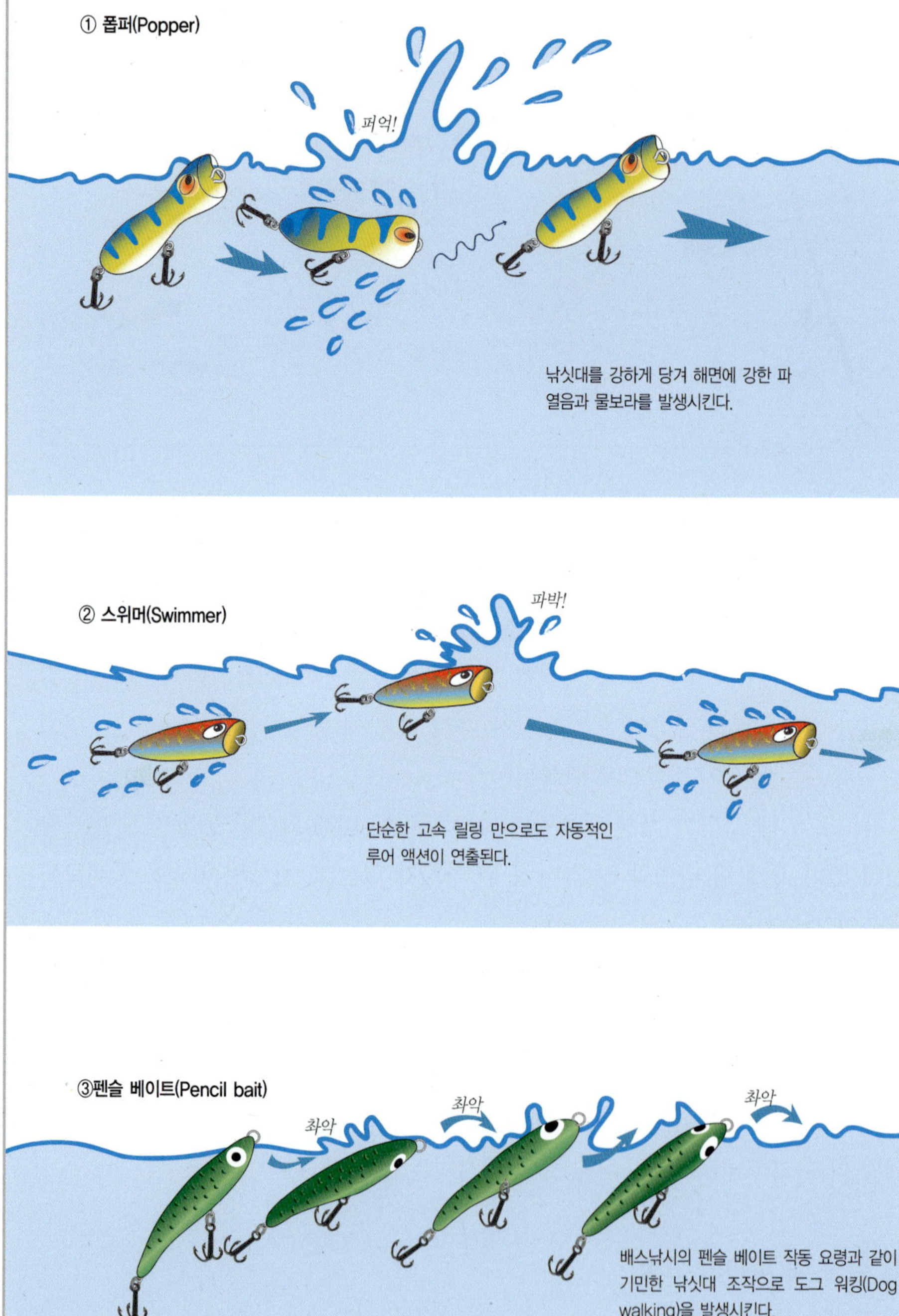

〈그림98〉8자 그리기와 점프 방지책

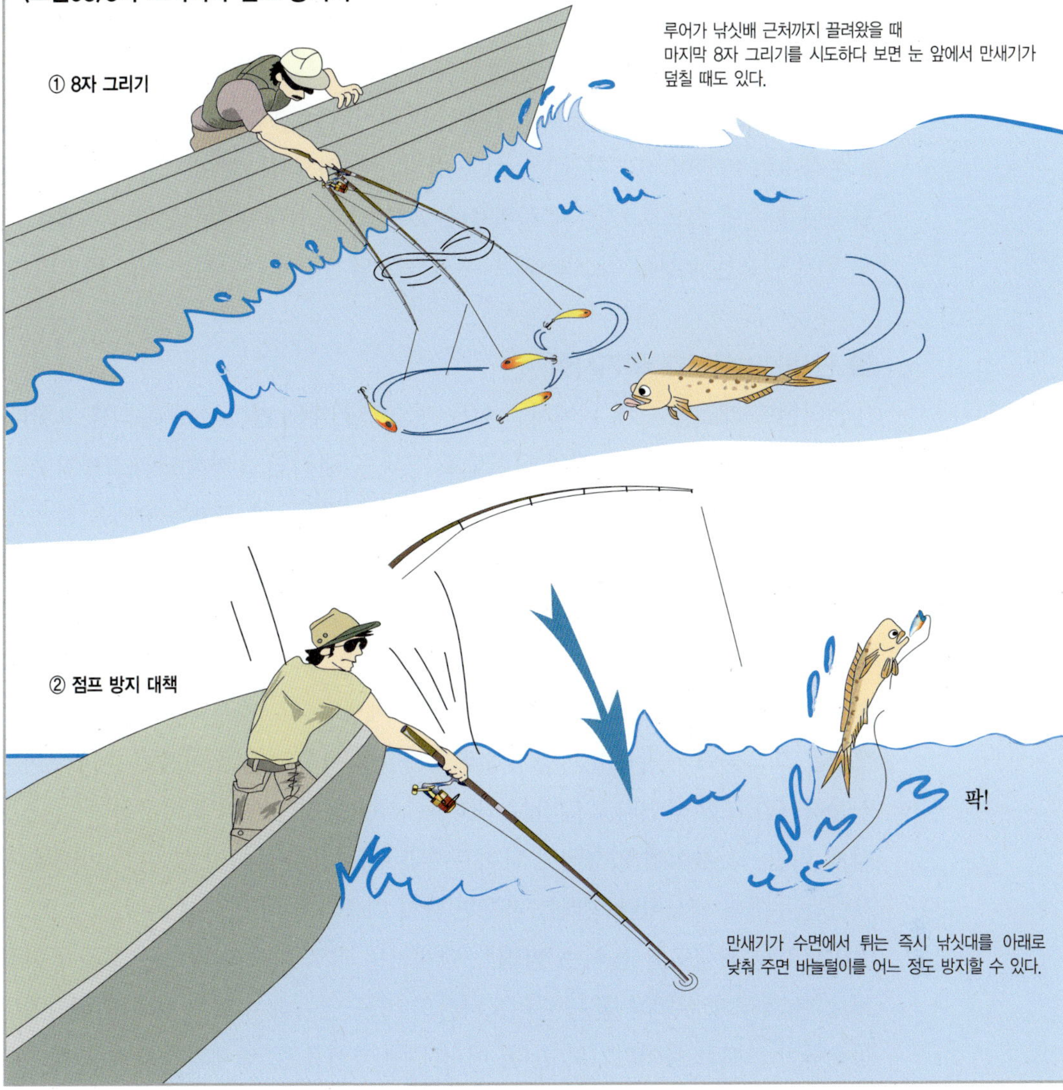

수와 동시에 입질을 하거나, 멀리 떨어져 있던 만새기가 점프하면서 달려들기도 한다. 게다가 활성도가 높지 않은 경우에도 루어를 계속 따라오거나 루어 주위를 맴도는 경우가 많다. 또한 루어를 따라 낚싯배 바로 앞까지 들어오는 경우도 많다. 따라서 입질이 없다 하여 바로 루어를 끌어 올리지 말고 낚싯대를 이용해 루어를 수면에서 8자를 그리듯이 돌려주면 바로 눈앞에서 만새기가 루어를 덮치기도 한다. 만새기낚시에서 꼭 시도해볼 만한 기법 중의 하나다.

②점프 대책 - 만새기는 바늘에 걸려들면 그 어떤 어종보다도 강한 점프를 반복하며 바늘털이를 시도한다. 이때 중량감 있는 루어는 심하게 흔들리면서 만새기의 입에 박힌 바늘 구멍이 넓어져 끝내는 빠져버리는 경우도 있다. 특히 낚싯줄이 느슨할수록 바늘이 빠지기 쉽다. 이를 방지하기 위해서는 만새기의 점프에 앞서 낚싯대를 수면 쪽으로 낮춘 채 릴링을 하도록 한다. 이렇게 함으로써 낚싯줄이 수면 위로 나오는 부분이 최소화 되고, 수압으로 낚싯줄이 늘어지는 것도 방지된다.

■ 만새기낚시 4대 특기사항

①언더핸드 캐스팅 - 배 위에서 루어를 캐스팅할 때는 많은 것에 주의를 요한다. 특히 승선 인원이 많거나 배의 설치물로 인해, 일반적인 오버헤드 캐스팅이나 스리쿼터 캐스팅이 어려울 때가 있다. 이와 같은 문제점을 해결하는 방법은 짧은 원핸드 그립의 낚싯대를 이용하여 '언더핸드 캐스팅' 을 구사하는 방법이다. 수면과 배의 높이를 감안하여 몸을 뱃전에 기대고 팔을 뻗어 손목과 팔꿈치를 이용하여 아래에서부터 루어를 던지는 방법이다. 낚싯줄을 놓는 타이밍을 놓치면 루어가 하늘로 올라가버리기도 하지만, 다른 문제를 예방하므로 익혀두는 것이 좋다.

②높은 학습능력 - 만새기는 공격성과 호기심이 매우 강하여 어떤 종류의 루어를 사용하더라도 잘 낚인다고 말할 수 있다. 그러나 동일한 루어를 사용하여 몇 마리 낚게 되면, 그 루어에 익숙해진 나머지 이후로는 입질을 하지 않는다. 이러한 경우에는 루어의 색상이나 형태를 바꾸면 다시 처음과 같이 입질해 온다.

③만새기의 활성도를 높이는 방법 - 만새기는 서로 어울려 다니는 것을 좋아하므로 한 마리가 루어를 물고 끌려오더라도 바로 옆이나 주위에 나란히 헤엄치는 동료들이 그대로 붙어있기도 한다. 이 경우에 루어를 문 만새기가 흥분을 하거나 몸부림을 치면서 체색을 바꾸면 주위의 다른 만새기들도 덩달아 흥분을 일으키는 경우가 많다. 따라서 최초의 한 마리를 이용해 다른 만새기의 활성도를 올리는 방법으로서 천천히 놀려가며 랜딩하는 방법이 있고, 한 사람이 먼저 대형 폽퍼나 스위머를 이용해 수면을 어지럽혀 만새기를 흥분시킨 후, 다른 동료가 적당한 루어를 던지는 방법도 있다.

④놓치면 안 되는 이유 - 만새기의 어울려 다니는 습성 때문에 역효과가 발생하

〈그림99〉언더핸드 캐스팅(Underhand casting) 요령

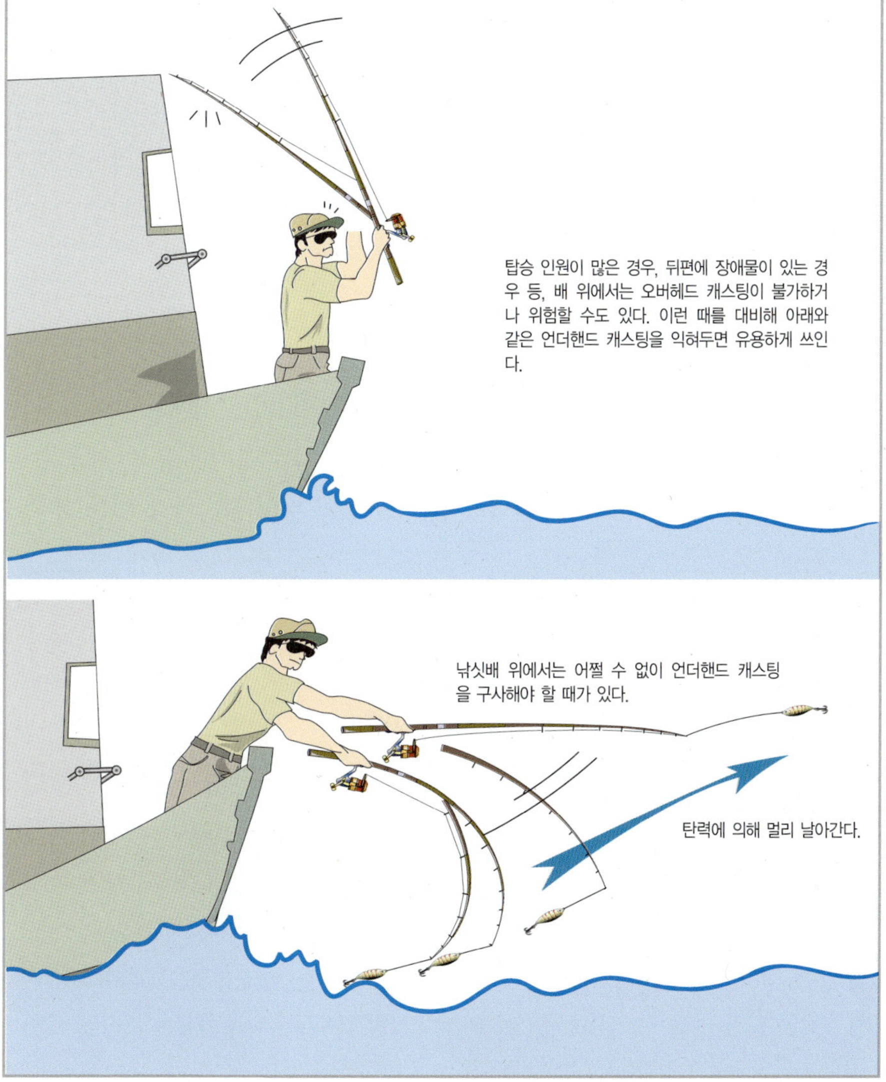

는 경우도 있다. 대규모의 무리가 모여 있는 포인트에서는 문제가 적지만, 소규모 무리의 경우는 한 마리를 낚다가 도중에 떨어져 도망을 치게 되면 다른 만새기도 덩달아 따라가 무리가 전부 사라져 버리기도 한다. 그러므로 루어를 문 만새기는 확실하게 낚아 올리는 것이 중요하며, 릴리즈를 할 경우에도 포인트 이동 시에 한꺼번에 릴리즈하는 것이 바람직하다.

3

5 만새기낚시 시즌 및 포인트

■ 한여름, 7~10월이 시즌

서두에서 소개한 바와 같이 만새기는 수온이 오르는 여름철부터 가을철까지 우리나라 근해에 조류를 타고 나타난다. 7~9월이 산란기로, 가장 활발히 먹이를 공격하는 이때에 가장 잘 낚인다. 가장 먼저 제주도 근해에 나타나 남해안으로 그 범위를 넓혀 간다.

■ 갈매기가 포인트를 안내한다

부어초(浮魚礁) 근처가 가장 좋은 포인트이지만, 우리나라 근해에는 부어초가 설치되어 있지 않으므로 만새기의 습성을 참고해 해상 설치물이나 유목, 해조류 등 부유물을 찾는 것이 가장 좋은 방법이다. 이를 찾아 낚싯배로 바다 위를 달리거

만새기 루어낚시 핵심 체크 리스트

1. 낚싯대는 보트 캐스팅 전용으로 설계된 것이 사용하기에 유리하다.

2. 루어는 먼저 폽퍼를 사용해보고 반응이 좋지 않은 경우는 펜슬 베이트, 캐스팅 지그 등으로 교환해 나간다.

3. 좁은 선상에서 여럿이 낚시를 하는 경우는 루어 캐스팅 전에 주위를 확인하고 캐스팅을 개시한다. 캐스팅한다는 의사 표시를 주위에 알리는 것도 좋다.

4. 만새기가 점프하는 순간, 낚싯대를 낮춰주면 바늘털이를 예방할 수 있다.

5. 오버헤드 캐스팅이 불가능할 수도 있으므로 언더핸드 캐스팅을 익혀두는 것이 좋다.

6. 바늘에 걸린 만새기는 점프를 반복하며 우왕좌왕하므로, 옆자리 동료는 자리를 비켜 공간을 확보해주는 협동심이 필요하다.

7. 만새기는 서로가 동시에 흥분하고 동시에 도망가는 등, 어울려 다니기를 좋아하므로 최초의 한 마리가 무리 전체의 활성도를 올릴 수도 있지만, 반대로 중간에 놓치게 되면 무리 전체가 도망쳐 버린다.

8. 만새기는 바다 위의 부유물을 좋아하므로 이를 발견하는 것이 조과를 올리는 첫걸음이다.

나, 갈매기가 날고 있는 해역, 멸치 떼와 같은 소형 어류가 이동하는 장소를 찾는 것이 중요하다.

날씨가 맑고 바다가 잔잔한 날에 만새기가 큰 무리를 지어 있으면 소형 어류가 겁을 먹고 튀어 오르는 등의 수면 변화를 느낄 수 있으며, 한편으론 만새기의 점프가 직접 목격되기도 하는데, 이런 때의 낚시는 '절반의 성공'이라 할 수 있다.

한편 외국에서는 살수기로 물을 뿌려 인공적으로 해상에 그림자를 만들어 만새기를 불러 모으기도 하며, 살아있는 멸치 등을 소량씩 뿌려가며 만새기 무리를 끌어들이는 방법이 시도되기도 한다.

3

부시리 · 방어 · 잿방어낚시

표준명■부시리 학명■*Seriola lalandi aureovittata* 영명■Yellowtail, Kingfish 일명■ヒラマサ(히라마사)
방언■히라스 · 납작방어

1 부시리 · 방어 · 잿방어는 어떤 물고기인가?

■ 부시리 – 크기도 힘도 맛도 방어보다 우위

전갱이과의 어류인 부시리는 방어와 흡사하여 구분하기 힘든 경우도 있다. 수온 18~22℃가 적정 온도로 따뜻한 수온을 좋아하며, 무리지어 회유하지만 방어와 같이 큰 무리를 만들지는 않는다. 육식성으로서 소형 어류와 오징어 · 새우 등을 포식하며, 때때로 표층으로 나와 사냥을 하기도 하지만, 대부분의 유영층은 바닥에서 5m 이상이라고 알려져 있다. 대형종으로 길이 1m 이상, 무게 20kg 이상(40kg)으로까지 성장한다.

방어에 비해 유영 속도는 물론, 힘이 세고 낚시에 걸렸을 때도 저항이 대단하며, 맛 또한 훨씬 뛰어나 낚시인에게 인기가 드높다. 반면에 경계심이 강하고 신경질적이며, 먹이 활동시간도 짧은 편이다.

부시리와 혼돈하기 쉬운 방어. 부시리만큼의 큰 개체는 드문 편이다.

표준명■방어 학명■ *Seriola quinqueradiata* 영명■Yellowtail, Amber fish 일명■ブリ(부리) 방언■사배기·마르미·부리

■ 방어 – 부시리보다 학습능력 뛰어나

부시리와 함께 전갱이과의 대표 어종이다. 적수온은 15~18℃로서 부시리보다 약간 낮은 수온을 좋아하여 좀더 북쪽에 서식한다. 일본에서는 치어부터 성어에 이르기까지 크기별로 부르는 명칭이 달라 '출세어'(出世魚)라고 불리기도 한다. 큰 무리를 지어 회유하며, 조금 탁한 물에서도 활발히 먹이활동을 하는 것으로 알려져 있다. 치어는 표층성이지만 성장함에 따라 중층 이하로 내려간다. 부시리처럼 초대형으로까지 성장하지는 않는다.

학습능력(조건반사)이 부시리보다 좋아서 갯바위나 선상에서 밑밥을 활용한 미끼낚시와 루어낚시가 함께 이루어질 경우, 루어에는 거의 반응을 하지 않는다. 겨울철을 제외하고는 맛이 떨어져 일반인들에게는 별로 인기 없는 어종이지만 낚시인에게는 언제나 인기가 높다.

■ 잿방어 – 고수온 좋아하는 남방계 어종

잿방어도 역시 전갱이과의 어류이다. 부시리 · 방어와 근사한 어종이지만 구분하기가 어렵지는 않다. 특히 치어 때에는 양 눈을 가로지르는 줄무늬가 뚜렷해 쉽게 구별할 수 있다. 성어도 몸체가 다른 두 종에 비해 좀더 두툼하다. 역시 회유성이지만 큰 무리를 짓지는 않고 부시리보다 더 따뜻한 수온을 좋아하는 남방계열로서, 우리나라 근해에는 소형급만이 회유한다. 그러나 방어류 중에서는 가장 크게

3

방어 · 부시리보다 고수온을 좋아하는 잿방어. 남방계 어종이다.

표준명■잿방어 학명■ *Seriola dumerili* 영명■Amber jack 일명■カンパチ(칸파치) 방언■배기 · 납작방어

성장하는 어종으로 최대 2m 이상에 달하는 것으로 알려져 있다. 체중 2kg 이상의 성어가 되면 주로 바닥에서 1~5m층을 회유하는데, 호기심이 무척 강한 어종으로 루어에 쉽게 반응한다.

2 부시리 · 방어 · 잿방어는 어떻게 다른가?

부시리와 잿방어 가운데 우리나라 근해에는 서식하지 않는 몇 가지 아종(亞種)이 외국 해역에는 존재하는데, 근년 우리나라 해수온의 상승과 난류의 북상 추세로 보아 언젠가 이들 아종 가운데 일부는 우리나라 제주 남쪽 해역에도 나타날 가

〈그림100〉부시리, 방어 구별법

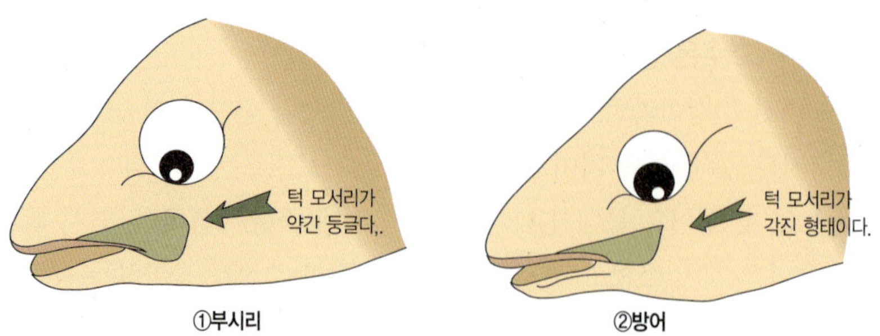

능성이 있으므로 〈표15〉를 통해 간략히 소개해 본다.

또한 부시리와 방어는 동일한 장소에서 낚이는 경우도 있고, 겉모습이 매우 유사해 쉽게 구분하기가 어렵다. 하지만 두 어종을 구분하는 방법 중 가장 간편한 방법은 위턱의 후단부를 보면 알기 쉽다. 후단부 모서리가 약간 둥글면 부시리, 각이 져 있으면 방어이다(〈그림100〉 참조).

3 부시리 · 방어 · 잿방어 루어낚시 형태

이들 세 가지 어종은 미끼낚시보다는 루어낚시로 임한다는 것이 공통점이다. 루어낚시 방법으로는 갯바위에서 루어를 캐스팅하거나, 배를 타고 지깅을 하는 두 가지 방법으로 대별할 수 있는데, 상황에 따라 배 위에서 지깅이 아닌 루어를 캐스팅하는 경우도 있다.

먼저 갯바위에서의 루어 캐스팅은 대상어가 갯바위 가까이로 회유해 들어오는 경우, 루어를 원투하여 낚는 방법이다. 주로 원도권의 갯바위가 주무대가 된다.

두 번째로 지깅은 배를 타고 한바다로 나가 암초 주변 등지에서 각 대상어의 회

〈표15〉부시리 · 잿방어 종류 비교표

명 칭	부시리	킹피시	캘리포니아 옐로우테일
학 명	*Seriola lalandi aureovittata*	*Seriola lalandi lalandi*	*Seriola lalandi dorsalisi*
영 명 일 명	Yellowtail-Asian 히라마사	Yellowtail-Southern 미나미 히라마사	Yellowtail-California (-)
분 포	한반도 남부, 일본 동북이남 온대역	뉴질랜드, 호주	멕시코 연안
명 칭	**잿방어**	**긴지느러미 잿방어**	**삼손피시**
학 명	*Seriola dumerilii*	*Seriola rivolianai*	*Seriola hippos*
영 명 일 명	Amber jack 칸빠치	Almaco jack 히레나가 칸빠치	Samson Fish 미나미 칸빠치
분 포	동부 태평양을 제외한 온 · 열대 전 해역	전세계 온, 열대 해역으로 잿방어보다 남방 계열임	호주 남서부

부시리 낚싯대. – 갯바위 캐스팅용(왼쪽), 지깅용(오른쪽).

유로를 찾고, 대상어가 머무는 수심층까지 지그를 내린 후 다양한 지깅 동작으로 낚아내는 방법이다.

이 밖에 배 위에서 루어를 캐스팅하는 경우는 갯바위에서와 같이 낚싯배 가까운 거리의 해면에 이들 대상어들이 먹이를 쫓는 징후가 포착되었을 때 시도되는 낚시 방법이다.

4 낚시 기본 장비 및 소도구

■ 낚싯대(Rod) 선택 기준

①갯바위 루어 캐스팅용 – 갯바위에서 사용하는 낚싯대는 10~13피트 길이에 루어 무게 100g 정도까지를 원투할 수 있는 허리힘이 강한 스피닝 대가 적합하다. 길이가 짧으면 원투가 불리할 뿐만 아니라, 고기를 낚아 올릴 때 낚싯줄이 가까운 여나 갯바위에 쓸려 끊어질 우려가 크다. 그러나 낚싯대가 긴 만큼이나 무거우므로 균형이 맞지 않으면 쉽게 피로해 진다. 릴을 장착하고 들었을 때 그립 끝이 팔꿈치에서 10cm 정도 더 나오는 것이 낚싯대의 무게를 덜 느끼게 하고 원투하기에도 편리하다. 농어 갯바위 낚싯대 중 가장 강한 모델이나 부시리 전용 낚싯대를 선택하면 된다.

②지깅용 – 지깅 전용으로 설계되고 제작된 낚싯대를 사용한다. 깊은 수심 아래의 지그를 쉴 새 없이 움직여 주어야 하므로, 지그에 힘을 제대로 전달할 수 있는 손잡이 구조를 갖고 있어

야 한다. 따라서 강한 낚싯대가 필요하지만, 그렇다고 휨새가 뻣뻣한 막대기 같아서는 안 되고, 초리 부분이 부드러우면서도 허리는 반발력이 있어야 하며, 손잡이 쪽으로 내려오면 강한 부하에 견딜 수 있는 강도가 따라주어야 한다. 이 외에도 강력한 부하량에 걸맞도록 가이드가 강력하고 단단히 부착되어 있어야 한다.

5~6피트짜리 지깅 전용 대를 선택하되, 주 대상어의 크기와 사용할 지그의 무게가 감안되어야 한다. 또한 사용할 릴이 스피닝 릴이냐 양축 릴이냐에 따라서도 차이가 생긴다. 예를 들어 대상어의 크기가 평균 1~3kg 정도라면 사용 지그 무게가 최대 130g 정도인 낚싯대를, 그리고 5~10kg이라면 사용 지그 무게가 최대 250g 정도인 낚싯대를 선택하면 된다. 그러나 공략 수심에 따라 더 무거운 지그가 필요한 경우도 많으므로 초보자의 경우는 낚싯대의 선택에 있어 전문가의 조언을 구하는 편이 좋다.

■ 릴(Reel) 선택 기준

①갯바위 루어 캐스팅용 – 갯바위라는 거친 환경에서 계속 낚싯대를 양손에 든 채 캐스팅을 반복하게 되므로 균형이 잡히는 무게와 외부 충격에 대한 내구성이 좋은 릴이 필요하다. 구체적으로 말해 4~5호 줄이 200m 정도 감기는 고성능의 중형 스피닝 릴이 적합하다.

②지깅용 – 지깅에서 릴의 선택은 스피닝 릴과 양축 릴로 크게 양분된다. 그러나 무엇보다 우선시되어야 할 사항은 견고함과 드랙 성능이다. 지깅에 사용되는 원줄은 PE 줄이 거의 원칙인데, 신축성이 있는 나일론 줄과 달리 전혀 충격 흡수가 되지 않아 릴에 상당한 무리가 따른다. 이를 충분히 견뎌내도록 메인 샤프트 및 내부의 각종 기어, 몸체, 역전방지 스토퍼, 핸들, 라인 롤러 등 모든 부품이 튼튼해야 한다. 그러나 무겁고 둔해서는 안 되며, 필요할 때 기능이 적절히 발휘되는 고급 고성능 릴이

부시리낚시에 사용되는 견고한 고성능 스피닝 릴(좌)과 지깅용 양축 릴(우).

3

어야 한다. 또한 깊은 수심에서 낚시를 하는 관계로 권사량(捲絲量)이 많은 것이어야 한다.

스피닝 릴은 사용하는 낚싯대에 맞춰 중소형에서 대형까지 용도에 맞도록 선택하고, 양축 릴은 일반적인 베이트캐스팅 릴보다는 지깅용으로 만들어진 전용 제품을 사용하는 것이 바람직하다. 소형~중형급 지깅이라면 PE 3~4호가 200~300m 이상 감기는 중형 크기, 대형급 지깅에는 PE 5~6호가 200~300m 이상 감기는 중대형 크기가 적당하다.

■ 낚싯줄(Line) 사용 기준

①**원줄** - 갯바위낚시에는 나일론 4~6호 또는 PE 3~4호를 사용한다. 나일론 줄은 줄엉킴이 적지만 굵을수록 원투에 불리하고 감도가 떨어지는 단점이 있다. PE를 사용하면 이 같은 단점을 해소할 수는 있지만 긴 낚싯대를 사용하는 만큼 낚싯줄에 트러블이 발생하기 쉽다.

그렇지만 지깅에는 PE 줄을 사용하지 않을 수 없다. 깊은 수심으로 지그를 내려 움직임을 줄 때 나일론 줄의 경우는 신축성으로 인해 작동이 바르게 되지 않는 데다, 입질 감지도 민감하지 못한 까닭에 PE 줄을 필연적으로 사용하게 되는 것이다.

PE 줄은 합사(合絲)로서 4합과 8합사가 대부분이다. 표면에 왁스를 바르거나 열처리를 하는 등의 후처리 가공으로 표면이 더욱 매끄럽고, 줄 자체에 힘이 생겨 약간 빳빳한 느낌을 주는 등, 그간 PE 낚싯줄의 단점으로 지적돼 온 '너무 부드러운' 특성을 개선하는 형태도 개발되고 있다. 연근해의 소형급에는 PE 2~3호, 중형급에는 4~5호, 대형급에는 6호 정도를 선택의 기준으로 삼는다.

②**쇼크 리더** - 나일론이나 플로로 카본을 선택하되, 대상어의 크기와 바닥 지형을 고려하여 50~100파운드를 사용한다. 길이는 낚시에 불편하지 않을 정도로 정한다. 즉, 루어를 문 물고기가 가까이 끌려나왔을 때, 원줄이 릴에 모두 감긴 상태에서 굵은 쇼크 리더가 릴에 한 두 바퀴 정도 감긴 상태가 되면 안심하고 뜰채를 댄다거나 그냥 고기를 들어올릴 수도 있다.

그러나 갯바위낚시에서는 캐스팅에 문제가 생기지 않는 범위 내의 길이가 이상적이다. 사용하는 낚싯대 길이와 캐스팅 시에 루어를 늘어뜨리는 길이를 감안해야 하는데, 캐스팅 시에 원줄과 쇼크 리더와의 매듭이 스풀에 한 바퀴 정도 감겨 있으면 된다.

지깅에서는 릴 스풀의 여유 공간, 물밑 바닥 상태 등을 고려하여 더 길게 사용해도 무방한데, 7~10m 정도까지도 사용한다.

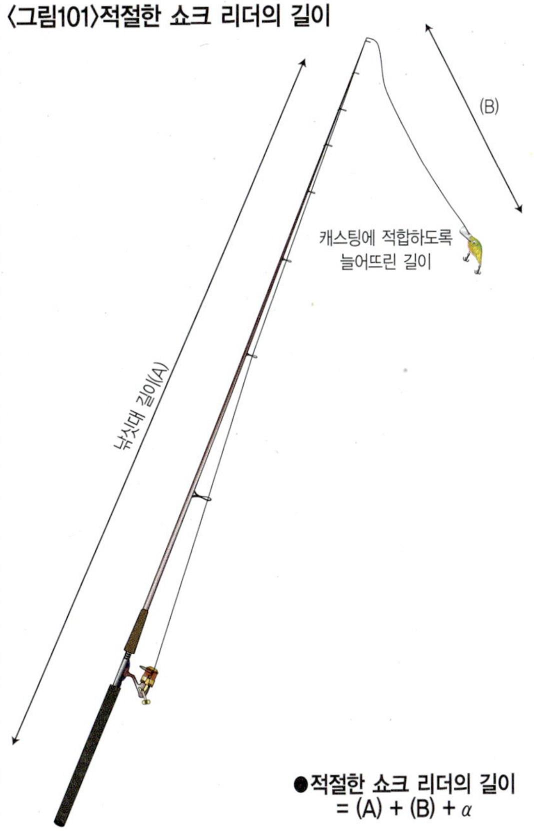

〈그림101〉적절한 쇼크 리더의 길이

■ 기타 필요한 소도구

①예비 스풀 – PE 줄은 사용에 익숙하지 않거나 강풍 상황에서 줄이 엉키는 일이 자주 발생한다. 또한 여러 가지 이유로 줄을 잘랐을 경우, 다시 쇼크 리더를 연결해 루어를 매다는 등의 작업에 시간을 허비하게 된다. 특히 지깅의 경우에 멀미에 약한 사람은 흔들리는 배 위에서 라인 시스템을 만드는 일은 고역에 가깝다. 이런 경우를 대비해 미리 라인 시스템을 갖추고 쇼크 리더까지 부착해 놓은 예비 스풀을 2개 정도 준비해 놓으면 유용하게 사용할 수 있다. 예비 릴을 준비해 두고 릴 전체를 교환하는 방법도 있지만 아무래도 릴의 스풀만을 교환하는 것이 간편하다.

②스냅도래 – 쇼크 리더에 루어를 직결하는 방법보다는 회전이 좋고 강도가 높은 스냅도래를 사용하면 루어 교환이 간편해 진다. 도래의 크기는 루어의 동작에 방해가 되지 않는 크기를 사용해야 한다. 스냅이 부착되어 있는 형태 외에 일반 도래에 적당한 크기의 스플릿 링을 연결하여 사용해도 좋다.

③스플릿 링 및 솔리드 링 – 스플릿 링의 용도는 루어와 바늘을 연결하는 소형 크기가 대부분이지만, 쇼크 리더와 루어를 연결하는 도래에 부착시켜 사용하기도 한다. 솔리드 링은 스플릿 링과 유사하지만 강철사를 구부려 만든 스프링과 같은 형상이 아니라, 완전히 하나의 금속 링이다. 어시스트 훅을 지그에 부착할 때 사용된다.

3

미리 라인시스템을 만들어놓은 예비 스풀을 몇 개 준비해 두는 것이 편리하며, 강력한 스플릿 링과 솔리드 링도 넉넉히 준비해 두는 것이 좋다.

5 루어(Lure)는 어떤 종류를 준비해야 하나?

■ 갯바위 캐스팅용 루어

①플러그(Plug) – 갯바위 캐스팅에서 가장 자주 사용되는데, 먹잇감과 가장 유사한 형태는 미노우이다. 크기는 낚시 현장의 대상어가 취하고 있는 먹잇감 크기와 실루엣을 고려해야 하는데, 일반적으로 크기 7~15cm, 무게 10~30g짜리가 두루 사용된다.

적정한 수심층에 따라 플로팅 타입과 싱킹 타입이 사용되기도 하는데, 크기가 작은 플로팅 미노우를 사용할 경우는 무게가 가벼워 캐스팅이 포인트까지 다다르지 못하는 수가 생긴다. 원투가 필요하거나 대상어의 회유층이 낮을 경우에는 무거운 바이브레이션이 효과적이다.

②캐스팅용 지그 – 원투를 한 후 종(縱 · 세로) 방향이 아닌 횡(橫 · 가로) 방향으로 사용하는 데에 적합한 지그이다. 크기에 비해 무거우므로 플러그가 도달하지 못하는 거리까지 쉽게 원투 할 수 있다. 지깅용 지그와 동일한 형상도 있고, 좌우 비대칭이거나 구부러져 있어 수류 저항을 불규칙하게 받도록 되어 있는 형태도

있다. 30~100g 정도의 전용 지그나 일반 지그를 활용한다.

■ 지깅용 지그 종류

지깅에 사용하는 다양한 형태의 메탈 지그를 말한다. 대부분은 납을 이용하고, 내부에 강철사가 관통하여 고리를 만들고 있는 형태이다. 이 외에 몸체가 스테인리스나 알루미늄으로 만들어진 제품도 있다. 아래쪽에 트레블 훅을 부착하여 사용하기도 하고, 쇼크 리더를 매는 위쪽 고리에 스플릿 링과 솔리드 링을 이용해 어시스트 훅을 달아 사용하기도 한다.

트레블 훅은 지그의 크기에 따라 사용하는데, 150g 정도의 크기에 3/0이 알맞다. 어시스트 훅도 지그의 크기와 대상어의 크기에 맞춰 사용하는데, 18~24호나 3/0~7/0이 주류를 이룬다. 일반적으로 두 개의 바늘을 단차를 두어 매달지만, 큰 바늘의 경우는 한 개만 사용한다.

중량은 대상어와 수심에 의해 결정되는데, 일반적으로 근해에서는 100~300g 정도, 매우 깊은 수심에서는 500g 정도의 큰 크기도 사용한다.

지그의 형태는 제품에 따라 수중에서 독특한 기능을 발휘하도록 고유한 형태를 갖고 있다. 대상어의 식성, 지역 특색, 시기 등에 따라 선택하게 되는데, 그 형태에 따라 사용하는 기법도 달라야 한다.

①**저중심 지그** - 수중으로 빨리 가라앉도록 만든 지그이다. 가라앉을 때 큰 저항 없이 일직선으로 내려가는 가장 기본적인 형태이다. 수심이 매우 깊은 장소, 다른 사람들보다 빨리 지그를 내려 보내고 싶을 때, 그리고 조류가 매우 강할 때에 효과적이다.

②**센터 밸런스 지그** - 무게 중심이 지그의 가운데에 있는 지그이다. 저크 동작 직후 옆으로 기울어 흔들리면서 가라앉는다. 폴링만으로도 저절로 움직이고 가벼운 저크로도 기민하게 움직이게 할 수 있다. 일정한 수심층대에서 세밀하게 움직임을 부여하고자 할 때 효과적이다. 무게 중심이 완전 중심이 아니고 크기에 따라 기능을 향상시키기 위한 목적으로 한쪽으로 약간 치우쳐 4 : 6정도의 위치에 무게 중심이 설정되어 있는 지그도 있다.

③**앞중심 지그** - 가라앉을 때 머리 쪽부터 가라앉는 지그이다. 약간의 조작으로 좌우 옆방향으로 움직이기 쉬운 형태지만 바늘과 줄이 엉키기도 쉽다. 대형 지그

3

부시리낚시에 자주 활용되는 플러그와 지그 종류.

에는 많지 않은 형태로서 머리쪽으로 물의 저항을 받으므로 단순한 릴링으로도 움직인다.

④**롱 지그** – 센터 밸런스 지그의 변형으로, 일반적인 지그와 달리 폭에 비해 길이가 긴 형태의 지그를 롱 지그라고 부른다. 1998년에 처음으로 등장했는데 외형은 꽁치나 갈치의 치어를 모방하였지만, 지그를 좌우로 슬라이드시키는 새로운 동작이 여기에서 비롯되었다.

6 채비 및 루어(Lure) 운용 테크닉

■ 채비 구성 요령

〈그림102〉를 기준으로 구성하되, 라인 시스템을 만들고 쇼크 리더를 연결한 후에 루어를 부착한다. 라인 시스템은 앞서 소개한 〈그림72〉를 참고 바란다.

■ 갯바위 캐스팅 루어 작동 요령

부시리와 같은 회유어는 움직이는 물체를 판단하는 동체시력이 발달되어 있으므로 루어를 매우 빠르게 움직여 주어야 할 필요가 있다. 그러므로 기본적으로 낚싯대를

〈그림102〉부시리낚시 채비

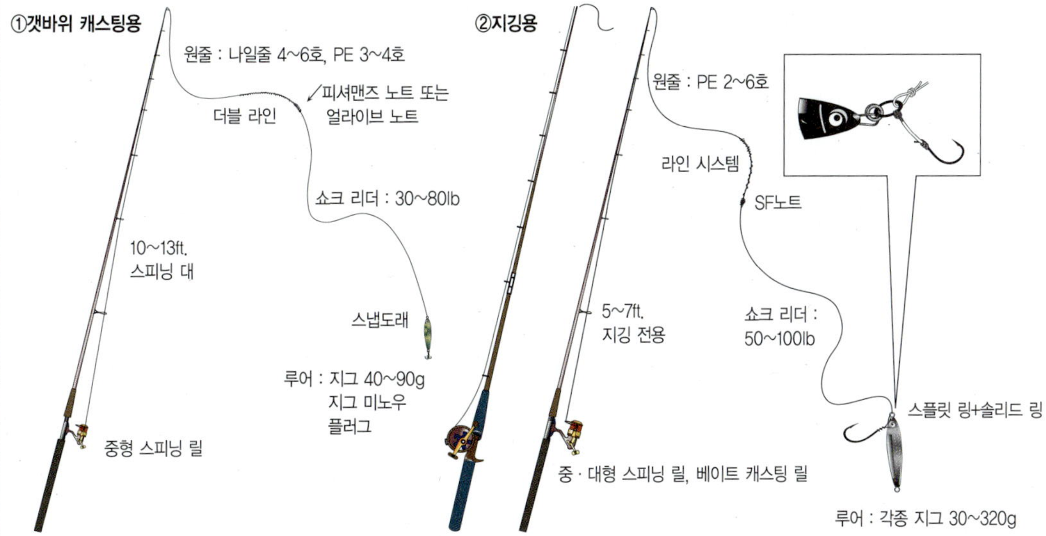

이용한 강한 저킹(Jerking)과 기민한 릴링(Reeling)이 뒷받침 되어야 한다.

①저킹(Jerking) – 미노우나 지그를 캐스팅한 후 크고 예리한 동작으로 낚싯대를 움직이며 루어에 불규칙한 동작을 부여하는 것을 말한다. 먼저 낚싯대만을 이용해 루어를 순간적으로 끌어준(저크) 후, 낚싯대를 되돌리면서 그 사이에 늘어지는 낚싯줄을 릴링으로 회수한 다음, 다시 낚싯대만을 이용해 끌어주는 동작으로 이어간다(이와 같은 동작을 연속적으로 반복한다). 그런데 실제 상황에서는 끌어주는 폭과 리듬을 고려해 불규칙하게 행하되, 루어가 움직임을 멈추는 일이 없도록 하는 것이 중요하다.

②연속 릴링 – 미노우나 지그를 캐스팅한 후 단순히 초고속으로 릴링하여 감아들이는 간단한 방법이다. 플러그를 사용할 때는 일반적으로 립이 부착된 미노우의 경우. 고속 릴링을 하면 균형을 잃고서 수면 위로 튀기 쉬우므로 립이 없는 형태이거나 고속 릴링에 적합 것을 선택해야 한다. 루어 자체의 고유 동작이 좋은 제품을 사용해야 당연히 효과가 좋다.

■ 지깅의 여러 가지 패턴

①하이피치 쇼트 저크(Hi-pitch short jerk) – PE 줄이 지깅에 사용되면서 최초

〈그림103〉지깅의 기본 패턴 5가지

①하이 피치 쇼트 저크(Hi-pitch short jerk)

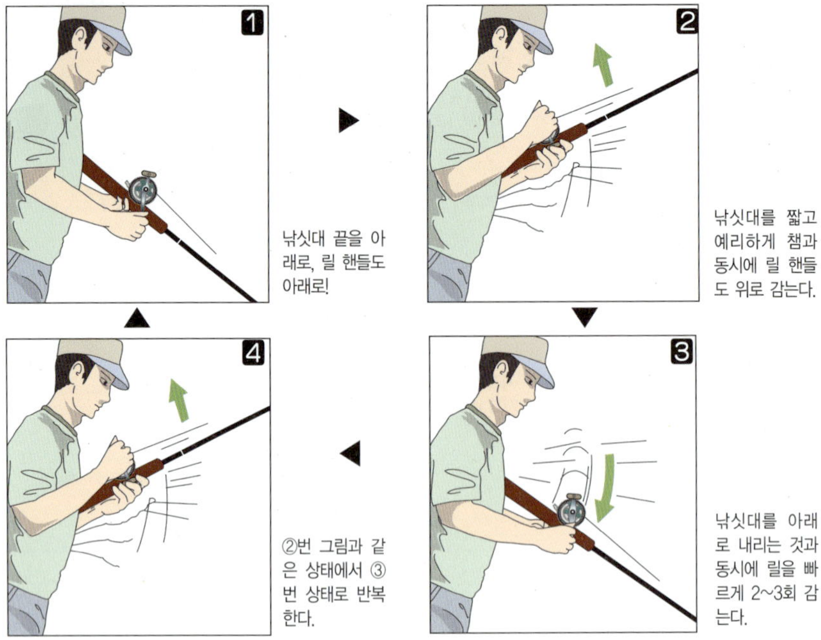

②페달 저크(Pedal jerk)

③원피치 원저크(One-pitch one-jerk)

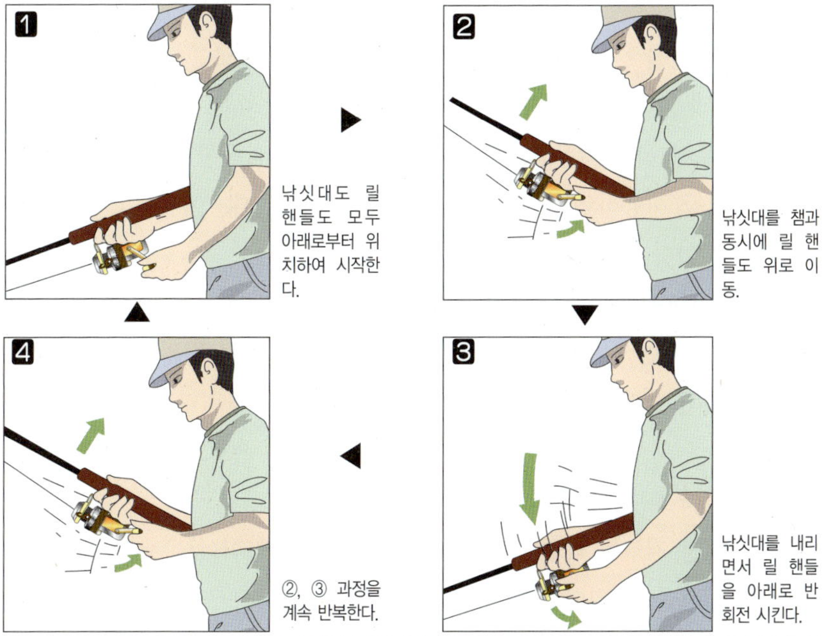

④쉐이킹 저크(Shaking jerk)

⑤베벨 저크(Bevel jerk)

3

로 등장한 형태의 지그 작동법으로, 양축 릴을 사용한 저크 방식이다. 낚싯대를 한 번 채듯 당기고선 릴의 핸들을 감는 방법의 연속 동작을 말한다. 낚싯대 1회 저크 당 릴의 핸들을 감는 횟수는 마음대로이되, 일반적으로 1~3회를 행한다. 중요한 것은 전 과정을 리듬을 타듯 매끄럽게 행하는 것이다. 주로 사용하는 지그는 저중심형으로서 폭이 작은 저크를 연속으로 행하여 사용한다. 지그의 좌우가 비대칭인 형태를 사용하면 원(圓)운동을 하며 올라오는데, 이것이 스파이럴 저크(Spiral jerk)이다.

②페달 저크 (Pedal jerk) – 낚싯대를 채는 동작과 릴을 감는 동작이 쉴 틈 없이 연속으로 이어지는 방법이다. 낚싯대가 위로 올라갈 때는 릴의 핸들을 아래로 돌리고, 낚싯대가 아래로 내려갈 때는 릴의 핸들을 위로 돌린다. 즉 양 손이 교대로 격하게 상하로 오르내리는 동작의 반복이다. 마치 두 손으로 자전거 페달을 돌리는 형태와 같다 하여 이름 붙인 저크 방법이다.

이 같은 페달 저크는 낚싯대가 전체적으로 부드럽게 휘어드는 것이라야만 동작을 편하게 시도할 수 있다. 물론 릴도 가혹하게 감아대므로 고속기어는 힘이 들어 사용하기 어렵고 저속기어가 편하다. 지그는 수류 저항이 적은 편이 사용하기 쉬운데, 센터 밸런스 타입은 단조로운 움직임이 되기 쉬우므로, 순간순간 멈춤동작을 넣으면 지그를 옆으로 슬라이드 시키기가 쉽다.

③원피치 원저크(One-pitch one-jerk) – 낚싯대를 한 번 챔질하면서 릴을 한 번 감는 동작의 연속이다. 페달 저크와는 달리 낚싯대와 릴의 핸들 방향이 연동 즉, 양손이 동시에 오르내리는 것이다. 지그의 폴링과 슬라이드 동작을 의식하여 개발된 방법으로서 저크의 폭, 저크 사이의 낚싯줄 늘어짐과 릴링 속도에 따라 다양한 변화를 줄 수 있다. 다른 방법에 비해 느린 동작이 많은 것이 특징인데, 저크와 저크의 사이가 긴(슬로우 피치) 방법일수록 센터 밸런스의 롱 지그가 적합하다.

④쉐이킹 저크(Shaking jerk) – 낚싯대를 채듯 움직이는 저크 동작이 아니라, 마치 낚싯대를 떨 듯 흔들면서 릴링하는 방법이다. 수직으로 트위칭을 넣는다는 느낌으로 행하는데, 주로 양축 릴을 사용해 낚싯대를 떨면서 핸들을 반 바퀴씩 감는 형태이다. 저중심 지그에 아래쪽 트레블 훅을 사용할 경우, 낚싯대의 탄성이 높을수록 지그의 관성으로 엉키기 쉬운 점에 주의해야 한다.

⑤베벨 저크(Bevel jerk) – 이름 그대로 지그를 사선으로 끄는 방법이다. 상대적

으로 가볍거나 가라앉는 속도가 느린 지그를 가라앉힌 후 낚싯대를 크게 저킹하고 상황에 맞춰 릴링의 정도를 정하는데, 대략 한 번 저킹에 대해 릴의 핸들 회전을 2~4회로 하는 것이 무난하다. 수직지깅과 달리 사선으로 지그가 올라오기 때문에 대상어의 유영층에 지그가 오래 머무르는 장점이 있어 중층을 유영하는 회유어를 겨냥할 때 효과적이다.

⑥콤비네이션 저크(Combination jerk) – 여러 가지 지깅 패턴을 복합적으로 사용하는 방법이다. 수심과 대상어의 유영층을 인식하고, 이에 통과하는 지그를 포식자에게 쫓기는 소형 어류처럼 보이도록 속도와 저크 폭의 변화를 조절한다.

■ 지깅의 여걸림 원인과 대책

①수심과 조류에 따른 여걸림 – 지그가 바닥에 닿기 이전에 배가 조류에 밀려 수심 얕은 장소로 흐를 경우, 저층의 조류는 바닥과의 마찰로 표층보다 느리게 흐르고 있으므로 〈그림104〉에 표현한 바와 같이 극심한 여걸림이나 해초 · 산호 등에 루어가 걸려 물고기의 입질로 착각되는 경우도 있다. 이를 극복하기 위해서는 수

〈그림104〉여걸림의 현상과 원인

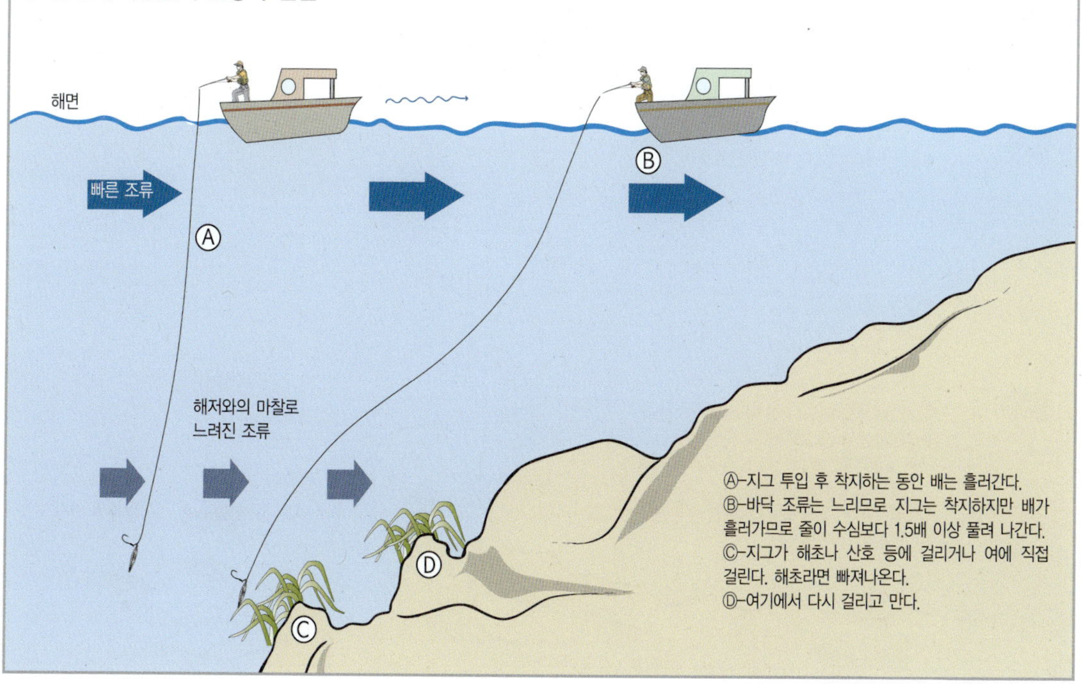

3

심과 조류 방향을 항상 파악해야 되며, 릴에서 풀려나가는 낚싯줄의 길이도 항상 확인해야 한다.

②조류와 지그의 낙하 시간차 – 일반적인 경우에 지그를 낙하 시키면 수심 약 1.5배 정도의 줄이 풀려나가면서 지그가 착지한다. 그러나 조류가 매우 강한 경우에는 아무리 지그를 무겁게 사용해도 한없이 풀려나가 버리는 경우가 있다. 배의 흐름이 조류와 동조할 경우는 어느 정도 피할 수 있지만, 바람의 영향과 낚싯줄의 굵기, 수심 등의 영향이 작용할 수도 있다. 또한 지그를 완전히 걷어 올리지 않고, 걷어 올리다가 도로 낙하시킬 경우에 이런 현상이 심한데, 이를 극복하기 위해서는 〈그림105〉와 같이 한 번 릴링하여 낚싯줄을 수직으로 만들고 다시 낙하시키는 방법이 있다. 그러나 지그가 어느 수심에 있는지를 모르는 경우도 있으므로 주의해야 한다.

〈그림105〉조류와 지그의 낙하 시간차

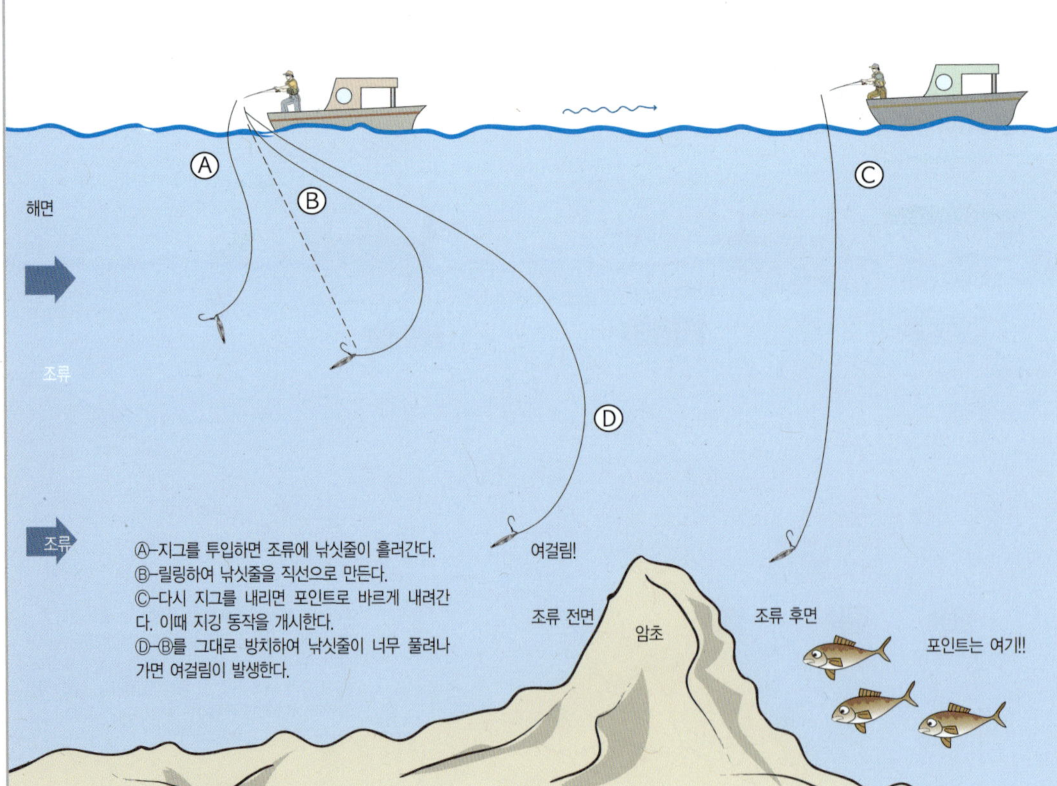

③속조류 문제 – 배가 떠 있는 표층의 조류 방향과 일정 수심 이하의 조류가 서로 방향이 다르거나 속도가 더 빨라지거나 하는 경우에는 여러 가지 문제가 발생한다. 〈그림106〉에 표현한 것처럼 지그의 낙하가 직선적이지 않거나 착지 파악이 어려워지고, 지그 동작이 힘들어지며 입질 파악도 둔해진다. 더욱이 낚싯줄 제어가 안 됨으로써 낚시인 끼리 서로 줄이 엉키는 일이 발생한다.

〈그림106〉속조류 현상과 문제점들

(1)속조류의 유형

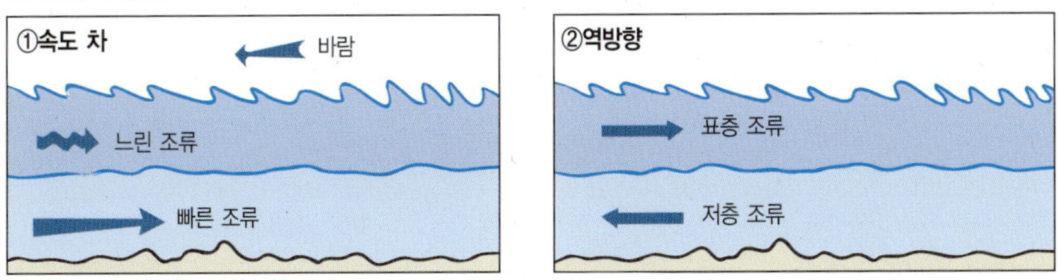

(2)속조류로 인한 피해 사례

①루어 착지 및 수심 파악 곤란

지그 낙하가 직선적이지 못하고 바닥에 잘 닿지도 않는다. 따라서 수심 파악도 어렵다.

②입질 파악 및 챔질 곤란

낚싯줄이 직선적이지 못해 지깅 동작도 어렵고 입질 파악도 힘들고 챔질도 잘 안 된다.

③서로 엉킨다

낚싯줄 관리가 어려우므로 서로 채비가 엉키기 쉽다.

루어의 색상은 광선의 각도에 따라 확실한 윤곽이 보이도록 여러 가지를 준비하면 좋다.

■ 루어의 색상 선택

바다에서는 루어 색상의 중요성이 민물보다는 덜한 편이다. 담수어 중에서는 시각에 색상을 구분하는 원추세포를 갖고 있는 종류도 있지만, 바닷고기 대부분은 색깔을 구분하지 못하는 것으로 알려져 있다. 중요한 것은 먹잇감과 가장 유사한 형태가, 얼마나 확실한 윤곽으로 눈에 잘 뜨이는가이다. 그러므로 태양광선의 각도에 따라 시인성이 좋은 것, 잘 보이는 것, 멀리서도 보이는 것 등이 중요하다.

구체적으로 맑은 날, 맑은 물에서는 빛 반사가 좋은 은색이 가장 실제 먹이와 같으므로 효과적이다. 태양이 중천에 떠 있을 때는 물속에서 위로 바라볼 때 검은색이 가장 뚜렷한 윤곽으로 보인다. 흐리거나 아침 · 저녁으로 태양의 각도가 낮을 때는 노란색이 잘 보인다. 수심이 깊어질수록 파장이 짧은 청색 계열의 빛은 물에 흡수되어 잘 보이지 않고, 파장이 긴 붉은 계열의 색이 검게 뚜렷이 보인다.

7 파이팅과 랜딩 요령

①지깅에서는 입질 후 초기 제압이 중요하다. 낚싯대의 강한 반발력을 이용하여 암초 틈으로 돌진하려는 대상어를 암초에서 가급적 떨어지도록 하는 것이 좋다.

특히 부시리의 경우는 이러한 경향이 강하므로 주의하지 않으면 쇼크 리더가 암초에 닿아 끊어지고 만다.

②갯바위에서는 입질 이후 바늘에 걸린 대상어가 차고 나갈 때 억지로 멈추려 하면 오히려 아랫방향으로 돌진할 수 있으므로 드랙을 이용해 어느 정도는 차고 나가게 하는 것이 좋다.

③이때 낚싯대는 좌우 한 방향으로만 기울여야 한다. 대상어가 점차 원운동을 하

〈그림107〉대물과의 파이팅 요령

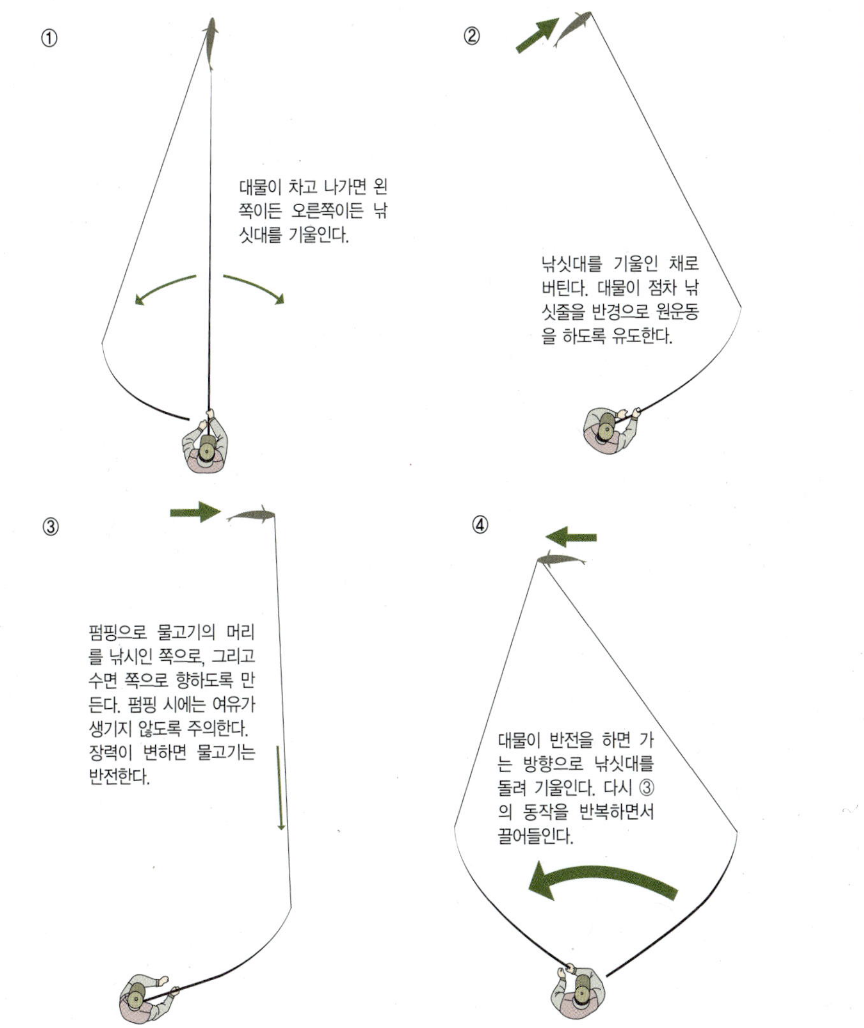

3

도록 유도해야 하는데, 낚싯대를 수평으로 뉘여 당기는 것이 좋다. 펌핑으로 당길 때는 낚싯줄의 장력에 변화가 없도록 주의해야 한다.

④대상어의 진행 방향이 점차 낚시인 쪽으로 향하도록 지속적으로 펌핑을 한다.

⑤갑작스런 반전에 주의해야 한다. 반전을 할 때는 동시에 낚싯대를 동일한 방향으로 눕히도록 한다.

⑥이를 반복하면서 점차 거리를 좁혀 간다.

8 낚시 시즌 및 포인트 판별 요령

■ 주요 지역별 시즌

부시리 · 방어 · 잿방어 시즌은 어종에 따라 다소 다르며, 특히 지역에 따라 다소 간의 차이를 보인다. 지역별로 그 시즌을 구분해 보면 다음과 같다.

①**제주도 지역** – 난류대의 영향을 항시 받는 지역이므로 1년 내내 부시리 · 방어류가 붙는 곳이다. 양대 낚시터로 각광받는 관탈도권은 매년 5월~이듬해 1월 사이에 가장 많이 붙고, 마라도권은 4~6월에 조황이 부진할 뿐, 나머지 계절은 계속 시즌이 유지된다. 우도권 역시 비슷한 양상을 보인다.

②**서해 지역** – 어청도와 외연도 주변이 주요 낚시터로서 매년 7월 중순~11월 초순까지 시즌을 형성한다. 외연도가 어청도보다 한 물때 가량 늦다는 얘기도 있으나, 시즌 초반에 어청도를 찾는 꾼이 더 많기 때문에 생겨난 선입견일 뿐 거의 같은 시즌으로 본다.

③**남해 지역** – 부산권의 경우 원도권에 속하는 외섬과 나무섬이 주요 낚시터다. 7월 중순~11월 중순 사이가 시즌이다. 여수권 원도에 속하는 거문도 · 삼부도 · 역만도는 7월 말~10월 중순, 이보다 근해권에 속하는 광도 · 평도권은 8월 초~10월 초까지 낚시가 이루어진다. 완도권 원도에 속하는 여서도권은 장마가 한창일 6월 말~10월 초, 사수도권은 이 보다 한두 물때 가량 늦은 11월 초순까지도 시즌이 이어진다. 남해서부 원도권에 속하는 가거도 · 태도 · 만재도권은 6월 중순~10월 말까지가 시즌이다.

④**동해남부 및 울릉도** – 울산~포항권의 경우 남해안보다 한 달 가량 늦은 8월

중순경에 시즌이 개막돼 11월 중순까지 호황세가 이어진다. 울릉도는 8월 초부터 입질이 시작돼 11월 말까지 부시리 입질이 지속된다.

■ 갯바위낚시 포인트

부시리와 방어는 암초 주위에 서식하는 어종이지만, 인근을 좁은 범위에서 회유하는 농어와는 달리 한바다까지 크게 회유를 하는 어류이다. 그러므로 갯바위에서 무작정 루어를 캐스팅해서는 소득을 올리기 어렵다. 부시리나 방어가 갯바위 주변으로 회유해 들어오는 것을 확인하고 적절히 루어를 캐스팅하였을 때만 만족한 조과를 얻을 수 있는 것이다.

이들이 회유해 들어오는 조건은 멸치 떼와 같은 먹잇감의 확인이 중요한데, 수면으로 튀어 오르거나 무리지어 이동하는 것을 육안으로 확인할 수도 있고, 갈매기들이 떼 지어 나는 방향으로도 짐작할 수 있다. 이들 먹이고기가 갯바위로 접근하는 것은 분명 육식성 어종에게 쫓기고 있는 상황이므로 갯바위에서 조과를 올릴 가장 좋은 기회가 된다.

이때의 루어는 이들 먹잇감과 유사한 것을 선택, 먹이고기 떼의 진행 방향을 고려해 캐스팅하되, 무리 가운데로 던지기 보다는 옆쪽으로 던져 넣어 무리에서 이탈하는 먹잇감으로 보이도록 연출하는 것이 효과적이다.

■ 선상 지깅 포인트

부시리나 방어는 회유어이면서도 수면 바로 아래에서 바닥층에 이르기까지 폭넓은 행동영역을 갖는다. 그만큼 바다 전역이 포인트가 될 수 있다. 그러나 한바다에서 포인트가 되는 여건은 한 마디로 말하기 어려운 복합적인 요소가 작용한다. 조류와 수온 · 물색 · 수중지형 · 수중여 등이 모두 변수로 작용하는데, 이상적인 조건이 충족되었다 하더라도 대상어의 먹잇감이 되는 작은 물고기 무리들이 존재하느냐 안 하느냐에 따라 포인트가 되기도 하고 되지 않기도 한다. 물론 먹잇감이 풍부하더라도 무엇인가 악조건이 존재하여 회유어들이 사냥을 개시하지 않는다면 또한 낚시가 되지 않는다.

이상적인 여건은 플랑크톤이 서식하기 좋은 여건인 곳, 이를 포식하는 작은 물고기 무리가 모인 곳을 말하는데, 또한 이를 포식하는 부시리 · 방어 · 잿방어와

〈그림108〉어군탐지기 영상 판독법

: 베이트 반응 : 대상어 반응

베이트가 흩어져 있고 대상어도 분산된 형상.

베이트 반응이 옆으로 긴 형상. 조류가 멈추었을때 자주 보이는 활성도가 낮은 경우.

베이트 반응이 아래위로 긴 형상. 비교적 고활성 상태.

같은 회유어들이 모여들어 활발히 먹이사냥을 하고 있는 상황이라면 그야말로 최상의 여건이다.

이 같은 현상은 수면에서도 발생할 수 있고, 깊은 수심에서 발생할 수도 있다. 전자의 경우는 그곳으로 루어를 캐스팅하는 것이 가장 좋은 방법이고, 후자의 경우는 정확한 수심을 읽어 그곳으로 루어를 빠르게 내려 보내야 한다.

그러므로 가장 먼저 필요한 것은 멸치와 같은 소형 물고기 무리를 찾아내는 일이다. 여기에는 경험 풍부한 선장의 안목이나 어군탐지기가 필요한데, 먹잇감이 모일 만한 곳을 찾아가 어군탐지기로 먹잇감 무리와 이를 포식하는 대상어의 반응을 확인하는 것이다. 어군탐지기에 나타나는 반응으로 수중 상황을 짐작하고 이에 맞추어 지그를 운용하게 되는데, 〈그림108〉에서 보는 것처럼 먹잇감 무리가 적게 흩어져 있는 것으로 나타나면 낚시 대상어들도 흩어져 있는 상황이다. 반응이 수평으로 길게 나타나는 현상은 조류가 멈추었을 경우에 나타나는 것으로, 정확한 수심층 공략이 아니면 조과를 얻기 힘든 상황이다. 그리고 수직으로 길게 나타나는 반응은 먹잇감 및 대상어 모두 활성도가 좋은 상태로 봐도 좋다.

선장이나 경험 많은 낚시인이 이러한 다양한 반응을 읽게 되면 '어느 수심에 어느 만큼의 먹잇감이 존재하므로 어떻게 공략하라' 는 지시를 동료들에게 내려주어야 좋은 결과를 얻을 수 있다. 기본적으로는 깊은 수심에서 얕은 수심 쪽으로 즉, 여가 솟아있는 방향으로 배를 흘려가는 것이 좋은데, 선장과 고참 낚시인은 지속적으로 이 같은 수심 변화를 주변 낚시인들에게 알려주어야 한다.

지역적인 차이는 있지만 봄철 산란기를 맞이하는 시기에는 큰 무리를 지은 부시리 · 방어들이 수중여를 따라 사면(斜面)의 중층부터 상층에서 주로 입질을 하고, 가을철에는 여에 바짝 붙어있어 깊은 곳에서 입질하는 경우가 많다.

부시리 · 방어 · 잿방어 루어낚시 핵심 체크 리스트

1. 갯바위에서 지그를 캐스팅 할 때(Shore jigging)의 낚싯대는 길고 무거운 만큼 균형이 잘 맞아야 피로가 덜하다. 릴을 장착하고 들었을 때 손잡이 끝이 팔꿈치에서 10cm 정도 더 나오는 것이 낚싯대의 무게를 덜 느끼고 원투 하기에도 용이하다.

2. 선상 지깅용 낚싯대는 전용으로 설계된 낚싯대를 사용한다.

3. 릴은 스풀 직경이 큰 것일수록 더욱 빠른 루어 조작이 가능하므로 유리하다.

4. 선상 지깅에서의 원줄은 PE 줄을 사용한다.

5. 쇼크 리더의 길이는 갯바위에서는 캐스팅을 고려하여 결정하고, 선상 지깅에서는 릴 스풀의 여유 공간과 물속 바닥 상태 등을 고려하여 더 길게 사용한다.

6. 낚싯줄에 트러블이 생길 경우를 대비해 미리 라인 시스템을 갖춘 예비 스풀을 준비해 두면 편리하다.

7. 회유어는 대부분이 색깔을 구분하지 못하는 색맹이므로 루어 선택에서 중요한 것은 먹잇감과 가장 유사한 형태가 얼마나 확실한 윤곽으로 눈에 잘 뜨이는가이다.

8. 대물을 노리는 경우에는 기본적인 낚시장비 외에도 로드벨트 · 전용장갑 · 플라이어 등 부수적인 도구를 모두 준비해야 편리하다.

9. 부시리 · 방어와 같은 회유어는 움직이는 물체를 판단하는 동체시력이 발달되어 있으므로 루어를 매우 빠르게 움직여 주어야 좋은 조과를 올릴 수 있다.

10. 갯바위낚시에서는 육안으로 확인할 수 있는 멸치 떼의 움직임이나, 갈매기의 이동 방향 등으로 대상어의 접근을 짐작할 수 있다.

11. 선상 지깅낚시는 여러 가지 지깅 동작을 숙달하여 상황에 맞게 적절히 혼용할 수 있도록 하는 것이 중요하다.

12. 선상 지깅 시 인원이 많은 경우에는 전원이 동일한 무게와 같은 형태의 지그를 사용하여 서로의 줄엉킴을 방지해야 한다.

13. 갯바위에서는 너무 강한 제압보다는 적절한 드랙 사용이 중요하고, 선상 지깅에서는 챔질 이후 초기 제압이 중요하다.

14. 배를 이용하는 모든 경우에는 선장의 의견을 존중하여야 한다.

15. 안전장비 및 구명동의 착용은 필수사항이다.

3

삼치낚시

학명■*Scomberomorus niphonius* 영명■Spotted mackerel, Japanise spanish mackerel
일명■サワラ(사와라) 방언■마어(서해) · 망어(동해) · 망에(통영) · 고시(전남)

1 삼치는 어떤 물고기인가?

고등어과의 어류인 삼치는 우리나라 근해에 몇 가지 종류가 서식한다. 몸체는 날렵하게 생겼고 날카로운 이빨을 갖고 있는 것이 특징이며, 또한 식탁에 자주 오르는 맛 좋은 어류이기도 하다.

삼치 종류는 일반적인 삼치 외, 동갈삼치(Spanish mackerel) 및 꼬치삼치(꾀저립 · Wahoo) · 재방어(저립 · Chinese mackerel, Chinese seerfish) 등이 있다.

■ 삼치 – 원래는 두 종류

우리가 알고 있는 삼치는 한 종류인 것 같지만 엄밀히 구분해 학명이 *Comberomorus niphonius*인 삼치와 *Scomberomorus koreanus*인 평삼치 두 종류가 있다. 전자는 우리가 흔히 부르는 일반적인 삼치이고, 후자는 등이 좀더 높은 체형을 띠고 있으나 우리나라에서는 특별히 구분하지 않고 두 종류 모두 '삼치' 라고 부르고 있다. 날카로운 이빨을 가진 삼치는 우리나라 전역에 고루 분포하는데, 봄~여름에 무리를 지어 연안 가까이 오고, 가을~겨울에는 외양을 회유하는데, 거문도 근해에서는 연중 머문다. 최대 1m 정도까지 성장하며 적수온은 10~24℃이다. 어획량이 높은 우리나라의 중요 수산자원이다.

■ 동갈삼치 – 줄무늬가 특징

학명이 *Scomberomorus commerson*인 동갈삼치는 몸통에 줄무늬가 있는 것이 특징이다. 우리나라에는 남해안에 나타난다. 최대 2m 정도까지 성장하며 주로 서태평양과 인도양의 따뜻한 온대, 열대 해역에 서식한다.

■ 꼬치삼치(꾀저립) – 라이트 트롤링 최적 어종

학명이 *Acanthocybium solandri*인 꾀저립(표준명은 꼬치삼치)은 외양성을 갖고 있으며, 수온이 높은 시기에 제주도 근해에 나타난다. 날카로운 이빨을 갖고 있지만 다른 삼치 종류와는 달리 아가미 속에 날카로운 새파(鰓耙)가 없어 아가미 속으로 손을 넣어 붙잡을 수 있다. 2m 이상으로 성장하며 전 세계의 온대, 열대 따뜻한 해역에 서식한다.

■ 재방어(저립) – 우리나라 최대형급 낚시 어종

학명이 *Scomberomorus sinensis*인 재방어는 삼치류 중에서 최대로 성장하는 종류이다. 1980년대 초반, 몇몇 전문 낚시인들 사이에 추자도 해역에서의 트롤링이 유행했지만, 이후에 어획된 보고는 없다. 당시에 잡힌 2m 48cm짜리 재방어가 I.G.F.A의 세계 기록어로 등재되면서 개이빨다랑어(Dogtooth tuna)로 잘못 기재되기도 했는데, 사실은 다랑어와 삼치는 전혀 다른 어종이므로, 차라리 우리나라 남해안 도서 지역(제주도 · 추자도 · 거문도 등지)의 현지민들이 부르는 이름 그대로 '저립' 으로 표준명을 바꾸는 것이 합당하다고 본다. 2m 이상으로 성장하며 우리나라 남해안에서부터 대만, 동남아시아에 걸쳐 서식하는 것으로 알려져 있다.

〈표16〉삼치 종류의 비교표

삼 치 방언■마어 · 망어 · 망에 · 고시	**동갈삼치**

학명■*Scomberomorus niphonius* 일명■サワラ(사와라) 영명■Spotted mackerel, Japanise Spanish mackerel	학명■*Scomberomorus commerson* 영명■ Spanish mackerel 일명■ヨコシマサワラ(요꼬시마 사와라)
꼬치삼치 방언■꾀저립	**재방어** 방언■저립 · 제립

학명■*Acanthocybium solandri* 영명■Wahoo 일명■カマスサワラ(카마스 사와라)	학명■*Scomberomorus sinensis* 일명■ウシサワラ(우시 사와라) 영명■ Chinese mackerel, Chinese seerfish

2 삼치 루어낚시는 어떤 형태로 이루어지나?

■ 낚시 방법 – 트롤링과 보트 캐스팅 주효

다랑어와 마찬가지로 고속으로 회유하는 삼치는 이석(耳石)이 발달되어 있지 않은 관계로 포식의 90% 이상을 시각에 의존하는 것으로 알려져 있다. 또한 삼치는 다랑어보다 동체시력이 더 발달되어 있어서 가능한 한 루어를 고속으로 움직여야만 입질을 받을 수 있다. 참고로 그 속도는 8~10노트(약15~18.5km/h)가 적합한데, 이 같은 속도는 일반적인 플러그로는 불가능하므로 트롤링에 주로 의존하게 된다. 우리나라 재래식 '끌낚시'에서도 알 수 있듯, 삼치의 어로법이 트롤링 형태로 발달되어 있는 것도 여기에 기인한다.

일반적으로 삼치 루어낚시는 다랑어의 보트 캐스팅이나 부시리 · 방어의 지깅과 동일한 낚시방법이 가능하며, 소형 삼치 무리가 항구 및 갯바위로 접근하는 시기에는 갯바위 캐스팅은 물론, 가벼운 장비를 이용한 연안 루어낚시도 가능하다.

갑자기 몰려든 삼치 떼로 신바람이 난 꾼들. 가을철이 되면 연근해 갯바위에서 간혹 이 같은 호기를 맞는 경우도 있다.

이 외에 제주도 근해의 재방어나 꾀저립을 노리는 빅게임 트롤링도 도전할 가치가 높다.

■ 삼치 루어낚시 현황

어부들이 끌낚시로 잡아 온 가을철 남해안의 삼치는 트롤링 형태로 본격 도전해 볼 필요가 있으나 아직 이루어지지 않고 있는 상황이다. 조류 소통이 원활한 갯바위에서는 지역적으로 루어 캐스팅을 즐기고 있고, 부시리를 노리는 선상 지깅의 손님고기로 곧잘 낚이고 있다. 또한 서해안의 여러 포구에서는 여름부터 가을에 걸쳐 소형 삼치를 노리는 연안 루어낚시가 성행되기도 한다.

이 외에 제주 근해에 꾀저립이 출현할 때는 라이트 트롤링이나 보트 캐스팅이 가능한데도 그다지 시도하는 낚시인들이 없다. 또한 과거 1980년대 초~중반에 걸쳐 극소수의 동호인들이 즐기던 빅게임 트롤링은 그 인기가 시든 후 관심 밖으로 사라지고 말았다. 빅게임 트롤링은 PartⅣ '해외 원정낚시' 편을 참고 바란다.

3

3 삼치 루어낚시 기본 장비

■ 낚싯대(Rod) 선택 기준

①선상 캐스팅 및 지깅용 – PartⅢ 제2장의 '바다 루어 낚싯대의 종류와 특성' 편을 참고하되, 삼치는 부시리 지깅의 손님고기로 자주 낚이기도 하므로, 부시리 및 다랑어낚시를 기준으로 선택하면 된다. 선상 캐스팅으로 삼치를 노릴 때는 6~7피트 정도로, 지깅 전용대보다는 약간 긴 편이 사용하기에 유리하다.

②갯바위 루어 캐스팅용 – 부시리 갯바위 낚싯대와 동일하게 사용하면 된다.

③연안 루어 캐스팅용 – 내항으로 회유해 들어오는 삼치는 주로 소형급이므로 민물 쏘가리 또는 배스낚시용을 사용해도 충분한데, 7피트 정도로 약간 긴 것이 유리할 때가 많다. 또는 농어 루어 낚싯대를 사용해도 좋다.

④라이트 트롤링용 – 다랑어낚시용과 동일하면 된다.

서해안 연안 방조제의 소형 삼치낚시에 사용되는 장비 및 스푼 루어.

■ 릴(Reel) 선택 기준

①선상 캐스팅 및 지깅용 – 부시리 지깅용을 기준으로 5~6호 줄이 200m 이상 감기는 내구성이 좋은 고급제품을 사용한다.

②갯바위 루어 캐스팅용 – 부시리 갯바위낚시처럼 4~5호 줄이 200m 정도 감기는 고성능 중형 스피닝릴이 적합하다.

③연안 루어 캐스팅용 – 농어 루어낚시나 우럭 루어낚시에 사용하는 중소형 스피닝 릴이면 무난하다.

④라이트 트롤링용 – 다랑어의 경우와 동일하게 대형 스피닝

릴이나 양축 릴을 사용한다. 꾀저립을 노리는 경우에는 경량급 트롤링 릴을 사용하는 것도 좋다.

■ 낚싯줄(Line) 사용 기준

①**원줄** – 지깅이나 갯바위 캐스팅, 라이트 트롤링은 부시리낚시를 기준으로 PE 2~6호를 선택한다. 대부분 소형급이 걸려드는 연안 루어 캐스팅의 경우에는 민물 쏘가리낚시나 방파제 우럭낚시 때처럼 나일론 2~3호를 사용한다.

②**쇼크 리더** – 지깅과 갯바위 캐스팅은 부시리낚시와 동일하므로 나일론이나 플로로 카본 50~100파운드를 사용한다. 길이는 캐스팅을 할 경우는 낚싯대 길이의 2배±α, 지깅이나 라이트 트롤링은 부시리낚시를 기준으로 길게 사용한다. 소형이 주로 낚이는 연안 루어 캐스팅에서는 특별히 쇼크 리더가 필요하지 않다. 그러나 삼치는 이빨이 날카로우므로 루어 연결 부위에 와이어나 케블러 줄을 적당히 이어 보강하는 방법도 있다.

4 루어(Lure)는 어떤 종류가 사용되나?

①**메탈 지그(Metal jig)** – 크기에 비해 무거우므로 원투하기에 가장 적합하다. 멸치 모양의 소형 캐스팅용 지그가 두루 사용된다. 다시 말해 동체시력이 최고로 발달한 삼치에게는 초고속으로 움직일 수 있는 캐스팅용 지그가 가장 적합한 루어라고 할 수 있다. 무게는 대상어의 크기, 사용하는 낚싯대에 맞추되 연안이나 갯바위에서는 10~60g 정도가 적당하다. 선상 캐스팅에서는 상황에 맞도록 100g 이상의 무거운 지그도 사용할 수 있다.

②**미노우 플러그(Minnow plug)** – 지그에 비해 가벼우므로 캐스팅에 불리하고 고속으로 사용하기도 곤란하므로 주로 라이트 트롤링에 사용된다. 다랑어낚시와 동일하다.

③**스푼(Spoon)** – 주로 연안의 방파제 등 항구로 접근한 소형 삼치를 낚는 데 적합하다. 민물 쏘가리낚시 등에 사용되는 일반적인 스푼 중 고속 릴링에도 수면 위로 튀어 오르지 않는 조금 길쭉한 형태가 효과적이다. 무게는 10~20g이 적당하다.

④**지그헤드와 그럽(Jig head & Grub)** – 연안의 우럭 루어낚시 방법을 그대로 응용하는 경우에 자주 사용된다. 지그헤드의 무게는 1/16~1/4온스, 그럽은 3인치 정도가 기준이다. 외바늘이므로 바늘에 잘 걸리지 않는다거나, 그럽의 꼬리만이 날카로운 이빨에 잘려나가는 경우도 자주 생긴다.

5 삼치낚시 채비 및 테크닉

삼치낚시 채비는 〈그림109〉를 기준으로 각 낚시 방법에 따라 구성하되, 삼치의 날카로운 이빨을 대비하여 보강목줄을 연결해도 좋다.

■ 루어 선택 및 테크닉

①**메탈 지그 사용법** – 지그를 원투한 이후에는 적정 수심층에 맞춰 고속으로 릴링하되, 단순한 릴링을 하다가 갑자기 고속으로 릴링하거나 강한 저킹을 혼합하여 지그에 기민한 동작을 부여하도록 한다. 선상 지깅의 경우에는 지그를 캐스팅하여 원하는 수심까지 가라앉힌 뒤 베벨 저킹(Bevel jerking)을 구사하는 것이 요

〈그림109〉삼치낚시 채비

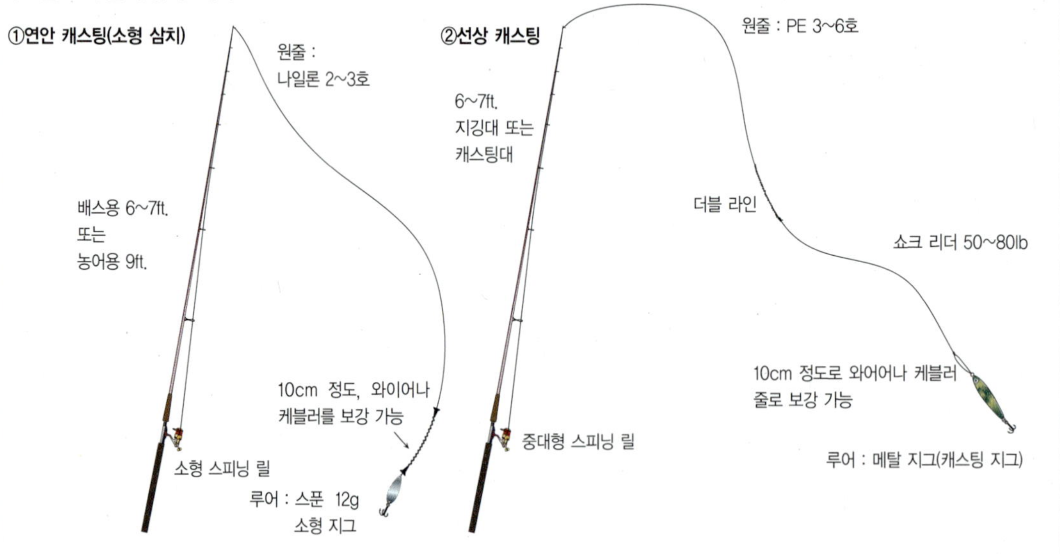

령이다.

②미노우 플러그 사용법 – 주로 라이트 트롤링에 사용하므로 다랑어 라이트 트롤링 방법을 참조 바란다.

③스푼 활용법 – 원투한 이후 원하는 수심층에 맞춰 일정한 속도로 릴링하는 것이 기본적인 사용 방법이다. 스푼의 완곡도에 의해 생기는 고유한 동작에 아무런 반응이 없을 경우에는 중간 중간 저킹으로 돌발적인 동작을 유도하는 것도 좋다.

④지그헤드 리그 사용법 – 지그헤드에 부착된 그럽의 꼬리 동작이 현란하므로 단순한 고속 스위밍 기법을 구사하면 된다.

■ 챔질 · 파이팅 · 랜딩 요령

다랑어와 마찬가지로 삼치도 항상 힘차게 전진하지 않으면 부레가 없어 물속으로 가라앉는 신체 구조를 지니고 있다. 삼치는 고속으로 유영하면서 입질을 하므로 강한 반응이 손으로 전해오는데 이때 챔질을 하면 된다. 특별히 강한 힘으로 챔질할 필요는 없지만 어설픈 챔질을 할 경우는 낚싯줄이 이빨에 닿아 끊어져 버릴 수도 있으므로 적당한 힘을 가하는, 확실한 챔질이 중요하다.

회유어의 특성상 소형 삼치는 초기 제압을 하면 쉽게 끌려나온다. 그러나 수면에서 마지막 거친 저항을 함으로써 날카로운 이빨에 낚싯줄이 끊기거나 손에 상처를 입기 쉬우므로 끝까지 주의를 게을리 하지 말아야 한다.

6 삼치낚시 시즌 및 포인트

■ 여름~가을이 주요 시즌

삼치는 주로 여름철과 가을철에 서해안과 남해안 연안 가까이에서 잘 낚인다. 특히 서해안의 각 포구에는 소형 삼치 떼가 종종 출몰하여 이를 겨냥한 루어 낚시인들이 즐겨 찾고 있다. 이후 겨울철이 되면 외양으로 멀리 나가 잘 낚이지 않는데, 거문도 근해에는 겨울철에도 어장이 형성된다.

■ 멸치 떼 확인되는 곳이 포인트

다른 회유어들의 포인트 파악 요령과 마찬가지로, 삼치의 먹이가 되는 멸치와 소

3

삼치는 이빨이 매우 날카로워 낚싯줄이 끊기거나, 손을 다치지 않게 조심해야 한다.

형 어류들의 회유 상태를 확인하는 것이 가장 중요하다. 이들을 따라서 삼치 무리가 회유하기 때문이다. 수면으로 튀어 오르거나 이동하는 멸치 등의 소형 물고기가 육안으로 확인되면 그 주변에 삼치 떼가 있다고 보면 되는데, 갈매기의 비행 방향으로도 짐작할 수 있다. 루어는 이 같은 먹잇감 무리를 목표로 캐스팅하되, 진행 방향을 고려하여 그 앞쪽이나 중심부보다는 양 옆으로 캐스팅하는 것이 효과적이다.

삼치 루어낚시 핵심 체크 리스트

1. 삼치는 다랑어보다 동체시력이 더 발달한 어종이므로 가능한 한 루어를 고속으로 움직여야만 입질을 받을 수 있다.

2. 삼치는 이빨이 날카로우므로 목줄에 와이어나 캐블러 줄로 보강할 수 있지만 그만큼 입질이 떨어진다는 점 염두에 두어야 한다.

3. 수면으로 끌어올린 삼치는 계속 저항을 하므로 날카로운 이빨에 목줄이 끊기거나 손을 다치지 않도록 충분히 주의해야 한다.

4. 고급 식재료인 삼치는 낚는 즉시 처리하는 것이 선도를 유지하는 방법이다.

5. 낚는 도중 놓치게 되면 무리가 전부 도망가기도 하므로 놓치지 않도록 주의해야 한다.

6. 휴일의 항구나 방파제와 같이 많은 낚시인이 붐비는 장소에서는 서로가 양보하는 자세로 안전 사고를 방지한다.

오징어낚시

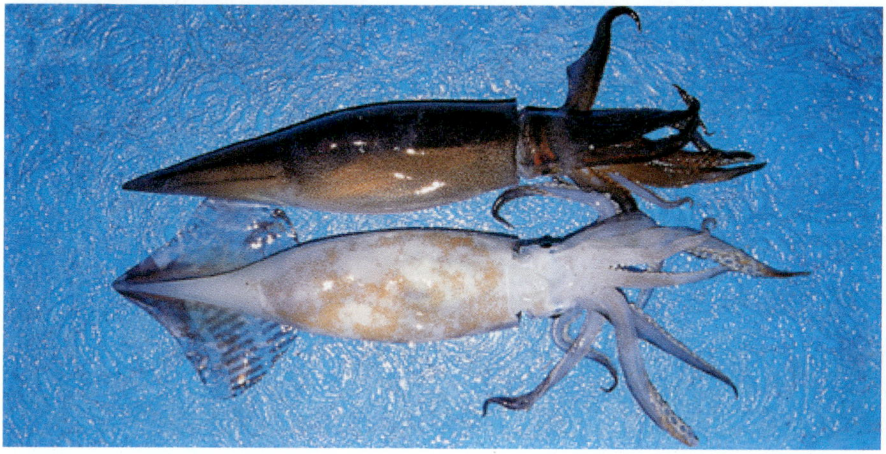

표준명■살오징어 학명■*Todarodes pacificus* 영명■Common squid 일명■スルメイカ(스루메 이카) 방언■오징어

1 오징어는 어떤 생물체인가?

우리가 즐겨 먹는 오징어는 생선이 아니다. 문어·낙지 등과 같이 연체동물에 속하며, 다리가 머리에 달려 있다고 해서 다시 두족류(頭足類)로 분류된다. 두족류는 다시 십완목(十腕目)과 팔완목(八十腕目)으로 나뉘는데, 오징어는 다리가 10개라 십완목에 속하며, 문어·낙지·주꾸미는 다리가 8개여서 팔완목에 속한다.

오징어라는 이름은 '오적어'에서 유래되었다고 한다. 정약전의 〈자산어보(玆山魚譜)〉에 따르면 오징어를 한자로 오적어(烏賊魚)라 표기하였는데, '오징어가 죽은 척 물 위에 떠 있다가 까마귀가 쪼아 먹으려 할 때 발로 감아 물 속으로 끌고 들어가 잡아 먹는다' 해서 까마귀를 헤치는 도적이라는 뜻으로 풀이했다.

오징어에는 콜레스테롤이 많다고 하여 먹기를 꺼려하는 사람이 있다. 그러나 오징어에는 HDL(High density lipoprotein)이라는 좋은 콜레스테롤이 들어 있

3

오징어 채낚기 어선이 한밤중에 불(집어등)을 밝히고 조업을 하고 있다.

어 그렇게 걱정할 필요는 없다고 한다. 이 물질이 혈액 속에 있는 콜레스테롤을 간으로 옮겨와 그 농도를 낮추어 주기 때문이다. 게다가 오징어에는 혈압을 정상화시키는 타우린이 많아 혈액 중에 들어있는 콜레스테롤을 더욱 줄여준다. 타우린은 오징어 껍질에 많은데, 마른 오징어일수록 더욱 많다. 마른 오징어 껍질에 있는 하얀 가루가 다름 아닌 타우린이다. 따라서 마른 오징어를 먹을 때는 이 하얀 가루를 털지 말고 그대로 먹는 것이 좋다고 한다.

2 오징어는 어떤 종류가 어떻게 다른가?

우리나라에 연안에서 잡히는 오징어 종류는 10여종. 그 중에서 살오징어(일반 오징어) · 화살오징어(한치) · 참오징어(갑오징어)가 가장 흔히 볼 수 있는 종류이며, 이 밖에 제주도 해역에서 주로 잡히는 흰오징어가 낚시인들로부터 인기를 끈다.

■ 살오징어 – 우리나라 오징어의 주종

학명 *Todarodes pacificus,* 영명 Common squid, 일명 スルメイカ(스루메 이카). 우리들이 일반적으로 오징어라 부르는 바로 그 종류이다. 우리나라의 속초와 울릉도가 대표적인 산지이지만 해수온 상승으로 인하여 서해안에서도 생산량이 갈수록 늘어나고 있다. 불빛을 좋아하는 습성을 이용하여 한밤중에 집어등을 밝히고 '채낚기' 로 낚는 조업이 발달해 있다. 일반적으로 연안성이 아니어서 연안의 루어낚시로는 낚기가 쉽지 않다.

■ 화살오징어 – '한치' 로 불리는 종류

학명 *Doryteuthis bleekeri/Loligo bleekeri,* 영명 Far eastern arrow squid, 일명 ヤリイカ(야리 이카). 흔히 '한치' 라는 이름으로 불리는 오징어이다. 살오징어에 비해 지느러미 모양이 화살촉처럼 길쭉하고 다리가 짧은 것이 차이점이다. 한치라는 이름은 다리 길이가 한 치(一寸)밖에 되지 않을 정도로 짧다는 데서 유

〈표17〉오징어 종류의 비교표

살오징어 방언■오징어	화살오징어 방언■한치 · 한치오징어

학명■ *Todarodes pacificus* 영명■ Common squid 일명■スルメイカ(스루메 이카)	학명■ *Doryteuthis bleekeri/Loligo bleekeri* 영명■ Far eastern arrow squid 일명■ヤリイカ(야리 이카)
참오징어 방언■갑오징어	**흰오징어** 방언■무늬오징어

학명■*Sepia esculenta* 영명■Edible cuttle fish 일명■コウイカ(코오 이카)	학명■ *Sepioteuthis lessoniana* 영명■ Big fin squid 일명■アオリイカ(아오리 이카)

3

래한 것이라고 한다. 제주도 연근해와 동해남부, 남해안 일부가 주요 산지이다. 살오징어와 마찬가지로 한밤중의 채낚기 조업이 발달해 있는데, 살오징어에 비해 연안성으로 제주도에서는 여름철 방파제 밤낚시로도 인기가 높다.

■ 참오징어 – '갑오징어'로 불리는 종류

학명 *Sepia esculenta*, 영명 Edible cuttle fish, 일명 コウイカ(코오 이카). 일반적으로 갑오징어로 불리는 종류로, 몸속에 석회질의 뼈를 갖고 있는 오징어이다. 살오징어나 화살오징어에 비해 몸통이 둥글고 다리가 특히 짧은 것이 특징이다. 1년생으로 산란 후 죽어버린다. 서해안과 남해안에 많은데 주로 유자망과 통발 등이 주된 어업 방법이고, 다른 오징어에 비해 연안성으로 우리나라 오징어 루어낚시의 대표 격이라고 할 수 있다. 참오징어라는 이름은 오징어 중에서도 맛이 으뜸이라는 데서 유래되었다고 주장하는 이들이 있다.

■ 흰오징어 – '무늬오징어'라는 이름과 혼용

학명 *Sepioteuthis lessoniana*, 영명 Big fin squid, 일명 アオリイカ(아오리 이카). 무늬오징어라는 이름으로도 불리는데, 다른 오징어 종류에 비해 대형종이며, 몸체에 짧은 직선 형태의 무늬가 있는 것이 특징이다. 일본에서 시작된 에깅(餌木ing→Eging)은 바로 이 흰오징어를 낚기 위한 방법에서 기인한다. 크기가 크고 연안성이 강하여 갯바위나 방파제 부근에서 간단히 접할 수 있고, 낚는 재미가 좋아 일본에서는 하나의 낚시장르를 구성하고 있다. 우리나라 근해에도 제주도 일원을 중심으로, 남해안과 동해안에까지 서식이 확인되고 있으며, 따뜻한 수온을 좋아하는 남방계의 오징어이다.

3 오징어 루어낚시는 어떤 형태로 이루어지나?

■ 선상낚시

낚시 대상으로서의 오징어는 휴가철, 어부들의 오징어잡이 어선에 편승하여 밤낚시를 즐기는 형태가 있었으나, 먼 바다까지 나가야 하는 번거로움으로 그다지 매력을 끌지는 못하였다.

그러나 이와는 달리 참오징어(갑오징어)의 경우는 서해 오천 앞바다처럼 가까운 거리의 연안에 낚시터가 형성됨으로써 2000년대 초반부터 낚시인들로부터 인기를 누리기 시작했다. 배를 이용하여 포인트로 접근, 루어인 에기를 바닥에 내려 수직 지깅 기법이랄 수 있는 고패질이나 캐스팅 후 끌어주면서 낚는다. 서해 중부의 오천과 군산, 영광 등지가 인기 낚시터이며, 여수 돌산도 · 진도 · 회진 · 사천 등 남해안 여러 지역에서도 갑오징어 낚시터가 속속 확산되고 있다.

속초 등 동해와 함께 자타가 공인하는 오징어 산지 1번지랄 수 있는 제주에서도 의외로 선상 오징어 루어낚시는 비교적 최근에 시작됐다. 제주꾼들은 오래 전부터 전갱이나 용치놀래기 · 보리멸 등의 생미끼나 오징어 채낚기 바늘을 이용, 방파제나 선상에서 오징어낚시를 즐겨왔다. 하지만 생미끼를 쓰건 오징어 채낚기 바늘을 쓰건, 에기를 쓰건, 낚시 기법은 고부력의 찌를 함께 세팅해 던져 놓고 입질을 기다리는 식의 찌낚시가 주류를 이뤄왔다.

그러던 차에 지난 2003년경부터 일부 낚시인들 사이에 고무보트 위에서 전용 루어 낚싯대에 찌 없이 오징어 전용 루어인 에기만을 세팅한 다음, 포인트에 투척한 뒤 저킹이나 호핑 등 다양한 루어 액션 기법으로 감아 들이며 오징어 입질을 받아내는 오징어 전문 루어낚시가 시도되기 시작했다. 이러한 선상 에깅의 조과가 방파제나 갯바위보다 몇 배나 뛰어나다는 사실이 확인되면서 짧은 기간 동안 꾼들의 관심을 끌어 모으며 바람을 일으키게 된 것이다.

제주의 선상 오징어 루어낚시는 맛이 좋은 흰오징어가 주종을 이루고 그 조과가 월등한 데다, 성수기인 여름과 가을은 물론, 겨울과 봄철에도 낚시가 가능하다. 또 낚시 포인트가 차귀도 · 지귀도 · 범섬 · 우도 · 마라도 · 가파도 등 제주의 대부분 부속섬 주위는 물론, 직벽과 홈통을 갖춘 곳이라면 제주 전역의 본섬권에서도 자원이 확인되고 있어 시간이 갈수록 더욱 선상 오징어 루어낚시의 인기가 높아질 전망이다.

■ 연안 캐스팅

방파제나 갯바위로 접근한 오징어를 낚는 방법이다. 에기를 캐스팅하고 오징어가 머무는 수심을 찾아 에기에 일정한 액션을 부여하여 낚아내는 방법이다. 화살오

3

징어의 경우에는 주로 밤낚시 형태이며, 참오징어나 흰오징어는 주간에 잘 낚인다. 특히 흰오징어가 있는 장소에서는 물이 맑은 경우, 오징어의 존재는 물론 에기를 공격하는 모습까지 육안으로 볼 수 있는 재미도 있다.

4 오징어 루어낚시 기본 장비

①낚싯대(Rod) – 배스용이나 쏘가리용 등 민물에서 사용하는 낚싯대도 사용가능하지만 연안낚시나 배낚시 공히 에깅 전용 낚싯대를 사용하는 편이 유리하다. 에깅 전용 대는 대략 길이 7~9피트 정도에 초리가 매우 가늘고 유연한 것이 특징이다.
②릴(Reel) – 선상낚시 및 연안 캐스팅 모두 소형 스피닝 릴이 사용하기에 유리하다. PE 줄을 원줄로 사용하는 경우가 많으므로 중상급 품질 이상이 적합하다.
③낚싯줄(LIne) – 선상낚시의 경우는 PE줄 0.8~2호를 원줄로 사용한다. 여기에 도래를 이용하여 나일론 2~2.5호를 목줄로 연결한다. 목줄의 길이는 오징어의 활성도에 맞추어 조정한다. 이 외에 캐스팅의 경우에는 원줄 PE 0.8~1호에 라인

오징어 루어낚시에는 마치 새우처럼 보이는 '에기'를 사용한다.

시스템을 만들고, 리더로서 플로로 카본 1.5~2호를 연결한다.

④루어(餌木 · Egi) – 제3장의 '바다 루어낚시의 종류'에서도 소개한 바와 같이 '에기(餌木)'는 일본에서 유래한 '오징어뿔'의 일종이다. 우리나라의 오징어 조업에서도 사용하는 오징어뿔과 유사한 형태를 띠고 있는데, 현대의 에기는 이를 캐스팅하기에 적합하도록 만들어진 루어의 일종으로 보는 편이 타당하다. 에깅(餌木ing→Eging)이라는 말도 에기에 영어의 진행형 어미를 붙여 명사화한 신조어이다.

에기의 일반적인 형태는 마치 새우나 물고기와 같은 형상을 하고 있는데, 뒷부분에는 갈고리가 2중으로 부착되어 있고, 앞쪽에는 맬고리나 도래가 부착되어 있다. 몸통에는 아래쪽으로 납봉돌이 돌출되어 있고, 양쪽으로 지느러미와 같은 형상의 털이나 깃털이 부착되어 있다.

에기는 크기별로 나뉘는데 다른 루어와는 달리 호수로 구분된다. 2.5~5호 등으로 부쳐져 있는 호수는 길이를 나타내는 것으로, 4호라면 4치(寸)를 의미한다. 무게는 크기에 따라 20~40g 정도이며 가라앉는 속도는 메이커에 따라 다양하다.

⑤기타 소도구 – 제2장의 '바다 루어낚시 장비 및 소품'에서 설명한 기본 소도구 외, 밤낚시에 필요한 조명기구 및 구명동의 등 안전장비를 충분히 준비하도록 한다.

〈그림110〉오징어낚시 채비

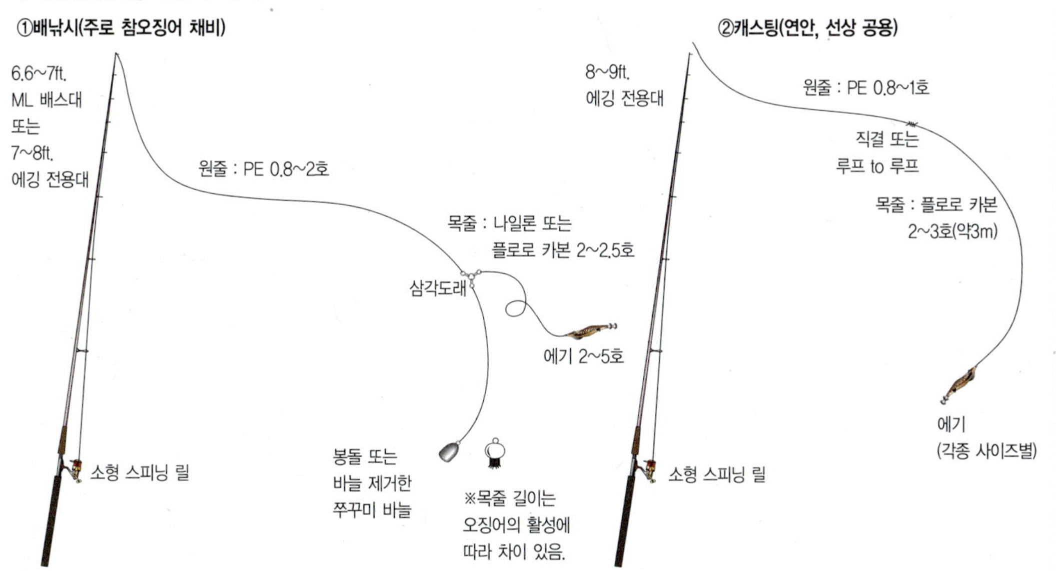

5 오징어낚시 채비 및 테크닉

■ 채비 구성 요령

〈그림110〉과 같은 기준으로 상황에 맞게 채비를 구성하면 된다. 다만 참오징어(갑오징어)를 대상으로 배낚시를 하는 경우에는 낚시터(지역)에 따라 채비 구성이 다소 차이가 생기는 점 참고 바란다.

■ 에기(Egi) 선택 및 테크닉

①에기의 색상과 크기 – 등쪽 색상을 중심으로 선택하는데 일반적으로는 분홍 · 주황 · 파랑 · 초록 색상이 기본이다. 물이 흐린 경우에는 형광색이나 주황색 등을 선택하고, 맑은 경우에는 파랑색 계통의 실제 물고기 색상이 유효하다. 화살오징어의 밤낚시에서는 야광 페인트나 발광 장치를 부착한 에기를 사용한다. 크기는 3.5~4호가 기본이며 상황에 맞추어 크기를 가감한다. 큰 에기에 대물이 낚인다

〈그림111〉오징어낚시 저킹 동작

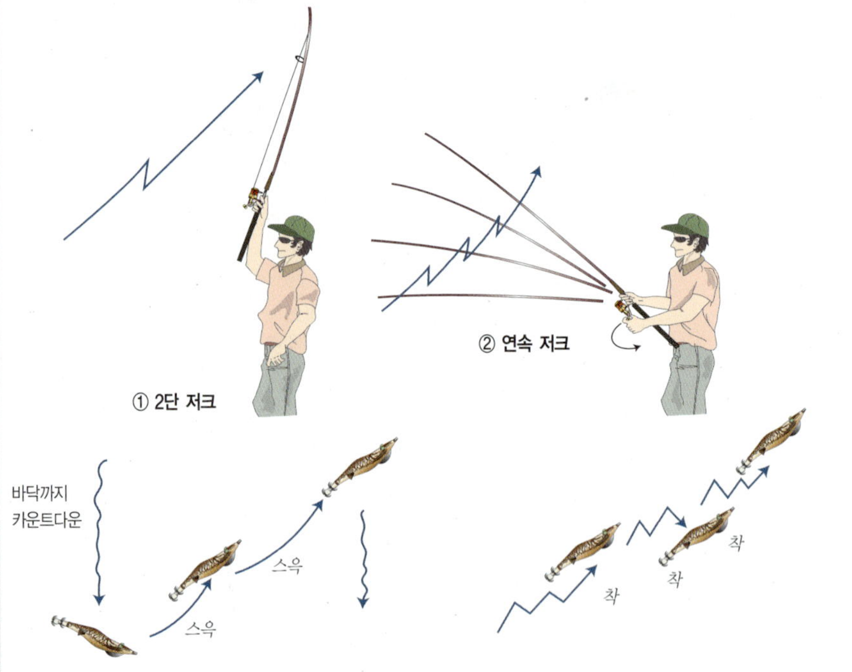

는 것은 상식이다. 에기가 가라앉는 속도를 조정하고자 하는 경우에는 돌출되어 있는 납을 조금씩 잘라 내거나 납줄을 감아 보강하면 된다.

②기본적인 에기 작동법 – ▷배낚시 : 일정한 수심에 맞추어 고패질을 하는 것이 기본적인 방법이다. 오징어의 수심과 활성도에 맞추어 고패질을 활발하게 할 것인지, 천천히 느린 동작을 부여할 것인지를 결정한다. 채비를 수직으로 내려 고패질 하는 이외, 얕은 갯바위 부근이나 여 주변을 노리는 캐스팅의 경우에는 연안낚시 방법에 준한다.

▷연안 : 방파제나 갯바위에서 일반적인 루어 캐스팅과 마찬가지로 에기를 원하는 장소까지 원투한 후, 에기에 여러 가지 동작을 부여해 오징어를 유혹한다. 유효한 작동법은 〈그림111〉과 같이 낚싯대를 큰 폭으로 움직이는 저킹 형식을 취하되, 에기를 오징어가 머무는 수심층에 맞추어 카운트다운한 후 움직이도록 하는 것이 중요하다. 여걸림이 심한 장소에서는 에기의 갈고리 중 아래쪽 절반 정도를 플라이어로 꺾어버리고 사용하는 방법도 좋다.

■ 입질, 챔질, 랜딩 요령

오징어는 물고기와 달리 먹이를 입으로 무는 것이 아니라 10개의 다리 중 길게 나와 있는 먹이발 2개로 먼저 먹이를 잡아당긴 다음, 순간적으로 나머지 다리를 이용해 먹이를 움켜쥔다. 그러므로 섣부른 챔질은 오징어가 완전히 에기를 덮치지 못하게 하는 결과를 초래하므로, 입질이 오더라도 너무 섣부른 챔질은 좋지 않다. 중량이 느껴질 때 에기의 갈고리에 확실히 박히도록 낚싯대의 허리힘을 이용해 강하게 챔질하면 좋다. 그 다음에는 일정한 속도와 장력을 유지하여 릴링만 하면 된다. 다만 오징어의 제트분사는 의외로 강력하므로 적절한 드랙 조정으로 차고 나가는 오징어의 손맛을 충분히 즐기되, 도중에 늦춰주면 떨어지기 쉬우므로 지속적인 장력 유지가 꼭 필요하다. 간혹 고무줄을 당기는 듯한 느낌은 에기가 몸통이 아니라 다리에만 걸려 있는 경우이므로 더욱 신중하게 릴링해야 한다.

6 오징어 종류별 시즌 및 포인트

3

①**화살오징어** – 6월 말~9월, 특히 제주도에서는 한여름철 야간에 방파제에서 인기가 높다.

②**참오징어** – 지역 차가 크다. 갑오징어낚시 붐의 시발지랄 수 있는 서해 오천 앞바다의 경우 9월 초부터 뼘치급 잔챙이들이 먼저 출몰하다가 점차 굵은 개체가 증가한다. 대개 10월에 들어서면서부터 손바닥만한 크기를 넘는 씨알들이 주종을 이루면서 본격 시즌에 돌입한다. 하지만 시즌은 길지 않다. 대략 10월 한 달가량 소나기 입질을 보이다가 10월 말경 수온이 떨어지는 어느 기점이 되면 약속이나 한 것처럼 자원이 빠져 나가며 시즌을 마감한다.

오천에 비해 뒤늦게 갑오징어 낚시터로 확인된 군산권 고군산군도와 여수권 돌산도의 경우는 가을이 아닌 봄철인 4월 말~6월경에 굵은 씨알을 배출하며 제철을 맞는다는 사실이 알려졌다. 갑오징어낚시의 인기가 계속됨에 따라 새로운 낚시터와 함께 갑오징어의 각 지역별 시즌 또한 더욱 확산될 것으로 보인다.

③**흰오징어** – 여름철부터 제주도, 남해안의 각 갯바위 주변이 유력하다. 해수온 상승에 따라 서식처가 동해안에도 미치고 있어 지속적인 탐사가 필요하다.

오징어 루어낚시 핵심 체크 리스트

1. 에깅(Eging, 餌木+ing)이라는 명칭은 일본에서 만들어지고 유래된 신조어이다.
2. 에기는 사이즈별로 색상별로 다양하게 구비하는 것이 좋다.
3. 채비는 지역별 특색이 있으므로 현지 채비에 주목하도록 한다.
4. 여걸림이 심한 장소에서는 에기의 갈고리 아래쪽 절반 정도를 플라이어로 꺾어버리고 사용하는 방법도 좋다.
5. 걸려든 오징어를 끌어들이는 도중 늦춰주면 떨어져 나가기 쉬우므로 지속적인 장력 유지가 필요하다.
6. 오징어 루어낚시는 향후의 발전 가능성이 더욱 기대되므로 낚시터의 확산 및 낚시 기법이 보다 향상될 것으로 전망된다.

우럭·노래미낚시

표준명■조피볼락 학명■*Sebastes schlegeli* 영명■Black rockfish 일명■クロソイ(쿠로소이) 방언■우럭

1 우럭·노래미는 어떤 물고기인가?

■ 우럭 – 표준명은 조피볼락

양볼락과에 속하는 우럭의 표준명은 조피볼락이다. 그러나 조피볼락이라는 이름보다는 방언인 우럭이 널리 통용되고 있다. 입이 크고 눈 앞쪽으로 3개의 가시가 돋아있는 것이 특징이다. 40cm 정도까지 자라지만 최대 60cm에 달하기도 하는데, 낚시인들은 대형급을 따로이 '개우럭'이라 부른다. 연안 암초지대에 주로 서식하면서 작은 물고기, 새우, 게 등을 잡아먹는 육식성이다. 밤에는 흩어져서 중층이나 표층으로 떠올라 그다지 활동을 하지 않지만 낮에는 가라앉아 무리를 지어 활발히 활동하고, 특히 아침·저녁에 왕성한 활동을 보인다.

새끼를 낳는 난태생(卵胎生)으로 12월~2월에 교미하고, 3월~4월경에 체내 수정되어 1개월 반 가량 지난 4월~6월에 7mm 정도의 치어를 낳는다. 우리나라의

3

전 해안에 서식하지만 서해가 집산지이며, 가을과 겨울철에는 남하하여 흑산도 서쪽 해역에서 월동 후, 봄철과 여름철에는 북상 또는 연안으로 접근하는 계절 회유를 한다.

■ 쥐노래미 – 노래미보다 대형종

쥐노래미과의 대표 어종으로, 통칭 '노래미'라고 부르는 고기 중에는 두 가지 종류가 있다. 노래미와 쥐노래미가 그것이다. 노래미에 비해 대형종이며 루어에 잘 낚이는 쥐노래미는 측선이 몸통 한 쪽에 5줄씩 있지만, 노래미는 한 줄씩밖에 없고 쥐노래미에 비해 소형종이다. 부산 지방에서는 쥐노래미를 흔히 '게르치'라 부르는데, 사실 게르치라는 어종은 별도로 존재한다.

쥐노래미는 서식 장소에 따라 체색이 매우 달라지는 특성을 지니고 있다. 20~30cm 정도가 많지만 최대 60cm 정도까지 자란다. 연안의 암초지대나 해초가 많은 장소에서 세력권을 형성하고, 지느러미를 암초에 접촉한 채 서식한다. 작은 물고기와 갑각류 · 갯지렁이 등을 잡아먹는 잡식성이다. 산란기는 10월~1월이며 우리나라 전 해안에 서식한다.

2 우럭 · 노래미 루어낚시 형태

쥐노래미에 비해 소형종에 속하는 노래미.

표준명■노래미 학명■*Hexagrammos agrammus* 영명■Spotty belly greenling 일명■クジメ(쿠지메) 방언■놀래미

노래미보다 크게 자라는 쥐노래미. 체측의 측선이 노래미는 한 줄이고, 쥐노래미는 다섯 줄인 것으로 구분된다.

표준명■쥐노래미 학명■*Hexagrammos otakii* 영명■ Greenling, Fat cod 일명■アイナメ(아이나메)
방언■ 놀래미 · 게르치 · 돌삼치

■ 연안 루어 캐스팅

방파제나 갯바위 등 연안에서 루어를 원투하여 낚는 방법이다. 주로 서해안의 각 방조제와 방파제, 섬 갯바위가 주요 무대가 된다. 쏘가리의 금어기간에 쏘가리 대체 어종으로 인기가 시작되었지만, 차츰 바다 루어낚시의 한 장르로서 위치를 굳혔다. 특히 바다 루어낚시이면서도 민물의 쏘가리낚시와 거의 방법이 동일해 손쉽게 즐길 수 있고, 또한 풍성한 조과가 보장되어 그 대중성이 날로 높아가고 있는 추세다.

■ 선상 루어 캐스팅

배를 타고 연안의 수심 깊지 않은 해역에서 행해지는 방법이다. 연안에서는 공략할 수 없는 장소, 보다 수심이 깊은 암초 주변 등을 주요 포인트로 한다. 서해대교 일원에서 시작되어 출항지가 점차 확산되고 있다.

3 우럭 · 노래미 루어낚시 기본 장비

■ 낚싯대(Rod) 선택 기준

①연안 루어 캐스팅용 – 민물의 쏘가리 낚싯대를 기준으로 하되, 한 단계 더 강도

3

우럭이나 쥐노래미는 연안에서 누구나 간편하게 즐길 수 있다.

가 높은 낚싯대를 사용해도 좋다. 길이 6.6~7피트에 라이트(L) 강도나 미디엄 라이트(ML) 강도로서, 사용하는 루어가 주로 지그헤드 리그이므로 패스트 휨새(F · 초리 휨새)가 사용하기에 편리하다. 국내 메이커 중에서 이 같은 우럭 전용대를 출시하는 곳도 있다. 도서 갯바위나 조류가 거센 지역, 또는 대형 우럭이나 농어 · 광어가 자주 출몰하는 장소에서는 8~9피트 길이의 농어 루어 낚싯대가 적합할 수도 있다.

②선상 캐스팅용 – 민물 쏘가리 낚싯대를 그대로 사용하기보다는 낚시터의 수심이 좀더 깊고 사용하는 루어의 무게가 상대적으로 무겁기 때문에 배스 낚싯대가 유리하다. 길이 6~7피트에 미디엄 라이트(ML)나 미디엄(M) 강도, 그리고 패스트 휨새(F · 초리 휨새)를 기준으로 한다. 바다는 조류의 세기가 수시로 바뀌므로 그에 맞는 무게의 루어를 사용할 강도가 다른 여벌의 낚싯대를 지참하는 것도 좋다.

■ 릴(Reel) 선택 기준

기본적으로 민물 쏘가리낚시에 사용하는 크기의 소형 스피닝 릴을 사용한다. 나일론 줄 2호가 약 150m 감기는 크기면 적당하다. 그러나 농어 루어낚싯대를 사용

우럭 루어 장비는 민물용 쏘가리·배스 장비와 별반 다르지 않다.

하거나 배낚시를 하는 경우는 낚싯대와 균형이 맞도록 조금 더 큰 스피닝 릴을 사용해야 한다.

■ 낚싯줄(Line) 사용 기준

사용하는 낚싯대와 루어의 무게를 고려해야 하는데, 주로 나일론 8파운드(2호)를 기준으로 한다. 낚이는 씨알이 소형급이 많은 장소이거나 가벼운 루어를 주로 사용하는 경우에는 좀더 가는 6파운드(1.5호)를 사용할 수도 있지만, 바닥이 매우 거친 장소에서는 오히려 한 단계 더 굵은 10파운드(2.5호)를 사용할 필요도 있다. 쏘가리낚시와 마찬가지로 낚싯줄의 소모가 많으므로 고급 제품보다는 덕용포장으로 발매되는 줄을 사용하는 편이 바람직하다.

4 루어(Lure)는 어떤 종류가 사용되나?

■ 지그헤드와 그럽 종류

쏘가리낚시용과 동일한 것으로서 조과가 안정되어 가장 선호되고 있는 루어이다.

가장 많이 사용하는 무게는 1/16~1/온스이다. 수심이 매우 얕은 장소에서는 1/32 온스를 사용하기도 하고, 수심이 깊은 곳이거나 조류가 거센 장소 등에서는 더 무거운 1/2온스를 사용할 수도 있다. 지그헤드에 장착하는 그럽은 길이 2~3인치가 주로 사용되는데, 쥐노래미는 입이 작으므로 작은 크기를 주로 사용하고, 우럭의 경우 굵은 씨알이 잘 낚이는 장소나 배낚시를 할 때는 4~5인치의 큰 그럽도 사용한다. 꼬리의 형태는 일반적인 컬리 테일이 무난하다. 색상은 천차만별이지만 빨간색 또는 흰색과 같은 밝은 색상을 주로 사용한다.

■ 웜(Worm) 또는 바이브레이션(Vibration) 형태

민물 배스낚시의 캐롤라이나 리그(Carolina rig)나 다운 샷 리그(Down shot rig)를 사용할 경우는 각종 웜을 사용한다. 바늘은 1~1/0 정도의 크기를 사용한다. 그리고 배낚시를 할 경우는 상대적으로 수심이 깊으므로 루어 선택의 폭이 넓어지는데, 플러그인 바이브레이션이 좋은 조과를 올리기도 한다. 농어 루어낚시에 사용하는 것보다는 조금 작은 소형이 좋다.

■ 메탈 지그(Metal jig) 종류

배낚시의 경우 수심 깊은 급심 지역이나 암초 주변 포인트에서는 소형 메탈 지그를 사용한 지깅도 효과적이다. 무게 7~28g 정도의 크기가 좋은데, 배낚시 포인트는 대개 수심이 10m 이상 되므로 45g 정도까지를 사용한다. 다만 28g이 넘는 무게의 메탈 지그를 사용할 경우는 원줄에 루어를 직결하게 되면 끊어질 우려가 크므로 20~30파운드의 쇼크 리더를 2~3m 정도 사용하는 것이 바람직하다.

5 우럭 · 노래미낚시 채비 및 테크닉

■ 우럭 · 노래미낚시 채비

우럭 · 노래미낚시 채비는 〈그림112〉를 기준으로 구성하되, 지그헤드 리그를 사용하는 경우는 쏘가리낚시와 동일하게 원줄에 직결하는 것이 좋다. 기타 웜을 사용하거나 플러그, 지그를 사용할 경우는 〈그림112〉에 준하거나, Part Ⅱ

제4장의 '배스낚시' 편을 참고 바란다.

■ 지그헤드 리그(Jig head rig) 사용법

기본적으로 쏘가리낚시의 지그헤드 리그 운용법과 동일하다. 중요한 것은 우럭낚시는 동일한 장소에서도 조류의 세기가 시시각각 변화하므로 이에 따른 지그헤드의 무게를 적절히 선택해야 한다.

〈그림112〉우럭 · 쥐노래미 채비

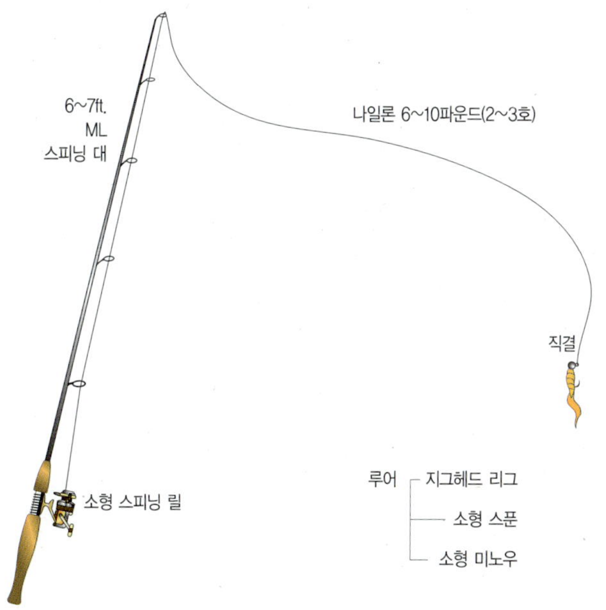

①스위밍(Swimming) – 캐스팅 후 카운트다운으로 바닥까지 가라앉혀 단순히 릴링하는 방법이다. 조류의 세기와 방향에 맞춰 릴링 속도를 조절하도록 한다. 조류가 강하여 가라앉지 않고 떠내려간다면 좀 더 무거운 지그헤드로 교체한다. 갯바위 주변과 같이 바닥이 거친 장소에서는 여걸림이 매우 심하므로 릴링할 때 낚싯대를 잡고 있는 손과 낚싯줄에 신경을 집중하여 지그헤드가 암초를 스치는 감촉을 느끼는 것이 중요하다. 바다의 조류는 때때로 강(江)의 된여울보다도 더 빠른 유속을 보이기도 하므로 이에 알맞은 속도로 릴링을 해야 루어가 암초 틈을 넘나들며 잘 유영하게 된다. 너무 빠른 릴링은 루어가 떠오르고, 너무 느리면 여에 걸려버린다.

적합한 물때의 새벽이나 저녁 시간에 밀물 또는 썰물이 시작되어 적당히 조류가 살아날 때는 우럭의 활성도가 최고조에 오른다. 이때는 우럭이 암초 틈이 아니라 조류를 타고 활발히 먹이사냥을 하므로, 이런 경우에는 지그헤드를 완전히 가라앉히지 말고 조류에 실리듯, 가벼운 지그헤드를 사용하여 자연스럽게 유영시키는 방법으로 입질을 유도한다.

②호핑(Hopping) – 낚싯대를 이용해 순간적으로 튕기듯 올리고 다시 낮춰주면서 릴링하는 동작의 반복으로, 루어를 바닥에서 튀기듯 움직이게 하는 방법이다.

<그림113>우럭 · 쥐노래미 지그헤드 리그 작동법

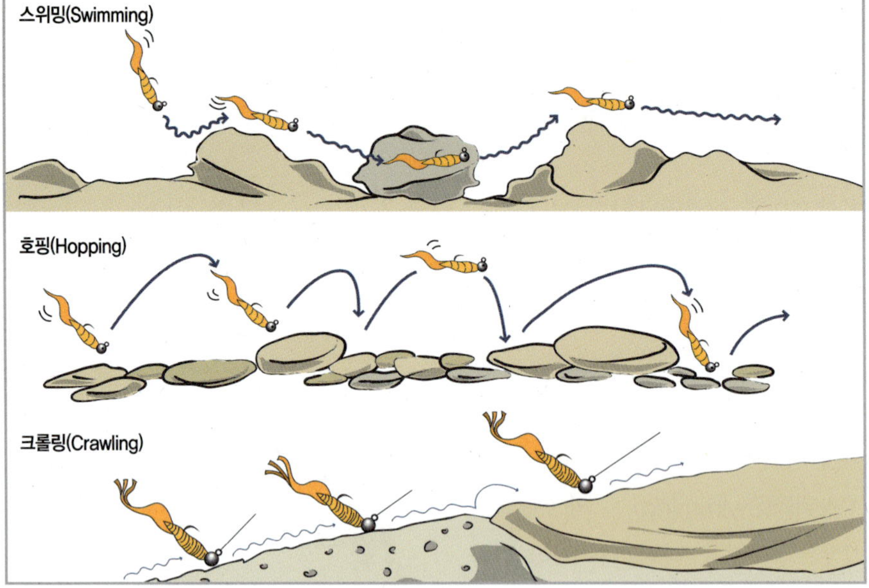

날카로운 암초가 줄지어 있는 갯바위에서는 밑걸림이 심하므로 사용하기 곤란하지만, 몽돌밭이나 방파제의 테트라포트 주변, 석축 주변 같은 장소에서는 좋은 효과를 얻을 수 있다.

③리프트 앤 폴(Lift & Fall) – 수직으로 된 방파제 내항 쪽이나 직벽 포인트에서는 벽을 따라 지그헤드 리그를 어느 정도 올렸다가 다시 떨어뜨리는 동작의 반복으로 입질을 유도한다. 또한 배낚시를 할 경우, 단순한 릴링으로는 루어의 유영층이 바닥에서 떠버리기 쉬우므로 릴링이나 저킹을 한 후 바로 지그헤드를 떨어뜨리는 동작을 반복하는 것이 좋다.

④크롤링(Crawling) – 바닥에 닿은 지그헤드 리그를 바닥을 기어가듯 끄는 방법으로, 먼지와 소음을 발생시켜 대상어를 자극하는 방법이다. 해초가 많은 장소나 암반과 같이 여걸림이 덜한 장소에서 시도하면 좋다. 또한 여의 위치, 장애물의 존재 유무 등, 바닥 지형을 확인하는 용도로 사용하기도 한다.

■ 캐롤라이나 리그 및 다운샷 리그 사용법

배스낚시 형태와 동일하며, 수심이 깊은 장소에서 캐스팅을 하거나 배낚시를 할

〈그림114〉 캐롤라이나, 다운샷 리그 작동법

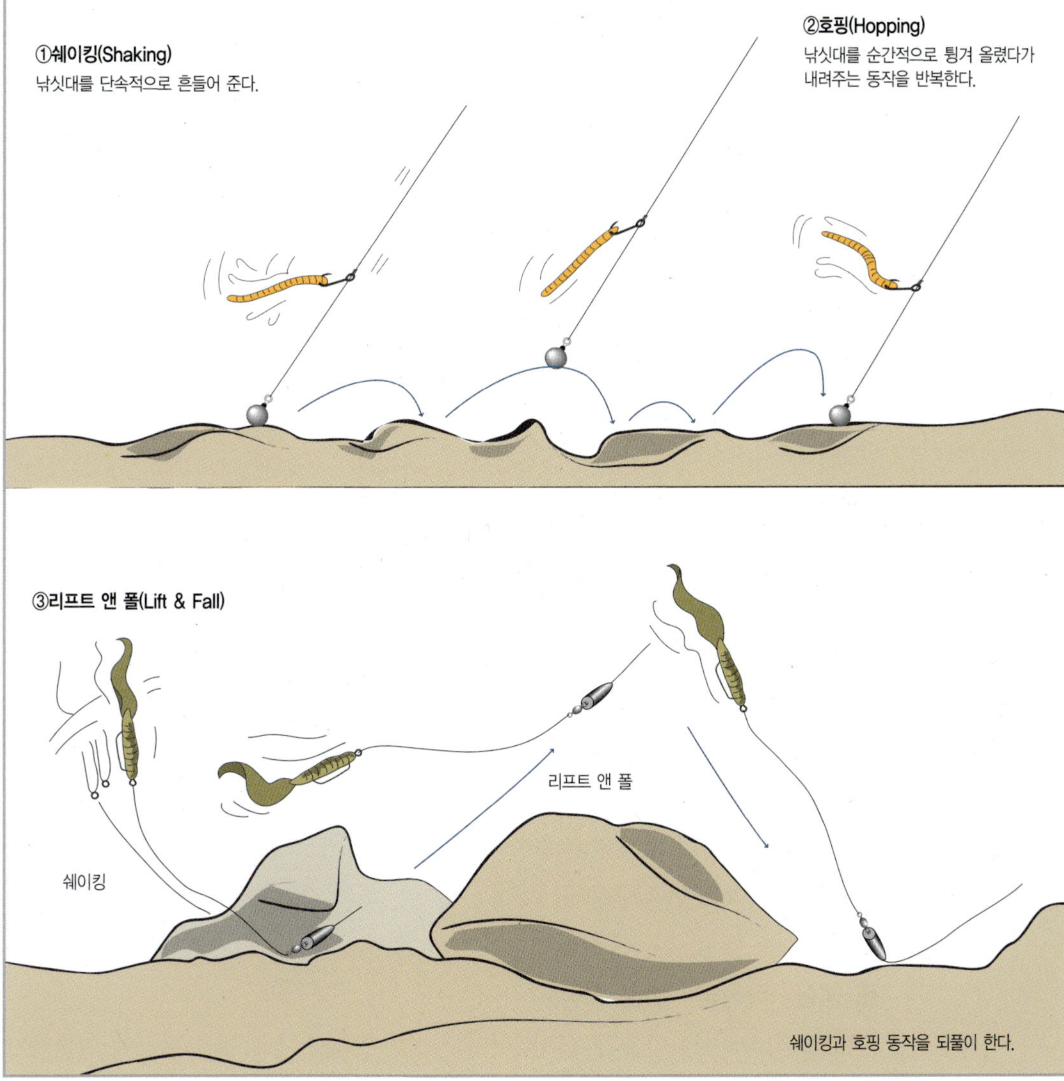

때 사용하면 좋다.

①쉐이킹(Shaking) – 낚싯대를 잡은 손목을 이용하여 웜을 제자리에서 단속적으로 흔들어주는 방법이다.

②호핑(Hopping), 리프트 앤 폴(Lift & Fall) – 민물 배스낚시 요령과 동일하다.

■ 바이브레이션((Vibration) 사용법

일반적으로 수심이 깊은 장소, 바닥의 암초가 복잡하지 않은 포인트에서 사용한다.

①연속끌기(Straight retrieve) - 원하는 수심까지 카운트다운한 후에 일정한 속도로 끌어들이는 기본적인 루어 작동 방법이다.

②저킹(Jerking) - 바닥까지 가라앉힌 후 단속적인 저킹으로 바이브레이션이 떠오르다가 다시 가라앉는 동작을 반복적으로 부여한다.

■ 메탈 지그(Metal jig) 사용법

우럭이 모여 있을 것 같은 암초 주변이나 급심 지역으로 메탈 지그를 가라앉히고 단순한 수직지깅으로 입질을 유도한다.

①프리 폴링(Free falling) - 낚싯배 위에서 수직으로 메탈 지그를 가라앉히고 바닥에 닿은 지그를 낚싯대 초리를 이용해 30~50cm 정도 챔질하듯 들어올린 후, 갑자기 낚싯대를 낮춰 메탈지그를 자유낙하 시키는 방법이다. 이와 같은 동작을 지속적으로 행하여 입질을 기다린다.

②리프트 앤 폴(Lift & Fall) - 메탈 지그를 어느 정도 캐스팅 한 후 바닥까지 가라앉혔다가 낚싯대를 순간적으로 추켜올려 메탈지그를 1~2m 정도 이동시키고 다시 낙하시키되, 여유 줄만 릴링하여 루어가 바닥에서 크게 벗어나지 않도록 한다. 그런 다음 다시 낚싯대를 숙여가며 메탈 지그가 자유낙하 하도록 하는데, 이 같은 동작을 계속 반복해 준다.

■ 챔질 · 파이팅 · 랜딩 요령

우럭과 쥐노래미는 민물의 쏘가리나 꺽지처럼 은신처나 장애물 부근에 머물다가 공격권에 들어온 루어를 순간적으로 물고 다시 은신처로 되돌아가려 하기 때문에 낚싯대를 타고 전해지는 입질이 확실하게 느껴진다. 이때 너무 강한 챔질은 필요 없지만 대형급의 경우 암초에 박혀버리면 끌어내기가 어려워지므로 초기 제압을 위해서도 적당한 힘으로 확실한 챔질을 해야 한다.

완전하게 챔질이 되면 낚싯대를 세우고 일정한 속도로 릴링을 하면 된다. 동일한 크기라면 우럭보다 쥐노래미의 초기 저항이 더욱 강한 편인데, 낚싯대를 눕히

〈그림115〉우럭 · 쥐노래미 바이브레이션, 메탈 지그 작동법

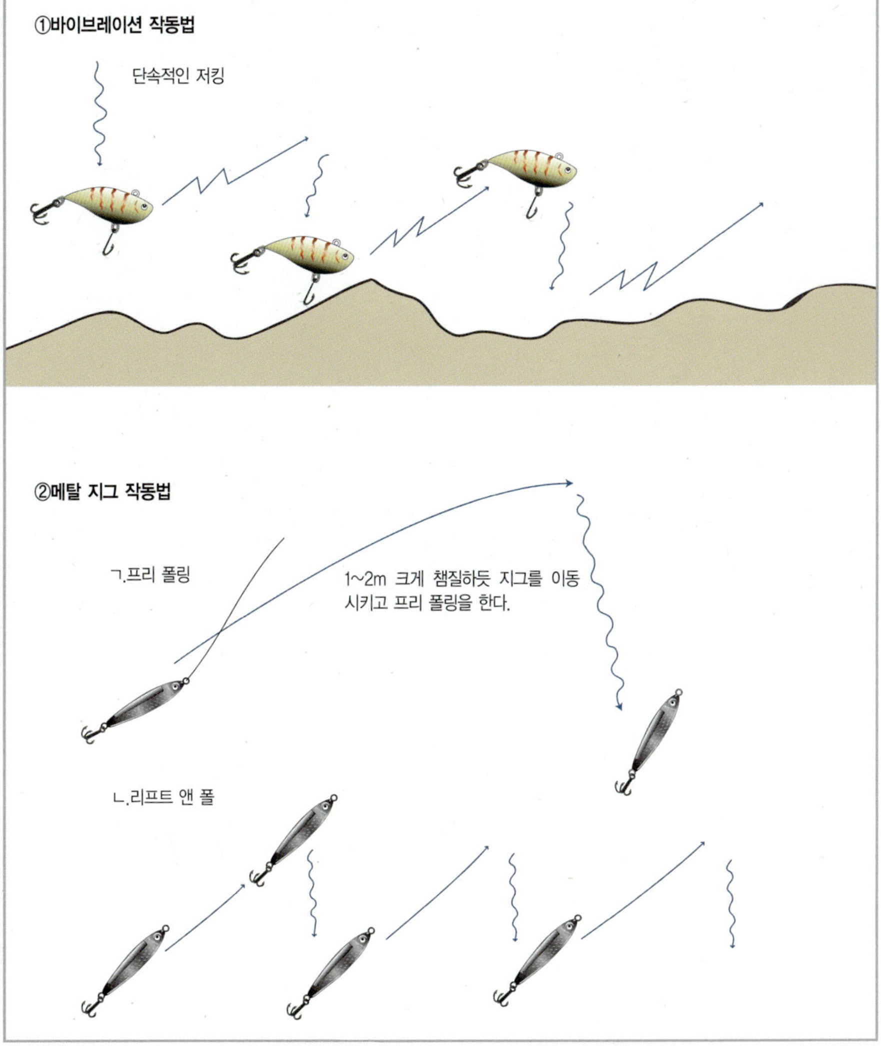

는 것보다는 45도 정도로 들어 낚싯대의 반발력을 충분히 발휘시키도록 한다. 대물이 걸린 경우, 배낚시나 연안낚시라도 수심이 깊은 경우에는 특별한 문제가 없지만, 수심이 얕은 장소에서는 두 손을 높이 드는 것과 같이 가능한 한 대를 높이 들되, 대를 세우지 말고 끌어들여야 주변 암초에 처박히는 것을 예방할 수 있다.

가까이 끌려나온 우럭이나 쥐노래미는 뜰채 없이 들어올려도 별 문제가 없다.

지그헤드 리그를 물고 올라온 우럭. 민물의 꺽지를 닮았다.

우럭은 마치 꺽지나 배스를 들어올리는 것처럼 아래턱을 손가락으로 쥐면 된다. 입이 작은 쥐노래미는 몸통을 잡아도 된다. 그러나 손님고기인 넙치(광어)가 낚인 경우에는 이빨이 날카로우므로 절대 맨손으로 입 주변을 만지지 않도록 주의한다.

6 낚시 시즌 및 포인트 공략법

■ 낚시 시즌 – 봄 · 가을이 제철

◎3월~4월 – 아직은 수온이 낮은 시기로서 대상어의 활성도가 나빠 입질이 매우 약할 때이다. 수심이 얕은 장소에서는 특히 기대하기 어려우며, 수심이 10m 정도 되는 깊은 장소에서 입질을 기대할 수 있다. 늦저녁이나 새벽에 활성도가 높아지므로 이때 낚을 수 있는 확률이 높다.

◎5월~8월 – 활성도가 높아 낚시가 잘 되는 시기이다. 조류가 흐르고 있다면 어디든지 좋은 조과가 기대되는데, 대낮보다는 저녁 시간과 새벽에 역시 입질이 빈

번하고 대물도 잘 낚인다. 이와 같은 시간대에 밀물이 시작되어 조류가 살아나면 최적의 조건이 된다.

◎9월~10월 – 역시 활성도가 높아 낚시가 잘 되는 시기이다. 여름철과 특히 다름 없지만 가을철의 서해안은 밀물보다는 썰물 때 조과가 좋은 것으로 알려져 있다.

■ 지형별 포인트 공략법

우럭 · 쥐노래미낚시 포인트는 마치 민물의 꺽지낚시 포인트와 유사한 조건을 형성한 장소이다. 강한 조류가 흐르더라도 거센 물살을 직접적으로 받지 않고 어느 정도 몸을 의지할 수 있는 장소 즉, 암초나 요철 부위가 많은 곳에 우럭 또는 쥐노래미가 모여 있는 것이다.

①몽돌 밭 – 대부분 수심이 얕고 조류 소통이 원활하며, 바닥이 크고 작은 돌로 이루어진 장소이다. 지그헤드 리그를 이용하여 돌 틈을 공략한다. 수심이 깊어지는 장소에서는 캐롤라이나 리그나 다운샷 리그도 활용 가능하다.

②석축 기저 부근 – 방조제와 같은 인공 구조물이 설치된 바닥은 대부분 턱이 져 있어 갑작스런 수심 변화가 생기고, 바닥에는 큰 바위가 흩어져 있다. 수심 차이에 따라 물색이 달라지므로 이를 쉽게 알아낼 수 있다. 이런 장소에선 지그헤드 리그로 집중 공략을 한다. 멀리 캐스팅하는 것보다 턱이 진 언저리를 따라 양 옆으로 캐스팅하는 것이 좋다. 루어가 턱을 넘어올 때 걸리거나, 낚싯줄에 흠집이 생길 수 있다는 점 염두에 두어야 한다. 다운샷 리그를 활용하여 돌발적인 낙하 동작을 연출하는 것도 좋다.

③암초 주변 – 직접적인 조류를 피해 몸을 의지할 수 있는 암초 뒤쪽에 우럭과 쥐노래미가 있다. 이와 같은 장소로 루어를 통과시킨다.

④해초 지대 – 암초 틈새로 해초가 자란 곳 또한 우럭이나 쥐노래미가 조류를 피해 휴식을 취하기도 한다.

⑤홈통 지역 – 갯바위 지대가 안쪽으로 후미져 있는 홈통은 강한 조류가 닿지 않은 곳이어서 우럭과 쥐노래미의 안식처가 된다.

⑥테트라포드 – 방파제의 테트라포드 사이사이는 작은 우럭의 일급 서식처이다. 꺽지낚시에서 돌 틈을 공략하는 것처럼 테트라포드의 틈새 공간을 지그헤드 리그나 다운샷 리그를 이용해 쉐이킹으로 입질을 유도한다.

3

■ 물때(潮汐, 潮時)와의 상관관계

바다낚시에서 중요한 사항은 물때와 간만(干滿)의 시각이다. 조류의 속도와 세기, 방향이 매우 달라지기 때문이다. 동해안과 같이 간만의 차이가 거의 없는 지역에서는 조과에 영향을 적게 끼치지만 서해안과 같이 간만의 차이가 극심한 지역에서는 물때가 조과를 좌우하는 최대 요인이 된다. 또한 연안이 바위나 자갈 · 모래로 이루어진 장소에서는 조류에 의한 바닷물의 탁도 변화가 적지만, 펄로 이루어진 장소에서는 사리를 전후해서는 뻘물이 일어 탁도가 심해지므로 낚시가 불가능해지는 경우도 있다. 배낚시의 경우는 상황에 따라 포인트 이동이 쉬우므로 조건이 다르지만, 서해 연안 캐스팅 낚시에서는 조류가 약한 조금 물때 전후의 3~4일 동안이 낚시 적기가 된다.

우럭 · 쥐노래미 루어낚시 핵심 체크 리스트

1. 사용하는 장비는 민물 쏘가리용을 기준으로 하되, 한 단계 강한 것도 좋다.

2. 자주 사용하는 지그헤드 리그는 기본적으로 쏘가리낚시 방법과 동일하지만, 바다는 동일한 장소에서도 조류의 세기가 시시각각 변화하므로 이에 따른 지그헤드의 적절한 무게 선택이 중요한 요소가 된다.

3. 대형급이 걸린 경우, 얕은 장소에서는 두 손을 높이 드는 것과 같이 가능한 한 대를 높이 들되, 낚싯대는 적당히 기울여 끌어들이는 것이 암초 틈에 처박히는 것을 예방할 수 있다.

4. 완전한 만조(滿潮)나 간조(干潮) 때는 조류의 흐름이 멈추므로 입질이 없다.

5. 서해안과 같이 간만의 차이가 큰 지역에서는 간조 때에 바닥 지형(암초나 장애물 등)을 확인해 두면 낚시에 많은 도움이 된다.

6. 간만의 차가 심한 장소에서는 만수위의 위치를 필히 확인해 두고, 갯바위에 오른 경우나 방조제 등에서 썰물을 따라 이동하는 경우에는 밀물이 시작되기 전에 되돌아 나오도록 한다.

7. 서해안의 경우는 특히 사리 물때를 피하는 것이 좋다. 세찬 조류로 펄에 의한 흐린 물이 심하게 발생, 조과가 좋지 않기 때문이다.

8. 갯바위 또는 방파제 위에서 낚시를 할 때는 미끄럼 방지를 위해 반드시 논슬립 신발을 착용하도록 한다.

9. 갯바위는 굴 껍질 등 날카로운 패각류가 많아 상처를 입기 쉬우므로 장갑을 착용하는 것이 바람직하다.

10. 배낚시의 경우에는 서로의 조과를 위해서도 선장의 지시에 따르고, 서로간의 예절을 지키는 자세가 중요하다.

Part Ⅳ

해외 원정낚시 편

연어(Salmon) 낚시
바라만디(Barramundi) 낚시
피콕 배스(Peacock Bass) 낚시
새치(Marlin) 빅게임 트롤링
GT(Giant Trevally) 낚시
수퍼디프 지깅 어종들
본 피시(Bone Fish) 낚시
타폰(Tarpon) 낚시

4

1 해외 원정낚시 무엇을 준비해야 하나?

1988년부터 해외여행 자율화가 시작된 이후, 해외에서 낚시를 즐기는 인구가 많이 늘어났다. 일반 관광 일정 도중 잠시 틈을 내어 즐기는 경우는 말할 것도 없고, 낚시를 주목적으로 찾는 낚시전문 투어도 해가 갈수록 늘어나고 있다. 해외 원정 낚시 종류는 우리나라와 비슷한 형태도 있겠지만, 대부분 루어낚시가 주류를 이룬다. 결국 해외 원정낚시야말로 루어낚시 동호인들이 최대 수혜자이며, 루

해외 원정 낚시를 위해서는 전용 로드 케이스를 준비하고 전체 하물 중량에 신경을 기울여야 한다.

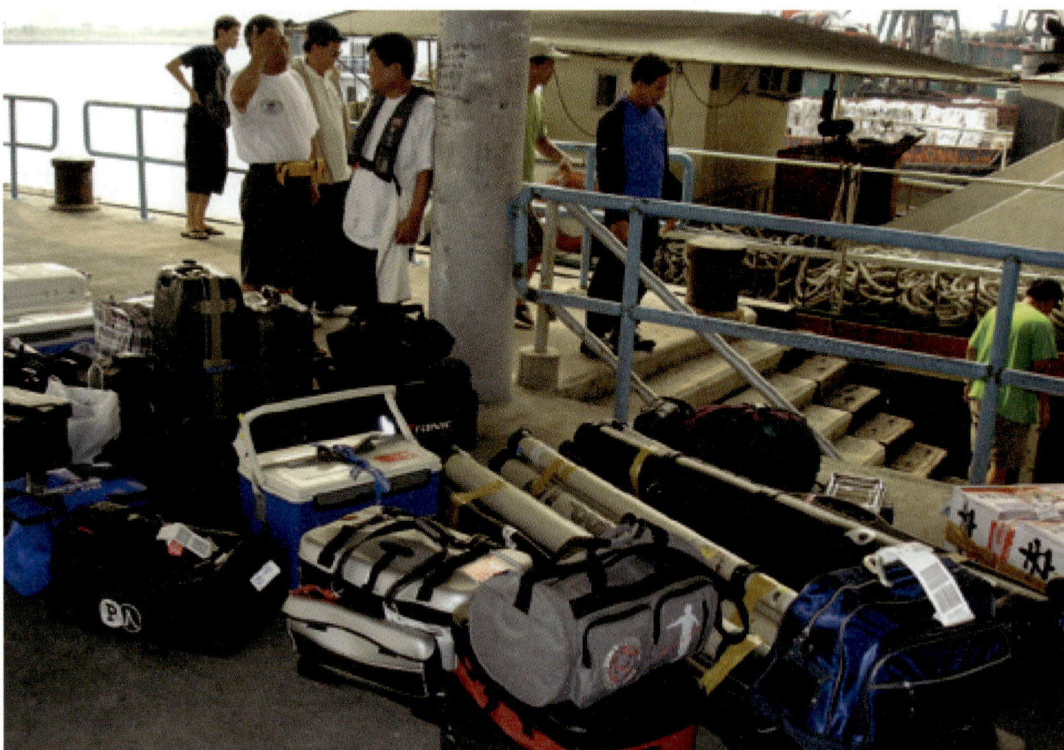

어낚시인들이야 말로 해외 원정낚시를 가장 성공적으로 즐길 수 있는 선발자인 셈이다.

해외 원정낚시를 위해선 무엇을 어떻게 준비해야 할까. 일반 출입국 수속과 관련한 상식은 생략하고, 낚시에 필요한 준비 사항만 점검해 보기로 한다.

■ 해외 낚시 필수 준비 사항

①전용 낚싯대 케이스의 사용

항공기를 이용하는 경우는 낚싯대의 운반에 필히 전용 케이스를 사용해야 한다. 항공사의 수하물 취급은 결코 조심스럽지 않으므로 낚싯대의 손상을 예방하기 위해 가이드나 초리 부분을 미리 타월 등으로 감싼 후, 낚싯대 케이스에 넣는 것이 좋다.

②구급약의 휴대

해외 원정은 장기간의 여행, 시차 등으로 피로가 누적되기 쉬우며, 입에 맞지 않는 음식으로 건강을 약화시킬 수도 있다. 현지에서는 약을 구하기 쉽지 않으므로 기본적인 두통약 · 소화제 · 지사제 · 위장약 · 비타민 보급제 등은 물론, 반창고와 소독약 등을 휴대해야 한다.

③자외선 차단제와 방충제 준비

대자연으로 나가면 강한 자외선으로 인해 피부 손상이 극심하다. 특히 열대지방으로의 원정은 더욱 심하므로 자외선 차단제를 필히 휴대한다. 밀림과 같은 해충이 많은 장소로의 원정에는 방충제가 필요한데, 이것은 국내 제품은 효과가 없을 수 있으므로 현지에서 구입하는 것이 좋다.

④항공사 하물 규제의 대비

항공사별로 수하물 규제에 차이가 있긴 하지만 일반적으로 이코노미 클래스를 이용할 경우는 1인당 한도 무게가 20kg 정도이다. 그러나 여행용 트렁크에 갈아입을 옷과 릴 정도만을 넣어도 간단히 20kg이 넘는 일이 많다. 추가 요금이 매우 고가이므로 짐을 싸는데도 충분히 주의하여 지그와 같은 중량이 나가는 루어나, 릴과 같은 무거운 장비는 기내 수하물로 직접 갖고 들어가는 것도 요령이다. 그러나 공항의 안전 문제로 인해 날카로운 금속 물질의 항공기내 반입이 금지되는 수도 있으므로 충분히 고려해야 한다. 이 외에 소형 항공기는 하물의 개수와

4

길이 제한이 있는 경우도 많으므로 사전에 철저히 확인하여야 한다.

⑤현지 가이드 대응 문제

현지 낚시 가이드에게는 자신이 하고자 하는 형태의 낚시를 충분히 요구한다. 손님이 원하는 낚시 형태에 응하여 안내하는 것이 가이드의 역할이기 때문이다. 가이드가 권하는 형태의 낚시도 좋지만, 낚시인 자신이 하고자 하는 낚시 형태를 요구하면 가이드는 위험이 따르거나 시즌에 맞지 않는 형태가 아닌 이상, 최적의 포인트 안내와 조언을 해줄 것이다.

2 대물낚시 파이팅 & 랜딩 요령

대물과의 파이팅 자세는 중심을 낮추고 낚시인의 힘과 낚싯대의 반발력을 충분히 활용할 수 있는 각도를 유지하는 것이 중요하다.

■ 파이팅 기본 자세

외국에서는 국내에서 경험하기 어려운 대물을 만날 기회가 많다. 낚시도구의 발

달로 인해 과거에는 상상도 못하던 대물을 낚아 올릴 수 있는 기회가 늘어나고 있는 것이다. 대물과의 대결에서 낚시인의 올바른 파이팅 자세는 좀더 편하고 쉽게 대물을 낚는 데 도움이 된다. 즉, 루어 작동, 챔질, 파이팅, 랜딩의 흐름을 얼마만큼 효율적으로 하는가가 중요한 요소가 된다.

경험이 많은 낚시인 중에서도 습관과 오해에서 비롯되는 그릇된 자세와 동작으로 대물을 낚아 올리는 데 효율이 떨어지거나, 낚시장비를 파손하고 마는 경우가 발생하곤 한다. 〈그림116〉에 표현한 바와 같이 좋은 자세와 비효율적인 자세의 예를 참고하기 바란다.

대물과의 대결에서 낚싯대를 급격히 수직으로 세운다거나 일반 갯바위용 낚싯대를 사용하듯 다룬다면 충분한 능력을 발휘하지 못하는 것은 물론, 낚싯대를 부러뜨릴 수도 있다. 중요한 것은 낚싯대의 각도인데, 이는 낚싯대의 성능을 최대로 발휘하도록 유의하는 것이다. 낚싯줄과 낚싯대가 직각을 이루는 것이 이상적이겠으나, 어떻게 하든 낚싯대는 구부러지게 되어 있으므로 차이가 발생한다. 따라서 낚싯대를 수직에 가깝게 세우는 자세는 피해야 하며, 가능한 한 낚싯대의

〈그림116〉대물낚시 파이팅 자세

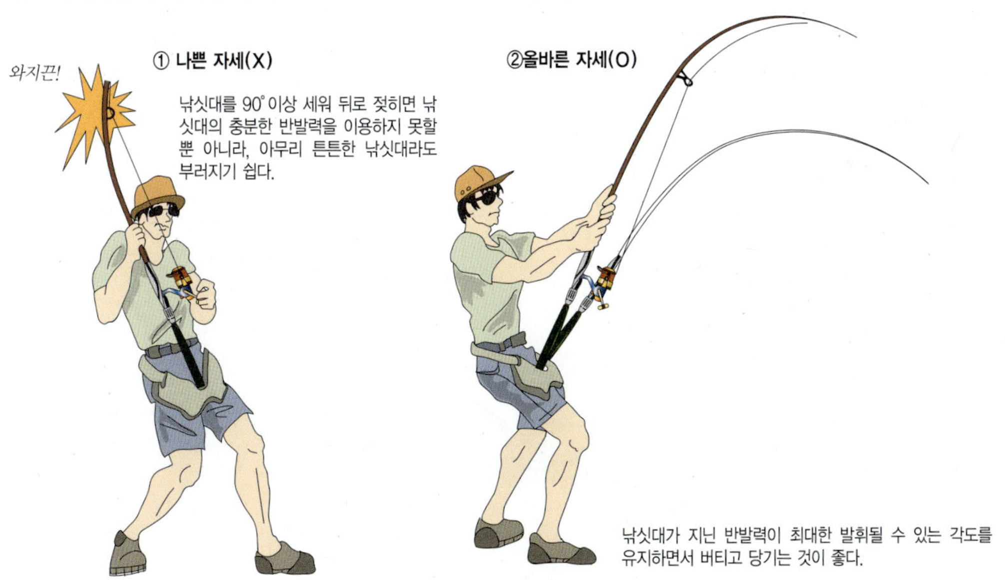

탄성을 충분히 유지시켜야 파손을 방지할 수 한다.

4

■ 올바른 펌핑(Pumping) 동작

강렬하게 저항하는 대물을 수면으로 올라오게 하는 방법으로 펌핑이 있다. 이름 그대로 퍼 올리는 동작으로서, 낚싯대의 힘과 낚시인의 힘을 이용해 강하게 당겨 올렸다가 다시 낚싯대를 낮추면서 릴을 감는 동작의 반복을 말한다.

펌핑 시 가장 많은 실수는 낚싯대를 낮추는 과정에서 비롯되는데, 낚싯대를 급격히 낮추면서 발생하는 여유로 인해 물고기의 입에서 바늘이 빠지는 현상이 발생한다. 따라서 펌핑의 첫 동작으로 물고기를 조금 끌어 올렸다면 계속해서 장력을 유지한 채 낚싯대를 낮추면서 릴링을 해야 하는데, 대물과의 파이팅은 핸들 반 바퀴나 한 바퀴 정도(약50cm~1m)가 고작임을 상기하여 서두르지 말아야 한다.

대물도 어느덧 힘이 떨어지거나 낚시인 쪽으로 헤엄쳐 오게 되면 저항이 약해짐으로써 릴링이 쉬워지는데, 이때는 가능한 한 빠르게 그리고 다량으로 릴링을

〈그림117〉올바른 펌핑 자세

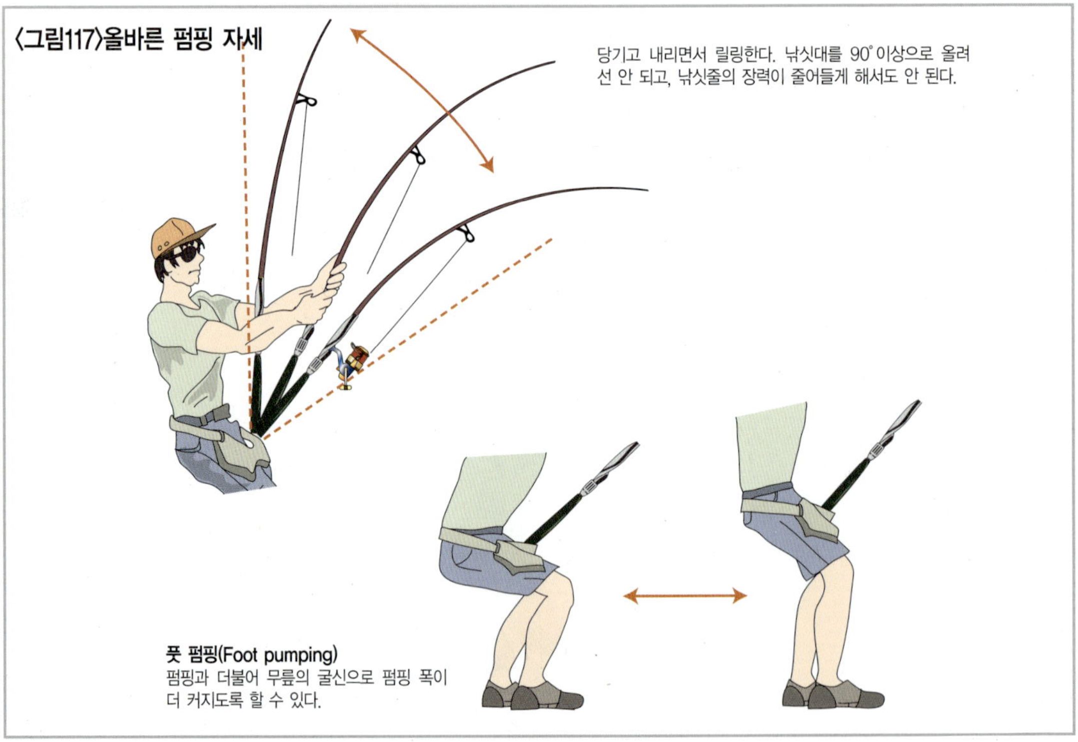

함으로써 이후의 파이팅에서 낚시인이 우위를 점하도록 한다.

펌핑은 대상어가 초대물인 경우 상반신과 팔 힘만으로는 쉽지가 않으므로 풋 펌핑(Foot pumping)이 필요하다. 상반신과 팔은 일정 자세를 유지한 채 인체에서 가장 큰 근육인 허벅지를 사용하는 방법으로, 앉았다가 일어나는 것을 되풀이 한다고 생각하면 된다. 이때 중요한 것은 몸의 무게 중심이 흐트러지지 않도록 유의한다. 숙달이 되면 일반적인 펌핑과 풋 펌핑의 병행으로 좀더 빠르게 대물을 수면으로 끌어올릴 수 있다.

3 공인기록 인정을 위한 I.G.F.A 규정이란?

■ 허용 목줄의 길이

공인 기록을 원하는 경우에는 낚싯줄을 I.G.F.A의 공인된 제품을 사용하도록 한다. 원줄에 직접 루어를 연결해 사용하는 것은 아무런 문제가 없지만, 별도로 목줄을 사용하는 경우 길이에 대한 규정 범위를 벗어나게 되면 기록을 인정받지 못한다. 그 규정은 민물과 바다로 나뉘고, 바다의 경우는 다시 원줄의 강도가 20파운드를 넘지 않는 경우와 넘는 경우로 나눠 더블 라인의 길이와 쇼크 리더의 길이를 규정하고 있다(〈그림118〉 참조).

■ 실격의 예

다음과 같은 경우에는 I.G.F.A의 기록을 인정받지 못하는 '실격' 사항이다.

①릴을 사용하지 않은 경우.

②전동릴을 사용한 낚시.

③채비에 쿠션 고무줄이 들어 있는 경우.

〈그림118〉 I.G.F.A의 목줄 길이 규정

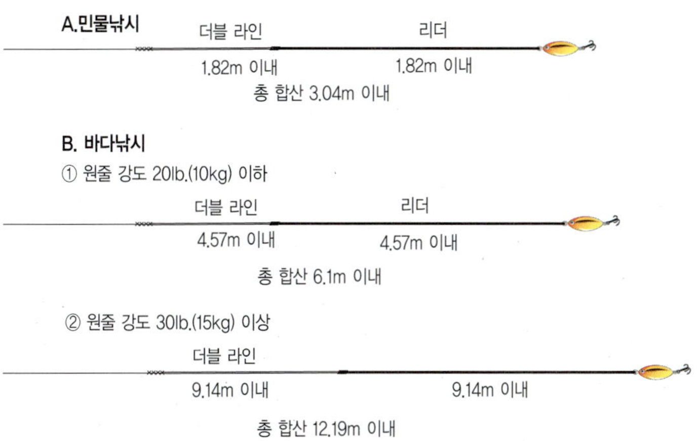

대양에서 대물과의 호쾌한 대결이 기다리고 있는 해외 원정낚시.

④루어에 고유 부착되어 있는 것은 제외하고 바늘이 2개를 초과하는 경우.

⑤모자(母子)바늘 채비에서 새끼바늘이 싱글 훅이 아닌 경우.

⑥파이팅 중에 낚싯대를 거치대에 끼운 채 파이팅하거나, 뱃전에 낚싯대를 기댄 채 파이팅한 경우.

⑦바늘을 루어에서 2cm 이상 늘어뜨려 매단 경우.

⑧손낚시 등.

연어(Salmon)낚시

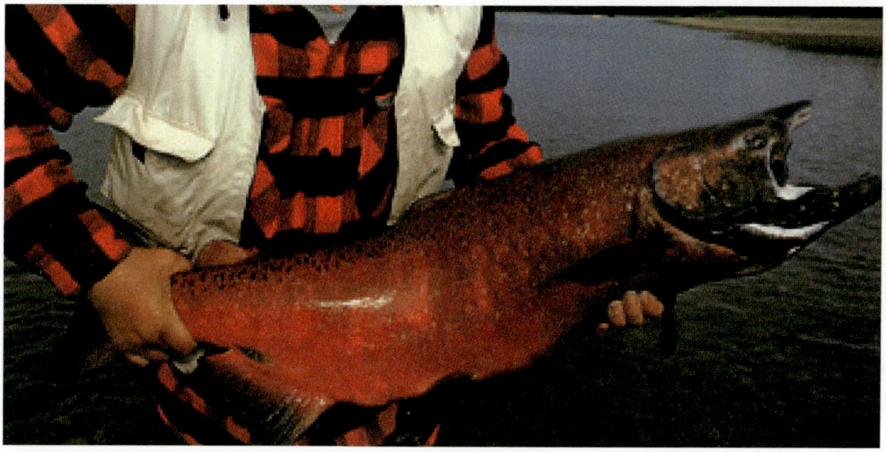

표준명■킹 새먼 학명■*Oncorhynchus tshawytscha* 일명■マスノスケ(마스노스께) 속명■친눅(Chinook)

1 연어는 어떤 물고기인가?

연어과의 어류는 대부분 계류에서 태어나 바다로 나가 성장하고, 다시 모천으로 회귀하여 산란 후 생을 마감하는 생태를 지닌다. 우리나라에도 산천어나 연어와 같은 연어과의 어류가 존재하지만, 해외에는 더욱 다양한 연어과의 게임 피시가 존재하고 있다.

①킹 새먼(King salmon) : 학명 *Oncorhynchus tshawytscha*, 연어과의 어류 중 가장 대형 종으로 최대 150cm, 60kg의 기록이 있다.

②실버 새먼(Silver salmon) : 학명 *Oncorhynchus kisutch*, 은연어 또는 코호라고도 불리는 연어로서 송어(Cherry salmon)와 외형이 비슷하다.

③첨 새먼(Chum salmon) : 학명 *Oncorhynchus keta*, 우리나라에서 흔히 연어라고 불리는 종류로, 가을철 동해안의 하천에 소상하는 것이 유명하다. 북미에

〈표18〉 연어과 어류 비교표

실버 새먼(Silver salmon) 속명■은연어, 코호(Coho)

학명■*Oncorhynchus kisutch* 일명■ギンザケ(긴자께)

첨 새먼(Chum salmon) 속명■연어, 도그 새먼(Dog salmon)

학명■*Oncorhynchus keta* 일명■シロザケ(시로자께)

핑크 새먼(Pink salmon) 속명■곱사연어

학명■*Oncorhynchus gorbuscha* 일명■カラフトマス(카라후토 마스)

레드 새먼(Red salmon) 속명■소카이(Sockeye)

학명■*Oncorhynchus nerka* 일명■ベニザケ(베니자께)

서는 연어 종류 중 가장 맛이 떨어진다 하여 '도그 새먼'이라고도 부르지만, 우리나라와 일본에서는 귀중하게 여기고 있다.

④핑크 새먼(Pink salmon) : 학명 *Oncorhynchus gorbuscha*, 산란을 위해 하천으로 소상할 때 옆구리가 자색을 띤다. 또한 수컷의 등이 곱사등이가 되므로 '곱사연어'라고도 부른다.

⑤레드 새먼(Red salmon) : 학명 *Oncorhynchus nerka*, 하천으로 소상하여 혼인색을 띠면 암수가 모두 등과 몸통이 선홍색으로 물든다. 연어 종류 중에서 가장 맛이 좋은 것으로 알려져 있으며, 소카이(Sockeye)라는 별명으로도 불린다.

⑥기타 연어 종류 – 연어과의 어류는 이 외에도 바다와 하천을 오고가는 강해형(降海形)으로서 차(Char)·돌리바덴(Dolly varden)·스틸헤드(무지개송어의 강해형) 등이 낚시 대상어로 유명하며, 육봉형(陸封型)으로는 유럽·북미·뉴질랜드에 서식하는 브라운 트라우트(Brown trout)와 몽골과 시베리아에 서식하는 타이멘(Taimen) 등이 유명하다.

2 연어낚시의 본고장과 시즌은?

바다에서 거대하게 자란 연어는 산란을 위해 모천으로 거슬러 올라 낚시인과 한판 승부를 펼친다.

연어과의 어류는 대서양 연어(애틀랜틱 새먼 · Atlantic salmon)와 같이 북대서양에 서식하는 종류를 제외하고는 대부분 북태평양을 중심으로 종류별로 각 연안, 즉 알라스카와 북미대륙의 서해안, 캄차카 반도와 연해주를 거쳐 우리나라 동해안 북부에 서식한다. 그러나 아시아 측보다는 북미 대륙 쪽에 개체수가 많은데, 연어낚시가 발달된 곳은 미국의 알라스카 주와 캐나다이다. 이 외에 뉴질랜드는 유럽으로부터 이식된 육봉형의 연어과 어류인 무지개송어와 브라운 트라우트가 정착되어 세계적으로 유명한 낚시터가 되고 있다.

낚시 시즌은 지역별로, 연어의 종류별로 하천을 소상하는 시기가 다르므로 소상 시기를 맞춰야 한다. 미국의 알라스카를 예로 들면 킹 새먼은 6~7월, 실버 새먼은 8~9월, 핑크 새먼은 6~8월 등 이다.

4

❸ 연어낚시 장비 · 채비 및 기본 테크닉

연어과의 어류는 강한 육식성을 지니고 있어 루어 · 플라이낚시의 좋은 대상어가 되며, 특히 플라이 낚시인들의 꿈의 대상어이다. 〈그림119〉와 같이 낚시 형태에 따라 장비 · 채비를 준비한다.

그 밖에 연어낚시의 기초 상식을 나열하면 다음과 같다.

①낚시터 여건이 인가에서 가까운 곳에 형성되어 있는 경우도 많지만, 광활한 대륙의 대하를 1000km나 소상하는 연어들은 그 낚시터가 도회지에서 멀리 떨어진 오지에 위치하는 경우도 많다. 그룹을 이룬 캠핑, 경비행기나 헬리콥터를 이용하여 이동하는 경우도 있으므로 무엇보다도 안전사고에 주의를 기울여야 한다. 사고 시 생존에 필요한 최소한의 개인 준비물을 항상 휴대하고, 특히 인솔자나 현지 가이드의 의견을 가장 우선시하는 태도가 필요하다.

②깊은 삼림의 오지에 위치한 강변은 야생동물과 곤충의 천국이므로 이에 대한 철저한 대비를 한다.

③현지의 낚시규제에 대한 법령(면허 · 낚시방법 · 바늘의 개수 · 크기 및 마릿수 제한 등)을 사전에 숙지한다.

〈그림119〉연어 루어 · 플라이낚시 장비 · 채비

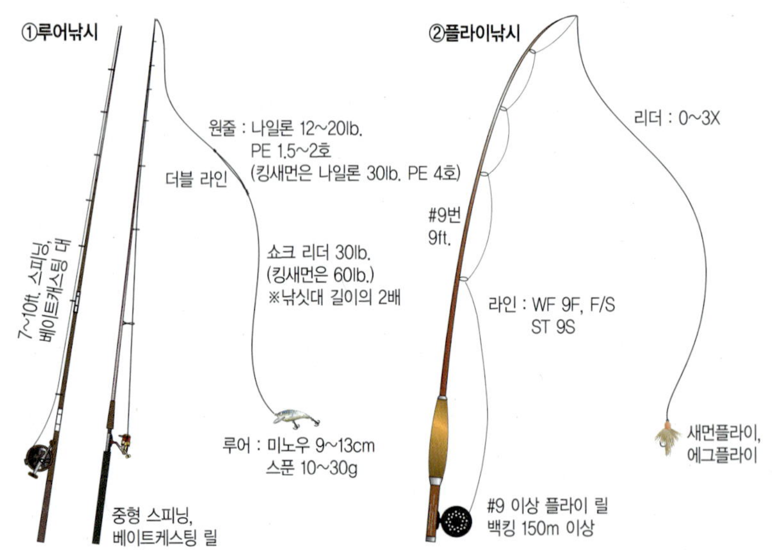

바라만디(Barramundi)낚시

학명■ *Lates calcarifer* 영명■ Barramundi

1 바라만디는 어떤 물고기인가?

학명이 *Lates calcarifer*인 바라만디는 외형이 농어를 닮았지만, 등이 매우 높고 머리가 뾰족하게 돌출되어 있으며 비늘이 매우 크다. 또한 눈이 빛의 각도에 따라 주황색으로 보이는 특징이 있다. 주로 기수역에서 생활하는데 완전한 민물로 올라가기도 한다. 매우 맛이 좋으며 또한 낚시에 걸렸을 때 강한 저항과 점프를 반복하여 게임 피시로서 인기가 높다.

최대 2m 정도까지 성장하는데, 대략 90cm 정도로 성장하면 모두 암컷으로 성전환을 하는 특성을 갖고 있다. 오스트레일리아의 북부, 동남아시아, 필리핀, 인도에 서식한다.

특히 바라만디 낚시가 가장 활발한 곳은 오스트레일리아이다. 오스트레일리아에서는 '낚시' 하면 모두가 바라만디를 이야기할 정도로 유명하지만, 오스트레일리아의 어느 곳에나 서식하는 것은 아니고 북부의 아열대 해안 도시를 중심으로

4

복잡한 맹그로브(홍수림) 사이로 루어를 던져 낚는 바라만디낚시는 색다른 멋이 있다

활발하며, 배스 보트와 같은 소형 보트를 이용한 가이드 서비스가 완비되어 있다. 강을 거슬러 맹그로브(홍수림) 밀림 사이를 이동하며 낚는 형태이거나, 기수역의 암초 주변이나 장애물 주위를 노린다.

낚시 시즌은 현지의 봄철에서 가을철(10월~익년 2월)이 가장 좋은 시기이다.

2 바라만디 장비 · 채비 및 기본 테크닉

바라만디의 낚시 장비는 배스낚시 장비와 유사한 점이 많다. 그러나 서식하는 장소의 차이는 물론, 입질 형태가 배스와 다른 점이 있어 이를 보완한 장비와 채비가 필요하다. 〈그림120〉과 같이 장비와 채비를 구성하면 된다.

바라만디 낚시에 필요한 유의사항을 꼽아 보면 다음과 같다.

바라만디는 점프를 반복하는 거친 저항으로 유명하다.

①바라만디가 서식하는 장소는 대부분 맹그로브가 무성한 장소로서 해충도 많은 장소이다. 말라리아 · 뎅구열과 같은 풍토병 예방을 위해서도 필히 해충 기피제와 살충제를 지참하도록 한다.

②오스트레일리아는 자연보호가 철저히 이루어지는 나라로서 외래 동식물에 대한 검역 및 규제가 까다로우므로 입출국시에 유의한다.

③도시 주변이 아닌 오지로 들어가는 경우에는 사유지, 원주민 보호구역 등에 대한 규제가 있을 수 있으므로 필히 현지 전문 가이드와 동행하고 규칙에 따른다.

④현지의 낚시규제에 대한 법령(면허, 크기 및 마릿수 제한 등)을 사전에 숙지한다.

〈그림120〉바라만디낚시 장비 · 채비

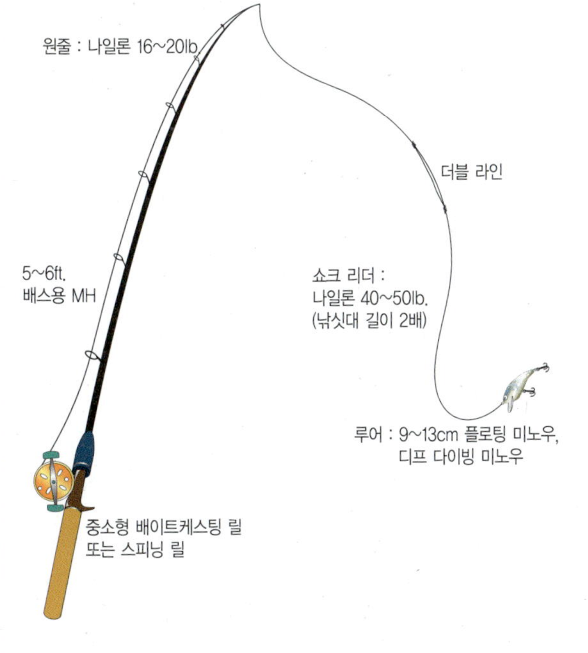

4

피콕 배스(Peacock Bass)낚시

학명■*Cichla temensis* 영명■ Peacock Bass, Tucunare asu 속명■The Barred

1 피콕 배스는 어떤 물고기인가?

남미 아마존강 유역에 서식하는 피콕 배스는 그 명칭과는 달리 배스 종류가 아니며, 시크리트, 틸라피아 등과 같은 키크리과(科)의 어류이다. 명칭은 꼬리에 있는 눈과 같은 무늬에서 유래되었다. 루어를 단번에 부숴버리는 강력한 힘과 저항으로 구미의 낚시인들에게는 매우 인기가 높은 어종이다.

광대한 아마존강에 서식하는 피콕 배스는 그 종류가 10여종으로 추정되며, 생태는 아직 자세히 밝혀져 있지 않다. 그 중 대형으로 성장해 낚시 대상어가 되는 것은 외형이 다른 3가지의 피콕 배스가 유명하고, 약 4~5종이 낚시 대상어로 인기를 모으고 있다. 브라질과 페루에서는 투쿠나레(Tucunare), 이외 라틴계 나라에서는 파본(Pavon)이라고 부른다.

①바아드(The Barred) – 학명이 *Cichla temensis*로 '투쿠나레 아스' 라고 부르

〈표19〉피콕 배스의 종류 비교표

바아드 피콕 배스 속명■The Barred	스펙클드 피콕 배스 속명■The Speckled

학명■*Cichla temensis*	학명■*Cichla temensis*
버터플라이 피콕 배스 속명■The Butterfly	그레이바 피콕 배스 속명■The grey bar

학명■*Cichla ocellaris*	학명■ *Cichla monoculus*

는 가장 대표적인 피콕 배스이다. 눈 뒤의 검정 반점과 몸통의 검정 띠가 선명하고, 1m까지 성장하는 것으로 알려져 있다.

②스펙클드(The Speckled) – 바아드와 달리 검정 띠가 희미하거나 없고, 작은 흰점이 가로로 줄지어 있다. 과거 다른 종류로 인식되었으나 최근의 연구로 투쿠나레 아스와 같은 종류임이 밝혀졌다. 성숙되지 않은 개체이거나 산란기가 아닌 암컷의 모습이다.

③버터플라이(The Butterfly) – 학명이 *Cichla ocellaris*로 몸통 중앙에 가로로 불규칙한 3개의 점이 있는 것으로 구분한다.

④기타 피콕 배스 종류 – 그레이 바(*Cichla monoculus*), 로얄(*Cichla nigrolineatus*)이라고 불리는 종류의 피콕 배스가 낚시 대상어로 인기가 있다.

2 피콕 배스낚시는 어디서 언제 이뤄지나?

피콕 배스는 브라질과 에콰도르 등지를 흐르는 아마존강의 여러 지류인 네그루강 · 마데이라강 · 베네수엘라의 오리노코강 등이 유명한 낚시터이다. 일반적으로는 아마존강 중류에 위치한 아마존 최대의 항구도시인 마나우스를 기점으로 하여 광대한 정글 속을 흐르는 오지에서의 낚시로, 대형 모선(母船)에 타고 본류를 따라 이동 및 숙박을 하면서 작은 모터보트를 이용하여 포인트로 접근한다. 이 외에 미국 남부 플로리다 주에도 이식되어 서식지가 늘어나고 있으며, 동남아 지역 싱가포르에도 이식되어 있다. 관상어로도 가치가 높은 물고기이다.

시즌은 우기(雨期)가 끝나고 수위가 안정을 되찾는 7월부터 익년 3월까지가 좋은 시기이다.

〈그림121〉피콕배스낚시 장비 · 채비

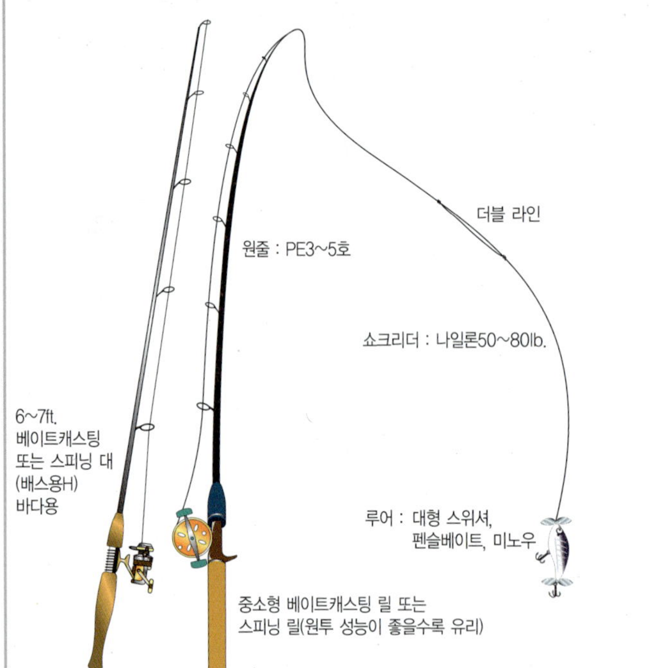

3 피콕 배스 장비 · 채비 및 기본 테크닉

피콕 배스의 낚시 장비는 배스낚시 장비 중 헤비(H)급을 사용하거나, 더욱 크기와 강한 저항에 대비하여 보다 강화된 장비를 사용한다. 사용하는 루어는 톱워터 루어의 일종인 스위셔의 대형 크기가 주로 사용된다. 채비 및 장비는 〈그림121〉과 같이 구성하면 되고, 피콕 배스 낚시를 하는 데 있어 유의사항을 요약하면 다음과 같다.

①남미의 경우 낚시터가 도회지에서 멀리 떨어진 오지에 위치하고 있으므로 무엇보다도 안전사고에

미지의 아마존 밀림에서 화려한 피콕 배스와의 만남.

주의를 기울여야 한다.

②남미는 치안이 안정되어 있지 않은 관계로 낚시터나 호텔을 떠난 도시에서의 단독행동은 되도록 삼가도록 한다.

③해충 대책, 예방접종 등 풍토병 예방을 위해 만전을 기한다.

④야생동물과 해충에 대한 철저한 대비를 한다.

4

새치(Marlin) 빅게임 트롤링

표준명■돛새치 학명■*Istiophorus platypterus* 영명■Sailfish 일명■バジョウカジキ(바죠우카지끼)

1 새치류는 어떤 물고기인가?

'새치' 하면 누구나 맨 먼저 떠오르는 것이 헤밍웨이의 〈노인과 바다〉이다. 낚시인의 경우는 특히 거대어에 대한 동경 때문에 저절로 팔뚝에 힘이 가해지기도 한다. 사실 그대로 전 세계 최고의 게임 피시로 각광받는 새치에도 몇 가지 종류가 있는데, 그 명칭이 서양과 동양(일본)에서는 반대로 나타난다. 그 이유는 서양은 죽은 이후의 모습을 위주로 명명(命名)하였고, 동양에서는 살아있는 모습 위주로 명명한 것에서 비롯되는 것 같다. 우리나라의 명칭은 서양 명칭과 일본 명칭이 혼합된 인상을 준다. 새치는 세계적으로는 3속, 11종이 알려져 있는데, 그중 낚시 대상어로 유명한 것은 5가지 종류이다.

①**청새치** – 학명은 *Tetrapturus audax*, 영명은 스트라이프트 마린(Striped marlin), 일명은 마카지끼(マカジキ)이다. 새치 중에서 가장 맛있는 종류로 다른

종류만큼 대형이 되지는 않는다. 몸통에 줄무늬가 확연하다.

②**백새치** – 학명은 *Makaira indica*, 영명은 블랙 마린(Black marlin), 일명은 시로카지끼(シロカジキ · 또는 シロカワ)이다. 살아있을 때는 등쪽 이외는 유백색인데, 죽으면 전부 검게 변한다.

③**흑새치** – 학명은 *Makaira mazara*, 영명은 블루 마린(Blue marlin), 일명은 쿠로카지끼(クロカジキ · 또는 クロカワ)이다. 빅게임 트롤링의 대표 어종으로서 새치 중에서 가장 대형으로 5m 이상으로 성장한다. 죽으면 몸체에 청색 광택이 난다.

④**황새치** : 학명은 *Xiphias gladius*, 영명은 스워드 피시(Sword fish), 일명은 매가지끼(メガジキ)이다. 적응 수온 범위가 큰 새치로, 다른 종류와는 달리 수심이 깊은 중층까지도 유영한다.

⑤**돛새치** – 학명은 *Istiophorus platypterus*, 영명은 세일피시(Sailfish), 일명

〈표20〉 새치 종류 비교표

청새치 영명■Striped marlin	**백새치** 영명■Black marlin

학명■*Tetrapturus audax* 일명■マカジキ(마카지끼)	학명■*Makaira indica* 일명■シロカジキ, シロカワ(시로카지끼 또는 시로카와)
흑새치 영명■Blue marlin	**황새치** 영명■Sword fish

학명■*Makaira mazara* 일명■クロカジキ, クロカワ(쿠로카지끼 또는 쿠로가와)	학명■*Xiphias gladius* 일명■メガジキ(매가지끼)

4

은 바죠우카지끼(バジョウカジキ)이다. 등지느러미가 돛처럼 넓은 새치로, 소형종에 속한다.

2 새치낚시는 어떻게 이루어지나?

■ 트롤링 장비 및 채비

트롤링 전용 낚싯대와 전용 트롤링 릴을 사용한다. 라인 클래스별로 130파운급까지 나뉘어져 있다. 〈그림122〉과 같이 장비와 채비를 준비하면 되는데, 빅게임용 전문 크루저에는 루어까지 구비된 완벽한 장비가 설치되어 있으므로 자신의 장비를 사용할 필요 없이 이를 사용하는 경우가 많다. 공인 기록을 원하는 경우에는 더블 라인과 쇼크 리더를 I.G.F.A의 규정에 맞는 길이로 사용해야 한다.

■ 트롤링과 일반 낚시의 차이

우선 낚싯대를 들고 있느냐 아니냐의 차이가 있다. 트롤링은 낚싯대를 배에 거치

〈그림122〉트롤링낚시 장비 · 채비

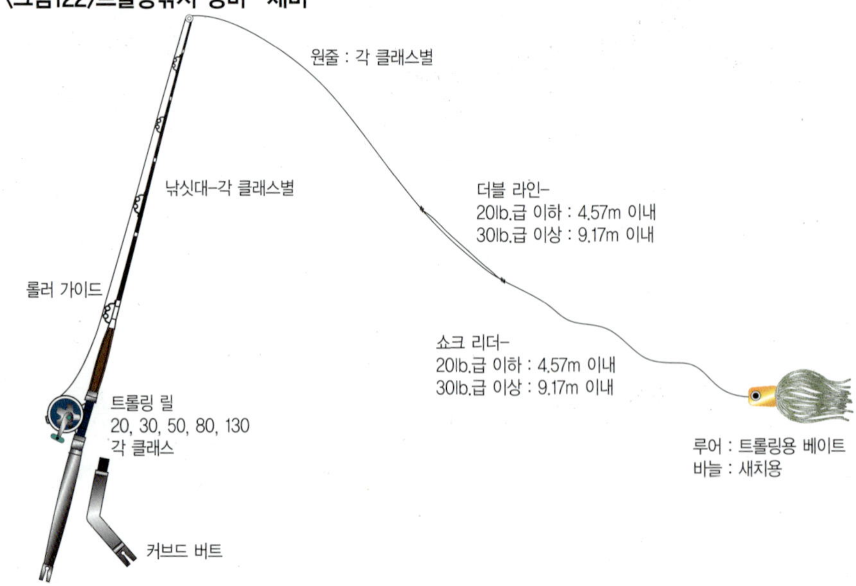

하고 배로서 루어를 끌지만, 일반적인 루어낚시는 낚싯대를 손에 들고 적극적으로 루어를 움직여 준다.

다음으로 물고기가 입질을 하면 트롤링은 배의 동력을 이용해 속도를 높여 대상어의 입에 바늘이 박히도록 하지만, 일반 루어낚시는 낚시인 자신의 힘으로 직접 챔질을 한다. 이후 파이팅에서도 차이가 나는데, 트롤링은 낚싯대와 릴을 낚싯배(파이팅 체어) 또는 낚시인의 몸에 하네스를 이용해 묶어 고정하지만, 일반 루어낚시는 특별한 경우가 아닌 이상 완전히 인력으로 파이팅에 임한다.

우리나라의 낚시인들도 국제 토너먼트에 참가하여 선전하고 있다. 2005년 하와이 대회에 참가, 블루 마린(Blue marlin) 부분 1위에 입상한 KGFA 소속 김영숙 선수의 파이팅 장면.

그리고 트롤링은 처음부터 끝까지 혼자서는 할 수 없는 낚시로서 스키퍼(선장), 데크핸드(보조자), 낚시인이 한 조가 되어 호흡을 맞추어야 성공적인 낚시가 가능해 진다. 이에 반해 일반 루어낚시는 대부분 낚시인 혼자 힘으로 시종일관 낚시에 임한다.

■ 주요 낚시터 및 시즌

새치류는 태평양과 인도양의 열대와 아열대 해역에 주로 서식한다. 유명 낚시터는 하와이 · 사이판 · 케언스 등과 같은 세계적 관광지로서, 이들 지역엔 전문 트롤링 선박이 관광객을 위해 항시 대기 하고 있으며 매년 세계적인 대회도 개최한다.

시즌은 지역에 따라, 새치 종류에 따라 많은 차이를 나타낸다. 예를 들어 호주 북부 케언스의 블랙마린은 8월~12월, 세일피시는 수온이 낮은 6~8월이 좋은 시기이다.

■ 새치 트롤링 낚시 주의 사항

①대형 새치는 바늘에 걸린 후 화려한 점프와 강한 저항을 반복하여 장시간에 걸친 파이팅을 하게 되는 경우가 많으므로 낚시인의 체력이 무엇보다 문제가 된다.

②배 위에서는 무엇보다도 승선원 간의 협조가 중요하다.

③우리나라와 달리 서구에서는 낚은 물고기는 낚시인의 소유가 아닌, 선장의 소유임을 이해하고 모든 것은 선장의 의견에 따른다.

④릴리즈(Release), 태깅(Tagging), 키프(Keep)에 관해서는 출발 전 미리 선장과 의견을 맞춰야 한다.

GT(Giant Trevally)낚시

학명■*Caranx ignobilis* 영명■Giant Trevally 일명■ロウニンアジ(로오닝아지) 속명■GT

1 GT는 어떤 물고기인가?

'자이언트 트레발리'는 전갱이과(科)의 어류로서 태평양·인도양의 아열대와 열대 바다에 서식하는 갈전갱이류 중에서 가장 몸집이 큰 종류이다. 치어들은 다른 갈전갱이류와 마찬가지로 군집생활을 하지만 성어가 되면 산호초 주변 등 연안에서 단독생활을 한다. 'GT'라는 별칭은 오스트레일리아의 그레이트 배리어 리프 해역에서 처음 생겨났다고 전해지며, 서구의 낚시인들에게는 큰 관심의 대상이 못 되지만, 일본 낚시인들이 루어 캐스팅 대상어로 가장 선호하는 어류로서 인기가 높아 세계적으로 유명해졌다.

■ 주요 낚시터 및 시즌

태평양과 인도양의 열대와 아열대 바다에 넓게 서식한다. 과거에는 하와이의 갯

4

낚아 올린 GT는 해수 펌프를 사용해 호흡을 도와주면서 기념 촬영을 한 후에는 돌려보내 주는 것이 불문율이다.

바위낚시가 유명했으나 톱워터 루어를 활용한 선상 캐스팅 방법이 유행하면서부터는 오스트레일리아 동북부의 그레이트 배리어 리프 해역과 미크로네시아, 인도네시아, 필리핀, 몰디브, 피지, 일본 오끼나와 등지가 유명 낚시터로 각광받고 있다.

시즌은 해당 지역의 여름철을 중심으로 전개되는데, 우기(雨期)가 끝난 이후라야 바다가 안정을 되찾아 낚시하기가 좋다. 북반구는 4~9월, 남반구는 10월~3월이 좋다.

2 GT 장비 · 채비 및 기본 테크닉

GT낚시는 하나의 독립된 장르로 구분될 만큼 장비 및 채비가 전문성을 띠고 있다. 전용 낚싯대는 물론, 무게가 200g 이상이나 되는 톱워터 루어를 사용하는 등이 그것이다. 〈그림123〉을 기준으로 구성하되, 상황에 맞게 변화를 주면 된다.

■ 루어 선택 및 사용 방법

①스위머(Swimmer) – 앞부분에 컵이 있는 형태로서 만새기낚시에 사용되는 것과 동일한데, GT낚시에서는 보다 대형이 사용된다. 낚싯대의 각도를 일정하게 유지한 채 단순히 고속 릴링을 하면 루어 자체가 자동적으로 스위밍 동작과 폼핑 동작을 반복한다. GT에 가장 많이 사용되는 루어로, 파도가 거칠게 이는 날에도 다른 루어에 비해 확실한 동작을 보이는 장점이 있다. 90~150g 정도를 사용한다.

②폼퍼(Popper) – 앞부분의 컵이 크고 넓은 형태로서 수면에 강한 물보라와 파열음을 발생시키는 루어이다. 낚싯대를 강하게 저킹하여 만들어내는 '빅 폼핑' 동작에 주로 활용되며, 일반적으로 120~200g 정도를 사용한다.

③펜슬 폼퍼(Pencil popper) – 매우 긴 형태의 펜슬 베이트 앞 부분에 폼퍼와 같은 컵이 만들어져 있는 루어이다. 도그 워킹과 함께 저주파의 소음을 작은 폼핑으로 연속 발생시키는 '쇼트 펌핑' 동작에 주로 활용되는데, 길이는 25~35cm 정도, 무게는 130~200g 정도를 사용한다.

〈그림123〉GT낚시 장비 · 채비

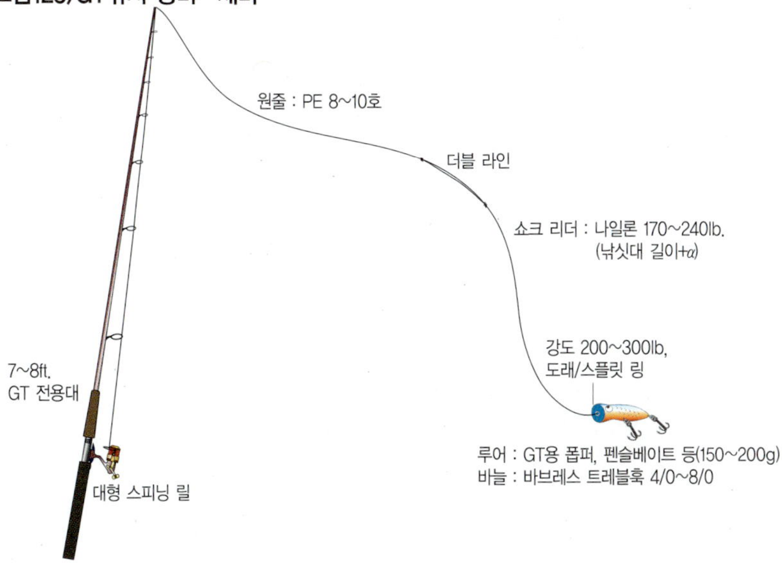

4

〈그림124〉GT낚시 루어 동작 테크닉

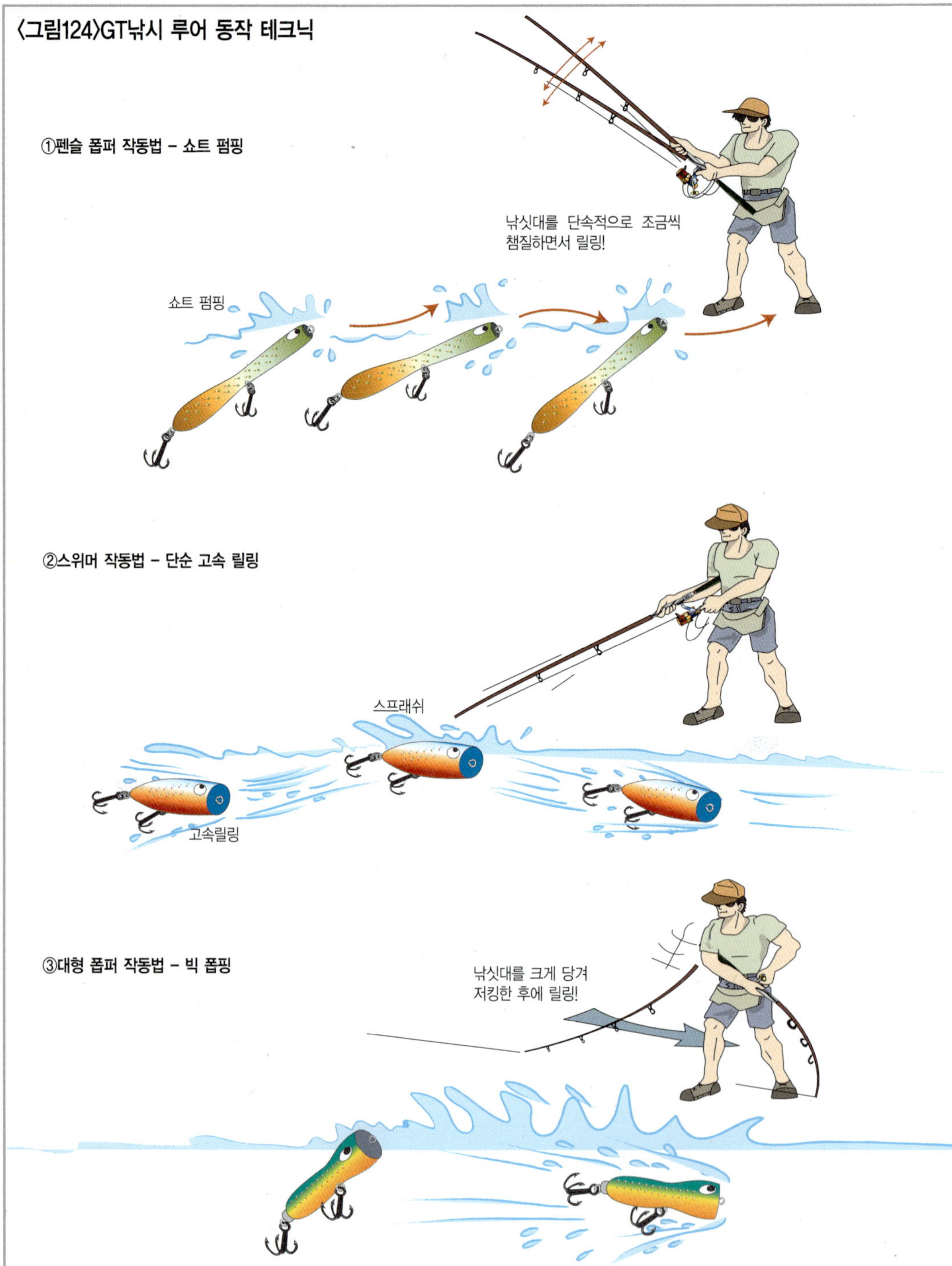

④펜슬 베이트(Pencil bait) – 단순하게 긴 형태의 펜슬 베이트로, 수면을 미끄러지듯 고속으로 활주하는 루어이다. GT의 활성도가 높아 먹잇감을 활발히 좇을 경우에 사용한다. 길이는 20~30cm 정도, 무게는 90~150g 정도가 적합하다.

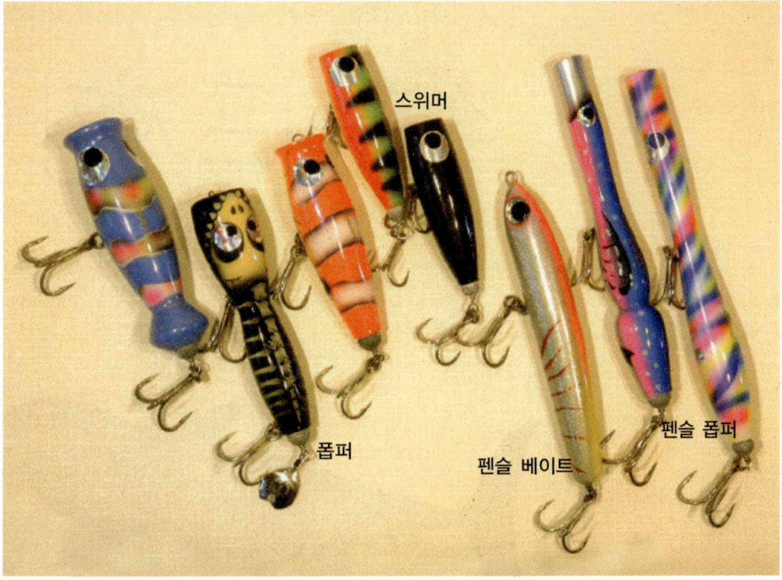

여러 가지 형태의 GT용 폽퍼(Popper).

■ GT낚시 유의사항

①세계적으로 GT낚시 동호인들 사이에는 바브레스 훅의 사용 및 릴리즈가 기본으로 정해져 있으므로 이를 철저히 지키는 자세가 필요하다.

②뙤약볕이 내리쬐는 무더운 여름 바다 위에서 중장비를 쉬지 않고 다루는 낚시이므로 낚시인의 인내와 체력이 요구된다.

③무거운 폽퍼를 원투해야 하므로 캐스팅 요령의 습득과 연습이 필요하다.

④세계적으로 유명한 낚시터라 할지라도 GT낚시가 서구에서 활발한 장르가 아니어서 전문가이드가 제한적이며, 아예 전문 가이드가 없는 경우도 많다.

⑤GT 낚시터는 상대적으로 수심이 얕은 장소로서 각종 보호구역, 리조트 인근 등 낚시 제한구역이 설정되어 있기도 하므로 이를 필히 확인하도록 한다.

4

수퍼디프 지깅 어종들

표준명■개이빨 다랑어 학명■*Gymnosarda unicolor* 영명■Dogtooth Tuna 일명■イソマグロ(이소마구로)

1 수퍼디프 지깅의 대상 어종들

일반적인 지깅보다 더 깊은 수심에서 거대한 물고기를 노리는 형태를 따로 수퍼디프(Super deep) 지깅이라고 부른다. 그 역사는 1990년대 중반부터로, PE 낚싯줄이 대중화 된 이후이다. 주 대상어는 도그투스 투나(Dogtooth tuna)와 잿방어 등으로, 우리나라 연안에서는 볼 수 없는 거대한 덩치들이다. 이 가운데 도그투스 투나(*Gymnosarda unicolor*)는 다랑어와 마찬가지로 고등어과의 어류이지만 큰 무리를 짓지 않고 몇 마리 혹은 단독으로 생활하며 섬 주위나 암초 주변을 회유한다. 빠른 속도와 거친 저항으로 낚시 대상어로서 인기가 높고, 이름처럼 날카로운 이빨을 갖고 있다.

잿방어의 경우 우리나라 근해에는 소형밖에 서식하지 않지만 해외에서는 길이 2m, 체중 100kg에 달하는 거대한 크기들이 있다.

■ 수퍼디프 지깅의 장비 및 채비

깊은 수심에서 거대한 대상어를 낚는 방법이므로 장비도 강력하고, 사용되는 지그의 무게 또한 500g이 넘을 수도 있는데, 인력으로 다루기 힘들다면 더 이상의 무게는 의미가 없어진다. 〈그림125〉와 같은 전문 장비와 채비를 사용한다.

2 수퍼디프 지깅 낚시터 및 주의사항

태평양과 인도양의 깊은 수심에 암초가 발달한 지역이 주된 포인트이다. 일본 오끼나와 해역 및 토카라 열도, 오가사와라 해역, 그리고 마리아나 제도와 하와이, 뉴질랜드, 오스트레일리아의 남서부 및 남동부 등지가 수퍼디프 지깅의 유명 낚시터로 꼽힌다.

낚시시즌은 대상어의 종류, 그리고 지역에 따라 차이가 많으므로 사전에 확인을 요한다. 바다가 잔잔하여 출항하기에 무리가 없는 우기(雨期) 이후의 여름철이 가장 좋다.

〈그림125〉수퍼디프 지깅 장비 · 채비

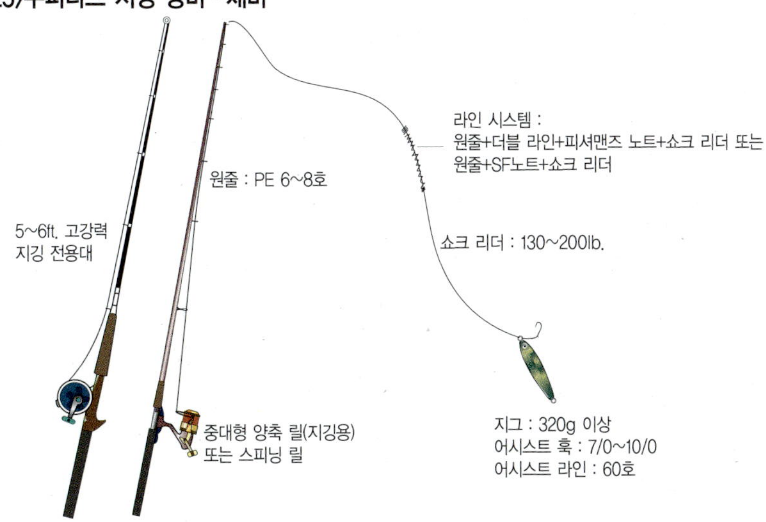

강력한 끌힘을 자랑하는 도그투스 투나(개이빨다랑어)는 수퍼디프 지깅의 최고 대상어이다.

■ 기본 상식 및 유의 사항

①오랜 시간 배를 타고 하는 낚시 형태이므로 배 위에서는 무엇보다도 승선원 간의 협조가 중요하다.

②한바다, 원양으로 원정하는 경우에는 기상변화에 주의하고, 선장의 의견을 존중하는 자세가 필요하다.

③배 위에서는 낚시인 간에 위치를 일정 시간씩 서로 교대로 바꿔가는 것이 좋다.

④한 사람이 파이팅을 개시할 때는 다른 사람은 필히 지그를 올림으로써 고기를 건 사람의 낚시에 협조하여야 한다.

본 피시(Bone fish)낚시

학명■*Albula vulpes* 영명■Bone fish 일명■ソトイワシ(소또이와시)

1 본 피시(Bone fish) & 본 피시 낚시

본 피시는 얕은 산호초 바다에서 서식하며, 마치 보리멸의 외형과 비슷한 어류이다. 지중해를 제외한 세계의 아열대, 열대 바다에 넓게 퍼져 서식하는데 아종(亞種)도 매우 많은 것으로 알려져 있다. 어업상으로는 중요한 어류가 아니지만 바늘에 걸리는 순간 40km/h의 추진력을 발휘함으로써 낚시 대상어로는 매우 인기가 높은 어종이다. 특히 미국의 플라이낚시계에서는 열광적인 인기를 누리고 있다.

본 피시는 보리멸처럼 머리를 숙여 모래속의 새우 · 조개 · 게 등을 잡아먹는데, 이때 수면 위로 보이는 본 피시의 지느러미나 그림자로 그 위치를 확인, 그곳으로 정확히 플라이나 루어를 던져 낚는다. 30~50cm 정도 크기가 많지만 90cm 정도까지 성장하는 것으로 알려져 있다.

〈그림126〉본 피시 장비 · 채비

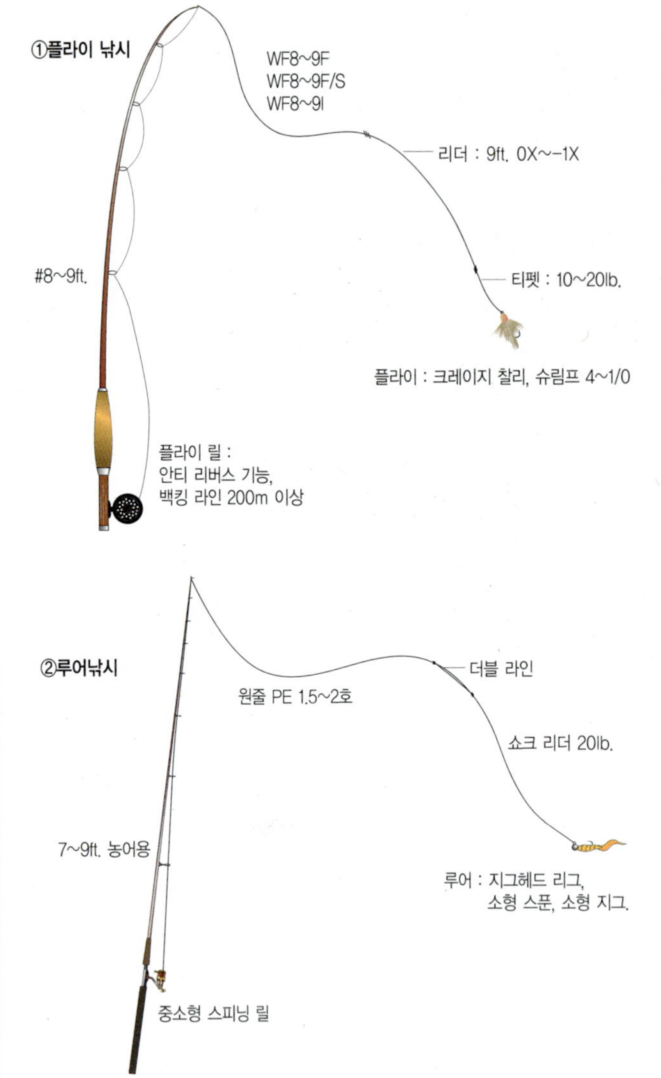

■ 장비 및 채비

본 피시의 시야에 새우나 게 등을 모방한 플라이나 소형 지그를 정확히 던져 넣도록 하는 장비가 요구된다. 또한 바늘에 걸림과 동시에 맹렬한 기세로 달려 나가므로 이에 대비한 여유 낚싯줄이 필요하다. 〈그림126〉을 참고하여 장비와 채비를 구성하면 된다.

2 주요 낚시터 및 유의 사항

아열대, 열대의 산호초 리프 내해의 얕은 모래 지형을 회유하므로 이러한 지형에서 낚시가 가능하다. 특히 대서양에서는 미국의 플로리다 해안과 바하마 제도, 태평양에서는 크리스마스 섬이 가이드 시스템이 완벽한 유명한 낚시터로 꼽힌다. 낚시 시즌은 지역에 따른 편차가 있지만 연중 가능한 편이다.

■ 기본 상식 및 유의 사항

①가이드와 2인 1조를 구성하므로 서로 최소한의 의사 소통이 가능하도록 노력한다.

②낚시인 자신의 기량(캐스팅 거리, 정확성 등)을 미리 가이드에게 알려두어야 알

맞은 가이드 서비스를 받을 수 있다.

③본 피시 낚시터는 그늘이 전혀 없는 곳이므로 자외선에 대한 사전 대책이 필요하다.

④웨이딩 중에는 가슴 이상의 수심까지 들어가는 경우도 있으므로 안전사고에 주의해야 한다.

4

타폰(Tarpon)낚시

학명■*Megalops atlantica* 영명■Tarpon

1 타폰(Tarpon) & 타폰 낚시

타폰은 본 피시와 더불어 미국의 낚시인들 사이에서 열광적인 인기를 누리는 어종이다. 거대한 몸체와 점프력을 자랑하는 타폰은 특히 플라이낚시에서 말하는 최고의 게임 피시 중의 하나이다. 최고의 게임 피시라고 불리는 것은 그만큼 낚기 어렵고 저항이 강하기 때문이다. 연안성 어류로서 입이 두껍고 위쪽을 향해 기울어져 있으며, 몸체는 은색의 큰 비늘을 갖고 있다. 길이 2.5m, 체중 100kg 이상으로 성장한다.

■ 장비 및 채비

육식성의 타폰은 살아있는 소형 어류는 물론, 죽은 어류와 새우 · 게 등을 포식하는데, 이를 모방한 플라이와 루어에 반응이 매우 좋다. 〈그림127〉을 기준으로 장비와 채비를 구성하면 된다.

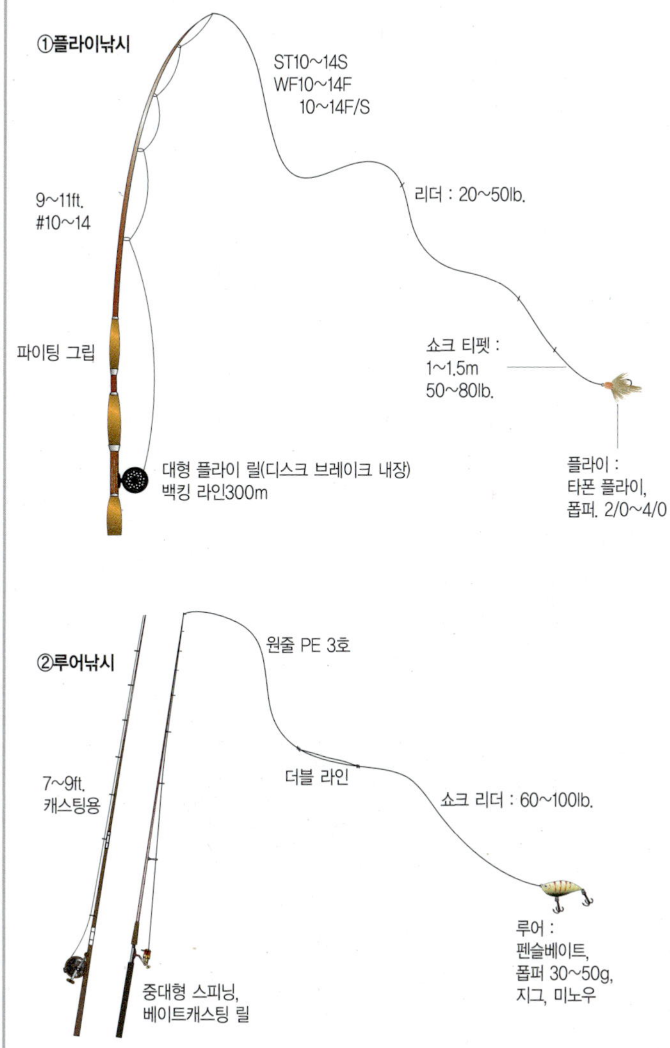

〈그림127〉타폰낚시 장비 · 채비

2 주요 낚시터 및 유의 사항

카리브 해를 중심으로 하는 대서양의 서부에 주로 서식하는 타폰은 특히 미국의 플로리다 남부 해안, 코스타리카 등 중남미의 대서양 측 해안이 유명한 낚시터이다. 낚시 시즌은 연중 가능하지만 우기(雨期)가 끝난 직후 바다가 가장 잔잔한 시기일수록 최적이다. 중남미의 경우는 9~10월이 이에 해당된다.

■ 기본 상식 및 유의 사항

①타폰은 입 주위가 자동차 타이어와 같이 매우 질기고 단단해 챔질이 어려우며, 거대한 몸체가 점프를 반복하므로 이에 대비한 능숙한 낚시 기술이 필요하다.

②가이드와 2인 1조로 소형 보트를 이용하는 낚시 형태이므로 가이드와 최소한의 의사 소통이 가능해야 한다.

③전문 가이드와 함께하는 낚시이므로 릴리즈 방법 등 정해진 규칙을 미리 숙지해 두어야 한다.

Part V

부 록

제1장 각종 묶음법 & 연결법 ■ 제2장 루어낚시 용어 색인 ■

고리 묶음법① - 고리 흔들림 묶음(Free knot)

〈그림1〉

느슨한 매듭을 만든 후, 낚싯줄 끝을 루어의 고리 속으로 통과시킨다.

〈그림2〉

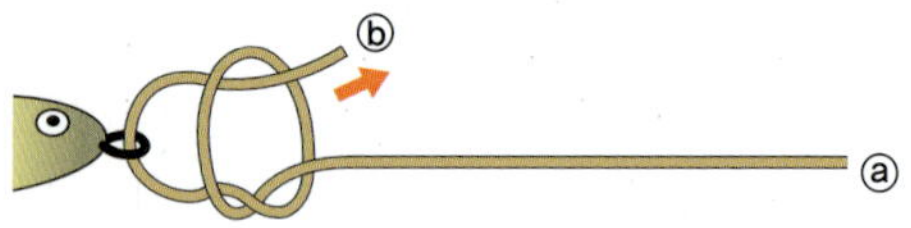

낚싯줄 끝(ⓑ)을 느슨하게 만들어 둔 매듭고리 속으로 통과시킨 후 잡아 당긴다.

〈그림3〉

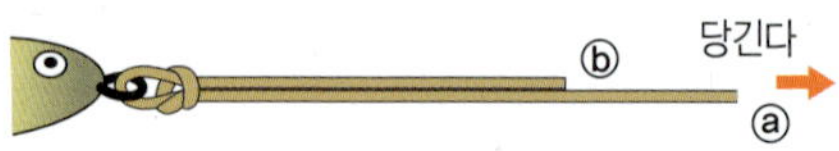

〈그림2〉에서 ⓑ를 당기면 루어의 고리에서 매듭이 지어진다.

〈그림4〉

ⓑ줄로 다시 한 번 고리를 지어 3회 안돌리기를 한다.

〈그림5〉

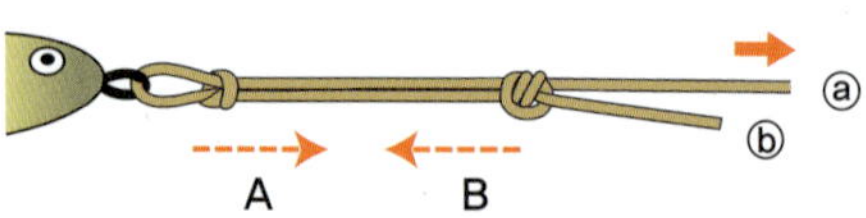

두번째 고리를 완전 매듭 지은 후 ⓐ줄을 당기면 두 개의 매듭이 함께 모이면서 고리가 생긴다.

〈그림6〉

여분의 줄을 잘라주면 완성!

고리 묶음법② - 꽈배기 묶음(Clinch knot)

〈그림 1〉

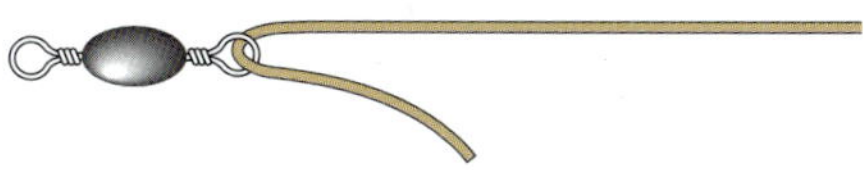

도래의 구멍에 낚싯줄 끝 부분을 넣어 빼낸다.

〈그림 2〉

접어 돌린 고리 부분을 남겨 두면서 5~6회 정도 꼬아 준다. 이때, 도래의 고리 부분을 꽉 잡아 주지 않으면 줄의 꼬임이 원상으로 돌아가므로 주의해야 한다.

〈그림 3〉1차 완성(Clinch Knot)

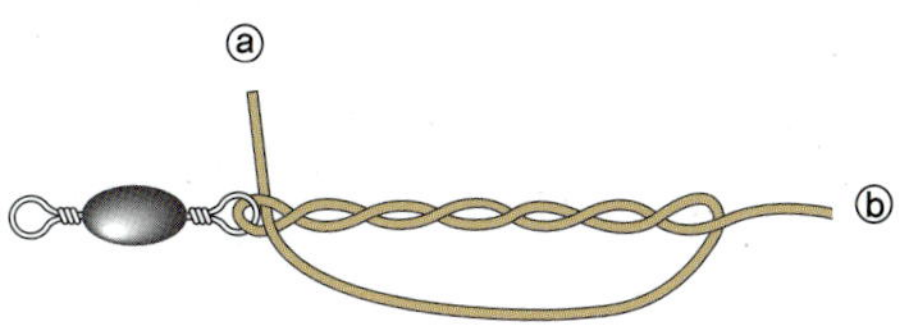

5~6회 꼰 다음에 낚싯줄 끝(ⓐ)을 도래의 고리 쪽으로 통과시키고 ⓐ와 ⓑ를 번갈아 당기면 완성이 되는데, 가는 줄은 풀어질 위험이 많다.

〈그림 3-1〉

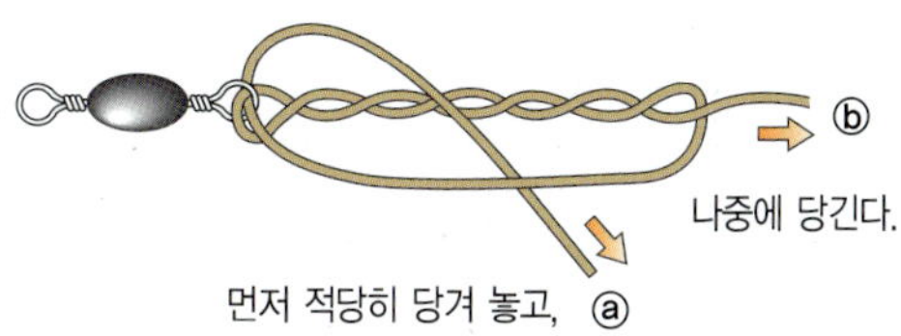

ⓐ를 최초의 낚싯줄 고리 및 도래의 고리 속으로 잇따라 통과시켜 빼내면 저절로 풀릴 위험이 거의 없어진다.

〈그림 4〉

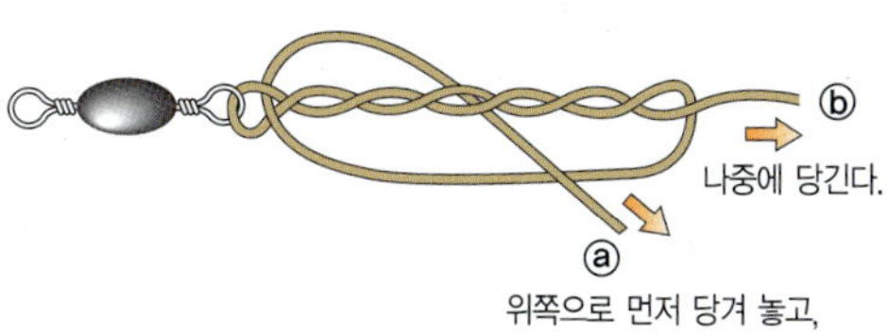

〈그림3〉에서 가는 줄의 경우는 풀어질 위험이 있으므로 큰 고리 속으로 다시 한번 빼낸다.

〈그림 5〉

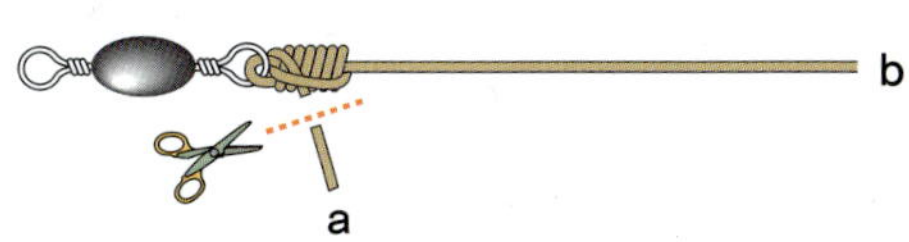

〈그림4〉의 완성 단계. 〈그림4〉에서 양쪽 줄을 번갈아 당길 때 침을 조금 발라주면 마찰에 의한 줄의 손상을 줄일 수 있다.

고리 묶음법③ – 안돌려 묶기(Uni knot)

〈그림1〉

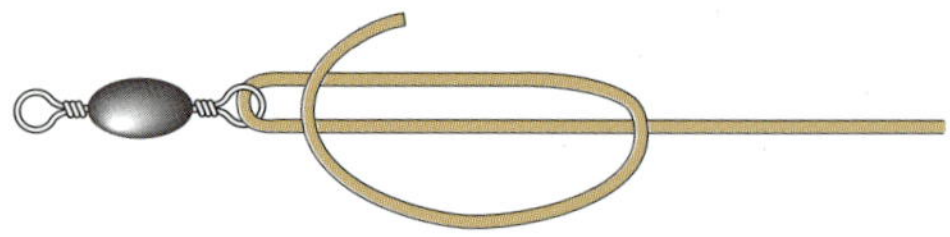

도래의 고리 속으로 줄을 한 바퀴 돌려 빼낸다.

〈그림1-1〉 보강법

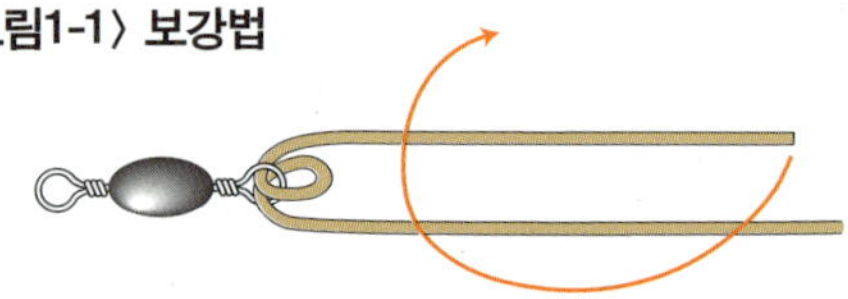

도래의 고리 속으로 줄을 두 바퀴 돌려 빼내면 그만큼 강도가 높아진다.

〈그림2〉

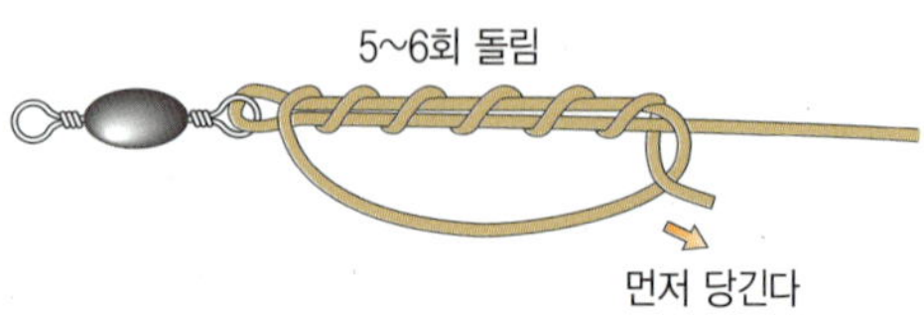

본줄을 축으로 5~6회 가량 안돌리기를 한다.

〈그림3〉

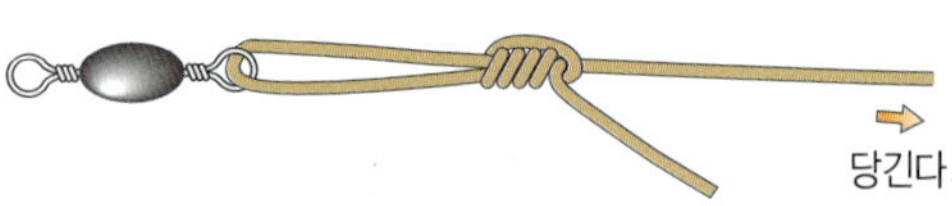

안돌리기를 한 끝줄을 먼저 잡아당겨 조인 후, 본줄을 잡아 당긴다.

〈그림4〉

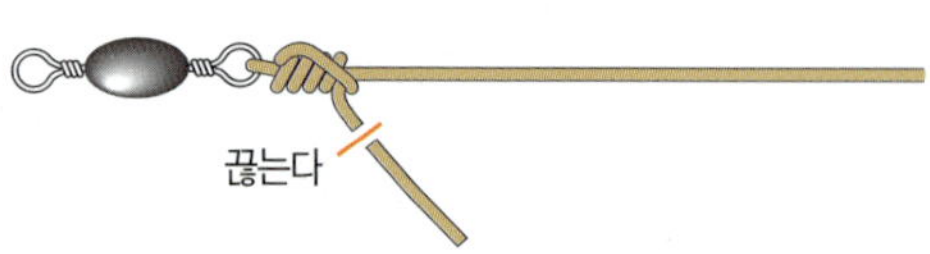

자투리 줄을 잘라내면 완성이 된다.

〈그림①〉

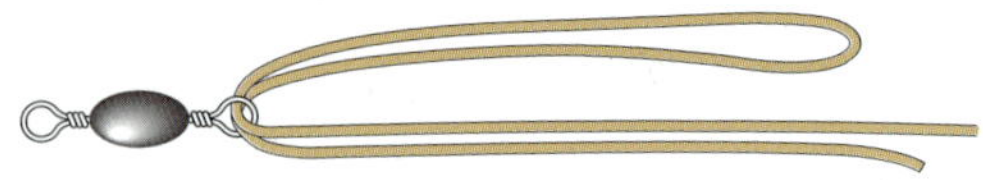

가는 줄의 경우 겹줄을 만들어 도래의 고리 속으로 통과시킨다.

〈그림②〉

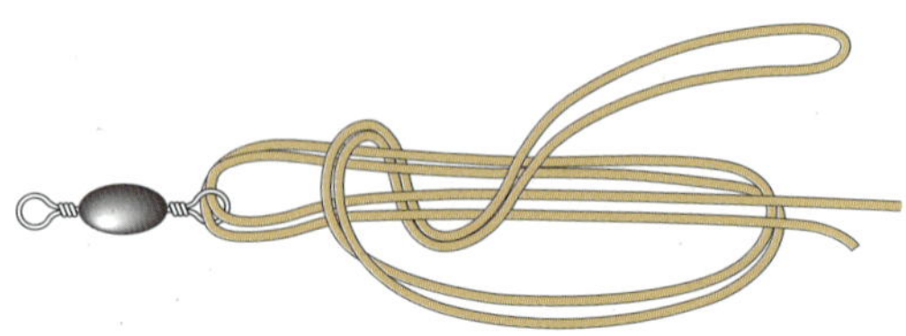

한 바퀴 크게 돌려 원을 만든 다음, 고리 속으로 휘감는다.

〈그림③〉

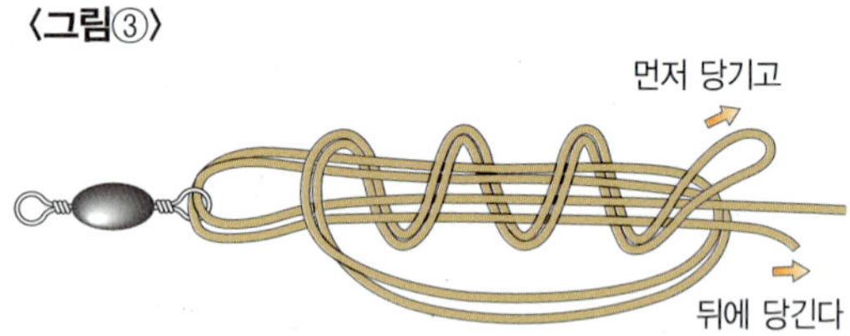

3~4회 가량 휘감은 후 끝고리 부분을 먼저 당겨 조인 후, 본줄을 잡아당긴다.

〈그림④〉

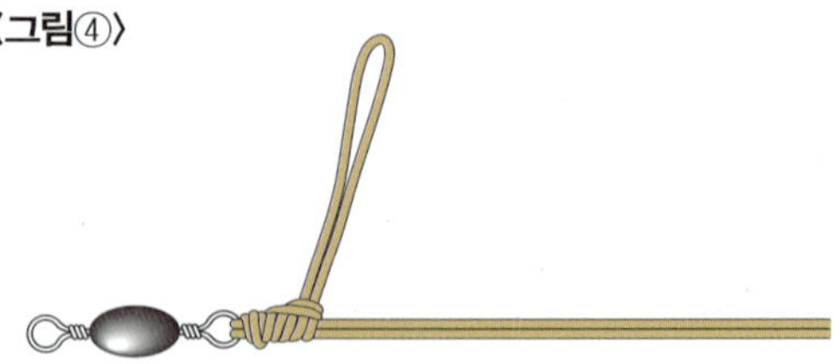

자투리 줄을 잘라내면 완성이 된다.

고리 묶음법④ - 고리씌워 도래 돌리기(Off shore swivel knot)

〈그림1〉

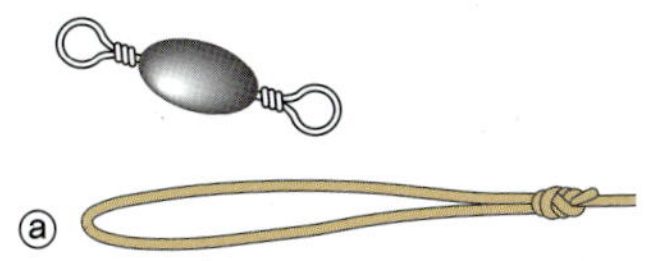

8자매듭으로 끝고리를 만든 다음에 시작해도 되며,

〈그림2〉

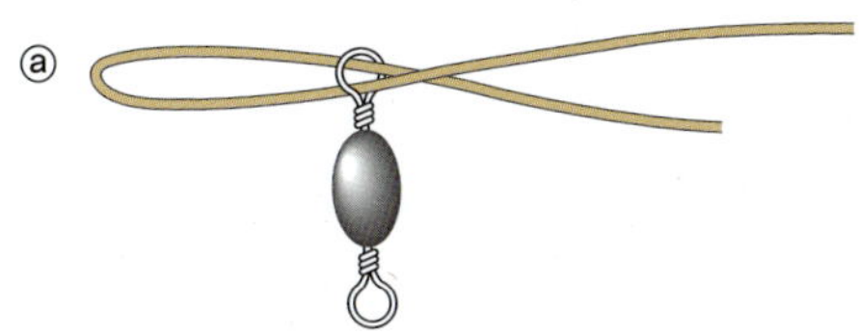

그냥 겹줄을 지어 도래의 고리 속으로 통과시켜도 된다.

〈그림3〉

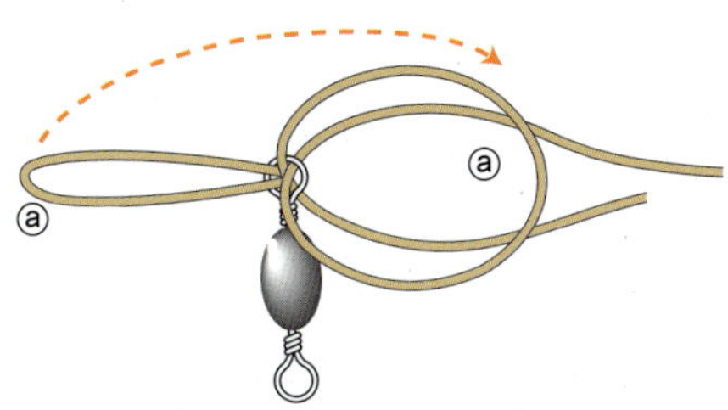

낚싯줄 고리를 한 번 비틀어 도래 구멍 속에서 서로 교차되게 한 다음, 점선의 고리 ⓐ를 오른쪽으로 뒤집어 넘긴다.

〈그림4〉

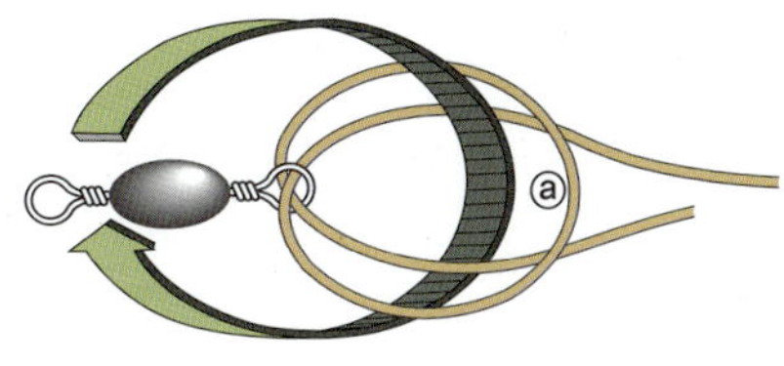

도래를 ⓐ고리 속으로 4~5회 통과시키며 계속 돌린다.

〈그림5〉

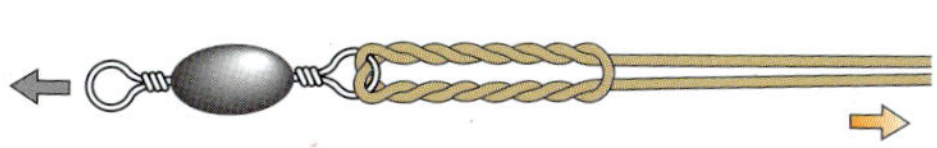

매듭 부위의 낚싯줄에 침을 바른 후, 양쪽을 힘껏 맞잡아 당기며 서서히 조인다.

〈그림6〉

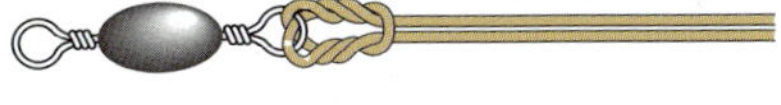

매듭이 도래의 고리 쪽으로 모두 모이면 완성품이 되는데, 미리 고리 매듭을 짓지 않고 작업을 시작했을 경우는 두 줄을 약간 꼰 뒤, 8자 묶음을 해 주면 두 줄의 길이가 일정해진다.

고리 묶음법⑤ - 다운샷 리그 바늘 묶음법

〈그림1〉

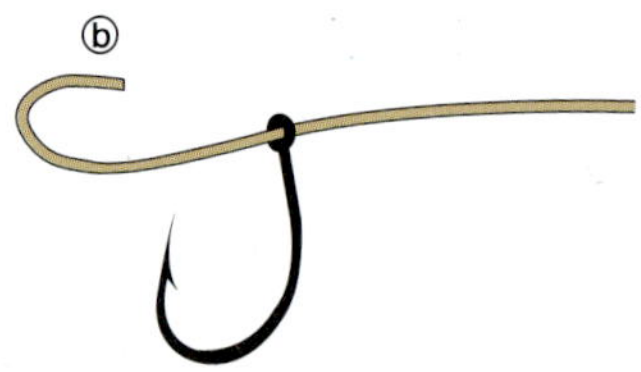

라인 한 쪽 끝을 바늘 귀 구멍에 통과시킨다(처음부터 두 겹을 지어 꿰어도 된다).

〈그림2〉

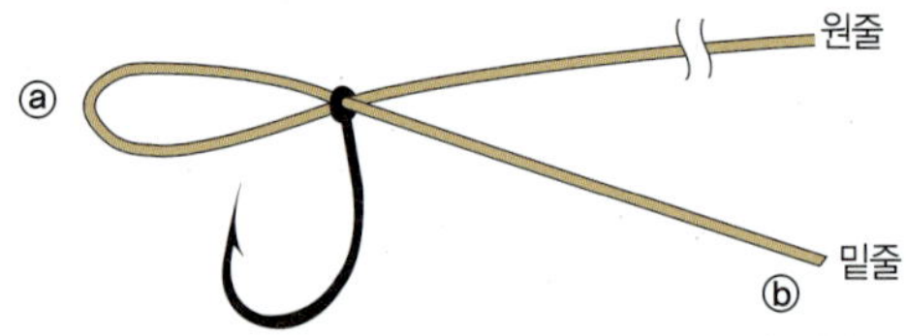

밑줄 ⓑ부분은 봉돌을 달 길이 만큼 미리 당겨놓는다.

〈그림3〉

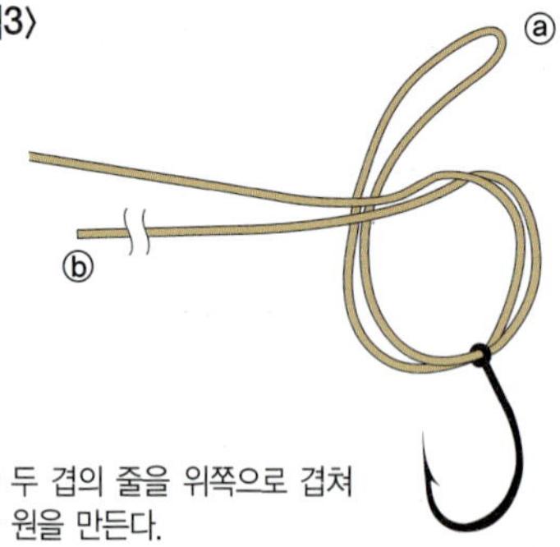

양쪽 두 겹의 줄을 위쪽으로 겹쳐 모아 원을 만든다.

〈그림4〉

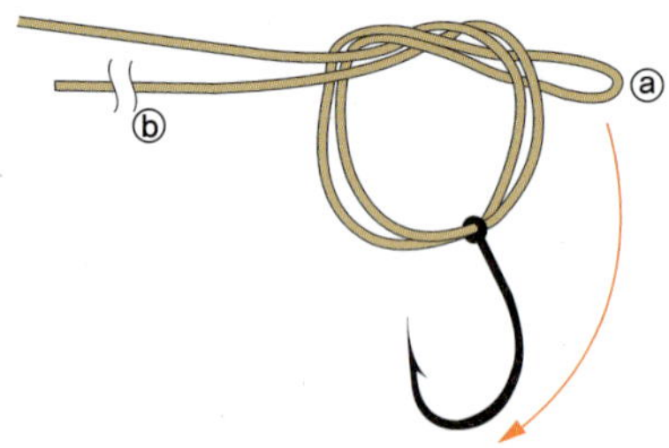

한번 매듭을 짓고 ⓐ부분을 아래로 끌어내린다.

〈그림5〉

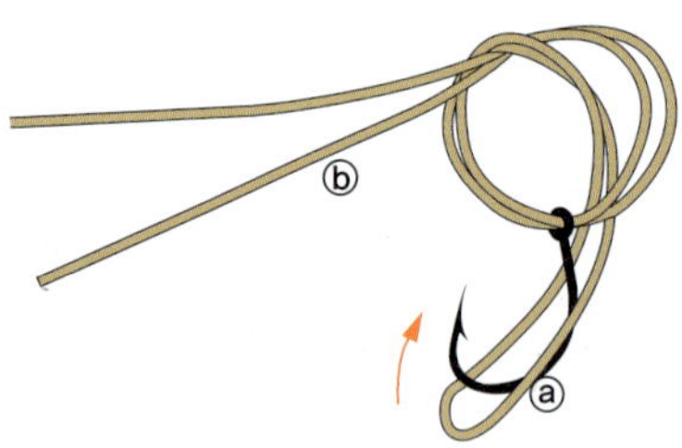

ⓐ부분의 고리를 바늘의 뒤편부터 통과시킨다.

〈그림6〉

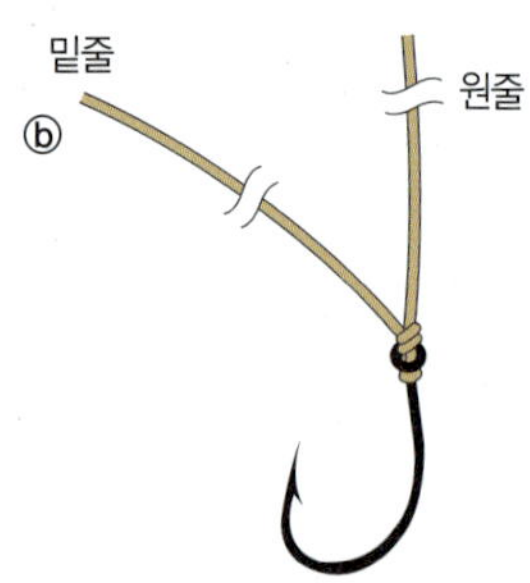

밑줄과 원줄 두 겹을 함께 쥐고 끌어당겨 조인다.

〈그림7〉

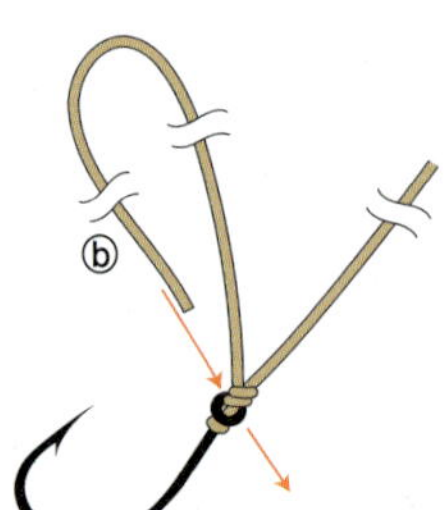

ⓑ를 바늘귀 구멍의 위로부터 한번 통과시킨다. 이로 인하여 바늘이 낚싯줄에 대해 직각이 된다.

〈그림8〉

밑줄 끝에 다운샷 전용 봉돌을 부착하면 완성!

고리 묶음법⑥ - 고리 지어 결돌리기(Hangman's knot)

〈그림1〉

낚싯줄 끝을 루어(또는 도래) 맬고리 속으로 빼내 ∩자 형태로 접어 내린다.

〈그림2〉

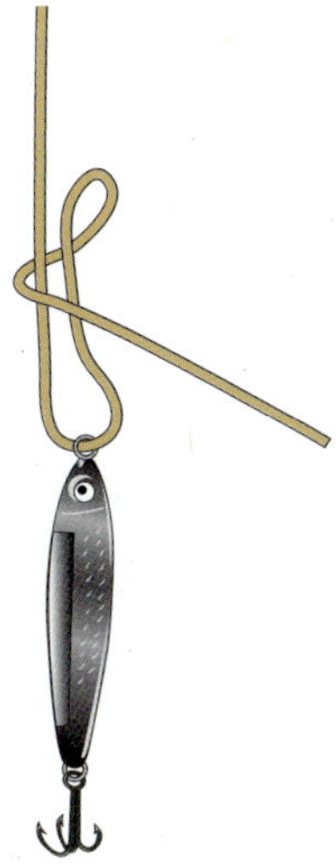

적당한 크기의 고리를 만든 후, 한 바퀴 돌려 내린다.

〈그림3〉

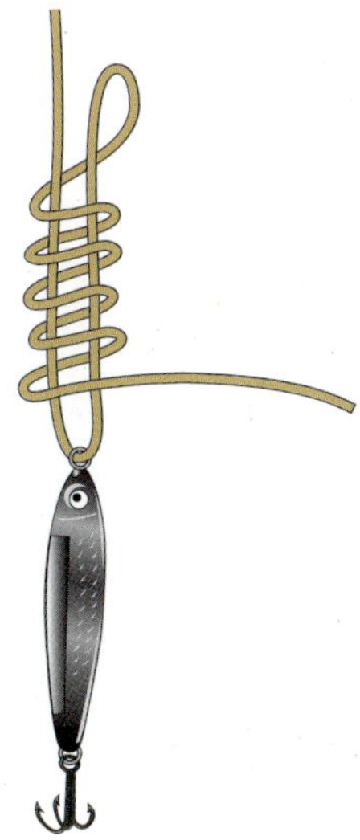

5회 가량 계속 돌려 내린다.

〈그림4〉

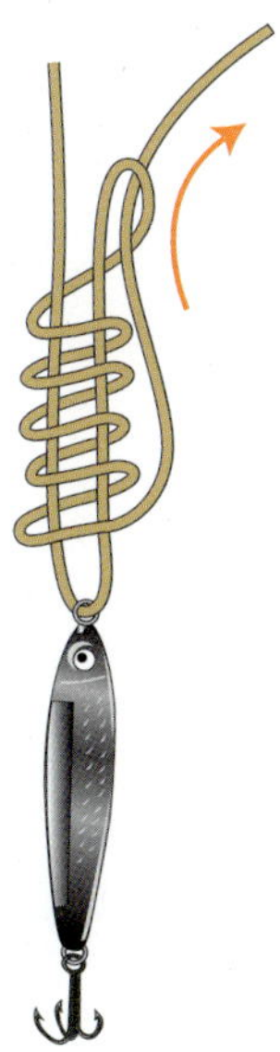

5회 가량 돌린 다음, 낚싯줄 끝을 위쪽 고리 속으로 뽑아 올린다.

〈그림5〉

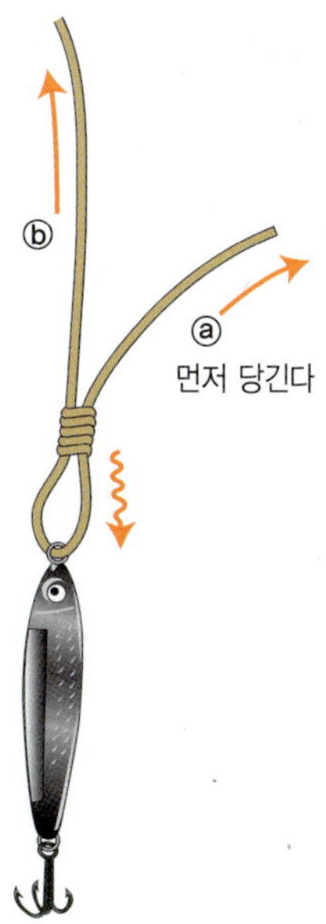

ⓐ를 먼저 당겨 매듭을 지은 다음, ⓑ를 당기면 매듭이 맬고리 쪽으로 내려간다.

〈그림6〉

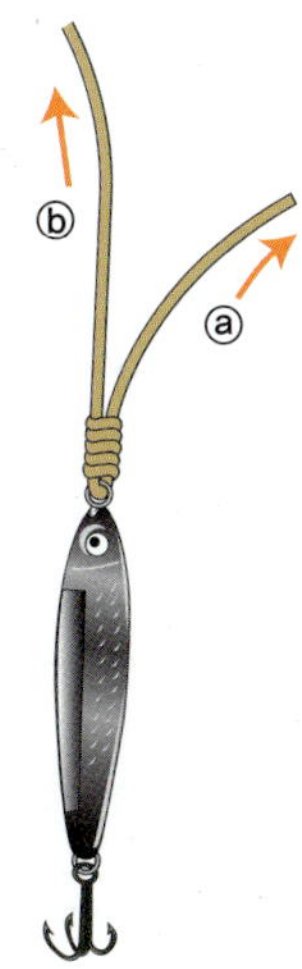

마지막으로 ⓐ와 ⓑ를 함께 쥐고 바짝 당겨 조이면 완성이 된다.

5

고리 묶음법⑦ – 겹고리 흔들림 묶음(Jansik swivel Knot)

〈그림1〉

도래에 쇼크리더를 두번 통과시켜 고리를 만든다.

〈그림2〉

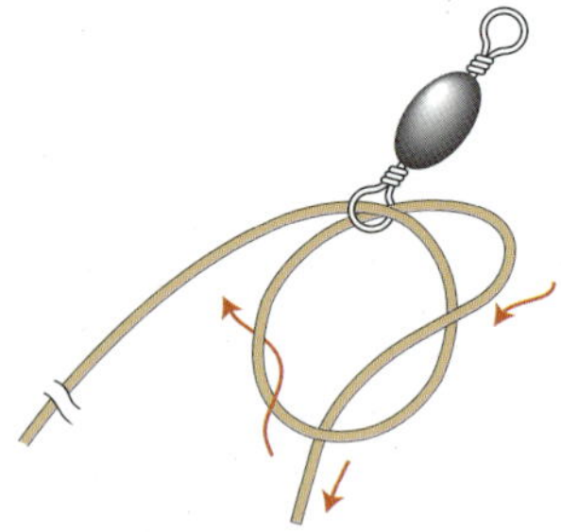

리더 끝을 고리 속으로 넣어 돌려 감아 나간다.

〈그림3〉

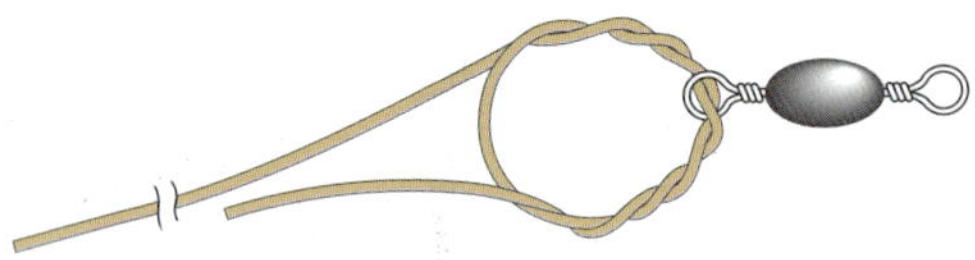

5~6회 가량 돌려 감는다.

〈그림4〉

한 번 묶어 천천히 잡아 당긴되 너무 조여선 안 된다.

〈그림5〉

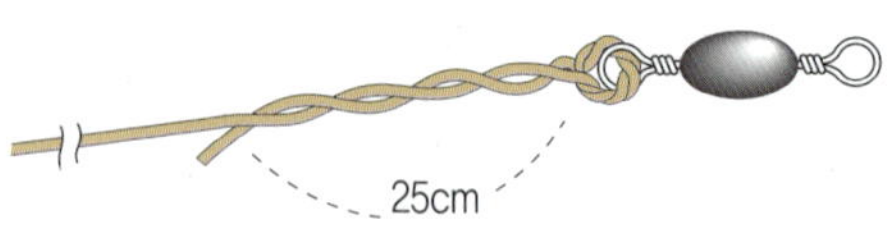

양쪽 줄이 나란히 되도록 꼬아 올린다.

〈그림6〉

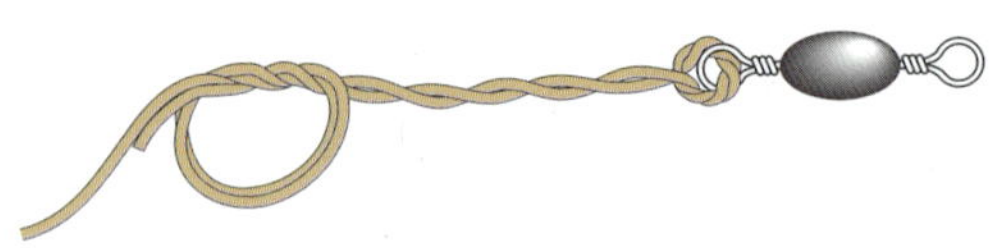

두 번 돌려 매듭을 짓는다.

〈그림7〉

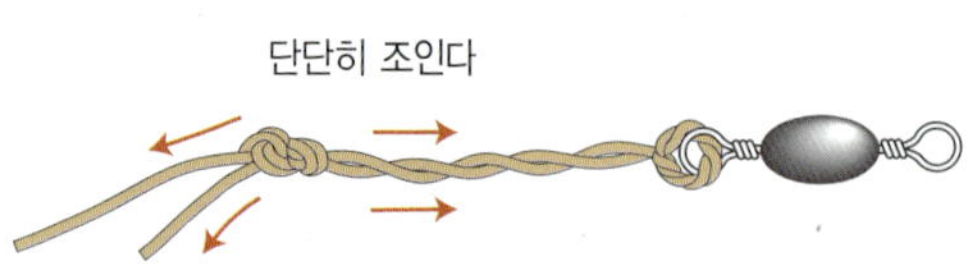

자투리 줄을 잘라주면 도래 묶음은 끝난다.

〈그림8〉

도래 묶음을 끝낸 다음에 루어를 부착해야 한다.

릴 스풀 묶음법 – 안돌리기

〈그림1〉

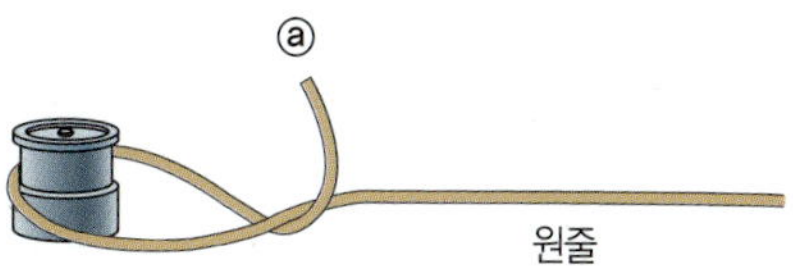

원줄 끝을 스풀에 1회 감는다.

〈그림1-1〉

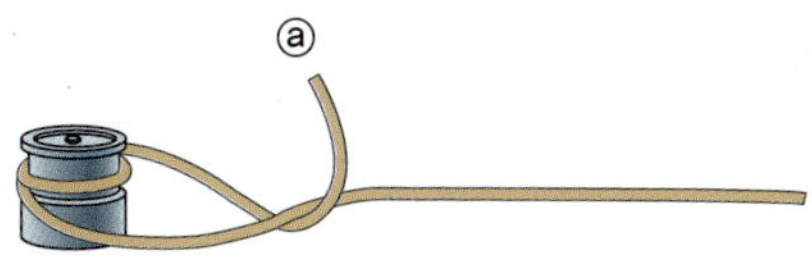

스풀에 한 번 감으면 나중에 매듭이 헛돌 수 있으므로 2회 감는 것이 안전하다.

〈그림2〉

원줄 끝을 되집어 고리 줄을 축으로 3~4회 감아 돌린다.

〈그림3〉

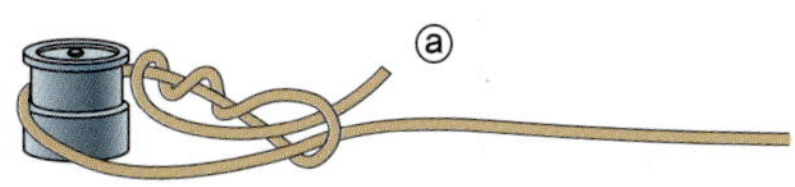

본줄과 겹쳐져 생긴 고리 속으로 원줄 끝을 빼낸다.
이 상태에서 마무리를 해도 된다.

〈그림3-1〉

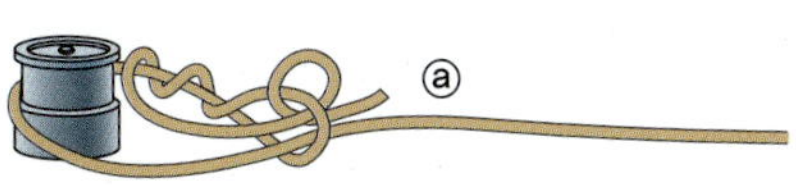

〈그림3〉 단계에서 ⓐ부분을 당겨 바로 완성을 시켜도 되지만, 큰 고리 속으로 한 번 더 넣고 빼내면 더욱 단단히 조여진다.

〈그림4〉

자투리 줄을 잘라주면 완성이 된다.

낚싯줄 연결법① – 꽈배기 묶음(Blood knot)

〈그림1〉

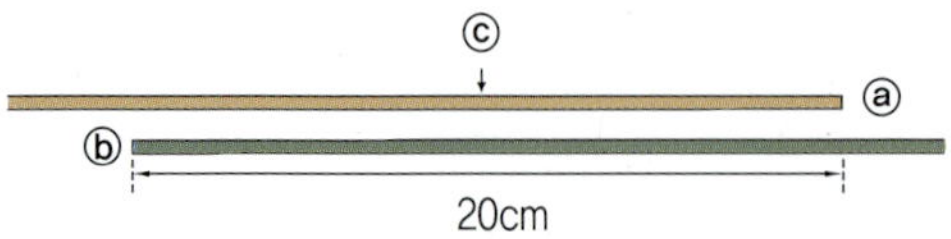

서로 다른 2개의 줄 ⓐ와 ⓑ를 20cm 정도 되게 교차시킨다.

〈그림2〉

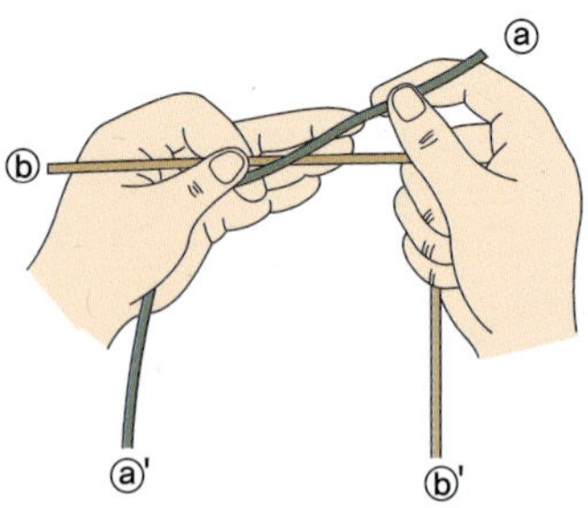

교차된 두 줄의 중간 지점인 ⓒ부분을 왼손 엄지와 검지로 거머쥐고, 바른손으론 ⓑ줄을 중지 · 약지 · 소지 사이에 쥔 다음, 엄지와 검지를 이용해 ⓐ줄을 ⓑ줄 위로 넘긴다.

〈그림3〉

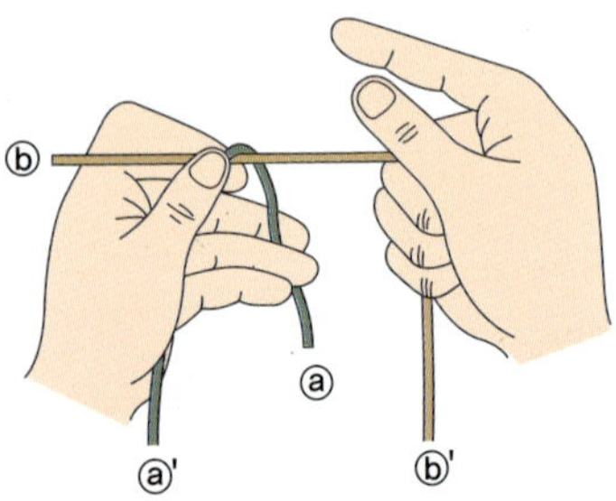

바른손 검지와 엄지로 ⓑ줄 위로 넘긴 ⓐ줄을 왼손 중지와 소지에 끼워 받는다.

〈그림4〉

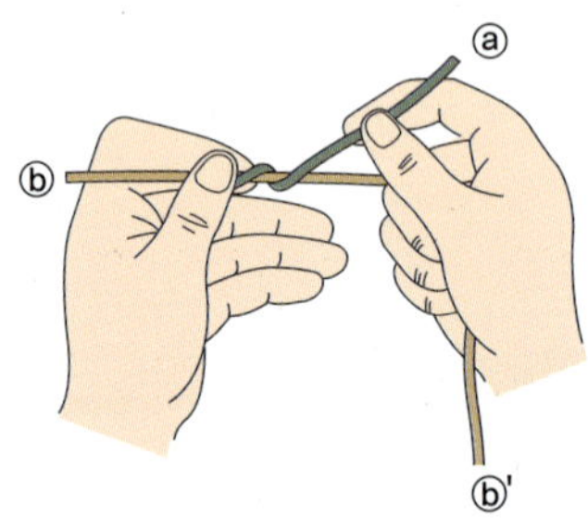

왼손 중지와 소지에 끼운 ⓐ줄을 오른손 엄지와 검지로 옮겨 받은 다음, 다시 ⓑ줄 위로 넘겨 돌린다.

〈그림5〉

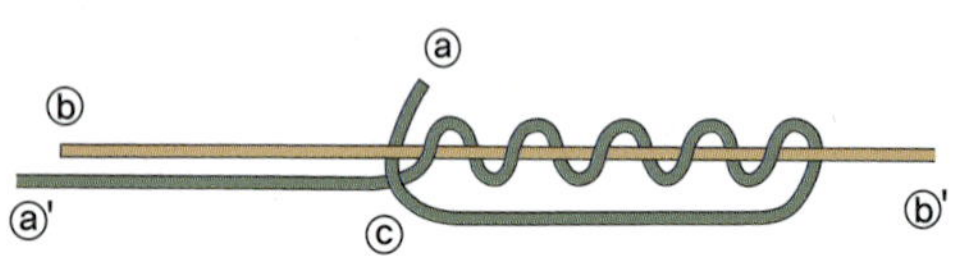

〈그림2〉에서 〈그림4〉와 같은 방식으로 ⓐ줄을 ⓑ에 5~6회 돌려 감은 후, 중간의 ⓒ지점으로 되돌려 두 줄 사이에 끼운다.

〈그림6〉

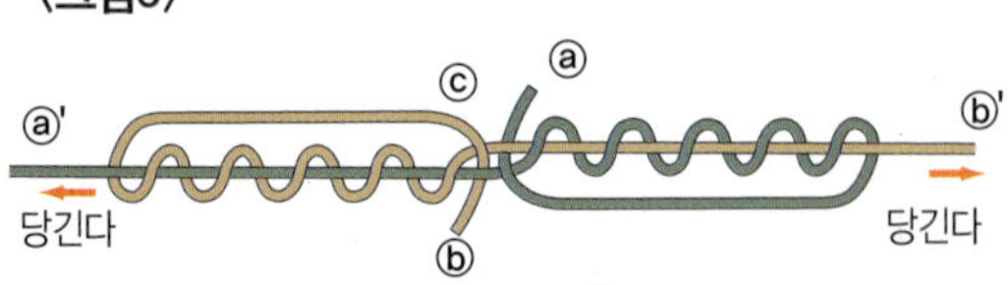

〈그림7〉

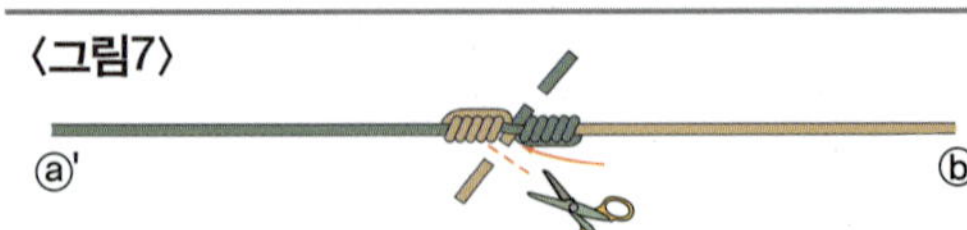

이번에는 같은 방법으로 ⓑ줄을 ⓐ에 5~6회 돌려 감은 후, 중간의 ⓒ지점으로 되돌려 고리 사이에 끼운다. ⓐ와 ⓑ가 빠지지 않게 당겨 주면서 ⓐ'와 ⓑ'를 천천히 맞당겨 주면 완성이 된다.

낚싯줄 연결법② - 양끝매듭지어 묶기(Uni knot)

〈그림1〉밧줄 묶음

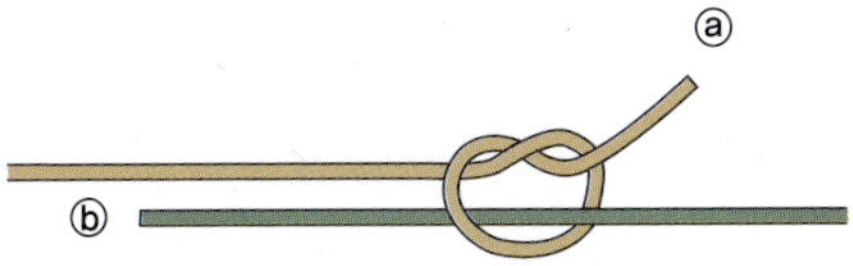

두 개의 줄을 겹쳐서 한 쪽 줄 ⓐ를 ⓑ줄에 묶는다.

〈그림2〉

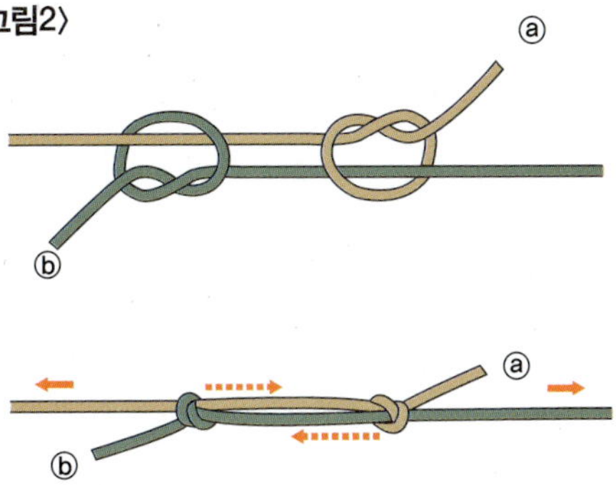

양쪽 줄을 맞잡아 당기면 두 매듭이 가운데로 모인다.

〈그림3〉

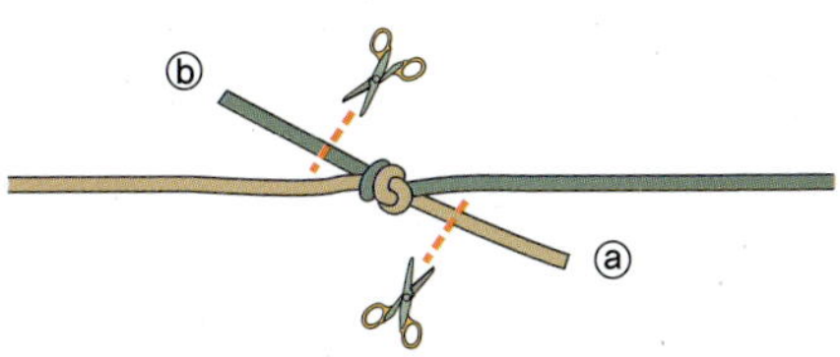

꽉 조인 후, 자투리 줄을 잘라주면 완성이 된다.

〈그림①〉기차매듭, Uni Knot

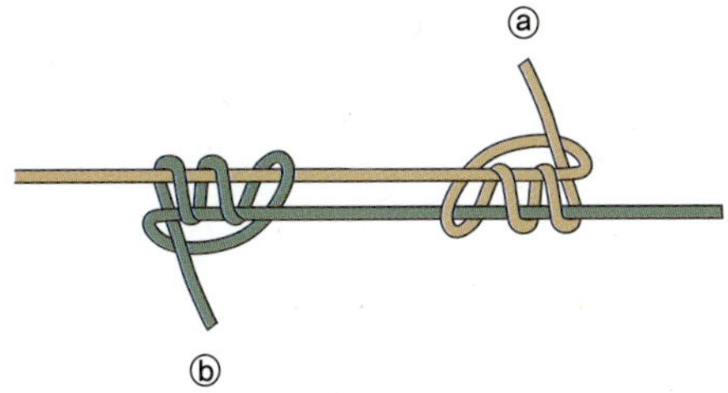

양쪽 고리를 3회 가량 '안돌리기'로 묶는다.

〈그림②〉

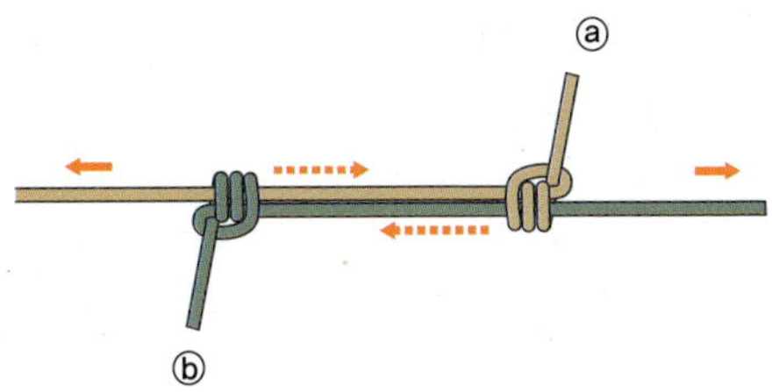

양쪽 줄을 맞당기면 두개의 매듭이 가운데로 모인다.

〈그림③〉

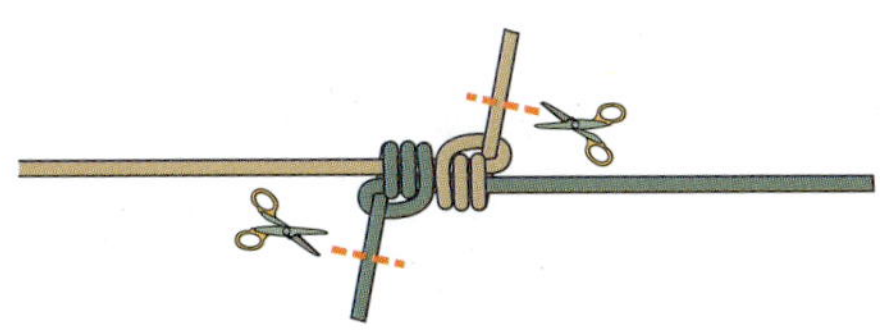

미끄러운 나일론 줄은 이렇게 묶어야 풀어지지 않는다.

더블라인 만들기① – 비미니 트위스트(Bimini twist)

〈그림1〉

접은 길이 1~1.5m 가량의 낚싯줄 고리 안에 왼손을 집어넣고 새끼를 꼬듯 30회 (PE 라인의 경우는 50회 이상) 정도 돌린다.

〈그림2〉

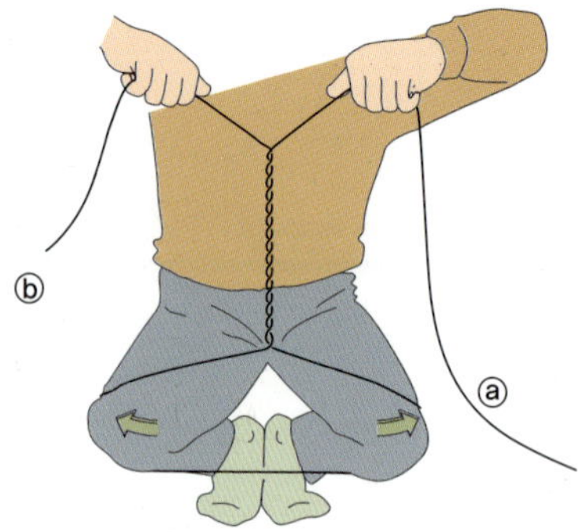

〈그림1〉에서 왼손에 끼우고 있던 고리를 양쪽 무릎(또는 양발)에 끼우고 양손으로 두 줄을 꽉 쥔다.

〈그림3〉

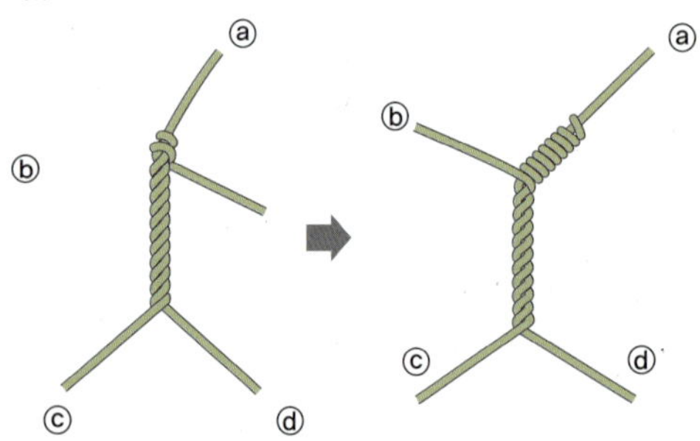

〈그림2〉에서 양발을 힘껏 벌리는 동시에 ⓐ줄을 꽉 쥔 왼손은 위로 들어올리고, ⓑ줄을 쥔 오른손을 아래로 내리면서 천천히 풀어주면, 〈그림1〉 단계에서 만들어진 꼰줄 위에 ⓑ줄이 저절로 다시 한 번 되감긴다.

〈그림4〉

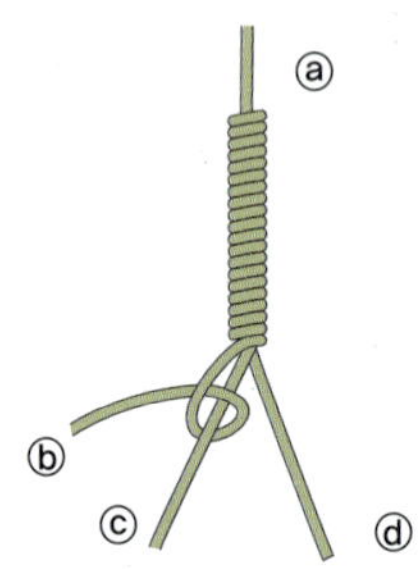

다 감겨져 내린 ⓑ줄을 ⓒ에 대고 한 바퀴 돌려 묶은 다음, PE 라인의 경우는 〈그림2~3〉 작업 과정에서 꼬여진 원줄(ⓐ부분)을 원래 상태로 풀어주어야 한다.

〈그림5〉

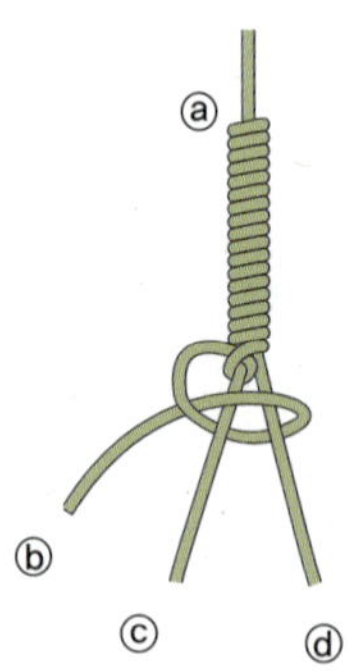

ⓑ줄을 이번엔 ⓒⓓ 밑으로 돌려 다시 한 번 매듭을 짓는다.

〈그림6〉

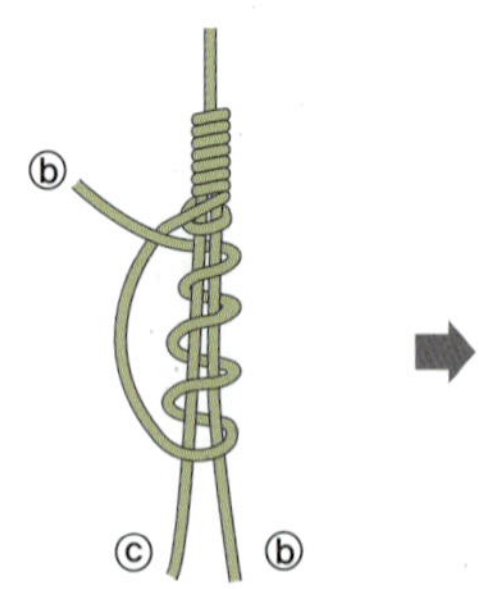

〈그림6-1〉

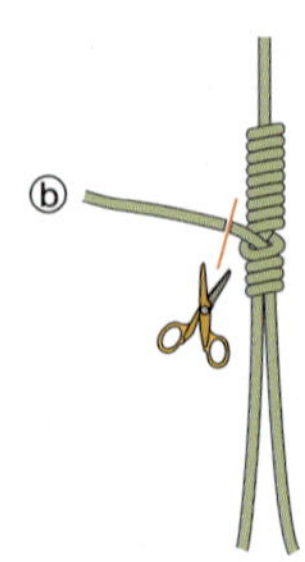

다시 한 번 ⓑ줄을 ⓒⓓ를 축으로 3~4회 안돌리기를 하고선 마무리를 해주면 된다.

더블라인 만들기② – 가물치 목줄매듭

〈그림1〉

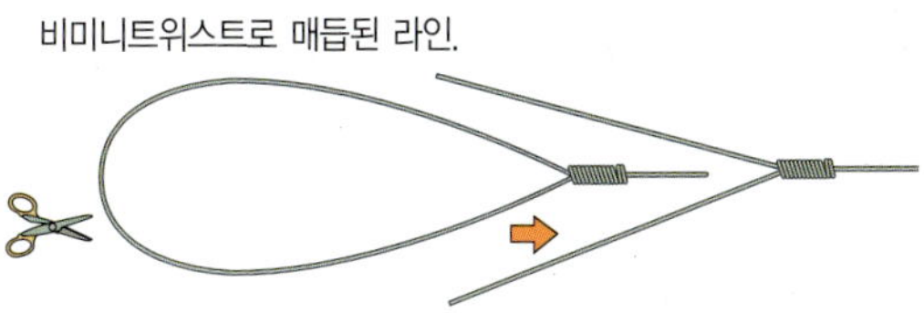

PE 라인 고리 중앙을 자른다.

〈그림2〉

두 줄로 나뉜 PE 라인의 한 줄은 입에 물어 고정시키고, 나머지 한 줄은 ③처럼 두 손바닥을 이용해 한 방향으로 6회 정도 꼬아준다. 나머지 한 줄도 같은 방법(이때엔 먼저 꼰줄은 입으로 물어 고정시킨다)으로 꼬아주되, 첫 번째 줄과 같은 방향(손가락→손바닥)으로 꼰다.

〈그림3〉

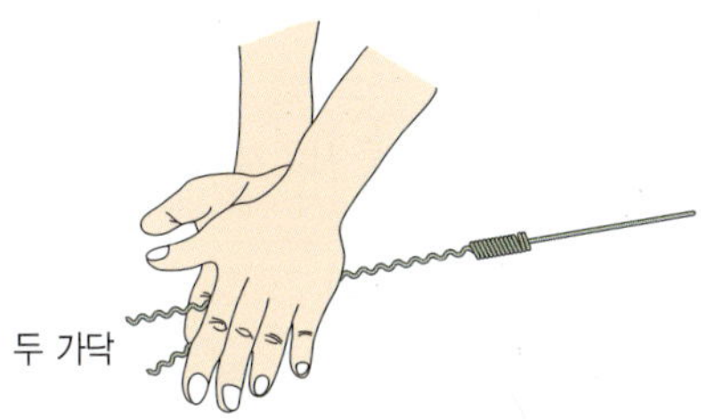

꼬아진 두 줄을 한데 합쳐 ②에서 한 줄씩 꼬았던 방향과 반대 방향으로 6회 정도 꼬아준다.

〈그림4〉

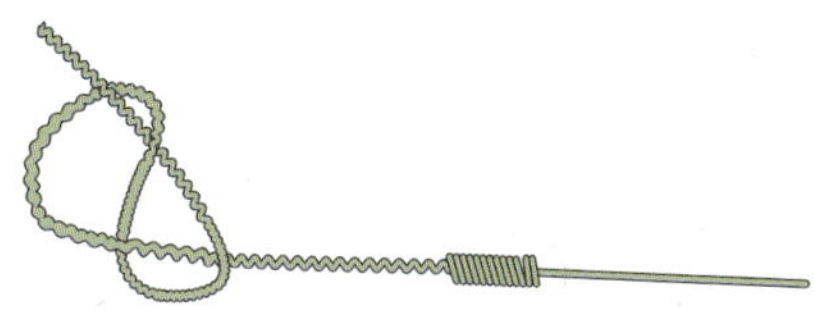

③에서 한 데 꼬아진 줄의 끝 부분을 풀리지 않게 팔자매듭으로 묶는다.

〈그림5〉

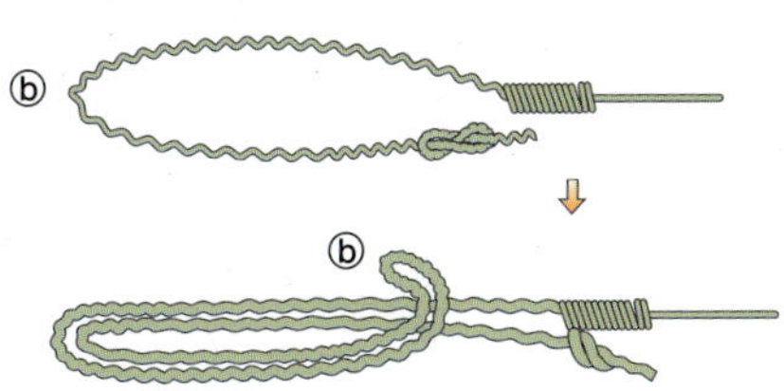

꼰줄을 다시 반으로 접은 다음, ⓑ부분을 잡고 한 바퀴 원을 그린다.

〈그림6〉

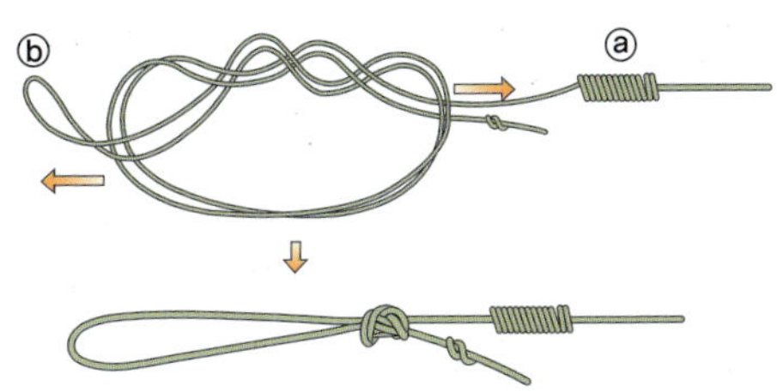

ⓑ부분을 고리 속으로 두 바퀴 돌려 빼낸 다음, ⓐ와 ⓑ를 함께 쥐고 맞당기면 완성이 된다.

더블라인 만들기③ – 땋음줄 묶음(Spread splice)

〈그림1〉

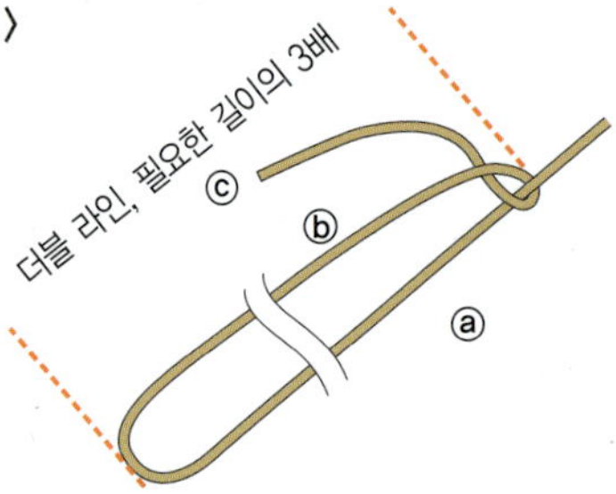

만들고자 하는 드블라인 길이보다 3배 가량 길이의 줄을 접어 끝부분(ⓒ)을 본줄(ⓐ)에 대고 한 번 휘감는다.

〈그림2〉

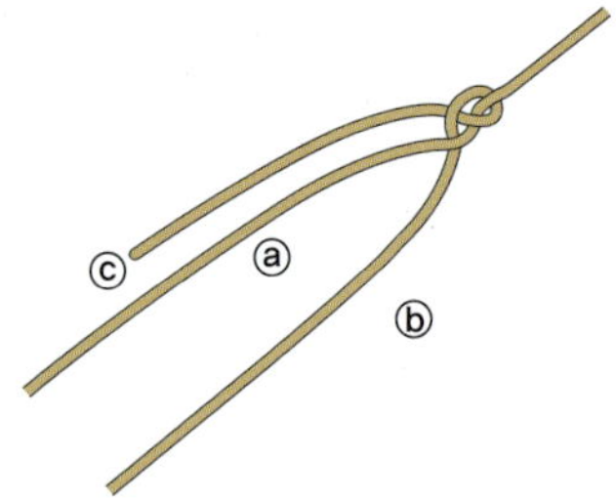

〈그림1〉에서 ⓐ를 ⓑ 위로 넘겨 교차시킨 모습으로, 이번엔 ⓒ를 ⓐ 위로 교시킨다.

〈그림3〉

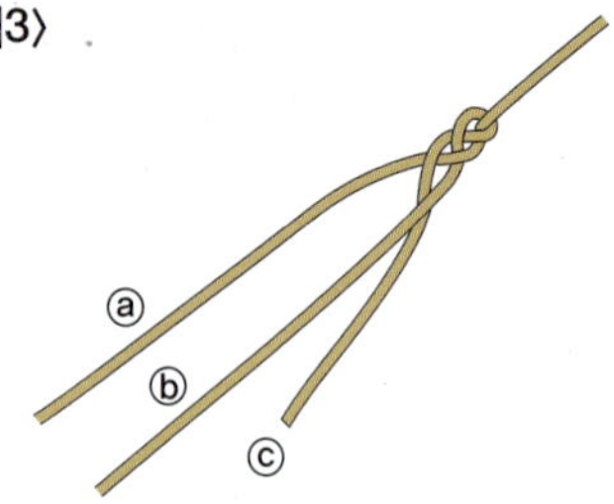

〈그림2〉에서 ⓒ를 ⓐ 위로 넘겨 ⓑ 밑으로 빼낸 모습이며, 이번엔 다시 ⓐ를 ⓑ 위로 교차시킬 차례다.

〈그림4〉

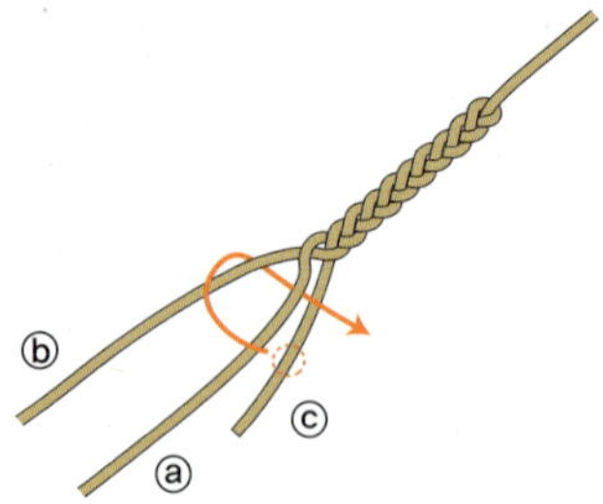

〈그림1〉~〈그림3〉과 같은 방식으로 시골 처녀 머리 땋듯 PE 라인의 경우 최소 60회 이상 계속 땋고서 ⓒ줄로 매듭을 짓는다.

〈그림5〉

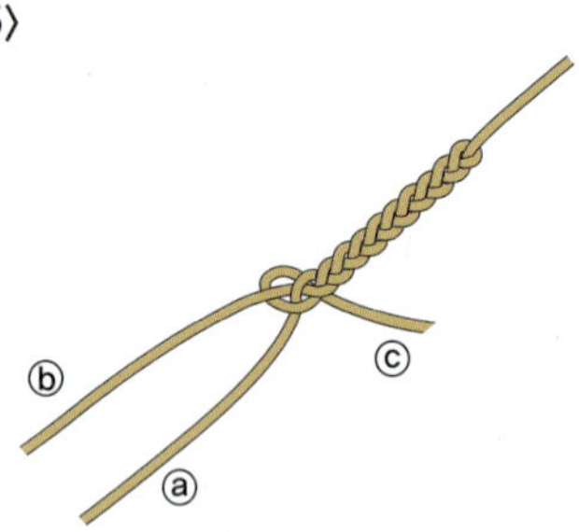

〈그림4〉에서 ⓒ줄을 화살표 방향으로 돌려 매듭을 지은 모습.

〈그림6〉

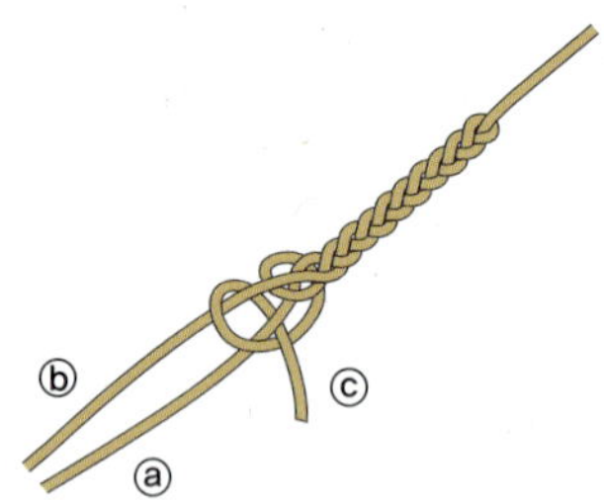

〈그림5〉와 같은 방법으로 끝줄 ⓒ를 ⓐⓑ 위로 넘겨 다시 한 바퀴 돌려 빼낸다.

〈그림7〉

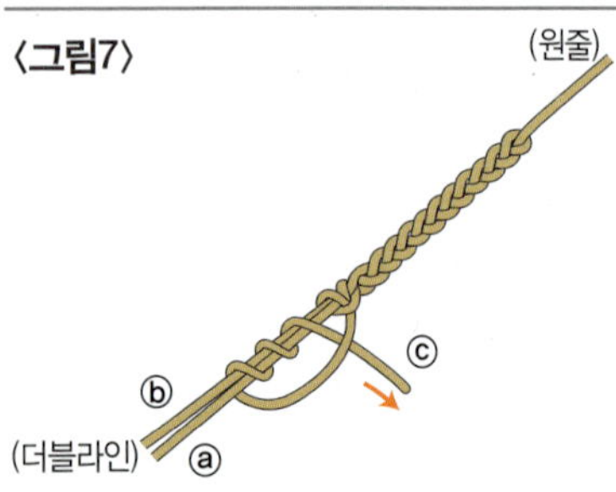

마지막으로 ⓐⓑ를 축으로 하여 3회 가량 안돌리기를 하면 마무리가 된다.

〈그림8〉

끝줄을 바짝 잡아 당겨 조인 후, 자투리를 잘라주면 완성!

쇼크리더 연결법① - 개량 피셔맨즈 묶음(Fisherman's knot)

〈그림1〉

목줄을 3회 감는다.

〈그림2〉

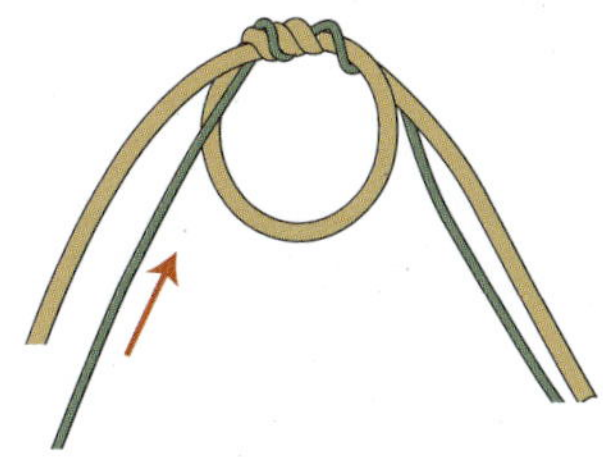

PE라인을 고리안으로 방향을 맞춰 넣고 2회 감는다.

〈그림3〉

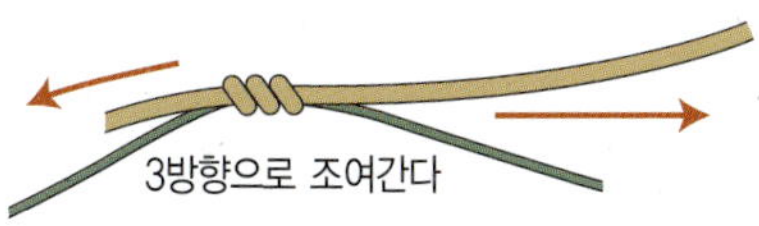

동시에 서서히 당긴다.

〈그림4〉

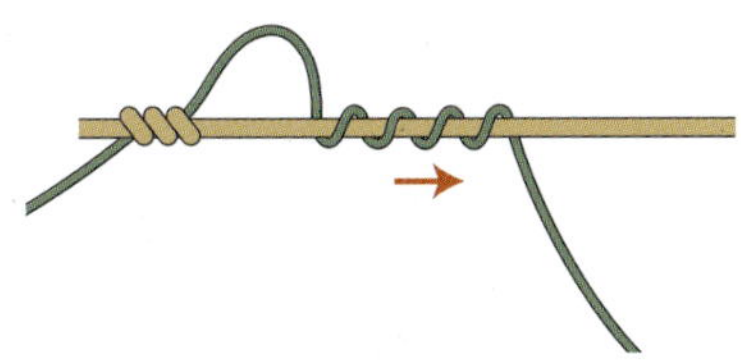

고리를 하나 만든 후 5~6회 감아 올린다.

〈그림5〉

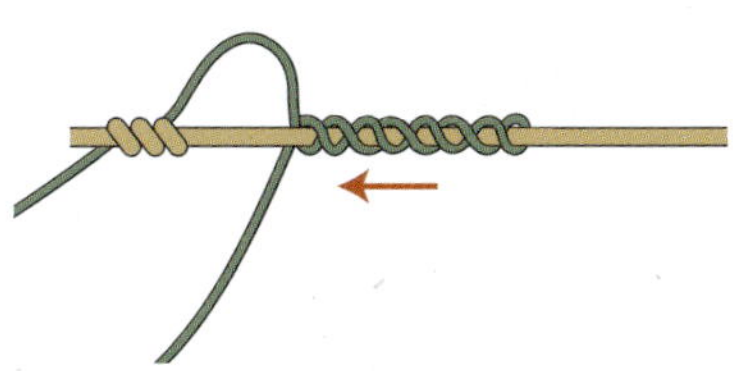

반대 방향으로 다시 5~6회 가량 감아 내린다.

〈그림6〉

④에서 만들어놓은 고리 속으로 두 번 엇돌려 빼낸다.

〈그림7〉

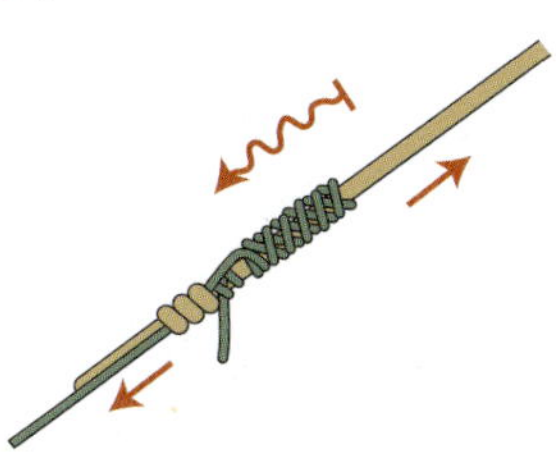

⑥단계에서 PE줄에 침을 조금 바르고 양쪽을 강하게 당겨 조인다.

〈그림8〉

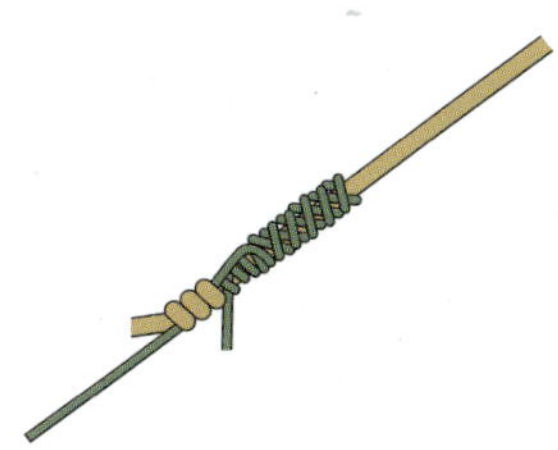

자투리를 잘라내고 라이터로 지진다. 완성!

쇼크리더 연결법② - 얼브라이트 묶음(Albright knot)

〈그림1〉

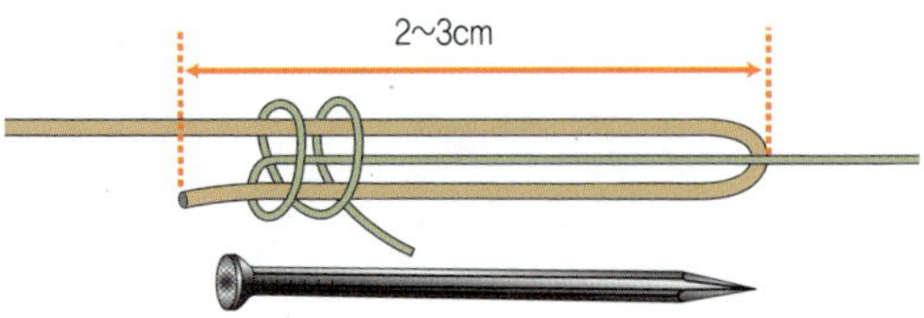

굵은 줄을 U자로 만들고 그곳에 가는 줄을 끼워 여러 겹 돌린다. 못이나 이쑤시개를 대고 감으면 편리하다.

〈그림2〉

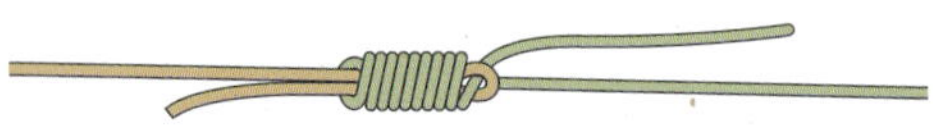

7~8회 돌려 감은 후 U자 고리 끝 속으로 빼낸다.

〈그림3〉 보강법

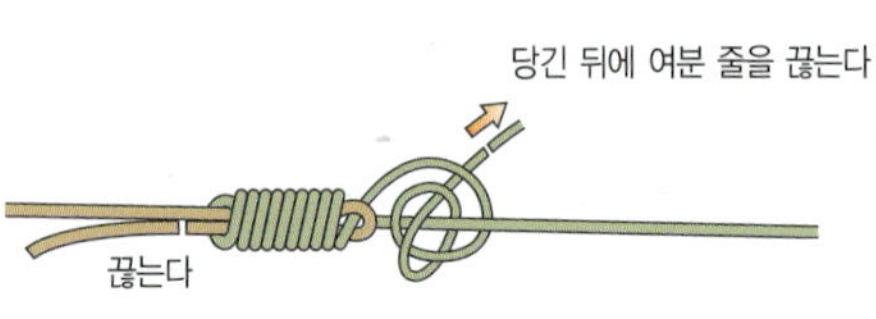

2중 고리를 만들어 그 속으로 다시 빼낸다.

〈그림①〉

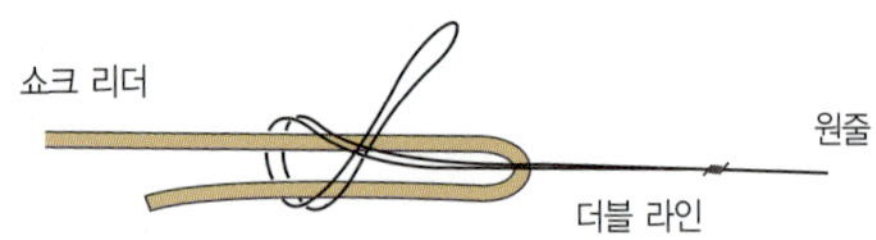

쇼크 리더에 비해 원줄이 아주 가는 경우, 두 겹이 되게 끝고리 묶음을 하여 감는다.

〈그림②〉

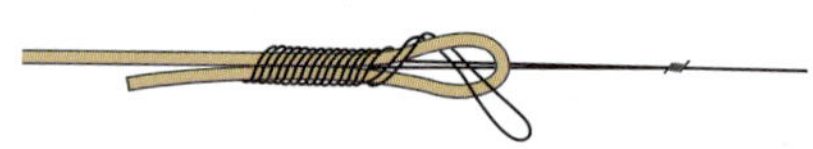

7~8회 돌려 감은 후 U자 고리 끝 속으로 빼낸다.

〈그림③〉

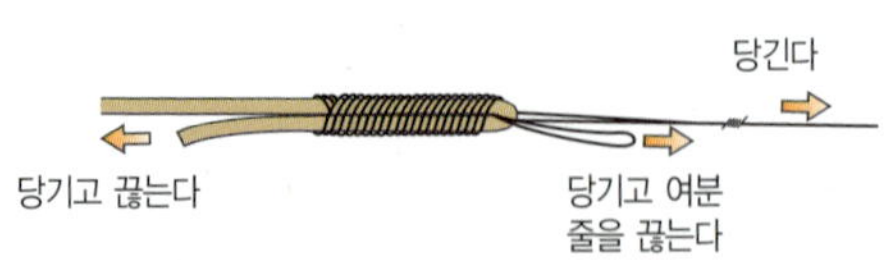

〈그림3〉처럼 보강을 하지 말고 그대로 마무리해도 된다.

쇼크리더 연결법③ – 머리 땋아 안돌리기(SF knot)

〈그림1〉

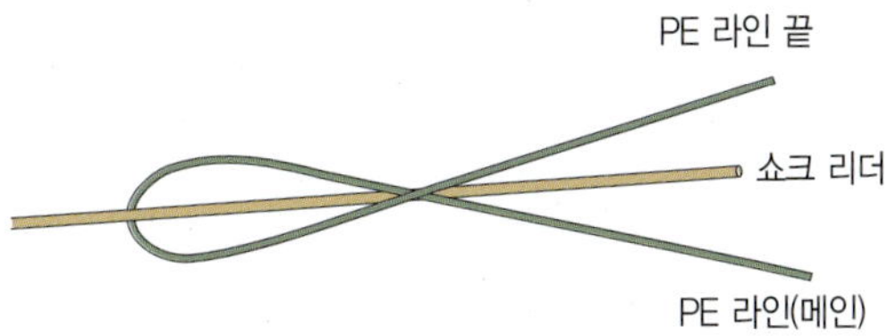

쇼크 리더를 연결할 지점에 PE 라인을 걸치되, 쇼크 리더 밑에 다 대고 서로 엇돌려 감는다.

〈그림2〉

머리 땋기를 하듯, 쇼크 리더에 PE 라인을 땋아 내리되, 횟수는 9~13회가 적당.

〈그림3〉

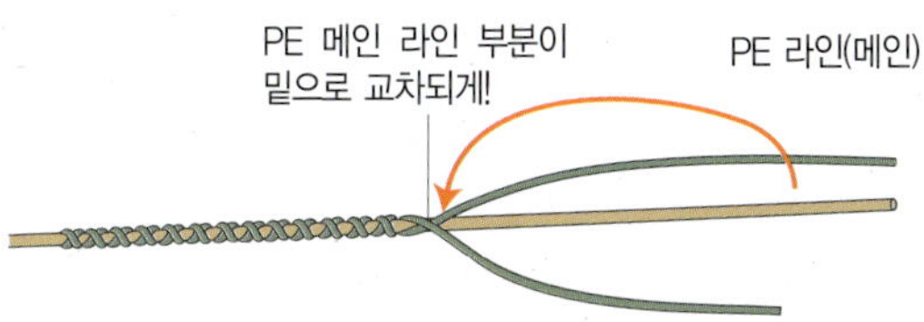

PE 라인의 마지막 교차 형태는 메인 라인 부분이 자투리 라인 밑으로 향하도록 한다.

〈그림4〉

PE 라인 양쪽을 나란히 합쳐 쥔 다음, 쇼크 리더 끝줄을 타원으로 한 바퀴 돌린 후 '안돌리기'(3회 가량)로 매듭을 짓는다.

〈그림5〉

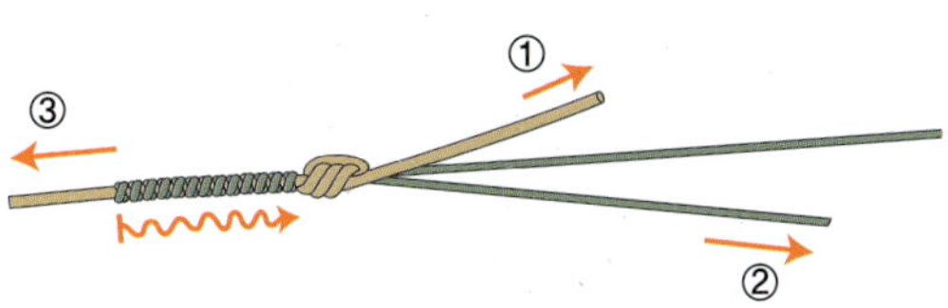

먼저 ①번 지점을 당겨 조인 다음, ②번과 ③번을 맞잡아 당기되, 땋은 부분이 한데 뭉쳐질 때까지 천천히 조인다.

〈그림6〉

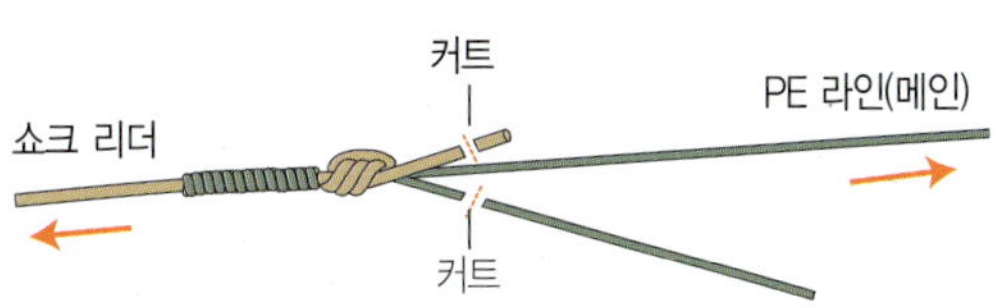

끝으로 쇼크 리더와 PE 라인(메인 부분)을 장갑 낀 손으로 쥐고 마지막 힘을 가하여 강하게 당겨 조인다. 마지막으로 양쪽 자투리 줄을 잘라내면 완성!

쇼크리더 연결법④ – 무매듭 연결(MID knot)

〈그림1〉

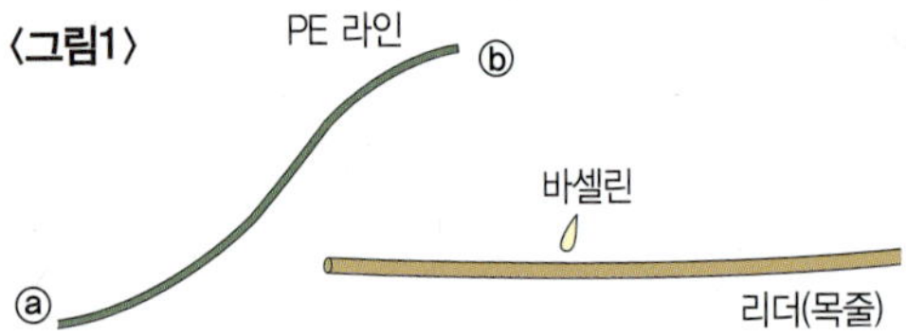

목줄에 PE 라인을 감기 전, 바셀린(윤활유 역할)을 발라둔다. 바셀린 대신 맨소레담도 가능하다.

〈그림2〉

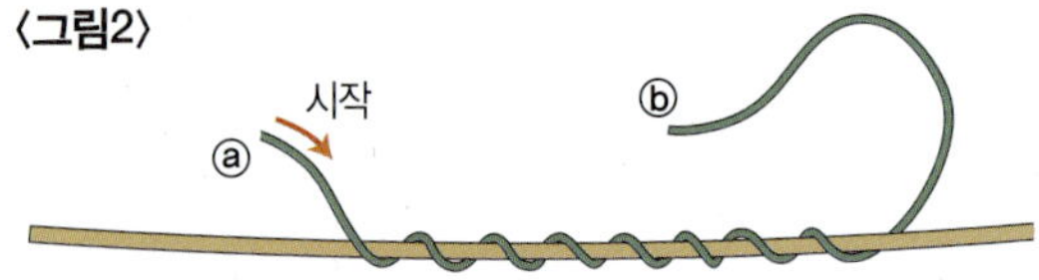

약간 힘주어 누르면서 리더(목줄) 위로 PE 라인을 10~15회 감아올리되, 완성 시의 형태를 생각하여 간격을 균등히 한다. 단, 가는 PE 라인을 사용할 때는 20~30회 감는다(예 : 1호 30회, 2호 20회).

〈그림3〉

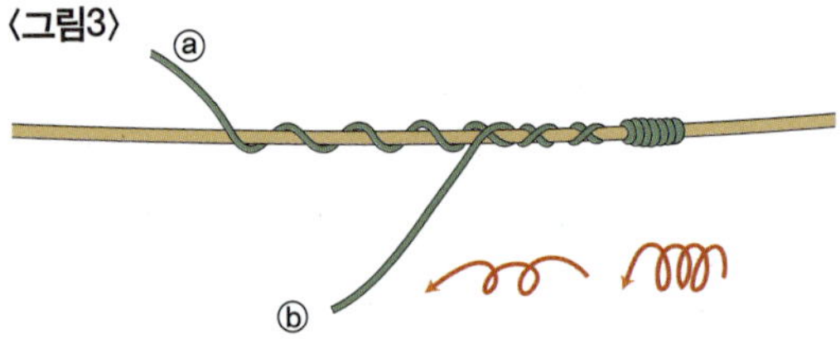

PE 라인을 되돌려 감아 내리되, 처음에는 5회 정도 밀착시켜 감고, 그 후부터는 처음 감아올린 부위와 서로 엇갈리도록 감아 내린다.

〈그림4〉

마지막 부분에 이르면 〈그림3〉의 시작 단계처럼 5회 정도 밀착시켜 감는다. 만약 중간 부위(엇갈려 감은 부분)에서 느슨한 점이 발견되면 작업을 다시 하여 잘 압착시켜 주어야 한다.

〈그림5〉

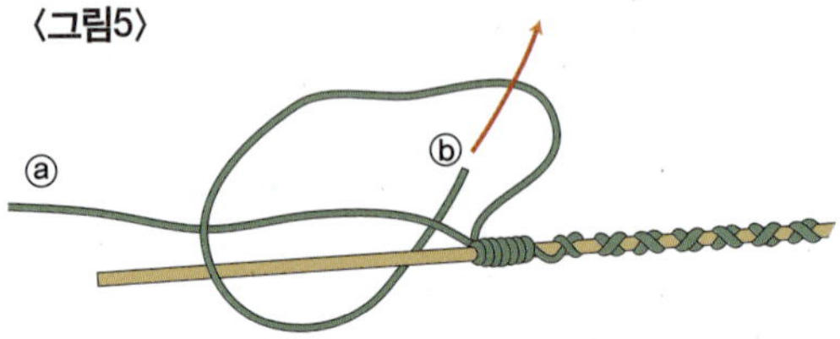

PE 라인 끝을 리더에 엇돌려 하프 힛치(Half hitch · 반매듭)를 만들어 나간다. 꼭꼭 힘주어 묶어야 한다.

〈그림6〉

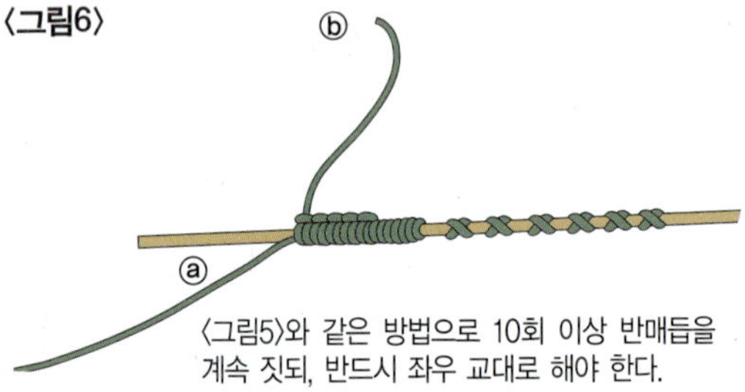

〈그림5〉와 같은 방법으로 10회 이상 반매듭을 계속 짓되, 반드시 좌우 교대로 해야 한다.

〈그림7〉

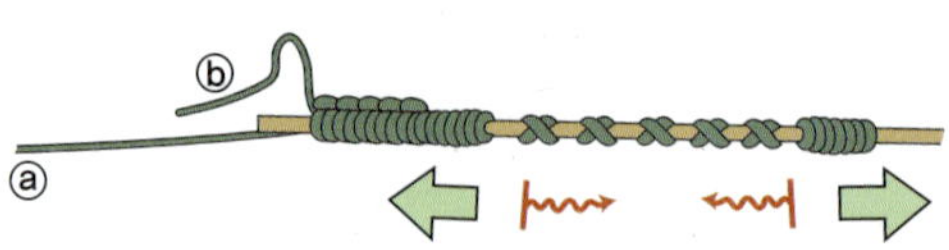

다시 한 번 바셀린을 바르고 천천히 힘을 가하면서 몇 번이고 조여 준다(가죽장갑 같은 걸 끼고 작업하면 좋다). 이 작업을 통해 마찰력이 분산되면서 결속력이 강해진다.

〈그림8〉

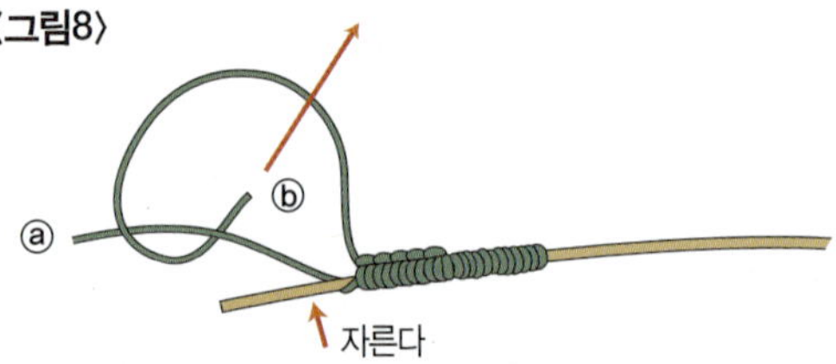

반매듭으로 마무리를 하되, 풀림 방지를 위해 처음 2회 정도는 강하게 조이고 이후 좌우 교대로 30회 정도 묶어야 한다.

〈그림9〉

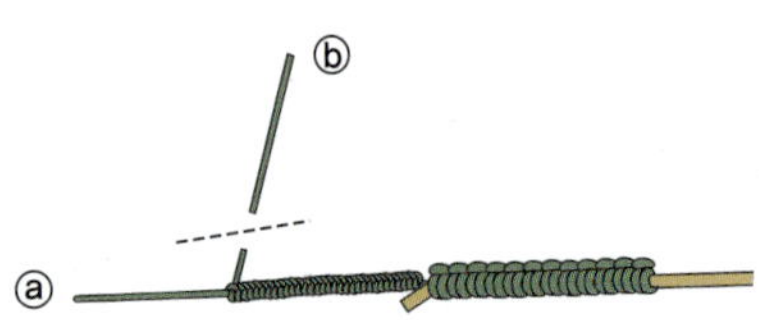

PE가 감긴 원줄 위로 계속하여 반매듭 작업이 끝나면 자투리를 자른다.

〈그림10〉

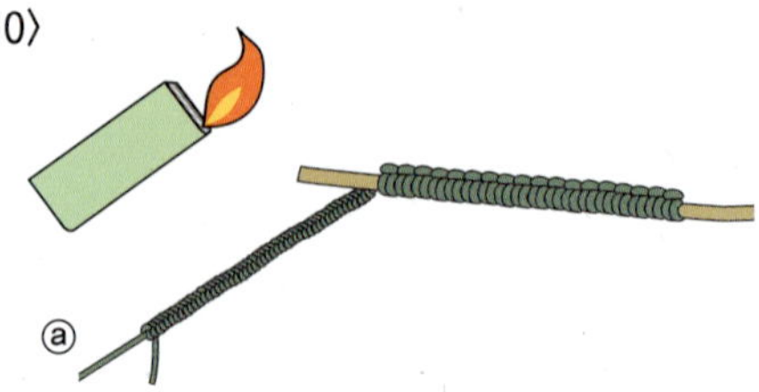

잘라낸 리더의 각진 부분을 라이터로 살짝 지져도 좋다.

루어낚시 용어 색인

ㄱ

ㄴ

ㄷ

ㄹ

ㅁ

ㅂ

ㅅ

ㅇ

5

5

ㅍ

ㅎ

낚시 Q&A 3

루어낚시 100문 1000답

1판 12쇄 인쇄 2019년 5월 21일
1판 12쇄 발행 2019년 5월 27일

지은이 조홍식

발행인 김국률
발행처 예조원

출판등록 제301-2010-184호

주소 서울시 중구 퇴계로 180-3
전화 (02)2272-7272 팩스 (02)2272-7275

값은 표지에 있습니다.
ISBN 978-89-94129-03-7 (03690)